JN190378

日本古代宮都史の研究

橋本 義則著

青史出版

目　次

目次

目次

目　次

目次

目　　次

挿図表目次

挿図目次

挿図表等目次

写真目次

引用史料の凡例

本書全般にわたって用いた史料については、以下のように略記した。

『日本書紀』→『書紀』
『続日本紀』→『続紀』
『日本後紀』→『後紀』
『続日本後紀』→『続後紀』
『日本文徳天皇実録』→『文実』
『日本三代天皇実録』→『三実』
『日本紀略』→『紀略』
『類聚国史』→『類史』
『扶桑略記』→『略記』

「やまと」「やましろ」の地名表記について

「やまと」は、度々の漢字表記の変更にも関わらず、全て「大和」を用いた。

「やましろ」は、延暦一三年（七九四）の漢字表記の変更を境として、可能な限り「山背」と「山城」の書き分けに務めたが、難しい場合は「山城」を用いた。

第一部　日本古代宮都史の研究

第一章　藤原京造営試考

——藤原京造営史料とその京号に関する再検討——

はじめに

藤原京の発掘調査は、周知のごとく、第二次世界大戦前から戦中にかけて行われた日本古文化研究所によるものを嚆矢とし、戦後二〇年の中断期間をおいて一九六五年に再開されて以後、今日までですでに三〇年余りが経過した。この間、高度経済成長期やバブル経済膨張期には開発行為にともなう事前発掘調査が一躍増大すると、それに対応しきれない調査体制の不備が指摘されつつも、一方で確実に藤原京あるいは藤原宮に関する重要な調査成果を挙げるに至った。

なかでももっとも大きな成果は、かつて藤原京の調査再開の契機となった発掘調査で挙げられた成果をもとに岸俊男[1]が推定し、以後今日に至るまで定説の地位を得ていた藤原京京域の復原に関する画期的な所説（藤原京の京域は大和の古道、すなわち横大路・中つ道・下つ道・山田道の四古道によって四周を画された範囲、以下岸説藤原京と称する）で提示された藤原京の京域を超えた数多くの地点で、岸説藤原京京域の条坊に合致する道路遺構が検出されるに至ったことである。一方また、この事実とも関わって岸説藤原京の京域内でも藤原宮や本薬師寺・大官大寺などではその造営に先立ちすでに条坊道路が施工され、それに規制された掘立柱塀や掘立柱建物の建てられていたことが確認されるに至った。そして、さらにこれらの条坊遺構に先行し、東西あるいは南北に直線的に走る素掘り溝が存在することなども明らかになってきた。

これらのうち、第一の点については、岸説藤原京の外延における条坊道路の発見地点が現在までに三〇ヵ所以上に昇るとともに、その数は今後ともさらに増加の一途を辿ることは確実であり、またそれらに規制されて構築された建物・塀などの遺構も存在することが明らかになってきた。[2]さらに最近では橿原市教育委員会と桜井市教育委員会によって西と東の京極に関わると思われる遺跡・遺構が発見された。(3)いずれ北の京極も発掘調査で明らかになると期待されること(4)から、もはやこれらの遺構を藤原京の郊外道路に過ぎないと強弁することは許されない状況になっている。また条坊遺構から出土する遺物の年代や種類についても岸説藤原京の京域の内外で基本的に大差のないことも指摘されるようにな(5)り、岸説藤原京の京域外に広がる条坊遺構をも含めた広汎な京域をある時点では想定せざるを得ない状況に立ち至っている。

また第二の点、なかでも近年本薬師寺の造営に先行して条坊遺構の存在する事実が明らかとなったことは、(6)かつて本薬師寺西南隅で行われた発掘調査の成果(7)によって本薬師寺が条坊道路の施工に先行するとされてきたことと明らかに矛盾し、この新しい調査成果によってむしろ本薬師寺の西南隅で行われた過去の調査への再点検が迫られるようになってきた。(8)また本薬師寺の伽藍の中枢部では条坊道路に明確に規制された掘立柱塀や建物も見つかっている。これらの事実は、少なくとも本薬師寺伽藍の中枢部では条坊道路→条坊道路と建物・塀→本薬師寺伽藍の順で遺構が構築されたことを意味し、本薬師寺伽藍の造営以前、すでに条坊道路が敷かれ、それにともなって区画された敷地の中でなんらかの生活が始まっていたことを意味している。このように本薬師寺の造営過程とその時期が改めて問題となってきている。

さらに第三の点は、たとえば、藤原宮大極殿北方で行われた第一八・二〇次調査で、南北素掘り溝→運河・条坊遺構→北面中門・大極殿の順に遺構の構築されたことが明らかになっているが、(9)この南北素掘り溝のように藤原宮や条坊遺構に先行し、南北あるいは東西に直走する素掘り溝が存在する事実である。(10)このような溝の検出例はまだ岸説藤原京の内外ともわずかに過ぎないが、このなかには条坊計画線かと推測されるものや、条坊とは明らかに振れの異なる溝もあり、(11)条坊施工以前、すでにこの地域には自然地形に従わない直線溝がなん本も掘られていたことが明らかになっている。ただそれがなにを目的として掘られた溝なのか、またその時期も必ずしも明らかでなく、ましてや条坊遺構との関連についてはまったく不明であると言わざるを得ない。

以上のような発掘調査の成果のうち、主として第一の点に基づいて出されたのがいわゆる大藤原京説である。この大

表1　「藤原」京・藤原宮略年表

西暦	月日	事項	史料
672(天武1)		壬申の乱	
673(天武2)	2. 1 12.17	天武天皇即位 造高市大寺司任命	
676(天武5)		新城に造都を企図するも、都せず	⑪
680(天武9)	11.12	皇后の病気回復を願い薬師寺建立	
682(天武11)	3. 1 3.16	新城に使者を派遣して地形を見、造都せんとす 新城に行幸	⑫ ⑬
683(天武12)	7.18 12.17	京師を巡行 複都制の詔を出し、難波造都と官人の宅地申請を命ず	
684(天武13)	2.28 3. 9	使者を遣わして畿内に造都の地を見、また信濃に地形を見る 京師巡行し、宮室の地を定む	
686(朱鳥1)	9. 9	天武天皇崩御	
688(持統2)	1. 8	薬師寺で無遮大会	
689(持統3)	4.13 6.29	皇太子草壁皇子薨去 浄御原令を班賜	
690(持統4)	1. 1 10.29 12.19	持統天皇即位 高市皇子藤原の宮地を見る 持統天皇藤原の宮地を見る	 ⑳ ㉑
691(持統5)	10.27 12. 8	新益京を鎮祭 宅地班給の詔発布	⑮ ⑰
692(持統6)	1.12 5.23 5.26 6. 3	持統天皇新益京の路を見る 藤原宮地を鎮祭 伊勢・大倭・住吉・紀伊の大神に新宮のことを報告 天皇藤原宮地を見る	⑯ ㉒ ㉓
693(持統7)	2. 1 8. 1	造京司に詔して掘り出した屍を収めしむ 藤原宮地に行幸	⑱ ㉔
694(持統8)	1.21 12. 1	藤原宮に行幸 藤原宮に遷居	㉕ ㉖
697(持統11)	2 7.29 8. 1	軽皇子立太子 薬師寺で開眼会 持統天皇譲位、文武天皇即位	
698(文武2)	10. 4	薬師寺の構作ほぼ終り、衆僧を住ましむ	
700(文武4)	5.17	律令を選定せしむ	
701(大宝1)	1. 1 6.11 7.27 8. 3	天皇大極殿で受朝 造薬師寺司任官 造宮官は職、造大安・薬師二寺官は寮、造塔・丈六二官は司に各准ず 大宝律令始めて成る	㉗
702(大宝2)	3.12 8. 4 12.23	大安殿を鎮めて大秡し、天皇新宮正殿に御して斎戒す 造大安寺司任官 持統太上天皇崩御	㉙
703(大宝3)		東西市を立つ	
704(慶雲1)	11. 2	藤原宮地を始めて定め、宅の宮中に入る百姓1505烟に布を賜う	⑲
707(慶雲4)	1. 9 6.15 7.17	詔して諸王臣五位以上に遷都の事を議さしむ 文武天皇崩御 元明天皇即位	
708(和銅1)	2.15	平城遷都の詔発布	
710(和銅3)	3. 1	平城遷都、左大臣を留守とす	
711(和銅4)		大官大寺・藤原宮焼亡	

藤原京説には、容易にまとめ得ないほど多種多様な見解がもろもろの研究者によってさまざまな論拠に基づいて提出されているが、問題はまずかかる研究状況を生み出した要因がどこにあるのかである。おそらくその最大の原因は、もっとも基本的な発掘調査の成果がこれらの研究者によって十分共有されるに至らなかったことにあると考えられる。すなわち、大藤原京に関する問題で焦眉の急は、その規模について憶測を巡らすこと以上に、まず岸説藤原京の内外で当該時期の遺構や遺物がどのように検出あるいは出土しているのか、それらは本当に時期的あるいは内容的に一様のものであるのか否かというもっとも基礎的な検討であり、またそれを可能にするために発掘調査で得られた基礎的データをまとめて提示することであると言える。奈良国立文化財研究所『研究論集』XIこそかかる観点から編まれたもの(12)であると考えるが、そのようななかにおいて本章が占める位置は、いま一度文献史学の立場から、主として壬申の乱以後、藤原京の造営までのあいだにおける都城の造営に関係する史料を『書紀』などに依拠して整理し、あわせてそれらの史料がもつ問題点を明らかに示すことにある。それは、いずれ文献史料がもつ固有の問題点と次第に蓄積されてゆく発掘調査の成果とを突き合わせることによって、藤原京の解明が一段と進展するものと期待されるからである。したがって本章はあくまでそのような検討のための捨て石として、文献史料に見える藤原京関連史料の整理を中心に検討を行い、そこからさらに若干の憶測をめぐらすに止まることをあらかじめ断っておかねばならない。なお、以下における検討にあたって藤原宮・藤原京に関わる史料を整理して作った年表が表1であり、適宜参観願いたい。

一　倭京・新城・京・京師・新益京の再検討

本節では、『書紀』の壬申紀以降に見える都城造営関係史料、特にそこに現れるさまざまな都城に関する名辞に検討を加え、その歴史的意味を可能な限り明らかにすることに努めたい。また、その際『続紀』や『万葉集』などの諸関連史料に現れる同様の名辞にもでき得る限り検討を及ぼすことにしたい。

さて、『書紀』には、壬申紀以降、飛鳥浄御原宮に関わると見られるものを除き、倭京(倭都)・新城・京・京師・新益京・藤原宮などの諸名辞が登場する。そこで、ここではまず原則としてこれらの名辞が『書紀』に登場する順に検討を加えるが、これらのうち明らかに固有名(宮号)と考えられ、また藤原京ともっとも深い関わりをもつ藤原宮については次節でその他の諸名辞とともにやや異なる観点から考えてみることにする。

1　倭京・倭都

『書紀』壬申紀以降で最初に見えるのは、倭(やまと)京・倭(やまと)都である。倭京・倭都など倭を冠した都城名かと考えられる名辞は、天武天皇紀の壬申紀とそれを遡る孝徳・天智両天皇紀にのみ見える。

このうち孝徳・天智両天皇紀に見える倭京・倭都については、すでに阿部義平[13]・湊哲夫[14]らが検討を加え、倭京は王宮が難波や近江にあった時の用語で、難波・近江の王宮と対比しての呼称に過ぎず、両紀に見える倭京・倭都に特別の史料的価値を与えることはできない、としている。

まず、孝徳天皇紀に見える倭京・倭都の史料を掲げると、次ぎのごとくである。

①大化四年是歳条

太子奏請曰、「欲㆔冀遷㆓于倭京㆒」、天皇不㆑許焉、皇太子乃奉㆓皇祖母尊・間人皇后㆒、幷率㆓皇弟等㆒、往居㆓于倭飛鳥河辺行宮㆒、于㆑時、公卿大夫百官人等、皆随而遷、由㆑是、天皇恨欲㆑捨㆓於国位㆒、令㆑造㆓宮於山崎㆒、乃送㆓歌於間人皇后㆒曰、「舸娜紀都該、阿我柯賦古磨播、比枳涅世儒、阿我柯賦古磨乎、比騰瀰都羅武筒」、

②大化五年春正月戊申朔条

夜鼠向㆓倭都㆒而遷、

③大化五年一二月壬寅朔己酉条

葬㆓于大坂磯長陵㆒、是日、皇太子奉㆓皇祖母尊㆒、遷㆓倭河辺行宮㆒、老者語之曰、「鼠向㆓倭都㆒、遷都之兆也」、

これらの史料は記述に重複があり、①は③の是日条の前半部分に当たり、②はその後半部分に相当すると考えられる。

したがって中大兄皇子が皇祖母尊・間人皇后を奉じて倭へ戻った年代には①②と③のあいだでほぼ一年のずれが生じ、このような事態の発生が孝徳天皇の崩御を契機とするのか否かでその歴史的評価に大きな差異が生まれてくることになる。

さて、これらには倭京・倭都が見えるが、倭京・倭都での具体的な遷居先が「倭飛鳥河辺行宮」あるいは「倭河辺行宮」と書かれていることからも、ともに孝徳天皇の難波長柄豊碕宮に対して倭にあった宮を総称していったものであることは明らかである。

また天智天皇紀には倭京が一ヵ所だけ見える。

④天智七年八月条

皇太子幸二倭京一

この記事についても、これに先立つ天智七年（六六八）三月辛酉朔己卯条に、「遷二都于近江一、是時、天下百姓不レ願二遷都一、諷諫者多、童謡亦衆、日々夜々、失火処多」と記されているから、そののち八月に天智天皇が行幸した倭京が近江、すなわち近江大津宮に対しての呼称であることは明らかである。

以上から、孝徳・天智両天皇紀に見える倭都・倭京はいずれも都城が倭以外の地、すなわち難波および近江に置かれていた場合に、それらと区別して倭にあった都城を呼んだもので、固有の名称としての倭京・倭都なる都城が存在したことを必ずしも意味しないし、また倭にあった都城が倭京・倭都と書かれることがあっても決して倭宮とは書かれないことからすると、『書紀』の編纂者が倭に同時に複数存在した諸宮をまとめてあたかも都城としての実態を持ったかのごとく倭京・倭都と表記したものではなかろうか。たとえば、①に見える「倭河辺行宮」にわざわざ「倭」と冠しているのは、飛鳥河辺行宮が『書紀』編者が想定した倭京・倭都の範囲にあったこと、そしてこのことは翻って倭京・倭都あるいは倭が倭河辺行宮を含む複数の宮から成っていたことを示唆するものである。

さて、天武天皇紀のうち壬申紀にも倭京が見えることはさきに触れた。倭京を含め、壬申紀において都城関係の記述が認められる記事には次ぎのものがある。

⑤天武元年五月是月条

或有レ人奏曰、「自二近江京一至二于倭京一、処々置レ候」、

⑥天武元年六月丙戌条

則以二韋那公磐鍬・……(中略)……一遣二于東国一、以二穂積臣百足・……(中略)……一遣二于倭京一、……(中略)……、並悉令レ興レ兵、

⑦天武元年七月壬辰条

将軍吹負屯二于乃楽山一、時荒田尾直赤麻呂啓二将軍一曰、「古京是本営処也、宜二固守一」、将軍従之、則遣二赤麻呂・忌部首子人一令レ戍二古京一、於レ是、赤麻呂等詣二古京一而解三取道橋板一作レ楯、竪二於京辺衢一以守之、

⑧天武元年七月癸巳条

於レ是、果安追至二八口一仚而視レ京、毎レ衢竪レ楯、疑レ有二伏兵一、乃稍引還之、

⑨天武元年七月戊戌条

東将軍紀臣阿閉麻呂等聞下倭京将軍大伴吹負為二近江一所上レ敗、則分レ軍以遣二置始連菟一、率二千余騎一而急馳二倭京一、

⑩天武元年九月庚子条

詣二于倭京一、而御二嶋宮一、

これらのうち⑤は、明らかに倭京を近江京と対比的に記したものであり、孝徳天皇紀や天智天皇紀での用法とまったく同じである。また⑥は興兵使の派遣された地域として東国と倭京が挙げられ、同様の対比は⑨にも認められる。⑥の場合は、近江朝廷方が興兵使を派遣した対象地として倭京が見えるのであるから、この倭京は当然近江の都城と対比・区別される飛鳥の都城のことで、やはり⑤とほぼ同じ用法であると言える。⑨も同様に近江朝廷方でない将軍を明確に記すため倭京と冠したものであろう。⑦では天武天皇方の本営の置かれた地が古京であったと記されているが、これは

当時の飛鳥の空間が実際には古京と呼ばれていた可能性もあることを示唆する。問題は、まず天武天皇方の本営の置かれた飛鳥の地が古京と呼ばれたとすると、なにに対して古京と呼ばれたのかである。その際注意すべきは、⑦で古京の語が『書紀』編纂者の記した地の文だけでなく、荒田尾直赤麻呂が⑨で倭京将軍と呼ばれた大伴吹負に対して言った言葉にも見える点である。かりにこの赤麻呂の言を『書紀』編纂者などがのちに潤色したとした場合には、藤原京や平城京に対して古京と呼んだと考えることもできないわけではないが、赤麻呂が古京と呼んだことを重視するなら、当時飛鳥に対して新京と呼び得る近江朝廷方の近江大津宮を中心とした地域と見るべきであろう。その場合においてもなお問題は古宮でなく、古京と書き表されている点である。また古京は単に京とも記されるが、ここで留意すべきは飛鳥の地が一貫して宮でなく京と書かれている点である。

また⑦⑧ではともに京には街衢があり、その街衢ごとに京を守備するための楯が竪てられたと記されている。この楯が竪てられた京辺の街衢については、「京辺」が京の北辺で、一定範囲をもつ京があり、京は条坊の町割りのごとき方格地割が存在したと想定する考え[15]もあるが、必ずしもそのように深読みをする必要はない[16]。なお⑩に天武天皇が倭京に詣でて嶋宮に御したとあることから、嶋宮は倭京のなかに位置し、上述したように『書紀』編纂者の用いた倭京が倭に所在した諸宮を含めた広範な範囲を指す名辞であったことは明らかである。

以上のように、壬申紀に見られる倭京も、阿部・湊の指摘のように、いずれも基本的には近江京に対する用法と考えられ、むしろ『書紀』で倭京と書き表されたものは、実際には古京あるいは単に京のように表記されていたのではないかと思われる（既述のごとく京の用字自体にも問題が残る）。そして、それは当時の倭の範囲に存在した複数の宮を包摂した空間を指して言う名辞であったと推測される。

以上、『書紀』に倭京・倭都が見えるのは、いずれも倭以外の地（難波・近江）に宮（難波長柄豊碕宮・近江大津宮）が営まれていた時期（孝徳朝・天智朝）に限られ、それらの宮に対して倭の地にあった古い都城が『書紀』では倭京・倭都と表記されたと考えられる。

ところで、岸俊男は、倭京が天武朝飛鳥浄御原宮時代に一定の領域をもった行政単位として成立し、京職によって管掌されていたとし、今泉隆雄[17]もこれを基本的に継承し、さらに斉明朝にまで遡って京域をもつ倭京を想定した。これらの見解には井上和人の研究成果[18]に基づいた仁藤敦史の批判[19]があり、事実その後の発掘調査によっても岸・今泉らが想定した条坊制的な景観をもつ京域が飛鳥の地に存在したことを裏付ける積極的な成果はなく、岸・今泉の見解は現時点で事実としては成立し難い。したがって、仁藤も指摘するように『書紀』がいずれも京と表記した倭京と律令制都城(後述するように、私見では新城以降のいわゆる藤原京)とのあいだにはきわめて大きな断絶があったと考えざるを得ない。ただ仁藤のように、それでもなお『書紀』が近江・難波と違って倭京のみを京と表記したことの意味を重視する必要はないと考える。それは、倭京があくまで『書紀』編纂者のなかで構想された京であり、そこではなんら条坊制の有無など問題とされていないし、その必要もなかったのではなかろうか。だからこそ『書紀』編纂者は『書紀』の各所で京の文字を用い得たのである。仁藤は「倭京」を条坊制都城とは原理的に異なり、天武朝以前、飛鳥地域に散在した継続的な支配拠点の総体をさす用語として用いるとする。これはあくまで『書紀』に見える倭京とは異なる学術用語として仁藤が用いるものであるから、都城制の成立過程を考えるうえでかかる分析のための概念を措定すること自体には意味もあるが、それと歴史的名辞としての倭京とはやはり明確に区別しなければならない。そうでなければ、『書紀』編纂者が構想した倭京の内実を見失ってしまう恐れがあるからである。

なお、私見では、『書紀』が倭京と表記した時代に飛鳥に存在した空間とは、当時の倭に存在した複数の宮、すなわち大王の宮室を中核にした諸宮(キサキノ宮・ミコノ宮など)、豪族の邸宅、あるいは寺・市などが、決して明瞭な計画のもとに整然と配置されるのではなく、飛鳥寺の造営以後この地域にこれらの施設が歴史的に集積された結果、個別分散的に存在したと考えている[20]。ただし仁藤のように官衙的な建物と集落建物との混在的景観が倭京的な存在形態とは考えない[21]。おそらく当時の飛鳥には集落が存在する余地などまったくなく、宮や宅、寺などによって飛鳥は立錐の余地もなく埋め尽くされていたと考えるからである[22]。ちなみに、倭京・倭都は一般に「わきょう」「わと」と音でよまれているようであるが、いずれにおいても共通する「倭」は「近江」に対するのであるから、「やまと」とよむべきであろうし、「京」や「都」も「きょう」や「と」と音でよむのではなく、「みやこ」とよむべきではないだろうか。

2　新　城

倭京・倭都など倭を冠した名辞に次いで『書紀』に現れるのは新城である。新城（にいき）は『書紀』に付せられた古訓では「にひき」と訓まれ、文字どおり新しい城の意味である。和語の「き」に当てる漢字には「城」のほかに「柵」があるが、いずれも周囲に、防禦の目的などで外部と画するなんらかの施設、あるいはそれらをともなうものを意味している。

さて、新城は、『書紀』では次ぎに掲げる天武天皇紀の三ヵ所と持統天皇紀の一ヵ所の、計四ヵ所にだけ見える。

⑪天武五年是年条

将レ都二新城一、而限内田園者、不レ問二公私一、皆不レ耕悉荒、然遂不レ都矣、

⑫天武一一年三月甲午朔条

命二小紫三野王及宮内官大夫等一、遣二于新城一、令レ見二其地形一、仍将レ都矣、

⑬天武一一年三月己酉条

幸二于新城一、

⑭持統三年九月己丑条

遣二直広参石上朝臣麻呂・直広肆石川朝臣虫名等於筑紫一、給二送位記一、且監二新城一、

これらのうち、⑭に見える新城が、文脈から考えて筑紫に所在したものであることはまちがいなく、⑪〜⑬の新城と関わりがあると考え[23]るのは誤りである。この場合⑭の新城が水城・大野城あるいは椽城であれ[24]、大宰府の都城を指すのであれ[25]、そのいずれであっても⑪の新城は地名などの固有名詞でなく、新しい城ないしは新しい都城を意味する普通名詞であることは明白である。

ところで⑪〜⑬の新城については、従来、大別してこれを固有名詞で地名と見る説[26]と、新しい都城を意味する普通名詞であると考える説[27]とがあった。しかし次ぎに掲げる『続紀』での新城の用例❶神護景雲三年一〇月乙未朔条・❷宝亀五年八月己丑条、あるいは⑭の『書紀』持統三年九月己丑条などを参考にすると、『書紀』天武天皇紀に見える⑪〜⑬の三ヵ所の新城は固有名詞ではなく、普通名詞であると考えて問題ない。

❶神護景雲三年一〇月乙未朔条

詔曰、「天皇我御命良麻止詔久、挂麻久毛畏岐新城乃大宮尓天下治給之中都天皇能臣等乎召天後乃御命仁勅久之、……（後略）……」、

❷宝亀五年八月己丑条

幸二新城宮一、授二別当従五位上藤原朝臣諸姉正五位下・外従五位下刑部直外虫名正五位下一、

❶の場合、宣命中の「新城乃大宮尓天下治給之中都天皇」は元正天皇のことであるから、「新城乃大宮」とは具体的には平城京・平城宮を指し[28]、したがって新城は新しい都城の意味であることになる。また❷の「新城宮」も、固有名詞、すなわち新城宮なる宮号をもった宮と考えるのは正しくなく、前年の宝亀四年に完成した楊梅宮のことと考えるのが妥当で[29]、その場合「新城宮」は新造の宮という意味の普通名詞であることになる。なお❷でこの日叙位を受けた二人の女性は新城宮の別当で、その日常的な管理者と考えられている[30]。

ただし⑪天武五年是年条の記事には、新城が地名と取られかねないような「新城に都しようとした」と読める記載「将レ都二新城一」のあることが問題である。しかしこれは新城という場所に都しようとしただけ読みうるのではなく、新城を都づくろう（造営しよう）としたと読むことも可能であり、⑪をもってただちに新城を固有名詞、あるいは地名と考えるのは妥当でない。

さて、以上に掲げた⑪〜⑭の記事の一々については、すでに西本昌弘が詳しく検討を加えているが[31]、西本はこれらの記事のなかで特に⑪天武五年是年条に着目している。

西本は、まず国史大系本の本条に見られる「或本無₂是年以下不都矣以上字₁、注₂十一月上₁」なる分注に注目し、そこに書かれた「十一月上」が「十一年上」の誤りである可能性を想定し、さらに本条自体が天武一一年是年条であったと憶測した。その結果、新城に関する記事は『書紀』のごとく⑪→⑫→⑬の順に並ぶのではなく、⑫天武一一年三月甲午朔条→⑬天武一一年三月己酉条→⑪天武五年(実は一一年)是年条の順に配列されることになり、そこから新城への遷都計画は天武五年(六七六)でなく、天武一一年に開始されたと推測し、新城の造営が天武天皇末年の藤原京設定計画と結びつく可能性が高まったと解した。

しかし西本が『書紀』古写本の一形態として、某年条の冒頭上部(鼇頭)に某年是年条を注記する珍しい形態があることを示すと考えたこと自体きわめて不可解なことであるが、それ以上に「十一月」と誤記された⑪天武一一年是年条が同五年一一月条の「上」に記されるに至った事由についての西本の憶測が大きな問題である。すなわち「十一月上」とあるのを、必ずしも西本のように「十一月」条の「上」(鼇頭)と理解する必要はなく「上」は本文上の前を意味するとも考えられる。すなわち、本条⑪は「或本」では天武五年の一一月にかけられた諸条の前に書かれていたが、国史大系本の系統の写本では「十一月」の諸条の後ろ、つまり天武五年の記事の最後に置かれていたことによって生じた事態であり、これは、おそらくこの系統の写本の祖本において転写の際になんらかの事情で本条⑪を天武五年の記事の末尾に移したことによると考えることができ、必ずしも西本のように考える必要はない。

また西本によると、⑪の「遂不ₗ都矣」とは必ずしも遷都の計画が永久に放棄されたことを示すのではなく、一時中止したか、あるいは遷都がこの年には実現しなかったことを意味するに過ぎないと言う。上述のごとく、⑪天武五年是年条を西本のように天武一一年是年条の誤りとは考えないが、この部分に関する西本の解釈には参考とすべき点がある。つまり天武五年に計画された新城造営は永久に放棄されたのではなく、一時中止されて将来に計画の実行が託されたに過ぎず、やがて天武一一年になって天武五年の新城造営計画に従って再度新城の造営が行われたと考えることができる。ただその場合、後述するように、西本のごとく新城の造営が持統天皇の時代に見える新益京(藤原京)に繋がると想定するのではなく、むしろ新城自体の造営再開であると考え、その造営も後述するように天武末年には一応終わっていたと考えたい。つまりのちに詳しく検討する持統天皇の時代に造営された新益京は、天武末年には一応完成していた新城と直接関わるのでなく、持統天皇の時代における藤原宮の造営と関わった京の造営・改修であると理解したい。この点についてはのちに新益京について検討する際にやや詳しく述べることにする。

ところで西本はまったく注意を払っていないが、むしろ⑪の新城造営中止の記述で注目されるのは「限内田園」と書かれている点である。このことは新城に一定の範囲・領域が定められたことを示唆している。また新城の「限内」に入った地域には本来公私の田園が含まれ、それらを含む一定の範囲「限内」を新城の造営地と定めたことにともなって「限内田園」が耕作されず、それによって荒れ地となったこともおおよそ推定できる。「限内田園」が耕作されなかったのであるから、当然新城造営に際して田園を新城の造営地として収公するなり、なんらかの具体的措置が天武五年の春ごろには採られたことになる。あるいはそれはさらに天武五年以前にまで遡る可能性も考えられないではない。[32] いずれにしろ天武五年ころに一定の範囲・領域の田園が新城の造営予定地として囲い込まれたが、その造営中止後占拠された土地はふたたび田園に戻ることなく荒れ放題となってしまったことを確認できる。

さて、天武一一年三月に、立て続けに新城に関する二つの記事⑫⑬が出てくるが、まず⑫天武一一年三月甲午朔条では新城造営のためその地形を調査する使として小紫三野王と宮内官大夫等が派遣されている。宮内官大夫の派遣はおそらくそれが具体的な新城造営を担当する官司であったからで、あるいはのちの宮内省が被管官司として木工寮を擁したこととともなんらかの関わりをもっているかもしれない。そしてその一五日後の己酉条には天皇自身が新城に行幸したとの記事⑬を載せている。天武天皇みずからの新城行幸は当然三野王と宮内官大夫等による地形調査の結果を承けて行われたと考えられ、それゆえにこの行幸は新城の造営の決定を意味するものと憶測される。新城の造営はその後順調に進んだものと考えられ、翌天武一二年一二月に出された詔（『書紀』天武一二年一二月庚午条）での複都制の採用は主都の存在を前提としなければ成り立ち得ず、また後述するように首都を意味する京師が同年七月に初めて登場する（『書紀』天武一二年七月癸卯条）のも天武一一年における新城の造営開始とその順調な進捗状況に基づくものと推測される。このように天武朝における首都たるべき新城の造営は天武五年に中断された新城の造営予定範囲内において、同一一年にふたたび始められたと見るのが妥当ではないかと考える。

ところで、はじめにでも触れたように、近年における本薬師寺の発掘調査成果によれば、中門・東西両塔など中心伽藍の造営以前、すでに本薬師寺の周辺には条坊道路が設定され、条坊内には掘立柱塀がめぐり掘立柱建物も建てられていたことが明らかになってきた(33)。かつて岸俊男も藤原京の造営開始年代を考えるにあたって注目したように、本薬師寺が天武九年一一月、皇后鸕野讃良皇女不予のために天武天皇の発願によって建立されたと『書紀』は明記している（『書紀』天武九年一一月癸未条）。したがって本薬師寺の下層で検出された条坊道路や掘立柱塀・建物が後述する持統五・六年（六九一・六九二）ころに行われた新益京の造営に関わるとするならば、当然、本薬師寺の造営は発願から一〇年以上も大幅に遅れ、持統五・六年以降に始まったと見なければならないし、また、天武一一年に始まる新城の造営にともなうものとするなら、本薬師寺の造営はそれ以後、しかも一定の期間をおいて始まったと見なければならないことになる。しかしこのように理解するには、本薬師寺の造営状況や出土遺物などからみていずれの場合も明らかに無理がある。したがって本薬師寺の造営開始以前、一応天武九年以前すでに条坊道路が施工され、それによって区画された宅地に掘立柱建物や掘立柱塀が建てられ、少なくとも一部の宅地ではそれからほどなく居住が開始されたと考えざるを得ない。以上の点から、本薬師寺下層の条坊遺構の年代としては最初に新城が計画され、その範囲が明確に示された天武五年前後とするのがもっとも妥当であり、天武五年の新城は条坊をともない、一定の内実をもつものであったと考えられる。また岸の想定した藤原京域からも条坊遺構・先行条坊遺構より古い直線の溝数条が各所で確認されており、あるいはこれらのなかにも天武五年に始まる新城の造営と関わるものがあるのではないかと憶測される(34)。

これまでの研究者で新城についてただ一人具体的なイメージを提示していたのは仁藤である。仁藤は新城が不整形ながら条坊道路の施工された官人居住区画のみからなるものであったが、核となる宮室は存在しなかった。それゆえに新城は旧来の倭京と併せて始めて補完的に機能するのであってそれのみでは自己完結しない、律令条坊制都城と大きく異なる存在であったとする。仁藤が新城は条坊制をともなったと考えた点は正しく、新城においてすでに計画・施工されたと考えられる。しかし後述するように、少なくとも天武一一年に造営再開された新城には宮室の造営予定地が設定されていた（天武一三年三月辛卯条）から、それがただちに実現されなかったからといって新城は宮室の存在しない他律的な都城であったとする仁藤の考えには従えない。それは天武天皇の崩御によって実現しなかっただけであり、持統天皇の段階で実現した藤原宮がその宮室であったとするならば、仁藤の見解とは異なり日本における律令都城制史上において新城を高く評価することが必要となってくる。

3　京・京師

(1)　京

京（みやこ）は必ずしも『書紀』の壬申紀以降にのみ見える名辞ではなく、崇神天皇紀に初見して以降、『書紀』の諸巻にしばしば見える。それらの用法からは、京が決して固有名詞ではなく、普通名詞であることを容易に確認することができる。たとえば、景行一二年九月甲子朔戊辰条に、「天皇遂幸二筑紫一、到二豊前国長峡県一、興二行宮一而居、故号二其処一曰レ京也」と記されているが、これは筑紫に行幸した景行天皇が豊前国長峡県に到って行宮を興して住んだので、その場所を京と言うようになったと、のちの豊前国京都郡の地名由来譚を述べた箇所である。このように京とは天皇が居した地を呼ぶ名辞であり、必ずしも常住の宮である必要はなく、行幸途中のかりの宮である行宮であってもよかったのである。

『書紀』には京一文字の用例以外に、他の字と複合した帝京（崇神一〇年九月壬子条）・京都（景行一七年三月己酉条、雄略七年八月条、顕宗二年一一月条、天智五年是冬条）・京城（允恭二年一一月条、持統元年八月丁酉条）なども散見されるが、これら京と他の文字とが複合して作られた名辞も京同様固有名詞でなく、普通名詞であると考えられる。

ところでこのような京がなんらかの実態をともなっていたかのごとき記載のある記事も『書紀』にはまま見受けられ

る。たとえば、難波京に関わる記事として、仁徳一四年是歳条に「作二大道於京中一、自二南門一直指之、至二丹比邑一」とあり、またこれに関連した内容をもつと考えられる記事が推古二一年一一月条に「又自二難波一至レ京置二大道一」と見える。後者は大和における四条の直線幹線道路のうち特に横大路の設置を示す記事であると考えられ[35]、両者の関係は、仁徳朝に建設された京中大道(あるいは京中南道とも呼ばれる)を推古二一年(六一三)に整備して飛鳥まで延長したと解されている[36]。このような解釈はすでに仁徳朝において難波に京が存在していたことを前提としなければ成立ち得ない。しかし仁徳朝に京の存在を史実として認めることは難しく、さらにそれを前提とした京南門から丹比邑に至る直線道路の敷設も想定し得ない。またもし仁徳朝の記事が推古二一年一一月条の事実の一部を遡及させたものであるとするならば、この場合も遅くとも推古二一年には難波に京が存在し、その南門から南へ延びる大道が直線的に京中を貫いて丹比邑まで作られていたことが前提となる。しかし推古二一年一一月条には難波から京へ至ると書かれているが、少なくとも難波に京があったとは書かれていないし、また事実、推古二一年段階における難波での京の存在も認め難い。

ところで以上二つの記事に見える大道に当たると考えられる道路遺構が先年発掘調査で発見され[37]、今日一般にそれは難波大道と呼ばれている。発掘調査では難波大道の東側溝から七世紀後半に属する須恵器杯が出土し、その事実をもって七世紀半ば、孝徳朝前後には難波大道が存在したと推定されている。しかしそれがどこまで遡るかはいまのところ明らかでない。むしろ難波大道が難波宮中軸線の延長上に位置し、それと継続する地割の痕跡があること[38]や上記のごとき難波での京における大道設定に対するある種の規範的考え方から、この道路は難波宮、特に前期難波宮ときわめて密接な関係をもっていたと考えられる。そしてこのことは結局、難波大道の建設時期が前期難波宮の造営を遡り得ない可能性のあることを示唆している。ただ前期難波宮の造営年代自体にも孝徳朝説と天武朝説との対立があり、必ずしも明確に決着を見ていないが、もし前者であったとしてもそこからは難波大道の建設を孝徳朝より遡っては考えられない。

以上本論からややそれたが、難波における京の設定はいくら遡っても孝徳朝、場合によっては天武朝にまで下る可能性もあり、仁徳天皇紀に書かれた京中大道が史実であったとは考えられず、また仁徳天皇紀の内容が推古天皇時代のことを遡及させたものであったとしても、そこに見える京中が必ずしも推古天皇時代における難波での京の存在を示すことにはならないことを確認し得た。なお推古二一年一一月条に大道の終点として記されている京は、この時点での推古天皇の宮室が小墾田宮にあったことから、小墾田宮を中心とした飛鳥の地域辺りを指したものと考えられるが、もちろん当時飛鳥に京に相当するような宮室に明確に付属する施設・行政単位は存在しなかった。京という表記には『書紀』編纂者による潤色の可能性があると考えられる。

さらに斉明五年七月庚寅条には「詔二群臣一、於二京内諸寺一、勧三講盂蘭盆経一、使レ報二七世父母一」とあり、斉明五年（六五九）ころに一定の領域を持った京なる区画が存在したかのごとき記載が見られる。それは、「使レ報二七世父母一」むるために「勧三講盂蘭盆経一」する「京内諸寺」を指定するには京が一定の区画・領域をもっていることが前提とならざるを得ないと考えられるからである。しかしこれは必ずしも行政組織あるいは行政単位としての京が存在していたことを前提とするものではなく、すでに述べたような『書紀』編纂者が倭京と呼んだ時期の飛鳥の空間のごときものであっても可能であり、あるいは『書紀』編纂者による修飾の文字であった可能性も考えられないわけではない。

この斉明天皇紀の記事と同様の寺院に対する措置は、『書紀』の天武天皇紀にも見られる。すなわち天武九年五月乙亥朔条に「勅、絁綿糸布以施二于京内廿四寺一各有レ差、是日、始設二金光明経于宮内及諸寺一」とあり、また翌天武一〇年閏七月壬子条にも「皇后誓願之大斎、以説二経於京内諸寺一」とある。いずれも斉明五年と同じく京の範囲が確定していないと、「京内廿四寺」や「京内諸寺」に対して種々の措置を採り難いが、ここで斉明天皇紀の記事と明確に異なるのは天武九年の記事である。この記事のように絁綿糸布などの物品を施す場合、その数量の確定が是非とも必要であり、そのためには当然その対象となる寺院（の数）を決定しなければならないから、選定の対象となる京は一定の領域をもっていることが前提となってくる。この場合「京内廿四寺」とあるが、それは必ずしも京内に二四ヵ寺しか存在しなかったことを意味するのではなく、京内に存在した寺の最小の数と見ておくのが穏当であろう。「京内廿四寺」の具体的な比定は岸や大脇潔によって試みられているが、[39] それはきわめて困難な作業であり、かつおそらくあまり有効な方法ではないと思われる。それは、大脇が示した「京内廿四寺」候補寺院の分布範囲、すなわち北は大井寺、南は檜隈寺、東は安倍寺、西は大窪寺という範囲が、実はその外に当該時代の寺院が存在しないことを意味するに過ぎず、「京」の領域としてここまでが最大限採りうると言うに止まるからである。(40)したがってこれらの寺院の分布範囲がただちにいわゆる大藤原京の京域を示すものではないし、ましてや「京内廿四寺」の「京」が果たして厳密な意味での京域を意識したうえでの言葉なのかも実は疑問であり、『書紀』編纂者の修飾であった可能性もまったく考えられないわけではない。上述したように、新城の造営再開が天武一一年であると考えるので、天武九年の記事に書かれた「京」はただちに新城であるとは言えず、新城の造営が再開される以前の段階と考えられるから、これが具体的にのちの藤原京と関わるものか否かも問題である。

しかしいずれにしろ一定の領域をもち、そこに住む人々を限定、あるいは特定したうえで彼らに関する種々の情報を把握するための行政・支配の単位としての京は、遅くとも天武末年には存在していた。それは天武一四年九月甲寅条に「遣二宮処王・広瀬王・難波王・竹田王・弥努王於京及畿内一、各令レ校二人夫之兵一」と見えるからであり、この措置は、前年閏四月丙戌条に載せる「来年九月、必閲之、因以教二百寮之進止威儀一」なる詔の実効状況を把握するためのものであった。そしてさきに紹介した天武五年九月乙亥条にも「王卿遣二京及畿内一、校二人別兵一」と同様の記事があるから、これが同事重出でなければ、天武五年ころにはすでに行政単位としての京が存在していたことになる。それは、いずれの場合も「人夫之兵」あるいは「人別兵」を校閲するにはその対象となる京や畿内の範囲が確定し、人あるいは人夫の数が決まっていなければまったく意味をなさないからである。同様のことは賑給の場合にも当てはまる。天武九年一〇月乙巳条には「恤二京諸寺貧乏僧尼及百姓一而賑給之」とあり、(41)京における賑給はそれに必要な物資の数量を確定せねば実行し得ないから、当然京の範囲の確定を前提とすることになる。

以上の諸史料は天武九年から一四年ころ、いわゆる天武末年に一定の領域をもつ行政単位としての京が現実に存在していた可能性を雄弁に物語っている。そしてそのような状況はあるいはさらに天武五年ころにまで遡る可能性も依然として残る。

さて、これからやや遅れた天武一四年には京を管轄するための官司としての京職が確実に存在していた。それは『書紀』天武一四年三月辛酉条に「京職大夫直大参許勢朝臣辛檀努卒」と見え、それが『続紀』宝亀三年正月己未条にも「中納言従三位巨勢朝臣麻呂薨、小治田朝小徳大海之孫、飛鳥朝京職直大参志丹之子也」と見えるからである。このことは天武朝、天武一四年以前すでに京職、そしてそれの管轄する京が存在していたことを示している。ただし『書紀』のように、当時の京職にのちの四等官制のごとき大夫なる職名があったか否かは別問題であり、おそらく許勢朝臣辛檀努の官職名は『続紀』のごとく京職であったかと推測される。(42) なお、やや年代が下って『書紀』持統三年七月丙寅条に、「詔二左右京職及諸国司一、築二習レ射所一」とあるが、ここに見える「左右京職」の「左右」は、潤色か追記の可能性が高い。

(2) 京師

京師は、『続紀』和銅元年二月戊寅条に、おそらくこれが古代における京師に関するほとんど唯一の説明文と思われるが、「京師者、百官之府、四海所レ帰、唯一人独逸豫」と書かれているように、世界の中心に位置し、天皇による世界支配を実現する場であり、そのための官僚機構が存在する場所であると認識されていた。これは、もちろん中国における京師の観念に基づく説明である。京師は漢語では、「京」がみやこ(都)、「師」がおおぜいの人々(衆)の意で、「都のうちの特に大なるもの」、すなわち首都を意味する語彙である。

さて、『書紀』での京師の用例は京に比べてはるかに少なく、特に天武朝以前の用例はわずか三例に過ぎない。

まず京師の初見は敏達元年五月壬寅朔条である。そして同四年二月壬辰朔条にふたたび見えたあとしばらく『書紀』には現れない。敏達天皇紀には京師のほかに一例ではあるが敏達三年二月壬辰朔条に京が見える。いずれも京師あるいは京が実態をともなっていることを示す記事ではない。

これらに次いで京師が見えるのは、大化二年春正月甲子朔条のいわゆる「改新之詔」である。その第二条の主文に「初修二京師一、置二畿内国司・郡司・関塞・斥候・防人・駅馬・伝馬一、及造二鈴契一、定二山河一」と記されている。そして主文の「初修二京師一」に対する凡条（副文）として「凡京毎レ坊置二長一人一、四坊置二令一人一、掌下按二検戸口一、督中察奸非上、其坊令取下坊内明廉強直堪二時務一者上充、里坊長並取二里坊百姓清正強幹者一充、若当里坊無レ人、聴下於二比里坊一簡用上」と書かれている。

「改新之詔」は、岸俊男[43]によれば「凡条が大宝令を基礎に潤色造作されている上に、その文に示された内容のなかにもかなり疑わしいものが多い」とされ、「改新之詔」の原詔の存否を再検討する必要がある。特に上記した第二条の凡条は大宝令に対応する条文が存在するだけでなく、ほとんど大宝令の対応条文の文章と一致するのである。したがってそれに対応する主文の「初修二京師一」もこれらをもとに潤色造作された可能性が強く、そこに現れる京師がどの程度の実態をともなったものであったのか疑問であり、あるいはまったく机上の空論に過ぎず、ただちにその記載を信ずるわけにはゆかない。ただ注意すべきは、「改新之詔」の出されたのがちょうど難波で孝徳天皇による造宮事業が行われていた時期に当たっていることである。もし「改新之詔」の京師がなんらかの実態をともなっていた、あるいは実態をともなうものとして建設することを計画していたとすれば、それは難波においてであったと考えられる。しかしさきにも触れたように孝徳朝に造営されたと考える意見が強い前期難波宮でもそれに京が付属していたか否かは未だ明らかでなく、現在のところむしろ否定的見解が強い[44]。

以上が天武朝以前における京師の全用例であり、いずれの場合も京師に実態がともなっていたとは考えられない。これらに対して天武朝、特に持統朝以降京師の用例が急増する。天武天皇紀での京師の初出は天武一二年七月癸卯条で、「天皇巡二行于京師一」と天武天皇による京師巡幸が行われたことを記している。また翌一三年三月辛卯条には「天皇巡二行於京師一、而定二宮室之地一」と天皇の京師巡幸とそれに基づく「宮室之地」決定のことが書かれている。これらの行幸が実現されるためには、その対象となる一定の領域をもった京師の存在が前提であり、また一三年の巡幸で定められた

「宮室之地」は京師の内にあったと考えられることからも、その対象となった京師が一定の領域をもっていたと当然考えられる。なお天武天皇が天武一二年に京師を巡幸した目的は明らかでないが、翌一三年の京師巡幸の様子からみておそらくそれと同じ目的、すなわち宮室候補地策定のためであったかと考えられる。

一方、天武八年ころから難波に都城の築かれ始めたことが『書紀』天武八年一一月是月条に「初置二関於竜田山・大坂山一、仍難波築二羅城一」とあることによって推測されている。岸俊男によると、これは河内から大和に入る二つの主要ルートである竜田道と大坂道の国境とみられる要衝に関を置き、京域を画したことを意味し、難波京の存在を想定してよいと言う。(45) また岩本次郎は、難波における羅城の造営は難波京の京域設定を意味するだけでなく、さらにこの時に官道をより整ったものとし、難波の南の玄関口としての京の南門とそれに連なる羅城(京の四周をとりまく城壁ではなく、京の南門にとりつく塀などの施設)の造営が行われたと解し、それは外国使臣に対する都城的偉容の誇示にあったとする。(46) このように難波における都城の造営は難波と大和を結ぶ官道の設定と深く関わる措置であったと考えられている。

さて、天武八年の難波における都城の造営を前提として採られた政策が、中国的な思想に基づく複都制の採用(47)であったと考えられる。すなわち天武一二年一二月庚午条に「又詔曰、凡都城宮室非二一処一、必造二両参一、故先欲レ都二難波一、是以、百寮者各往之請二家地一」とあり、複都制の採用と、難波での都づくりの開始、そして難波に造られた都での百寮官人の家地申請を推し進めている。この時難波で造営された都城が副都とされたとの明徴はないが、もはや難波における京の存在(48)は自明のことである。

このように難波における都城造営は天武八年ころから始まり、それが一定の段階に達した天武一二年に至ってついに複都制の詔が出されたのであるが、すでに述べたように当然複都制の採用自体が難波の地以外における都城の存在を前提としている。それがこの前後から見え始める京師ではなかったかと推測する。それはまた新しい都城たる新城の造営開始と、その首都たる京師としての位置付けを前史としてもつと考えられる。そしてこののち持統朝では首都たる行政単位として京師は京と並んでしばしば『書紀』(49)に見えることとなる。

以上、京あるいは京師は明らかに固有名詞でなく、普通名詞的な呼称であり、しかも単なる修飾的な語彙として用いられている場合が少なくないが、七世紀後半の記事に見える京や京師には一定の領域を前提として成立した行政単位を示すと考えられるものもあり、特に天武朝において新城の造営開始以後に見える京師は難波における都城の造営と並行して進められた首都のことであり、難波宮とともにその後天武朝で採用された複都制と深く関わる存在であったと考えられる。

なお仁藤は、京師が条坊道路を施工されつつも中心核(宮室)の存在しない新城と条坊道路が存在しないが中心核(飛鳥浄御原宮)は存在する旧来の倭京を併せた全体を称したものであるとする。しかしその新城に関する理解、特に宮室が存在しないとした点に問題のあることはさきに述べたとおりで、宮室造営の計画があった以上、仁藤のように宮室が存在しなかったと理解するのは正確でない。

4　新　益　京

新益京は『書紀』にしか見えないが、そのなかでも持統朝、しかも持統天皇による藤原宮の造営開始から同宮への遷居までの期間に限って、次ぎに掲げる⑮⑯のわずか二ヵ所に見えるに過ぎない。

⑮持統五年一〇月甲子条

遣二使者一、鎮二祭新益京一、

⑯持統六年正月戊寅条

天皇観二新益京路一、

ところで、この新益京については、古く鎌倉時代末期に『釈日本紀』を著した卜部兼方もその巻二二秘訓において、新益京に「シムヤクノミヤコ」と附訓し、わざわざ「私記曰、新益音読」と注している。「新益音読」と記した私記の年代が問題となるが、少なくとも鎌倉時代末期、あるいはさらにその基となった『書紀』講書の行われた平安時代には

「新益京」を音読し、訓ずることはなかったと考えられる。ただ、その意味についてはすでに忘れ去られ、兼方も「新益之義、可二考求一」と書くに止まっている。

宮号あるいは京号が造営地の地名によらないために音読された可能性が高い都城は平安京・平安宮だけであるが、そのほかに音読された可能性のある都城としては平城京・平城宮がある。しかし平城京・平城宮の固有名称である平城も『万葉集』所収の歌などでは明らかに「なら」と訓まれ、奈良・寧楽・楢・乃楽・奈羅・那羅などと表記される場合と同じである。『万葉集』には平城に類似した表記として平山と書いて「ならやま」と訓ませる歌が幾首かある（『万葉集』巻一―二九番、巻八―一五八五・一五八八番、巻九―一七一五番、巻一一―二四八七番、巻一三―三二三七番）。したがって奈良・寧楽・乃楽・奈羅・那羅などの漢字二字による表記は、一音一字による音仮名の表記法に従って「なら」を写し表したものと考えられる。「なら」（平）を平城と表記しうるのはこの地名なら[50]（平）にあったと考えられる。すなわち地名としての平城は、『続紀』では宮号あるいは京号として平城宮・平城京が現れる以前、すでに平城遷都の詔（『続紀』和銅元年二月戊寅条）に「平城之地」と見え、また平城造都に向けた事の視察行幸においても地名として見えている（『続紀』和銅元年九月戊寅条）。したがって平城は平安宮や平安京のように地名と別に宮号・京号として特定の政治的意図を込めて新たに命名したものではなく、やはり地名なら（平）によるもので、なら（平）を漢字二文字で表記しようとする意図に基づき、しかも一音一字による表記法に従わないで生まれたものと考えるのが妥当であろう。ただそのなら（平）に漢字二文字を当てるにあたって一文字だけでならの訓みを表わしうる「平」の次ぎにいかなる文字を配するのかについては明確な政治的意図があったと考えられる。すなわち二字目に「城」（新式都城の意）の字を持ってきたのは、なら（平）への遷都が計画ないしは決定されたためで、当然なら（平）を平城と二文字で表記することはこの時に始まったと考えることになる。少なくとも当初においては平城京・平城宮が音読されなかったことはまちがいない。

このように見てくると、もし新益京が京号で、しかも音読されたとすると、それはきわめて異例なことになる。そこで注目すべき考えとして、新益を「にいき」と訓んで新益京を新城と同一視しようとする説[51]がある。しかしこの場合、その前提となる「益」を「城」と同じく「き」の音を表す文字と認めることができるか否かが大きな問題となってくる。西本は「き」の音を表す好字として「益」が用いられた可能性もあるとして本居宣長の説を支持しているが、その場合、「城」をわざわざ好字に置き換えねばならない理由がまず明らかでなく、そのうえ好字とされる「益」という字自体、万葉仮名としては「や」の音を表すために用いられているが[52]、「き」の音を表すために用いられた例はない。したがって新益京は一音一文字で訓むべきではなく、音読すべきであり、それゆえに固有名詞に基づく京号ではないと考えられる。

さて、新益京については上述した新城と同一視する説以外にも諸説があり、それらを大別すると、新益京をそのまま藤原京と考える説[53]、あるいは従来の都城に新たに付加した都城と見る考え[54]などに分けて考えることができる。

このうち、新益京が藤原京に当たるとする考えについては、かつて私もそのように理解し、新益京(藤原京)と表記したことがあった[55]。しかし上記のごとき史料上における出現期間の限定性とその記事内容の特異さからみて、新益京をただちに藤原京のこととするには疑問がある。

また後者の説はいわゆる大藤原京に関わる条坊遺構をどのような構造と性格をもつ、いかなる時期のものと考えるかという問題と深く関わってくる。すなわち大藤原京の構造の解明と連動して始めてその成否の確認が可能なのである。ただこの場合、「新益」の内容はどうであれ新益京なる名称はその造営時点においてすでに京が存在していることを自明の前提としていることに留意しなければならない。

次ぎに新益京の史料に検討を加えるが、さきにも触れたように、新益京はわずか上掲の『書紀』⑮持統五年一〇月甲子条と⑯持統六年正月戊寅条の二ヵ所に見えるに過ぎない。このうち⑮は使者を派遣して新益京を鎮祭したとの記事であり、⑯は持統天皇が新益京の路を視察したことを記したものである。いずれも京の造営に関わる記事であることはさきに指摘したが、⑮は新益京の造営開始を示唆し、⑯はそれが少なくとも道路の構築、すなわち条坊の施工をともなうものであったことを示している。ただし⑯は⑮から三ヵ月も経っていないことから、新益京にともなう道路が完成したことを意味するのではなく、まず新益京の造営が道路の構築、条坊の設定から始まったことを示すに止まると見られる。藤原宮の造営開始（持統五年一〇月）から遷居（持統八年一二月）までの間に京の造営に関わる記事が、このほかに⑰持統五年一二月乙巳条と⑱七年二月己巳条に見える。

⑰持統五年一二月乙巳条

詔曰、賜二右大臣宅地四町、直広弐以上弐町、大参以下一町一、勤以下至二無位一随二其戸口一、其上戸一町、中戸半町、下戸四分之一、王等亦准レ此、

⑱持統七年二月己巳条

詔二造京司衣縫王等一、収二所レ掘尸一、

⑰は一般に藤原京における宅地班給の基準を示し、宅地の班給によって諸王・諸臣の京内居住を強制したものと考えられている。しかしこの場合、⑮にあるように新益京の地鎮が二ヵ月前に行われたばかりで、その造営も後述のごとく一年以上を必要とする大規模なものであったことから、造営開始を意味する地鎮のわずか二ヵ月後に宅地班給を実施し得たとは考え難く、したがって一二月の詔は単に宅地の班給基準を示したに止まり、具体的な班給はさらにのちに行われたと考えられる。ただここで問題となるのは、前述のごとく新城の造営からいわゆる藤原京の造営が始まると考えた場合、⑰で宅地の班給基準が決定される以前、すでに新城の造営がある程度進展を見せた段階[56]において宅地の班給が行われることはなかったのか、あるいは実際に藤原宮や本薬師寺の造営以前に遡る宅地に関わる遺構が藤原宮跡や藤原京跡で確認されている事実をいかに理解するのか、などの諸点にある。これらの点を考慮すると、⑰は新益京の造営にともなって宅地の班給基準を改定したものか、あるいはこれまで基準が存在しなかったので新たに決めたことを意味することになり、いずれにしてもすでに京内に与えられていた宅地を新たに位階制の秩序に基づいて再編成したことを意味している。

⑰でさらに留意すべきは、まずこの詔が本来、諸臣を対象とするものであり、これに対して詔の末尾に「王等亦准レ

此」と記しているように、諸王らは諸臣に準じたに過ぎないこと、そしてもっとも刮目すべき点はまったく皇子たちへの言及がないことである。これらの点についてはすでに仁藤が注目し、特に第三の、皇子・皇女たちへの宅地班給が見えない点がもっとも大きな問題であるとして次ぎのように述べている[57]。すなわち、仁藤は、皇子たちの居所である皇子宮が条坊制都城である藤原京と決して無縁の存在でなく、すでに存在したままで京内に取り込まれたのであり、皇子宮を含めた完全なかたちで位階制の秩序に基づいた京内の宅地の割り替えは行われず、そのような意味で不完全な宅地班給であった、とする。しかし皇子宮と条坊あるいは条坊制との関係にはまだ検討の余地が十分ある。それは、天武天皇の皇子たちの宮の成立時期がいつであり、時期的に新城・新益京などの造営とどのような関係にあるのか、もし新城・新益京などに先行して皇子宮が存在し、条坊制に取り込まれた場合、はたして条坊の規制を受けたのか否か、などもっとも基礎的な事実の解明がまだ残っているからであり、さらにそのような基礎的事実の解明以前に史料解釈の問題として、⑪に皇子あるいは皇子宮のことが見えないことを、仁藤のようにただちに皇子たちの居所だけが宅地班給の規制外にあったことを意味すると考えてよいのか、あるいは皇子たちはすでに条坊の規制を受け、諸臣・諸王に先行して宮を造営すべき地を割りあてられていたことを意味するとは考えられないのか、など必ずしも仁藤のように単純に割り切って考えることができないからである。

一方、⑱は造京の過程で掘り返した墳墓の屍の収容を造京担当官司である造京司に命じたものである。⑱は、新益京の地鎮から一年以上を経、すでに道路の敷設がかなり進んだ段階にあったと考えられるから、道路の構築の問題だけでなく、おそらく将来班給される宅地の造成にも関わり、具体的な問題として墳墓の屍の処理が取り挙げられる時期になってきたのに対処したものかと推測される。ここで注目したいのは、この時詔の対象となったのが造新益京司や造藤原京司でなく、造京司と記されていること、すなわち持統五年ころから始まった新益京の造営を担当する官司が造営される京の固有名ないしはそれに準ずる名称を冠していないことである。周知のように、平城京の場合は造平城京司が任命されている[58]が、それ以後の諸京では、造営を担当する使・司が都城の固有名を冠せられていたり、あるいは単に造宮使などのように都城の固有名が冠せられていなかったり[59]、造営担当官司の名称が区々であり、総じて言うことはできないが、もしこの持統七年の時点で京の造営を担当する官司が造新益京司や造藤原京司と呼ばれず、単に造京司とのみ称されたことになんらかの歴史的意味があるとすれば、それは新益京がこの時造営され、完成した京の固有名でないことを意味すると解することができることである。

ところで、すでに述べたように持統五年以前藤原宮の造営に関わる記事を『書紀』に確認できる[60]が、京の造営に関わる記事はその後もしばらく現れず、翌五年一〇月に至ってようやく⑮持統五年一〇月甲子条に「鎮㆓祭新益京㆒」[61]と見え、一見宮地の決定をうけ京の造営が始まったかのごとき感を与える。しかしさきに指摘したように、持統六年五月に至って細部にわたる藤原宮の造営が最終的に決定され、造営が開始されたと考えられることからすると、新益京の造営が宮の造営に先んじたと考えざるを得ない。これは明らかに藤原京以後の、通常の京の造営過程と逆転している。たとえば、平城京の場合、天皇みずからが行幸して行った宮地決定ののち矢継ぎ早に造平城京司の任命と宮造営の奉幣・地鎮を行っていることから、明らかに宮地の決定を前提に造京が行われていったと考えてよい。しかし新益京の場合は、上記のように宮地の決定によって造営が開始されたとは考え難く、平城京とは逆に宮地の決定と造営に先んじて京の造営が行われたと考えざるを得ない。そしてそれはまた、すでに述べた天武一一年造営再開の新城においても宮室造営予定地の決定は天武一三年で、宮の造営が決して京に先行していないこととも揆を一にする。

このようにみてくると、当然、新益京の実態いかんが問題となってくる。それはまだ発掘調査によって明らかになし得ていないが、新益京と藤原宮の造営経過を記す史料を通覧すると、宮地の巡視（持統四年一〇月壬申・一二月辛酉条）→新益京鎮祭（持統五年一〇月甲子条）→新益京の路巡視（持統六年正月戊寅条）→藤原宮鎮祭（持統六年五月丁亥条）→藤原宮造営開始奉幣（持統六年五月庚寅条）→藤原宮地の巡視（持統六年六月癸巳・七年八月戊午朔条）→造京司への墳墓屍収容命令（持統七年二月己巳条）→藤原宮行幸（持統八年正月乙巳条）→藤原宮遷居（持統八年一二月乙卯条）、と続いていることから、新益京の造営が藤原宮の造営と深く関わることは明らかで、おそらく宮地の最終決定後、その一部にかかる部分を含めた京部分の造営

（あるいは手直し）が行われ、その後新益京造営の進捗状況を踏まえて藤原宮の造営が開始されたと見ることもできる。ここで想像をたくましくすれば、すでに京、すなわち条坊が存在していたためにそれを宮室の造営に合うように一部変更を加えたのが新益京であったのではなかろうか。そうであるからこそ新益京の造営が宮に先行したのではなかろうか。

以上、新益京に関連する諸問題を見てきたが、新益京が藤原京と同じものを指していないこと、新益京はそれまで存在した京を前提にそれに「新益」という造営行為をつけ加えたものであったことを確認できたと考える。「新益」の内容についてはまだ明確でないが、藤原宮の造営に関わって新益京の造営が進められたと考えられることから、藤原宮周辺での道路の整備・再設定や丘陵地帯の削平工事などが行われたのではないかと憶測する。既存の京に対してまったく新しい京域をつけ加える工事を行ったものと決めてかかる必要はないと考える。

二　藤原京と藤原宮
――いわゆる藤原京の京号をめぐって――

本節では、天武・持統両朝を通じて造営された都城の固有名称、京号の存否とその意味について検討を行い、最初の都城である藤原京の歴史上の意義について考えてみたい。そしてそれに加えて文武朝の藤原宮に関する問題にも若干の検討を加えることにしたい。なお、検討にあたって、史料上における藤原宮・藤原京に関わる表記をまとめたものが表2である。

1　藤　原　京

今日、我々はなんの疑問もなく畝傍・耳成・香久の、いわゆる大和三山に囲まれた位置に営まれた藤原宮に付属したと考えられる京を藤原京と呼んでいるし、本章でも藤原京の名称を用いてきた。しかしそれは同時代史料に見える歴史的名辞でなく、古代史研究上の学術用語として作られたものである。この藤原宮に付属する京を藤原京と命名したのは、喜田貞吉であった。喜田は、その著書『帝都』[62]のなかで藤原京について次ぎのように述べている。

京の名より言へば、是亦飛鳥京の一で、之を藤原京と称するのは適当でない。されば日本紀には、常に藤原宮とのみ書いて、一も藤原京と言つた例は無い。之を藤原京と称するは、茲に新式の都城が経営されて、飛鳥旧京とは別に、自から一の新京が出来た形をなしたからである。されば藤原京といふは、単に便宜上から仮りに称へたのみで、其実は依然として飛鳥京中の一宮である事、なほ、飛鳥の板蓋宮・浄見原宮・岡本宮等が、いずれも飛鳥京中の一宮として存すると同じものと言はなければならぬ。藤原京経営は持統天皇の御代に在つて、日本紀に之を新益京とある。

喜田が京と宮とを明確に弁別して述べていない点にまず基本的な問題があるが、ここには藤原京が喜田によって便宜上かりに唱えられた学術用語で、『書紀』には藤原宮とのみ書かれ、それに付属する京を藤原京と呼んだ例のないことが明確に述べられている。そして藤原京が飛鳥旧京とは別に持統朝に造営された新京、新式の都城であり、新益京と『書紀』に見えるものが藤原京に当たり、それは新たに益した京、すなわち従来の飛鳥京を西北郊外に拡張し、新式の都城制を布いたこと、しかしなお藤原京は飛鳥板蓋宮・飛鳥浄御原宮・飛鳥岡本宮等と同様に飛鳥京のなかの一つの宮であること、などが述べられている。

それでは喜田が藤原京と命名した都城は当時どのように呼ばれていたのであろうか。藤原京が存続した持統・文武・元明三代の天皇の間（持統天皇の藤原宮遷居前後から元明天皇による平城遷都まで）に『書紀』・『続紀』などに現れた都城関連の記事における宮・京の表記を通覧すると、宮が藤原宮と固有名を冠する宮号で記された[63]のに対し、京はただ京師・京・都とのみ呼ばれ、まったく京の固有名が現れない。また正倉院文書や金石文などを見ても藤原宮とはあってもそれに付属した京がなんと呼ばれたかを明らかにし得る材料はまったくない。

ただ『万葉集』には一ヵ所だけ藤原京と記されていた可能性の考えられる箇所がある。それは巻一―七九番の歌の題詞である。そこには「或本、従㆓藤原京㆒遷㆓于寧楽宮㆒時歌」とあり、それに続いて「大君の　命恐み　にきびにし　家

表2 「藤原」京・藤原宮の表記

年月日	宮の表記	京の表記	関連史料
持統 4. 10. 壬申	藤原宮地		
持統 4. 12. 辛酉	藤原、宮地		
持統 5.　6.		京師	
持統 5.　6. 戊子		京	
持統 5. 10. 甲子		新益京	
持統 6.　1. 戊寅		新益京路	
持統 6.　5. 丁亥	藤原宮地		
持統 6.　5. 庚寅	新宮		
持統 6. 閏5. 丁酉		京師	
持統 6.　6. 癸巳	藤原宮地		
持統 7.　1. 癸卯		京師	
持統 7.　1. 丙午		京師	
持統 7.　2. 己巳		造京司	
持統 7.　8. 戊午朔	藤原宮地		
持統 8.　1. 乙巳	藤原宮		
持統 8. 12. 乙卯	藤原宮		遷居、扶桑略記持統 8. 12. 乙卯「藤原宮」
持統 9.　6. 己卯		京師	
持統10.　6. 辛未		京	
持統10.　6. 辛巳		京	
文武 1.　9. 丙申		京人	
文武 3.　1. 壬午		京職、林坊	
文武 4.　2. 丁未		京	
文武 4. 10. 壬子		京	
大宝 1.　7. 戊戌	造宮官		
大宝 2.　1. 丙子	造宮職		
大宝 2.　1. 23		京	令集解巻8僧尼令
大宝 2.　2. 庚戌		京	
大宝 2.　3. 己卯	新宮		
大宝 2.　4. 乙巳		京	

大宝 2.　7. 己巳	宮門		
慶雲 1.　7. 丙戌		左京職	
慶雲 1.　7. 壬寅		京師	
慶雲 1. 11. 壬寅	藤原宮地、宮中		
慶雲 2.　6. 丙子		京	
慶雲 2. 12. 乙卯		都下	
慶雲 2. 12. 癸酉		京	
慶雲 3. 閏1. 庚戌		京	
慶雲 3.　2. 庚辰		左京大夫	
慶雲 3.　2. 庚寅		京	
慶雲 3.　2. 庚子		京	
慶雲 3.　3. 丙辰		右京人	
慶雲 3.　3. 丁巳		京城	
慶雲 3.　6. 丙子		京	
慶雲 3. 10.	城		扶桑略記同月、政事要略巻 25 旧記云、「宮城」
慶雲 4.　7. 壬子		京師	
慶雲 4. 11. 21 乙卯	藤原聖朝		威奈大村骨蔵器
和銅 1.　2. 戊寅		京師	
和銅 1.　6. 己丑		都下	
和銅 1.　7. 丙午		京師	
和銅 1.　8. 庚辰		左右京職	
和銅 2.　8. 辛亥		京	
和銅 3.　1. 壬子朔	皇城門		
和銅 3. 11. 13 己未	藤原大宮御宇大行天皇		伊福吉部徳足比売骨蔵器
和銅 4.	藤原宮		扶桑略記
天平 2. 10. 1？	藤原宮御宇大行天皇		美努岡万墓誌

を置き　こもりくの　泊瀬の川に　船浮けて　我が行く川の　川隈の　八十隈おちず　万たび　かへり見しつつ　玉桙の　道行き暮らし　あをによし　奈良の京の　佐保川に　い行き至りて　我が寝たる　衣の上ゆ　朝月夜　さやかに見れば　たへのほに　夜の霜降り　石床と　川の氷凝り　寒き夜を　息むことなく　通ひつつ　作れる宮に　千代までに　いませ大君よ　我も通はむ」と歌われている。

七九番の歌に付けられた題詞で問題となるのは、まず「寧楽宮」とあるのに対して「藤原京」と書かれていること、そして藤原京の箇所が写本によっては「藤原宮京」と書かれているものもある（平安時代中期に遡る古写本のなかでは唯一巻一の残る元暦校本、鎌倉時代末期の書写に係り二〇巻を完存する最古の古写本である西本願寺本や、巻一〇までが鎌倉時代末期の古写本である紀州本（旧神田本）など）ことである。『万葉集』のもっとも新しい注釈である小学館新編日本古典文学全集六『万葉集』巻一では、底本（西本願寺本）に「藤原宮京」とあるのをわざわざ平安時代末期書写の類聚古集に従って藤原京と改めたと校訂付記で記し、本文の当該箇所では藤原京に頭注して「藤原宮と同じ。藤原京という名称はこれ以外に例がない。」と記している。しかし藤原京と藤原宮とが同じ実体を指したものであったとは言い切れないし、また小学館新編日本古典文学全集六『万葉集』巻一のごとく底本の文字を改めるのは容易であるが、むしろ問題はなにゆえに「藤原宮京」と藤原京なる二様の記載が生まれたのか、そして「藤原宮」と書いた写本がないのかにある。

この問題を考える材料の一つは次ぎの事実にある。『校本万葉集』巻一の当該歌に対する頭注には、「〇類前行ニ「従藤原京遷于寧楽宮時歌有反哥一首作者未詳」アリ」とあり、『類聚古集』では本来「藤原」とあったものに「京」一文字を書き加えたのではないかと考えられるのである。もしそうであったとすれば、小学館新編日本古典文学全集六『万葉集』巻一のごとく藤原京に改めるのではなく、「藤原」と改めるべきであろう。本来「藤原」と書かれていたものに平安時代以降になって「京」を書き加えたために藤原京の表記が生まれ、さらにその転写の過程や他の系統の写本でも「藤原」としか書かれていなかったために「宮」や「京」の字が転写の過程で書き加えられていったのではなかろうかとも憶測される。以上のごとき憶測が正鵠を射たものであるか否かはさておいても、『万葉集』の当該箇所、すなわち巻一—七九番の歌の題詞にある藤原京なる表記が果たして『万葉集』編纂当時のものであるのか否か疑問がある以上、容易にこれをもって藤原京なる京号が存在したと認めることはできない。

今一つ藤原京なる京号をめぐって問題となるのは、次ぎに掲げる『続紀』慶雲元年一一月壬寅条の解釈である。

⑲慶雲元年一一月壬寅条

始定二藤原宮地一、宅入二宮中一百姓一千五百五烟賜レ布有レ差、

この記事は、すでに第二次世界大戦前、足立康[64]によって不審な記事として注目され、それ以来さまざまな解釈が行われてきた。そのようななかでも足立や岸俊男[65]は「宅入二宮中一百姓」の戸の数が一五〇五烟と大きな数であることから「藤原宮地」を藤原宮域ではなく、藤原京域と読み替えるべきであると考えた。また大井重二郎[66]は足立説を承けて大宝初年に藤原京が大規模に修正されたと理解した。これらの見解に対して喜田貞吉[67]は宮域の拡張にともなう宮域の移動によってこの記事を解そうとした。しかしこれまでの発掘調査の知見によれば藤原宮は平城遷都まで現在の藤原宮跡の位置に継続して営まれたと考えられ、喜田のように藤原宮域の移動を想定することはもはやきわめて困難である。

一方、『続紀』の最新の注釈である新日本古典文学大系『続紀』巻一は、その補注（早川庄八執筆）において、「持統八年の遷都後十年を経たこの時期に、藤原宮の地を定むとする本条の記述は、いささか不審である。もっとも、大宝律令の施行を契機として宮内の施設が増加・拡張されたであろうことは予想されるところで、……（中略）……、それゆえに慶雲元年にいたって宮域が拡大されたということも考えられないことではない」とし、「本条の「藤原宮」、「宮中」が正しいものであって、本条が宮域の拡張を述べたものであるとするならば、その確認は今後の発掘調査の結果にまたなければならない」と述べる一方、「藤原宮」「宮中」を藤原京、「京中」と読み替えるのはいかにも苦しい解釈であるとしつつも「本条で宮内に入る百姓の戸が千五百五烟であるというのは、多きに過ぎ」るとし、「もしそれが可能で、あるとすれば、……（中略）……、京域内の整備に関する記事として、本条を解することができるのではなかろうか」として「慶雲元年にいたって最終的な整備に着手したのが本条の記事であると解することも不可能ではないように思われる」

と書いている。このように早川は厳密な史料操作の立場から安易に「藤原宮」、「宮中」を藤原京、「京中」と読み替えることへの戒めの態度を示しつつも、それでは解釈し得ない矛盾点を指摘したうえで新しい解釈、すなわち天武・持統朝における京内整備の未完了とその慶雲元年に至っての最終的整備着手、という理解に基づく新たな読み替えの可能性を示唆した。

これと発表時期は前後するが、仁藤[68]は新日本古典文学大系『続紀』巻一補注の考えをさらに一歩進め、これこそが持統五年の宅地班給の不完全さを受けて行われた第二の宅地班給実施を示す記事で、これによって左右京に分化した律令制的な条坊制都城が成立したことを意味するものとした。すなわち、慶雲元年一一月壬寅条に見える「定二藤原宮地一」とは京域の限定であり、広大で不整形な新益京を岸説復原案の規模に縮小したものと解し、また「宅入二宮中一百姓一千五百五烟」は厳密な京戸の選定行為であり、したがってこのことは宅地の割り替えを意味し、彼らに「賜レ布有レ差」とされたのはそれにともなう移動や住居の建設費用とさせたものと憶測している。大宝令を画期として藤原京の京域が拡張されたとの説はすでに喜田貞吉[69]・足立康[70]によって提出されているが、ただ喜田の場合は、上述したように京域の拡大は藤原宮の移転（持統朝の藤原宮＝高殿の大宮土壇から文武朝の藤原宮＝醍醐の長谷田土壇へ）と深く関わるものと理解されていた。これに対して仁藤は、いわゆる大藤原京が浄御原令の施行に対応した都城である新益京で、それは藤原宮を中核としつつも不整形の拡大藤原京域で構想され、それが一二条八坊から構成される藤原京へと京域の再編・凝集化が達成されたのは大宝令の施行に対応した措置であり、慶雲元年（七〇四）のこの記事こそが藤原京域の最終的設定を示すものであると考えている。

また瀧浪貞子[71]は、当該記事に「始めて」とあるのが必ずしもこれから「定二藤原宮地一」めることが始まるのではなく、むしろことはその逆で、「定二藤原宮地一」めることが終了したことを意味するとし、そのうえでさらにそれに続く記事に記される百姓の戸数の多さから、藤原宮・宮中を藤原京あるいは京中と読み替えるべきであることなどを指摘し、結局この記事は文字どおり京中の造営が終わった意味、天武天皇によって確定されていた京内の充実整備を持統・文武の二代にわたって漸次行い、それが一応この段階で終了したと解すべきであるとした。

以上、『続紀』慶雲元年一一月壬寅条に対する従来の解釈を紹介してきた。そこではさまざまな解釈が行われてきたにも関わらず、依然として同一記事おける二ヵ所の宮の文字を安易に京と置き換える考えが強いが、それは基本的にテキストを無視した史料操作であると言わざるを得ない。それは第一に既述のとおり藤原宮を中心とした都城に対する藤原京なる固有名称(京号)の存在を明確に示す史料は存在しないからであり、そしてまさしくここにも決して藤原京とは書かれていないからである。このように藤原宮あるいは宮中を藤原京あるいは京中と読み替えず、テキストを尊重して「藤原宮地」、「宮中」のままでよいと理解するならば、解釈としては次ぎの二つがあり得ると考える。一つはあくまで「藤原宮」は宮のことで、素直に「藤原宮地」(藤原宮の範囲)が確定し、そこに一五〇五烟の百姓が取り込まれたと考えるのである。この場合、慶雲元年ころに藤原宮になんらかの大きな変更が加えられ、それにともなって一五〇五烟の百姓が「藤原宮地」から移動を余儀なくされたと見ることになる。ただやはり問題は現状の藤原宮の規模から見てここに一五〇五烟の百姓が居住していたと考えるのは難しく、また少なくとも一五〇五烟もの百姓の移住をともなうような大規模な藤原宮の拡大・改造を発掘調査で検出した遺構のうえで確認することは難しい。そこでさらに一歩踏み込むと、喜田のように藤原宮と呼ばれる宮には慶雲元年ころを挟んで、新旧二時期があったとの憶測に至ることになる。ただこの場合も現在藤原宮として知られている宮跡が出土した木簡などから持統天皇から元明天皇の時期にわたることが確実であるから、現在の藤原宮跡以外に藤原宮をいま一つ求めることはきわめて難しいし、おそらく新たに宮を造営したのであれば、藤原宮ではなく、別の宮号をもったものと思われるが、そのような宮は知られないから、やはり藤原宮は一つで、一貫していまの宮跡のところにあったと考えるべきである。

またいま一つの考えは、藤原宮に付属する京が固有名称(京号)を持っていなかったため、それを表すのに藤原宮の所在する土地の意味で、「藤原宮地」なる表現を用いたのであり、「宮中」とは正確には宮地中と記すべきものを「地」を省略したとみるのである。この場合は、問題なくこれまでの『続紀』慶雲元年一一月壬寅条に対する大方の見方に立つことになる。その場合、慶雲元年ころに直接京に関わる変更が行われたことを他に明確に物語る史料のないことが大きな問題である。ただしこの場合、次ぎのように考えるのがよいのではないだろうか。

まず瀧浪も述べるように、『続紀』において「始めて」と書かれていてもそれがそのあとに続けて書かれたことの始まりを示すのではなく、いろいろ経緯があったもののようやく終わったこと、すなわちその終了ないしは完了を意味する場合のあることである。このことについては、つとに青木和夫が指摘したところであるが、おそらくこの場合も青木の指摘に従うべき用法で、瀧浪のように「定㆓藤原宮地㆒」ことがこの時開始されたのではなく、それが終了あるいは完了したしたことを示すと考えるのがよいであろう。

次ぎに問題となるのは「定㆓藤原宮地㆒」とあるのがどのような意味、具体的にどのような内容のことであるのかである。それを推定する根拠となるのは、やはりそれに続けて書かれた「宅入㆓宮中㆒百姓一千五百五烟賜㆑布有㆑差」の部分である。まず「宅入㆓宮中㆒」であるが、慶雲元年の段階で自然に「宮中」に百姓の戸が含まれるに至ったとは考え難く、またその百姓の戸も一五〇五烟と多いことからすると、「宮中」とあるのはなんとしても京と考えねばならず、これらのことから「宅入㆓宮中㆒」とは仁藤の指摘のように京戸と定められたことを意味すると考えざるを得ない。ただその場合も仁藤のように百姓に「賜㆑布有㆑差」としたのは宅地の割り替えにともなう移動や住居の建設費用とさせたものと憶測するのは行き過ぎであろう。藤原京はこの時点をもって土地と人と両方の面で一応の完成を見たことを示すのではなかろうか。したがって百姓に「賜㆑布有㆑差」ったのは種々の階層からなり最終的に確定した京戸各戸に対して完成を期して行った行為であると考えられる。

2　藤　原　宮

さきに新益京との造営の先後関係を述べた際に、藤原宮の造営経過について簡略に述べたが、ここでふたたびやや詳しく藤原宮の造営に関する史料を見ることとしたい。

さて、藤原宮の造営決定および開始の時期は必ずしも明らかでないが、『書紀』によれば、持統四年一〇月に太政大臣高市皇子が藤原宮の造営予定地を視察した記事（⑳持統四年一〇月壬申条）に藤原宮が初見し、その後完成した藤原宮へ持統八年一二月に遷居するまで（㉖持統八年一二月乙卯条）、『書紀』に現れる藤原宮の造営に関する記事は次ぎに掲げるごとくである。

⑳持統四年一〇月壬申条
　高市皇子観二藤原宮地一、公卿百寮従焉、
㉑持統四年一二月辛酉条
　天皇幸二藤原一観二宮地一、……（中略）……、公卿百寮皆従焉、
㉒持統六年五月丁亥条
　遣二浄広肆難波王等一、鎮二祭藤原宮地一、
㉓持統六年五月庚寅条
　遣二使者一、奉二幣于四所伊勢・大倭・住吉・紀伊大神一、告以二新宮一、
㉔持統七年八月戊午朔条
　幸二藤原宮地一、
㉕持統八年正月乙巳条
　幸二藤原宮一、即日還レ宮、
㉖持統八年一二月乙卯条
　遷二居藤原宮一、

『書紀』における藤原宮の造営に関する記事は以上のようにきわめて乏しいが、⑳持統四年一〇月壬申条と㉑持統四年一二月辛酉条から、持統四年正月に持統天皇が即位して一〇ヵ月余りを経たころから天武天皇の崩御によって頓挫し

ていた宮室の造営計画が実施に移されたことが分かる。すなわち、持統四年の一〇月と一二月に高市皇子・持統天皇が相次いで「藤原宮地」を「観」ている。この藤原宮造営再開を、すでに検討した天武一三年の宮室造営地決定から六年もの空白期間をおいたものと見るか、天武天皇の病と崩御ののち持統天皇の即位後迅速に採られた措置とみるかは意見の分かれるところで、これを長い空白期間と考えることによって持統天皇による新益京造営を天武天皇の時代に確定していた京域を拡大させた、それが新益京であると考える向きがある。[72]しかしそれは天武天皇の崩御を挟む複雑な政治状況をまったく無視した見解であり、到底従うことはできない。むしろこのような非常事態を考えるならば、それが平静になったのち持統天皇の即位によって一気に再開されたのであり、天武天皇の生前の計画を大きく変更したものではないと考える。

さて持統天皇と高市皇子の二人が「藤原宮地」を「観」た意味は、『書紀』編纂者がそれを単なる行幸ではなかったと見なし、「幸」でなく「観」と書き表したと考えられることから、まだ「藤原宮地」にはまったく構築物がなく、したがって当然「藤原宮地」での造営はいまだ開始されておらず、いずれの場合も藤原宮の造営予定地を視察したことを示すものであろう。おそらく高市皇子が一〇月に藤原宮の造営予定地をあらかじめ視察し、その結果に基づいて二ヵ月ほどのちに持統天皇みずからが視察を行ったものと推測される。

ところで持統四年以後、一年半足らずの間、藤原宮の造営に関する記事が見えなくなるのは、すでに述べたように、藤原宮を造営するための前提としての新益京の造営が行われていたからであった。

次いで持統六年五月に、使者の派遣による地鎮祭の執行(㉒持統六年五月丁亥条)と新宮の造営を、伊勢をはじめとした四所大神に報告するための奉幣(㉓持統六年五月庚寅条)が引き続いて行われている。平城宮の場合など、通常、遷都では宮の造営地の最終的決定に前後して奉幣と地鎮祭が行われていることから、[73]おそらく持統六年五月ころに藤原宮の造営計画(宮城の平面プラン、建物の配置など)が最終的に決定されたと考えられる。それはまたすでに述べた新益京造営の進捗を承けてのことで、おそらくこのころから藤原宮の造営がいよいよ本格化したものと考えられる。したがって持統六年五月ころが藤原宮造営史上における一つの大きな画期であったと考えられる。

こののちふたたび一年以上にわたり藤原宮造営のことが『書紀』から見えなくなり、持統七年八月に持統天皇が「藤原宮地」へ行幸し（㉔持統七年八月戊午朔条）、翌年正月に再度天皇は「藤原宮」へ行幸している（㉕持統八年正月乙巳条）。このころが藤原宮の造営にとってもう一つの画期であったと考える。その根拠は、これまで『書紀』では「藤原宮地」と藤原宮なる宮号にわざわざ「地」の字を付けて表記していたもの（⑳持統四年一〇月壬申条〜㉕持統七年八月戊午朔条）を、持統八年以後「藤原宮」と表記するようになる（㉕持統八年正月乙巳条・㉖持統八年一二月乙卯条）点にある。それはまた持統四年に行われた持統天皇と高市皇子による「藤原宮地」視察がともに「観」と表現されているのに対して、持統七年以降は「幸」と書かれ、以後「藤原宮」への天皇の移動はすべて「幸」と記されるようになることにもある。㉔持統七年八月戊午朔条が天皇の移動を「幸」で表しながらその対象を「藤原宮地」と記している点は過渡的な表記であると考えられるが、実際には「幸二藤原宮一」と表記される㉕や㉖の場合とほぼ同じであったと考えてよかろう。持統七年や八年に行われた持統天皇の藤原宮行幸は宮の造営がある程度の進捗を見、造営がある転換点に至った際に行われたもので、平城宮・平城京造営の場合を参看すると[74]、造営関係者への叙位や賜物をともなった政治的なものであった可能性が強いと考えられる。

以上のように、持統四年の持統天皇即位を承けて再開された藤原宮の造営は、新益京の造営を前提として開始され、持統六年五月ころに第一の画期が訪れて以後造営が本格化したと考えられ、次いで持統七年八月から八年正月にかけてのころにもう一つの画期があり、天皇が行幸するに耐え得るような施設をもつほどに造営が進捗していたと推測される。

ところで藤原宮の造営・遷宮が問題なく進捗した背景には、天武天皇が生前、のちに藤原宮と命名される宮室の造営予定地をすでに決定していたことがあると考えられる。『書紀』天武一三年三月辛卯条に「天皇巡二行於京師一、而定二宮室之地一」と見える記事がそれを示すものである。これは天武天皇みずから前々年の天武一一年からふたたび造都を始めた京師（新城）の領域内に「宮室之地」を定めたもので、ここで注目すべきは、天皇が巡行して定めたのが「宮室」でなく「宮室之地」とされていることである。このことは京師のなかにこれ以後造営されるであろう宮室の予定地を決めたことを意味するもので、決してその造営開始までを意味してはいないと考えられる。なおこの記事について岸俊男[75]は藤原京の基本計画＝条坊制を決定したものと考えたが、これに対してこの「宮室之地」はのちの藤原宮に繋がるものでなく、飛鳥の「京師」内に飛鳥浄御原宮に次ぐ副宮を定めた記事であるとする押部佳周[76]の見解がある。たしかに岸がこの記事をもって藤原京の基本計画＝条坊制の決定と見なしたのは史料解釈のうえから早計の誹りを免れ得ないが、しかしこの記事をただちに副宮の設置と理解するのにも問題がある。押部の見解は、天武一二年のいわゆる複都制の詔において複数箇所の造営を決定した対象が決して都城に限られるのではなく、宮室もその対象であったとの理解に基づいている。複都制の詔で複数の造営が決定された都城と宮室のうち、都城については複都制の詔が出されると同時に難波での造都が決定され、次いで翌一三年には畿内あるいは信濃に使いを遣わし造都候補地を視察させている[77]。しかし従来宮室に関する複数造営についてはなんら考慮が払われず、検討されることがなかった。そのような意味において天武一三年三月辛卯条を複都制の詔で複数造ると宣言した宮室の選定・造営に関わると考えた点で押部の見解は新鮮なものであるが、はたしてこの記事がその副宮候補地を決めたものと確定的に言うことができるかどうかである。副宮ではなく正宮（本宮）の造営に関わるものと解してもなんら差し支えないと考える。ここで「宮室之地」が定められたのは文脈上から京師の内部であったと考えられる。そして京師はすでに述べたように、天武一一年ころから再度始まった新城の造営と深く関わって『書紀』に登場する名辞であり、それが飛鳥の「京師」を意味したとは考え難い。また現実の問題として当時飛鳥の地に飛鳥浄御原宮のごとき宮をさらに営むような余地があったであろうか。このような点も併せ考えると、押部の考えの成立する余地はほとんどないと思われる。

また仁藤は持統三年に飛鳥浄御原令の諸司への班賜が行われていることから、天武天皇段階（天武一三年）の宮室計画がそのまま変更なく藤原宮として実現したとは考え難く、造営計画に大きな変更が加えられたと推定している。しかし飛鳥浄御原令の編纂命令が天武一〇年に出、天武一一年には編纂が開始されていたと考えられ、まさに飛鳥浄御原令は新城の再造営計画と並行しており、両者は緊密な関係をもって進められることになっていたと考えられる。またもし仁藤が推測するように、宮室の造営計画が大きく変更されたとするなら、両事業の並行推進状況から見て、飛鳥浄御原令にも内容的に大きな変更があったと推測しなければならない。しかしそのような明確な事実はなく、飛鳥浄御原令の編纂は天武天皇の生前から順調に進められたと考えられる。したがって仁藤の推測にも関わらず、持統四年に再開された藤原宮の造営は飛鳥浄御原令の施行にともなって大きな変更が加えられたと考える必要は少しもない。

さて、藤原宮には持統八年一二月に遷居後（㉖持統八年一二月乙卯条）、持統・文武・元明の三天皇が居したが、この間、『書紀』や『続紀』に藤原宮の名が見えることはきわめて稀で、慶雲四年七月壬子条に載せる宣命中の「藤原宮御宇倭根子天皇」を除くと、さきに掲げた慶雲元年一一月壬寅条だけであるが、金石文などには藤原宮が見える。[78] ちなみにこの間に見える藤原宮造営関連の記事を掲げてみると、以下のとおりである。

㉗大宝元年七月戊戌条

太政官処分、造宮官准レ職、造大安・薬師二寺官准レ寮、造塔・丈六二官准レ司焉、

㉘大宝二年正月丙子条

造宮職献ニ柾谷樹長八尋一、俗曰ニ比比良木一

㉙大宝二年三月己卯条

鎮ニ大安殿一大祓、天皇御ニ新宮正殿一斎戒、惣頒ニ幣帛於畿内及七道諸社一、

これらのうち㉗については造宮官の昇格を示すもので、翌年末の造大殿垣司の任命[79]ともども、大宝初年における藤原宮内での文武天皇即位にともなう大規模工事の実施を示すとみる考えがある。[80] しかしそれは㉗に対する誤解に基づく解釈で、これは令外の官司である造宮官を大宝令官制への移行にともなって格付けしたに過ぎず、ただちに昇格を意味してはいない。また造大殿垣司も同じ日の記事にまず「以ニ二品穂積親王、従四位上犬上王、正五位下路真人大人、従五位下佐伯宿祢百足、黄文連本実一、為下作ニ殯宮一司上」とあるのに続けて「三品刑部親王、従四位下広瀬王、従五位上引田

朝臣宿奈麻呂、従五位下民忌寸比良夫、為下造二大殿垣一司上」と見えるから、作殯宮司とともに大宝二年（七〇二）末に崩御した持統太上天皇（大宝二年一二月甲寅条）の喪葬に関わる官司の一つであることは明白である。したがってこれらはいずれも大宝初年における藤原宮内における大規模な造営工事の施工を意味するものではない。

むしろより大きな問題は㉙大宝二年三月己卯条にあり、そこには祭祀に関わる三つの記事が書かれている。まず第一に大安殿を鎮祭して御祓を行ったこと、第二に天皇が新宮正殿に出御して斎戒したこと、そして第三に畿内・七道の諸社に頒幣したことである。三番目の頒幣の記事は二番目の記事と一連のものと考えてよいと思われるが、問題は特に一番目と二番目の関連の有無にある。

従来、この三つの記事をめぐって次ぎのような理解が提示されていた。[81] すなわち、二番目の記事の新宮を、さきに検討した慶雲元年一一月壬寅条の理解や㉗の記事と連動させ、藤原宮内での大規模な造営、あるいは宮室自体の新たな造営、旧宮に対する新宮の造営が行われたことを示していると考えるのである。このような考えは、新たに営まれたと考えられる新宮の正殿が二番目の記事に新宮正殿と書かれた建物であるのに対し、一番目の記事で鎮祭の対象とされ大祓が行われた大安殿は、これまであった旧宮の大安殿を意味し、藤原宮が旧宮から新宮へと造替された可能性を想定することになる。ただその場合、大安殿に明確に旧宮と冠されていないことがまず問題であるが、もしこの考えを認めることにすると、少なくとも大宝二年三月の時点で、大安殿と新宮正殿との併存を考えねばならず、新宮と旧宮は同一の場所ではあり得ないことになり、藤原宮内に持統天皇の旧宮とは別個に新宮が文武天皇の内裏として営まれたと推測することになる。また同様に文武天皇の内裏である新宮の造営を認める立場でも、この大安殿を新宮内部の新しい建物で、この日に大安殿が完成し鎮祭を行ったとする理解もある。[82]

さて、一番目に見える大安殿は前年正月に天皇が出御して祥瑞を受けた建物であり（大宝元年正月戊寅条）、一般に内裏の正殿であると考えられている。[83] 両記事に見える大安殿が同一のものであるか否かは明確でないが、かりに㉙で大安殿を鎮祭して大祓したことを大安殿の地鎮に関わるものとすると、㉙は大安殿が完成したか、あるいはこれから大安殿を新たに造営するか、いずれのための地鎮と見るかで意見を異にせざるを得ない。瀧浪のように大安殿を新宮の建物とみて前者を想定する考えもあるが、もし大安殿がこの時新宮、すなわち内裏の建物として完成し、地鎮されたのであれば、当然天皇が出御して斎戒し、畿内・七道諸社に頒幣する建物は大安殿であってもよいにも関わらず、なにゆえにわざわざ完成した大安殿ではなく正殿に出御したのか理解に苦しむ。またもし大安殿が新宮の建物であるなら、まず大安殿が新宮大安殿と書かれてよいのに、㉙で大安殿ではなく、その後に現れる正殿にわざわざ新宮を冠している事実は無視できない。これらのことは両者が同一の区画にないこと、すなわち大安殿が新宮の建物でないことを示しているのではなかろうか。

一方、後者、すなわち㉙で鎮祭大祓された大安殿はこの時まだ存在せず、これから造営されるのであり、造営開始にともなう鎮祭の可能性も高い。いずれであっても㉙の大安殿は少なくとも前年の大安殿と同一の建物であったとは考え難いことになり、瀧浪も指摘するように、大安殿の造替は認めねばならない。ただ瀧浪のようにまったく異なる位置での造営と考える必要はなく、むしろ平城宮の内裏の例を考慮に入れると、同一の場所で建て替えが行われた可能性がきわめて高く、一番目の記事はその造営開始の地鎮祭であったのではないかと考える。なお瀧浪は大安殿を新宮一画の建物としているが、両者の関係については明確に述べていない。

それでは二番目の新宮正殿への天皇の出御とそこでの斎戒についてはどのように考えればよいのであろうか。上記のように一番目の記事を大安殿造営開始にともなう鎮祭であるとすると、すでに大安殿は天皇が出御するに耐え得ない状態にあったことになるから、当然これに代わる建物が天皇の出御・斎戒、そしてその後の畿内・七道諸社への頒幣の儀式のために必要となってくる。そこで大安殿に代わって新宮正殿が用いられたのではなかろうかと考えられる。このように考えた場合、新宮は当然内裏外に求めざるを得なくなってくるが、果たして新宮はどのようなものであったと考えればよいのであろうか。

天皇が出御した新宮と呼ばれる宮として可能性のあるのは、宮内外の別宮・離宮等、史料に明確に登場しない宮を除けば、藤原宮とその内部に存在する内裏の二つであろう。前者の場合、当然新宮正殿は藤原宮の正殿のことであるから、大極殿を指すことになる。大極殿はこれ以前すでに『続紀』に見えており、(84) わざわざここで大極殿を正殿と書く必要はない。そのうえさらに問題となるのは遷居後八年も経てまだ藤原宮を新宮と呼ぶことがあるのかという点である。一方、後者の場合は内裏の正殿であるから新宮正殿は常識的には大安殿のこととなる。しかしすでに天皇の新宮正殿出御斎戒に先立つて大安殿が鎮祭大祓されているから、この段階における大安殿の存否に関わらず新宮正殿が大安殿であることはありえない。新宮を新造の内裏と考えるなら、大安殿を正殿以外の内裏の建物に当てるか、あるいは大安殿を新宮外に存在する建物に比定しなければならない。もし前者なら大安殿は通説のように内裏の正殿であったとする理解を改めなければならないことになる。後者であるなら、新宮以外に旧宮と新造大安殿のある区画の二つを考えねばならないが、藤原宮内にそのように天皇に関わる宮が三つも存在し得たであろうか。ただしこの場合、先述したように旧宮と新造大安殿を含む一画とは重複する可能性もあることを考慮しておかなければならないのはもちろんのことである。

以上、現在のところいずれの史料にも矛盾のない結論を導くことは困難であるが、上記の諸点からも明らかなように、大安殿と内裏の造替、そして藤原宮内外における新宮造営の可能性を今後発掘調査で検証して行かねばならない。

む　す　び

以上、本章では、『書紀』を中心として文献史料に現れた藤原京関係名辞の整理とそれに基づく若干の検討を行ってきた。最後に、本章での蕪雑な検討を終えるにあたり縷々述べてきたところを、藤原京の造営経過という点に絞って簡潔にまとめてみると、次ぎのごとくになる。

① 壬申の乱後、天武天皇による新しい都城(新城)造営計画は、まず天武五年(六七六)に行われ、その領域を囲うことまでは行われたが、結局失敗した。しかしその理由は明確でない。

② 天武天皇はその後も新しい都城を造営する計画を抱き続け、天武一一年にふたたび新しい都城(新城)の造営を始め

た。これと並行して難波における羅城の造営と難波への交通路の整備を行い、天武一二年には、複都制の詔を出して都城・宮室を複数造営する意志を示し、まず難波で都城の造営が行われた。さらに畿内や信濃に使いを遣わして造都・造宮候補地を求めた。

③　天武一一年に開始された都城（新城）造営は順調に進み、翌一二年には天武天皇が行幸し、さらに天武一三年にはこの新首都内に造宮のための用地が決められた。この時造営された首都は当時の宮室の所在地である飛鳥浄御原宮と別の地に造営され、将来ここに宮室が営まれて遷ることが予定された。

④　しかし朱鳥元年（六八六）に難波の宮室が全焼したばかりか、天武天皇自身が崩御してしまい、主都および難波における副都造営は頓挫を余儀なくされてしまった。

⑤　天武天皇の一連の喪葬送儀礼が終わり、持統四年（六九〇）に皇后鸕野讃良皇女が即位すると、天武天皇が生前に決めた計画に基づいて首都と宮室の造営が再開され、まず新宮藤原宮とその造営地の細部が決定され、それにともなって京域（新益京）の整備に着手した。やがてそれが順調に進んでくると藤原宮の造営が開始され、持統七年にほぼ完成したことによって、藤原宮遷居が断行された。

⑥　律令国家の首都としての藤原京はさらにその後も整備が進められ、大宝律令の施行によって左右京に分けられ、それに関連した東西市や獄などの諸施設も漸次整備されたと考えられるが、その土地と人の有機的結合をもった藤原京が完成をみたのはようやく慶雲元年（七〇四）に至ってからであった。

次ぎに、藤原京の造営過程を以上のように理解した時、これまで大藤原京域における発掘調査で確認されている遺構と可能な限り対比させて考えてみると、

①については、条坊遺構に先行する直線素掘り溝や、本薬師寺造営に先行する条坊遺構および、それにともなう掘立柱塀・建物などがこの時の造営計画に関わると憶測される。ただ問題は、これらの遺構の性格、特に本薬師寺の下層で検出された塀・建物の性格や時期にある。この点はさらに今後検証の必要がある。

②の時期の造営には、条坊に関わる遺構、すなわち条坊道路とその側溝などが対応すると考えられる。しかしこの時期の遺構の理解には、藤原京について考える時、もっとも大きな問題がある。それは、言うまでもなくいわゆる大藤原京域に広がる条坊遺構の理解、特に大藤原京域で検出される条坊遺構をすべて同時期のものと考えてよいのか、あるいはまたこれらに施工時期の差があると考えるのか、そしてこの場合特に⑤における京の「新益」との京設定における段階的な区別をいか様に付けるのか、などの点である。

③の時期の遺構としては、天武末年、宮室の建設に際して開削されたと考えられる運河がある。この運河以外で藤原宮内においてすでに検出されている遺構のなかにも、これと同時期、すなわち天武朝における宮室建設計画時に、その計画に従って築かれたものがあるかもしれない。ただこの場合、現実には①や②の時期の遺構と選別することはきわめて難しい。そのうえ、この時の造営計画が天武天皇の病・崩御によってなんら造営に着手することなくまったくの計画だけで終わったのか、あるいはもし造営が行われたとしてもそれがどの程度のものであったのか、など明らかにすべき点が山積している状況にある。

⑤は、発掘調査遺構として藤原宮があるが、「新益」された京の具体的内容についてはまだ明確にできていない。それは、さきにも述べたが、②の遺構との選別を意識的に行うかたちで発掘調査を行わなければ明確にし得ない恐れがあるからである。

⑥については、具体的には京の一部の改造（京の左右分化による官衙としての左右京職の分置、市の東西分置など）が行われたと推定されるが、発掘調査ではこの点をまだ明確にし得ていない。また藤原宮についても官衙に前後二時期があるとの指摘があるが、これもどの程度のものかまだ検討の余地を残している。ましてや藤原宮の中枢部、特に内裏についてはほとんどその状況が判明しておらず、今後の発掘調査が待たれる。

さて、本章ではさらに藤原京の名称に考えを及ぼし、今日我々が藤原京と呼んでいる都城が実は固有名（京号）を持っていなかったことを明らかにしたうえで、さらにこの事実を重視すべきことを主張し、このことが当時における藤原京の位置付け、特に律令国家の不動の首都としての地位を示すものではないかと考えるに至った。それゆえに今後、藤原京は「藤原」京と表記する必要がある。

以上、本章は、単に『書紀』を中心とした文献史料に見える藤原京関係史料を整理・再検討したに過ぎず、試論の域を出ない点も多々ある。しかし今後におけるさらなる発掘調査の進展を俟ってその成果との突き合わせを徹底して行い、再度上記の点について検討を行ってみたいと考えている。

（一九九六年一〇月四日成稿）

（補記）

〈一〉

本文では藤原京なる京号の同時代における存否を考える場合、問題となる史料として『万葉集』巻一―七九番の題詞に検討を加えたが、その後もう一つ問題となる史料のあることに気付いた。それは僧延慶の執筆にかかる「家伝」下、いわゆる武智麻呂伝にある。いま検討に必要な箇所を抜き書きすると次ぎのとおりである。

三年(大宝三年)四月以レ疾而罷、四年三月拝為二大学助一、先従二浄御原天皇安駕一、〔国〕家繁レ事、百姓多促、兼属三車駕移二藤原京一、人皆急忙、代不レ好レ学、由レ此学校凌遅、生徒流散、雖レ有二其職一、无レ可二奈何一、公入二学校一、視二其空寂一以為、夫学校者、賢才之所レ聚、王化之所レ宗也、理レ国理レ家、皆頼二聖教一、尽レ忠尽レ孝、率由二茲道一、今学者散亡、儒風不レ扇、此非レ所下以抑二揚聖道一翼中賛王化上也、即共二長官良虞王一陳請、遂招二碩学一、講二説経史一、浹辰之間、庠序鬱起、遠近学者、雲集星列、諷誦之声、洋々盈耳、

この箇所は大学寮の助に任じた藤原武智麻呂の業績として大学の復興を図って成功したことを述べた部分で、武智麻呂による大学復興策の実施以前、大学が衰微した理由として「先従二浄御原天皇安駕一、〔国〕家繁レ事、百姓多促、兼属三車駕移二藤原京一、人皆急忙、代不レ好レ学」ことを掲げている。「家伝」下が「車駕移二藤原京二」と書き表したことの実態は、本文ですでに明らかにしたように持統天皇による藤原宮への遷居であり、持統天皇が遷居したのは藤原京あるいは

京師ではなかった。したがって「家伝」下の藤原京を藤原宮と解することによって一応問題は解決しうる。しかしなぜ藤原宮と書くべきところを藤原京と延慶が表記したのかは依然問題として残る。詳しい検討を必要とするが、『続紀』などでは宮と京とを明確に区別しないで用いているのではないかと疑わせる記述もある。また「家伝」下が執筆された時期は藤原京の時代を五〇年ほど下り、当時首都に住む人々はすでに平城京や恭仁京に遷都した経験を持っている。それゆえにそれらの京と区別するべく、藤原京と書き表した可能性は考えられる。したがって「家伝」下の場合も厳密な意味での同時代史料とは言えないことも併せ考えると、その表記をもってただちに京が営まれた当時すでに藤原京と呼ばれていたことを示すことにはならない。

〈二〉

本文では史料と発掘調査の成果を突き合わせて藤原京の条坊施工時期について検討できる藤原京内所在の寺院として本薬師寺を取り上げたが、これと並んで、藤原京に存在した重要な寺院として大官大寺がある。ここで大官大寺について若干補足しておきたい。

大官大寺の来歴は『書紀』と「大安寺伽藍縁起幷流記資財帳」(以下「縁起」と略記する)に詳しく記され、両者の史料としての性格や相互の関係については種々の研究があるが、ここでは高市大寺造営以降の動きに限って整理してみたい。

『書紀』や「縁起」によれば、大官大寺はもと高市大寺といった(『書紀』天武二年一二月戊戌条、「縁起」)が、天武六年九月丙寅に寺号を高市大寺から大官大寺へ改められた(「縁起」)。高市大寺の前身は、舒明天皇の代に十市郡所在の百済川の川辺あるいは百済邑で造営が開始された百済大寺で(「縁起」、『書紀』皇極元年九月乙卯条、『三実』元慶四年一〇月二〇日庚子条、『略記』舒明一一年正月是月条、「大安寺碑文」)、天武二年にそれを高市郡夜部村の地に移して「始院二寺家一」したのが高市大寺である(「縁起」、『書紀』天武二年一二月戊戌条、『略記』天武一二年是歳条)。しかし高市大寺(あるいはそれを改名した大官大寺)はこののちしばらくのあいだ『書紀』には現れず、ようやく天武一一年に至って一四〇余人を出家させる場として大官大寺が見え(天武一一年八月庚寅条)、これ以後天武朝の末年に頻出するようになる(天武一四年九月丁卯・一二月丁亥・朱鳥元年正月庚戌・五月癸丑・七月是月・一二月乙酉条）。「縁起」にはこのころのこととして草壁皇子が天武天皇の勅を承って「造二営大寺一」する代わりに天皇の寿命を三年延ばしてほしいと誓願し、天皇はそれから三年間生き長らえたと記されている。あるいはこのころ大官大寺でなんらかの造作が行われいたかと推測されるが、この「大寺」とは本薬師寺である可能性もあり（このころ大寺と称され得る寺院が大官大寺以外にもあったことは、『書紀』天武九年四月是月条に「勅、凡諸寺者、自今以後、除下為二国大寺一二三上以外、官司莫レ治、唯其有二食封一者、先後限二卅年一、若数年満レ卅則除之、且以為、飛鳥寺不レ可レ関二于司治一、然元為二大寺一、而官司恒治、復嘗有レ功、是以、猶入二官治之例一」とあることから、官治を被る大寺には大官大寺以外にもなお複数の寺院が存在していたことは明らかである）、いまのところ明らかでない。以後ふたたび持統一〇年まで大官大寺は史料から見えなくなる（「縁起」には持統朝に寺主の恵勢法師が鐘を鋳たと書かれている）。

『続紀』では大官大寺は大安寺と書かれるが、これは『続紀』編纂者による書き替えと考えられている（水野柳太郎「大安寺伽藍縁起幷流記資財帳」『日本古代の寺院と史料』吉川弘文館、一九九三年）。「縁起」には文武朝に大官大寺において九重塔の建立、金堂の造営、丈六像の鋳造が行われたと書かれ、当時実際にこれらのことが行われていたことが『続紀』の記事から知られる（大宝元年正月戊戌条、二年八月己亥条）。

以上から藤原京域における条坊の施工年代を考えるうえで高市大寺とそれを改称した大官大寺の所在地とその構造の解明がきわめて重要であることが明らかとなる。高市大寺は天武二年に造営が開始されたため、新城の造営が天武五年であれ天武一一年であれ、高市大寺が新城の域内で造営されたのであれば、当然、新城に関わる条坊との直接的な重複関係ないしは条坊施工にともなう再整備工事の実施などが考えられる。

ところで舒明朝の百済大寺については、従来、藤原宮東方の木之本廃寺が有力な比定地の一つであったが、最近、百済大寺の金堂跡と考えられる建物の基壇がそのはるか東方吉備池と名付けられた溜池周辺で確認され、吉備池廃寺と命名されるに至った。それに代わって高市大寺の候補地として木之本廃寺が一躍浮上してきた。それは木之本廃寺の瓦が吉備池廃寺と同笵である事実に基づいている。しかし木之本廃寺の実態は依然不明であり、はたして寺が存在したのかさえ明らかでない。木之本廃寺を含め高市大寺候補地とされる紀寺跡などを再検討する必要がある。一方、大官大寺は、早くから香久山南方の地に遺構の存在が知られ、発掘調査が行われて多くの事実が知られるようになった。これまでの発掘調査ではこの寺跡が「縁起」に書かれた文武朝造営の大官大寺であることが明らかになった。しかし残念ながら発掘調査で天武朝の大官大寺とされる寺院跡を発見するには至っていない。文武朝の大官大寺とされる寺院跡の再検討を行うとともに高市大寺を直接引き継ぎ得る天武朝の大官大寺の所在を明確にする必要がある。

（以上、一九九七年三月四日補記）

〈三〉

大官大寺については、いつ、なにゆえに寺号を造営地の地名による高市大寺から普通名詞的な大官大寺に変えたのかがその性格、そしてそれが所在した「藤原」京の性格を考えるうえで重要な問題である。

周知のように、飛鳥時代の造営にかかる寺院で寺号の明らかなものは、その多くが寺号を二つもっていたことが知られる（当然二つの寺号の存在を確認できない寺もあり、すべての寺院に二つの寺号があったと必ずしも言い切れない）。二つの寺号のうち一つが仏教の名辞に因む寺号であり、いま一つがその所在地の地名に因む寺号である。たとえば、日本最古の寺院である飛鳥寺は法興寺（元興寺）、坂田寺（南淵坂田尼寺）は金剛寺、荒陵寺は四天王寺、斑鳩寺は法隆寺、蜂岡寺は広隆寺、川原寺は弘福寺、山階寺（厩坂寺）は興福寺、そして少し時代が下って岡寺は竜蓋寺とそれぞれ呼ばれた。しかしこれらは必ずしも一方が正式の寺号で、他方が非公式のものであるという関係で捉えることはできない。事実、『書紀』を始めとする六国史やその他の諸史料では、二つの寺号が混用あるいは併用されている。また一つの寺院に対して二つの寺号が成立した時期の前後関係についても必ずしも明瞭でない場合があり、成立時期をもって寺号の性格を考えることも難しい。ただし奈良時代の寺院でも寺号を二つもつ寺がないわけではない。たとえば、海龍王寺は隅寺、南法華寺は壺坂寺と言った。しかし奈良時代でも時期の下る東大寺・西大寺・西隆寺・法華寺などは他に寺号を持たない。東大寺・西大寺は地名とは言い難いが、平安京の東寺・西寺と同様に宮室・内裏（天皇）の所在を基準にしての命名であり、地名に準ずると見ることも可能である。西隆寺が西を冠するのも東西両大寺と同様の基準による命名であろう。また都城と深い関係をもって造営された甲賀宮の甲賀寺、保良宮の石山寺、由義大宮の由義大寺(弓削寺を改称)はいずれも地名のみの寺号しか知られない。寺院の寺号がどのように変遷したのかはその性格を考えるうえで重要であるが、ここではこれ以上この問題に深入りすることは避け、上記のような寺号をめぐる状況のなかで地名に基づく百済大寺・高市大寺から普通名詞を冠する大官大寺へと改名された事情について考えてみたい。

①高市大寺から大官大寺への改号の時期

高市大寺から大官大寺への改号が行われたことについて『書紀』を始めとする関連諸史料の多くが明確に記さないなかで、「縁起」は唯一改号の時期を日にかけて天武六年九月丙寅のことであると明記している(『略記』は天武一二年是歳条で大官大寺への改称について記す。しかし『聖徳太子伝補闕記』ではすでに天武一一年のこととして「子足人古年十四、壬午(壬午は天武一一年に当たる)八月廿九日、出家大官大寺」と記す)。「縁起」は『書紀』と同様に天武二年に高市の地における大寺造営開始について記し、さらにそれが百済の地にあった大寺の伽藍を移したものである、と『書紀』に見られない記述を行なっている。

高市大寺は『書紀』では天武二年にただ一度見えるだけで、その後まったく現れず、『書紀』天武二年一二月戊戌条の割書に高市大寺に対し「今大官大寺、是」と記すのを信ずれば、高市大寺が大官大寺となったと考えられるが、大官大寺が『書紀』にしばしば現れるようになるのはそれから一二年を経た天武一四年九月丁卯条以降であり、両者の関係は『書紀』のなかでは必ずしも明瞭でない。しかし『書紀』天武二年一二月戊戌条の割書のように大官大寺が高市大寺を引き継いだ寺院であったとすると、『書紀』のなかでは寺号の改称は高市大寺の初見である天武二年から大官大寺の初見である天武一四年までのあいだに行われたことになる。「縁起」が大官大寺への改称の時期として記す天武六年はちょうどこのあいだに入ることになる。本文での検討の結果明らかになった「藤原」京の造営過程に基づくと、その前年天武五年は「藤原」京の前身となる新城の造営が行われたが、失敗に終わった年であり、ふたたび新城に都を営みそこにのちの藤原宮となる宮室を占定したのは天武一一年から一三年にかけての時期であり、「縁起」が大官大寺への改称の時期として伝える天武六年はちょうどこのあいだの首都の造営が停止されていた時期に当たることが留意される。

②高市大寺から大官大寺への改号の理由

高市大寺もその前身の百済大寺も、ともに伽藍造営地の地名に因む寺号であることは明白である。ここでは、百済が十市郡所在の川あるいは村の名であるのに対し、高市はより包括的な地名である郡名であり、百済大寺から高市大寺への改称によって寺号とした地名が村名・川名から郡名へとより広範囲を意味するものに変更されていることに留意する必要がある。しかし百済大寺と高市大寺が地名に基づく寺号以外に仏教的な名辞や由来による寺号をもっていたことを史料のうえで確かめることはできない。

一方、大官大寺という寺号は、後述するように地名に基づく寺号でも仏教的な名辞・由来をもつ寺号でもなく、また大官大寺がこれ以外に地名に基づく寺号や仏教的な意味による寺号を持っていたとの史料もない。地名や仏教的名辞によったものではない大官大寺なる寺号は、『三実』では高市大官寺、『略記』『元亨釈書』などでは大官寺とも記されるが、他に大官の用例がほとんどなく、その意味は必ずしも明確でない。しかし大官とは、同じような大の用法による語彙と思われる大王・大后・大兄・大臣・大連、大宮・大寺などの例から、官の大いなるもの、官中の官、大いなる官の意味であると考えられる。大官は単に規模が他に比べて大きなことを意味するに止まらず、本質において他を凌駕するほとんど唯一のものを意味すると考えられる。また官とは、たとえば東大寺、そしてそれを受け継いで東西両寺などに施入された封戸に官家功徳分とある官家という用例を参考にすると、天皇を指していることが明らかである。したがって大官とはまさしくおやけ、すなわち天皇のことであると考えられる。事実、天武末年、天武一四年九月に天武天皇が不予となって以降、しばしば大官大寺において誦経や施物などが行われた。大官大寺はまさしく天武天皇の寺であり、天皇ための寺であった。大官とは地名による固有名詞や仏教的由来をもつ普通名詞ではなく、公を意味する普通名詞であるとともに、逆に官中の官、唯一の官すなわち天皇を意味し、その意味では固有名詞の最たるものと言うこともできる。大官大寺のように仏教に由来する名称や地名を冠することのない寺は他に存在しない。しかも大官大寺は大官・大寺と大を二重に冠している寺院であり、そのような大官大寺という寺号こそ、藤原宮を中心に置いて京師・京と普通名詞のみによって呼ばれた「藤原」京と思想的に同じ方向性をもつものであると言える。そのような意味で、百済大寺から高市大寺への寺号の変更は、より普遍的な寺号への改称の先駆けであると評価することができる。

このような京師、京と同じ方向性の意味をもつ大官大寺という寺号が天武六年ころに付けられたとすると、それはやはり「藤原」京がこの列島における最初の首都として造営され始め、普通名詞をもって京師・京とのみ呼ばれたことと切り離して考えることはできない

（一九九九年四月九日補記）

注

（1）岸俊男「京域の想定と藤原京条坊制」『藤原宮』奈良県教育委員会、一九六九年。
（2）黒崎直「資料編―藤原京主要条坊遺構の概要」『研究論集』XI、奈良国立文化財研究所、二〇〇〇年。
（3）「土橋遺跡他の発掘調査現地説明会資料」橿原市教育委員会、一九九六年、「上之庄遺跡現地説明会資料」桜井市教育委員会、一九九六年。
（4）藤原京の南端については、石神遺跡における発掘調査の結果、藤原京の条坊制が石神遺跡には及んでいないことが明らかになり、その北に位置する山田道が南端となる可能性が強いと考えられる。
（5）川越俊一「藤原京条坊年代考―出土土器から見たその存続期間―」注（2）論集所収。
（6）『飛鳥・藤原宮発掘調査概報』二三〜二六、奈良国立文化財研究所、一九九三―一九九六年。
（7）『飛鳥・藤原宮発掘調査概報』六、奈良国立文化財研究所、一九七六年。
（8）『飛鳥・藤原宮発掘調査概報』二六、奈良国立文化財研究所、一九九六年、花谷浩「京内廿四寺について」注（2）論集所収。
（9）『飛鳥・藤原宮発掘調査概報』六・八、奈良国立文化財研究所、一九七六・一九七八年。

(10)『橿原市院上遺跡』奈良県文化財調査報告書四〇、奈良県立橿原考古学研究所、一九八三年、「四条遺跡」『奈良県発掘調査概報』一九九〇年度第二分冊、奈良県立橿原考古学研究所、一九九一年など。
(11)『藤原京右京七条一坊西南坪発掘調査報告』奈良国立文化財研究所、一九八七年、『飛鳥・藤原宮発掘調査概報』七・二〇、奈良国立文化財研究所、一九七七・一九九〇年など。
(12)注(2)論集。
(13)阿部義平「新益京について」『千葉史学』九、一九八六年。
(14)湊哲夫「飛鳥浄御原京の基礎的考察」『日本史論叢』一〇号、一九八三年。
(15)今泉隆雄「律令制都城の成立と展開」『講座　日本歴史』二(古代二)、東京大学出版会、一九八四年。
(16)仁藤敦史「倭京から藤原京へ—律令国家と都城制—」『国立歴史民俗博物館研究報告』四五、一九九二年。
(17)今泉注(15)論文。
(18)井上和人「藤原京—新益京造営に関する諸問題—」『仏教芸術』一五四、一九八四年。
(19)仁藤注(16)論文。
(20)仁藤は、近江や難波と異なり、倭京のみが『書紀』のなかで永続的に京と称されたことを重視している。仁藤の言う倭京のみが永続的に京と称されたとの主張自体が明確でない。
(21)小澤毅は、飛鳥時代の後半段階には、実質的に歴代天皇の宮室の位置が同定され(飛鳥岡本宮・飛鳥板蓋宮・後飛鳥岡本宮・飛鳥浄御原宮の諸宮が国指定史跡伝飛鳥板蓋宮跡に重層的に営まれた事実)、それを中心に関連施設や官庁・寺院が一定の範囲に集中され、「一種の都市的空間」を形成していたと想定している(「伝承板蓋宮跡の発掘と飛鳥の諸宮」『橿原考古学研究所論集』第九、吉川弘文館、一九八八年)。小澤のこの想定は基本的に正しいと考えるが、問題はその当時この「一種の都市的空間」をなんらかの名辞をもって呼ぶことがあったのか否か、またもし呼んだとした場合にはなんと呼んだのかである。
(22)相原嘉之「倭京の実像～飛鳥地域における京の成立過程～」『紀要』六、(財)滋賀県文化財保護協会、一九九三年。相原は飛鳥の地域に集落跡が継続的に営まれたかのごとき遺跡分布図を提示しているが、相原によって集落跡とされた遺跡自体がはたして集落跡であるのか否かの検証こそが重要である。

(23) 日本古典文学大系『日本書紀』下、岩波書店、一九六五年、持統天皇紀頭注(青木和夫担当)。
(24) 鏡山猛『大宰府都城の研究』風間書房、一九六八年。
(25) 岸俊男「都城と律令国家」『岩波講座　日本歴史』二(古代二)、岩波書店、一九八八年。
(26) 喜田貞吉「藤原京再考」『夢殿』一五、一九三三年ほか。第二次世界大戦後のものでは、注(23)日本古典文学大系『日本書紀』下、瀧川政次郎「都城制と其の思想」『京制並に都城制の研究』法制史論叢第二冊、角川書店、一九六七年、押部佳周「藤原京と新益京」直木孝次郎先生古稀記念会編『古代史論集』上、塙書房、一九八八年などがある。
(27) 大井重二郎『上代の帝都』立命館出版部、一九四四年、岸注(25)論文。
(28) 岸注(25)論文。
(29) 古典文庫『完訳注釈続日本紀』第五分冊、現代思潮社、一九八八年、中山薫「天武紀にみえる新城について」『続日本紀研究』二五九、一九八八年、新日本古典文学大系『続日本紀』四、岩波書店、一九九五年、四三八頁脚注七および補注三三―一七(森田悌担当)、岩本次郎「楊梅宮考」『甲子園短期大学紀要』一〇、一九九一年。なお、森田悌は補注で新城が普通名詞であること、また具体的には楊梅宮をさすことを指摘しつつ、本条では天皇の新城宮への移動を宮外へ出向く場合に用いる「幸」の文字で表記していることから、宮内の楊梅宮ではなく、京中に新造された宮であった可能性も述べている。しかし楊梅宮の前身である東院の場合、そこへの天皇の移動を「幸」とも「御」とも表記しており、本条に「幸」とあるからといって楊梅宮である可能性が否定されるわけではない。拙稿「平城宮の内裏」『平城宮発掘調査報告』XIII、奈良国立文化財研究所学報第五〇冊、奈良国立文化財研究所、一九九一年(拙著『古代宮都の内裏構造』吉川弘文館、二〇一一年所収)参照。ただし中山は楊梅宮を平城京内に所在したとは考えていない。
(30) 二人の女性を新城宮の日常的な管理者たる別当と考えるのには問題がある。別当が女性であり、また二人と複数である点などから、彼女たちは新城宮の日常的な管理者などではなく、行幸当日行幸先の新城宮で行われたなんらかの行事の担当者としての別当、たとえば内教坊などの別当のごときものと見ることもできるのではなかろうか。もし藤原諸姉・刑部虫名の二人の女性が楊梅宮の日常的な管理に当たっていたとすると、その意味を楊梅宮という宮の性格を含め検討し直す必要がある。
(31) 西本昌弘「天武紀の新城と藤原京」『信濃』四二―四、一九九〇年。
(32) 『書紀』天武天皇五年九月乙亥条に「王卿遣二京及畿内一、校二人別兵一」との記事のあることが注目される。

(33)　注(6)概報参照。
(34)　注(10)(11)概報・報告など参照。
(35)　岸俊男「古道の歴史」坪井清足・岸俊男編『古代の日本』五(近畿)、角川書店、一九七〇年・「大和の古道」橿原考古学研究所編『日本古文化論攷』吉川弘文館、一九七〇年。
(36)　岩本次郎「副都難波京」直木孝次郎編『古代を考える難波』吉川弘文館、一九九二年、小笠原好彦『難波京の風景』文英堂、一九九五年など。
(37)　難波大道については、『大和川・今池遺跡』大和川・今池遺跡調査会、一九八一年など。
(38)　中尾芳治「難波宮」『岩波講座　日本通史』三(古代二)、岩波書店、一九九四年、森村健一「堺市発掘の難波大道と竹ノ内街道」『季刊考古学』四六、一九九四年など。
(39)　岸俊男「飛鳥と方格地割」『史林』五三—四、一九七〇年、大脇潔「新益京の建設」山中一郎・狩野久編『[新版]古代の日本』六(近畿Ⅱ)、角川書店、一九九一年。
(40)　花谷注(8)論文。
(41)　持統四年三月丙申条「賜下京与二畿内一人年八十以上者嶋宮稲人廿束上、其有位者加二賜布二端一」、四月癸丑条「賜下京与二畿内一人耆老耆女五千卌一人稲人廿束上」、九月乙酉条「詔曰、朕将レ巡二行紀伊一之、故勿レ収二今年京師田租口賦一」。
(42)　早川庄八「律令太政官制の成立」坂本太郎博士古稀記念会編『続日本古代史論集』上巻、吉川弘文館、一九七二年によると、大宝令以前は官司名＝官職名であったとされる。
(43)　岸俊男「造籍と大化改新詔」三品彰英編『日本書紀研究』第一冊、塙書房、一九六四年。孝徳紀の倭京・難波京は、宮の所在する地域を概括的に言ったものであるとしている。
(44)　木原克司「我が国における条坊制都市の成立をめぐって—研究の現状と展望—」『人文地理』三九—五、一九八七年、中尾注(38)論文。
(45)　岸注(25)論文。
(46)　岩本注(36)論文。

(47) 瀧川政次郎「複都制と太子監国の制」瀧川注(26)著書。

(48) ただし難波に置かれた京が一箇の独立した行政単位として存在したか否かについては疑問がある。岸俊男「難波の都城・宮室」難波宮址を守る会編『難波宮と日本古代国家』塙書房、一九七七年によれば、奈良時代の聖武朝難波京の統治について、①摂津職は難波京の設定と無関係ではないが、職による統治は条坊制による行政単位(京・条・坊)を採用したものではなく、坊令・坊長は配置されず、したがって左右京が各四坊から成っていた確証もないし、さらに左右京そのものの存在も不明であり、京(条坊に似た街区)は存在したが、行政単位としての京は存在しなかった、②陪都としての京内統治は、摂津職のもと、難波宮を中心に東成(東城)・西成(西城)両郡に分属し、摂津国の郡郷単位の行政組織に組み込まれていた、と考えられるからである。

(49) 朱鳥元年一二月壬辰条「賜二京師孤独高年布帛一各有レ差」、持統元年正月庚辰条「賜下京師年自二八十一以上及篤癃貧不レ能二自存一者絁綿上、各有レ差」、九月庚午条「設二国忌斎於京師諸寺一」、四年九月乙酉条「詔曰、朕将レ巡二行紀伊一之、故勿レ収二今年京師田租口賦一」、七年正月発卯条「賜二京師及畿内有位年八十以上人衾一領・絁二匹・綿二屯・布四端一」、正月丙午条「賜二京師男女年八十以上及困乏窮者布一、各有レ差」。

(50) 平城京は和銅元年九月戊子条、平城宮は一〇月庚寅条がそれぞれ初見。

(51) 本居宣長「地名字音転用例」『本居宣長全集』五、筑摩書房、一九七〇年、木下正史「新益京の謎」『明日香風』四〇、一九九一年、西本注(31)論文。

(52) 「益」が「や」の音を表すのに用いられた例として『万葉集』五番の題詞に讃岐国阿野郡(綾郡)を「安益郡」と表記したものを挙げることができる。ちなみに万葉集では一般に「ます」「いや」などの訓を表す文字として「益」が用いられている。

(53) 喜田貞吉『帝都』日本学術普及会、一九三九年、岸俊男「日本における「京」の成立」『日本律令国家と東アジア』東アジア世界における日本古代史講座六、学生社、一九八二年など。

(54) 大藤原京説の登場とともに現れ、諸説あるが、ここではその一々を引用紹介することは省く。

(55) 拙稿「地中から出た新しい文字史料をめぐって」白石太一郎・吉村武彦編『争点日本の歴史』三(古代編Ⅱ)、新人物往来社、一九九一年。

(56) 遅くとも『書紀』天武一四年三月辛酉条に「京職大夫直大参許勢朝臣辛檀努卒」と見える、天武天皇一四年ころと考えられる。

(57) 仁藤注(16)論文。
(58) 『続紀』和銅元年九月戊子・二年一〇月癸巳条。
(59) 固有名が冠せられたのは、平城京(造平城京司)・難波宮(造難波宮司)・長岡宮(造長岡宮使)であり、固有名が冠せられなかったのは、紫香楽宮(造離宮司)・保良宮(造宮使)・平安京(造宮使・造宮職)である。なお恭仁京は造宮省が造営を担当した。
(60) 持統四年一〇月壬申条「高市皇子観二藤原宮地一、公卿百寮従焉」、一二月辛酉条「天皇幸二藤原一観二宮地一、公卿百寮皆従焉」。
(61) 『書紀』持統六年五月丁亥条「遣二浄広肆難波王等一、鎮二祭藤原宮地一」、庚寅条「遣二使者一、奉二幣于四所伊勢・大倭・住吉・紀伊大神一、告以二新宮一」。
(62) 喜田注(53)著書。
(63) 『続紀』慶雲元年一一月壬寅条、『略記』和銅四年条など。
(64) 足立康「藤原京拡張説」『史蹟名勝天然紀念物』一一―七、一九三六年・「藤原京」『歴史教育』一四―一一、一九四〇年。
(65) 岸注(39)論文。
(66) 大井注(27)著書。
(67) 喜田注(53)著書。
(68) 仁藤注(16)論文。
(69) 喜田注(53)著書。
(70) 足立注(64)論文。
(71) 瀧浪貞子「歴代遷宮論―藤原京以後における―」『史窗』三六、一九七九年。
(72) 瀧浪注(71)論文。
(73) 拙稿注(29)論文。
(74) 拙稿注(29)論文。
(75) 岸注(53)論文。
(76) 押部注(26)論文、西本注(31)論文。

(77) 信濃国における都城建設計画については、これを軍事的な観点から把える研究者が多い。そのようななかで、中山薫「天武天皇信濃都城建設計画の背景」『続日本紀研究』一九八八年は、天武天皇がみずからの病気治療のために湯治可能な都城を求めたことをつけ加えている。

(78) 慶雲四年威奈大村骨蔵器には「後岡本聖朝」「清原聖朝」とともに「藤原聖朝」が見え、和銅三年伊福吉部徳足比売骨蔵器にも「藤原大宮御宇大行天皇御世」とあり、また天平二年(七三〇)美努岡万墓誌には「平城宮治天下大行天皇御世」に対して「藤原宮御宇大行天皇御世」と見える。

(79) 大宝二年一二月乙卯条。ちなみに瀧浪はこの記事を大宝元年一二月のものとしているが、明らかに誤りである。

(80) 瀧浪注(71)論文。

(81) 仁藤注(16)論文。

(82) 瀧浪注(71)論文。

(83) 拙稿注(29)論文。

(84) 『続紀』文武二年正月壬戌朔・大宝元年正月乙亥朔・二年正月己巳朔条。

第二章　平城宮内裏の歴史的変遷

はじめに

平城宮内裏地区における遺構の時期区分と変遷、および奈良時代における天皇の御在所の歴史的変遷に関する検討(1)に基づき、奈良時代における平城宮内裏の遺構の変遷について歴史的考察を行うことにする。その際、まず平安宮における内裏の構造について概観し、そののちそれと平城宮内裏地区における各期の遺構とを比較検討することによって、平城宮内裏地区の構造やその性格・機能の変遷について述べることにしたい。

一　平安宮内裏の構造

1　平安宮内裏の構造とその機能

内裏地区の遺構の一部について報告を行った『平城宮発掘調査報告』Ⅲ、奈良国立文化財研究所学報第一六冊、奈良国立文化財研究所、一九六三年において、すでに平安宮の内裏に関する諸問題が取り上げられ論じられたが、そこで主として問題とされたのは、第一に平安宮内裏を描く古図や復原図、絵画資料等が有する史料的な問題点であり、また第二にそれらを用いて復原される平安宮内裏の有する諸問題についてであった。そこでは、結論的には、平城宮内裏の建物の配置は基本的に平安宮のそれと同じことを指摘し、平安宮内裏が平城宮内裏の発展形態であるとされた。しかし当時明らかにされていた内裏地区の遺構はその南半部に過ぎず、しかも内裏の遺構と見られていたのは築地回廊で囲まれた時期の遺構に止まり、その下層に掘立柱の遺構群が存在していることを把握していない段階での検討に過ぎなかった。

したがって平城宮内裏地区で検出した遺構と平安宮内裏との比較を十分な発掘資料に基づいて行ったのではなく、現段階における内裏地区の遺構の全体的な様相から見ると、必ずしも従来の比較が正鵠を射たものであったとは言えないと考える。

そこでまず、平安宮内裏の基本的な構造を概観することにし、次いで行う平城宮内裏地区の歴史的変遷を検討するための前提としたい。なお平安宮内裏の構造を検討する材料としては、正史をはじめとする多くの文献史料のほかに、『平城宮発掘調査報告』Ⅲで詳しく検討した平安宮内裏古図のうち陽明文庫本宮城図と九条家本『延喜式』巻四二所収の内裏図を用いることにする。また平安宮内裏の基本的な構造を考えるには、その内部に存在している数多くの建物一つ一つの建築構造や機能・性格、あるいは個別の建物から構成される建物群の機能・性格を詳細に検討しなければならないが、個々の事例を挙げて逐一検討することは困難であり、また建物の使用方法にもおのずから歴史的な変遷があることから、ここでは当該時代の史料を通覧してそこから窺知しうる平安宮内裏の基本的な構造について、とりわけ平安宮の創建期にできるだけ近い平安時代の前期における平安宮内裏の構造を概括的に述べるに止めることにする。

平安宮内裏の基本的な構造は、おおよそ次ぎに述べる五つの空間から構成されていると見ることが可能である（図1）。すなわち、(1)築地回廊で周囲を囲まれた内裏内部の中央南半部に位置し、正殿である紫宸殿と、その東西にある四棟の脇殿である宜陽・春興・校書・安福の四殿、およびこれら五棟の建物によって囲まれた南庭からなる空間（以下では空間(1)と呼ぶ）、(2)空間(1)の北に位置し、築地回廊で囲まれた内裏のほぼ中央部を占め、正殿である仁寿殿とその後殿である承香殿、および仁寿殿の東西に配される四棟の脇殿である綾綺・温明・清涼・後涼の四殿、そしてこれらによって周囲を画された小さな複数の庭からなる空間（空間(2)と呼ぶ）、(3)空間(2)の北、すなわち築地回廊で囲まれた内裏内部の中央北半部に位置し、常寧殿を正殿、貞観殿を後殿とし、両殿の東西に宣耀・麗景・登華・弘徽の四棟の脇殿を配し、常寧殿の南に前庭を有する空間（空間(3)と呼ぶ）、(4)空間(3)の東西、すなわち築地回廊で囲まれた内裏の東北隅と西北隅に位置し、それぞれ築地塀で囲まれる二つの空間（総じて空間(4)と呼び、さらに二つの空間のうち東の空間を空間(4)a、西の空間を空間(4)bとそ

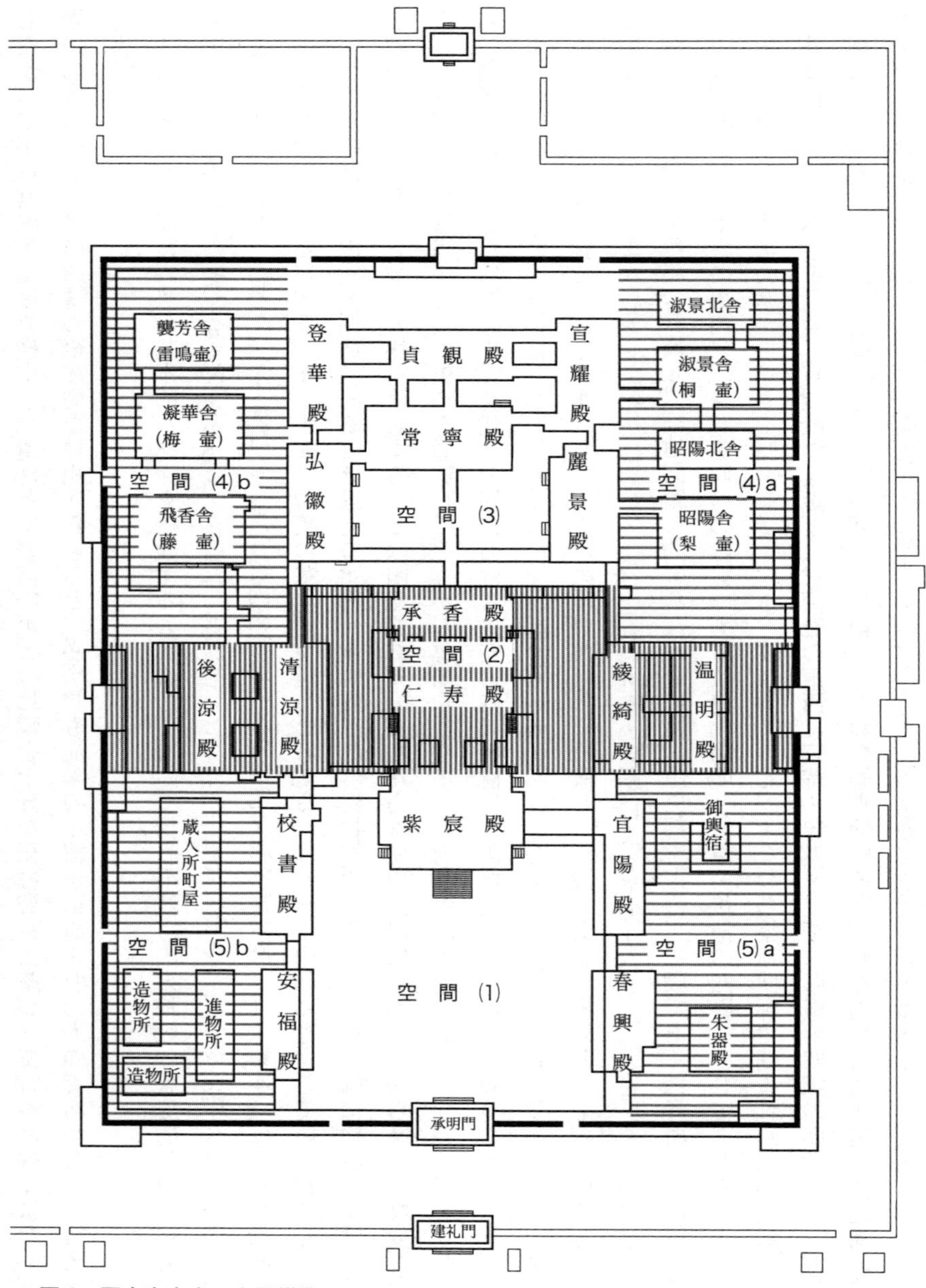

図１　平安宮内裏の空間構造

れぞれ呼ぶ)。また空間(4)aと空間(4)bとはそれぞれさらに東西方向の築地塀で南北二つの空間に細分され、東の空間(4)aには南に昭陽・昭陽北両舎、北に淑景・淑景北両舎、西の空間(4)bには南に飛香舎、北に凝華・襲芳両舎がある。(5)空間(1)の東西にあり、空間(2)の南に位置する空間(東の空間を空間(5)a、西の空間を空間(5)bと呼ぶ)である。

まずこの五つの空間について、やや詳しくその構造をみると、平安宮内裏の中央部を南北に占める空間(1)~(3)の三つの空間には、空間の構成に共通した特徴が認められる。それは、いずれも基本的に東西棟の正殿一棟とその東西に配される南北棟の四棟の脇殿から構成され、さらにこれに東西棟の後殿一棟が置かれる場合もあることである。これに対して内裏の四隅に位置する空間(4)・(5)は、内裏の中央部を占める空間(1)~(3)のように正殿と脇殿からなる構成を採らず、空間(4)ではすべてが東西棟で、空間(5)では逆に南北棟の建物が優勢を占めている。このことは平安宮内裏のなかに占める位置からも分かるが、内裏の中央部を南北に占める三つの空間がその中心的な空間であるのに対して、内裏の四隅に配置される二つの空間がこれを補完するような付属的な空間であったことを明らかに示している。

次ぎにこれら五つの空間が有していた機能や性格について簡単に述べ、さきに指摘した平安宮内裏を構成する五つの空間が大きく二大別できることを示すことにする。

まず平安宮内裏の中央部を占める三つの空間についてみると、空間(1)と空間(2)が内裏において天皇に直接関係を有する空間で、そのうちの空間(1)が儀式・節会・宴などが執り行われる公的な空間であるのに対して、空間(2)が天皇の日常的な生活の場を中心とした私的な空間であることには異論がないであろう。(2)これに対して常寧殿を中心とした空間(3)は基本的には皇后(のちに皇太后を始めとして、その時々にいわゆる後宮を代表する女性)が居住していた空間であると考えられ、(3)従来からも皇后宮・中宮に当たる空間であると考えられてきた。(4)以上のように平安宮内裏の中央部を占める(1)~(3)の三つの空間は天皇とその嫡妻である皇后に関する公的および私的空間であることになる。

天皇と皇后に関わるこれら三つの空間に対して、内裏の方形区画の四隅に配された四つの小空間のうち東北と西北の隅を占める空間(4)は、後宮五舎と総称される建物が配置され、皇后を除く天皇の庶妻たちである後宮が居住する空間である。[5]一方、東南と西南の隅を占める空間⑸については、西南隅の空間⑸bと東南隅の空間⑸aとを一応別個に考える必要がある。まず西南隅の空間⑸bは天皇の公私両生活に深く関わる蔵人所とその管轄下の所々などが配置されている空間である。なお蔵人所が平安宮草創期から一貫してこの小空間を管轄下においていたと見るのは蔵人および蔵人所の歴史から見ても困難で、蔵人所が次第に充実してゆく過程で最終的に実現されたものであると考えるのが妥当であろう。しかし、翻って蔵人所による掌握を可能としていったところに、この小空間の本来的な性格や機能が必ずしも平安宮の創建当初から固定していたのではなく、そのような事態を許すような曖昧な性格をしか有していなかったと見ることもできる。これに対して東南隅の空間⑸aは御輿宿や朱器殿があるが、その機能・用途は必ずしも明瞭ではない。しかしその名称から天皇が出行の際に用いた御輿（御輿宿は一名太子宿・東宮休幕などとも言い、その一部が内裏での儀式に参列する皇太子があらかじめ参入し控えていたりするための直廬としても使用されている）や朱器などを収納・保管するための施設であったと推定されることから、本来天皇に関わる物品を保管するような収納空間であるとすることができる。このように東西両南隅の小空間の性格・機能を統一的に把握することは困難であり、それら両小空間から構成される空間⑸の本来的な性格や機能については不明とするほかないが、いずれにしても内裏を構成する主要な空間ではなく、むしろ内裏を構成する主要な空間に対して補助的な機能を果たすような空間であったと見られる。

以上のように、平安宮内裏は大きく二つの空間、すなわち内裏の中央部を占める大きな空間と内裏の四隅に小空間として存在する空間に分けられる。この両空間のあいだにはその内部にある建物の配置とそれによって作り上げられる空間の構造に明確な差異が存在し、それは両空間のうち前者が天皇と皇后のための公私両面にわたる空間で、内裏の中心的な空間であったのに対して、後者がそれを支えるような付属的あるいは予備的な空間であったことによるものと考えられる。

2　平城宮第一次大極殿院地区第Ⅲ—1期遺構の再検討

平安宮内裏の基本構造を上記のように把握することが大きな誤りでないことは、平城太上天皇が営んだ「平城西宮」に当たると考えられる平城宮第一次大極殿院地区第Ⅲ―1期の遺構配置にも明らかであると考えるので、次ぎにこの点について検討を加えておきたい。(6)

平城太上天皇のために平城宮に詰めていた官人たちの官衙については必ずしも明確でないが、平城太上天皇自身が居住したと考えられる「平城西宮」については、『平城宮発掘調査報告』Ⅺ、奈良国立文化財研究所学報第四〇冊、奈良国立文化財研究所、一九八二年で検討が行われ、平城宮第一次大極院地区の第Ⅲ―1期の遺構(図2)をこれに比定した。同報告書では、第Ⅴ章考察において第一次大極殿院地区の第Ⅲ―1期の遺構について検討が加えられているが、重要な点で事実誤認もあると考えるので、ここではそれによらず、独自にその空間構造を検討し、従来の見解に訂正を加えることにする。なお個々の建物遺構等に関しては同報告書の第Ⅲ章の記述を追認するに止め、ここでは再検討の対象とはしない。

第一次大極殿院地区では、第Ⅲ―1期に、第Ⅱ期の築地回廊を踏襲した位置において東西五九〇尺・南北六二〇尺の規模の方形の区画を形作る築地塀が設けられる。築地塀にはその四面に各三門が設けられ、その内部には中央やや北寄りの、築地塀内部の空間をほぼ南北に二分する位置に石積擁壁ＳＸ九二三〇がある。築地塀内部の第Ⅲ―1期の遺構は、石積擁壁ＳＸ九二三〇を境として、大きく擁壁上、すなわち擁壁の北にある遺構群(殿舎地域)と擁壁の南方にある一段低い庭上の遺構群(広場地域)とに二分される。このうち殿舎地域は、のちに詳しく検討する平城宮内裏地区の遺構やすでに検討した平安宮内裏の建物と比較して、「建物配置」が「内裏的」であるなど、きわめて注目すべき点がある。一方、擁壁下の広場地域は、庭自身がその北寄りに設けられた東西塀ＳＡ七一三〇によって庭としての存在意義を喪失しており、『平城宮発掘調査報告』Ⅺの推定のごとく、庭としての広場が不用であったために東西塀によって遮蔽したのであろう。したがって後者、すなわち石積擁壁下の広場地域について独自に検討を加える意味はほとんどないことになり、ここで平城太上天皇の御在所として検討の対象とするのは、石積擁壁上に展開する殿舎地域の遺構群である。

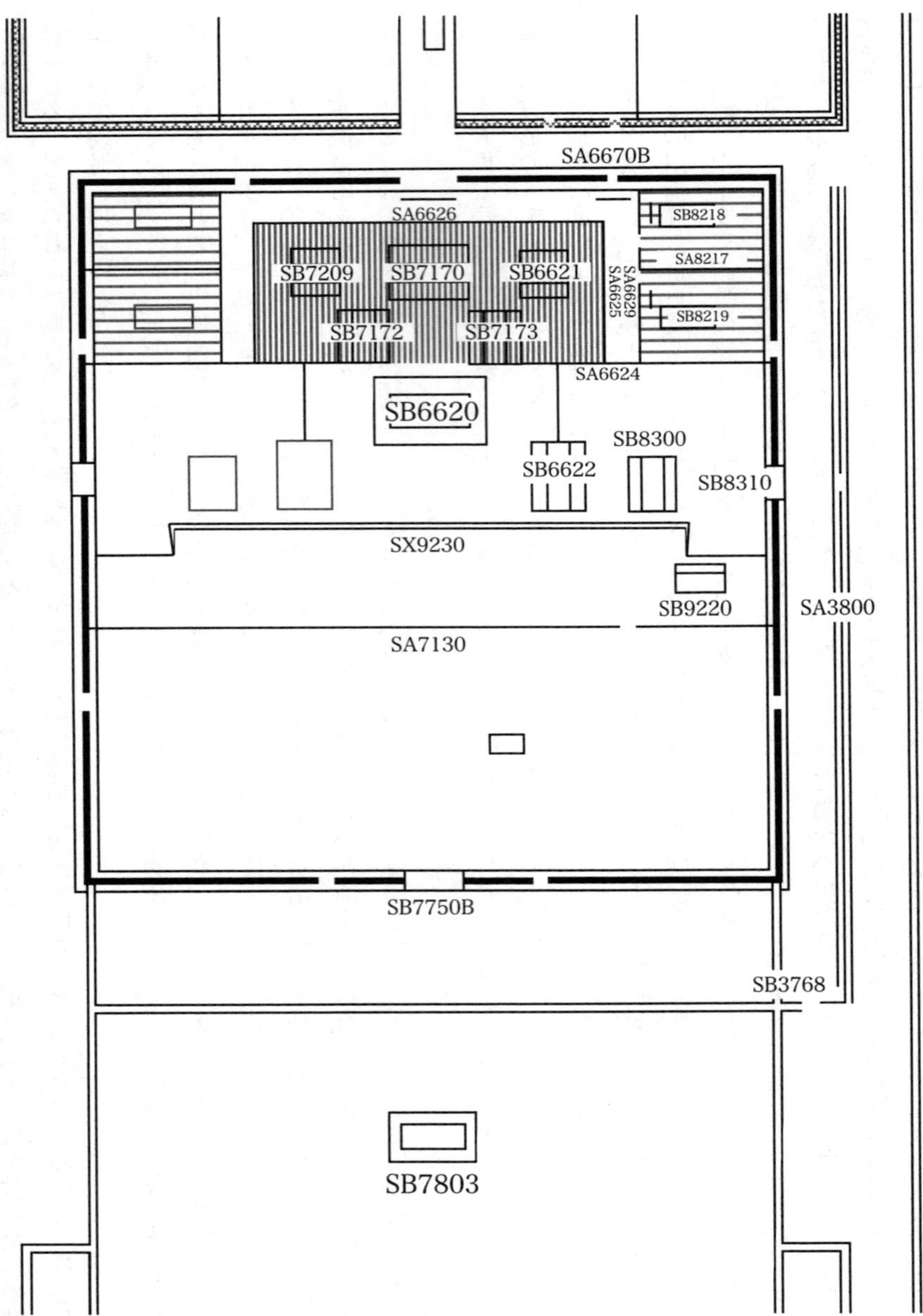

図２　平城宮第一次大極殿院地区第Ⅲ-1 期の空間構造

石積擁壁上には、建物を始め、塀・溝などがあるが、それらのなかで、特に建物と塀の配置に注目して、石積擁壁上に配される遺構群を空間構造の観点からみると、大きく三つの空間に分けて考えることができる(図2)。すなわち、第一は、石積擁壁上の殿舎地域を南北にほぼ二分する位置にある東西塀SA六六二四より南の空間である。また第二は、SA六六二四以北の空間の中央部を占め、北を東西塀SA六六二六、東を南北塀SA六六二五によって、それぞれ画される空間である。そして第三は、SA六六二四以北の空間の東辺部に存在する空間である。

第一のSA六六二四以南の空間には、その中央北寄りに四面に庇がめぐる桁行九間・梁間五間の東西棟建物SB六六二〇があり、その東南には南北棟建物SB六六二二、さらにその東にも南北棟建物SB八三〇〇がある。SB六六二〇は、空間の北寄りに位置し、最大の建物であることや身舎の梁間が三間であることなどから、この空間の正殿に当たる。またSB六六二二は桁行五間以上・梁間四間、SB八三〇〇は桁行三間以上・梁間四間で、ともに建物の全容が判明していないが、他の脇殿との関係から、いずれも東西両面に庇の付く桁行五間・梁間四間の規模の建物であったと推定される。SB六六二二とSB八三〇〇の二棟は正殿であるSB六六二〇の東脇殿に当たる。なお発掘調査では設定した発掘調査区の関係から確認するに至っていないが、正殿SB六六二〇を挟んで東脇殿であるSB六六二二・SB八三〇〇の二棟と対称の位置に西脇殿二棟が存在していると見てよいであろう。したがってこの空間は中央北寄りに正殿を配し、その前面東西に脇殿を配する、いわゆるコ字型建物配置を採っていることになる。しかし東西それぞれ二棟の脇殿が南北に配置されるのではなく、東西に並行して置かれている点は、コ字型建物配置としてはやや特殊である。それは、『平城宮発掘調査報告XI』も指摘するように、殿舎地域の空間が東西に広く南北に狭いために生じた特殊な現象であると考えられる。すでに述べた平安宮内裏の建物と比較対応させると、正殿SB六六二〇は紫宸殿に当たり、SB六六二二・SB八三〇〇はそれぞれ宜陽殿・春興殿に相当する。

次ぎに、第二のSA六六二四以北の中央部を占める空間は、発掘調査では確認されていないが、この空間の西を画するための塀がSB七一七〇を挟んでSA六六二五と対称の位置に存在するものと考えられるから、北と東西の三方を塀によって囲まれ、南は次ぎに述べるSB七一七〇の桁行総長分だけ開けて他は塀によって閉じられていたことになる。この空間の北寄りにはこのなかで最大の規模をもち、正殿に相当する東西棟建物SB七一七〇がある。桁行七間・梁間四間で、南北両面に庇が付く。SB七一七〇を挟んで、その東西両側には対称の位置にSB六六二一とSB七二〇九がある。ともに桁行五間・梁間四間の南北両面に庇の付く東西棟建物である。さらにSB七一七〇の前面東西にもSB七一七〇を挟んで対称の位置にSB七一七三とSB七一七二がある。この二棟はともに東西両面に庇の付く桁行五間・梁間四間の南北棟建物である。これら正殿SB七一七〇を挟んで東西対称の位置に配される四棟の建物は、SB六六二一・SB七一七三とSB七二〇九・SB七一七二の二棟づつで一つの群をなし、前者は東脇殿、後者は西脇殿にそれぞれ相当する。『平城宮発掘調査報告』XIでは、平安宮の内裏と比較して、正殿SB七一七〇を「天皇が日常的に起居する後宮の殿舎」である常寧殿、東脇殿SB七一七三・SB六六二一を麗景殿・宣耀殿、SB七一七二・SB七二〇九を弘徽殿・登華殿に、それぞれ比定した。しかし「天皇が日常的に起居する後宮」とあるのは明らかな誤りであるから論外としても、同書がSB七一七〇以下SB七一七三・六六二一・七一七二・七二〇九の五棟の建物に比定した上記平安宮内裏の諸建物は、すでに述べたように、皇后宮に相当する空間に存在する建物で、天皇が内裏において日常的に生活する空間はその南に存在していた仁寿殿を中心とした空間であったことから、上記の比定には大きな問題があり、むしろ平安宮内裏の仁寿殿を中心とした空間に存在する諸建物に比定すべきであると考える。したがって正殿SB七一七〇は仁寿殿、東脇殿SB七一七三・SB六六二一は綾綺殿・温明殿、西脇殿SB七一七二・SB七二〇九は清涼殿・後涼殿に、それぞれ相当することになる。なおここで仁寿殿の後殿に当たると考えられる承香殿に相当する建物がない点には留意する必要がある。この点については後述する。

第三の殿舎地域東北隅に存在する空間は、東と北を南北築地回廊SA三八〇〇と東西築地塀SA六六七〇Bによってそれぞれ画され、また南は東西塀SA六六二四、西は南北塀SA六六二九によって画されている。そして、この空間はさらにその中央やや北寄りに位置する東西塀SA八二一七によって南北二つの小空間に分けられる。南北両小空間には、ともにその内部に桁行五間・梁間二間の東西棟建物があり、また両空間の西限を画するSA六六二九に門を開き、この門に対して目隠の役割を果たす南北塀を門の東に置いている。このような画一的な空間構成からみて南北両小空間が同一の性格を持つことはまちがいなく、したがって両小空間を南北に分ける位置にあるSA八二一七は単に両小空間を分けるだけの塀に過ぎず、他の区画のための塀とは性格が異なっていることになる。なお殿舎地域の東北隅に存在する以上二つの小空間からなる空間と対称の位置、すなわち殿舎地域の西北隅にも同様の空間が存在していたものと考えられるが、実際には発掘調査区外で、建物や塀を確認するには至っていない。この空間を平安宮内裏と比べると、同じく東北隅に存在して同様の建物配置と特色を有する、昭陽舎と淑景舎を中心とした後宮の空間に対応する。『平城宮発掘調査報告』Ⅺでは、平城太上天皇の親王たちが居住した空間であった可能性を指摘しているが、後宮五舎が本来皇后以外の天皇の妻妾たちの居住する建物であったと考えられることからすると、むしろ平城太上天皇の妻妾たちの居住する空間であった可能性の方が高いのではなかろうか⑦。

以上のように石積擁壁SX九二三〇上に展開する殿舎地域の遺構群を大きく三つの空間に分けて考えることができる。いまそれらの空間を平安宮の内裏の空間と比較してみると、SA六六二四以南のSB六六二〇を中心とした空間は平安宮内裏の紫宸殿を中心とした天皇の公的空間に相当し、またその北に位置するSB七一七〇を中心とする空間は平安宮内裏の仁寿殿を中心とする天皇の私的空間に比定することができる。そしてさらにその東西に存在する南北二つの小空間からなる空間は平安宮内裏のいわゆる後宮五舎に相当するものと考えられ、分けて理解することができると考える。

『平城宮発掘調査報告』Ⅺにおいては、「上皇内裏が平安宮古図ときわめて類似している」が、しかし「平安宮内裏における仁寿殿およびそれに付属する脇殿の区画が、上皇内裏では欠落している」という「決定的な差異」が両者のあいだにみられ、「上皇内裏」は「平安宮内裏の省略形態とみな」されると指摘している。そしてその理由を「平安宮内裏の機能の大きさにくらべて上皇内裏の機能が格段に小さかったこと」に求め、それは当時この地域が「上皇の御在所にすぎなかったことをしめしている」とした。また阿部義平は、『平城宮発掘調査報告』Ⅺが第一次大極殿院地区の第Ⅲ

―1期を平城太上天皇の御在所「平城西宮」に比定したことを承認したうえで、内部における建物配置が典型的な後宮部分の配置を採り、居住空間として完成したものであるが、紫宸殿に相当する建物にまでは及ばず、簡略化した建物配置・構造を採っているに過ぎないとした。[8] しかし、以上の検討結果にも明らかなように、平城太上天皇の御在所である第一次大極殿院地区第Ⅲ―1期の遺構において欠落していたのは、紫宸殿や仁寿殿とその東西脇殿などではなく、むしろ常寧殿とその東西脇殿などであったのである。したがってそこから直接読み取ることのできる歴史的な事実は、平城太上天皇の御在所には常寧殿を中心とした皇后の空間に相当する区画が欠落していたことである。そして、このことは平城太上天皇が現実に皇后を持たなかった事実を反映しているものと考えられる。[9] そのような意味においてこそ平城太上天皇の御在所は「平安宮内裏の省略形態」であったのである。[10]

3　長岡宮第二次内裏「東宮」の空間構造

最後に、時期的にすでに述べた平安宮内裏・平城宮第一次大極殿院地区第Ⅲ―1期の遺構と次ぎに検討を加える平城宮内裏地区の遺構とのあいだに位置する、長岡宮における天皇の御在所の空間構造について検討する。

長岡宮における桓武天皇の御在所については、『続紀』に延暦八年(七八九)二月天皇が「西宮」から「東宮」に遷御したとの記事があり、[11] またこの遷御に先立って「東宮」(「東大宮」)の造営が行われたことが長岡宮跡出土の木簡によって明らかとなったことなどから、[12] 桓武天皇は遷都当初から「西宮」と呼ばれる御在所に居していたが、延暦八年二月に至って「東宮」に遷り、以後平安遷都による長岡廃都までここを御在所としたと考えられる。[13] 今日、長岡宮における桓武天皇の二つの御在所、「西宮」と「東宮」を時間的な先後関係からそれぞれ第一次内裏・第二次内裏と称し、それぞれその所在が発掘調査の成果などに基づいて推定されている。すなわち、第一次内裏「西宮」は、平城宮における内裏地区と第二次大極殿院・朝堂院地区との関係と同じように、大極殿院・朝堂院に接してその北に位置する。これ対して第二次内裏「東宮」は、平安宮内裏のように、大極殿院・朝堂院と分離して大極殿院の東に位置する。以上の長岡宮におけるる二つの御在所のうち、第一次内裏「西宮」については発掘調査が進んでおらず、その様子を知ることはできないが、第二次内裏「東宮」については、京都府教育委員会・向日市教育委員会・㈶向日市埋蔵文化財センターによる数次にわたる発掘調査が断続的に行われ、長岡宮跡における発掘調査全般の困難な状況にも関わらず、大きな成果が挙げられている⑭。以下では長岡宮の第二次内裏「東宮」について、発掘調査の成果およびそれに基づく研究に依拠しつつ、長岡宮における天皇の御在所の空間構造について簡要に検討を加えたい。

長岡宮第二次内裏「東宮」に関するこれまでにおける発掘調査の成果をとりまとめたのが図3⑮である。これにも明らかなように、第二次内裏において検出された建築遺構は、第二次内裏の周囲を囲む築地回廊とその内部で検出された六棟の建物のみで、内裏の内部を区画する塀などの施設を確認するには至っていない。したがって平安宮内裏・平城宮第一次大極殿院地区第Ⅲ—1期や後述する平城宮内裏地区におけるように、塀などの区画施設を一つの目安として、第二次内裏内部の空間構造を考えることはできない。しかしわずかではあるが、その内部で検出された六棟の建物を平安宮内裏と比較検討することによって、第二次内裏のおおよその空間構造を明らかにすることができると考える。

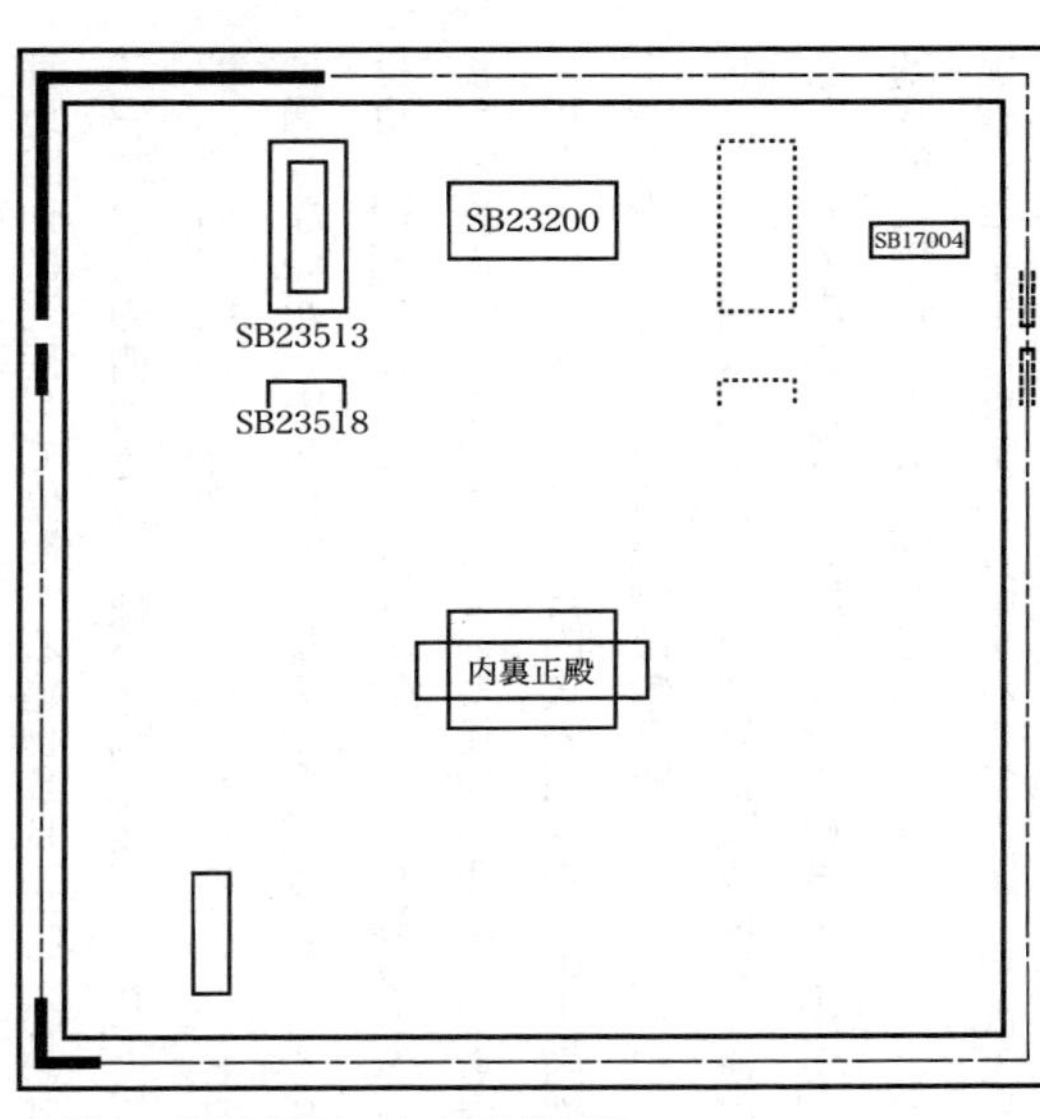

図3　長岡宮第二次内裏「東宮」

まず第二次内裏のほぼ中央部に存在する東西棟建物は、身舎の規模が桁行九間・梁間三間で、四面に隅を欠く庇を付ける。この建物はこれまで第二次内裏内部で検出された建物のなかで最大の規模を有するばかりでなく、その形式も特有なものであることなどから、内裏正殿に比定されている。その北方、北面築地回廊に近接して位置する建物ＳＢ二三二〇〇は、規模・形式が明らかではないが、東西棟と推定されている。ＳＢ二三二〇〇の西方では二棟の建物が検出されている。そのうち北に位置するＳＢ二三五一三は、身舎の規模が桁行七間・梁間二間の南北棟で、四面に庇がめぐる。ＳＢ二三五一三の南にあるＳＢ二三五一八は柱穴二個が検出されているに過ぎないが、南北棟で、規模や形式はおそらくＳＢ二三五一三と同じと推定される。一方、ＳＢ二三二〇〇の東方では東面回廊に接するような位置で東西棟建物ＳＢ一七〇〇四が確認されている。桁行四間以上・梁間二間の規模を持つ。また内裏正殿に比定されている建物の西南方でも南北棟と推定される建物が検出されている。

以上六棟の建物を平安宮内裏の諸建物と内裏内部での位置や建物の形式・規模・棟方向などの点で比較すると、内裏正殿と推定されている建物は紫宸殿、ＳＢ二三二〇〇は常寧殿、ＳＢ二三五三は登華殿、ＳＢ二三五一八は弘徽殿、[16]ＳＢ一七〇〇四は淑景舎、また内裏正殿西南方で検出された建物は進物所に、[17]それぞれ相当すると理解することができる。したがって内裏正殿の北に仁寿殿に相当する建物を確認していないが、長岡宮第二次内裏の空間構造やその構成原理は、基本的に平安宮内裏と同じであるとみて大過ない。ちなみに長岡宮第二次内裏が存在していた時期、延暦八年二月以降延暦一二年正月東院へ遷御するまでの間、桓武天皇には平城宮の時期に冊立して以来の皇后として藤原乙牟漏がいた。

二　平城宮内裏地区遺構の構造とその歴史的変遷

前節では平安宮内裏の構造とそれを「簡略化」して造営された平城太上天皇の「平城西宮」に比定される平城宮第一次大極殿院地区第Ⅲ—１期の遺構、および最近発掘調査の成果の著しい長岡宮第二次内裏「東宮」の構造について概観した。特に平城宮第一次大極殿院地区第Ⅲ—１期の遺構については、その空間構造がまさに平城太上天皇（平城天皇）が後宮のみを有し皇后を持たなかった事実を反映したもので、そのような太上天皇の御在所としてふさわしいものであることを述べた。また長岡宮第二次内裏「東宮」については基本的に平安宮内裏と同じ空間構造を有することを指摘し、それが当時桓武天皇に皇后といく人かの後宮が存在したことを裏付けるものであると考えた。

本節では、まず平城宮内裏地区における遺構の変遷に関する従来の見解のうち主たるものについて紹介したうえでその問題点を指摘し、次いで平城宮内裏地区で検出された第Ⅰ期から第Ⅵ期に及ぶ各時期の遺構の配置から知られる空間の構造について、前節での検討の結果などを踏まえてさらに検討を加え、最後に前節で明らかにした平安宮内裏の構造と比較してその歴史的な変遷の様相を明らかにしたい。

1　平城宮内裏地区の遺構変遷および構造に関する既往の見解

従来の平城宮内裏地区の遺構に関する研究のうち、その変遷に注目して見解を述べているのは今泉隆雄と阿部義平である。いずれも内裏のみを正面から取り上げた研究ではないこともあって、内裏地区の変遷については簡略に述べられているに過ぎないので、ここではその大要を紹介するに止める。

今泉は、「平城宮大極殿朝堂考」[18]（以下旧稿と称する）において内裏地区の遺構の変遷を大きくA・B・Cの三期（A・B・Cの各期は、本報告で言う第Ⅰ期・第Ⅱ期～Ⅳ期および第Ⅴ・Ⅵ期に各々相当する）に分けて理解した。この考え方は今泉のその後の再研究である「再び平城宮の大極殿・朝堂について」[19]（以下新稿と称する）にも基本的には踏襲されている。いま今泉の理解を新稿と旧稿とで矛盾しない点に限って要約して述べると次ぎのようになろう。まず、A期には、遺構の密度が希薄であるが、B期の区画や建物に先行する部分があることから内裏であると推定される。しかも平城宮の中央部には和銅創建時に内裏相当の遺構がないことなどから、和銅創建時に遡る内裏であるとする。次ぎにB期については、その開始時期は神亀前後の造営によるもので、内部の建物配置から内裏であることはまちがいなく、その内部は内裏正殿区、後宮区、その他の殿舎群の三つの区画から構成され、平安宮内裏の構造に近いとする。またB期の内裏は「西宮」と称されたともしている。最後のC期は、同様に建物の配置から内裏であることが確実であるとする。その内部構造はB期と基本的には変らないが、内裏正殿区の規模が縮小する一方で後宮区が規模を拡大していることに注目している。C期の時期については奈良時代の後半で、称徳朝の内裏「西宮」に比定できるとする。以上が今泉説の大要であるが、内裏地区の遺構と関係して、第一次大極殿院地区の遺構について、旧稿ではB期（新稿ではD期、第一次大極殿院地区第Ⅱ期）を淳仁天皇の内裏「中宮院」に、またその次ぎのC期（新稿ではE期、第一次大極殿院地区第Ⅲ―1期）を光仁朝の内裏の可能性があるとしていたが、新稿ではこのうちのC期については『平城宮発掘調査報告』XIの見解を受け入れ、平城太上天皇の内裏「西宮」と改めたもののごとくである。

今泉の見解のうち、内裏地区の遺構変遷とその内部構造に関する部分でもっとも問題となるのは、①B期、すなわち第Ⅱ期～第Ⅳ期の内裏地区内部の構造に関する理解と、②C期、すなわち第Ⅴ・Ⅵ期と第Ⅱ～Ⅳ期に相当するB期との構造の異同に関する理解である。まず、①についてみると、大きく分けた三つの区画の名称のうち、特に後宮区とした区画の「後宮」という名称に含まれる問題点[20]はしばらく措くとして、B期の内裏が平安宮内裏の構造に近いとする理解は、平安宮との対比において平城宮内裏地区の空間構造およびその歴史的変遷に関する理解を妨げることになると思われ、訂正が必要である。のちに検討するところからも明らかとなるように、平安宮の内裏とはその空間構造が大きく異なっているのである。次ぎに、②については、C期の内裏地区の遺構は基本的にはB期の構造と変わらず、後宮区が規模を拡大し、これに対して内裏正殿区が縮小したとする点も、後述のように明らかに誤りで、後宮区の規模が拡大したのでなく、この区画の中に新しい空間が成立したことにその意義があったのである。これも平安宮の内裏の構造と比較して平城宮の内裏地区の遺構を理解しようとする際に問題が生ずる。

一方、阿部義平は「平城宮の内裏・中宮・西宮考」[21]（以下旧稿と称する）と「古代宮都中枢部の変遷について」[22]（以下新稿と称する）において、平城宮中枢部、すなわち内裏・大極殿・朝堂等について論じたなかで、内裏地区の遺構の変遷に関して独自の理解を示した。基本的な考え方に大きな相違はないが、内裏のどの時期の遺構を具体的にどの天皇あるいはいずれの時期に当てるかにおいて新旧二つの論考のあいだで異なる点があるので、ここではこのうち比較的最近の論考である新稿によって、阿部の考える内裏地区および内裏の変遷について、その概要をまとめてみることとする。

阿部は、内裏地区の遺構の変遷をA・B・C・Dの四期（A・B・C・Dの各期は、本章で言う第Ⅰ期、第Ⅱ期、第Ⅲ・Ⅳ期および第Ⅴ・Ⅵ期にそれぞれ相当する）に分けて理解した。A期は元明朝に当たる。内裏地区の方形区画の中央に中心建物があるが、その南方には建物がなく、北方には東西棟の細長い補助的建物が付属して配置されている。このうち中心建物の位置がのちの時期の内裏後方の中心建物に踏襲されていく点は重要で、内裏地区の変遷を考えるうえで重要な位置を占めるものであるとの重要な指摘をしている。またこの時期の内裏地区は儀式的な機能を常時果たす空間ではないとしている。なおA期はB期以降のこの地区の前身であり、B期以降と同様に「西宮」と呼ばれたが、それはあくまで予定された内裏であって、建物配置も不十分で本格的ではなく、「西宮」という宮ではあっても内裏としては機能していない時期であると理解する。そのような「西宮」が内裏として実現されるのが次ぎのB期で、ようやく養老年間から内裏として機能し始めるのに対して、この時期内裏としての役割を果たしたのは第一次大極殿院地区であったとする。この空間は内裏と大極殿院の機能をほぼ兼ねた新しい空間建設の意図のもとに築かれたもので、「中宮」と呼ばれ、居住性を有したが、内裏とは別の所として『続紀』には記されたとする。B期は元正朝から聖武朝の初期までで、内裏的な配置を採る時期である。次いでC期は聖武朝から孝謙朝で、B期の区画施設である掘立柱塀が築地回廊に造替される時期である。D期は淳仁朝以後とする。なおこの時期第一次大極殿院地区では天平宝字年間に改造が本格化し、異色の配置を採る中国風の「中宮院」となり、淳仁天皇が入って居住したものと理解する。このように時期比定される平城宮内裏地区の各時期のうち、B期以降内部の配置は造り替えによる変化がみられるが、その南半を占める正殿一郭・その後方の建物群・ブロック化された付属建物という基本的な構造はD期の奈良時代終末まで踏襲されるとする。

以上のような阿部の見解のなかで問題となるのは、B期以降内裏地区の内部では建物配置が変更されることがあるが、基本的な構造は奈良時代末期まで踏襲されるとする理解である。この点については、今泉の問題点を指摘した際に述べたことと共通するところがあるが、要するに、今泉・阿部が「内裏的」とする建物配置や内部構造の理解が両人によって十分に示されないままに議論が展開されていることにある。それは内裏の構造について検討を加えず、また定義を行わずに、曖昧なままで「内裏的な配置」なるものを提示しているからである。内裏の内部構造や建物配置の本質がどこにあるのかについて検討する必要があろう。この点について、平安宮内裏の構造に限ってではあるが、さきに簡略な検討を行ったので、ここではふたたび繰り返さない。

2　平城宮内裏地区遺構の構造とその歴史的変遷

前項では今泉・阿部両人の見解について遺構変遷に見える空間構造に関する点に限って紹介し、簡単な批判を加えてその問題点を指摘したが、以下では両人の理解における問題点を考慮に入れつつ、すでに『平城宮発掘調査報告XIII』第V章一平城宮の内裏および前節において検討した結果に基づきながら平城宮内裏地区の空間構造について時期ごとに簡略な検討を行うことにする。

第I期（図4）

第I期には、内裏地区の四周に掘立柱塀をめぐらし、方五〇〇大尺の正方形の区画を設定している。この区画の中央とその南には、同規模・同形式の大規模でともに高床の東西棟建物であるSB四七〇〇とSB四六〇〇の二棟を、東西両妻の側柱筋を揃えて建てている。SB四七〇〇は、南側柱筋が第I期の内裏地区の南北二等分線上にほぼ位置し、この位置は、阿部も指摘したように第VI期まで内裏地区の中央に形成される区画の中心建物にほぼ継承されてゆく。SB四七〇〇の南面と東西両側面には木階の存在が想定され、特に南面には細殿SB四六四〇が付設される。SB四七〇〇には南面のみならず、東西両側面にも木階が付設されていたと推定される点は重要で、SB四七〇〇を中心とした空間が細殿SB四六四〇や木階によってその南方に位置する前庭、すなわちSB四七〇〇とSB四六〇〇のあいだに広がる空間を含みこんでいただけではなく、その東西にも広がっていたことを示している。これに対して北面に木階がなかったと考えられることは、SB四七〇〇を中心とする空間がその北方には広がらず、主として南方に限られていたことを示唆している。一方、SB四六〇〇は第I期の内裏地区の南面を画する東西塀の北一〇〇大尺に南側柱筋を置く。SB四六〇〇の位置もSB四七〇〇と同様に第II期以降内裏地区の中央南寄りの区画の中心建物に継承されてゆく点は注目される。

ＳＢ四六〇を中心として、その南方に内裏地区の南面を限る東西塀に開く南門とのあいだに存在する前庭からなる一つの空間を想定することができる。しかし、いずれの空間も、中心となる建物ＳＢ四七〇〇とＳＢ四六〇とがともに脇殿や後殿に相当する付属建物をともなっておらず、第Ⅱ期以降、これらの建物の位置を継承して営まれる建物を中心とした空間とは異なっている。

以上のように、内裏地区の中央および南寄りに配置される同規模・同形式で大規模な二棟の建物を中心として二つの空間が想定されるのに対して、その北半部には細長い東西棟建物七棟が配される。このうち規模の確定しているＳＢ四八三七・〇六二・四七七五・八〇一〇・四八六四の五棟はいずれも桁行柱間が偶数で、さらにそのうち東南部に配されるＳＢ四七七五・八〇一〇・四八六四の三棟は南北いずれかに庇を有し、身舎には桁行の東西両妻から三間と中央で間仕切って四小室を設けるなど、画一的な構造をもつ。またＳＢ〇六二やＳＢ四八三七にも間仕切りが存在した可能性が大きい。これら画一的な構造を有する建物は内裏地区の北半部全般に配置されるのではなく、特にその北寄りと東西に置かれ、ＳＢ四七〇〇の後方に庭を確保するように配置されている点が注意される。上述したように、ＳＢ四七〇〇には南面と東西両側面に木階が取り付くと推定されるのに対し、北面には木階はなかったと考えられることから、ＳＢ四七〇〇とその北方に広がる庭とは一応区別して考えるべきであり、ＳＢ四七〇〇後方の庭は内裏地区の北半部に配置される付属建物群の

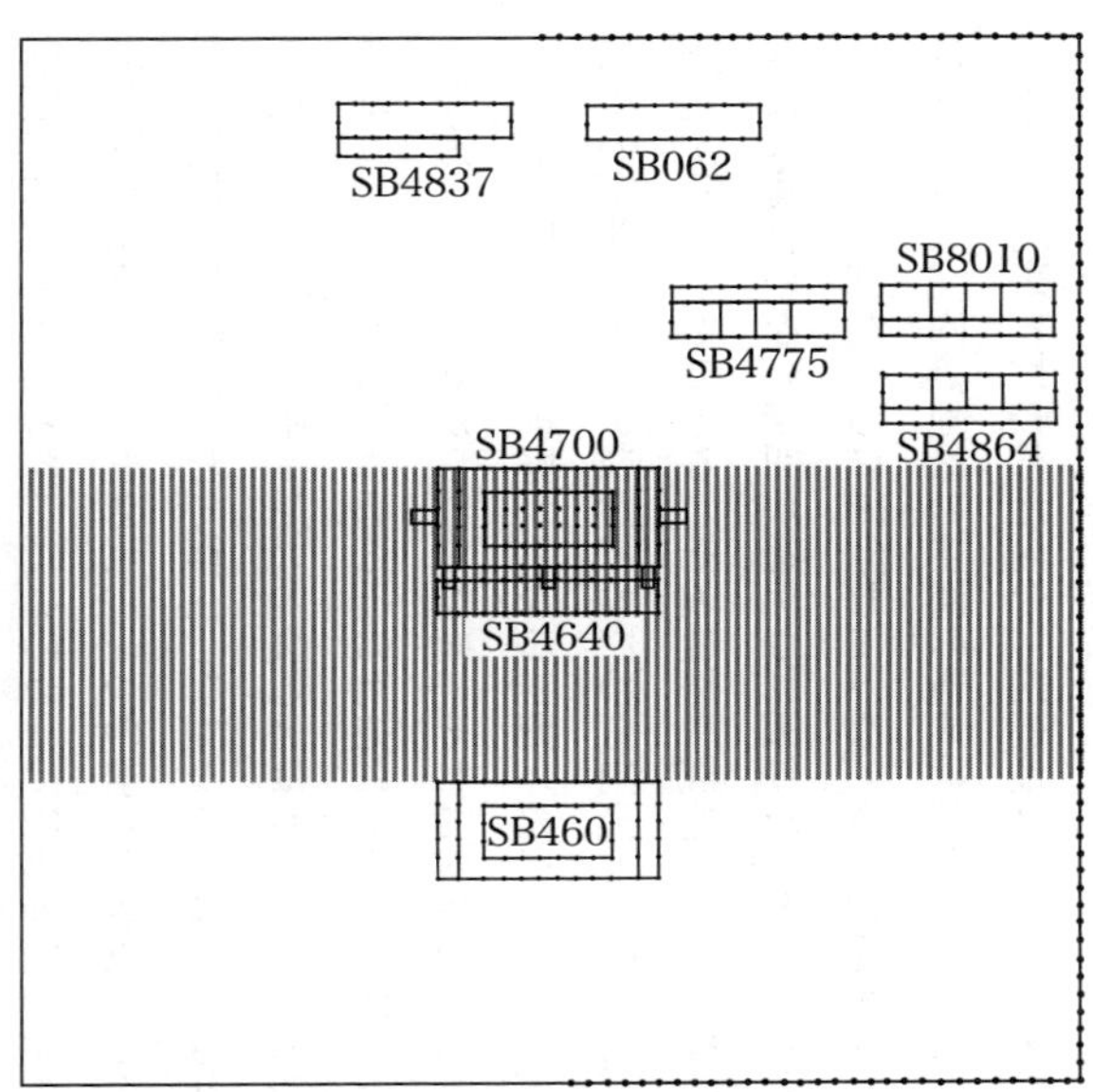

図４　平城宮内裏第Ⅰ期の空間構造

前庭であると考えられる。このように内裏地区の北半部には画一的な建物構造を採る建物がその中央寄りにある前庭を取り囲むようにして配され、一つの空間を構成したものと考えられる。なお、この前庭の性格・機能は不明であるが、第Ⅱ期以降には独立して存在しなくなる点は注目される。

以上のように、第Ⅰ期の内裏地区はおよそ三つの空間に大別して理解することができる。すなわち、内裏地区の中央南寄りにあるSB四六〇とその前方にある前庭からなる空間、その北にあり内裏地区の中央を占めるSB四七〇〇とその前方にある前庭からなる空間、そして内裏地区の北寄りに画一的な構造と規模を有して配される建物群とそれらによって取り囲まれる前庭からなる空間、の三つである。なお、このほかさらにSB四六〇とSB四七〇〇とを中心とした二つの空間の東および西、すなわち内裏地区の東南部と西南部に建物のまったくない空間をそれぞれ一つの空間として想定することもできる。その性格や機能については明らかではないが、第Ⅱ期以降においても内裏地区の東南部と西南部には建物のない空間が確保され続けたことは注目される。以上のような第Ⅰ期の内裏地区における空間の配置は、塀を用いて内部をさらに細分していない点で相違がみられるものの、後述するように、第Ⅱ期以降第Ⅳ期まで、基本的には継承され、内裏地区の空間の構成は第Ⅳ期まで大きく変化しないと見ることができる。

平安宮内裏と比較した場合、内裏地区の中央とその南寄りに配される同規模・同形式の二棟の建物を中心とした二つの空間は天皇に関わる空間で、SB四七〇〇を仁寿殿、SB四六〇を紫宸殿にそれぞれ当てることができる。すなわち第Ⅰ期の内裏地区には天皇の御在所であるSB四七〇〇と内裏地区で行う儀式や宴などに際して天皇が出御するための建物であるSB四六〇がその中心を占めていたことになる。しかしこの二つの空間を平安宮の内裏と比較した場合、大きく異なる点は、平安宮における天皇の私的な空間である仁寿殿を中心とした一郭には、仁寿殿が紫宸殿と露台・渡殿等によって連接されることによって前庭がないのに対して、第Ⅰ期のSB四七〇〇がSB四六〇南方の前庭に匹敵する規模の前庭をその南方に有している点である。このような二つの前庭を有する空間が内裏の南寄りと中央に存在する構造は、平城宮の内裏では第Ⅲ期まで継承されるが、第Ⅳ期以降消滅するに至る。内裏地区の北寄りには広範囲にわたって画一的な構造や規模を有する東西棟建物が配される。それは天皇の御在所や出御のための建物に対して付属する建物であると考えられるが、平安宮でこのような位置に存在するのは前述したように皇后宮と後宮であり、第Ⅰ期の内裏地区の場合、それらとは大きく異なっている。

第Ⅱ期（図5）

第Ⅱ期の内裏地区は、第Ⅰ期の周囲を画する施設のうち南北両面の塀をそれぞれ六〇尺と三〇尺南へ移動し、東西については第Ⅰ期の塀をそのまま区画施設として踏襲して、南北六三〇尺、東西六〇〇尺の縦長の方形の区画に作られる。このようにして設定された第Ⅱ期の内裏地区の位置と規模はほぼこののち第Ⅵ期まで変更されることなく踏襲される。

第Ⅱ期の内裏地区の様相は、一見して明らかなように、第Ⅰ期とは一変している。そのもっとも大きな変化は、内裏地区の内部が掘立柱回廊や塀によっていくつかの区画に明確に区分されるようになったことである。そのほかにも細部において多くの変更が行われているが、後述するように、内裏地区を構成する基本的な空間の配置や構成については変更がなく、第Ⅱ期の内裏地区の基本的な構造は、第Ⅰ期の内裏地区の空間構成をより明確化したものと考えることができる。そして第Ⅱ期に形成された内裏地区の空間構成はこののち第Ⅳ期まで基本的に踏襲されることとなる。

第Ⅱ期の内裏地区は大きく三つの区画・空間から構成される。すなわち、まず内裏地区中央部南寄りにある、掘立柱複廊と掘立柱単廊によって北と東西を画された区画である。その北寄りには東西棟建物ＳＢ四五〇Ａ、またその前面東方には東西の側柱筋を揃えた二棟の南北棟建物ＳＢ四四〇・六五〇が南北に配される。ＳＢ四五〇Ａを挟んで、ＳＢ四四〇・六五〇と対称の位置には同じ規模・構造で同様の配置を採る二棟の南北棟建物の存在が想定されることから、この区画にはコ字型に配置される五棟の建物があったと推定される。そしてこれらコ字型に配置された五棟の建物に囲まれた空間は前庭である。次ぎに掘立柱回廊で囲まれた空間の北に接して内裏地区のほぼ中央部を占める位置に、塀で北と東西を画された区画がある。中央には東西棟建物ＳＢ四七〇三Ａがあり、その後方には東西棟建物ＳＢ四七一〇Ａを配し、またその前面東西にはＳＢ二六〇ＡとＳＢ四六六〇Ａの二棟の南北棟建物を配する。これら四棟の建物はコ字型

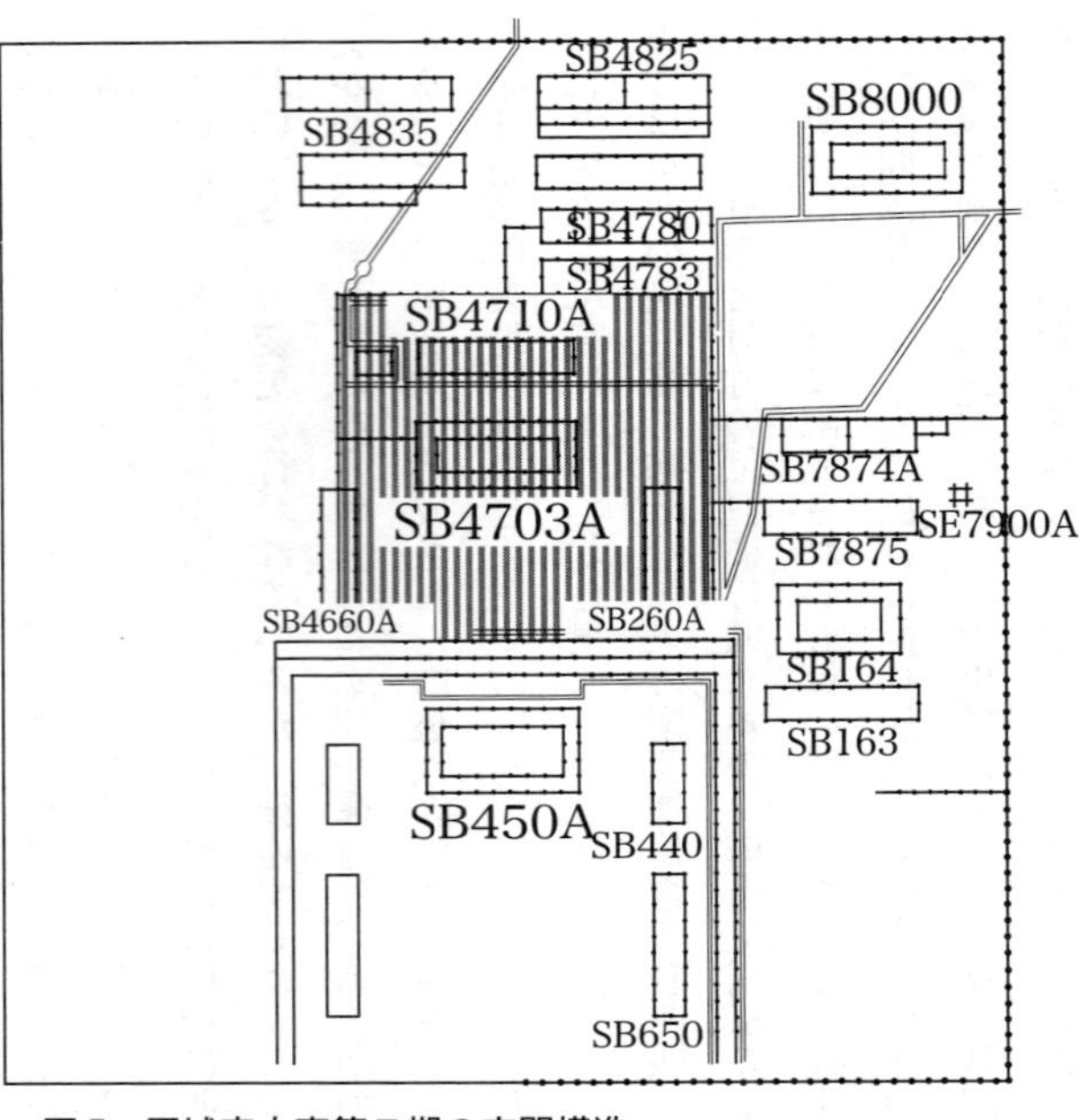

図５　平城宮内裏第Ⅱ期の空間構造

の配置を採り、これらによって囲まれた空間は前庭と考えられる。区画の南半に前庭が設けられている点は、南に位置するＳＢ四五〇Ａを中心とした掘立柱回廊で囲まれた区画と共通した点である。なお前述したように、第Ⅰ期においてもその中央と南寄りを占める二つの空間にはそれぞれその南半に前庭が確保されていた。以上、第Ⅱ期の内裏地区の中央部とその南寄りに存在する二つの区画は、第Ⅰ期において同様の位置に存在する二つの空間（ただし第Ⅰ期にはいずれも周囲を掘立柱回廊や掘立柱塀によって明確に画されず、かつまた脇殿ないしは後殿をともなっていない点で第Ⅱ期とは明らかに異なっている）と対応するものと考えられる。

内裏地区中心部を占める二つの区画の周辺には、これらとは異なり、東西棟建物ばかりが配置される空間が広がる。この空間はさらに四つの小空間に区分することができる（ただし内裏地区の西半は未発掘であり、西半を含めると実際にはさらに多くの小空間に区分できると考えられる）。まず内裏地区の中央北辺にあるＳＢ四七八〇・四七八三・四八二五・四八三五の四棟の東西棟建物からなる小空間である。四棟はいずれも桁行柱間が一〇間の偶数間で、規模・形式は異なるが、いずれも内部を間仕切って小室を設ける点で、第Ⅰ期の内裏地区北寄りに配置された東西棟建物群と共通する。

また、内裏地区の東辺には四棟の東西棟建物ＳＢ七八七四Ａ・七八七五・一六四・一六三がある。ＳＢ七八七四Ａは桁行が八間の偶数間の建物で、その中央で東西二室に間仕切る。このようなあり方は、内裏地区の北辺にある四棟の東西棟建物や第Ⅰ期の内裏地区北寄りに配された東西棟建物群とも共通する。ＳＢ七八七四Ａの東妻部分には桁行二間・梁間一間の角屋が設けられており、そのなかには溝が引き入れられている。ＳＢ七八七四Ａの北側柱筋の東西両延長には塀が設けられ、北の区画と区分されている。なおＳＢ七八七四Ａは、その南に位置する三棟のうち北端にあるＳＢ七八七五の北側柱筋から西に延びる塀によって南の空間とは画され、さらに一つの小空間を形成していると見ることができる。ＳＢ七八七四Ａの南にあるＳＢ七八七五・一六四・一六三の三棟は本来桁行九間・梁間二間の同規模・同形式の建物として計画されて建て始められたが、途中で中央に位置するＳＢ一六四だけが計画変更され、桁行五間・梁間二間の身舎に四面庇がめぐる構造の瓦葺き建物とされた。元来同一の性格をもった建物三棟であったものを、造営途中で中央のＳＢ一六四のみが計画変更され、しかも四面に庇がめぐる形式とされたのは、ＳＢ一六四を他の二棟とは性格を異にする建物、おそらく三棟の建物で構成される小空間の中心建物としたもので、ＳＢ一六四を正殿、ＳＢ一六三を前殿、ＳＢ七八七五を後殿とする官衙のような性格をもった空間を想定することができる[23]。これら三棟ないし四棟の建物から形成される空間はこののち長岡遷都によって平城宮が廃される第Ⅵ期まで建て替えられることなく、一貫して存続する。

これに対して内裏地区の東北隅は第Ⅱ期以降きわめて変化に富む空間である。第Ⅱ期には南に広い前庭をとり、建物はＳＢ八〇〇〇、一棟だけがその北寄りに配置される。ＳＢ八〇〇〇はＳＢ四七〇三Ａと同規模・同形式で、さらに南に縁を備えた床張りの東西棟建物である。その南方の前庭には二本の溝が走るが、いずれも暗渠とされていることから、ＳＢ八〇〇〇の南方に広がる建物のない空閑地は、ＳＢ八〇〇〇と関連してなんらかの機能を果たした前庭であると考えられる。その規模がＳＢ四五〇ＡやＳＢ四七〇三Ａを中心とした区画の南方に広がる前庭に劣らぬ規模を有している点は、ＳＢ八〇〇〇がＳＢ四七〇三Ａと同規模・同形式の建物である点とともに注目される。また内裏地区の東南隅には建物のまったく存在しない空間がある。南と東西の三方を塀・掘立柱単廊によって囲まれ、北には北方にある井戸ＳＥ七九〇〇Ａの目隠しの機能をもつ塀があって、内裏東辺の三棟あるいは四棟の建物からなる空間とは別の空間が形成されたと考えられる。

以上のような構成をもつ第Ⅱ期の内裏地区が、第Ⅰ期のそれと基本的に同じ構成を採っていることは明らかである。すなわち東北隅にあるSB八〇〇を中心とした空間が存在する点を除くと、内裏地区の中心部分が二つの空間からなることやその北あるいは東に東西棟建物からなる空間が広がること、あるいは東南隅に建物の存在しない空間が配置されていることなどについては第Ⅰ期と同じであると見て問題はない。

第Ⅱ期の内裏地区は、平安宮内裏と比較して、その基本的な空間の配置や個々の建物の配置に類似が認められると言われてきた。すなわち第Ⅱ期の中央と南寄りを占める二つの区画は、平安宮内裏の仁寿殿と紫宸殿を中心とした二つの空間にそれぞれ対応すると考えられ、従来「内裏的」あるいは平安宮内裏に近い構造を示すものと解され、第Ⅱ期の内裏地区が「内裏」であるもっとも有力な根拠とされた。しかし、以上のように従来類似すると指摘されてきた点についても、第Ⅱ期の中央部を占める空間と平安宮内裏とを比較した場合、東西の脇殿が一棟づつ少ない点や仁寿殿に相当するSB四七〇三Aが南方に前庭を有している点など、明らかに平安宮内裏と異なっている点のあることを見逃すことはできない。そして、それ以上に基本的な空間構成に関わってもっとも大きく両者において相違するのは、平安宮内裏を構成する基本的な空間のうち、常寧殿を中心とした皇后の空間とその東西に配置された後宮たちの空間を欠く点である。

他の時期や平安宮内裏と比較して第Ⅱ期におけるいま一つの問題点は、内裏地区の東北隅にあるSB八〇〇とそれを中心とする空間がいかなる性格・機能を有するのか、またなぜ第Ⅱ期に限ってこのような建物・空間がこの位置に存在するのか、である。SB八〇〇やそれを中心として形成された空間の性格・機能は明らかではないが、さきに述べたように、SB八〇〇の規模や形式がSB四七〇三Aと同じで南面に縁を付していることから、SB八〇〇は第Ⅱ期の内裏地区にあってきわめて格式の高い建物で、またSB四五〇AやSB四七〇三Aを中心とした区画の南方に広がる前庭に劣らぬ規模を有する前庭を設けている点は、この前庭がSB四五〇AやSB四七〇三Aの南方に広がる前庭と同様の機能を有していた可能性を示唆している。ただしSB四五〇AやSB四七〇三Aのように、その前方東西に脇殿地区の東北隅は建物の存在しない空閑地とされるに至る。

を有していない点で大きく異なる。上記の諸点からＳＢ四七〇三Ａに住んだ天皇にきわめて近い身位を有する人物、太上天皇などが居住した建物がＳＢ八〇〇〇であったのではなかろうか。なおＳＢ八〇〇〇は第Ⅲ期には撤去され、内裏地区の東北隅は建物の存在しない空閑地とされるに至る。

第Ⅲ期（図６）

内裏地区の位置および規模が第Ⅱ期以降変更されないことについてはさきに述べたとおりであるが、内裏地区の周囲を画する施設については、第Ⅲ期に変更が加えられる。すなわち第Ⅱ期の掘立柱塀を解体撤去し、同位置において築地回廊を造営している。それは、おそらく、内裏地区の南方に位置する第二次大極殿院地区や第二次朝堂院地区における掘立柱建物・掘立柱塀から礎石建ち建物・築地回廊・築地塀への変更と揆を一にするもので、その外観を第二次大極殿院・朝堂院地区と統一したために採られた措置であろう。そして第Ⅲ期以後内裏地区の周囲を画する施設は築地回廊で固定され、さらに長岡宮・平安宮へとその形式は受け継がれてゆくこととなる。

第Ⅲ期の内裏地区の建物については第Ⅱ期と比べて若干の変更がみられるが、その建物配置は基本的に第Ⅱ期を踏襲しており、ほぼ同様の空間構成を採っているとみてよいであろう。すなわち内裏地区の中央部とその南寄りに、コ字形の建物配置を採り、周囲の空間と掘立柱回廊や塀によって画される二つの区画が存在している点は、基本的に第Ⅱ期と同じであり、またその周囲に東西棟の建物が配される点もまた同じである。この二つの空間を除くと、その東に位置する空間ではまったく変更が行われておらず、第Ⅱ期の建物をそのまま使用している。また北辺においても建物の建て替えが見られるが、その基本的な形式は第Ⅱ期と同じであると見て問題ない。第Ⅱ期と比較して大きく異なるのは、内裏地区の東北隅の空間である。すなわち第Ⅱ期に内裏地区の東北隅に存在していたＳＢ八〇〇〇が撤去され、この部分が建物の存在しない空閑地とされた点である。また東南隅で南面築地回廊の東端近くに楼状の礎石建ち東西棟建物ＳＢ七六〇〇が増設されている点も注目される。ＳＢ七六〇〇の北面には東西の両端から三間目の位置で二箇所に木階が設けられ、またその北にＳＢ七六〇〇と桁行を同じくする桁行七間・梁間一間の東西棟建物で、ＳＢ七六〇〇へ昇る木階の

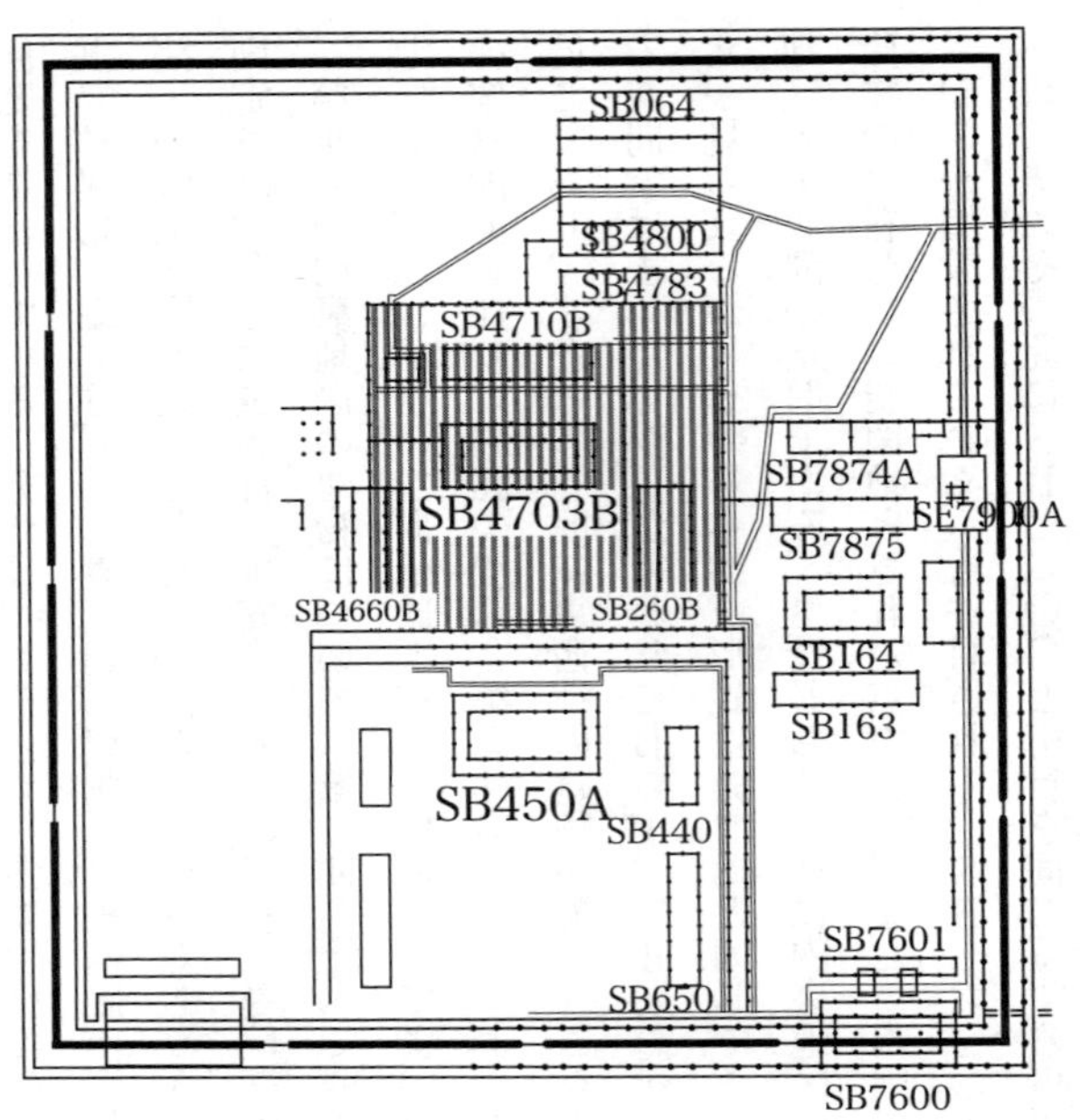

図６　平城宮内裏第Ⅲ期の空間構造

階隠に当たるＳＢ七六〇一がある。ＳＢ七六〇〇が南面回廊の東端近くに設けられた点は第Ⅱ期と異なるが、その北には第Ⅱ期同様に建物のない空閑地が存在している点は基本的に大きな変化が起こらなかったことを示している。なおＳＢ七六〇〇とその北に広がる空閑地との関係は明らかではないが、あるいは一体となって使用されたのであろうか。

以上のように第Ⅲ期には内裏地区の中心的な二つの区画や、その周辺においても画一的な建物が配置される北辺あるいは東辺では大きな変更が加えられず、主な変更が行われたのは、内裏地区の東北隅においてであることは明らかである。したがって第Ⅲ期の内裏地区は基本的には第Ⅱ期の構造を踏襲していると考えることができ、平安宮内裏との比較においても第Ⅱ期の内裏地区と異ならないと見てよいであろう。なお第Ⅱ期との相違点であるＳＢ八〇〇〇の撤去は、天皇にきわめて近い身位を有する人物が死去ないしは居所を変更したことにともなうものと考えられ、これによって内裏地区がふたたび天皇のみの居住する区画に戻ったと推測することができる。

第Ⅳ期（図７）

第Ⅳ期の内裏地区は第Ⅱ期や第Ⅲ期の建物配置を基本的に踏襲しており、大きく三つの空間から構成されている点に基本的な変更はない。しかし第Ⅱ期や第Ⅲ期と比べると、細部においていくつかの点で注目すべき相違が見られる。

まず内裏地区の中央部を占める二つの区画で中心的な建物の建て替えが行われている点が注目される。内裏地区南寄りの掘立柱回廊で画された区画ではSB四五〇Aが撤去され、ほぼ同位置で同規模ではあるが形式の異なる東西棟建物SB四五〇Bが建てられている。SB四五〇Bは身舎の四面に庇がめぐり、身舎の桁行柱間が七間で、平面規模においてはSB四五〇Aと変りないが、梁間の柱間を一間狭めて二間とし、これにともない北に孫庇を付けている点が従来と異なる。またこの北にある、内裏地区中央部を占める区画では、SB四七〇三BとSB四七一〇Bが撤去され、ともに位置を南に移して新たにSB四六四五とSB四七〇四の東西棟建物二棟が建てられる。このうち南に位置するSB四六四五は、第Ⅲ期のSB四七〇三Bと比べると、規模に大きな相違はないものの、形式は四面庇から南北両庇に変えられている点が注目される。またSB四七〇四はほぼ第Ⅲ期のSB四七〇三Bの位置を踏襲するが、建物の南北軸を内裏地区の東西二等分線とは一致させず、東へずらして建てられている。SB四七〇四は第Ⅲ期のSB四七〇三Bと同規模・同形式で、これを移建した建物である可能性があることについてはすでに述べたとおりである。注目すべきは、この区画の中心建物が区画の南寄りに建てられていることによって、第Ⅰ期から第Ⅲ期にかけてこの区画の南寄りに存在していた前庭が消滅した点である。前庭の消滅という事態はこの区画の性格を大きく変えるものであったのではなかろうかと考えら

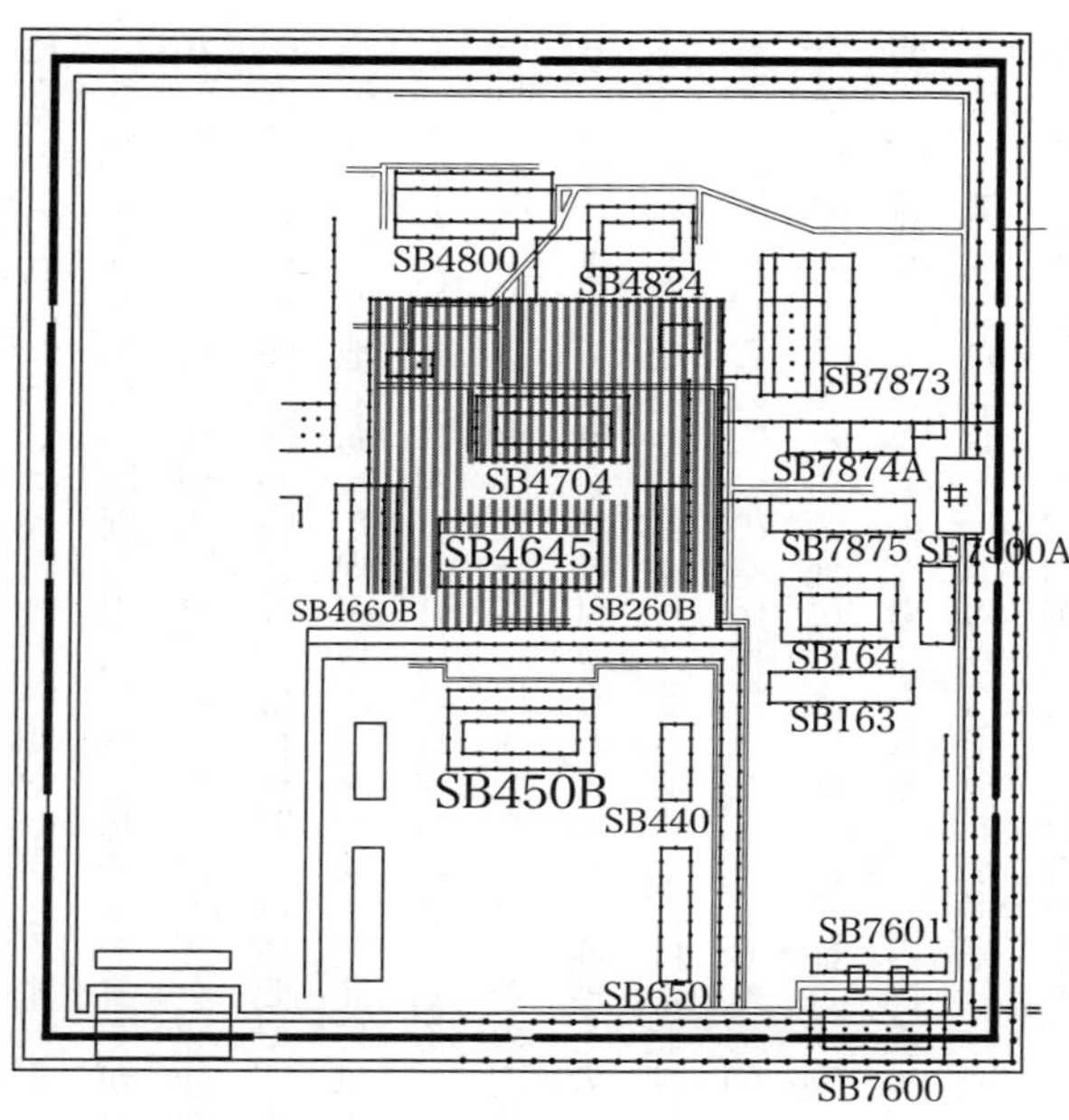

図７　平城宮内裏第Ⅳ期の空間構造

れる。この点については次節においてやや詳しく述べる。

さらにこれら二つの区画の周辺でも建物の建て替えが行われている。北辺では、第Ⅰ期から第Ⅲ期にかけて一貫してみられた、桁行柱間数が偶数で、しかもその内部を間仕切って二間あるいは三間などの小室を設ける画一的な形式をもつ細長い東西棟建物群が廃され、桁行柱間が奇数間で、両面あるいは四面に庇を付ける建物に建て替えられている。また第Ⅲ期に空閑地であった内裏地区の東北隅の空間には大型で南北両面に庇が付く南北棟建物ＳＢ七八七三が建てられる。規模も大きくＳＢ四五〇Ｂに匹敵するほどである。しかし第Ⅱ期にこの区画に存在していたＳＢ八〇〇〇とは形式が明らかに異なり、東庇にはさらに孫庇を設け、その内部は南六間と北三間の二室に分けられ、しかもその床高は異なり、階段によって両室が結び付けられていた可能性も考えられる。またＳＢ八〇〇〇が東西棟建物でしかもその南方に前庭を有していたのとは異なり、ＳＢ七八七三は南北棟建物で、孫庇の架かる東方と北妻の北方に建物のない空閑地をもっているが、この二つの空閑地がはたしてＳＢ八〇〇〇の南方に存在していた前庭に相当する性格・機能を有していたかは疑問で、単なる空閑地に過ぎなかった可能性が高い。したがってＳＢ七八七三の性格や機能はＳＢ八〇〇〇とは明らかに異なっていたものと考えられる。むしろ内裏地区の北辺に存在する建物、ＳＢ四八〇〇などとの共通性が考えられ、この部分の空間としての性格や機能が従来とは変化していることはまちがいない。この空間が独立して一つの空間を構成するのではなく、内裏北辺の建物群とともに一連の空間を構成していたと考えたほうが妥当ではなかろうか。

以上のように、第Ⅳ期における内裏地区の変化にはきわめて注目すべきものがあるが、しかしそれは内裏地区の従来からの空間構成を一変するようなものではなく、第Ⅱ期および第Ⅲ期、さらには第Ⅰ期の内裏地区における空間構成を基本的に継承するものであったと見ることができる。したがって平安宮内裏と比べた場合、第Ⅳ期が第Ⅱ期や第Ⅲ期と基本的には同じ空間構成を採っていることから、平安宮内裏との類似や相違の様子は第Ⅱ期・第Ⅲ期の場合と大きく異なるところはないと言える。しかしただ一つ、さきに指摘した内裏地区の中央部にある区画における前庭の消失という事態は、平安宮内裏における仁寿殿を中心とした空間のあり方、すなわち仁寿殿が紫宸殿と渡殿・露台によって連接されることによってその前庭が存在しない様相と類似しており、平安宮内裏において紫宸殿と仁寿殿とが連接されるに至る第一段階を示しているものと考えられる。なお、このような内裏地区中央部の区画における前庭の欠如は、第Ⅳ期に引き続く第Ⅴ期および第Ⅵ期においても確認することができる。

第Ⅴ期（図８）

第Ⅴ期に至り、内裏地区は、第Ⅱ期から第Ⅳ期までほぼ一貫して辿ることが可能であった空間構造を大きく変更される。一見しただけでは必ずしも明瞭ではないが、第Ⅴ期の内裏の空間構造は第Ⅳ期以前のそれとは大きく異なり、特に、基本的な点で第Ⅳ期以前と重大な相違が見られる。第Ⅱ期～第Ⅳ期までの遺構配置や空間構成と基本的に一致するのは、内裏地区を大きく三つの区画に分ける空間構成の点だけである。

まず内裏地区の中央部南寄りには東西と北の三面を塀で囲まれ、東西棟建物一棟と南北棟建物二棟によって構成されると考えられる東西に細長い区画があり、その北の、内裏地区中央部には、塀で東西南北四面を囲まれ、東西棟七棟と南北棟三棟からなる南北に長い空間が存在する。そしてこれら内裏地区中央部に位置する二つの区画の周囲には東西棟建物を主として配置した空間が広がる。

以上のような基本的な遺構配置や空間構成はたしかに

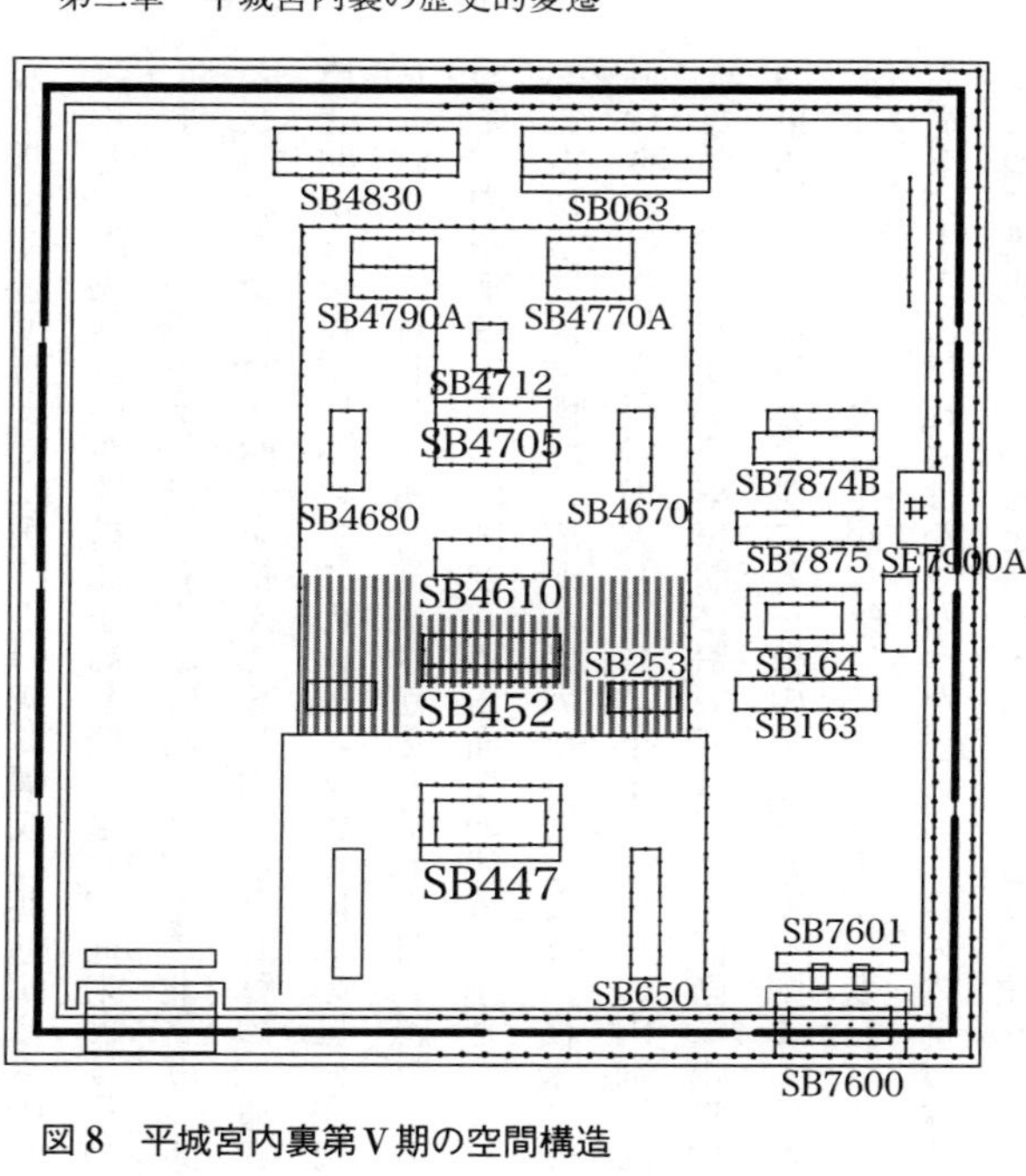

図８　平城宮内裏第Ⅴ期の空間構造

第Ⅱ期から第Ⅳ期までにかけての空間構成と共通するものがあるが、しかし子細に各々の区画・空間の内部を検討してみると、内裏地区の空間構成が第Ⅴ期に至り、従来とはその様相を大きく異にするようになったことが分かる。

まず、中央部南寄りに存在する区画では、その北寄りに東西棟建物SB四四七と、その前面東にある南北棟建物SB六五〇およびSB四四七を挟んでSB六五〇と対称の位置に想定される南北棟建物の、三棟から構成される点で、従来第Ⅱ期から第Ⅳ期においてこの位置にあった同様の区画が東西棟建物一棟とその前面東西に各二棟の南北棟建物を配置していたのに対して、南北棟建物がそれぞれ一棟に減ぜられ、また東西棟建物も北を画する塀も南に移されたことによって、内裏地区でこの区画が占める面積の比率が小さくなっている。それに対してその北に接してある、内裏地区中央部を占める区画は南北に広がる巨大な空間となり、従来よりもはるかに広い面積を占めるようになった。しかしこの区画の変貌は単に面積が増大したのに止まらず、その内部における建物の構成や配置に大きな変化が生じているのである。すなわち、第Ⅱ期から第Ⅳ期においては、この区画に相当する位置には、東西棟建物が中央と北寄りに二棟存在し、その東西あるいは前方東西に各一棟の南北棟建物を配するいわゆるコ字型の建物配置を採る空間が、周囲を塀によって囲まれて存在していた。しかし第Ⅴ期には様相が一変し、この区画には全部で一〇棟もの建物が配置され、またその構成も従来のように単純ではなくなった。この区画の内部は建物配置やのちに述べる平安宮との比較から大きく二つの空間によって構成されていると考えることができる。すなわち、区画の南寄りの東西棟三棟から構成される空間と、それからやや離れてこの区画の中央から北寄りに存在する東西棟四棟と南北棟三棟からなる空間とである。南寄りの空間は、そのやや北寄りに位置するSB四五二と、その前方東にあるSB二五三と、SB四五二を挟んで西にSB二五三と対称の位置に存在すると想定される東西棟建物の、三棟から構成される。この東西棟建物三棟によって構成される空間は、建物の棟方向が異なることや建物の棟数が一棟少ないことに相違がみられるものの、その南に存在している区画との位置関係から、第Ⅱ期から第Ⅳ期の内裏地区の中央部に存在していた区画と同じ性格・機能を有すると推測することができる。またこの点は、第Ⅱ期から第Ⅳ期にかけて内裏の中央部と南寄りに形成された二つの区画の中心建物がいずれも共通して桁行九間でその総長が同じであるように、第Ⅴ期の場合も南寄りの区画の中心建物ＳＢ四四七と中央部の区画の南寄りの空間の中心建物であるＳＢ四五二とがともに桁行九間であることから、塀を隔てているとはいえ、両者は建物配置の上でも、また機能的にも結び付きが強いと考えることができることにもうかがうことができる。これに対して同一の区画のなかに存在しているとは言うものの、中央部の区画の中央以北を占める空間の中心建物ＳＢ四七〇五とその前殿に位置するＳＢ四六五〇とがともに桁行を七間で揃えている点は、明らかにこの二棟の建物で一つの結合が認められ、ＳＢ四五二とやや距離を置いて配されている点も含めて、これらの建物や空間はＳＢ四五二とは機能的には直接結び付き難いものとみてまちがいない。一方、この区画の中央より北に位置する空間は第Ⅰ期や第Ⅱ期から第Ⅳ期までは存在せず、第Ⅴ期に至って新たに創出された空間である。ＳＢ四七〇五を中心にして、その前面に桁行の長さをＳＢ四七〇五と揃えるＳＢ四六一〇、東西にはそれぞれＳＢ四六七〇とＳＢ四六八〇、後方にはＳＢ四七一二を配し、さらにＳＢ四七一二の後方東西にはＳＢ四七七〇ＡとＳＢ四七九〇Ａを配置する。この空間ではＳＢ四七〇五が正殿、ＳＢ四六一〇が前殿、ＳＢ四六七〇・四六八〇が東西の脇殿に当たることは明らかであろう。

以上のような二つの区画における新たな様相の出現に対して、その周囲に存在する空間でも変化が見られる。まず、第Ⅳ期に内裏地区の東北隅に存在していた南北棟建物ＳＢ七八七三が廃され、一時、塀でつながれた仮設の建物が建てられることもあったが、ふたたび第Ⅲ期のような空閑地となる。また東辺ではＳＢ一六四を中心とした建物群の北端に位置するＳＢ七八七四Ａに北庇が付けられてＳＢ七八七四Ｂとなるほかに大きな変更は見られない。一方、北辺では内裏地区の中央に存在する空間が南北に長大な空間となったために、東西に細長い空間しか確保できなくなり、第Ⅳ期に存在していた東西棟建物二棟ＳＢ四八〇〇・四八二四が撤去され、東西に桁行柱筋を揃えた二棟の東西棟建物ＳＢ〇六三・四八三〇が建てられる。構造的には東に位置するＳＢ〇六三が南に孫庇を付けている点でやや異なるが、ともに桁行柱間数が一二間で、身舎と南庇の規模が一致する点は両者の建物の機能が共通することを物語るものであろう。またこの二棟で注目されるのは、桁行柱間数が偶数であることで、間仕切りのない点は異なるが、第Ⅰ期や第Ⅱ期・第Ⅲ期

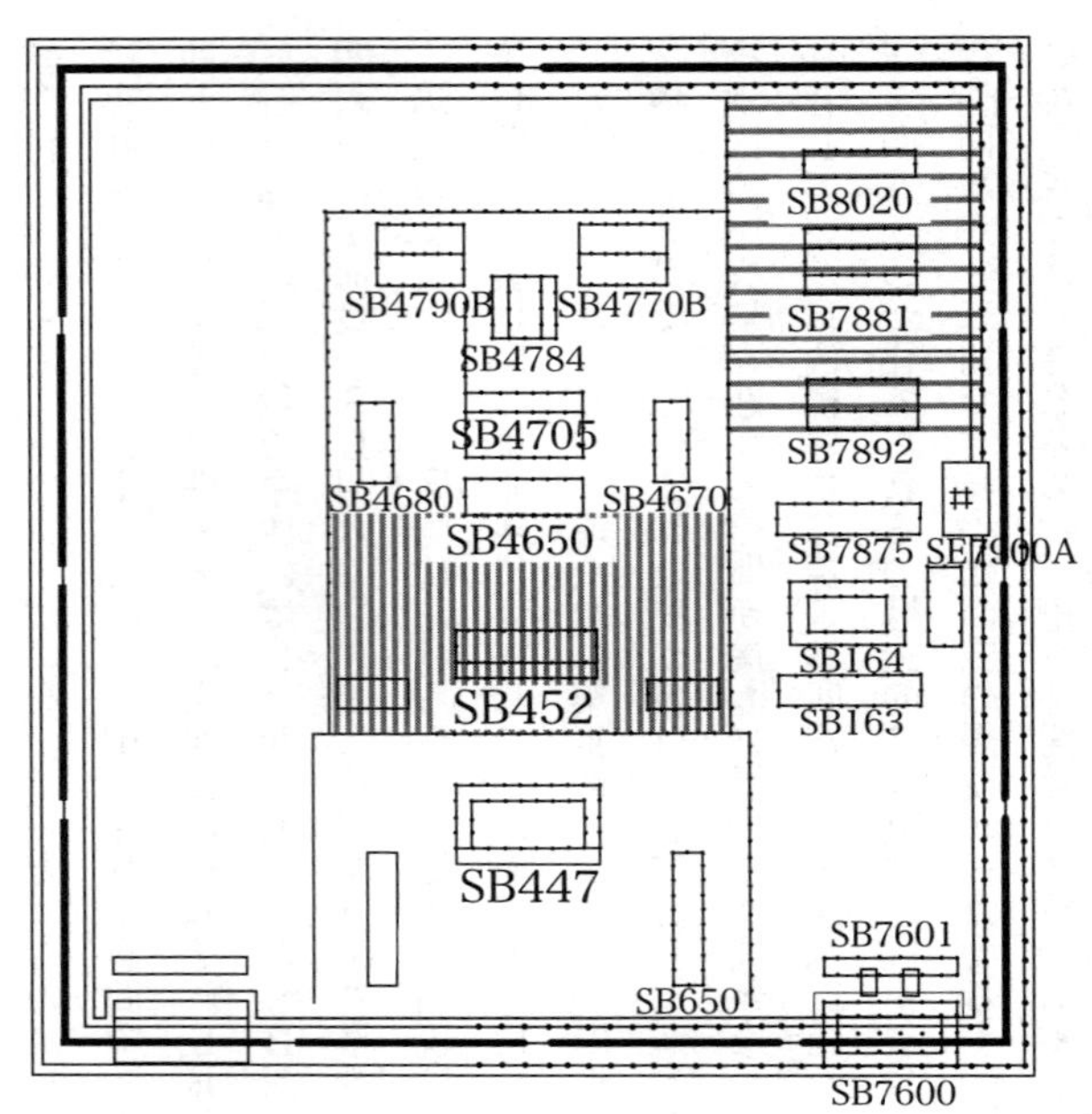

図９　平城宮内裏第Ⅵ期の空間構造

に内裏地区の北辺に配置された東西棟建物と共通する性格・機能を有する建物であると考えられる。

以上のように第Ｖ期の内裏地区の構造は、第Ⅱ期から第Ⅳ期に見られた空間構造を基本的に継承する点も見られるが、それに比べて様相を大きく異にする部分が生じ、特にその中央部に位置する区画に大きな変更が加えられた。このような第Ｖ期における内裏地区の空間構造やその変更点について平安宮内裏と比較すると、その変更の眼目は、第Ｖ期に新たに内裏地区の中央部に建物群を創出したことにあり、それは皇后に関わる空間、すなわち皇后宮に相当する空間を内裏地区の中央北寄りに成立させたことにあると理解することができる。

第Ⅵ期（図９）

第Ⅵ期における遺構配置や空間構成は、建物の規模・棟方向の変更など細部の相違を除けば、基本的には第Ｖ期と一致する。すなわち内裏地区中央部南寄りの区画については、第Ｖ期の建物をそのまま踏襲しており、また内裏地区の中央を占める区画についても、南寄りの三棟の東西棟建物ではまったく改築を行わずそのまま第Ｖ期の建物を用いている。ただしその北に広がる空間では、中心に位置するＳＢ四七〇五の前後にあるＳＢ四六一〇・四七一二・四七七〇Ａ・四七九〇Ａの四棟をＳＢ四六五〇・四七八四・四七七〇Ｂ・四七九〇Ｂに建て替えている。しかし基本的には第Ｖ期の建物の位置や規模などをほぼ踏襲しており、それらの建物の配置には大きな変更は加えられておらず、したがって第Ⅵ期の建て替えによってそれらの個々の建物や建物群の性格・機能が大きく変更されたとは考えられない。以上のように内裏地区の中央部を占める南北二つの区画については建物の配置やその空間構造に変更はなく、第Ⅴ期の構造や機能と同じであると考えられる。

これに対して、中央部を占める二つの空間を取り巻く周囲の空間、特に東北隅において大きな変化が生じている点が注目される。さきに指摘したように、第Ⅴ期の内裏地区東北隅では、造営に関わると考えられる仮設の建物が一時的に設けられたこともあったが、この部分はほぼ第Ⅴ期を通じて空閑地であった。それに対して第Ⅵ期には、この部分に、東と北については内裏地区の周囲を画する築地回廊の東北隅部分を利用し、南と西については塀を設けて一つの区画を設定し、その内部に妻柱の柱筋を揃えて南北に並行する二棟の東西棟建物ＳＢ七八八一・八〇二〇を配置している。さらにこの区画の南にもこれら二棟の東西棟建物と妻柱の柱筋を揃え、桁行の長さを同じにした東西棟建物ＳＢ七八九二がＳＢ七八七四Ｂに代わって建てられている。建物の規格や建物配置の計画性からみて、塀によって区画としては別とされているが、北の区画にある二棟の東西棟建物ＳＢ七八八一・八〇二〇とその南に塀を隔てて位置する東西棟建物ＳＢ七八九二とは同じような性格をもち同様の機能を果たすものであると考えることができる。なお内裏地区の北辺でも変化が見られ、第Ⅴ期にこの位置に存在した二棟の東西棟建物ＳＢ〇六三・四八三〇が撤去され、内裏地区の北辺には建物が存在しなくなったと考えられる。おそらく東北隅における新たな区画・空間の成立と関連を有するものと推定される。

以上のように第Ⅵ期には、その中心部については第Ⅴ期の内裏の中心部の空間構造をそのまま踏襲したが、東北隅において新たな区画・空間の創出が行われるなど中心となる区画の周辺に広がる空間においてその再編成が進められたものと見ることができる。このような第Ⅵ期における内裏地区東北隅における変化は、平安宮内裏と比べると、後宮に関わる空間を創出したものと見ることができる。

三　平城宮内裏地区の歴史的変遷に関する諸問題

前節では、平城宮内裏地区で検出された遺構のうち、奈良時代に属する第Ⅰ期から第Ⅵ期までの変遷について、特にその空間構成、構造の変化に注目して整理・検討してきた。本節ではその結果を承け、平城宮内裏地区における各時期の空間構成・構造を、さきに明らかにした平安宮内裏・長岡宮第二次内裏「東宮」や平城宮第一次大極殿院地区で検出された平城太上天皇の御在所と推定される第Ⅲ―1期の空間構成・構造と比較検討し、さらに前稿㉔において行った文献に見える奈良時代歴代天皇の御在所に関する検討の結果をも併せて、内裏地区の歴史的変遷を理解するうえでの問題点を指摘し、そのうえで変遷の意義や背景あるいは時期の問題についても若干の検討を加えることとする。なお本節における検討に資するために、さきに行った検討の結果に従い、平城宮内裏地区の第Ⅰ期から第Ⅵ期までの遺構および長岡宮第二次内裏の遺構、平城宮第一次大極殿院地区第Ⅲ―1期の遺構を、空間構造や建物の配置関係から平安宮内裏の殿舎に対応させ、作成したのが表3である。以下では適宜この表を参看しつつ内裏地区の空間構成・構造の歴史的な変遷について検討することとする。

次大極殿院地区第Ⅲ-1期の建物対応

長岡宮第二次内裏「東宮」	平城宮第一次大極殿院地区第Ⅲ―1期
「内裏正殿」	SB6620
	SB6622
	SB8300
	SB7170
	SB7173
	SB6621
	SB7172
	SB7209
SB23200	
SB23518	
SB23513	
	SB8219
SB17004	SB8218A・B
	SB8218A・B

表３　平安宮内裏と平城宮内裏地区・長岡宮第二次内裏「東宮」・平城宮第一

平安宮内裏	平城宮内裏地区					
	第Ⅰ期	第Ⅱ期	第Ⅲ期	第Ⅳ期	第Ⅴ期	第Ⅵ期
紫宸殿	SB460	SB450A	SB450A	SB450B	SB447	SB447
宜陽殿		SB440	SB440	SB440		
春興殿		SB650	SB650	SB650	SB650	SB650
校書殿						
安福殿						
仁寿殿	SB4700	SB4703A	SB4703B	SB4645	SB452	SB452
承香殿		SB4710A	SB4710B	SB4704	SB4650	SB4610
綾綺殿		SB260A	SB260B	SB260B	SB253	SB253
温明殿						
清涼殿		SB4660A	SB4660B	SB4660B		
後涼殿						
常寧殿					SB4705	SB4705
貞観殿					SB4712	SB4784
麗景殿					SB4670	SB4670
宣耀殿					SB4770A	SB4770B
弘徽殿					SB4680	SB4680
登華殿					SB4790A	SB4790B
昭陽舎						
昭陽北舎						SB7892
淑景舎						SB7881
淑景北舎						SB8020
飛香舎						
凝華舎						
襲芳舎						

さて、前節における検討によって明らかになったように、平城宮内裏地区の歴史的変遷を考えるうえで検討すべき各時期のおもな問題点は、次ぎの諸点である。

①第Ⅰ期の特異な空間構造に関する問題
②第Ⅱ期に東北隅に存在するSB八〇〇〇の問題
③第Ⅲ期における内裏囲繞施設の掘立柱塀から築地回廊への変更の問題
④第Ⅳ期における中央部を占める区画での前庭の消滅の問題
⑤第Ⅴ期における皇后宮の出現に関わる問題
⑥第Ⅵ期における後宮の成立の問題

このうち①②③の三点については、簡略ではあるが、すでに前項で行った各時期の個別解説において述べたので、ここでは簡要に問題点をまとめるに止め、むしろ残る④⑤⑥の三点を中心にさらに検討を加えたい。

①第Ⅰ期の特異な空間構造に関する問題

内裏地区第Ⅰ期の遺構については、その配置が必ずしも平安宮内裏に代表されるような典型的な内裏の様相と一致しないことから、従来は内裏そのものではなく、その前身的な区画や予定された内裏であるとか、あるいはまた平城宮創建当初の他の地区に内裏を求め得ないためにやむをえず第Ⅰ期の内裏地区を内裏に比定するなどとされ、その遺構配置の特異さが指摘されるに止まってきた。しかしすでに前節において述べたように、第Ⅰ期の空間構造も基本的には第Ⅱ期以降第Ⅳ期までのそれと一致すると見ることができる。すなわち、脇殿や後殿を欠く点に相違が見られるものの、第Ⅰ期の内裏地区の中央と南寄りに配されるSB四七〇〇とSB四六〇〇はそれぞれの南方に広い前庭を有し、またその位置が第Ⅱ期以降においても内裏地区の中心を占める二つの区画の中心となる建物に継承される点を考慮すると、第Ⅰ期の内裏地区に存在する同規模・同形式の二棟の建物とその前庭からなる空間は、第Ⅱ期以降の時期においてその中心を占める二つの区画に対応すると考えることができる。また北半部に配される東西棟建物群についても、第Ⅱ期以降内裏地区の北辺に配置される建物群と構造・形式のうえで緊密な関係にあり、さらに東南隅の空間が空閑地となっている点にも第Ⅱ期以降と共通点を見いだすことができる。

以上のような諸点からみて、第Ⅰ期の内裏地区の空間構成・構造は第Ⅱ期以降と同じであり、したがって第Ⅰ期の内裏地区は第Ⅱ期以降と同じ性格・機能を有していたと推定することができる。第Ⅰ期の内裏地区の建物を平安宮内裏と比較した場合、表3のように、SB四六〇は紫宸殿に相当する建物で、SB四六〇とその南に広がる前庭からなる空間は天皇の公的な空間である。またSB四七〇〇は仁寿殿に相当し、SB四七〇〇を中心とした空間は天皇の私的空間に当たる。しかし北半部の東西棟建物群については、これを平安宮内裏の建物に直接求めることは困難である。ただしいずれも桁行柱間数が偶数で、特にその東南部に位置する三棟については、南北いずれかに庇を有し、身舎の中央と両端から三間目で間仕切るなど、形式や規模が画一的で、強い規制の働いたことが明らかであり、これらの建物が性格・機能を同じくするものであったことを推測させる。間仕切のあり方は古代寺院の僧房に類似し、たとえばいわゆる後宮十二女司など天皇の御在所においてその公的あるいは私的な生活を支える官司や、あるいは宮内省などに隷する内廷諸官司の内裏内部における出先機関などが置かれたのではなかろうか㉕。なお、内裏地区の北辺に東西棟の画一性の強い建物が配される傾向は第Ⅱ期以降第Ⅴ期まで確認でき、平城宮では天皇の御在所での生活を支える機関は内裏の外郭を形成する中重(中隔)や内裏地区の北辺にほぼ一貫して営まれたと考えることができる。

②第Ⅱ期に東北隅に存在するSB八〇〇〇の問題

内裏地区は、第Ⅱ期以降第Ⅳ期まで細部において変化が見られるものの、基本的には第Ⅱ期の構造を踏襲していったと考えられることについては累述したが、第Ⅳ期まで基本的に継承される構造のなかで、他の時期の遺構との関係で問題となるのは、第一に、第Ⅱ期の内裏地区の東北隅に存在するSB八〇〇〇を中心とした空間であり、第二に、奈良時代末の内裏の廃絶まで一貫して存続する東辺の官衙と考えられる建物群である。このうち後者については、簡略ではあるが、すでに前節において述べたので、省略することとし、ここでは前者についてさらに検討したい。

SB八〇〇〇は、第Ⅱ期の内裏地区中央部を占める区画の中心となる建物SB四七〇三A、すなわち表3のように平安宮内裏では仁寿殿に相当し、天皇の御在所と考えられる建物と同規模・同形式の四面庇付きの東西棟建物で、さらに南面に縁が付設されていることなどから、第Ⅱ期の内裏地区の付属的な建物ではなく、天皇に準ずる身位を有する人物の居所となった格式の高い建物であったことを推測させる。またその南に広い前庭が存在することは、SB八〇〇〇を中心とした空間が単に天皇に準ずる身位を有する人物の居住のためだけの空間であったのではなく、前庭を用いるなんらかの儀式や行事、あるいは政務に関わりをもつ行為などが行われた可能性のあることを示唆するものである。ただし脇殿を欠いている点に相違がみられ、必ずしもSB四七〇三Aを中心とした空間とまったく同じ性格・機能を有していたわけではない。第Ⅱ期の時期を厳密に決定することができないこと、またSB八〇〇〇自体が第Ⅱ期の当初から存在したのか否か、あるいはまたその廃絶が第Ⅱ期と同時であるのかなどを明らかにできないことなどからしても、SB八〇〇〇に居住したと思われる人物を特定することは、きわめて困難なことである。しかしSB八〇〇〇の建物としての格式からすると、たとえばすでに譲位した太上天皇など[26]をSB八〇〇〇に住んだ人物として想定することもできる。なお第Ⅱ期には、内裏地区東北隅に存在していたSB八〇〇〇が撤去されるが、それは、天皇に準ずるような人物の死去や宮外への遷居に際して採られた措置で、SB八〇〇〇の撤去によって内裏地区がふたたび天皇のためだけの空間となったことを示すものと考えられる。

③第Ⅲ期における内裏囲繞施設の掘立柱塀から築地回廊への変更の問題

第Ⅲ期に至り、内裏地区の周囲を画する施設に変更が加えられ、第Ⅱ期の掘立柱塀が解体撤去され、これに替わって同じ位置において築地回廊が造営された。第Ⅲ期における掘立柱塀から築地回廊への造替は、内裏地区の南方に位置する第二次大極殿院・朝堂院両地区における掘立柱建物、掘立柱塀から礎石建ち建物、築地回廊・築地塀への変更と揆を一にするもので、おそらく外観を第二次大極殿院・朝堂院両地区と統一するために採られた措置であろう。また、その時期については、第Ⅲ期の内裏地区や第二次大極殿院・朝堂院両地区で用いられた軒瓦の製作年代から恭仁宮からの還都ののちと考えることができるが、第二次大極殿院・朝堂院両地区における改作と同時であるか否かは明らかでない。なお第Ⅲ期以降、内裏地区の周囲を画する施設の形式は築地回廊に固定され、長岡宮第二次内裏や平安宮内裏に継承されてゆくこととなる。

④第Ⅳ期における中央部を占める区画での前庭の消滅の問題

内裏地区における遺構の変遷において、次ぎの⑤で述べる第Ⅳ期と第Ⅴ期のあいだにある画期に次いで大きな画期は、第Ⅲ期と第Ⅳ期のあいだにある。すなわち、第Ⅰ期から第Ⅲ期を通じて内裏地区の中央部とその南寄りに存在した二つの空間には、第Ⅰ期と第Ⅱ・Ⅲ期とのあいだで脇殿の有無で相違があるものの、いずれの時期においても天皇出御のための建物の南方に前庭を有する構造を採っていた。しかし第Ⅳ期に至り、この二つの空間のうち内裏地区中央部に位置する空間において前庭が消滅し、これ以降平城宮廃絶に至る第Ⅵ期まで内裏地区の中央部に存在する空間に前庭は見られなくなる。㉗この前庭の消滅は、第Ⅳ期まで中心となる建物の前方東西に位置していた二棟の南北棟建物が第Ⅴ期以降東西棟建物に変更されることによって一層明瞭なものとなる。

さて、問題はこの前庭の消滅がいかなる理由によるものであるのかであるが、それはまたこのような構成を採る空間において前庭がいかなる機能を果たしたのかということと深く関わっている。第Ⅰ期から第Ⅲ期まで内裏地区の中央部を占める区画に存在していた前庭の機能・性格を考えるのにもっとも参考となるのは朝堂院の朝庭である。言うまでもなく、朝堂院の基本的な機能は朝儀と朝政の場たることにある。㉘この二つの機能のうち、まず朝儀において朝庭を用いる場合、天皇の大極殿への出御は本来自明のことで、大極殿上の天皇と相対する官人たちがその南方に広がる朝庭に列立して朝儀が執行される。また朝政の場合は朝庭全体がその場となるのではなく、むしろ朝堂院に整然と配置された朝堂の内部を中心として行われ、朝庭はそれに付属して用いられるに過ぎないが、この場合も朝庭は関係する官人たちが立ち並ぶための場であった。朝儀・朝政における以上のような朝庭の基本的な用い方から、前庭は官人たちが立ち並ぶための場で、特に天皇が出御する建物のある空間では、天皇が出御して行われる朝儀や天皇の命令である詔勅の宣布などに際して官人たちが、天皇に対して拝礼を行い、またその命を受けるための場であったと言える。このような前庭の性格からすると、第Ⅰ期から第Ⅲ期までの内裏地区には、官人たち(ただしおそらくは限定された範囲の官人たち)を召し入れ、列立させて儀式や政治的な行為を行うための前庭を有する空間が、中央部と南寄りとに二つ存在していたことになる。しかし第Ⅳ期に至り、これまで内裏地区に存在していた二つの前庭を有する空間のうち、内裏地区の中央部を占める空間から前庭が消滅し、これ以後内裏地区の中央部の空間に前庭が見られなくなるのである。このことは第Ⅳ期を画期として、これ以降、内裏地区中央部の空間において前庭を用いる儀式や政務に関連した行為を行うことがなくなったことを示している。また前庭の消滅にともなって生じた変更でさらに注意すべきは、第Ⅲ期までこの空間に存在していた東西棟建物二棟のうち、中心となる建物の北方に位置する建物が第Ⅴ期以降なくなることである。このことは、時期的に一時期ずれて現れる現象ではあるが、あるいは内裏地区の中央部を占める空間において中心となる建物が第Ⅲ期までは天皇が出御するための建物でもあったのに対して、第Ⅳ期以降天皇が出御し前庭に臨むための建物ではなくなったことによるのではないかと推測される。いずれにしても前庭の消滅は、内裏地区中央部を占める空間に多くの官人たちが列立することがなくなり、この空間が公的な性格を薄め、天皇の私的空間としてより純粋化したことを示唆するものであろう。

以上のような第Ⅳ期における内裏地区中央部を占める空間での前庭消滅をめぐる状況から、第Ⅰ期から第Ⅲ期の内裏地区において前庭を有する二つの空間で天皇出御の建物を、前稿㉙において検討した「大安殿」と「内安殿」とに比定することが可能であると考える。すなわち、第Ⅰ期のＳＢ四七〇〇・第Ⅱ期の四七〇三Ａ・第Ⅲ期の四七〇三Ｂの三棟を「内安殿」に、また第Ⅰ期のＳＢ四六〇、第Ⅱ・Ⅲ期の四五〇Ａの二棟を「大安殿」にそれぞれ当てるのである。それは、すでに述べたように、『続紀』によると、「内安殿」と「大安殿」はともに天皇の出御する建物で、これら二棟の建物を中心とした空間では、ともに官人たちが召し入れられて宣詔勅・叙位・任官などの儀式や政務あるいは宴などが行われた。このことは、これら二棟の建物を中心とした空間には天皇が出御する「内安殿」・「大安殿」ばかりではなく、官人たちが列立したり宴のために彼らの席が設けられた前庭や建物が存在したことを示しており、二つの空間はともに前庭を有する構造であったと推定することができるからである。また「内安殿」は『続紀』では養老五年（七二一）九月から天平宝字四年（七六〇）正月まで見え、「大安殿」は神亀二年（七二五）一一月から天平勝宝六年（七五四）正月まで見える。(30)いずれもほぼ同じ時期にわたって『続紀』に現れ、そして見えなくなってゆく。この「内安殿」と「大安殿」が『続紀』に見える期間は、平城宮内裏地区第Ⅰ期から第Ⅲ期までの時期と、これらの時期に属する遺構から出土した遺物の年代の点で大きく矛盾しない。以上のように推定して誤りないとすると、第Ⅳ期の始まりは天平宝字四年正月以降のこととなり、おそらく同年に始まった平城宮の大改作によって第Ⅲ期の遺構が廃され、第Ⅳ期の遺構に改作されたものと推測することができる。

天平宝字四年から始まる平城宮の大規模な改作によって造営された内裏地区第Ⅳ期の遺構は、すでに前稿(31)において述べたように、称徳天皇の「西宮」に比定することができ、「西宮」は次ぎのような構造を有しているものと推定された。すなわち「西宮」の南部には百官が並び立ちうるほど広大な庭が存在し、また中心付近には、南の庭に対して前後に「前殿」と「寝殿」が存在する。「前殿」は南方の庭と一体となって行う朝儀などの際に天皇が出御するための建物で、これに対して「寝殿」は称徳天皇の居所で、「寝殿」を中心とした空間に官人たちが参入して儀式や政務に関連した行為を行ったとの記事が『続紀』などに見えないことから、「寝殿」には官人たちが参入するに十分な前庭が付属していなかったものと見られる。したがって称徳天皇の「西宮」に比定される第Ⅳ期の内裏地区中央部の空間にあるSB四六四五は「寝殿」に、またその南に位置する区画にあるSB四五〇Bは「前殿」にそれぞれ比定することが可能となる。(32)SB四六四五の背後に位置するSB四七〇四が第Ⅲ期のこの区画の中心建物であるSB四七〇三Bを移築したものである可能性があることや、またSB四五〇Bが前後の時期において同じ位置にあるこの区画の中心建物とは異なって身舎の梁間が三間ではなく二間であることなどは、この区画が天皇の位を退いた太上天皇たる孝謙太上天皇のためのものであることを示唆しているのかもしれない。なお、これに対して淳仁天皇の御在所「中宮院」は第一大極殿院地区第Ⅱ期に求めるべきであることについては、すでにやはり前稿㉝において述べた。

以上のように、第Ⅲ期から第Ⅳ期への変化は、天皇の御在所における朝儀や政務において天皇が出御するための建物として「内安殿」・「大安殿」、二棟の安殿とそれぞれを中心とした空間が内裏地区内に併存する、複合的な構造が一元化されて、御在所における朝儀や政務に際して天皇の出御する建物が「大安殿」の位置を継承し、引き続き前庭を確保した「前殿」一棟となり、これに対して「内安殿」を位置的に継いだ建物は「寝殿」として、天皇の私的生活が営まれるにふさわしい前庭をもたね空間の中心建物となったことにある。このことが与える影響はきわめて大きく、これまで二棟の天皇出御の建物を有するそれぞれの空間で行われてきた儀式や政務に関わる行為が、これ以後大きく変化・再編成された可能性を考えねばならないことになる。

⑤第Ⅴ期における皇后宮の出現に関わる問題

内裏地区の遺構の歴史的変遷において最大の画期は、さきに指摘したように、第Ⅳ期と第Ⅴ期のあいだにあると考えられる。第Ⅰ期から第Ⅳ期にかけての内裏地区の構造に対して、第Ⅴ期・第Ⅵ期の構造はきわめて重要な点で相違が認められた。すなわち内裏地区の中央部を占める区画でもっとも大きな変化が生まれ、第Ⅳ期以前においては前殿・後殿の東西棟二棟と南北棟の脇殿二棟が存在するに過ぎなかったのに対して、第Ⅴ期および第Ⅵ期にはこの区画の内部に存在する建物の数が著しく増加し、しかも区画の南寄りにSB四五二を正殿、SB二五三を東の脇殿とする空間と、この区画の中央から北にかけてSB四七〇五を正殿、SB四六一〇・四六五〇を前殿、SB四七一二・四七八四を後殿とし、SB四六八〇・四六七〇を東西両脇殿、SB四七七〇A・Bと四七九〇A・Bを後殿背後の東西両脇殿とする空間の、少なくとも二つの空間に分けることができるようになる。そして内裏地区の中央部に存在する区画のうち南寄りに位置する東西棟ばかりからなる空間が第Ⅳ期以前の内裏地区中央部を占めた区画に相当すると考えられる。

以上のことは、第Ⅳ期から第Ⅴ期への移行のなかで大きな変化が内裏地区、特にその中央部を占める区画において生まれたことを示している。すでに前節においても指摘したし、またその結果に基づいて作成した平安宮内裏との比較のための表3においても明らかなように、第Ⅴ期および第Ⅵ期の内裏地区の中央部に位置する区画の中央以北を占める空間は、その位置や建物の配置から平安宮内裏の北寄りに位置した常寧殿を中心とした皇后宮に相当し、第Ⅳ期以前には平安宮内裏の皇后宮に相当する空間あるいは建物群が欠如していた。このように第Ⅳ期以前と第Ⅴ期以後とで決定的に相違するのは、平安宮内裏において天皇の公私両面にわたる空間の北に独立して存在していた皇后宮の有無にあった。このことは、平城宮の第Ⅴ期に至ってその中央部を占める区画の北半に造営される空間・建物群が、平安宮と同様に皇后宮に当たるものであるとすると、第Ⅴ期から平城宮では皇后が内裏地区、すなわち天皇の御在所の内部にその居所を営むようになったことを示している。したがって第Ⅳ期と第Ⅴ期のあいだにある画期は、第Ⅴ期に、内裏地区の中央部を占める区画の北寄りに新たなる空間が生み出されたことにあり、それは平安宮や長岡宮第二次内裏、あるいは平城宮第一次大極殿院地区第Ⅲ―1期の空間構造と比較すると、平城宮内裏地区の中央部を占める区画の北寄りに皇后宮に相当する空間が誕生したことを示すものであると推定される。

ところで前稿(34)においてすでに述べたように、奈良時代に皇后をもったことが明らかな天皇は、奈良時代の前半に在位した聖武天皇と後半の光仁・桓武両天皇の三人に過ぎない。しかも聖武天皇の皇后藤原光明子は、皇后宮をのちに法華寺となる旧藤原不比等邸に営んでいたことについてはすでに述べたとおりである。したがって聖武天皇の皇后藤原光明子は平城宮の天皇御在所にその宮を営まなかったと考えられる。一方、光仁天皇と桓武天皇の皇后である井上内親王および藤原乙牟漏の平城宮における皇后宮の所在は明らかではない。しかし藤原乙牟漏の場合、長岡宮においては皇后宮を内裏の内部に営んでいた可能性が高いとみられる。『続紀』には延暦九年閏三月に藤原乙牟漏が死去し、その翌日桓武天皇が近衛府に移御したとする記事がある(35)。もしこれが皇后の死にともない皇后と同居していた内裏を避けて移御したのであるとすると、長岡宮では皇后藤原乙牟漏の皇后宮は内裏(当時は第二次内裏「東宮」)に存在していたことになる。この桓武天皇の皇后藤原乙牟漏の例を参考にすると、平城宮内裏地区の第Ⅴ期に出現した平安宮内裏の皇后宮に相当する空間は、皇后宮と推定してよいであろう。

⑥第Ⅵ期における後宮の成立の問題

第Ⅳ期と第Ⅴ期のあいだのみならず、第Ⅴ期と第Ⅵ期のあいだにも看過できない相違が存在していた。それは内裏地区の東北隅において見られた、第Ⅵ期における新しい区画・空間の創出にある。第Ⅵ期に東北隅に新たに造営された区画・空間は平安宮内裏と比較した場合、表3にも明らかなように、後宮五舎のうちの淑景舎・淑景北舎あるいは昭陽舎・昭陽北舎などに比定することができる。したがって第Ⅵ期に内裏地区の東北隅で起った変化は、後宮を形成する意図に基づくものと考えることができる。

さて、問題は第Ⅴ期と第Ⅵ期をどの天皇の時期に比定するのかである。⑤で述べた第Ⅴ期における皇后宮の形成については、遡っても光仁天皇までで、奈良時代後半の皇后をもった二人の天皇、光仁・桓武天皇のいずれにも比定することが可能である。一方、第Ⅵ期が平城宮最末期に相当することは問題ないから、第Ⅵ期が桓武天皇の時期を含んでいることはまちがいない。しかし第Ⅵ期が桓武天皇の時期に限定されるのか、あるいは光仁天皇の時期にも存在し得たのか、また第Ⅴ期が桓武天皇の時期を含むことはないのか、などの問題が残る。

桓武天皇が平城宮にあったのはわずかに三年半余りで、しかもそのうち皇后藤原乙牟漏が皇后として存在していたのは延暦二年四月以降、長岡遷都までわずか一年半余りの期間に過ぎない。また逆に光仁天皇の皇后井上内親王の場合も、皇后の地位にあったのは冊立された宝亀元年(七七〇)一一月から廃后される宝亀三年三月までの一年四ヵ月足らずであるから、その間に皇后宮の建物に関する建て替えを想定することは難しいのではなかろうか。この空間が純粋に皇后のための空間であるとするなら建物の建て替えは、皇后の交替を意味する可能性が高いであろう。また第Ⅵ期における内裏地区東北隅での後宮の形成については、前稿[36]において述べたように、光仁天皇の時期にはまだ後宮がその御在所内に形成されていなかった可能性が高く、これに対して桓武天皇の時期における後宮の繁栄[37]を考えると、第Ⅵ期は桓武天皇の時期に相当するとみるのがよく、したがって第Ⅴ期は光仁天皇の時代に当てることができると考える。

以上、必ずしも十分な検討を経たわけではないが、内裏地区で確認された平城宮に関わる六時期に及ぶ遺構の空間構造の変化について、その歴史的背景と時期を考えた。その結果、明らかになった点も多いが、残された課題も明確になった。特に④「大安殿」―「内安殿」構造から「前殿」―「寝殿」構造への変更とそれにともなう平城宮における朝儀・朝政執行構造の変化が重要な課題である。

注

（1）拙稿「平城宮の内裏」『平城宮発掘調査報告』XIII、奈良国立文化財研究所学報第五〇冊、奈良国立文化財研究所、一九九一年および拙著『古代宮都の内裏構造』吉川弘文館、二〇一一年。

（2）目崎徳衛「仁寿殿と清涼殿」『宇津保物語研究會會報』三、一九七〇年、鈴木亘「平安宮仁寿殿の建築について」その一・その二『日本建築学会論文報告集』二五七・二五八、一九七八年など。

（3）拙稿『延喜式』校訂考証一題」『神道大系月報』一〇四、一九九一年。

（4）鈴木亘「常寧殿の建築について」『日本建築学会論文報告集』二五九、一九七七年など。

（5）目崎徳衛「後宮の成員と殿舎」『国文学解釈と鑑賞』三七―四、一九七二年、村井康彦「殿舎」『国文学解釈と教材の研究』二五―一三臨時増刊号、一九八〇年、村山修一「後宮の殿舎とその構造」『国文学解釈と教材の研究』八―六、一九六三年などに概説されている。

（6）渡辺直彦「嵯峨院司の研究―附・蔵人所成立の前提」『日本歴史』二一〇、一九六五年。

（7）ちなみに平城太上天皇の後宮としては、妃として大宅内親王と朝原内親王の二人が確認され、その他数人が存在していたと推定されている(角田文衛『日本の後宮』学燈社、一九七三年)。

（8）阿部義平「古代宮都中枢部の変遷について」『国立歴史民俗博物館研究報告』三、一九八四年。

（9）平城太上天皇は皇位にあった時も退位してのちも皇后ないしは皇太后に相当するような女性をもっておらず、ただ皇太子時代に東宮妃でありながら即位以前に死去した藤原帯子が、即位後に皇后を贈られているだけである(『後紀』大同元年六月辛丑条)。

(10) ただし平安宮の古図に見られるような内裏の建物配置や空間構造が一体いつ固定的なものとなったのかについては必ずしも明らかではなく、従来漠然と嵯峨天皇のころであると推定されているが、もしそうであるならばそれ以前の内裏の建物配置や空間構造については別に検討が必要であり、平城太上天皇の御在所である「平城西宮」を「平安宮内裏の省略形態」と評価するのは誤り、あるいは不正確な表現であることになる。また従来あまり検討されていない太上天皇の宮についても一般的なあり方を把握しておかなければ単に「平安宮内裏の省略形態」と評価しただけでは不十分である。

(11) 『続紀』延暦八年二月庚子条。

(12) 『長岡京木簡』一(解説)向日市教育委員会、一九八四年所収二一六号木簡。

(13) 注(12)『長岡京木簡』一(解説)総論第三章二長岡京造営と木簡、清水みき「長岡京造営論—その二つの画期をめぐって」『ヒストリア』一一〇、一九八八年。

(14) 『埋蔵文化財発掘調査概報(一九六八)』京都府教育委員会、一九六九年、『埋蔵文化財発掘調査概報(一九七〇)』京都府教育委員会、一九七一年、『埋蔵文化財発掘調査概報(一九七三)』京都府教育委員会、一九七四年、『向日市埋蔵文化財調査報告書』第一三集(一九八四)向日市教育委員会、一九八四年、『向日市埋蔵文化財調査報告書』第二六集(一九八九)向日市教育委員会、一九八九年、『向日市埋蔵文化財調査報告書』第二八集(一九九〇)(財)向日市埋蔵文化財センター・向日市教育委員会、一九九〇年。

(15) 注(14)『向日市埋蔵文化財調査報告書』第二八集(一九九〇)所収の第二八図「内裏内郭の建物配置」をもとに一部改変して作成した。

(16) SB二三二〇〇の北辺部分を発掘調査で確認したものとすると、SB二三二〇〇と北面回廊とのあいだに平安宮内裏の貞観殿に相当する東西棟建物一棟を置くには、その間隔が狭すぎる。しかしSB二三二〇〇の北にそれより小規模で身舎のみの建物を想定するとすれば、両者のあいだに東西棟建物を配置することも不可能ではない。

(17) SB二三五一八がSB二三五一三と同規模・同形式であるとすると、その南妻は第二次内裏の南北二等分線にきわめて近接した位置にくる。また内裏正殿と推定されている建物も推定復原どおり北に庇をもつものとすると、その北端も同様に南北二等分線に近い位置にくる。したがってSB二三五一八と内裏正殿とのあいだに少なくとも内裏正殿規模の建物を置くとすれば、SB二三二〇〇の南方に存在する前庭部分に大きく食い込むこととなる。

(18) 今泉隆雄「平城宮大極殿朝堂考」関晃教授還暦記念会編『日本古代史研究』吉川弘文館、一九八〇年。

(19) 今泉隆雄「再び平城宮の大極殿・朝堂について」関晃先生古稀記念会編『律令国家の構造』吉川弘文館、一九八九年。

(20) 平城宮の内裏を理解するうえで、従来不用意に用いられてきた「後宮」という用語ほど紛らわしいものはない。養老令による限り、「後宮」とは天皇の后妃たちのうち、皇后を除く、妃・夫人・嬪の総称で、養老令の注釈書などでは天皇の居住する御所・御在所の後ろにある場所も意味し、そこに住む天皇の后妃たちを指すとする理解が一般的である。したがってのちに述べるように平安宮内裏との比較から、天皇の居所と推定される区画を「後宮」と呼んだとすることはできない。

(21) 阿部義平「平城宮の内裏・中宮・西宮考」『研究論集』Ⅱ、奈良国立文化財研究所、一九七四年。

(22) 阿部注(8)論文。

(23) なお平安宮ではこの建物群の位置に温明殿がある。温明殿には内侍所が置かれ、神鏡を奉安する賢所があった。

(24) 注(1)拙著。

(25) なお第一三次調査において内裏地区の北外郭で確認された官衙内部で検出された土壙ＳＫ八七〇から出土した須恵器の盤に「内裏盛所」との墨書が見られるものがある(『平城宮墨書土器集成』Ⅰ、奈良国立文化財研究所、一九八三年)。「内裏盛所」とはおそらく宮内省被管の内膳司の「内裏」における出先機関のことで、平安宮における進物所の前身と考えられる。

(26) 律令の諸規定によれば、天皇に近い身位を有すると考えられる人物としては、太上天皇・中宮(太皇太后・皇太后・皇后)がある。奈良時代前半に太上天皇であった人物としては、元明・元正・聖武の三人があり、また皇太后・皇后には光明子、また皇太夫人・中宮には宮子がいる。このうち光明子は皇太后・皇后として一貫して平城宮外の皇太后宮(坤宮)・皇后宮に居住し、また宮子についても松本宮がその居所であった可能性があることについては、すでに注(1)拙稿で指摘したとおりである。問題はむしろ太上天皇となった三人(元明太上天皇は七一五〜七二一年、元正太上天皇は七二四〜七四八年、聖武太上天皇は七四九〜七五六年のあいだ太上天皇であった)の居所にある。しかし、それを容易に明らかにすることができない。第Ⅱ期が厳密にいずれの天皇に関わる「内裏」であるのかを決定する材料がないことに起因している。なお太上天皇の居所の問題については、注(1)拙稿においても述べた。

(27) すでに検討を加えたように、平安宮においては仁寿殿が紫宸殿と露台によって連接され、仁寿殿には前庭が存在しなかった。また長岡宮第二次内裏においても仁寿殿相当建物を内裏正殿の北に想定するならば、おそらく両建物のあいだに前庭としての機能を果たし得るような空間を想定することはきわめて難しいと考えられる。したがって平城宮内裏地区の第Ⅳ期における中央部に存在する空間での前庭の消滅は、平城宮にのみ特有の現象ではなく、さらに長岡宮や平安宮の内裏へと継承されていったと見ることが可能である。

(28) 詳細は、岸俊男「朝堂の初歩的考察」『橿原考古学研究所論集　創立三十五周年記念』吉川弘文館、一九七五年、拙稿「朝政・朝儀の展開」岸俊男編『まつりごとの展開』日本の古代七、中央公論社、一九八六年(拙著『平安宮成立史の研究』塙書房、一九九五年所収)など。

(29) 注(1)拙著。

(30) ただし『紀略』が「大極殿南院」に作ることについてはすでに述べたとおりである。これを除くと「大安殿」が『続紀』に見えるのは天平勝宝二年正月が最後となる。

(31) 注(1)拙著。

(32) なおSB四六四五の背後に位置するSB四七〇四が第Ⅲ期のこの区画の中心建物であるSB四七〇三Bを移築したものである可能性があることや、またSB四五〇BやSB四六四五が前後する他の時期、特に第Ⅲ期以前においてこれらと同様の位置にある建物と異なる形式をとり、建物としての格が落ちることなどは、第Ⅳ期の内裏地区が、在位中の天皇のための宮殿としてではなく、すでに皇位を退いた太上天皇の宮殿として造営されたことによるのではないかとも推測させる。

(33) 注(1)拙著。

(34) 注(1)拙著。

(35) 『続紀』延暦九年閏三月丙子条。

(36) 注(1)拙著。

(37) 林陸朗「桓武天皇の後宮」『國學院雑誌』七七巻二号、一九七六年、柳たか「日本古代の後宮について」『お茶の水史学』一三、一九七〇年、角田注(7)著書など参照。

第三章　恭仁宮の二つの「内裏」

はじめに

奈良時代の中ごろ、天平一二年(七四〇)末から一七年半ばまで四年半ほどのあいだ、主都は平城京を離れ、恭仁・甲賀(紫香楽)の諸宮を転々とした。この間、天平一六年半ばまで三年半余り主都であったのが恭仁京である。

恭仁京では宮城である恭仁宮を対象に一九七四年以来今日まで二六年余りにわたって発掘調査が行われ、地道ながらも確実に成果を挙げてきた(図10)。いま、その主要な成果を掲げてみると、まず恭仁宮域の確定を挙げることができる。恭仁宮域および恭仁京域の復原は、従来おもに歴史地理学研究者によって行われ[1]、なかでも精力的に次々と研究を発表したのは足利健亮であった。足利は平城宮の宮域を参考にしつつ地物・地名・古道の痕跡などを用いた歴史地理学的な手法で京域および宮域の復原を行ったが、発掘調査の結果は、恭仁宮の宮域が足利説の五分の二程度の規模でしかなく、平面プランも自然地形に規定され歪であったことが明らかとなった[2]。足利は宮内の施設についても復原を試み、平城宮第二次朝堂院を参考にして朝堂院の規模を推定したが、これも宮域と同様小規模で歪な形状であることが分かった[3]。また大極殿(山城国分寺金堂)跡の発掘調査によって大極殿の規模が確定したことも重要である。恭仁宮大極殿の規模確定は、『続紀』天平一五年一二月辛卯条[4]に「初壊二平城大極殿幷歩廊一、遷二造於恭仁宮一四年、於レ茲、其功纔畢矣、用度所レ費不レ可二勝計一、至レ是更造二紫香楽宮一、仍停二恭仁宮造作一焉」と書かれた平城宮大極殿(第一次大極殿)移建の事実を証明し[5]、さらに恭仁宮大極殿の発掘調査と時を同じくして進められた発掘調査と再測量による藤原宮大極殿の規模再検討の結果[6]を承けて、藤原宮で創始された大極殿が平城宮を経、恭仁宮まで遷造されたことが明らかになった。このことは大極殿の性格を考えるうえできわめて示唆的であるとともに、大極殿の継承という古代史上きわめて重大な問題を新たに提起

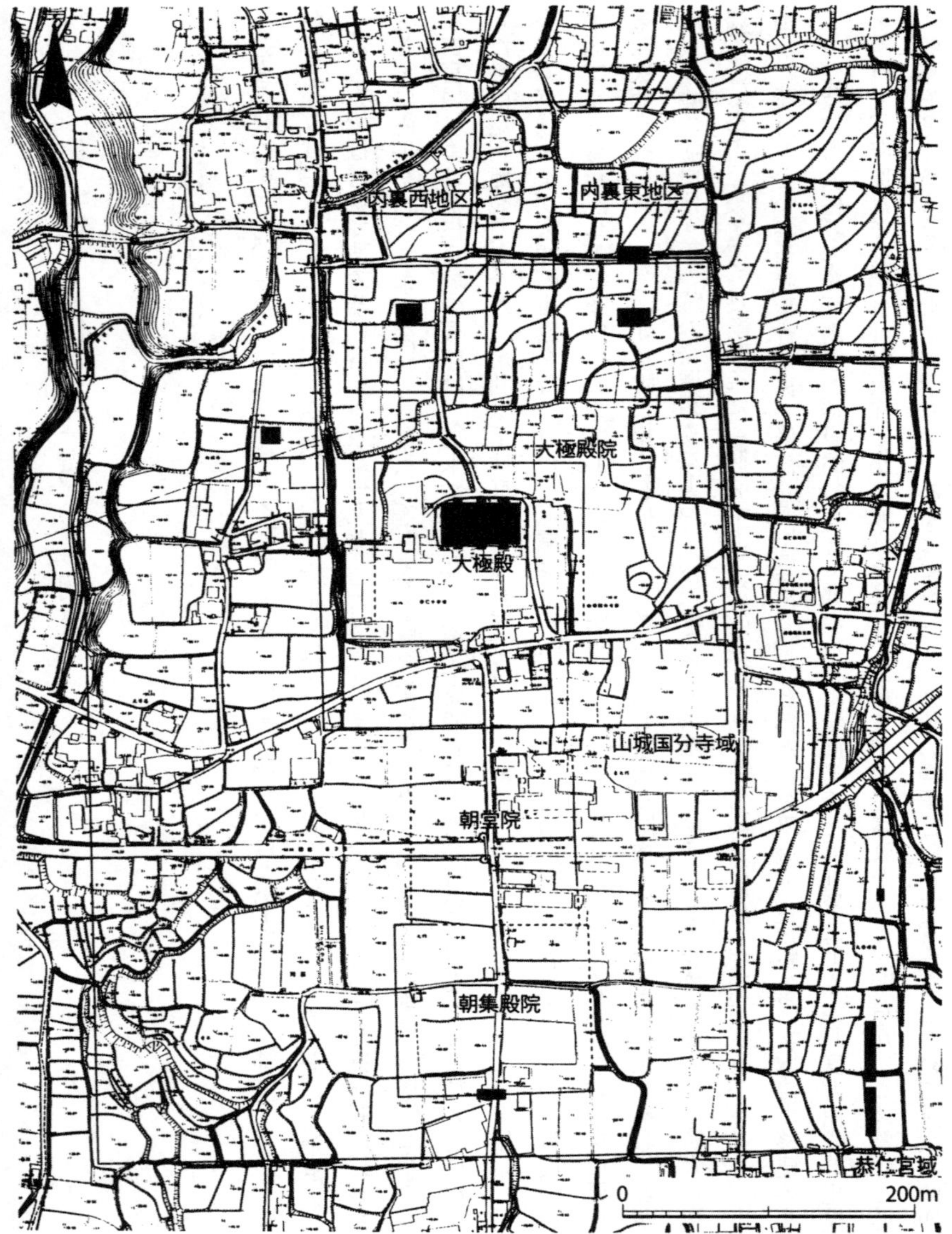

図 10　恭仁宮域および検出主要遺構配置

することとなった。

以上二点がこれまでの恭仁宮発掘調査で挙げられた成果のなかでももっとも注目すべきものである。しかし近年さらにもう一つ注目すべき調査成果が報じられた[7]。それが本章で取り上げる二つの「内裏」である。恭仁宮で確認された二つの「内裏」の紹介と検討は次節で詳しく行うこととし、ここでは、上記のように恭仁宮の実態が徐々に明らかになりつつあるのに比し、恭仁京にはほとんど発掘調査の手が及んでおらず、その様相が明らかになってきていないために、恭仁京の全貌を解明するうえで大きな障害となっている点を指摘しておきたい。それは、たとえば上述したように宮域が足利による推定より小さく歪であったとするなら、当然足利によって推定された京域にも再検討を加えることが焦眉の急であり、しかも他の宮都の研究状況からも明らかなように、もはや地物に主たる根拠をおいた研究の限界は明白であり、発掘調査こそが恭仁京解明のためにまず必要であると考えるからである。今後における恭仁京の本格的な発掘調査の開始によって始めて他の宮都と異なる恭仁京の様相を解明できることを確認しておきたい。

一　恭仁宮における二つの「内裏」の発見

『続紀』には恭仁宮の施設・建物として大極殿・大安殿以下多数が現れるが、今日までに恭仁宮で検出された遺構で具体的な施設・建物名が判明あるいは推定されているものは、大極殿と朝堂院、そして二つの「内裏」として紹介された遺構以外にない。このうち大極殿と朝堂院の比定に問題はないが、二つの「内裏」とされた遺構、すなわち二つの「内裏」という「内裏」の併存を想定する考え方には大きな問題がある。

1　二つの「内裏」の概要

まず二つの「内裏」とされた遺構の概要を発掘調査報告書[8]や発掘調査概報[9]、あるいは現地説明会資料[10]などに基づき概述することにする。

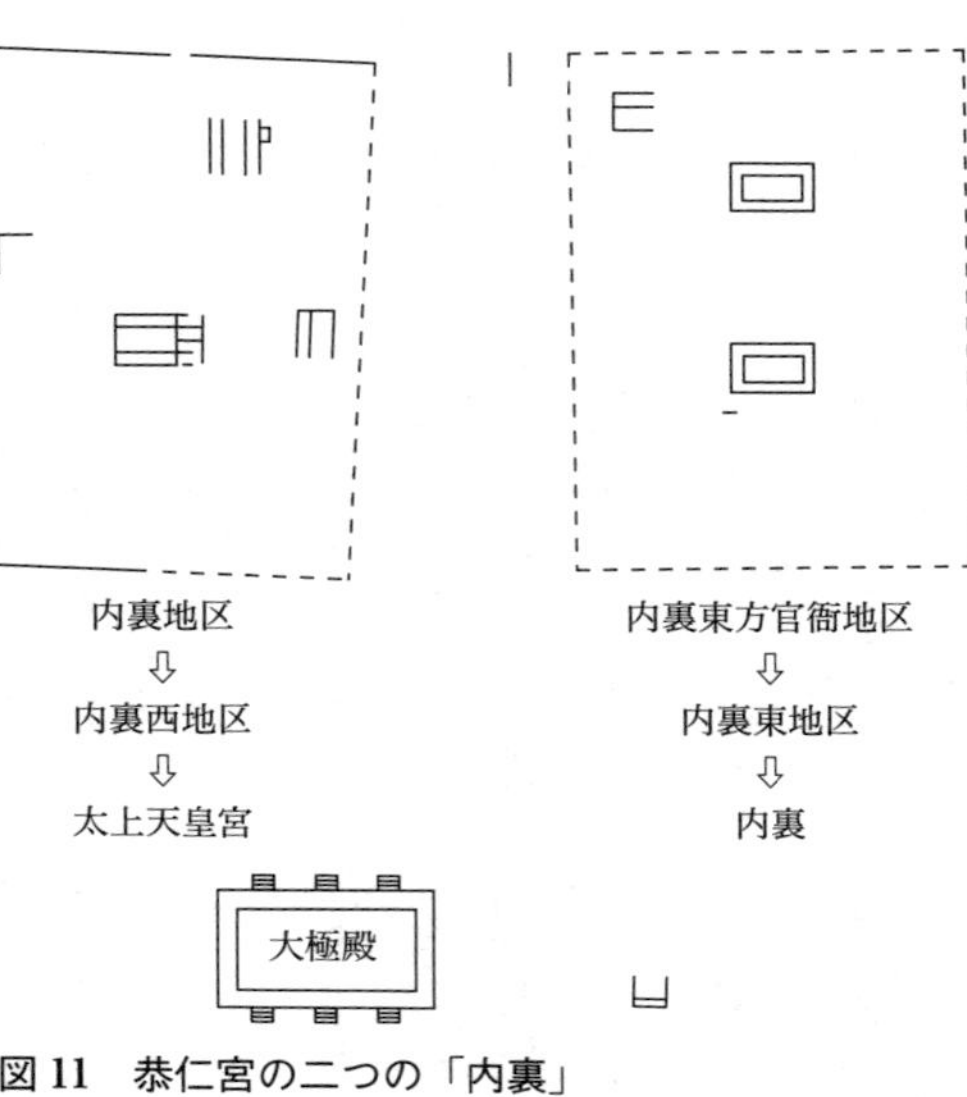

図11　恭仁宮の二つの「内裏」

恭仁宮ではこれまで大極殿の北方で数次にわたる発掘調査が行われてきたが、藤原宮や奈良時代後半の平城宮のように大極殿の真北で内裏正殿に相当する大型建物やそれを囲む築地回廊などの施設を検出することができず、恭仁宮には藤原宮や平城宮のような形態の内裏が存在しなかったことが判明した。発掘調査では大極殿の北方で東西に併存する二つの遺構群を確認した(図11)。この二つの遺構群は東西に五〇mほどを隔て、大極殿西北方に展開する遺構群が明確な区画施設をともなうことなどから内裏に当たると想定され内裏地区と命名されたのに対し、大極殿東北方に広がる二棟の四面庇付建物を中心とする遺構群は官衙と考えられ内裏東方官衙地区と呼ばれた。[11]このように大極殿北方で見つかった二つの遺構群のうち西方のものが内裏地区と呼ばれたのに対し、東方の遺構群が内裏の東方に位置する官衙であることを意味する内裏東方官衙地区と命名されたのは、両者が性格を異にする遺構群でありながら、密接に関連しあうとの想定によると考えられる。

しかし一九九七年度の発掘調査によって、大極殿北方の内裏地区と内裏東方官衙地区とにそれぞれほぼ同規模の区画が併存すると推定されるに至った(図11)。すなわち、内裏地区には北で東に振れる南北四三〇尺、東西三三〇尺の規模をもち、周囲を掘立柱塀で囲まれた区画があり、区画の中央付近に桁行五間・梁間四間の規模で南北両庇付きの大型東西棟建物一棟が存在する。一方、内裏東方官衙地区でも一部が検出された掘立柱塀や立地から内裏地区とほぼ同じ規模の区画が存在した可能性が考えられるに至り、区画の中央南北に前庭を有する同規模同型式(桁行七間・梁間四間、四面庇付)の大型東西棟建物二棟が配置されていたことが明らかとなった。この成果に基づき、大極殿北方に展開する内裏地区・内裏東方官衙地区と呼ばれた二つの遺構群は、それぞれ内裏西地区・内裏東地区と改称される(図11)とともに、二つ併せて「内裏」を構成するとの想定のもと内裏地区とも総称されるに至った。[12] その結果、恭仁宮では二つの「内裏」が大極殿北方に併存していたと推定し、これが他の宮都に見られない恭仁宮独自の様式であると理解された。[13]

次ぎに上記のような発掘調査成果に基づき、二つの「内裏」の規模と造営方位およびその空間構造を検討することにしたい。

第一に、二つの「内裏」の規模である。発掘調査によって規模が確定したのは内裏西地区である。内裏東地区も内裏西地区同様周囲を掘立柱塀で画されていたと考えられるが、大半は未検出である。しかし発掘調査の成果や立地などから内裏東地区の規模は内裏西地区とほぼ同じ南北四三〇尺、東西三三〇尺ほどであったと推測される。[14] このように内裏東地区が内裏西地区と同規模であるとすると、恭仁宮では大極殿の北方東西に掘立柱塀で画された同規模の二つの区画が併存していたことになる。ただそれぞれの区画は南北六三〇尺、東西六〇〇尺の規模をもつ平城宮内裏の三分の一程度に過ぎず、二つを併せても平城宮内裏には遠く及ばない。恭仁宮では宮や朝堂院と同様、内裏も平城宮に比べはるかに小さな規模で造営されたのである。

また第二に、二つの「内裏」の造営方位である。二つの「内裏」のうち内裏東地区の建物と囲繞施設および内裏西地区の建物、これらの造営方位は、ほぼ南北方位を採っている。これに対して内裏西地区の囲繞施設は北で東に振れる方位である。この事実は、内裏西地区では囲繞施設と建物の造営時期に差違があることを示唆している。ここで問題となるのは、異なる方位で造営された施設・建物の造営順序である。いまのところ造営方位の問題はつきつめて考えられていないが、今後恭仁宮全体の造営方位の問題も含めて解明する必要がある。

そして第三に、二つの「内裏」の空間構造である。大極殿北方に位置する内裏西地区と内裏東地区の二つの区画では、空間構造を検討するに足る十分な発掘調査が行われておらず、それぞれの区画内部における建物の検出数も平城宮内裏と比べ僅少に過ぎない。しかしこれまでの発掘調査の成果によっても内裏地区の東西両地区がそれぞれ特徴的で固有な空間構造を採っていた可能性の高いことを推定できる。

内裏東地区では、区画中央南北に四面に庇をめぐらす桁行七間・梁間四間で同規模同型式の大型東西棟建物二棟を配し、ともに南方に前庭を確保している。残念ながら二棟の大型東西棟建物とともにコ字型の建物配置を構成するであろう南北棟のいわゆる脇殿の存在・配置が明らかでない。しかし区画の中央南北に前庭をともなう大型東西棟建物を並行して配することはすでに平城宮内裏第Ⅰ期(第二章図4)で見られ、また第Ⅰ期に続く第Ⅱ期(第二章図5)で身舎の梁間柱間数こそ異なるが桁行が同規模で四面に庇をめぐらす同型式の大型建物二棟を南北に配しているのも基本的に同じである。したがって恭仁宮の内裏東地区は平城宮内裏第Ⅰ期・第Ⅱ期と同じ空間構造をもち、それを小型化したもので、奈良時代中ごろ以前の平城宮内裏と同様に、恭仁宮の内裏東地区が二棟の大型建物を中心にして天皇の公的空間と私的空間に明確に区分されていたことを物語っている。このように恭仁宮の内裏東地区の空間構造は平城宮内裏の系譜上にあると考えることができる。

一方、内裏西地区では、内裏東地区の二棟の大型建物とほぼ同規模ながら型式を異にする大型東西棟建物を区画のほぼ中央で一棟確認しているだけである。この建物の内裏西地区内部における位置が東地区の二棟の建物の中間辺りに来ることから、この南にさらにもう一棟大型東西棟建物があった可能性は小さいと思われる。ただこの建物は桁行の中央間が内裏西地区の南北中軸線上にないという問題があり、遺構には再検討の余地もあるのではないかと考える。

内裏東地区における発掘調査は範囲も狭く、断定的に述べることはできないが、以上のような状況から、内裏地区の東西両地区は同規模であるが、基本的に内部の空間構造が異なり、内裏東地区の空間構造は平城宮における内裏の歴史的展開の上にあるのに対し、内裏西地区は平城宮内裏の直接的系譜の上にないとみられる。大極殿の北方に本来なら一つであるべき「内裏」を二つ併存させる様式は恭仁宮独自のものであるが、実は二つの「内裏」が異なる空間構造をもっていた事実こそ見逃してはならない。

それでは二つの「内裏」の空間構造の相違はなにによるのであろうか。これまで発掘調査報告書や発掘調査概報・現地説明会資料を除き、恭仁宮の二つの「内裏」に言及した論著はまだなく、[15] 現地説明会にあたって行われた報道機関に対する発表や識者の評言、[16] あるいは現地説明会資料の記述[17]がやや踏み込んだ推測を行っているに過ぎない。それらで表明された二つの「内裏」の併存に関する見解は、公私の機能分担という前提に立ち、本来一つであるべき内裏が恭仁宮の規模・立地の制約から東西二つの区画に分けられたとする。そして、たとえば東地区が儀式などを行う公的な施設であるのに対して西地区は天皇が寝食をとる「後宮」的な施設であると考えたり、また東地区が天皇の生活の場であるのに対して西地区は皇后や女官の生活の場であるとの考えが述べられたり、あるいは東地区が公的な内裏で西地区が私的な後宮・皇后宮との考えが示されている。しかし、はたしてこのような公私の機能分担という想定に積極的な根拠があるのだろうか。また後宮あるいは皇后宮が内裏と併存するかたちで宮内に存在することがあったのだろうか。天皇の寝食をとる場が「後宮」であるという初歩的誤解はしばらく措くとして、上述した東西両地区の空間構造の相違、特に東地区の空間構造が平城宮内裏の系譜上にあってそれ自体公私両空間を併有していることを、東西両地区における公私の機能分担を想定する考えからはどのように理解するのであろうか。いずれにしろ公私の機能分担で内裏地区の東西両地区を理解する考え方にはきわめて大きな問題があることは明らかである。

2　文献史料から見た恭仁宮と二つの「内裏」

前項で述べた恭仁宮の大極殿北方に併存する二つの「内裏」の機能・性格を明らかにするために、『続紀』に現れる恭仁宮およびそれに付属する主要な施設の機能・性格と所在を検討することにする。[18]

『続紀』には「是日、右大臣橘宿祢諸兄在㆑前而発、経㆓略山背国相楽郡恭仁郷㆒、以㆑擬㆓遷都㆒故也」（天平一二年一二月戊午条）、「皇帝在㆑前、幸㆓恭仁宮㆒、始作㆓京都㆒矣、太上天皇・皇后在㆑後而至」（天平一二年一二月丁卯条）と記され、天平一二年末まず橘諸兄が山背国相楽郡恭仁郷に向かって遷都の準備を整え、次いで年内に聖武天皇が恭仁宮に赴いたが、太上天皇・皇后はのち遅れて恭仁に至ったことが分かる。

⑴　聖武天皇の内裏

橘諸兄に続いて恭仁宮に至った聖武天皇が居所としたのは内裏であったと考えられる。恭仁宮の内裏は早くも遷御の翌天平一三年正月に初見し（天平一三年正月癸未朔条）、そののち天平一五年末ごろまで断続的に史料に現れる（天平一五年五月癸卯・一一月丁酉条）。いずれも正月元会・五月五日節など節会における五位以上の群臣に対する宴の場として使われている。

一方、内裏の正殿である大安殿の初見はやや遅れ、遷都から一年余りを経た天平一四年正月踏歌節に天皇が出御した建物として見え（天平一四年正月壬戌条）、そののち翌一五年正月にも七日節の宴のために天皇が出御した建物として登場する（天平一五年正月丁未条）。しかし以前にも指摘した[19]が、大安殿はこれ以前、遷都当初のころからすでに存在していたのではないかと推定される。それは『続紀』の記事の理解にある。天平一三年正月戊戌条には「御㆓大極殿㆒、賜㆓宴百官主典以上㆒、賜㆑禄有㆑差」と記され、この日宴のために天皇が出御した建物を「大極殿」としている。しかし天皇が出御した建物を「大極殿」と記していることに疑問がある[20]。まず天平一三年正月戊戌条が踏歌節の記事であることに注目すると、通常、節会などで天皇が群臣を宴するために大極殿に出御することはなく、もしこの記事の大極殿の記載を生かすのであれば、『続紀』の諸事例から考えて大極殿は大極殿閤門の省略か誤りであると理解しなければならない[21]。しかし恭仁宮では大極殿もそれを囲繞する大極殿院回廊も造営が遅れ、天平一五年末までかかったことは、天平一五年一二月辛卯条の「初壊㆓平城大極殿幷歩廊㆒、遷㆓造於恭仁宮㆒四年」との記載からも明らかである。事実、『続紀』の記事を見ても遷都一年後の天平一四年正月の朝賀は「為㆓大極殿未㆑成、権造㆓四阿殿㆒、於㆑此受㆑朝焉」け（天平一四年正月丁未朔条）、翌天平十五年に至ってようやく天皇が大極殿に出御して朝賀を受けることができるようになった（天平一五年正月癸卯条）に過ぎない。したがって天平十三年初頭に大極殿あるいは大極殿閤門が恭仁宮に存在したとは到底考えられない。

それでは天平一三年正月戊戌条で天皇が出御したとされる「大極殿」とは実際はどの建物であったのだろうか。天平一三年正月戊戌条はさきに指摘したように踏歌節の記事であり、恭仁宮での他の踏歌節の記事（天平一四年正月壬戌条）では天皇出御の建物を「大安殿」と記していることから、天平一三年正月戊戌条の「大極殿」は大安殿の誤りと推測することができる。もしこの推測が正しいとすると大安殿は遷都当初すでに存在したことになる。聖武天皇の行幸に先立ち橘諸兄が恭仁に赴いた目的は、『続紀』編纂者が言うように漠然と「擬二遷都一」(天平一二年一二月戊午条)することにあったのではなく、より直接的には天皇を迎えることのできる居所、すなわち内裏をいち早く恭仁の地に建造する必要があったからではなかろうか。鎌田元一が説くように、天平一二年一〇月のいわゆる関東行幸が恭仁遷都と不可分の関係にあったのなら、すでにそのころから遷都にともなう建物建造の準備が始められていた可能性があり、鎌田のように天平一三年初頭の記事に見える内裏や大安殿を「内実はごく簡単な仮設的な建物」とする必要は必ずしもない。むしろ鎌田が明らかにしたように、天皇が当初から恭仁宮を宮居としていたのであれば、当然、その段階で内裏の存在を想定しても問題はない。内裏・大安殿が天平一三年初頭においてはまだ仮設的建物であったと鎌田が考えるもう一つの根拠は、内裏の完成が天平一三年七月に下ると見るからであるが、その根拠となった新宮については後述するように鎌田とは異なる理解ができ、むしろその時聖武天皇が元正太上天皇を迎えたことから考えて、内裏はすでに完成していた可能性が高い。

以上から天皇の居所である内裏とその正殿大安殿は遷都当初から『続紀』に見え、早く造営されて存在していたことは明らかである。それゆえにこそ聖武天皇は太上天皇や皇后に先立って恭仁宮に行幸することが可能であったのである。

(2)　元正太上天皇の新宮

先述したように、元正太上天皇は皇后藤原光明子と同様、聖武天皇に遅れて恭仁宮に到着したと『続紀』は記している(天平一二年一二月丁卯条)。事実、元正太上天皇が恭仁宮に移ったのは天平一三年も半ばを過ぎてからであった。天平一三年七月戊午条には「太上天皇移二御新宮一、天皇奉レ迎二河頭一」と書かれている。この記事は太上天皇が遅れて新宮に入ったことを意味するだけでなく、天皇が太上天皇を木津川の頭に出迎えていることから、これ以前太上天皇は天皇のいる恭仁宮と別に居所をもち、それが木津川を挟み恭仁宮の対岸にあったことを示している。

新宮では太上天皇が移御したのに引き続き群臣を対象とした宴が催されている（天平一三年七月辛酉条）。これは太上天皇の新宮移御を祝う宴あるいは新宮の完成を祝っての新室宴かと思われるが、ここで注意したいのは、この時左大弁巨勢奈弖麻呂に正四位上が授けられ、あわせて「金牙餝斑竹御杖」を賜ったことである。巨勢奈弖麻呂はこの年七二歳で[22]、高齢の貴族たちに杖等を賜うことはほかにも例が見られるが[23]、なぜ新宮での宴において高齢の巨勢奈弖麻呂を労る措置が採られたのかである。巨勢奈弖麻呂が致仕を願う上表を行った形跡はなく[24]、こののち智努王とともに造宮卿に任じている（天平一三年九月乙卯条）ことから、単なる高年者への優遇ではない。この日に新宮で行うことになんらかの意味、あるいは高齢を祝うことによって参列者やその場の永続を願ったのかもしれない。

さて、元正太上天皇が移御した新宮は恭仁宮を指すとするのが通常の理解である[25]。もし新宮が恭仁宮であるなら、なぜ天平一三年七月の時点で太上天皇が恭仁宮に移御したのかが理解しにくい。恭仁宮の造営が終了させられるのは天平一五年末であるから、恭仁宮がこの時点で完成しているはずはなく、考えられるのは恭仁宮における太上天皇の居所が完成したことである。以前、太上天皇の移御した新宮が太上天皇宮である可能性を考えつつも[26]、恭仁宮あるいは恭仁宮内裏の可能性があると考えた[27]。しかし上述したように新宮に移御する以前、天皇が恭仁宮内裏、太上天皇が対岸の施設をそれぞれ居所としていた事実からすると、これ以後も天皇と太上天皇は同じ施設を居所とせず、天皇の居所が内裏であったとするならば、新宮こそがこれ以後における元正太上天皇の恭仁宮での居所であったのではないだろうか。太上天皇の移御に引き続き宴が催されている事実も新宮が恭仁宮であっては意味をなさず、宴自体が太上天皇の移御を祝うものであるから、この場合、新宮は恭仁宮でなく太上天皇の移御先と考えられ、新宮は恭仁宮内に内裏と別に存在したとみるのがもっとも妥当である。なお太上天皇宮が新宮の称をもって呼ばれたのは、まさしく恭仁宮において新たに太上天皇宮が内裏と別に設けられたことによるのではなかろうか。

ここでさらに注目したいのは、新宮の完成、太上天皇の新宮遷御以後、天平一三年八・九月ころから造京が本格化することである[28]。それはおそらく天皇の居所である内裏に次いで太上天皇の住む新宮が完成し、恭仁宮の造営が一定の段階を終えたことをも承けたものであったと考えられる。

ところで新宮入御以前の元正太上天皇の居所の所在であるが、鎌田は甕原宮を想定している。甕原宮は和銅六年（七一三）に初見し、以後『続紀』には断続的に行幸先として見え、(29)恭仁京に主都が置かれていたあいだは甕原宮の存在を確認できる（天平一三年閏三月己未・一四年八月乙酉条）が、平城還都以後史料上から姿を消す。甕原宮の所在については、近年、鹿背山北麓の法花寺野がその有力比定地とされている。(30)これらの点から平城還都後に恭仁宮の大極殿が山背国分寺に施入されたように、甕原宮が国分尼寺とされたと見ることもできる。(31)

上述したように新宮入御以前の太上天皇が恭仁宮とは木津川を挟んで対岸にあったと考えられること、さらに恭仁宮周辺にその造営以前から存在していた施設を当てるのが妥当であろうから、鎌田の推定のように甕原宮がもっともその可能性が高い。

(3)　皇后藤原光明子の皇后宮

元正太上天皇同様遅れて恭仁宮に入った皇后藤原光明子が居所としたのは皇后宮であった。皇后宮が『続紀』に初見するのは、遷都からほぼ一年を経た天平一四年二月に至ってである（天平一四年二月丙子朔条）。皇后宮の初見記事には「幸二皇后宮一、宴二群臣一、天皇歓甚、授二正四位上巨勢朝臣奈弖麻呂従三位、従五位上坂上忌寸犬養正五位下、正八位上縣犬養宿祢八重外従五位下一、宴訖、賜レ禄有レ差」とあり、この日天皇は皇后宮に行幸し群臣を宴したが、天皇の「歓甚」しく、巨勢奈弖麻呂以下三人に叙位したことが分かる。天皇が皇后宮に行幸し「歓甚」しかった理由や巨勢奈弖麻呂らが叙位された理由は残念ながら明記されていない。しかし聖武天皇が皇后宮に行幸し「歓甚」しかったのは、以下に述べる点からこのころに皇后宮が完成し、皇后が皇后宮に入ったからではないかと考えられる。

まず、この時叙位された三人のうち、坂上犬養は当時の官職が不明であるが、卒伝（天平宝字八年一二月乙亥条）によれば「少以二武才一見レ称、聖武皇帝登レ祚、寵レ之厚焉」とその武芸の才を以て聖武天皇に寵愛された人物である。また縣犬養八重は葛井広成の室（天平二〇年八月己未条）で、天平一五年以降正倉院文書にしばしば宣者として見える縣犬甘命婦（あるいは犬甘命婦などとも）に当たると考えられている。[32] このように坂上犬養と縣犬養八重はそれぞれ聖武天皇と皇后藤原光明子の寵愛を受け、その側近に仕えた人物であった。これに対して巨勢奈弖麻呂は前年九月に智努王とともに造宮卿に任ぜられた恭仁宮造営の最高責任者である[33]（天平一三年九月乙卯条）。巨勢奈弖麻呂が天皇・皇后の側近の人物とともに叙位されたのは彼が造宮卿であったためではなかろうか。宮都や宮殿の造営終了あるいは完成に際して天皇がそこに行幸あるいは出御し、宴を催して造営関係者に叙位を行うことはしばしば見られたことで[34]、恭仁宮に付属した城北苑の完成に際しても「天皇幸二城北苑一、宴二五位以上一、賜レ禄有レ差、特賚二造宮卿正四位下智努王東絁六十疋・綿三百屯一、以レ勤レ造二宮殿一也」（天平一四年正月癸丑条）と書かれている。上記の記事には明記されていないが、城北苑と同様、皇后宮の造営が終わったことによりその最高責任者である造宮卿巨勢奈弖麻呂が叙位されたと推測することができる。したがって皇后宮の初見記事において天皇が「歓甚」しかったと記されているのは、皇后宮の完成を祝う宴を皇后宮で開催するために行幸したからであったと考えられる。

皇后宮は初見記事のわずか二ヵ月のちにふたたび天皇が出御して五位以上を宴した場所として見える（天平一四年四月甲午条）が、以後天平一七年平城還都まで『続紀』に現れない。このように皇后宮は初見記事から余り時を隔てずふたたび史料に見えるが、以後まったく見えなくなる状況は新宮も同様であった。これは、本来『続紀』が天皇の行動を中心に記事を立てることを原則としたためで、聖武天皇がこれらの施設にまったく赴くことがなかったと断定することはできないが、おそらくいずれの場合も造営完成時に集中して天皇の動きとともに記事が立てられたと考えられる。

以上のように、皇后藤原光明子の皇后宮の初見が聖武天皇の内裏や太上天皇宮である新宮より遅れるのは、その完成がこれらより遅れたためであると推定される。

さて、恭仁宮の皇后宮は、『続紀』が天皇の皇后宮への移動を「幸」（天平一四年二月丙子朔条）とも「御」（天平一四年四月甲午条）とも表記することから、恭仁宮内ではなく宮外に所在し、しかも宮に隣接する位置にあったのではないかと推測を加えたことがある。[35] そののち皇后宮の所在については、鎌田と小山雅人がそれぞれ文献史学および考古学の立場から[36]

研究を行っている。両人とも皇后宮が宮外に所在したとの点で共通するが、具体的な所在地については見解を異にしている。まず鎌田は、天皇に遅れて恭仁の地に至った皇后藤原光明子は元正太上天皇とともに甕原宮に入り、太上天皇が新宮に移御したのちも甕原宮にあり、ここを皇后宮として利用したと推定している。しかし甕原宮には恭仁遷都の比較的早い時期に平城宮から運ばれた（天平一三年閏三月己未条）にも関わらず天平一五年まで一年九ヵ月余りにわたって器仗が収置されていた（天平一五年一二月己丑条）し、また上述したように、天平一四年初めの天皇の皇后宮への行幸・出御の記事から、このころ皇后宮が完成したと考えられるので、これ以前については鎌田の説くように甕原宮を太上天皇同様居所としていた可能性が考えられるが、天平一四年初めにのみ見える皇后宮を甕原宮とするには問題がある。一方、小山は恭仁宮周辺の遺跡から出土した軒瓦を丹念に検討したうえで、恭仁宮の北東部に接する位置に所在する石ヶ辻遺跡が皇后宮であると推定した。石ヶ辻遺跡の位置はまさしく恭仁宮外にあって宮に隣接する。小山㊴の推測するように石ヶ辻遺跡が皇后宮であるのか否かは、城北苑㊲・石原宮㊳など恭仁宮の東北部に所在が推定される諸施設をも考慮に入れ、今後さらに多方面から検討する必要があるが、文献史料のみならず出土遺物の点からも皇后宮の恭仁宮外における所在が推定されている状況は注目すべきである。

以上で検討した結果をまとめてみると、まず、恭仁宮の大極殿北方には掘立柱塀で囲まれた規模の同じ区画が東西に併存し、あたかも二つの「内裏」のごとき観を呈しているが、各々を比較すると空間構造の点で明らかに異なり、そのうち東の区画の空間構造が平城宮内裏の系譜上にあることを明らかにした。次ぎに『続紀』の関連記事の検討から、皇后藤原光明子の皇后宮は恭仁宮外にあったが、聖武天皇の居所である内裏と元正太上天皇の居所である新宮は恭仁宮内に併存していたと考えられ、両者のうちまず聖武天皇の内裏が造営され、次ぎに元正太上天皇の新宮が造営されたと推定した。

このような検討の結果を考え併せると、恭仁宮の内裏地区の二つの「内裏」は一つが聖武天皇の内裏で、残る一つが元正太上天皇の新宮であったと考えられ、空間構造の類似と南面した場合の東西の座次などから東の区画が聖武天皇の内裏、残る西の区画が元正太上天皇の新宮ではないかと推定する。

二　太上天皇宮の変遷と恭仁宮の新宮

ここでは前節での検討の結果を承け、譲位の制とともに生まれた太上天皇が住んだ太上天皇宮について、いわゆる後院が成立する以前[40]、平城太上天皇の平城西宮までの太上天皇宮の展開を、特に恭仁宮の太上天皇宮である新宮の歴史的意義を明らかにすることに留意し、文献史料と発掘調査の成果を突き合わせつつ可能な限り明らかにしたい(図12)。なお前稿[41]と一部重複する箇所もあるが、行論の必要上、重ねて論ずることにしたい。

1　持統太上天皇宮

皇位の継承・皇統の維持を確実とするために導入された譲位制によって生まれた最初の太上天皇は持統太上天皇である。持統太上天皇が太上天皇の身位を有したのは崩御する大宝二年(七〇二)まで四年余りのあいだであるが、この間『続紀』には持統太上天皇の居所に関する記載がまったく見られない。太上天皇や天皇の崩御の記事にはその場が明記されることが多いが、持統太上天皇の場合は崩御の事実だけで崩御の場は記されていない(大宝二年一二月甲寅条)。

ただ太上天皇の殯に関する一連の記事(大宝二年一二月乙卯・辛酉、三年正月癸亥朔・四月癸巳・一二月癸酉条)のなかで、大宝二年一二月辛酉条に見える「西殿」には検討の余地がある。すなわち、大宝二年一二月甲寅に崩御した持統太上天皇の殯宮で親王以下百官人等による拝が行われたのが翌年正月癸亥朔であることから、この拝は殯宮の完成に併せて行われたものであるとするなら、それに先立つ辛酉に殯の場として見える「西殿」は殯宮の建物ではなく、太上天皇宮の建物であり、しかも単に「西殿」とのみ書かれていることからすると「西殿」は内裏内の建物であった可能性が考えられる。以上のような解釈が妥当であるなら、藤原宮内裏の西半に持統太上天皇の居す「西殿」が設けられ、そこが太上天皇宮であり、内裏内で天皇と太上天皇が同居していたことになる。

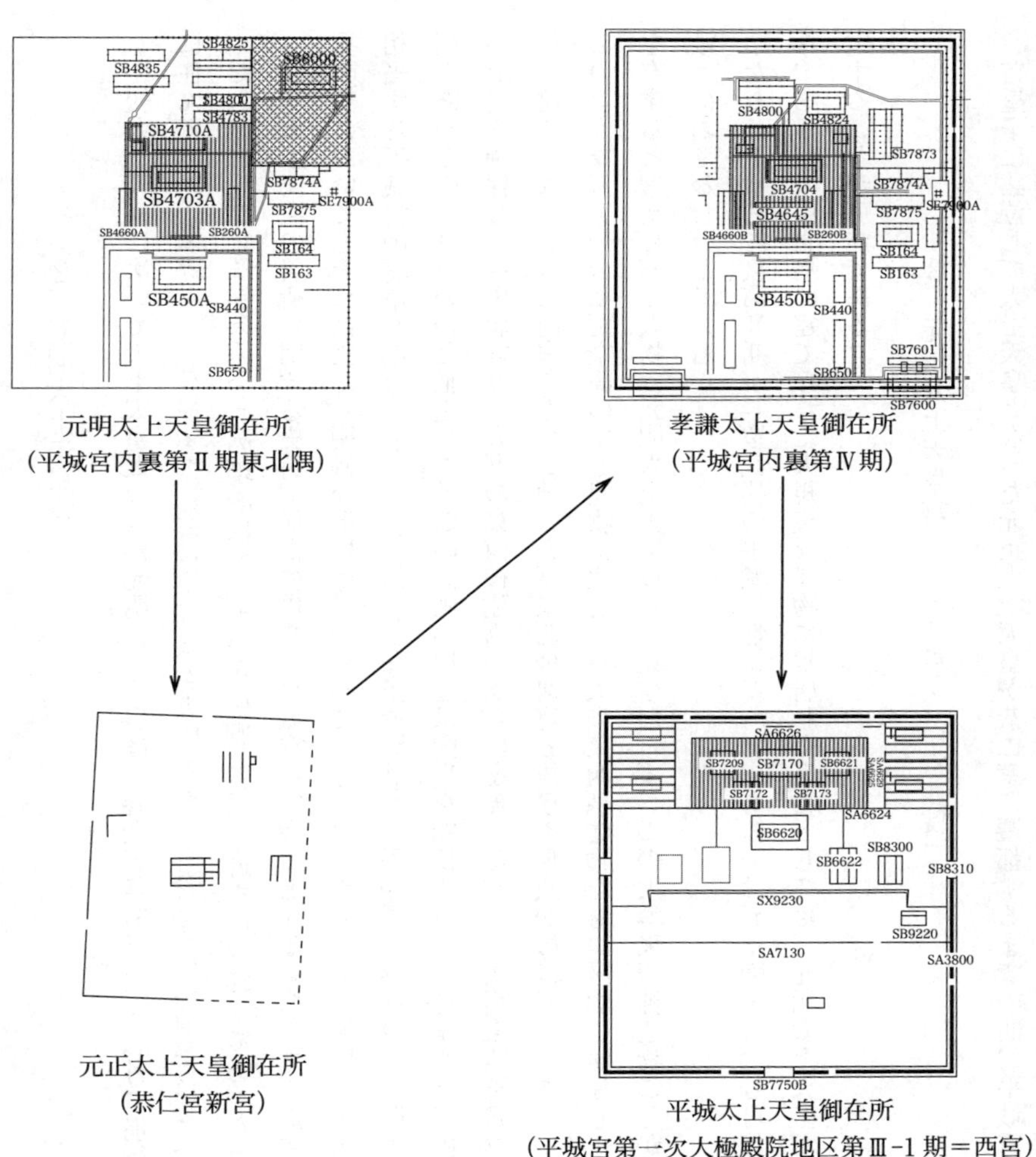

図 12　太上天皇宮の変遷

2　元明太上天皇宮

持統太上天皇に次いで太上天皇となった元明太上天皇は、養老五年（七二一）一二月に崩御した時点で「平城宮中安殿」[42]に住んでいた（養老五年一二月己卯条）。崩御に先立ち右大臣長屋王と参議藤原房前が召し入れられて太上天皇の遺詔を承った（養老五年一〇月丁亥条）が、その場所は太上天皇が崩御した「平城宮中安殿」であったと考えられる。

元明太上天皇の居所に関する史料は崩御の場を「平城宮中安殿」とする『続紀』の記事以外になく、また平城宮の発掘調査においてもそれに当たる明確な遺構は見つかっていない。しかし以前、元明太上天皇が太上天皇であった時期に相当する平城宮内裏第Ⅱ期（図12および第二章図5）の遺構のうち、東北隅に設けられた区画が太上天皇の公私にわたる空間であったのではないかと推定した[43]。この区画の周囲は内裏を囲繞する掘立柱塀などで画され、その内部には南半に広い前庭を確保し、中央北寄りに大型の東西棟建物一棟だけを配する。この大型東西棟建物は内裏の南寄りと中央に前後して建てられ、ともに前庭をもつ二棟の大型東西棟建物と規模や形式がほぼ同じであるが、一棟のみである点が異なる。このような天皇の公私両空間の中心建物に比肩する大型東西棟建物をもつ区画に居住し、元正天皇に准ずるような身位を有すると考えられる人物は元明太上天皇以外に見当たらず、この大型東西棟建物こそが元明太上天皇が崩御した「安殿」にふさわしいと考える。

ただし平城宮内裏第Ⅱ期が「聖武朝の平城還都まで」で、あるいは元正朝をも含む可能性が高い[44]と考えられることから、第Ⅱ期の東北隅に建てられた大規模な建物に起居した人物としては、元明太上天皇だけでなく元正太上天皇をも想定することが可能である。

3　元正太上天皇宮――「新宮」・「中宮西院」――

首皇子に譲位して太上天皇となった元正太上天皇が恭仁京に遷都するまでの間、平城宮のどこに居したかはまったく史料に見えず、明確でない。しかし前項で触れたように平城宮内裏第Ⅱ期（図12および第二章図5）の東北隅にある区画がそれに当たる可能性も考えられる。また恭仁宮における太上天皇の居所については、前節で述べたように『続紀』に見える新宮であった。

一方、平城還都後の元正太上天皇の居所については、『万葉集』巻一七―三九二二～三九二六番の左注に次ぎのように見える。

> 十八年正月、白雪多零、積レ地数寸也、於レ時、左大臣橘卿率ニ大納言藤原豊成朝臣及諸王臣等一、参ニ入太上天皇御在所（中宮西院）一、供ニ奉掃雪一、於レ是降レ詔、大臣参議并諸王者、令レ侍ニ于大殿上一、諸卿大夫者令レ侍ニ于南細殿一、而則賜ニ酒肆宴一、勅曰、「汝諸王卿等、聊賦ニ此雪一、各奏ニ其謌一」、

「中宮西院」は、当時聖武天皇が中宮院[45]を御在所としていた（天平一七年五月戊辰条）ことからその西に位置する一院、あるいは中宮院の内部に設けられた複数の院のうち西に位置する院であったと考えられる。また左注によれば、三九二二～三九二六番の歌が歌われたのは、平城還都の翌年、天平一八年正月に催された宴の時であり、この宴には左大臣橘諸兄以下が列したが、太上天皇の詔によって大臣・参議・諸王が「大殿」に侍したのに対し、諸卿・大夫は「南細殿」に侍していることから、「中宮西院」には少なくとも太上天皇の居所「大殿」と「南細殿」（南を限る南廊か、あるいは大殿の南に敷設された細殿か）があった。そしてこの日左大臣以下が積もった雪を掃くために参入・奉仕したことは、「大殿」の南に前庭が付属していたことを示唆する。これらの点から「中宮西院」の基本構造は、平城宮内裏第Ⅱ期の東北隅に存在した空間とほぼ同じであったと推定される。なお、元正太上天皇は天平二〇年四月に寝殿で崩御する（天平二〇年四月庚申条）が、寝殿は「中宮西院」の「大殿」であったと考えられる。

4　聖武太上天皇宮

天平勝宝元年（七四九）閏五月、聖武天皇は皇太子阿倍内親王への譲位に先立って内裏を去り、薬師寺を薬師寺宮とし

て居所に定めた(天平勝宝元年閏五月壬寅条)。聖武太上天皇が譲位のため平城宮を出て新たに居所を設けたことに歴史的意義があると評価したのは瀧浪貞子である[46]。瀧浪は、聖武太上天皇の薬師寺宮が出家と深く関わって設けられた一時的な居所であったが、それは太上天皇別宮の濫觴で、また後世の後院がもつ諸要素をすでに胚胎していた。しかし太上天皇が平城宮へ還御したため薬師寺宮滞在は最大一〇ヵ月ほどに過ぎず、薬師寺宮が太上天皇の政治的拠点として機能するまでには至らなかった、とした。しかし瀧浪が後院的要素の胚胎を示すとした太上天皇に供奉する集団(瀧浪によれば「院司」)の存在自体疑わしく、そしてもしそのような集団がかりに存在したとしてもその規模を過大に評価してはならない。それは、律令太政官機構の一部を充てて太上天皇に供奉したものであるからで、律令太政官機構から独立して設けられたのちの後院の院司とは明らかに異なる。また私的財産についても太上天皇領や太上天皇独自の財産を形成していたわけではない[47]。したがって薬師寺宮は本来、聖武太上天皇がみずからの政治的拠点として機能することを期待して設けたものではなかったと考えるべきである[48]。あるいは平城宮の改作と関わって譲位以前に薬師寺宮に遷ったに過ぎないのかも知れないし、あるいは天皇と太上天皇が同一宮城内に宮を併置させることがもつ問題の大きさから宮外へ退去したと見るべきではなかろうか。

そののち聖武太上天皇は平城宮へ還御したが、その居所は明らかでない。聖武太上天皇が崩御した場所は平城宮の「寝殿」であったと推定される(天平勝宝八歳五月乙卯条、『東大寺要録』本願章第一所引「延暦僧録」勝宝感神聖武皇帝菩薩伝)が、その時期に当たる平城宮内裏第Ⅲ期に該当する空間を認めることができない。あるいは未発掘の内裏西部に存在したかも知れず、また内裏の外に聖武太上天皇は居所を営んだとも考えられ、いずれとも断定できない。

5　孝謙太上天皇宮──「西宮」──

孝謙太上天皇の譲位直後の居所は明らかでないが、天平宝字四年(七六〇)ころから始まった平城宮の大規模な改作中、太上天皇は淳仁天皇とともに保良宮へ移御していた時期があり、この二年半ほどのあいだ、二人は保良宮で一緒に住ん

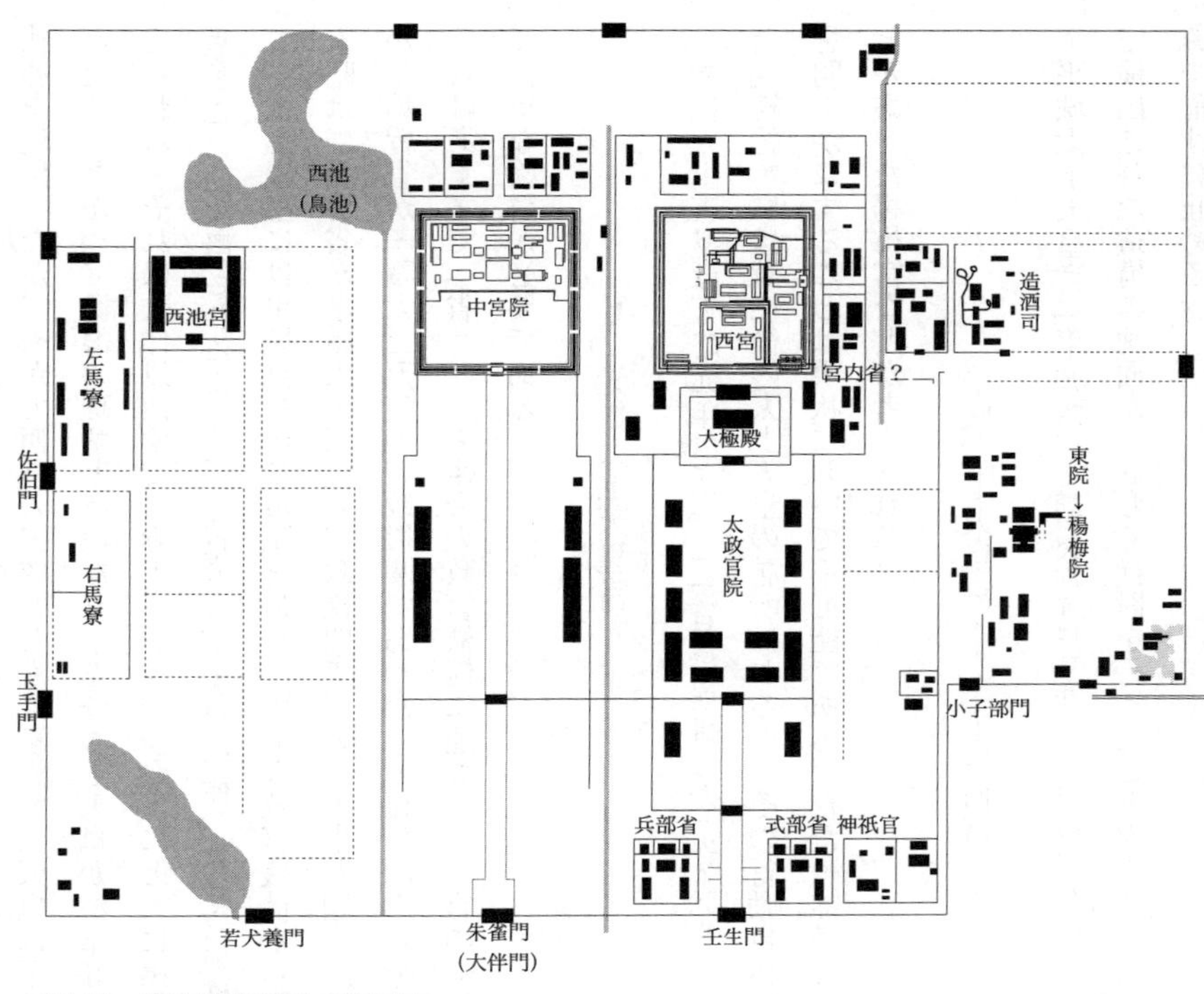

図13　奈良時代後半の平城宮

だ(天平宝字六年六月庚戌条)。しかし両者は保良宮で道鏡をめぐって不仲となり、天平宝字六年五月改作途中の平城宮へともに還御し、淳仁天皇は平城宮の中宮院へ、また孝謙太上天皇は法華寺へ入り、両天皇の居所は「別宮」状態となった。瀧浪は、孝謙太上天皇の住んだ法華寺宮は出家によって太上天皇の内裏退去を正当化したもので、この時の法華寺宮は太上天皇の権力の拠点として機能し、実質的な太上天皇別宮のはじめ、「後院」の濫觴であったが、奈良時代の太上天皇の居所は後院としての機能(太上天皇の居所としての政治的な機能)か施設(建造物)のいずれかを欠き、後院としては未熟であったと結論づけた。しかし前稿(49)でも推定したように、天平宝字の大改作では、平城宮の中枢部に淳仁天皇の居所中宮院(第一次大極殿院地区第Ⅱ期)と孝謙太上天皇の居所西宮(内裏第Ⅳ期)とを並存させる計画であった(図13)が、完成以前に平城宮へ還御したため淳仁天皇は新造の中宮院へ、また孝謙太上天皇は改作中の西宮でなく母故皇太后藤原光明子の宮があった法華寺に入り、「別宮」

状態を現出したが、やがて西宮の完成とともに孝謙太上天皇は平城宮に入ってここを居所とし、また重祚後も西宮に住んだ。したがって瀧浪の理解とは異なり、孝謙太上天皇が法華寺に入御したのは本来一時的な措置に過ぎなかったと考えられる。それは改作以前すでに両天皇が「内安殿」にともに出御することが行われた（天平宝字三年六月庚戌・四年正月丙寅条）ことに象徴されるように、天皇と太上天皇の律令太政官機構における併立とそのための宮の併存を実現するためで、太上天皇には平城宮を出て後院を造り、律令太政官機構から脱するような意図はなかったと考えられる。また春名宏昭[50]は、勅旨省が孝謙太上天皇の家政機関で、太上天皇が国家財政から一応独立した家産経済をもっていたとした。しかし勅旨省が孝謙太上天皇の家政機関であったこと自体明らかでなく、かりにまたそのような官司であったとしても、それはあくまで「省」として律令太政官機構に連なり太政官の統摂下にあったことは明白である。いずれの見解もさらに慎重な検討が必要である。

6　光仁太上天皇宮

光仁太上天皇は天応元年（七八一）一二月に崩御した（天応元年一二月丁未条）が、『続紀』は崩御の場を記していない。また『続紀』には譲位後の太上天皇の居所はおろか、その行動自体についてもまったく記載がなく、光仁太上天皇の居所を明らかにすることは現状において不可能である。ただ可能性としては、光仁太上天皇が在位中に造営し、一時住むことがあった楊梅宮などが考えられる。

7　平城太上天皇宮――「平城西宮」――

平城太上天皇宮「平城西宮」（『類聚符宣抄』巻六雑例所収天長二年一一月二三日宣旨）についてはすでに文献史料と発掘調査で検出された遺構の両面から詳しく検討を行ったことがある[51]。したがってここでは詳細はそれらに譲り、簡潔に要点のみを記すに止める。

平城太上天皇は大同五年（八一〇）に退位したのち平安宮内で居所を五遷している（『後紀』大同四年四月戊寅条など）。これは太上天皇が譲位後も天皇と同じ宮のなかに住むのが本来的な形態であるとの考えに基づくと考えられる。しかし平城太上天皇は平安宮内での居所の占定を諦め、ついに平城旧都を太上天皇宮と定めるに至り（『類史』大同四年一一月丁未・甲寅条）、やがて平城宮への遷都を謀った（『後紀』弘仁元年九月癸卯条）が、平城遷都の命発布後、薬子の変が勃発し、太上天皇は戦うことなく平城宮に戻って剃髪入道した（『後紀』弘仁元年九月己酉条）。以後崩御する（『後紀』弘仁一五年七月甲寅条）まで太上天皇は平城宮を居所とした。

平城遷都に際し外記・左馬寮などの諸司が「分局」して太上天皇に従い、中納言藤原葛野麻呂・参議藤原真夏・藤原仲成・吉備泉・多入鹿・文室綿麻呂らが扈従し平城宮に分直した（『類史』弘仁一二年八月辛巳条、『後紀』弘仁二年七月庚子条など）。平城宮に「分局」・分直した官司や官人の範囲・規模は明らかでないが、このような事態は太上天皇が内裏あるいは宮城を離れ、さらに京外に居所を移すことを想定していなかったために生じたのであり、通常は太上天皇が天皇と同じ宮に住み、天皇と同様律令太政官機構を通じてその意志を表わしていたこと、したがって太上天皇として独自の機構をもっていなかったことを示唆している。薬子の変後も上記の諸司が平城宮に直したか否か明らかでないが、平城太上天皇の崩御の時まで「平城宮諸司」が置かれていた（『紀略』・『類史』弘仁一四年四月丙午条）。そのなかには諸衛府もあり、所属の官人たちは平城宮に宿衛して警固に当たった（『後紀』弘仁二年七月乙巳条）。参議や左右近衛府の少将以上もまた平城宮に直侍していた（『後紀』弘仁二年七月乙巳・九月丁未条）[52]。また宮内省被管の造酒司に属する酒部や主水司の水部も平城宮に分配され、太上天皇に奉仕した（『類聚三代格』巻四加減諸司官員幷廃置事所収弘仁七年六月八日・九月二三日太政官符）ことから、内廷官司にも平城宮に分直したもののあることが分かる。このように議政官や近衛府次将以上、衛府官人あるいは内廷官司などの平城宮直侍を確認でき、それらは平城遷都とともに平城宮に太上天皇宮を設けた時、諸司が「分局」した体制と同じ律令太政官機構の一部を割いたもので、平城太上天皇宮は律令太政官機構から独立した組織や機構をもっていなかった[53]。

さて、平城太上天皇の「平城西宮」は平城宮第一次大極殿院地区第Ⅲ―1期の遺構（図12および第二章図2）に当たる。石積の擁壁上に展開する遺構群は大きく三つの空間、すなわち平安宮内裏の紫宸殿を中心とした天皇の公的空間、その北に位置する仁寿殿を中心とする天皇の私的空間、およびその東西に存在する南北二つの小空間からなる平安宮内裏のいわゆる後宮五舎に相当する空間からなると理解できる。そして平安宮内裏の空間と比較した場合、第一次大極殿院地区第Ⅲ―1期の遺構では常寧殿とその東西脇殿などからなる皇后宮が欠落しているが、それは平城太上天皇が現に皇后を持たなかった事実を反映したもので[54]あり、遷都当初の桓武天皇から嵯峨天皇が橘嘉智子を皇后に冊立するまでのあいだ皇后は存在せず、平安宮の内裏が皇后宮の空間を欠落した形態であったためにそれを模した、そのような意味で「平安宮内裏の省略形態」であった。[55]このように平城太上天皇が造営した太上天皇宮は、空間構造のうえでも組織のうえでも天皇の居所である平安宮内裏のほとんど完全な模倣であったと言うことができ、まさしく「二所朝庭」（『後紀』弘仁元年九月丁未条）を現出しようとしたものと考えることができる。なお平安宮内裏を模倣した「平城西宮」が冷然院あるいは嵯峨院に始まる後院の構造と明らかに異なっている点は注意が必要である。

以上、最初の太上天皇である持統太上天皇から平城太上天皇まで、嵯峨太上天皇以降の太上天皇とは機能・性格を異にする[56]七代の太上天皇の居所について検討してきた。その結果、やはり太上天皇宮は天皇宮である内裏からの独立、内裏との併存を志向し、奈良時代後半の平城宮において孝謙太上天皇の西宮と淳仁天皇の中宮院が並立された事実は、前節の検討結果のとおり、すでに恭仁宮の元正太上天皇宮新宮と聖武天皇宮内裏において構想されたものであったことが明らかとなった。そしておそらく天平一六年二月、元正太上天皇と左大臣橘諸兄によって行われた難波遷都の詔の発布（天平一六年二月庚申条）もその恭仁宮における内裏と新宮の併存という新しい構想、政治体制の延長上に惹起した事態であったと推定される。

むすび

恭仁宮において近年確認された二つの「内裏」について、それは機能分担による二つの「内裏」の併存と捉えるべきではなく、天皇宮である内裏と太上天皇宮である新宮との併存として把握すべきであるとの理解を示し、当初における天皇宮内裏と太上天皇宮との存在形態および構造上の相違を論じるとともに、その同質化、太上天皇宮の内裏模倣についても述べ、やがて内裏と同じ構造をもつ太上天皇宮が崩壊し、代わって内裏とは異なる構造をもついわゆる後院が登場することになったのではないかと推測するに及んだ。このような太上天皇宮の自立運動が直接的にいかなる歴史的要因によるのか、あるいはそれがなにゆえ元正太上天皇の在位中、しかも恭仁宮で現出したのかについてはまだ明確な答えを用意できない。今後の研究課題としたい。

本章では、恭仁宮の二つの「内裏」についてまだ正式な見解を表明した論著がない状況にあって、敢えて議論のための捨て石として問題を提起した。恭仁宮および恭仁京の発掘調査がさらなる進展を見せ、さまざまな観点から検討が行われることによって、恭仁宮・恭仁京の宮都史上に占める位置がより明らかになり、古代宮都研究が一層の進展を見せることを願っている。

注

（1）　足利健亮「恭仁京の歴史地理学的研究第一報―現景観の観察・測定にもとづく朝堂院・内裏・宮域および右京『作り道』考」『史林』五二―三、一九六九年・「平城京と恭仁京」藤岡謙二郎編『地形図に歴史を読む―続日本歴史地理ハンドブック』一、大明堂、一九六九年・「恭仁京の京極および和泉・近江の古道に関する若干の覚え書き」『社会科学論集』一、一九七〇年・「恭仁京の復原」『社会科学論集』四・五、一九七三年・「都城の計画について―恭仁京、平安京を中心に」上田正昭編『都城』日本古代文化の探究、社会思想社、一九七六年・「恭仁京」藤岡謙二郎他編『古代都市』講座考古地理学二、学生社、一九八三年・「恭仁京再考」『考証・日本古代の空間』大明堂、一九九五年、木下良「山城国府の所在とその移転」『同志社大学人文科学研究所・社会科学』三―二・三、一九六八年、千田稔「恭仁京プランの試考」『古代日本の歴史地理学的研究』岩波書店、一九九一年・「恭仁京プランの問題点」『木津町史』本文編、一九九一年など。

(2) 森下衛「恭仁宮跡の四至について—近年の調査成果から—」『京都府埋蔵文化財論集』三、(財)京都府埋蔵文化財調査研究センター、一九九六年など。なお、以下に記す恭仁宮に関する発掘調査成果については各年度の『埋蔵文化財発掘調査概報』京都府教育委員会を参照していただくこととして、特に典拠を明示する必要のある場合を除き、引用を省略する。

(3) 久保哲正「恭仁宮の主要殿舎配置について」『考古学に学ぶ—遺構と遺物—』同志社大学考古学シリーズⅦ、一九九九年など。

(4) 以下『続紀』が典拠である場合は、記事の所在のみを記すことにする。

(5) 中谷雅治「恭仁宮大極殿跡の発掘調査」『古代文化』二九—五、一九七七年・「恭仁京大極殿跡の発掘調査について」『史想』一八、一九七九年など。

(6) 『奈良国立文化財研究所年報一九七八』奈良国立文化財研究所、一九七八年。

(7) 『埋蔵文化財発掘調査概報(一九九八)』京都府教育委員会、一九九八年・『埋蔵文化財発掘調査概報(一九九九)』京都府教育委員会、一九九九年・『恭仁宮跡発掘調査報告』Ⅱ、京都府教育委員会、二〇〇〇年。

(8) 注(7)『恭仁宮跡発掘調査報告』Ⅱ。

(9) 『埋蔵文化財発掘調査概報(一九九七)』京都府教育委員会、一九九七年以前の各年度のものおよび『埋蔵文化財発掘調査概報(一九九八・一九九九・二〇〇〇)』京都府教育委員会、一九九八年・一九九九年・二〇〇〇年。

(10) 京都府教育委員会「平成九年度恭仁宮跡保存活用調査現地説明会資料」一九九七年・「平成十年度恭仁宮跡保存活用調査現地説明会資料」一九九八年・「平成十一年度恭仁宮跡発掘調査現地説明会資料」一九九九年。

(11) 後述するように注(7)『埋蔵文化財発掘調査概報(一九九八)』で地区名が改正されたが、それ以前注(9)『埋蔵文化財発掘調査概報(一九九七)』までは内裏地区と内裏東方官衙地区と称されていた。

(12) 注(7)『埋蔵文化財発掘調査概報(一九九八)』。

(13) 注(10)「平成九年度恭仁宮跡保存活用調査現地説明会資料」。

(14) 注(10)「平成十年度恭仁宮跡保存活用調査現地説明会資料」および「平成十年度恭仁宮跡保存活用調査現地説明会資料」。

(15) 久保注(3)論文においても、「内裏区画については、現在までの成果では東西二つの区画が存在するらしいというところまでは確認されてきたが、全体の規模が不明のため、ここでは大極殿院・朝堂院を中心に見てゆきたい」として二つの「内裏」への言及を避けている。

(16)　一九九八年一月二九日付の新聞各紙では、毎日新聞「恭仁京跡調査専門委員長足利健亮「建物跡の形状から、東側は天皇、西側は皇后あるいは女官の生活場所だったかもしれない。本来は南北に並べるはずが、山が背後に迫っているので、やむなく東西に並べたのでは。いずれにせよ興味深い不思議な都」」、読売新聞「京都府文化財保護課「公的な内裏と私的な後宮とを分けていた可能性もあり」「東側は公的な要素が強く、西側は私的な後宮部分とも考えられる」」、京都新聞「府教委「東側は儀式などに使う公的区域、西側は天皇が寝食に使う私的区域だったとも考えられる」」・「発掘調査委員長足利健亮「宮域がせまく、一つひとつの区画が後追いのプランで建てられたと考えられる恭仁宮では、女官らを置く後宮を縦に並べて建てるだけの広さがなかったため、内裏の区画を二つに分けたと考えざるを得ない。これまでに出土している建物跡も、内裏正殿としては規模が小さいが、これも宮域が小さかったことによると考えられる。」」、朝日新聞「京大大学院人間・環境学研究科教授足利健亮「通常は一つの内裏の中に、南に内裏正殿、北に後宮を置くのに、東西に別々に配するのはきわめて異例。宮自体が狭い恭仁宮では内裏も広くできないため、南北に配置できなかったのではないか。しかし西側が内裏でなく皇后宮だった可能性もあり、今後は内裏の中の構造を詳しく調べる必要があるだろう。」」と報じている。また一九九九年一月二九日付京都新聞は「府教委「天皇自身の公私の使い分けやそれぞれ別人が使っていた—など東西で違う役割があったのでは」」と報じている。

(17)　一九九八年二月一日に行われた現地説明会の資料(注(10)「平成九年度恭仁宮跡保存活用調査現地説明会資料」)には、「恭仁宮の場合、内裏と考えられる長方形の区画が東西にふたつ並んで存在していたようです。宮の形態と同様、内裏の形態も他の宮にはみられない恭仁宮独自のスタイルをもっていたようです、そして、両区画がともに内裏であるならば、一方を儀式などが行われる公的な施設、他方を天皇が寝食をする「後宮」的な施設と考えることもできます。」と書かれ、一九九九年一月三一日の現地説明会資料(注(10)「平成十年度恭仁宮跡保存活用調査現地説明会資料」)には、「大極殿の北東域にも掘立柱塀で区画された施設がもう一つあることが確実となりました。その今回の区画の広さはまだわかりませんが、塀の位置が西側の施設の北を画する掘立柱塀の位置とほぼ揃っていることから、ほぼ同じ程度の広さを持つ可能性があります」とある。

(18)　『続紀』に現れる恭仁宮とそれに付属する諸施設の一部については、拙稿「平城宮の内裏」『平城宮発掘調査報告』XIII、奈良国立文化財研究所学報第五〇冊、奈良国立文化財研究所、一九九一年（拙著『古代宮都の内裏構造』吉川弘文館、二〇一一年所収）で検討を試みたが、さらに恭仁宮の全般的な施設に関する検討は鎌田元一「文献史料からみた恭仁宮」『史跡山城国分寺跡保存管理計画策定報告書』加茂町教育委員会、一九八八年において詳細に行われている。ただ鎌田の理解とは異なる点もあり、また行論のうえで必要であると考えたのであえてこれらの諸説に屋上屋を架することとした。なお、以下で引用する鎌田の所説はすべて上記の論文によっている。

(19) 拙稿注(18)論文。

(20) 当該条の「大極殿」への疑問は鎌田も指摘しているが、結論は異なっている。

(21)『続紀』を通覧してこのような問題をもつ記事には、天平七年八月辛卯条「天皇御二大極殿一、大隅・薩麻二国隼人等奏二方楽一」がある。これに先立つ同様の隼人による方楽奏上を天皇が観る儀礼に関して記す神亀六年六月癸未条では天皇出御の場を大極殿閤門としている。ただこの時期の平城宮の大極殿は第一次大極殿であり、大極殿の南には大きな大極殿前庭が付属している。したがって天平七年の記事の場合、隼人が方楽を奏した場がこの大極殿前庭であり、それを大極殿に出御した天皇が観た可能性も考えられる。しかし大極殿院とその南の四堂の朝堂から成る院との空間の性格から考えて、やはり天平七年の「大極殿」は神亀六年の「大極殿閤門」の略ないしは誤りと見るのが妥当であると考える。なお、恭仁宮大極殿の正面には朝堂院に対して閤門があったと考えられ、現在大極殿跡南方およそ七〇m、加茂町立恭仁小学校校庭東南辺に巨大な礎石が東西に並んで置かれており、これが大極殿閤門の礎石かと思われる。

(22)『公卿補任』第一篇聖武天皇天平一一年巨勢朝臣奈弖麿尻付。

(23) 右大臣丹比嶋「輿杖」（『書紀』持統一〇年冬一〇月己巳朔乙酉条）・左大臣多治比嶋「霊寿杖及輿台」（文武四年正月癸亥条）、大納言正三位多治比池守「霊寿杖」（神亀二年一一月己丑条）、御史大夫文室浄三「扇策杖」（天平宝字六年八月丙寅条）、大納言従二位文室大市「御杖」（宝亀五年七月戊申条）、右大臣正二位大中臣清麻呂「几杖」（天応元年六月庚戌条）、大僧都弘耀法師「几杖」（延暦三年四月辛亥条）、弾正尹従三位兼武蔵守高倉福信「御杖并衾」（延暦四年二月丁未条）、左大臣正二位藤原緒嗣「几杖」（『続後紀』承和一〇年正月庚戌条・『三実』貞観元年七月一三日丙寅条）など。

(24) 五位以上の貴族が七〇歳以上に達し致仕を請う場合、上表が必要であったことは、養老選叙令官人致仕条に「凡官人年七十以上、

聴ニ致仕ヘ　五位以上々ㇾ表、六位以下申ニ牒官ㇾ奏聞」とあり、また実際に散位従三位紀飯麻呂（天平宝字六年七月丙申条）・右大臣従二位兼中衛大将勲二等吉備真備（宝亀元年正月丙申・六年一〇月壬戌条）・大納言従二位文室大市（宝亀三年二月癸丑条）・右大臣正二位勲四等大中臣清麻呂（宝亀五年一二月乙酉・天応元年六月庚戌・延暦七年七月癸酉条）・大僧都弘耀法師（延暦三年四月辛亥条）・弾正尹従三位兼武蔵守高倉福信（延暦四年二月丁未・八年一〇月乙酉条）・参議大宰帥正三位佐伯今毛人（延暦八年正月壬子・九年一〇月乙未条）などの事例が知られる。

(25) 新日本古典文学大系『続日本紀』二（亀田隆之担当巻一二）、岩波書店、一九九〇年など。

(26) 拙稿注(18)論文。

(27) 拙稿「天皇宮・太上天皇宮・皇后宮」荒木敏夫編『ヤマト王権と交流の諸相』古代王権と交流五、名著出版、一九九四年。

(28) 鎌田注(18)論文。

(29) 和銅六年六月乙卯・七年閏二月己卯・八年三月壬午朔・七月己丑・神亀四年五月乙亥・丁丑・天平八年三月辛巳朔・一一年三月三月甲午・乙卯の各条。また『万葉集』にも神亀二年三月の行幸時の詠歌（巻四―五四六～五四八番）が収録されている。

(30) 中谷雅治「甕原離宮の位置について」『京都府埋蔵文化財論集』一、（財）京都府埋蔵文化財調査研究センター、一九八七年。

(31) 中谷注(30)論文。

(32) 『日本古代人名辞典』第一巻、吉川弘文館、一九五八年。

(33) 今泉隆雄「八世紀造宮官司考」奈良国立文化財研究所編『文化財論叢』同朋舎、一九八三年は、造営担当官司である造宮省長官が二人任命されたのは、主都造営という大規模な事業であったための特別体制で、二人のあいだでは機能の分担が行われ、巨勢奈弖麻呂は公卿会議の代表として造営全体を総監したのに対し、木工頭をも兼ねた智努王は実務を掌握したとする。

(34) 宮殿の事例としては、完成した楊梅宮に光仁天皇が移徙した日にその造作を専知した造宮卿従三位高麗福信に代わってその男子石麻呂に従五位下が授けられている（宝亀四年二月壬申条）例を挙げることができる。

(35) 拙稿注(18)論文。

(36) 小山雅人「軒瓦からみた恭仁の皇后宮―恭仁宮北東周辺部の問題―」『京都府埋蔵文化財情報』五三、（財）京都府埋蔵文化財調査研究センター、一九九四年。

(37) 城北苑はその名称(城は宮城、すなわち恭仁宮)から、恭仁宮の北方に広がる苑池(後苑・禁苑)であり、すでに多くの人によって指摘されているように平城宮の松林苑との関係が考えられる。

(38) 石原宮は「石原宮楼」や「在二城東北一」との記載(天平一五年一一月壬子条)から、城北苑とともに恭仁宮の北方に広がる禁苑地帯に造営された宮であった可能性が大きい。なお鎌田は、紫香楽宮に通ずる恭仁京東北道(天平一四年二月庚辰条)の入口付近に営まれたと推定している。

(39) 小山によって皇后宮に比定された石ヶ坪遺跡といい、恭仁宮の北方から東北方には城北苑・石原宮など恭仁宮に付属する関連施設が広がっていた。

(40) ここで問題としている太上天皇宮は嵯峨太上天皇以降に見られるいわゆる後院とその性格を異にし、当然それはその構造にも大きな影響を与えたと考えられる。

(41) 拙稿注(18)論文・注(27)論文・「平城太上天皇御在所「平城西宮」考」『平安宮成立史の研究』塙書房、一九九五年。

(42) 「平城宮中安殿」は「平城宮の中安殿」とも「平城宮中の安殿」とも考えられるが、すでに拙稿注(18)論文で検討したように「平城宮中の安殿」とするのがよい。

(43) 本書第二章。

(44) 拙稿注(18)論文。なお『藤氏家伝』下に記す平城宮の改作が元正朝のもので、それが以前に増して宮室が厳麗になり、時の人びとに元正天皇の尊さを知らしめるほどのものであったことについては、拙稿注(18)論文で述べた。

(45) 中宮院が『続紀』に見える中宮であることについては拙稿注(18)論文で詳しく述べ、さらに平城宮の第一次大極殿院地区で検出された第I—3・4期の遺構に相当することも明らかにした。

(46) 瀧浪貞子「奈良時代の上皇と「後院」」『史窗』三九、一九八二年。なお、以下で引用する瀧浪の所説はすべて上記の論文によっている。

(47) 奈良時代の太上天皇への衣服飲食などの供給は天皇と同様に供御のかたちであり(天平勝宝八年六月辛卯条)、平安時代になってようやく太上天皇に御封が支給されるようになる。そして太上天皇への御封の支給は嵯峨太上天皇で初めて確認できる(『続後紀』承和二年三月丁巳条)。おそらくこれは、春名宏昭「「院」について—平安期天皇・太上天皇の私有財産形成」『日本歴史』五三八、一九九三年の指摘する事態と同じであろう。

(48)　阿倍内親王の即位を目指して平城宮が大規模な改作を受け、この間孝謙天皇が長期にわたって平城宮外にある大郡宮や薬師寺宮に居所を定めていたことについては、拙稿注(18)論文。

(49)　拙稿注(18)論文・注(27)論文。

(50)　春名宏昭「太上天皇と内印」皆川完一編『古代中世史料学研究』下、吉川弘文館、一九九九年。

(51)　拙稿注(27)論文・注(41)論文および本書第二章。

(52)　渡辺直彦「嵯峨院司の研究―附・蔵人所成立の前提」『日本歴史』二一〇、一九六五年。

(53)　春名宏昭「太上天皇制の成立」『史学雑誌』九九―二、一九九〇年は、薬子の変の前後で平城太上天皇に奉仕する官人に変化が見られ、特に変ののちには私的な近従者も加わって公私二系統の司が存在したとする。ただし私的な近従者が「司」を構成していたか否かは明らかでなく、またそのような可能性はきわめて低いのではなかろうか。

(54)　平城太上天皇は、皇位にあった時も退位してのちも、皇后ないしは皇太后に相当するような女性をもっておらず、ただ皇太子時代に東宮妃でありながら即位以前に死去した藤原帯子が、即位後に皇后を贈られているだけである(『後紀』大同元年六月辛丑条)。

(55)　ただし平安宮の古図に見られるような内裏の建物配置や空間構造が一体いつ固定的なものとなったのかについては必ずしも明らかではなく、従来漠然と嵯峨天皇のころであると推定されていたが、もしそうであるならばそれ以前の内裏の建物配置や空間構造については別に検討が必要であり、平城太上天皇の御在所である「平城西宮」を「平安宮内裏の省略形態」と評価するのは誤り、あるいは不正確な表現であることになる。また従来あまり検討されていない太上天皇の宮についても一般的なあり方を把握しておかなければならず、単に「平安宮内裏の省略形態」と評価しただけでは不十分である。拙稿「平安宮内裏の成立過程」注(41)拙著および本書第二章参照。

(56)　春名注(53)論文。

第四章　紫香楽宮攷

一　紫香楽宮の宮号

はじめに

紫香楽宮は、一般に甲賀宮とも称されたと考えられている。たとえば、現在における日本史研究の到達点を示す『国史大辞典』の紫香楽宮の項（笹山晴生執筆）には、

しがらきのみや　紫香楽宮　近江国甲賀郡にあった聖武天皇の皇宮。信楽宮とも書き、また甲賀宮ともいう。……（後略）……。

と書かれている。『国史大辞典』に限らず、他の日本史の辞典や概説書・研究書等でも紫香楽宮の宮号に関する記述はこれと大同小異である。

詳細は後述に譲るが、『続紀』の天平一四年（七四二）から一七年にかけての記事には「紫香楽宮」と「甲賀宮」の二つの宮号が現れる。飛鳥浄御原宮を浄御原宮、[1]近江大津宮を近江宮あるいは大津宮と略称した事例[2]などのあることを参看すると、この場合、紫香楽宮の正式な宮号は「甲賀紫香楽宮」であったと考えることもできる。しかし紫香楽宮が「甲賀紫香楽宮」と呼ばれたことを示す史料はなく、「紫香楽宮」と「甲賀宮」は、飛鳥浄御原宮や近江大津宮のように、「甲賀紫香楽宮」なる宮号の存在を前提としてその一部を略していった略称などではなく、紫香楽宮に対する二つの宮号であったと考えられる。しかし同時に二つの宮号をもった宮はほかに知られないから、「紫香楽宮」と「甲賀宮」を単純に紫香楽宮に対する二つの宮号と解してよいのか問題があり、またもしそうでないとするならば、「紫香楽宮」

と「甲賀宮」とはいかなる関係にあったのかが紫香楽宮の歴史や性格を考えるうえで重要な問題となってくる。

本節では、平安時代の初めに律令国家の二番目の正史として編纂された『続紀』と、奈良時代の生きた史料である正倉院文書とを取り上げ、紫香楽宮の二つの宮号に検討を加え、両者の関係を明らかにして紫香楽宮の実体を解明する第一歩としたい。

1　『続紀』に見る紫香楽宮の宮号

まず『続紀』から紫香楽宮の宮号を検討するうえで関連をもつと考えられる記事を選び出し、そこに書かれた地名と宮号の表記を年代順に並べると表4のようになる。

上述したが、表4にも明らかなように『続紀』には「紫香楽宮」と「甲賀宮」の二つの宮号が現れる。

表4　『続日本紀』における紫香楽宮関連地名の表記

年月干支	関連地名の表記	年月干支	関連地名の表記
天平一四年二月庚辰	近江国甲賀郡	天平一五年一二月辛卯	紫香楽宮
天平一四年八月癸未	近江国甲賀郡紫香楽村	天平一六年二月戊午	紫香楽宮
天平一四年八月己亥	紫香楽宮	天平一六年三月丁丑	紫香楽宮
天平一四年一二月庚子	紫香楽宮	天平一六年四月丙午	紫香楽宮
天平一五年正月壬寅	紫香楽	天平一六年四月丙辰	紫香楽宮
天平一五年四月壬申	紫香楽	天平一六年八月乙未	紫香楽宮
天平一五年七月癸亥	紫香楽宮	天平一六年一一月壬申	甲賀寺
天平一五年九月丁巳	甲賀郡	天平一六年一一月癸酉	甲賀宮
天平一五年一〇月壬午	紫香楽宮	天平一七年五月壬戌	甲賀宮
天平一五年一〇月乙酉	紫香楽宮	天平一七年五月丙寅	甲賀宮
天平一五年一一月丁酉	紫香楽	天平一七年五月戊辰	甲賀宮

「紫香楽宮」は天平一四年八月の「近江国甲賀郡紫香楽村」における離宮の造営開始（天平一四年八月癸未条）、そして聖武天皇の初めての紫香楽行幸以降天平一六年八月（天平一六年八月乙未条）までの約二年のあいだ『続紀』に見える。一方、「甲賀宮」は「紫香楽宮」と見える最後の記事から三ヵ月余りを経た天平一六年一一月に、盧舎那仏の体骨柱を建てた場所として同名を冠した「甲賀寺」が初見する（天平一

六年一一月壬申条）のに引き続き、その翌日に初めて現れ（天平一六年一一月癸酉条）、「甲賀宮」はこれ以後「紫香楽宮」が『続紀』から消えるのに代って天平一七年五月の恭仁遷御（天平一七年五月戊辰条）までのあいだ見える。

このように、『続紀』では「紫香楽宮」と「甲賀宮」の二つの宮号が知られるばかりか、両者が決して時期的に重複せず、前者から後者へと移り変っていることが注目される。このことからまず「紫香楽宮」と「甲賀宮」とがほぼ同一の実体を指す二つの名称であったこと、そしてまた天平一六年八月ないしは一一月ごろを境として「紫香楽宮」から「甲賀宮」へと宮号が改められた可能性が浮かび上がってくる。

ところで今泉隆雄は、七、八世紀における宮号の一般的な命名について整理・検討したうえで、(一)宮号は地名に由来するものが多く、(二)その命名は宮の存続する時期よりも後代に残す天皇や朝廷の号のためになされたもので、(三)命名の時期は遷宮・遷都の前後である、と結論づけた③。

紫香楽に離宮を造るために官人を任命したことを記した『続紀』天平一四年八月癸未条に、「詔曰、朕将レ行二幸近江国甲賀郡紫香楽村一」と記されているように、二つの宮号のうち「甲賀宮」は甲賀郡、「紫香楽宮」は紫香楽村にそれぞれよった宮号で、ともに今泉の指摘した(一)に適合することは明白であるとともに、二つの宮号に冠された地名をみると甲賀が紫香楽を包摂する関係にあることが注目される。このように、紫香楽宮の宮号が村名に基づく「紫香楽宮」から郡名による「甲賀宮」へと変えられた背景には、(三)の遷都あるいは遷宮の可能性が考えられ、おそらく離宮「紫香楽宮」から主都「甲賀宮」への転換・昇格が行われたと推測することができる。

そこでふたたび表4に戻ると、『続紀』では紫香楽の地の地名表記が常に「紫」「香」「楽」の漢字三字をもって行われていることに気付かれる。しかし紫香楽の「紫」「香」「楽」三字による表記は奈良時代の史料では『続紀』以外に見えない④。一般に律令制下の国から郷里に至る行政単位の名称が漢字二字による表記を採るようになっていったことからすると、紫香楽が「紫」「香」「楽」の三字によって表記されていることは、「紫香楽村」が律令制の行政組織と相即的な存在でなかったことを示唆すると理解することができる。このことはまた「紫香楽」が『続紀』では上記した天平一四年八月癸未条に「近江国甲賀郡紫香楽村」として初出することにもうかがえる。奈良時代の「村」については、律令国家の行政単位である郷や里と異なる自然村落であったとする説や未編戸の村落・計画村落であるとする説、さらに在地首長制との関わりで把えようとする説など、多様な理解と議論があるが、まだ必ずしもその実態は明らかにされていない。したがって「紫香楽村」についてもその実態を『続紀』のわずかに一つの記事から明らかにすることはきわめて難しいが、「紫香楽村」はおそらく甲賀郡の域内にあり、周囲を信楽山地によって囲まれた狭小な盆地の各所に形成された小集落を総じて「村」と称したものかと憶測される。いずれにしても「紫香楽村」と書かれているように、当時、紫香楽には律令制下の行政単位である郷や里は単独で置かれておらず、こののちも紫香楽が単独で郷や里となることはなかったし、また奈良時代「紫香楽村」が甲賀郡のいずれの郷里に属していたのかも明らかでない。⑤

しかし、一方で足利健亮⑥のように、「紫」「香」「楽」の三字はいずれも好字（特に「紫」「香」は仏教と関係の深い好字）であり、律令国家はきわめて意図的に漢字二字による地名表記の原則を無視してまでも紫香楽の地名表記として「紫香楽」を用いたと考えることが可能である。ただこの見方に立った場合、天平一四年ころに実際に「紫」「香」「楽」の三字を選んで紫香楽の地名表記として施行した可能性と、『続紀』の編纂時、あるいはそれに先行する淳仁朝における曹案三〇巻の編纂時に「紫」「香」「楽」三字による表記の改変がなんらかの理由によって行われた可能性とを想定することができる。このうち後者の場合、「紫」「香」「楽」の三字をもって改変すべき必然性が明らかでないが、年代が下っても、あるいは後述するように同時代の正倉院文書でもまったく「紫香楽」の表記が見られず、また「紫香楽」が『続紀』独自のまったく孤立した表記であることはその意味を考えるうえで示唆的である。

2　正倉院文書における紫香楽宮の宮号

次ぎに正倉院文書における紫香楽宮の宮号およびそれに関連した地名の表記を整理し、年代順に一覧してみると、表5のようになる。

表5　正倉院文書における紫香楽宮関連地名の表記

年月日	地名表記	典拠
天平一六・三・六	甲加宮	経師等行事手実帳(八—四七三)
天平一六・三・七	甲加宮	経師等行事手実帳(八—四七三)
天平一六・四・一九	甲可宮	写疏料紙等納充注文(八—四五九・八—五四二)
天平一六・五・一〇	信楽宮	律論疏集伝等本収納幷返送帳(八—一八五)
天平一六・五・一〇	信楽宮	律論疏集伝等本収納幷返送帳案(八—一九三)
天平一六・五・一六	甲可宮	写疏料紙等納充注文(八—四五九・八—五四二)
天平一六・七・一二	甲加宮	律論疏集伝等本収納幷返送帳(八—一八五)
天平一六・七・一二	甲可宮	納櫃本経検定幷出入帳(二四—一六二)
天平一六・七・一七	甲加宮	経師等行事手実帳(八—四七三)
天平一六・八・一〇	信楽宮	律論疏集伝等本収納幷返送帳(八—一八五)
天平一六・八・二九	甲加宮	律論疏集伝等本収納幷返送帳(八—一八五)
天平一六・一〇・三〇	甲加宮	律論疏集伝等本収納幷返送帳(八—一八五)
天平一六・一〇・三〇	甲可宮	納櫃本経検定幷出入帳(二四—一六二)
天平一六・一二・二〇	甲加宮	経師等行事手実帳(八—四七三)
天平一七・二・五	甲加宮	写疏料筆墨充帳(八—二七二)
天平一七・二・八	甲加宮	写疏料筆墨充帳(八—二七二)
天平一七・二・九	甲加宮	写疏料筆墨充帳(八—二七二)
天平一七・二・一六	甲加宮	写疏料筆墨充帳(八—二七二)
天平一七・二・一七	甲加宮	写疏料筆墨充帳(八—二七二)
天平一七・二・一八	甲加宮	写疏料筆墨充帳(八—二七二)
天平一七・二・二〇	甲賀宮	玄蕃寮解(二—三八九)
天平一七・二・二五	甲加宮	写疏料筆墨充帳(八—二七二)
天平一七・二・二八	甲賀宮	民部省三月粮文(二—三九六)
天平一七・三・九	甲加宮	写経料筆墨紙充帳(八—四五)

表5でまず注目されるのは、上述したように『続紀』における紫香楽の「紫」「香」「楽」三字による地名表記がまったく正倉院文書に現れないことである。正倉院文書が当時の生きた史料であることを考慮すると、そこにまったく「紫香楽」の表記が現れないことはきわめて不可解であり、このことは「紫香楽」がその時代の生きた地名表記であったことを疑わしめるに十分である。

これに対して正倉院文書では紫香楽の地名表記として「紫香楽」に代わって「信楽」が用いられる。「信楽」の表記には明らかに漢字二字で地名を書き表す原則が適用されている。「信楽」はそのような意味できわめて行政的な地名表記であると言える。しかし一方で

天平一七・三・九	甲加宮	写疏料筆墨充帳（八―二七二）
天平一七・三・一五	甲加宮	写経料筆墨紙充帳（八―四五）
天平一七・三・二四	甲加宮	写疏料筆墨充帳（八―二七二）
天平一七・四・一七	甲加宮	木工寮解（二―四〇一）
天平一七・四・一七	甲賀宮	大炊寮解（二―四〇二）
天平一七・四・一七	甲賀宮	主殿寮解（二―四〇三）
天平一七・四・一七	甲賀宮	内掃部司解（二―四〇七）
天平一七・四・一八	甲賀宮	内蔵寮解（二―四一）
天平一七・四・二〇	甲賀宮	掃部司解（二―四四）
天平一七・四・二一	甲賀宮	兵部省移（二―四六）
天平一七・四・二一	甲賀宮	大蔵省移（二―四九）
天平一七・四・二一	甲可宮	左兵衛府移（二―四二四）
天平一七・四・二一	甲可宮	右衛士府移（二―四二六）
天平一七・四・二一	甲賀宮	民部省仕丁大粮申請文案（二―四二八・八―五四二）
天平一七・四・二一	甲加宮	造宮省移（二―四二八）
天平一七・八・一九	甲可宮	内薬司解（二―四六〇）
天平一七・八・二一	甲加宮	式部省移（二―四六一）
天平一七・九・一四	甲可	種々収納銭注文（二四―三五）
天平一七・一〇・一四	甲可寺	種々収納銭注文（二四―三五）
天平一七・一〇・一七	甲可宮	木工寮解（二―四六三）
天平一七・一〇・一八	甲可宮	皇后宮職解（二―四六八）
天平一七・一〇・二一	甲賀宮	造宮省移（二―四七三）
天平一七・一〇・二一	甲可寺	造甲可寺所解（二―四七六）
天平一七・一〇・二一	甲可	民部省？（二―四七八）
天平一九・一・一九	甲可寺	甲可寺造仏所牒（二―五七六）
天平一九・五・一〇	甲可	丈部石床食物雑用注文（二五―九七）
天平勝宝三・一二・一八	甲賀宮国分寺	奴婢見来帳（東大寺奴婢帳）（三―五三五）

写経所の下級官人にも熟知されるような現実的な生きた地名でもあったのである。正倉院文書では「信楽」は天平一六年[7]に「信楽宮」の三例を確認できるだけで、同年八月一〇日以降長く用いられず、ふたたび正倉院文書中に「信楽」が現れるのは天平宝字六年（七六二）に至ってからである。なお「信楽」はこれ以降、奈良時代後半、平安時代を経て現代に生きる紫香楽のもっとも一般的な地名表記となった。

一方、正倉院文書でも『続紀』と同様に「甲賀宮」が見える。「甲賀宮」は正倉院文書では「甲可宮」「甲加宮」などと多様に表記されるが、いずれも「こうか」の音を漢字二字で書き表したもので、それが「紫香楽村」の属した

年月日	表記	文書名
天平勝宝五・一・二二	甲可	造講堂院甲可山所解(三―六七)
天平宝字五・一二・二四	甲賀	造寺料銭用帳(四―五三二)
天平宝字五・一二・二六	甲可	甲可山作所解(四―五二六)
天平宝字六・一・八	甲賀	造寺料銭用帳(四―五三二)
天平宝字六・一・一六	甲賀	買漆銭用注文(五―五九)
天平宝字六・二・五	甲賀	造甲賀山所解案(五―八五)
天平宝字六・二・九	信楽	造石山寺所銭米充用注文(五―一〇四)
天平宝字六・二・二〇	甲賀殿	造石山寺所鉄充幷作上帳(一五―二九一)
天平宝字六・三・一三	信楽	造石山院所符(一五―一六四)
天平宝字六・三・一三	信楽	造石山院所啓案(一五―一六六)
天平宝字六・三・一三	甲賀殿	造石山寺所食物用帳(一五―三七八)
天平宝字六・三・一三	甲賀	造石山院所銭用帳(五―三五五)
天平宝字六・三・一三	甲賀	造石山寺所雑物用帳(一五―三四)
天平宝字六・三・一五	甲賀殿	造石山寺所食物用帳(一五―三七八)
天平宝字六・三・一八	甲賀	造石山院所符案(一五―一六九)
天平宝字六・三・一八	甲賀	造石山寺所食物用帳(一五―三七八)
天平宝字六・三・三〇	甲賀	山作所作物雑工散役帳(五―一六三)
天平宝字六・三・三〇	甲賀	造石山院所銭用帳(五―三五五)
天平宝字六・三・三〇	甲賀殿	造石山寺所食物用帳(一五―三七八)
天平宝字六・四・一〇	甲賀	造石山寺所食物用帳(一五―三七八)
天平宝字六・四・二五	甲賀	造石山院所銭用帳(五―三五五)
天平宝字六・四・二九	甲賀	造石山寺所雑材幷檜皮和炭等納帳(一五―二六〇)
天平宝字六・五・二〇	甲賀	造石山寺所食物用帳(一五―三七八)
天平宝字六・五・二一	信楽殿	造石山院所銭用帳(五―三五五)
天平宝字六・七・六	甲賀	造石山寺所食物用帳(一五―三七八)
天平宝字六・七・七	信楽殿	造石山院所返抄案(一五―二二〇)
天平宝字六・七・八	甲賀	造石山寺所雑物用帳(一五―三四)

甲賀郡にちなむことは上述のとおりである。正倉院文書で「甲賀」と表記したもっとも早い例は写疏料紙等納充注文(『大日本古文書』八―四五九・五四二)の天平一六年四月一九日の記載に見える「甲可宮」(8)で、逆にもっとも下るのは造石山寺所雑物用帳(『大日本古文書』一五―三四)の天平宝字六年七月八日の記載に書かれた「甲賀」である。なお「甲賀宮」は天平勝宝三年(七五一)一二月一八日付けの奴婢見来帳(東大寺奴婢帳、『大日本古文書』三―五三五)に「甲賀宮国分寺」と見えるのが最後である。

さて、「甲賀宮」と「信楽宮」とが同一の宮を指すことは、律論疏集伝等本収納幷返送帳(『大日本古文書』八―一八五)の天平一六年八月一〇日の項に、同日「従二信

天平宝字六・七・二一	信楽殿	造石山寺所雑物用帳（一五―三四）
天平宝字六・七・二四	信楽殿	造石山寺所食物用帳（一五―一五―三七八）
天平宝字六・閏一二・一	信楽	造石山寺所符案（五―三四・一六―一一〇）
天平宝字六・閏一二・二九	信楽「宮辺」	造石山院所解案（一六―一八六）
天平宝字六・閏一二・二九	信楽「宮辺」	造石山院所解（五―三三五）
天平宝字七・二・一八	信楽殿	造石山寺所牒（五―三八五・一六―一一八）
天平宝字七・二・一八	信楽殿	造石山寺所符案（五―三八七・三八八）
天平宝字七・三・三	信楽殿	造石山寺所牒（五―四〇〇）

楽宮」給出」した十一面神呪心経義疏一巻を「以二十六年八月廿九日一付二高向太万呂一進二納甲加宮一」したと追記されていることによって知られる。しかし「信楽宮」と「甲賀宮」の関係を表5についてみてみると、天平一六年ころにはたしかに「信楽宮」と並行して「甲賀宮」が用いられているが、翌一七年に入るとその併用が終わって「信楽宮」は見えなくなり、「甲賀宮」だけが現れるようになることが分かる。これは『続紀』における「紫香楽宮」から「甲賀宮」への変化と比べるとそれほど截然としていないが、やはり天平一六年後半期を画期として（あるいは八月一〇日から二九日のあいだに）紫香楽宮の宮号が「信楽宮」から「甲賀宮」へと変えられたことを示していると考えてよいであろう。

なお、天平一七年に「甲賀宮」が集中して見えるのは、いわゆる天平一七年大粮申請文書に、仕丁への大粮支給地あるいは請求地として平城宮・恭仁宮・難波宮の諸宮とともに「甲賀宮」が現れるからである。大粮申請文書はその大部分が公式令に規定された公式様文書である解や移で、民部省の粮文が省内における内部文書であるのを除くと、他はすべて当該官司外にむけて出された文書であり、律令国家における公式の文書であった。このような文書に紫香楽宮が「甲賀宮」と書かれていること、しかも例外なく「甲賀宮」と書かれている点にこそ、このころ紫香楽宮の正式な宮号が『続紀』にも見える「甲賀宮」であったことを物語っている。

ところで、紫香楽を「甲賀」と書き表すことが終わる天平宝字六年七月八日に先立ち[9]、同年二月から七月にかけてふたたび「甲賀」と「信楽」の併用が見られる。この時期に「甲賀」が「信楽」の意味で用いられていることは、藤原豊成の邸宅の所在地が「甲賀」とも「信楽」とも書かれ、またそれによってその邸宅が「甲賀殿」とも「信楽殿」とも書かれたことにも明らかであるが、ここでさらに注目すべきは、天平宝字六年三月まで「甲賀殿」と呼ばれた豊成の邸宅が同年五月を境にして「信楽殿」と呼ばれるようになり、以後「甲賀殿」とは決して呼称されないことである。この事実はこのころ紫香楽の地名表記がふたたび「甲賀」から「信楽」に戻ったことを示している。その背後にどのような歴史的事実が潜んでいたのかは明らかでないが、あるいは「甲賀宮」からの遷幸後も律令国家による紫香楽における甲賀寺の造営が続けられていたこと、しかしその一方で北京保良宮とその鎮護寺としての石山寺の造営が天平宝字三年末から八年半ばころまで（ただし石山寺の造石山寺所による大規模な増改築は、天平宝字五年一〇月の淳仁天皇・孝謙太上天皇の行幸直後の同年末からである）継続されていたことなど、となんらかの関わりがあるのではなかろうかと憶測される。

以上、正倉院文書においても『続紀』と同様に天平一六年の後半期を転換点として紫香楽宮の表記が「信楽宮」から「甲賀宮」に変わったと言うことができる。ただしその変化は『続紀』のように劇的なものではなく、両者が並行して用いられる時期を経ているが、このほうが『続紀』よりも実態に近く、むしろ『続紀』は表記の上で統一を計ったのではないかと考えられる。

むすび

本節では、対照的な性格をもつ『続紀』と正倉院文書の二つの史料を素材としながら、両者においてともに紫香楽宮の宮号が天平一六年後半期を境として「紫香楽宮」「信楽宮」（しがらきのみや）から「甲賀宮」（こうかのみや）へと変わった事実を明らかにし、さらにそれが紫香楽宮の性格の変化によるものではないかと推定した。

周知のように、紫香楽は盧舎那仏鋳造の詔が発布された地であり（『続紀』天平一五年一〇月辛巳条）、盧舎那仏鋳造の地として「甲賀寺」の造営が開始され（『続紀』天平一五年一〇月乙酉条）、ほぼ一年後の天平一六年一一月には盧舎那仏の体骨柱が建てられた（『続紀』天平一六年一一月壬申条）。紫香楽宮における宮号の変化は「甲賀寺」の造営、とりわけ同寺における盧舎那仏の鋳造と深く関わり、「甲賀宮」が「甲賀寺」と一対のものとして成立したと推測される。それは紫香楽での盧舎那仏の鋳造が決定され、その地に建立された寺が天平一六年半ばころに「甲賀寺」と命名されたことに対応して「紫香楽宮」も「甲賀宮」と改号されるに至ったと考えるのである。そしてその際新たなる宮には村名に由来する「紫香楽」を避け、それを包摂する「甲賀」郡の名を新たに宮号として選んだのであろう。[10]

このように「紫香楽宮」から「甲賀宮」への変更は単なる宮号の変更ではなく、離宮として天平一四年八月に造営が始められた「紫香楽宮」を複都制下の主都たるべく規模を拡大するとともに、主都としての内実を備えた新しい宮都の宮号として選定されたと考える。そしてその背景には、世界の中心に位置する盧舎那仏の造立開始による紫香楽のいわゆる仏都化政策があったのではないかとも憶測する。しかし紫香楽の主都化および主都「甲賀宮」の実態については今後関連史料の十分な検討を行うとともに、また宮町遺跡やその周辺における発掘調査の進展を俟って解明しなければならない課題である。

ところで「甲賀宮」は天平一七年平城還都によって天皇が去ると留守官といくつかの官司の一部が残るだけとなり、やがて天平一八年には歴史上から姿を消す。一方、「甲賀寺」は盧舎那仏の鋳造事業が平城に移ったのちも造営が続けられたらしい。しかし、やがて天平一九年に本尊と思われる三尊仏が東大寺へ移送されるとその名は見えなくなる。「甲賀寺」が転用されたと考えられる「甲賀宮国分寺」は天平勝宝三年にも見えるが、ふたたび史料に「甲賀寺」が現れることはない。「甲賀」の地名はそののちしばらくのあいだ紫香楽の地を指す言葉として残り、次第に「甲賀宮」の時代に造営された建物が解体されて無くなってゆき、また近江における宮・寺(保良宮・石山寺)造営の中心が石山に移るとともに「甲賀」はふたたびもとの「信楽」に戻っていった。

二　複都制下における宮都の維持・管理
——天平一七年大粮申請文書の再検討——

はじめに

紫香楽宮は、天平一三年(七四一)の造営開始から一七年の平城還都に至るわずか三年余りの間、一部の史料に現れるだけで、そののち完全に史料上から姿を消してしまう。しかもこの三年余りのあいだにおいても聖武天皇が紫香楽宮を一年以上にわたり継続して居所とすることがなかったから、史料にはきわめて断片的に現れるに過ぎない。それゆえに紫香楽宮の実態を史料から解明しようと試みること自体に大きな制約がともなうことになる。従来、紫香楽宮全般に触れた概括的な研究はあるもの(11)の、史料に基づく基礎的な研究が十分行われなかった理由の大半はここにあると言っても過言ではない。

このような研究状況のもと紫香楽宮の歴史的評価については、今日に至るまで大きく二つの見解が対立(12)したままである。すなわち、一つは紫香楽宮が一貫して離宮に止まり、ついに主都となることはなかったとする考え(13)である。またいま一つは紫香楽宮が複都制下の当時にあって一時期とはいえ主都になったと解する考えである。紫香楽宮が最後まで離宮に止まったのか、あるいは主都となることがあったのか、いずれの推定も『続紀』や正倉院文書などのわずかな史料に基づき、必ずしも十分な検討を経て行われたわけではない。しかし、近年滋賀県甲賀郡信楽町所在の宮町遺跡で発掘調査が行われ、宮跡(14)であることを裏付ける木簡・墨書土器などの文字史料が出土し、また建物配置も次第に明らかになってきた。その成果を見る時、今後さらに継続的調査が実施されることによって出土すると思われる木簡などの文字史料や、周知の史料を慎重に検討し直すことを通じて、宮町遺跡の実体やその南に位置する国指定史跡紫香楽宮跡との関係、ひいては紫香楽宮の実体を明らかにすることができると期待される。そこで発掘調査がまだ進行途上にある現状に鑑み、いずれ得られるであろう発掘調査の成果と突き合わせて検討すべき日に備え、当面紫香楽宮に関する周知の史料を丹念に検討し直し、その実体を考えるための材料を少しでも得ておくことは必要不可欠な作業であると考える。

かつてこのような見地に立って『続紀』の大楯桙樹立の記事に検討を加え、さらに紫香楽宮に関連した記事にも及び、紫香楽宮が単なる離宮でなく天平一六・一七年ころに主都であったことを概述した。⑮そののち『続紀』と正倉院文書に見える紫香楽宮の宮号表記に着目し、紫香楽宮は盧舎那仏鋳造の本格化とともにその造営地である甲賀寺と一体の宮⑯として、天平一六年後半ころを境に宮号を甲賀宮と変更され、複都制下の新たな主都たるべく、また盧舎那仏の坐す仏教世界の中心甲賀寺と一体の仏都としていよいよ内容を充実し、主都としての内実を備えつつあったと考えるに至った。⑰

本節では、これまで、そして前節において紫香楽宮に対して示した見解を補強し、また紫香楽宮の実態を史料に基づいてでき得る限り明らかにするために、主として正倉院文書中の天平一七年大粮申請文書（以下、大粮申請文書と略記する）からいく点かの文書を採り上げ、『続紀』など関連史料と併せ検討することにしたい。

さて、ここで採り上げる大粮申請文書は、長い研究史をもつ正倉院文書研究においても比較的早くから注目され、整理・復元とその成果に基づく研究が行われてきた。⑱そして同文書が紫香楽宮の時期を主体とする文書群であったために、紫香楽宮に検討を加える際にしばしばその内容がとりあげられてきた。井上薫⑲以来、大粮申請文書は天平一七年二月および四月の段階での紫香楽・恭仁・難波・平城の各宮における仕丁の配置・就役状況を示し、当該時点で紫香楽宮には恭仁・難波・平城の諸宮と比べ多数の仕丁が就役し、多くの官司が紫香楽宮に移っていたことが分かると理解され、それが当時における紫香楽宮の宮都としての地位を物語ると考えられてきた。ただ大粮申請文書に見られる仕丁の大粮申請地と実際の就役地との関係については、櫛木謙周が指摘したような問題点もあるが、⑳紫香楽宮に大多数の仕丁がいたことを示すとの理解を大きく変更する必要はないと考える。

なお、本節では、上述したように紫香楽宮が天平一六年後半以降宮号を甲賀宮と改めた事実に基づき、紫香楽の地に営まれた宮を天平一六年前半までは紫香楽宮と表し、天平一六年後半以降については甲賀宮と記し、両者を区別して用いることにする。

さて、紫香楽宮・甲賀宮が史料に見える彷徨五年の時期（天平一二年末〜一七年半ば）は、周知のように、平城、恭仁、難波の諸宮が主都、副都として並存する複都制下にあった。[21] 養老職員令左右京職条によれば、首都には左京と右京が設けられ、両京を管する行政機関として左右京職が置かれ、また難波宮を擁する摂津国には国を帯する摂津職を置くと同令摂津職条に見える。一方、当該期の『続紀』を翻読すると、行幸などにあたって天皇不在となる宮都に留守官の置かれたことが知られる。しかし彷徨五年のあいだ左右京職や留守官がどこに置かれ、それらはいかなる関係にあり、そして複都制下の宮都は実際どのように維持・管理されたのか、など明らかでない点が多い。

1　左右京職の所在——四通の左京職移・右京職移（『大日本古文書』二—四一五・四一六・四七八・四七九）——

大粮申請文書には左右京職から民部省に宛てた移が左右それぞれ二通づつ、計四通残っている。まず左京職移は、一通が天平一七年四月二〇日の日付をもつ首尾完全なものである（史料一）が、他の一通は首部だけの残欠である（史料二）。しかし記載内容から同年九月に出されたと推定されている。[22] また右京職移も一通は天平一七年一〇月二一日の日付をもつ完全なものである（史料三）のに対し、いま一通は尾欠で首部が残るに過ぎない（史料四）が、やはり記載内容から同年四月に出されたものと考えられている。[23] したがって四通の移のうち天平一七年四月に出された左右京職移各一通が聖武天皇の紫香楽宮・甲賀宮滞在期、とりわけ甲賀宮の時期（天平一六年八月ころ〜一七年五月）に作成されたものであるのに対し、九月に出された左京職移と一〇月の右京職移の二通はすでに主都が平城京に遷っていた（『続紀』天平一七年五月戊辰条）時期に作成されたことになる。

（史料一）

左京職移民部省

合応レ給米壱斛壱㪷□（陸）升　塩壱升壱合陸勺　布弐段日□

米壱斛壱㪷陸升人別日二升　塩壱升壱合陸勺人別日二勺
　右、直丁武宜都広麻呂、大伴部麻呂、幷弐人料
布弐段人別一段
　右、廝丁山部小国、大伴部古麻呂、幷弐人料
以前、来五月弐拾玖箇日料、所レ請公粮如レ件、以移
　　　　天平十七年四月廿日大属正八位下大伴大国
　　　　　　　　　　従七位下守少進当麻真人吉嶋
　　　　　　　「勘」
　　「去合」
「合」

(史料二)
左京職移民部省
　請二公粮一直丁弐人一人直丁一人廝丁
　　直丁大伴部麻呂　　廝丁大伴部古麻呂
応レ給米壱斛弐㪷六斗十月料六斗十一月料　塩壱升弐合六合十月料六合十一月料
　右、直丁壱人料[　]

(史料三)
右京職移　民部省
　応レ請米壱斛弐斗　塩壱升弐合　綿肆屯
右、直丁二人、廝二人、幷四人直丁日別米二升　塩二勺　廝別綿二屯

以前、十一月料、所レ請如レ件、以移

天平十七年十月廿二日正七位上行大属舩連小梶

大進従六位下勳十二等布勢朝臣宅主

（史料四）

右京職移　民部省

直丁弐人

廝弐人

応レ請米壱斛壱斗陸升　塩壱升壱合陸勺已上直丁□〔弐〕人料

布弐段廝二人料

以前、来五月料、所レ請如レ件、以移

左右京職は、都城制や個々の宮都を考える場合、首都の行政機関であるがゆえに、避けて通ることのできない研究対象であるにも関わらず、左右京職に関する本格的な研究はまだ行われていない[24]。養老職員令左右京職条によれば、左右京職は左右京の民政全般を管轄し、職務の内容から国に比すべき官司であったが[25]、左右京職は一体どこに置かれたのであろうか。律令にはどこにも左右京職の所在を明記した条文はない。すでに述べたように、奈良時代は主都・副都が併置される複都制の採られた時期である。そのような複都制を理解するうえで、左右京職がどの宮都に置かれたのか、左右京職は主都だけに置かれたのか、あるいは副都にも置かれることがあったのか、はもっとも基本的な問題である。

奈良時代、平城京が主都であった時期、左右京職が置かれていたことを示す史料は枚挙に遑なく、また平城京以外で主都になったことが史料から明らかな恭仁京（『続紀』天平一二年一二月戊午・一三年正月癸巳・九月乙卯・辛亥条）でも左右京が設けられ（『続紀』天平一三年八月丙午・九月己未条）、左右京職が設置されていた（『続紀』天平一四年一〇月乙酉・一五年六月丁酉・一六年閏正月癸酉・二月丙申条など）。このように主都には左右京が設けられ、その行政機関として左右京職が置かれた。そして現在のところ、左右京職に関する史料は主都のもの以外になく、左右京職がそれぞれ複数同時に存在したことを示す史料もない。したがって左右京職は主都にだけ置かれる行政機関であったと言える。

それでは副都はいかにして統治されたのだろうか。副都にはやはりそれを管轄する行政機関が置かれた。まず奈良時代を通じ副都であり続けた難波宮には摂津職が置かれていた。摂津職は難波津を管理する職掌と津国を兼帯することによる国司の職務を行いつつ（養老職員令摂津職条）、難波宮の維持・管理の職務を果たしていた（『類聚三代格』巻五分置諸国事所収延暦一二年三月九日太政官符・養老職員令摂津職条）[26]。難波京では宅地の班給も行われ（『書紀』天武一二年一二月庚午条、『続紀』天平六年九月辛未条）、条坊の街割りが存在した[27]。しかし条坊制に基づく行政単位はなく、京を直接管轄したのは東生・西成両郡であった[28]。したがって難波には左京・右京の別はもちろん、行政単位としての京も存在せず、あくまで京は宮の付属物に過ぎなかった。また西京とされた由義宮には河内職が置かれた。その設置を示す史料（『続紀』神護景雲三年一〇月甲子条）に職掌は明記されず、また由義宮に京が付属したことを明示する史料もない。しかし河内職は、河内国を職としたことからも明らかなように、河内国を兼帯するとともに西京由義宮の維持・管理のために置かれたと考えられ（『続紀』神護景雲三年一〇月甲子・四年八月乙卯条）、また摂津職と同様に官制表示が職で京官として扱われたことから[29]、摂津職を模倣して設けられた副都所在国のための行政組織であることは明らかである。以上のように摂津・河内両職は副都を管理しつつ、国をも管轄する行政機関であった。

これに類した行政機関として特定の離宮を管理しつつ郡をも管轄したと考えられる芳野監と和泉監がある[30]。いずれも奈良時代前半の一時期を限って置かれ、芳野監は吉野宮（吉野離宮・芳野宮）、和泉監は和泉宮（和泉離宮・珍努宮）をそれぞれ管理していた。しかし両監とも摂津職や河内職のように国を帯するのではなく、行政上の管轄範囲が一国から割かれた一郡ないし数郡に限られ、それらの郡は離宮の維持・管理の資に充てられたのであり、また両監はともに監を官制表示とするが、京官でなく外官として扱われたことから[31]、その規模や設置の意義も摂津・河内両職とは大きく異なっていた。

なお、北京の造営が行われた保良宮では、大師藤原仲麻呂を始めとして親王・内親王・御史大夫・「後宮」関係者から諸司史生に及ぶまで宅地の班給が行われた(『続紀』天平宝字五年正月丁未・一〇月壬戌条)が、それにともなって街割りとしての条坊が施工され、あるいは行政単位として京が設けられ、京職が置かれたことを明示する史料はない。(32)

以上のように、奈良時代中ごろの複都制下の主都には左右京が設けられ、両京を治める左右京職が置かれたのに対して、副都にはそれを直接治める官司は置かれず、代って副都の中核をなす宮の維持・管理と、副都を擁する国を兼帯する行政機関として国名を帯び左右京職と同じ職を官制表示とする官司が置かれた。したがって左右京とそれを管轄する左右京職は主都にだけ置かれた主都のための行政機関であり、副都自体は行政単位として独立せず、その行政形態は主都と大きく異なっていた。このように理解してよいならば、天平一六年から翌一七年における左右京職の所在を明らかにすることによって、当時、主都がどこにあったかを明らかにできることになる。

さて、紫香楽宮に聖武天皇が滞在していた天平一六年二月～翌一七年五月のあいだにも、京に関する記事が『続紀』に散見される。いまそれらを列記すると、次ぎのごとくである。

(一) 左大臣宣レ勅云、「今以二難波宮一定為二皇都一、宜下知二此状一、京戸百姓任レ意往来上」、(天平一六年二月庚申条)

(二) 紫香楽宮西北山火、城下男女数千余人皆趣伐レ山、然後火滅、天皇嘉之、賜レ布人一端、(天平一六年四月丙午条)

(三) 廃朝、乍レ遷二新京一、伐レ山開レ地、以造二宮室一、垣牆未レ成、繞以二帷帳一、(天平一七年正月己未朔条)

(四) 市西山火、(天平一七年四月戊子朔条)

(五) 宮城東山火、連レ日不レ滅、於レ是、都下男女競往臨レ川埋レ物焉、天皇備レ駕欲レ幸二大丘野一、(天平一七年四月戊戌条)

(六) 徴二塩焼王一令レ入レ京、(天平一七年四月壬寅条)

(七) 地震、令下京師諸寺限二一七日一転中読最勝王経上、……(中略)……、是日、太政官召二諸司官人等一問、「以二何

処レ為レ京」、皆言、「可レ都二平城一」、（天平一七年五月戊午朔条）

これらのうち(一)は元正太上天皇・橘諸兄による難波皇都宣言にともない、恭仁京に住む京戸百姓の新都難波への自由往来を認めた措置で、紫香楽宮に直接の関わりはない。しかし残る(二)〜(七)は紫香楽に聖武天皇が滞在していた時期の記事であり、当然紫香楽にあった宮に関わると考えられる。まず(四)には「市」とあり、市が付属していたことが分かるが、ただそれは必ずしも京の存在を前提としない[33]。また(二)(三)(五)(七)も紫香楽宮あるいは甲賀宮への京の付属を示唆する史料として注目されてきたが[34]、(二)は少なくとも甲賀宮でなくまだ紫香楽宮の段階であることからただちに京のことと解するには問題があり、その他も京の付属を示すと理解するには問題のあることがすでに指摘されている[35]。これらに対して(六)は従来あまり注意されることのなかった記事である[36]。ここに見える塩焼王は天平一四年に女嬬四人とともに「平城獄」に下されて伊豆国三嶋に配流されていた（『続紀』天平一四年一〇月癸未・戊子条）が、二年半余りを経たこの日特に許されて入京を認められたのである。塩焼王が召された「京」は概念的な意味、すなわち配流の措置を許した聖武天皇のいる甲賀宮を中心として想定された一定の範囲であったと考えられる。残念ながら甲賀宮に左右京があったことを明記する史料はないが、甲賀宮を中心にその周囲に京が付属した可能性をなお完全には否定しきれない。

さて、大粮申請文書には、すでに指摘されているように、仕丁の就役先を内訳として細かく書き上げる官司とまったく書かない官司があるが、このうち後者はすでに甲賀宮に移っていたためわざわざ甲賀宮と書く必要がなかったからであると考えられている[37]。四通の左京職移および右京職移もまったく仕丁の就役地あるいは大粮支給地を記していないから、左右京職移にも上記の原則を適用すると、左右京職は四月には紫香楽に存在し、そののち平城還都後の九・一〇月には平城京にあったと考えることができる。また四月と九月の二通の左京職移には同職に所属する四人の仕丁の名が直丁と廝丁に分けて記されている。そのうち直丁の大伴部麻呂と廝丁の大伴部古麻呂は二通の移に共通して見え、九月の解ではこの二人を一組としている。このように左京職の仕丁が四月と九月で時を隔ててそのまま受け継がれていることは、二通の解を作成した左京職が同じ組織であり、さらに四月に紫香楽にあった左京職が九月には平城に移っていたことを示していると考えることができる。

2　彷徨五年と留守官――『続紀』の留守官関係記事と左大舎人寮解（『大日本古文書』二―四一〇）――

複都制下、主都と副都の維持・管理に深く関わったかと思われる組織にもう一つ留守官がある。養老令では、宮衛令車駕行幸条・儀制令車駕巡幸条・公式令車駕巡幸条の三条で留守官を規定し、留守官は天皇行幸の時、首都の留守を預かるために設置されることになっている。従来の留守官に関する研究[38]によれば、八世紀、留守官は原則として王族と臣下（少なくとも議政官一人が含まれる）から選ばれ、駅鈴・関契・外印、そして内印までも預けられることがあり、留守中のほぼ全権が委ねられた。また彼らの指揮のもと首都では律令太政官機構が通常どおり働き、一般行政実務も遂行された。ただこれまでの研究では、主として天皇行幸時における留守官の役割に焦点が当てられ、複都制下での諸宮における留守官相互の関係には十分留意されてこなかった。

(1)

さきに指摘したように、『続紀』では、複都制下、特に平城京に主都が置かれなかった彷徨五年のあいだに、天皇の行幸にともない各宮に留守官を任命する記事が集中する。この間の事情については、『続紀』編纂時の事情を反映したものである、と荒木敏夫は推定している[39]。荒木によれば、天皇が巡幸した時の皇都の所在が後代のものにとって判然とし難い面があり、その時の留守官が誰であったかが注目されたためで、それには皇都の頻繁な移動という条件が加味されている、と言う。

主都が平城を離れ恭仁などに置かれていた彷徨五年の間における留守官の任命状況は、すでに田井泰子・澤木智子によって一覧表に整理され、それに基づきいくつかの重要な指摘がなされている[40]。表6は田井・澤木作成の一覧表に基づき、本節での検討に必要な部分のみを取り出し簡略化したものであるが、そこから田井・澤木が挙げた点以外にもいくつかの注目すべき事実を指摘することができる。

表6　彷徨五年とその前後における諸宮留守官設置一覧

年月日	設置理由	平城宮留守(奈良留守)	恭仁宮留守	甲賀宮留守
天平一二・二　・甲子	難波宮行幸	知太政官事正三位鈴鹿王 正四位下兵部卿藤原朝臣豊成(留守)		
天平一二・一〇・壬午	伊勢国行幸	知太政官事兼式部卿正二位鈴鹿王 兵部卿兼中衛大將正四位下藤原朝臣豊成 (留守)		
天平一三・閏三・乙丑	(在任)	従三位大養徳国守大野朝臣東人 兵部卿正四位下藤原朝臣豊成等(留守)		
天平一三・九　・丁丑	宇治・山科行幸	(兵部卿正四位下藤原朝臣豊成(奈良留守))→	兵部卿正四位下藤原朝臣豊成(留守)	
天平一四・八　・己亥	紫香楽宮行幸	摂津大夫従四位下大伴宿祢牛養 民部卿従四位下藤原朝臣仲麻呂(平城留守)	知太政官事正三位鈴鹿王 左大弁従三位巨勢朝臣奈弖麻呂 右大弁従四位下紀朝臣飯麻呂(留守)	
天平一四・一二・庚子	紫香楽宮行幸		知太政官事正三位鈴鹿王 左大弁従三位巨勢朝臣奈弖麻呂 右大弁従四位下紀朝臣飯麻呂 民部卿従四位下藤原臣仲麻呂等四人 (留守)	
天平一五・四　・壬申	紫香楽宮行幸	宮内少輔従五位下多治比真人木人 (平城宮留守)	右大臣正二位橘宿祢諸兄 左大弁従三位巨勢朝臣奈弖麻呂 右大弁従四位下紀朝臣飯麻呂(留守)	
天平一五・七　・癸亥	紫香楽宮行幸		左大臣橘宿祢諸兄 知太政官事鈴鹿王 中納言巨勢朝臣奈弖麻呂(留守)	
天平一六・閏正・乙亥	難波宮行幸		知太政官事従二位鈴鹿王 民部卿従四位上藤原朝臣仲麻呂 (留守)	

天平一六・二・丙申	難波宮行幸 安積親王薨去	治部大輔正五位下紀朝臣濂人 左京亮外従五位下巨勢朝臣嶋村二人 （平城宮留守）	知太政官事従二位鈴鹿王 木工頭従五位下小田王 兵部卿従四位上大伴宿祢牛養 大蔵卿従四位下大原真人桜井 大蔵大輔正五位上穂積朝臣老五人 （恭仁宮留守）	
天平一七・四・一八	（在任）		「従五位下守左大舎人頭　王」 （久仁宮留守）	
天平一七・五・壬戌	恭仁宮還御			参議従四位下紀朝臣麻路 （甲賀宮留守）
天平一七・八・癸丑	難波宮行幸	中納言従三位巨勢朝臣奈弖麻呂 藤原朝臣豊成（留守）		
天平一七・九・癸酉	難波宮行幸天皇不豫	人名・人数不明（平城留守）	人名・人数不明（恭仁留守）	

まず表6で注目されるのは、天平一六年二月に皇都たるべく宣言された難波宮（『続紀』天平一六年二月庚申条）にこの間一度も留守官が置かれていないことである。さきに紹介した荒木の指摘が正しいとすると、皇都の頻繁な移動によって生じた皇都の所在の明確化のために留守官に注目した『続紀』編纂者であれば、難波宮行幸中の天皇が恭仁・紫香楽両宮へ還御した時に、もし難波宮における留守官設置の事実があったならば、当然、そのことを記したはずである。しかし難波宮から紫香楽宮への聖武天皇・元正太上天皇いずれの行幸の場合にもまったく留守官の任命を行ったとの記述が見られない。表6にも明らかなように彷徨五年の間に他の宮都への行幸に際し留守官の任命がないのは難波宮を除き他に例がない。恭仁京に遷都してからのちは平城宮に留守が置かれるようになり、恭仁宮から紫香楽宮・難波宮などへの行幸にあたっては恭仁宮だけでなく、平城宮にも留守が任命されている。難波宮に留守官が置かれなかったことは、難波宮が恭仁・平城両宮と明らかに一線を画する存在、すなわち副都であったことを物語っているのであろう。

次ぎに、右のことと深く関るが、恭仁京に遷都し、左右京が設定され左右京職も置かれるようになって主都が恭仁京に遷ったことが明確になっても、依然として平城宮に留守官が任命され続けていることである。これまでこの点については、いずれ平城京への還都があるものとの想定のもとに平城宮が維持され続けたと大方の研究者は理解してきたのではないだろうか。しかしそれは結果的に平城京への還都が実現し、主都が平城京に戻ったという歴史的事実に基づく一つの想定に過ぎず、当時においては恭仁・平城・甲賀の諸京のいずれにも主都となる可能性があり、したがって最終的に平城京に還ることなく恭仁京や甲賀宮が主都であり続けることも十分考えられたと思われる。(41) それゆえに当時複都の序列の上でもっとも高い位置にあった恭仁京を中心に平城・甲賀両京で一つの主都群がかたち作られ、副都である難波宮と明確に一線を画し、主都あるいは主都たるべき候補として三宮都が維持されていたのではなかろうか。このように考えることによって始めて表6に見られるような天平一四年八月の紫香楽行幸以後つねに恭仁宮を中心として平城宮にも留守官の任命が行われている状況を説明することができると考える。

最後に、天平一七年五月に甲賀宮を去り恭仁宮に還った時に参議の紀麻路を甲賀宮留守に任じている（『続紀』天平一七年五月壬戌条）ことである。従来、『続紀』がこの条に「車駕還二恭仁宮一」と記していることに注目し、紫香楽宮が主都にならずあくまで離宮に止まったのに対して、恭仁京は聖武天皇が紫香楽行幸ののちいずれ還るべき主都であり、紫香楽宮滞在中も一貫して恭仁京は主都でありつづけた、と主張されてきた。しかしここでは『続紀』編纂者の考えを反映しやすいこのような天皇の行動に対する表記にとらわれるのではなく、むしろ甲賀宮に留守官が設置された事実にこそ注目すべきである。この時甲賀宮留守に任ぜられたのが紀麻路一人であった点は恭仁・平城両宮の場合と比べて明らかに見劣りするが、他に留守官一人の例がないわけではなく（『続紀』天平一三年九月丁丑条）、(42) 決して奇異なことではない。むしろ参議であった紀麻路が任ぜられている点は留守官に議政官を充てる原則に沿うものである。甲賀宮留守が一人であったのは、おそらくその任務が天皇不在の主都の留守を預かることにあったからではなく、聖武天皇以下が恭仁京から平城京へ還都する際の後ろの固め、あるいは甲賀宮からの撤収・後始末を主たる職務としたからであろう。さきに指摘した副都難波宮における留守官不設置の事実と対照する時、甲賀宮からの撤退時における留守官の任命こそ、甲賀宮が主都となっていたことを示す事実であると考える。

(2)

大粮申請文書には彷徨五年の間に任命された留守官に関わる史料(『大日本古文書』二―四一〇)がある。天平一七年四月一八日左大舎人寮解には、同寮の長官である頭の署処に「従五位下守頭　王」と書いたのに続け右に寄せて「久仁宮留守」と同筆で注記している[43]。これは大炊寮(『大日本古文書』二―四〇二)や官奴司(『大日本古文書』二―四一三)が難波宮に長官頭・正を残していたのとは事情が異なり、頭が寮の曹司のある甲賀宮におらず恭仁宮に残っている理由が「久仁宮留守」としての役割によることを明記しているのである。事実、同解では仕丁の配置の内訳を記していないから、頭のみが「久仁宮留守」として恭仁宮に止まり、左大舎人寮は頭以外の官人と仕丁すべてを甲賀宮に移し、執務していたと思われる。

(史料五)

左大舎人寮解　申請公粮事

所レ請米壱斛壱㪷陸升　塩壱升壱合陸勺　庸布弐段

米壱斛壱㪷陸升人別日二升　塩壱升壱合陸勺人別日二勺

右、直丁弐人料

庸布弐段人別一段

右、廝弐料(人脱カ)

以前、来五月廿九箇日料、所レ請公粮如レ件、以解

天平十七年四月十八日従七位上行少属勲十二等黄文連大海

従五位下守頭　王久仁宮留守　正七位上行大允守山真人

少允従七位下勲十二等巨勢朝臣

「勘」

「去合」

「合」

まず左大舎人寮解で問題となるのは「久仁宮留守」となった「従五位下守頭　王」が一体だれなのかである。表6にも明らかなように、『続紀』による限り天平一七年四月にもっとも近い時期における留守官の任命は、天平一六年二月難波行幸の時に行われたものであるが、この時任命された留守官がいつまでその任にあったかは明らかでない。[44]天平一六年二月に恭仁宮留守となった五人のうち二人が王で（『続紀』天平一六年二月丙申条）、一人が従二位知太政官事式部卿鈴鹿王であり、もう一人は従五位下木工頭小田王であった。二人の王のうち鈴鹿王は太政官の主要メンバーの一人として任ぜられ、位階も従二位であるから当然「従五位下守頭　王」の候補から除外される。一方、小田王が恭仁宮留守に任ぜられた事情は、同年初めに恭仁宮造営が中止され、その残務整理を任されたことによると憶測されている。[45]しかし小田王も鈴鹿王とともに皇親を代表する役割を担ったからではないかと推測される。[46]小田王が天平一六年二月に恭仁宮留守となった時の位階は従五位下であり、天平一七年四月の時点においても帯位はそのままであった（『続紀』天平一七年四月庚子条）から、左大舎人寮の「従五位下守頭　王」と同じである。したがって天平一六年二月に恭仁宮留守となった小田王が天平一七年四月の時点においても引き続き「久仁宮留守」の任にあり、この間に左大舎人寮の頭に遷任したと考えることもできる。しかしその半年後の一〇月の大粮申請文書中の木工寮解にも「従五位下守頭　王」とみえ（天平一七年一〇月一七日木工寮解（『大日本古文書』二―四六三））、やはり従五位下を帯びた某王が木工寮の頭に在任していた。このことから小田王が恭仁宮留守のままで天平一七年二月までの間に木工頭から左大舎人頭に転じ、その後一〇月までにふたたび木工頭に還ったと推測することも可能である。しかし従五位下を帯する王は必ずしも小田王一人とは限らないから、むしろ小田王は従五位下のまま天平一七年一〇月まで木工頭の職にあり、恭仁宮留守の任を同年二月までに同じく従五位下を帯び左大舎人頭であった某王に譲ったと見るほうが自然であるかもしれない。このように『続紀』には記されていないが、天平一六年二月任命の恭仁宮留守にはその後なんらかの事情で交替した人もいた可能性が考えられるが、いずれにしろ長期にわたってその任を勤めていたことが分かる。また小田王の後任に同じ皇親で同様の位階と官職にある某王が任ぜられたとした場合、それは某王も小田王と同様に皇親を代表する立場で小田王の後任として恭仁宮留守に任ぜられたものと考えられる。

3　遷都後の旧京統治

彷徨五年の間に少なくとも三度の遷都が行われ、当然遷都のたびごとに平城・恭仁・甲賀の諸京は順次旧京となっていったはずである。しかし前節で述べたようにその間もこれら旧京では宮に留守官が置かれ、新京とともに主都あるいはその候補地として維持・管理されたと考えられる。ただ京については遷都後どのように維持・管理されたのか、特に遷都によって旧京統治のために特別な行政機関が置かれることがあったのか、あるいは放置されたままとされたのか、具体的にはほとんど明らかとなっていない。彷徨五年のあいだの旧京統治については現状でそれを明らかにし得る史料は皆無に近いと思われる。[47] しかしこのまえには「藤原」京から平城京への遷都、またこののちにも平城京から長岡京へ、さらに長岡京から平安京へと都は遷っているから、これらの場合に旧京となった「藤原」京、あるいは平城・長岡両京がどのように扱われたのかを検討することによって旧京統治のあり方を推測することも不可能ではない。ただ「藤原」京から平城京への遷都の時には、太政官の首班にあった左大臣石上麻呂が留守に任ぜられたことが知られる[48]（『続紀』和銅三年三月辛酉条）だけで、京がこれ以後どのように扱われたのか明らかでない。

平城京については、最近、舘野和己が平城京から長岡京への遷都にともなって旧京平城京の支配機構が変更された可能性を指摘した。[49] まず、舘野は「遷都にともない、左・右京職―坊令―坊長という都城の行政機構は当然廃止された」が、添上・添下両郡に分属した平城旧京に新たな郷は置かれず、むしろ京という概念のままで捉えられ、遷都後もしばらく京としての性格を維持し、決して平城旧京はただちに無人化しなかった。しかし旧京の支配自体は郡司による直接支配ではなかったかとした。しかしそののち舘野はもう一度この問題に検討を加え、(50)新たに以下の二点を指摘して遷都後も新京に設けられた京職が旧京平城京の行政に関与したのではないかと推定した。その二点とは、第一に、長岡京の時期から平安時代初頭、延暦七年(七八八)から大同三年(八〇八)にかけて現れる三例の京職大夫による大和守兼任の事例を抽出し、時期的に集中して兼任が行われた例は他に見られないきわめて特殊なものであると解し、京職大夫の大和守兼任は京職が平城旧京の行政にも携わったことによって生じた事態であるとした。また、第二に、同時代に見える大和国左右班田使に京職官人が加わっている事実から、京職官人が大和国の班田使になる必然性は、当時京職が現在の宮都のみならず依然として平城旧京をも管轄していたことにあり、旧京平城京の京戸の班田を担当するために京職官人が大和国班田使に任ぜられたとした。なお左右班田使の左右とは旧京平城京の左右京と関わり、そこに住む京戸の班田を分担したのではないかとも推測している。

平城京の場合、長岡遷都にともなって左右京職—坊令—坊長による主都の統治機構が廃止され、近接する添上・添下両郡に分属したと解するのは、律令制の建て前上当然のことである。しかし舘野はそのような建て前論で割り切ることに疑問を抱き、新京を管轄した京職が実質的に旧京をも統治したのではないかと考えたのである。舘野の指摘は、従来あまり注意されることのなかった遷都後における旧京の扱いに注意する必要のあることを喚起した点で、きわめて重要である。ただ舘野が指摘した諸点のうち、新京長岡京あるいは平安京を管轄した京職が遷都後、平城旧京の行政にも関与したと理解した点は、特に慎重な検討を要すると考える。

まず舘野が最初に指摘した平城旧京域への郷不設置の事実である。このことがただちに旧京となっても平城京を京として把握しようとしたことを意味するとは思えない。もし旧京域への郷設置がやや時期を措いて行われた事実があれば、旧京であるにも関わらずその時点まで京としての扱いを受けたと理解することもできる。しかし事実はそうでなく、舘野が明らかにしたように、そののち一〇世紀前半成立の『和名類聚抄』の段階に至っても郷が置かれた形跡はない。長岡京の場合、その中心である大宮は遷都以前の乙訓郡長岡村に営まれた(『続紀』延暦三年五月丙戌・四年五月癸丑条)が、廃都後九〇年ほどを経た元慶六年（八八二）にはふたたび乙訓郡長岡村の名が見える（『三実』元慶六年一二月二一日己未条）から、このころにはすでにもとに戻っていたようである。また旧京長岡京の地を貴族に賜うとの記事も廃都後一五年のちの大同四年を最後（『紀略』大同四年三月癸亥条）に見えなくなり、また旧京長岡京における貴族邸宅の存在が確認できるのも弘仁七年（八一六）をもって終わっている（『類史』弘仁七年二月辛酉条）。

平城旧京の土地の支配については、舘野が廃都後「平城旧京は決して無人化したわけではなかった」ことを示す例として掲げた紀勝長と東大寺のあいだでの家地交換の事例（『平安遺文』二五号、延暦二三年六月二〇日東大寺家地相換券文）が参考となる。紀勝長の家は遷都後も平城左京二条五坊七町にあり、延暦二三年に東大寺とのあいだで東大寺所有の山城国相楽郡蟹幡郷所在の家地と勝長の家の交換を行ったが、その承認は当事者の署判と僧綱以外に大和・山城両国司の国判によっている。このことは、紀勝長の家があった平城左京二条五坊七町の地が大和国司の管下にあったことを意味している。

また舘野が長岡遷都後の平城旧京における人の支配について、いわゆる京北班田図の三条部分に書かれた「大同三年校定田」の口分田の項に見える「左京人」「右京人」「当都〔郡〕人」の記載から、「大同三年（八〇八）においても、平城京の「左京人」「右京人」という、京戸としての掌握が行われていたことが、知られる」とした点も同意しかねる。同様の記載は同図の京北四条部分に見える宝亀三年の口分田や墾田の項にも見え、また平安京や長岡京の京戸も畿内諸国に口分田の班給を受けていた(51)（『後紀』大同二年一一月庚子条、『類史』弘仁九年八月丙子条など）ことから、大同三年の「左京人」「右京人」が旧京平城京の「左京」「右京」の人であると必ずしも断言できず、平安京の京戸であった可能性も高いのではないかと思われる。

次ぎに舘野が後論で指摘した二点のうち、第一の京職大夫による大和守兼任の問題は、舘野も疑問を残したように、三例がいずれも長期間継続して京職大夫を兼ねたのではない点がまず疑問であり、しかも平城廃都後二〇数年間に集中する点も気にかかる。また延暦一七年の藤原園人の例も右京大夫として派遣されたと解する必要はなく、大和守として平城旧京管轄の職務があったと考えてなんら問題ない。そして京職大夫による大和守兼任の事実に基づいてただちに京職が旧京の統治に関わったと推測することにも疑問がある。

また第二の指摘について舘野のように考えるには、延暦五年の場合、左右京職官人が大和国班田使の右使の長官と次官に任命されているだけで、左使にまったく任命されていないことが疑問である。もし左右の班田使が平城旧京の左右京の別により、それぞれが左京人と右京人の班田を管轄するのであれば、このような偏った任命は行われないはずである。本当に大和国左右班田使が旧京である平城京の左右京に関わって左右の別を設けられたのかをまず検討し直す必要がある。

以上のように、舘野が指摘した諸点・諸史料は新京の京職が旧京をも管轄、あるいはその行政に関与したことを証するとは必ずしも言い難い。むしろ舘野が掲げた大和国による左右京絶戸の再編戸記事（『三実』貞観四年四月一一日己酉・五月四日辛未・一〇月二日丁酉条）は、貞観四年（八六二）当時たしかに大和国内に左京および右京があり、それらに編戸されるべき民も存在し、そのうえ彼らを載せた籍帳があったことを明確に示している。さきに指摘した東大寺と紀勝長の家地交換の際における大和国判の存在を併せ考えると、大和国が旧京の土地と人民を管轄していたと考えるべきである。

なお平城旧京がある時期まで京として意識され、支配された可能性を示唆する史料が舘野の掲げた史料以外にもある。たとえば、『延喜式』巻二一諸陵寮陵墓条中の開化天皇陵の守衛に関する部分に「春日率川坂上陵春日率川宮御宇開化天皇、在二大和国添上郡一、兆域東西五段、南北五段、以二在レ京戸十烟一、毎年差充令レ守」とあり、同天皇陵の守衛は毎年「在レ京戸」一〇烟が当たるとされている。ここには開化天皇陵の守衛に当たるのが「京戸」でなく「在レ京戸」とある[52]から、この「京」は平安京でなく、旧京である平城京を指すと考えることもできる。[53]

前節で明らかにしたように、天平一六年後半以降紫香楽宮は甲賀宮と改号され、紫香楽も甲賀と書き表されるようになった。翌年五月には恭仁京を経て平城京へと還都されるが、しばらくのあいだは甲賀の地名表記がそのまま用いられた。しかしその後、甲賀とも信楽とも記される時期を経、やがて天平宝字六年（七六二）七月をもって甲賀の表記は終わりを告げ、ふたたび信楽と書かれるようになる。このような地名表記の変化とほぼ時を同じくして、紫香楽の地は変貌を遂げていった。まず甲賀寺は平城還都ののちも国分寺として造営が続けられたが、八世紀中ごろ以降に新たに近江国衙が栗太郡に造営されるようになるとその近くに国分寺として移されたらしい[54]。また天平宝字三年から八年にかけて北京保良宮とその鎮護寺としての石山寺の造営が行われ、藤原豊成の信楽殿のようにそのまま一部残されたと思われる貴族の邸宅も、豊成の信楽殿が石山寺へ売却されたように移転・売却されて姿を消していった。近江国の中心はこのようにして琵琶湖岸に移り、山間の地にあった紫香楽は歴史の表舞台から姿を消してゆくが、この間紫香楽がどのように統治されたのか明らかでない。ただ甲賀寺は天平勝宝三年(七五一)ころまで甲賀宮国分寺とも称されたらしいし、またさきに述べた紫香楽を示す地名として甲賀がその後も二〇年ほど用いられたのはやはり甲賀宮の故地と意識され、それに関わる施設が残されていたからであろう。なお『和名類聚抄』にも紫香楽に所在を推定しうる郷が見えない。

以上、旧京統治の問題を最近唱えた舘野の所説の検討を中心に考え、そこから彷徨五年の期間における主都以外で留守官の置かれた諸宮都の維持・管理の問題をも考えようとした。その結果、平城旧京の場合は、ある時期まで京として扱われたが、その土地と人の支配は大和国が行っていたことを確認した。彷徨五年の間に順次旧京となっていった平城・恭仁・甲賀の諸宮都も、おそらく長岡・平安遷都後の平城旧京と同様に、京はそれぞれの国によって維持・管理され、やがて廃されていったのではなかろうか。

むすび

これまで述べてきたように、奈良時代の複都制下における主都・副都の維持・管理は、主都が左右京職と留守官、副都は摂津職・河内職など国兼帯の特別行政機関によって行われた。複都制下、特に彷徨五年と呼ばれる時期においても左右京職は唯一主都のみに置かれる行政機関であったのに対して、留守官はこの間天皇の行幸のたびに平城・恭仁・甲賀の諸宮に置かれた。当時副都に止まった難波宮を除き、留守官の設置を見たこの三宮都はいずれか一つが主都で、他はそれに替り得る主都候補であり、それゆえに、この時期主都である宮都以外にも留守官が置かれ維持された。また長岡・平安遷都後の平城旧京における統治のあり方を参考にすると、遷都によって旧京となった諸宮都は主都の行政機関たる京職の遷移とともに当然その管轄から除かれ、国によって維持・管理されるに至ったと思われる。

甲賀宮の問題に戻ると、大粮申請文書中の二通の左右京職移は、紫香楽宮から発展して生まれた甲賀宮にも主都の統治に当たる左右京職が設置された可能性が高いことを示唆している。甲賀宮は主都となったことによってそこから恭仁・平城両京への帰還にあたって後ろの備えとして、また諸司の再度の移動によって生まれる種々の後始末のために、留守官の任命も行われた。

注

（1）たとえば、『書紀』舒明二年春正月戊寅条に「三日大海皇子浄御原宮御宇天皇」、また『万葉集』巻二〇―四四七九番の題詞に「藤原夫人の歌一首浄御原宮に天下治めたまひし天皇の夫人なり、字は氷上大刀自といふ」とある。

（2）たとえば、大津宮は、『書紀』持統即位前紀に「天命開別天皇元年、生㆓草壁皇子尊於大津宮㆒」とあり、また近江宮は『書紀』天智一〇年一一月丁巳条に「災㆓近江宮㆒、従㆓大蔵省第三倉㆒出」、天智一〇年一二月乙丑条「天皇崩㆓于近江宮㆒」、『三実』元慶八年一二月二〇日丙午条には「定㆘毎㆑年献㆓荷前幣㆒十陵五墓㆖、近江宮御宇天皇山階山陵在㆓山城国宇治郡㆒」と見える。

（3）今泉隆雄「「飛鳥浄御原宮」の宮号命名の意義」『日本歴史』四四四、一九八五年。

（4）野村忠夫「律令的行政地名の確立過程―ミノ関係の木簡を手掛りに―」井上光貞博士還暦記念会編『古代史論叢』中巻、一九七八年。

（5）ちなみに、甲賀郡所管の郷は、『和名類聚抄』によれば、老上・夏身・山直・蔵部の四カ郷であるが、いずれも紫香楽には存在しない。

（6）足利健亮「歴史地理学から見た紫香楽宮」『宮町遺跡発掘調査報告Ⅱ―紫香楽宮関連遺跡―』信楽町教育委員会、一九九〇年。

（7）『略記』天平一五年一〇月一五日条にすでに「信楽」の表記が見える。同条には「於㆓近江国信楽京㆒、奉㆑創㆓東大寺盧舎那仏金銅像」と書かれているが、これは『続紀』天平一五年一〇月乙酉条の盧舎那仏像奉造のための寺地開拓記事に対応する記事である。しかし日付が『続紀』と四日ずれること、また『続紀』が寺地を始めて開くことに重点を置いて記述するのに対し『略記』はあたかもこの時から盧舎那仏の鋳造が開始されたかのごとき記事となっていること、さらに『略記』が盧舎那仏鋳造の地を「信楽京」とするにも関わらず「東大寺盧舎那仏」と記している点等にも明らかなように、『略記』の記事自体に大きな問題がある。それゆえにこの記事における「信楽」なる地名表記についても、後世、『略記』が編纂された平安時代の知識によったものと考えたほうがよい。したがって『略記』天平一五年一〇月一五日条によってただちに天平一五年ころ「信楽」なる地名表記が行われていたと考えることはできない。ちなみに、『東大寺要録』第二縁起章所引の「大仏殿碑文」(九世紀前半ころの成立と推定される)や「縁起文」でも「信楽宮」あるいは「信楽京」と書かれていて、平安時代の初めころに紫香楽が「信楽」と表記されていたことは確認できる。

(8)　なお経師等行事手実帳(『大日本古文書』八—四七三)の天平一六年三月六・七両日の記載に見える「甲加宮」は一二月二〇日の追記部分であり、「甲賀宮」の初見とはできない。

(9)　なお天平宝字五年から六年にかけて石山寺造営のために甲賀山に置かれていた山作所は、この間天平宝字五年一二月二六日から翌六年閏一二月二九日まで一貫して甲賀山山作所と呼ばれ、信楽山山作所と表記されることはなかった。

(10)　ただし正確には「甲賀寺」がいつこのように呼ばれるに至ったのかは明らかでない。

(11)　肥後和男『紫香楽宮阯の研究』滋賀県史蹟調査報告第四冊、滋賀県、一九三一年、井上薫「紫香楽宮」『南都仏教』六、一九五九年、橋本克彦「紫香楽宮について」『中央大学文学部紀要』二〇、一九六〇年、足利健亮「紫香楽宮について」藤岡謙二郎編『山間支谷の人文地理』地人書房、一九七〇年、林博通「紫香楽宮小考」『宮町遺跡発掘調査報告Ⅰ—紫香楽宮関連遺跡—』信楽町文化財報告書第三集、信楽町、一九八九年、鈴木良章「宮町遺跡の発掘調査について」『滋賀考古』一九八九年、足利健亮「歴史地理学から見た紫香楽宮」『宮町遺跡発掘調査報告Ⅱ—紫香楽宮関連遺跡—』信楽町文化財報告書第四集、信楽町、一九九〇年など。

(12)　橋本注(11)論文、田井泰子「日本古代遷都論—恭仁京をめぐって—」『寧楽史苑』二七、一九八二年。

(13)　肥後注(11)著書、井上注(11)論文、足利注(11)論文、林注(11)論文など。

(14)　発掘調査報告書として注(11)に掲げた『宮町遺跡発掘調査報告Ⅰ—紫香楽宮関連遺跡—』と『宮町遺跡発掘調査報告Ⅱ—紫香楽宮関連遺跡—』および『平成五年度遺跡発掘事前総合調査事業にかかる紫香楽宮関連遺跡発掘調査報告』信楽町文化財報告書第八集、

信楽町、一九九四年があり、この間の発掘調査成果を踏まえ、紫香楽宮について一般向けに解説した書として〔天平の都紫香楽〕刊行委員会編『天平の都紫香楽―その実像を求めて』ナカニシヤ出版、一九九七年がある。

(15) 拙稿「朝政・朝儀の展開」岸俊男編『まつりごとの展開』日本の古代七、中央公論社、一九八六年(拙著『平安宮成立史の研究』塙書房、一九九五年所収)。

(16) 宮都と特定の寺院が対になる事例は多様なかたちで見出されるが、そのなかでもっとも顕著なものは宮都と寺院が同一名称を共有する場合である。甲賀宮・甲賀寺以外に宮都と寺院が明らかに同一名称をもつ事例には、時期を遡ると七世紀前半舒明朝の百済大宮と百済大寺の例があり、また下っては八世紀後半称徳朝の由義大宮と由義大寺の例がある。

(17) 拙稿「紫香楽宮の宮号について―紫香楽宮攷(一)―」注(14)『平成五年度遺跡発掘事前総合調査事業にかかる紫香楽宮関連遺跡発掘調査報告』(本書第四章第一節)。

(18) 天平一七年大粮申請文書の整理・復元の歴史と問題点については櫛木謙周「天平十七年大粮申請文書についての覚書」『古代文化』二五二、一九八〇年に詳しい。

(19) 井上注(11)論文。

(20) 櫛木注(18)論文。

(21) 複都制についてはさまざまな理解があるが、本節では複都制は首都が主都と副都からなり、主都が天皇が常住して天下を治める宮都であるのに対し、副都は決して天皇が常住し天下を治めることのない宮都であると理解しておく。

(22) 櫛木注(18)論文。

(23) 櫛木注(18)論文。

(24) 左右京職に関する専論には、中村修也「京職論―平安京行政機構研究の試み―」『延喜式研究』一〇、一九九五年(中村論文に対する基本的な批判は、井上満郎「中村修也著「京職論―平安京行政機構研究の試み―」」『法制史研究』四六、一九九七年で行われている)があるだけである。なお左右京職が行政機関として統治する対象であった京戸についてはいくらかの研究蓄積がある。

(25) 岸俊男「日本における「京」の成立」『日本律令国家と東アジア』東アジア世界における日本古代史講座六、学生社、一九八二年。

(26) 利光三津夫「摂津職の研究」『律令及び令制の研究』明治書院、一九五九年、坂元義種「摂津職について」『待兼山論叢』二、一九六八年など。

(27) 中尾芳治『難波京』考古学ライブラリー四六、ニュー・サイエンス社、一九八六年など。

(28) 岸俊男「難波の都城・宮室」難波宮址を守る会編『難波宮と日本古代国家』塙書房、一九七七年。

(29)『令集解』巻三四公式令京官条では明法家たちが摂津職の扱いをめぐり議論を展開しているが、摂津職は、『類聚三代格』巻五分置諸国事所収延暦一二年三月九日太政官符に季禄に預かっていたことを明記し、養老禄令給季禄条には「凡在京文武職事、及太宰、壱伎、対馬、皆依官位給禄」と規定しているから、京官の扱いを受けていたと考えられる。一方、河内職も平城宮出土木簡(『平城宮木簡』五(解説)、奈良国立文化財研究所、一九九六年所収六一六三号木簡)に式部省へ宿直の報告(『令集解』巻二職員令太政官条新令私記に「宿直事、今行事、昼式部知、夜弁官知、依令、不可然也、皆弁官可知」とある)を行っている河内職解があることから、京官であったと考えられる。

(30) 瀧川政次郎「二監考」『社会経済史学』三―八、一九三三年。なお注意すべきは、奈良時代には史料上多数の離宮を確認できる(『平城京右京一条北辺四坊六坪発掘調査報告』奈良国立文化財研究所、一九八四年所収表12「奈良時代の離宮一覧」)が、それらすべてに芳野・和泉両監のような官司が置かれたのではないことであり、今後離宮の実体についても考えてみる必要がある。

(31)『令集解』巻一八考課令内外官条あるいは巻三四公式令京官条の古記によると、大宝公式令京官条は「凡在京諸司為京官、其監司在外及国郡軍団皆為外官」とあったらしく、その「監司」を古記は「芳野監和泉監之類」とする。

(32) 保良京の造営期間(天平宝字五年正月～六年五月)、あるいは淳仁天皇の保良宮行幸期間(天平宝字五年一〇月～六年五月)中も『続紀』に左右京・京戸・京師など、あるいは左京亮・東市正の任官記事が散見されるが、それらは保良京に関わるものではないと考えられる。

(33) 神護景雲三年一〇月に由義宮が西京とされた(『続紀』神護景雲三年一〇月甲子条)翌年三月、山口沙弥麻呂と西市員外令史民毘登日理がかりに会賀市司に任命されいている(『続紀』神護景雲四年三月癸酉条)が、これは由義宮が西京なる副都となったことにともなって古い歴史をもつ会賀市を主都の東西市に擬えたもので、官市が必ずしも京の存在を前提としないことを示唆する。

(34) 拙稿注(15)論文。

(35) 特に(七)については紫香楽宮あるいはその周辺に「諸寺」の存在を推定することができないことから、この「京師」を平城京とする考えもある。ただ前後の記事からみて、この段階ではまだ平城京を京師と呼び得ないことに留意が必要である。

(36) たとえば、林注(11)論文に掲げる紫香楽宮略年表はこの記事を漏らしている。

(37) 井上注(11)論文および櫛木注(18)論文が指摘するように、四月の大膳職解・木工寮解・主殿寮解などで「この段階で特別に場所の註記がないことは、当時の情況から考えて、甲賀宮へ請求された可能性が大き」く、さらに仕丁の就役先も甲賀宮であった可能性が高いと考えられる。

(38) 瀧川政次郎「複都制と皇太子監国の制」『京制並に都城制の研究』法制史論叢第二冊、角川書店、一九六七年、田井注(12)論文、荒木敏夫『日本古代の皇太子』吉川弘文館、一九八五年、澤木智子「日本古代における留守と行幸」『ヒストリア』一三二、一九九一年・「留守官と鎮京使」『古代史研究』一〇、一九九一年など。

(39) 荒木注(38)著書。

(40) 田井注(12)論文、澤木注(38)論文。

(41) 田井注(12)論文によれば、彷徨五年のあいだにおける恭仁宮の歴史的位置は非常に高かったと言われ、また拙稿注(17)論文でも述べたように、甲賀宮については盧舎那大仏が創造された甲賀寺と対になる宮として宮号を紫香楽宮から改めたこと自体に大きな意義があり、これらの事実は恭仁宮や甲賀宮への恒久的遷都の可能性を示唆している。

(42) 澤木注(38)論文。

(43) 「従五位下守頭　王」とある位署の官途書と「王」字のあいだにある空白は、本来、頭である某王がその名(王名)を署名すべき箇所であるが、「久尓宮留守」として恭仁宮に所在したため、甲賀宮にあった左大舎人寮で作成された本解には名を加え得なかったことによってできた空白である。

(44) 藤原豊成は天平一三年閏三月一五日から九月三〇日まで平城留守であったことが確認できるが、それはたまたま『続紀』天平一三年九月丁丑条に平城留守から恭仁留守に遷ったことが記されているからである。

(45) 澤木注(38)論文。

(46) 天平一六年二月の留守官任命記事で五人の人物が書かれている順序は基本的に帯位によると考えられる(他のすべての留守官任命記事においても留守官任用者の記載順序の原則は帯位による)が、小田王だけがこの原則から外れ、鈴鹿王に次ぎ従四位上参議兵部卿であった大伴牛養の前に記されている。小田王が原則から外れて記された理由は、彼が王であったこと以外に求めようがない。なお澤木注(38)論文は、小田王の留守官就任を彼が木工頭であったことに求め、前日造宮卿巨勢奈弖麻呂が難波宮へ赴いたため、造作が中止された恭仁京での残務を整理するために木工頭として任ぜられたとする。しかし恭仁留守を帯びていた期間に小田王が左大舎人寮の頭に転出したとすると、澤木の推定は当たらないことになる。また留守の本務からいってもみずからが帯びる特定の職務を果たすことがその本来の姿ではないと思われる。

(47)『続紀』天平一三年閏三月乙丑条に、平城留守の大野東人・藤原豊成に対し「自今以後、五位以上不レ得三任レ意往二於平城一。如有二事故一応三須退帰一、被レ賜二官符一然後聴之、其見在二平城一者、限二今日内一悉皆催発、自余散三在他所一者亦宜二急追一」と詔していることが見えるが、これは留守官が京の管理を委ねられていたからではなく、取り締まりの対象が貴族・官人であったからであろう。

(48)田井注(12)論文は、左大臣石上麻呂の任務が「第一に藤原京から平城京への殿舎移動の総指揮であり、それを妨げるような盗賊等のとりしまりであ」り、「藤原京を完全に廃都して、平城遷都を完了するまでの監督」にあったと述べている。なお藤原宮出土木簡中に「中務省牒□(留カ)守省」と記すものがある(『飛鳥・藤原宮発掘調査出土木簡概報(十)』奈良国立文化財研究所、一九九一年)。

(49)舘野和己「平城京その後」門脇禎二編『日本古代国家の展開』上巻、思文閣出版、一九九五年。

(50)舘野和己「平城宮その後」大山喬平教授退官記念会編『日本国家の史的特質古代・中世』思文閣出版、一九九七年。

(51)『続紀』天平一七年一〇月辛亥条には右京人尾張王が河内国古市郡古市里に田家を有していたことが書かれ、また『続後紀』承和一三年三月庚申条に京戸で左京三条一坊戸主の犬甘千麻呂が大和国山辺郡長屋郷に居住し、牛を所有していたことが書かれている。

(52)『続後紀』承和一〇年五月癸卯条に「楯列山陵神功皇后陵守丁聴三随レ闕差二京戸幷浪人一、以三当土無二人二差課一也」とある。

(53)拙稿注(17)論文。

(54)近江の古代寺院刊行会編『近江の古代寺院』一九八九年。

第五章　平安京の成立と官僚制の変質

はじめに

古代日本に宮都が成立したのは、七世紀末「藤原」京においてであった。[①]「藤原」京は宮城である藤原宮とそれを取り巻く都城の京からなっていた。[②]藤原宮は天皇の居所である内裏を中心に、五位以上貴族と彼らに率いられる六位以下官人が天皇に奉仕し、君臣関係を結び確認する場である大極殿・朝堂院と執務のための曹司などが造営された。[③]また、「藤原」京は彼らを集住させる空間として建設され、住人である貴族・官人らを効率的に管理するため特別行政単位として条坊制にのっとった京が設定され、京を統治する行政組織京職が置かれた。[④]貴族・官人は奉仕と集住によって宮城および都城に強く結びつけられるとともに、彼らを介して宮城と都城は緊密に関連づけられていた。このように宮都と官僚制は列島支配の新しい基本原理公地公民を実現するための装置として、まさに一体不可分の関係にあった。

「藤原」京以降、平安京に至る宮都と政治・儀礼の中核たる宮城の歴史的変遷は、政治・儀礼の構造とはもちろん、官僚制とも深く関連すると考えられ、従来このような見方に立ち宮都の構成原理や宮城の平面構造をめぐりさまざまな理解が示されてきた。[⑤]それらの特徴は、簡潔に言えば、文字で書かれた文献史料と発掘調査によって得られた成果を考え併せることによって、宮都と宮城の構造および変化を具体的に理解しようとするところにあった。

一方、官僚制の研究は近年大きな進展をみせ、[⑥]特に奈良時代後半から平安時代初めにかけて官僚制が変質するさまを種々の点から明らかにした。[⑦]太上天皇制や太政官制に関する研究、太政官での政務処理の構造と変化の研究、政務と宮城の構造の連関を扱った研究、さらには唐からの礼の受容と天皇の唐風化の問題などに及び、その対象は九世紀初めに限らず、一〇世紀以降の政務・官僚制のあり方や平安貴族社会の起源の解明にも及んでいる。

さて、本章の課題は「平安京の成立と官僚制の変質」である。上述のように宮都と官僚制は互いに密接に関わって成立・展開したことから、最後の宮都「平安京の成立」と「官僚制の変質」を関連した問題と捉え、従来別個に挙げられた研究成果に学び、両者を一体の歴史として記すこととしたい。それゆえに課題の対象時期は平安京成立の前後、奈良時代末から平安時代初めに絞られる。

一　平安京・平安宮の成立過程

平安京と平安宮の成立を考えるとき、奈良時代末から平安時代初めの平城・長岡・平安三宮都の比較がきわめて有効である。平安京には正史をはじめ法制史料、儀式・有識故実書、古記録、京図・宮城図、絵巻物など多様で大量の文献史料が残され、また江戸時代裏松光世による復原考証や明治に湯本文彦が行った近代的測量に基づく復原もある。しかし平城・長岡両京にはそれに匹敵するような質と量の文献史料はなく、わずかに正史などがあるに過ぎない。

一方、これら三宮都では一九五〇年代中ごろ相前後して発掘調査が始まった。平城京では江戸時代の北浦定政や明治の関野貞が畦畔によって復原を行い得るほど良好な状態で田圃が広がり、平城宮では早く国営調査に移されて大規模な学術調査が進められ、その歴史的変遷の大要が明らかになってきた。しかし平安京は中世京都へ変貌するなか、左京は維持されて現在まで人びとが住み続け、また長岡京の地は第二次大戦後大阪都市圏の住宅地として開発が進んだため、いずれも大規模な発掘調査は困難で、小規模な調査を積み重ね地道な成果を蓄積せざるを得なかった。

このような制約下での研究成果を承け、特に平城・長岡・平安三宮都での近年の重要な発掘調査成果を紹介しつつ、平安京・平安宮の成立過程とその意義について、天皇権力や官僚制の観点から述べる。

1　奈良時代末の平城宮——光仁・桓武朝の内裏改作——

和銅三年（七一〇）平城（なら）に遷都されたのち、恭仁・甲賀（こうか）および保良に遷都・遷御していた期間を除き、天武系の天皇六代五人が五〇年余り平城宮に住み、その間平城京は主都であった。しかし神護景雲四年(七七〇)八月、称徳の崩御をもって男系で天武に繋がる天皇は絶えた。称徳崩御にあたり聖武の女井上内親王が天智の孫である白壁王とのあいだに儲けた男子で、女系で天武系皇統を継承できる他戸王に注目が集まったが、未成年でただちに即位できないため、まず父白壁が皇太子に立てられ、そして白壁の即位に続き井上と他戸が皇后、皇太子に冊立された。

光仁治下の平城宮では大規模な改作が天皇の居所で行われ、[8]また称徳が造営した東院を改作して楊梅院・楊梅宮を造営した。光仁は一時ここに遷御したが、在位期間のほとんどは内裏を居所としていた。

発掘調査の成果によれば、平城宮は大規模で全面的な改作が行われた天平宝字年間を境としておよそ二時期に分けて考えることができるが、奈良時代末の状況は楊梅院・楊梅宮の庭園遺跡以外十分には分かっていない[9](図14)。しかし内裏については、発掘調査で平城宮の全期間を通じ遺構の変遷が判明している。[10]内裏は称徳が西宮を居所とした時期を除き一貫して平城宮の南面東門壬生門の北方、大極殿院・朝堂院の北に営まれ、第Ⅰ期~第Ⅵ期の六時期にわたって遺構は変遷した(図15)。このうち最後の二時期、第Ⅴ期と第Ⅵ期の遺構が光仁と桓武の内裏である。

第Ⅴ・第Ⅵ期の内裏に共通する特徴は、内裏の中央に位置する区画が以前に比べて拡大し、建物数も倍以上に増えたことである。これは、第Ⅴ期に天皇の私的空間である中央の区画に皇后宮が成立したことを示す。上述のように天武系と天智系を問題なく繋ぐことができるきわめて重要な位置にありながら、それゆえに微妙な立場にあった井上の皇后宮は内裏に設けられた。これ以前、聖武の皇后であった藤原光明子の皇后宮は平城宮に東接する旧藤原不比等邸に設けられたが、ここに至り皇后宮が平城宮の内裏に包摂された。その歴史的意義は、天武系の皇后井上が天智系の光仁の内裏に宮を設けることで、両統の合一を天皇の居所内裏において明示したことにある。しかしのちに井上と皇太子他戸が厭魅の罪で廃され、自害させられた事実を併せ考えると、皇后の監視を意図していたとも考えうる。

次いで井上と他戸の自害後、新しく皇太子に立てられたのは天武系とまったく関わりのない山部親王であった。やがて光仁は山部に譲位したが、これら一連の政治過程で大きな役割を果たしたのが藤原良継と藤原百川であった。このよ

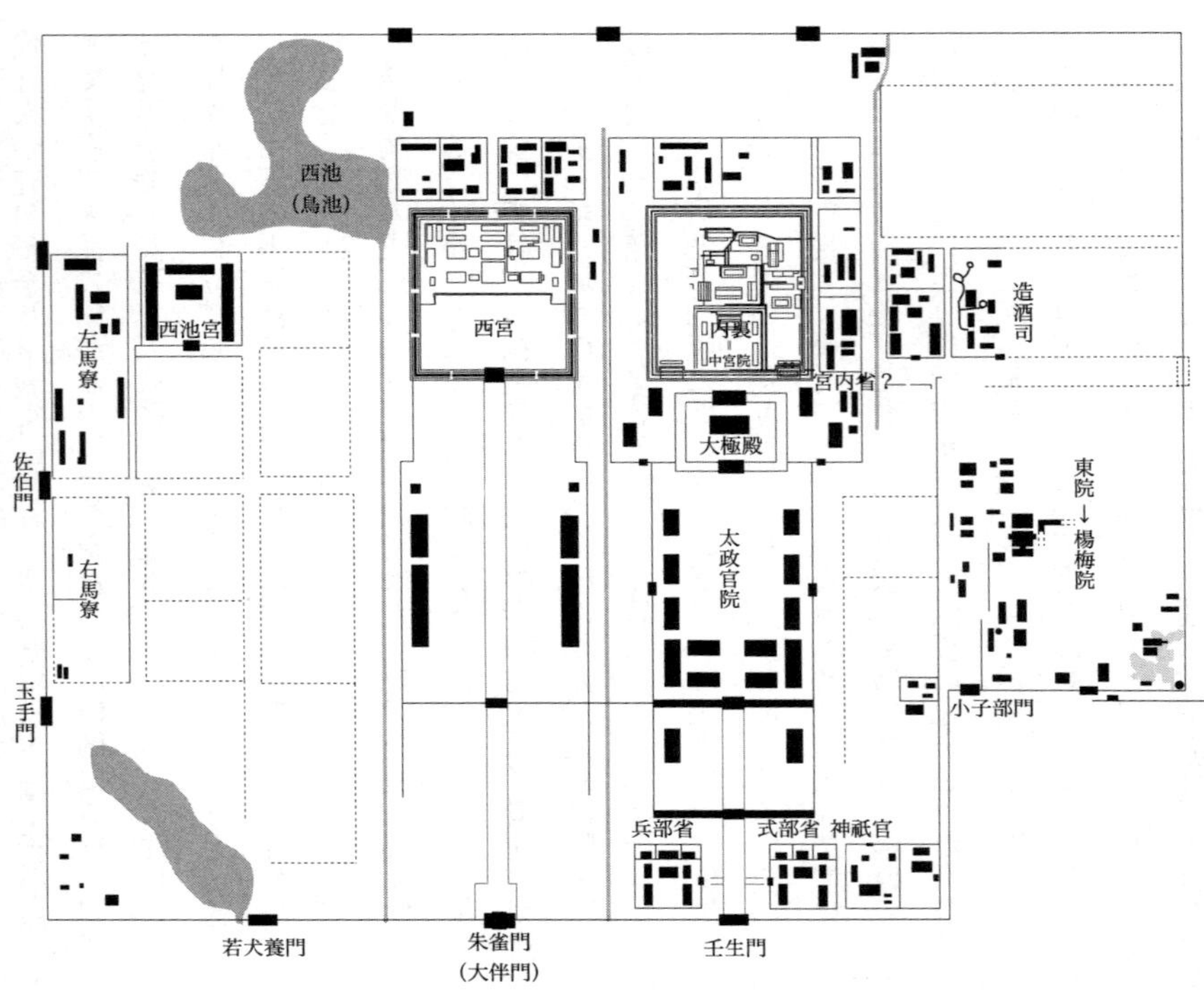

図14　平城宮(後半期)

うな状況のなか即位した桓武は、みずからの正当性を主張するため、天応改元から始まるさまざまな施策を講じていった。

桓武は即位翌年天応二年(七八二)に財政緊縮のため勅旨省、法花・鋳銭両司とともに造宮省を廃し、内裏を居所としたが、内裏の改作を行うため勅旨宮に遷御した。その改作なった新しい内裏が第Ⅵ期である。

桓武は光仁の内裏を基本的に受け継ぎ、皇后藤原乙牟漏の皇后宮を内裏に置いた。しかし第Ⅵ期には東北隅に画一的な建物を計画的に配置した空間を新たに設けている。これは平安宮の後宮に相当し、ここに初めて空間としての後宮が内裏に誕生した。後宮の成立は桓武の時に置かれるようになった新たな後宮、女御(11)の制度とも連動した措置で、天武系皇統断絶の事実に鑑み、後宮の人的拡大とともに皇后に倣って後宮の居所を内裏に設け、律令に規定されながら実態のなかった後宮を初めて空間として内裏に設けた。このように奈良時代末、平城宮の桓武の内裏に平安宮内裏の原型があ

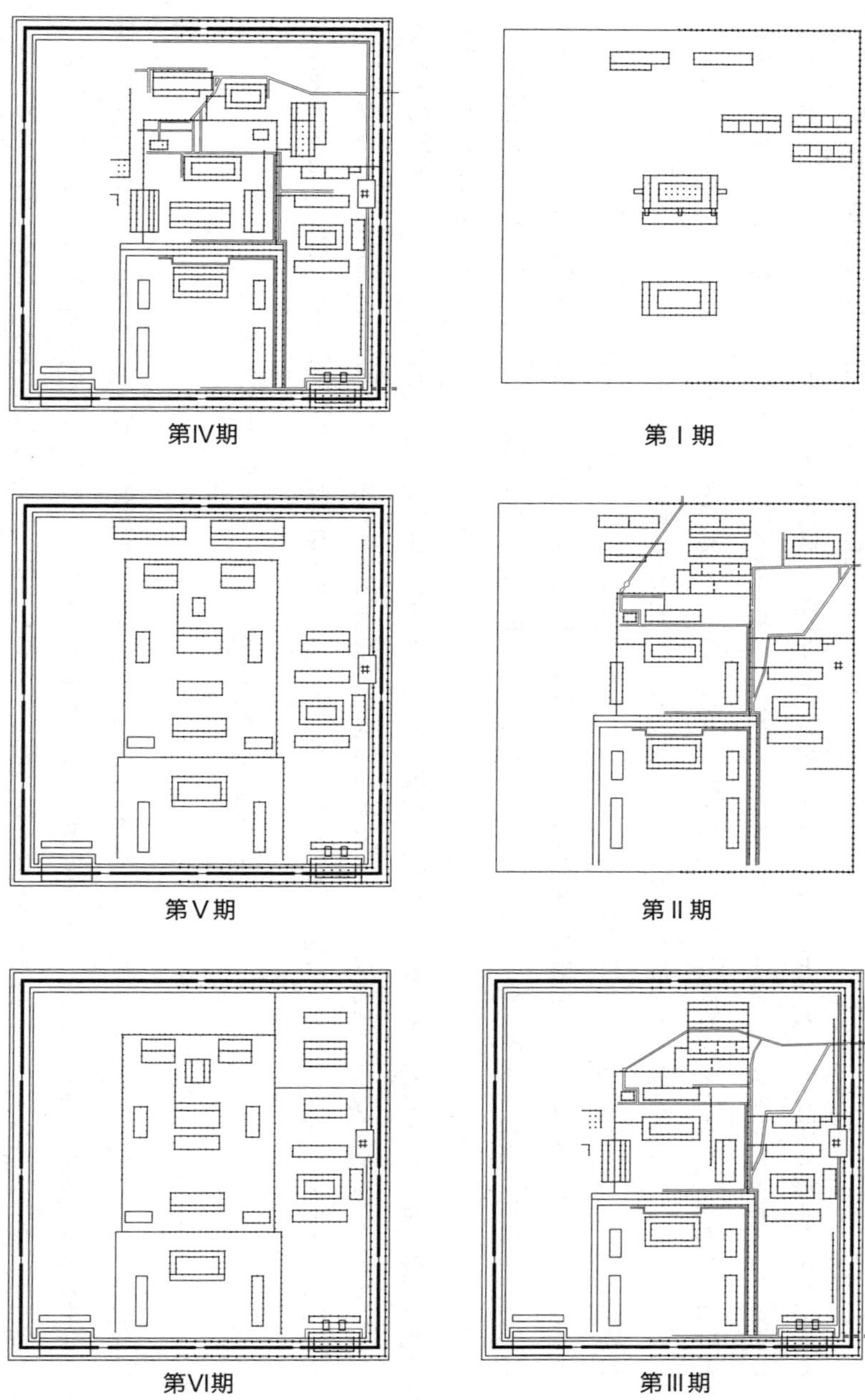

図 15　平城宮内裏の変遷

り、長岡宮を経て平安宮に受け継がれた。したがって平安宮の内裏に見られる構造は、基本的に創建当初に遡り得る。[12]以上のように、奈良時代末の平城宮では、内裏の構造を一変する大きな改造が光仁・桓武の二代にわたって行われた。それは皇位継承のためだけでなく、以後の天皇や皇后以下後宮の居所のあり方、内裏で奉仕する男女たちの奉仕のあり様にも大きな影響を与えた。[13]しかし延暦三年(七八四)甲子革令の年を選んで桓武は大和国から山背国へと遷都した。

2　長岡京・長岡宮——伝統の継承と革新の試み——

桓武が最初に遷都したのは山背国乙訓郡長岡村の地であった。長岡への遷都は、複都制を採り主都を大和国に置くことにこだわった奈良時代と決別し、主都平城と副都難波を長岡の地で合一し、単都制に移行することを意味した。また、天武系の皇統に繋がる天皇たちが造営し居住した宮都を停止・解体し、新しい天智系の天皇が居するための宮都を造営することをも意味した。

桓武によって新たに造営された長岡京を正式の遷都が行われた主都とみるか、それのない副都とみるかでかつて議論があり、また長岡宮の構造も桓武朝の政治改革が象徴されていると考えるのは難しいとの考えも示された。[14]しかし現在判明している長岡京および長岡宮の構造には、平城を継承しつつ新しい試みが行われ、やがて平安へと受け継がれていったことは明らかであり、長岡は桓武が強い意思をもって理想に基づき改革に挑んだ宮都であった。

長岡京を首都とした期間は平安遷都までわずか一〇年余りに過ぎないため、長岡京はもちろん、長岡宮についても文献史料で構造と変遷を明らかにし難く、多くを発掘調査に拠らねばならない。上述したように長岡宮で発掘調査が始まってすでに六〇年ほどを経たが、いまだ京域・宮域ともに確説を得ていないなど、多くの課題を抱えたままである。しかし近年重要な発掘調査成果が相継いでいる。

長岡京については、これまで条坊計画の復原案が数多く提示されてきた(図16)が、そのなかで今日までもっとも大き

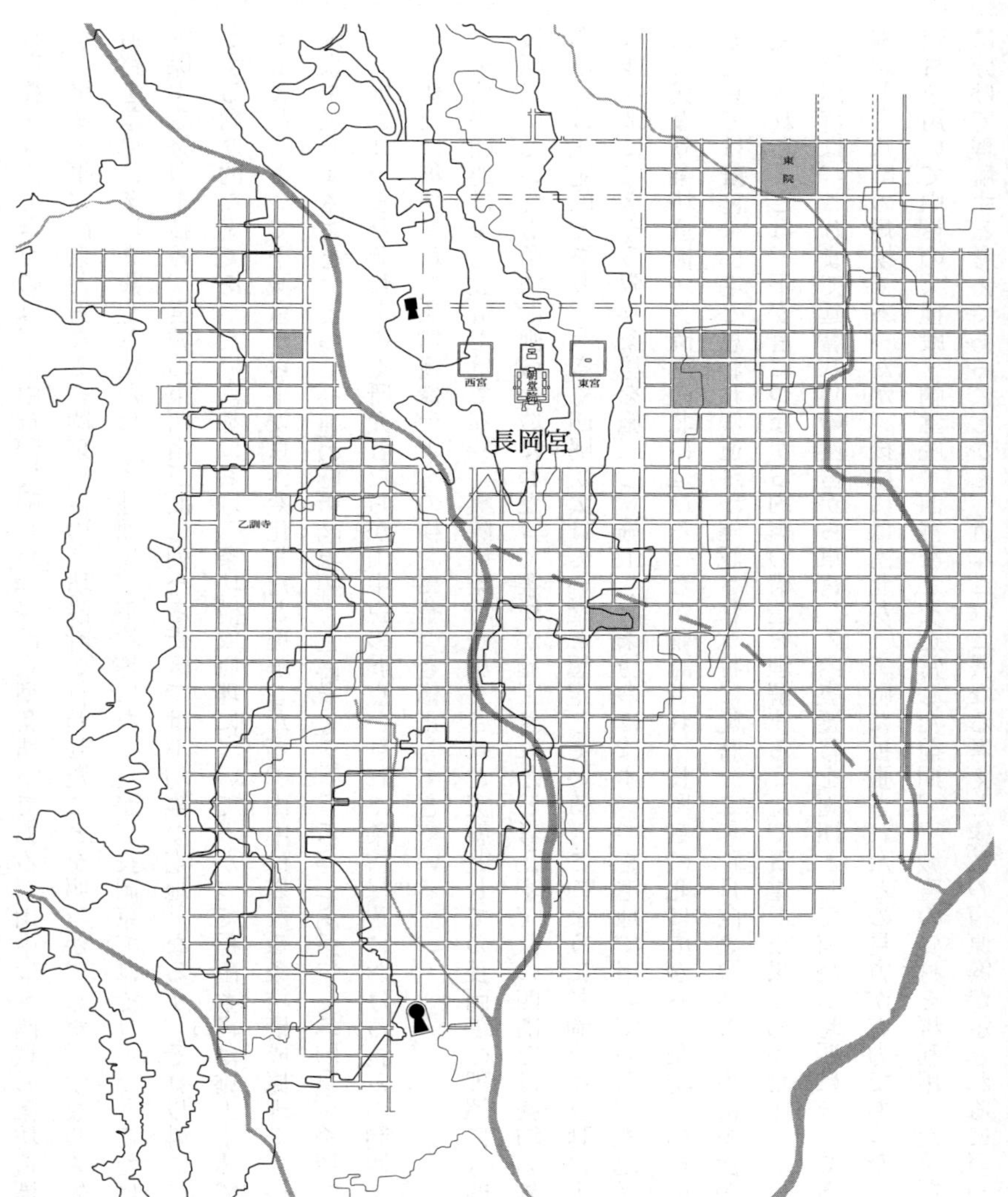

図 16　長岡京条坊復原案(中島正親案)

な影響を与えてきたのは、山中章が提唱した「長岡京型条坊」である。⑮山中は長岡京の条坊遺構データを集成し、そこから平城・平安両京と異なる長岡京独自の条坊設計が行われたことを明らかにした。すなわち先行する平城京では条坊道路を基準に条坊を設定したため、宅地面積が不均等になったが、長岡京ではそれをできるだけ解消して均等な宅地を確保する努力を払い、宮城の東西南三面に列なる街区では不均等な宅地となるが、それ以外では均等な宅地を配置したとする画期的な案であった。宮都における条坊構成原理について、かつて稲田孝司⑯は施工主体である国家の支配が衰退することによって平城京から平安京へ変化したと理解したが、山中は異なる条坊構成原理をもつ平城京と平安京を、長岡京を媒介することによって一連の歴史的過程と理解できるとした。その後、「長岡京型条坊」は山中自身によって修正が施され⑰、またそれを継ぐ研究者たちが山中説の弱点とされた条坊縁辺における歪みの問題を、発掘調査の進展によって新たに集積された条坊遺構データの検討に基づき修正してきている。⑱

条坊の問題は条坊設計だけでなく、実際に条坊が施工された実態としての長岡京の理解にも関わるが、いずれの条坊復原案においても条坊計画域全域にわたって条坊が施工されたと考えず、京の四隅では条坊の施工が困難であったり、あるいは限定的であり、大きく四隅が欠けていたと想定している。このように長岡京は立地に大きな制約があり、利用可能な地にできうる限り条坊を施工し、施工した条坊のほぼすべてを宅地に用いていた。また長岡京では平城・平安両京と異なり条坊遺構が長岡宮の北に延びることが確認され、長岡京の北に広がる「条坊」の理解をめぐって議論がある。⑲また京では離宮や邸宅と思われる遺跡が確認され、特に延暦一二年正月内裏解体のために桓武が遷御した東院が「再発見」⑳されたことは、平安宮につながる内裏の構造を理解するうえで貴重な成果であった。

長岡宮は、これまで延暦八年の西宮から東宮への内裏遷移を画期として前後二時期に分けて造営され、前期に東西・南北とも八町の規模であったが、後期には南北が一二町に拡張されたとの見方が有力であった。㉑これは、後期難波宮の資材を用いて中枢の大極殿・朝堂院・西宮などを造営した前期、平城宮の資材を再利用した後期の本格的造営の二時期に分けて理解する考えである。しかし、近年これと異なる考えと複数の復原案が示されるに至った。㉒復原案はいずれも

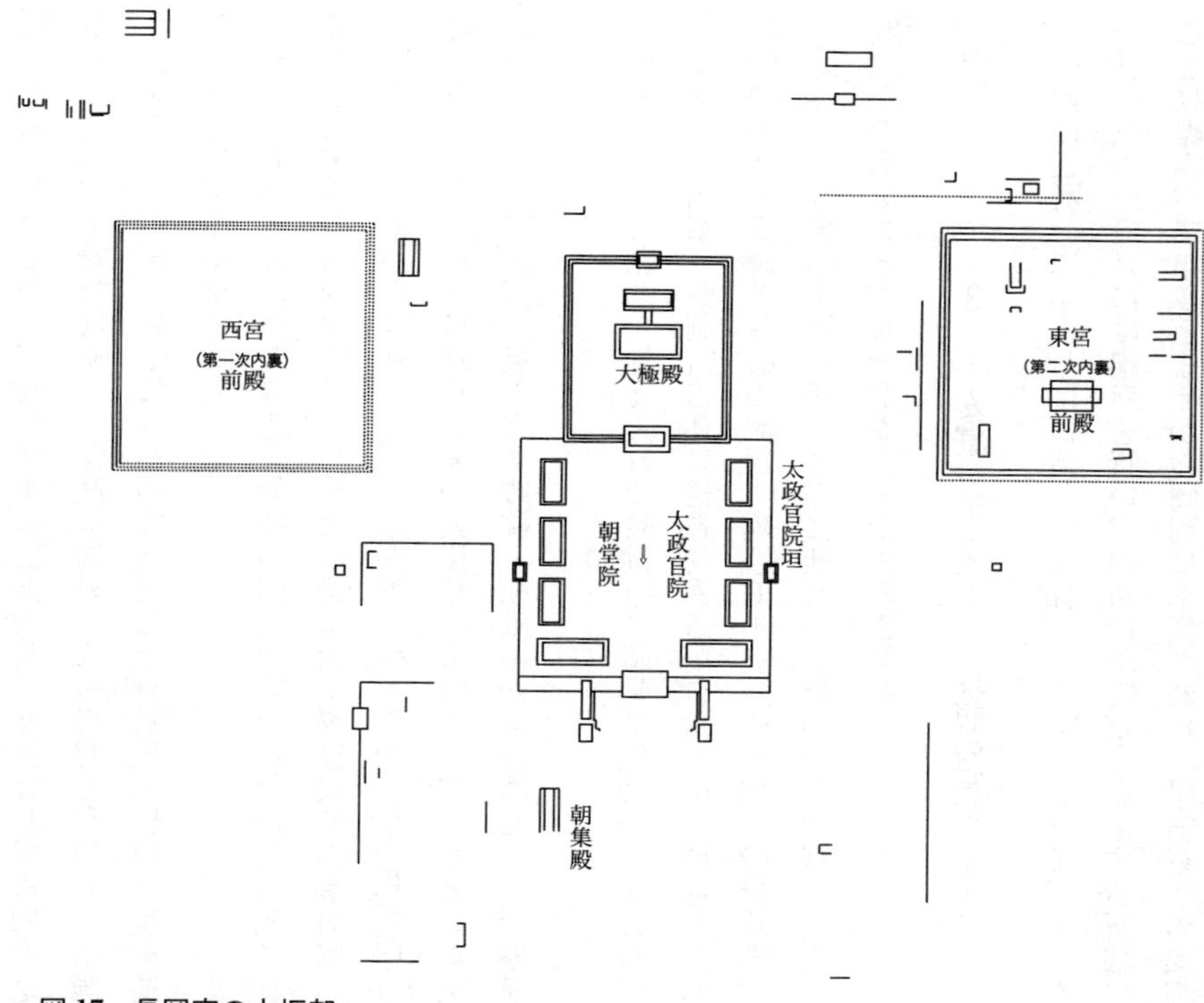

図17　長岡宮の中枢部

確説とは言い難いが、二段階造営論の根拠であった、遺構における軒瓦の組成による年代決定に再検討を迫る、平城宮軒瓦の搬入が遡及する可能性があるとの指摘は重要である。(23)また、長岡宮の特異な立地、長岡と呼ばれる南北に延びる丘陵の裾に宮城を造営し、周囲より高く聳えるように見せることを意図した景観造りを行うために、丘陵上方の平坦面で造成可能な地より順次下方へ造成を行う必要があり、それは当初から計画された一連の工程であったとの研究成果がある。(24)二段階造営論はそのままでは成立し難しく、むしろ当初から一連のものとして計画的に施工していったとみる見方が有力である。

近年、発掘調査によって長岡宮を考えるうえで重要な二つの事実が明らかとなった。一つは、難波宮から移建し改造した朝堂院の南門に中国の礼制建築である闕(平安宮朝集院の南門応天門東西にある棲鳳・翔鸞両楼に相当)を新たに造営した(図17)ことが判明した。(25)これには、長岡宮が従前の宮城より増して唐風を目指し新たな王朝の創始を宣言したもので、闕に面する二条大路を横街として宮内を皇城と宮城とに分離したことを示すとの理解[26]もある。さらに近年、平安時代初め、桓武は儒教の天命思想を利用し、中国的礼制を積極的に受容することで、天武系天皇と大きく異なる、中国の皇帝にきわめて接近した唐風化天皇の実現を進めたとする考えが有力であり[27]、これらの礼制建築はそれを支持する遺構である。

また、従来、大極殿院の北に最初の内裏西宮があったと推測されていたが、そこには東西方向に開析谷があるため内裏を想定するのは困難で、むしろ大極殿院西で遷移後の内裏東宮とほぼ対称の位置に確認された大規模な複廊遺構[28]を西宮に当てる考えが出された[29](図17)。従来、延暦八年二月内裏が西宮から東宮に移ったことで内裏と朝堂院が分離し、延暦八～一一年ごろ天皇聴政の場が大極殿から内裏に移ったとの考え[30]があったが、上記の想定はこれを真っ向から否定し、長岡宮では当初から内裏を大極殿院・朝堂院から分離し、大極殿院東西に二つの「内裏」を並置する構想があった[31]ことになる。

桓武によって創意が加えられた長岡京の造営は延暦一二年ころに停止され、やがて放棄されるに至った。その理由としては、長岡京・長岡宮自体の構造的あるいは地形的な問題や造営の遅滞をはじめ、延暦一一年六・八両月の大洪水、穀物の不作・飢饉と疫病の流行、延暦五年夫人藤原旅子の母諸姉、六年旅子、八年皇太夫人高野新笠、九年皇后藤原乙牟漏ら天皇近親の相継ぐ死、さらに延暦一〇年の伊勢神宮の焼失、早良親王の怨霊への畏怖とその祟りによる皇太子安殿親王の病気など、複合的なものがあった[32]。

3　平安京・平安宮――理想の宮都――

桓武は延暦一二年正月には新しい宮都の造営計画を立て、ふたたび山背国で乙訓郡から葛野郡に移して造営を開始し、延暦一三年一〇月には遷幸を行い、のちに平安京と命名する新都に遷った。平安遷都は、長岡造都が未成功に終わったことに鑑み、二年以上まえから周到に準備された。平安京への遷都では地理的条件の優越性、水陸交通の要地でかつより広い平地の確保が可能な点などが特に重要であり、そのため桓武は事前に葛野と周辺地に遊猟と称し行幸を繰り返していた。平安京は泰平安穏の宮都とされ、やがて嵯峨によって桓武が「万代宮」と定めたと主張されて定都され、その構造も固定されていった。

平安京は京都市の市街地にあり、一〇世紀に放棄された右京域を除き中世に大きな変容を遂げたのち、現在に至るまで連綿として大都市であり続けてきたため、中世以降各時代・各時期の遺跡が複雑に重複し、発掘調査は困難を極める。また平安宮は中世初頭に放棄され、その跡と周辺には近世以降聚楽第・二条城などが建設され大きく破壊された。したがって平安京も平安宮も全体として平城京や平城宮のように遺跡・遺構の残りがよくない。

このような悪条件のなか、これまであげられた平安京の発掘調査成果でもっとも大きなものは、遺構に基づく条坊復原によって『延喜式』巻四二左京職の京程条に記された平安京の規模と構造でほぼそのままに造営されていることが分かったことである。辻純一[33]は、発掘調査で得られた条坊遺構データを整理して平安京の条坊復原を行い、「平安京条坊復原モデル」を示し、平安京がきわめて高度な施工精度をもって計画的に造営されたことを明らかにした(図18)。今日平安京の発掘調査はこの成果に基づいて行われている。

しかし現実の発掘調査では、長岡京と同様に鴨川と桂川が大きく湾曲する平安京南辺の東西両隅では造営当初の条坊遺構が確認できず、条坊は施工されなかったと考えられる。さらに網伸也[34]によって、「藤原」京以来、日本の古代宮都が抱えていた条坊制の「構造的矛盾」、坊町坪など街区を構成する単位の規模が一定していないことを解決したのが平安京の条坊制であり、従来、平安京の造営原理を「藤原」京などと異なると理解してきたが、条坊の造営計画線から一定の法則で道路幅を分割するという原理は同じで、むしろ以前のものを継承しつつ「構造的矛盾」を解消した、より完成度の高いものとする理解が示された。このことは平安京が古代宮都の完成形態であることをもっともよく示している。これと関連して、平安京では従来の宮都で行われなかった京内の施設や官衙の厳密な東西対称配置を実現し、また東西両寺を除く寺院を条坊から排除したことが注目されねばならない。なお、発掘調査では早く衰退し都市化されなかった

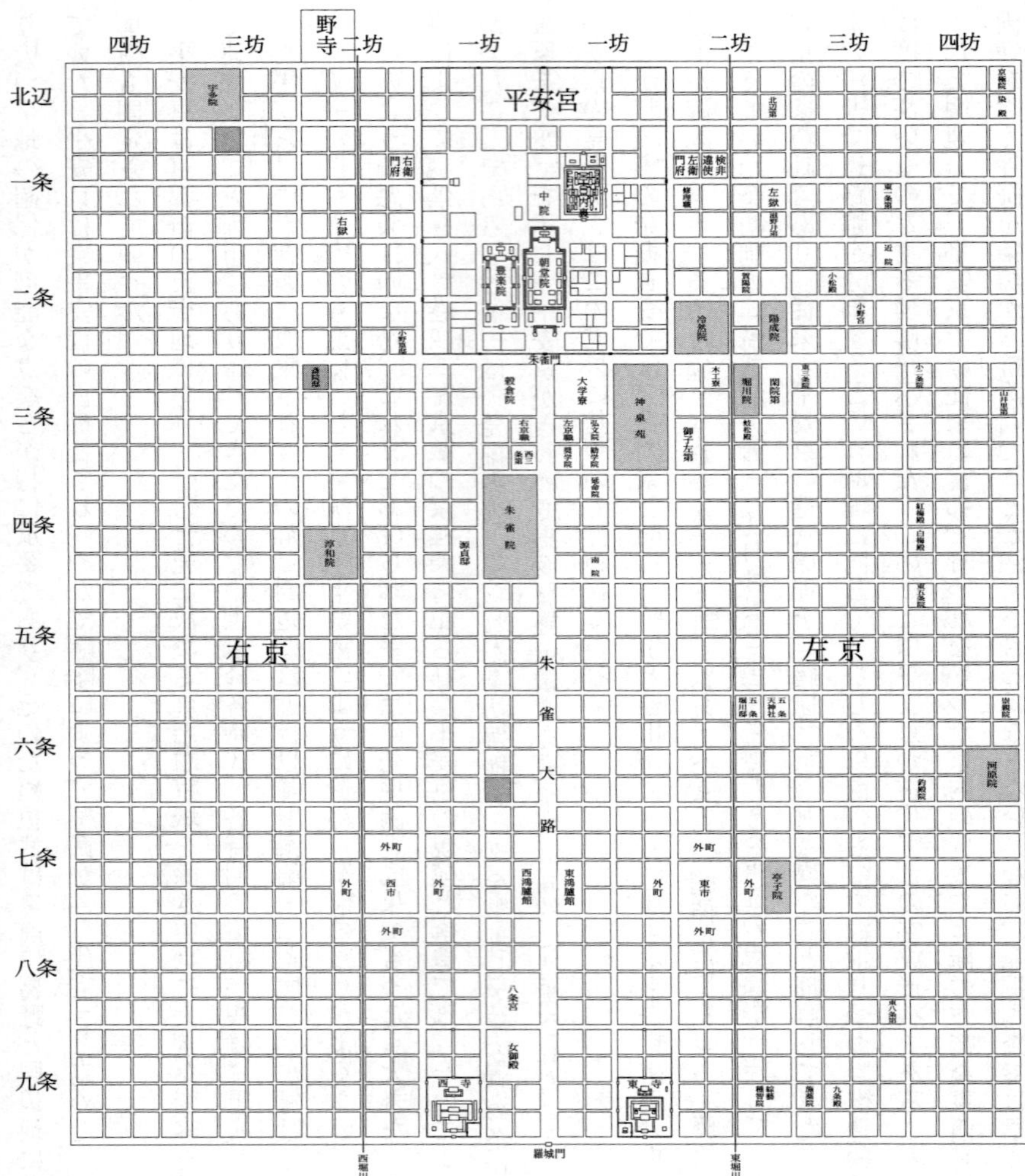

図 18　平安時代前期の平安京

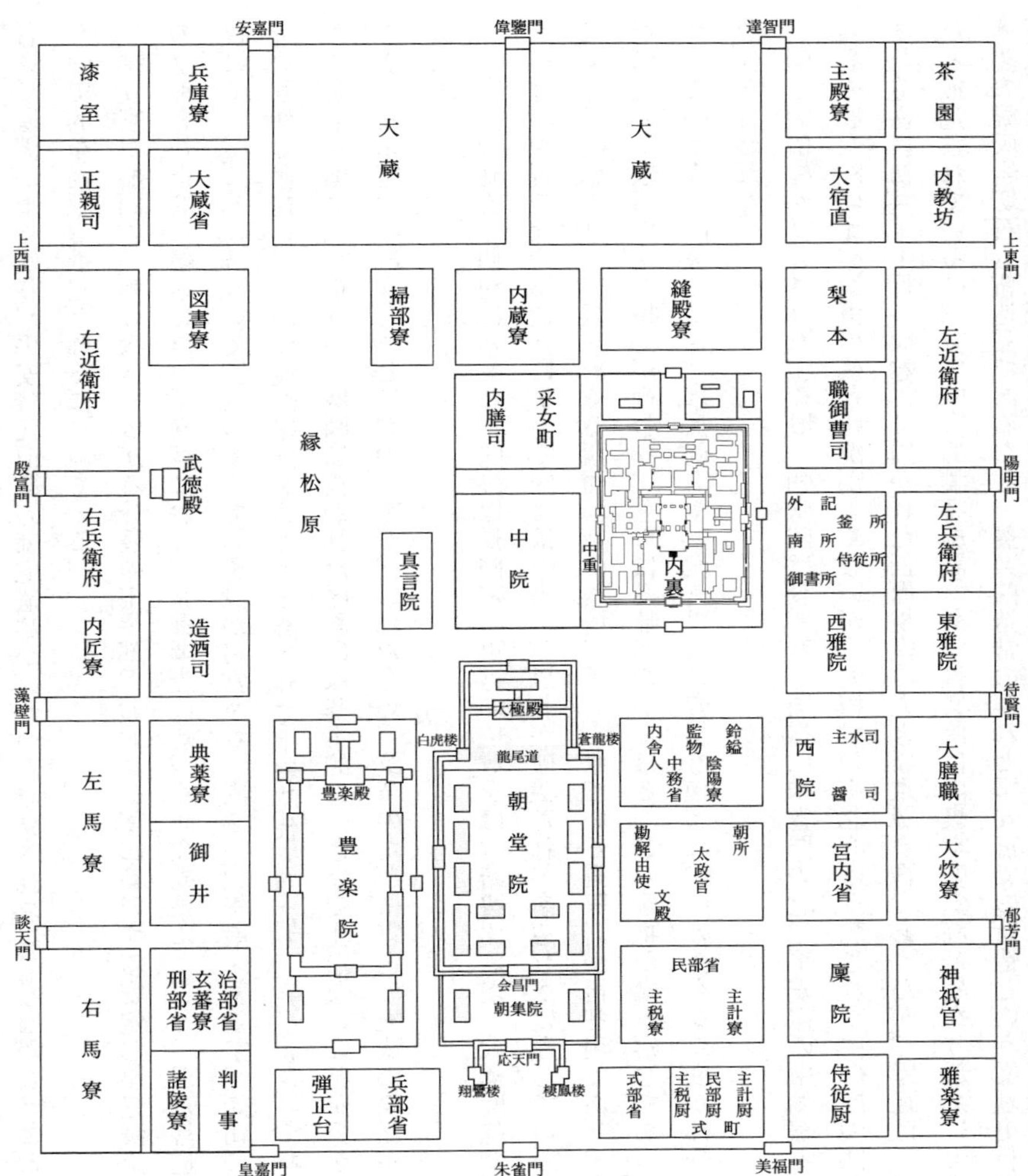

図 19　平安時代後期の平安宮

右京で遺構がよく残り、平安時代前期の邸宅遺跡がいくつも発見される(第七章図26・27)とともに、右京が衰退していった歴史的な過程も推定されるに至っている。(35)

平安宮は船岡山の南に大きく広がる丘陵の南半部、おおよそ南に傾斜する安定した丘陵上にあり、(36)平城宮以来の宮城の立地を基本的に継承した。平安宮における発掘調査に基づく研究成果によると、平安宮造営計画の基準は朝堂院の配置にあり、これに基づいて宮内のすべての施設が造営され、(37)内裏、大極殿・朝堂院、諸司の区画などは遷都当初すでに造営されて存在し、その位置がほぼそのまま踏襲されて平安時代末期に至った(図19)。それゆえに陽明文庫本宮城図や九条家本『延喜式』紙背の宮城図に描かれた区画には基本的に大きな変化がないことが分かっている。(38)ただ大同以降、数次に及ぶ官司の統廃合など官制の改革が行われたため、改革のたびに官司の配置に変化が生じた可能性には留意が必要である。

平安宮の施設を個別にみると、内裏は長岡宮の東宮の位置をほぼ踏襲するが、大極殿院ではなく中院の東に造営された。豊臣秀吉の聚楽第造営によって内裏は中央より以北が破壊され、南辺しか残存していない。わずかに残る遺構が発掘調査で確認され、内裏をめぐる西面回廊の基壇で用いられている凝灰岩が再利用であり、宮城図で蔵人所町屋のあった場所で複数回の建て替えが行われ、さらに遷都当初からほとんどの建物が礎石建ちであったことなどが明らかになった。(39)このように内裏の造営には長岡宮や平城宮以来の資材も使われ、その後もなん度か部分的に構造を変更するような改作が行われた。

国家的儀礼が挙行された大極殿・朝堂院は長岡宮と同様に朱雀門の北、平安宮の中軸線上に位置する。発掘調査では内裏や豊楽院に比べ遺構の残存状況がよくないが、大極殿の南北心は予想された中御門大路路面心より一丈南に位置し、(40)また造営当初『年中行事絵巻』に描かれた正面規模の大きな重層建物であったが、屋瓦は長岡宮などからの搬入であったと推定されている。(41)一方、国家的饗宴施設である豊楽院は内裏や朝堂院と異なり新たに焼成された瓦が葺かれ、基壇外装の凝灰岩切石も新造品であるなど、(42)豊楽院造営の遅れと平安宮での新造という文献史料の検討から得られた研究成果を支持している。[43]また豊楽殿と後殿清暑堂の調査では豊楽殿の規模が確定し、当初豊楽殿は独立した建物として造営されたがのちに清暑堂が北に建設され、さらに九世紀後半になって豊楽殿と清暑堂を結ぶ廊が一体造営されて朝堂院における大極殿・小安殿と同様の工字型構造ができあがった。

平安宮で初めて造営された常設神殿中院の存在が想定される場所で、中央と推定される地点で東西四〇m以上の広がりをもつ厚さ一mの掘り込み地業が確認されたことがもっとも注目される。版築の状況から、瓦葺建物の基壇ではなく、中院の中心建物神嘉殿の建築にともなうものかと考えられている。[44]その位置は宮城図における神嘉殿の位置とずれ、平安宮の中軸線上にあることから、当初の神嘉殿が中院の中心に建てられ、のち中心を避け東に位置をずらして建て直された可能性がある。

武徳殿、内裏の周囲をめぐる中重（なかのへ）などは発掘調査でも不明な点が多く、また平安宮の四周をめぐる宮城垣や宮城門なども、西面宮城垣で一部が確認されたに止まる。

さて、これまで宮都の構造的変化を歴史的に理解しようとする研究では、内裏と大極殿院・朝堂院の分離、大極殿・大極殿閤門の宮城での位置などに注目して天皇と公卿の聴政や儀式の場を考え、天皇制や貴族制、官僚制を論ずるのが常であった。しかし奈良時代末から平安時代初め、平安京・平安宮の成立に至る宮都の変遷に関し近年明らかとなってきた以上のような諸事実は従来の理解に大きな変更を迫るだけでなく、内容的に豊かで多様な事実を基にした新しい宮都研究を求めている。

二　官僚制の変質と平安京・平安宮

かつて長山泰孝は、大和政権以来の伝統を有する古代貴族が藤原氏を除き九世紀には没落するに至る歴史的事実を、井上光貞が提唱した氏族制と律令制の二元的構造論[45]を用いて説明しようと試み、その要因を律令制の貫徹によって氏族制が衰退したことに基づくとした。[46]それはまた、九世紀をのちの公家社会につながる平安貴族社会形成の起点とするとの見通しによる考えでもあった。長山の理解には古代国家の権力構造を巨視的に捉えるうえで重要な論点が多数示され、特に八世紀末・九世紀初めを理解するうえで今日もなお有効な捉え方の一つである。

長山の考えは佐藤宗諄(47)や笹山晴生(48)らの研究と相まって「平安初期政治体制論」と呼ばれ、狭義の政治史のみならず王権論、貴族社会論、儀礼研究などの諸分野にも大きな影響を与えたが、特に、早川庄八(49)・林陸朗(50)らによって桓武朝を再評価する研究が太政官符の形態や宣命の内容、郊祀などに注目して進められ、桓武を奈良時代の天皇と異なる中国的な専制君主と理解する考えが示された(51)。

歴史の転換点をどこに求めるかは研究者それぞれが拠って立つ研究の基盤と歴史の全体的展望にあり、奈良時代後半、称徳朝にすでに変革が始まったとする考えや平安時代の始まりを嵯峨朝に求める見解など多様であるが、おおむね桓武朝から嵯峨朝にかけての平安時代初めを王権と貴族社会にとっての転換期とする認識は、今日ほぼ学界で共有されている。ここでは、八世紀末から九世紀初めの転換期に官僚制が変質した具体相を、近年大きく前進した官僚制研究の成果を承け、前節で述べた平安京・平安宮の成立と関わらせて述べる。

1　天皇制の変容と太政官制

太政官制を長きにわたって混乱させた原因の一つとして、天皇制自身が抱える譲位と太上天皇の問題があった(52)。そして「藤原」京に始まる宮都の歴史で、宮城がもっとも大きく変化したのは、天皇の内裏と太上天皇の宮の関係であった。藤原宮や奈良時代初めの平城宮では、太上天皇の宮は内裏に寄生するかのような存在であった。それは、太上天皇が皇位の確実な継承と天皇の後見のために、譲位の制度とともに唐の太上皇をもとに生み出されたからであった。

しかし太上天皇は次第に実質的な二人目の天皇となってゆき、初めてそれが現実の問題となったのは、天平一六年(七四四)二月難波を皇都とする太上天皇元正の勅を左大臣橘諸兄が宣した時である。この時聖武は難波から紫香楽に遷幸していたが、太上天皇は橘諸兄とともに難波宮に残り、彼を通じて宣勅させているので、左大臣以下太政官機構の一部は太上天皇のいる難波宮にあり、薬子の変の「二所朝廷」と似た状況になったのではないかと考えられる。
天皇と太上天皇が初めて宮を別々に営んだのは恭仁宮においてであった(53)(第三章図11)。恭仁宮では二人の宮を大極殿院北に並置したが、両者が対立するに至る芽はすでにここにあった。しかし最終的に元正が皇都宣言をした難波宮から、聖武のいる紫香楽宮に移御することで二人が決定的に対立する事態は避けえたが、元正を迎えた紫香楽宮でも、内裏に正殿級の大型建物二棟を東西に並置していた(54)。

そののち天皇と太上天皇の宮が東西に並置されたことが明確なのは、淳仁と太上天皇孝謙の場合である。天平宝字年間の平城宮大改作によって二人は保良宮に遷居していたが、道鏡をめぐって対立するに至り、天平宝字六年(七六二)五月急遽未完成の平城宮に戻ると、淳仁は中宮院(内裏)、孝謙は法華寺に入御した。しかしのちに孝謙が平城宮の西宮に移御したことによって、平城宮で天皇の中宮院と太上天皇の西宮が東西に並存することとなった(図14)。以後天皇と太上天皇はさらに対立を深め、六月には太上天皇が天皇の権力のうち大事と賞罰の権を掌握し、天皇は常祀と小事のみを行いうるに過ぎなくなった。天皇はその後も権力の源である内印と駅鈴を保持し続けたが、太政官を介さずに勅旨を宣伝する官人を指名して中宮院に侍候させたことから、太上天皇による太政官機構の掌握が強力に推し進められたと考えられる。ただ両者の対立、二人の天皇の矛盾は八年九月に起こった藤原仲麻呂の乱で太上天皇が勝利して重祚したため、解決されずに先送りされた。

天皇と太上天皇の二人が宮城内で東西に並んで宮を営むことこそ譲位と太上天皇の制度の到達点であり、桓武も基本的には長岡・平安両宮でこの伝統を継承しようとしたと考えられる。淳仁・孝謙のときは両宮を東西に並置しただけであったが、桓武はそこに新たな創意を加えた。前節で述べたように、天皇の内裏と太上天皇の宮とを長岡宮では大極殿院の東西に並べ(図17)、平安宮では中院の東西に並置する(第六章図20)構想であったのではないかと考えられる。奈良時代中ごろ以来の二人の天皇の宮のあり方をそのまま継承するのではなく、平安宮では皇祖神の祭祀を行う神嘉殿を宮城の中心に置く中院を創設し、その東西に天皇と太上天皇の宮を並置しようとしたのは、この時期伊勢神宮とさまざまな交渉があったことを含め皇祖神を特に重要視した措置[55]であった。

しかし桓武はついに譲位することなく在位のまま崩御し、次ぎの平城も譲位後平城宮に太上天皇の宮を営み遷都しようとしたため、結局平安宮で太上天皇の宮が造営されることはなかった。弘仁元年(八一〇)九月に勃発した薬子の変で、嵯峨と太上天皇平城の対立は平城が平城遷都を敢行せんとする前代未聞の事態となるが、そのような「二所朝庭」の状況を生み出したのは、太政官機構が天皇のみならず太上天皇にも仕えていたという現実にあった。しかし天皇が太上天皇に勝利したことで天皇の優位が確定し、またやがて嵯峨が譲位にあたって宮城を退去して冷然院[56]に遷ったため、太上天皇宮の造営予定地であった中院西方の地はそのまま空閑地として取り残され、やがて縁の松原と呼ばれるようになったのではなかろうか[57](第六章図20)。

このように天皇と太上天皇二人の宮が宮城内で並置される事態は、奈良時代中ごろに兆し淳仁朝で頂点を迎え、平安時代初めに造営された長岡・平安両宮へと継承された。しかし薬子の変を経て天皇の太上天皇に対する優位が確立され、太上天皇が譲位後宮城から退去するようになったことで最終的に解消された。これによって二人の天皇に仕える太政官機構がただ一人の天皇を奉仕の対象とするようになった。

2　内裏の変貌

天皇の居所内裏では、奈良時代末の平城宮で光仁朝に皇后宮を包摂し(図14第Ⅴ期)、次いで桓武朝には後宮を成立させ(図14第Ⅵ期)、ここに初めて天皇とキサキたちの同居が実現した。光仁による皇后宮の包摂は女系で天武系皇統に繋がり、かつ天智系皇統との合一を象徴する点で政治劇的な性格をもつが、桓武が行った後宮の成立はみずからの皇統による安定的な皇位継承を意図し、同時期に成立した女御制や後宮の規模拡大とも符合する一連の政治的施策であった。

しかしこれらの事態はさらに内裏に新たな状況を生みだすこととなった。まず光仁朝で皇后宮が内裏に包摂されたことによって、皇后宮職の官人や皇后宮の女嬬たちが職務のため内裏の皇后宮に日常的に出入りするようになった。これまで内裏で天皇近侍の役割を独占的に担ってきた宮人たちとのあいだでさまざまな軋轢を起こしたことは容易に想像できる。また皇后主催の行事が皇后宮で行われるようになると、職官人や宮女孀だけでなく、後宮や宮人も次第にこれに関わるようになり、内裏外の世界とも接触することで推古朝以来の宮人は大きく変貌してゆくことになった(58)。そして桓武朝にはより多くの後宮とそれに仕える女豎が内裏で生活するに至り、変化の速度は一段と増すとともにその質も大きく変わっていった。橘嘉智子が皇后に冊立されたのを機に、皇后を頂点とし後宮や宮人、内命婦・外命婦らから成る後宮組織が構築された。

宮人から女官への変化は男性同様の官人化であるとする理解(59)もあるが、上述したような内裏の質的変化、すなわち「開かれた内裏」の確立(60)が直接的原因と理解すべきで、内裏が開かれるには皇后・後宮の天皇との同居、彼女たちに奉仕する男女の内裏居住・侍候も大きな要因であった。

桓武朝の平城宮で生まれた内裏の構造は長岡宮を経て平安宮に引き継がれ、嵯峨朝で殿閣および諸門の号を改める施策によって固定化され、今日に伝わる内裏図に描かれた構造をもつ内裏となった。嵯峨から淳和ころまでは、内裏の建物は嵯峨朝で確定した空間構造に応じた機能を果たしていたが、皇后をもたない天皇が続くようになり、また仁寿殿を避け清涼殿に移居し、やがて宇多以降常御殿が清涼殿に定まった結果(61)、皇后宮・後宮もまた本来の機能と異なり、後宮の空間であった内裏西北隅の建物を皇后・中宮が居所としたり、皇太后らが皇后宮を使うなど、平安文学作品に記されたような使用状況に変化していった。

天皇が仁寿殿から清涼殿に移り住み、日常的に清涼殿で東面するようになったことで(62)、内裏の中軸線を対称の軸として東西の空間が異なる性質を帯びるようになった。すなわち南北中軸線以西の空間が天皇の居所清涼殿を中心に公卿や昇殿を許された貴族たちだけが入りうる制限された空間となったのに対して、以東の空間は公卿のみならず執務によって弁史や外記たちも参入できる空間に変化した。九世紀末に内廷諸機関が清涼殿近くに位置した蔵人所を中心に再編成され、所々別当制を通じて掌握されるようになったのはこのことと深く関わる(63)。一方、東の空間にあって本来天皇に近侍していた内侍司は天皇の常御殿から遠ざかり、やがて九世紀を通じて後宮十二司の機能も蔵人所によって代替され後退していった。

3　女性の政治・朝儀の場からの疎外

壬申の乱に勝利した天武は新たに岡本宮の南に造営した宮室に移ったのち、天武二年（六七三）五月官僚制に関する最初の重要な詔を出した。それは壬申の乱によって支配階層が混乱、縮小したため、みずからを支える新しい支配階層を創出し確定するためであった。この詔で注目すべきは、男性の出身だけでなく、「婦女は有夫・無夫および長幼を問うことなく、進仕せんとねがふ者はゆるせ。その考選は官人の例に准へよ」（『書紀』天武二年五月乙酉朔条）と女性の進仕を勧めていることである。のち天武一一年四月支配階層男女に結髪の期限を指示した詔が出されたが、『書紀』編者は詔に続けて「婦女の馬に乗ること男夫のごときは、それ是の日に起こるなり」（『書紀』天武一一年四月乙酉条）と記した。結髪が乗馬と深く関わることは、翌々年の閏四月に「女年卌以上、髪の結ふ結わざる及び馬に乗ること縦横、並びに意のままなり」（『書紀』天武一三年閏四月丙戌条）と命じた詔にもうかがえ、男性の乗馬・結髪が支配階層の身分表示であったように、これらの施策は支配階層の女性が男性とともに天皇に仕える身分であったことに関わる問題であった。(64)

女性の貴族や官僚たちが男性と交じって儀式や饗宴に参加し、朝庭に列立し朝堂に着座する姿は、奈良時代の史料にわずかにうかがうことができる。養老衣服令には、内親王、五位以上の女王・内命婦・外命婦らが大嘗・新嘗・元日朝賀に礼服を着し、頭に宝髻を結い、位色の衣裳をつけ、また四孟朔でも礼服着用時の宝髻や褶などを除いた位服で参加するとの条文がある。また『続紀』には女性が実際朝儀に参加していたことを示す痕跡が残されている。(65) そのなかで女性が成選叙位儀に男性貴族とともに参加し、位によって朝庭に列立していた事実は重要である。(66) 成選叙位儀では、天皇の前に男女の官人らが列立し、氏名と位階を呼び上げられることによって、支配階層への帰属と、支配階層内での序列を確認した。女性貴族も男性と同じように官人制の基本である考課と成選を受け天皇に奉仕する存在であった。

しかし、桓武朝に入ると大きく事態は転換し、女性は儀式・饗宴などの場から疎外されるようになった。成選叙位儀では従来の成選叙位儀を受け継いだ男性の儀式と女性専用の儀式、女叙位の二つの儀式に分裂した。[67]

さらに注目すべきは朝賀儀の分裂である。[68]元日朝賀儀は天皇の即位式である即位儀とともに古代でもっとも重要な国家儀礼で、[69]平安時代前半の儀式書などには、四種の朝賀儀、すなわち一日に天皇と皇后が大極殿に出御し朝堂院で行う元日朝賀儀と、二日に天皇は出御せず皇后のみが出御して内裏の皇后宮を中心に行う皇后受皇太子朝賀・皇后受群官朝賀・皇后受女官朝賀の三種の朝賀儀が規定されている。[70]元日朝賀儀は、本来毎年正月一日から三日のうちいずれかの日に、天皇と皇后が並んで大極殿に出御し、皇太子と男女の貴族・官人の朝賀を受けていた。しかし平安時代初めには、受朝は天皇だけが行い、実際には皇后はもはや大極殿に出御せず、[71]女性の貴族や官人たちも朝堂院に参列して天皇・皇后に朝賀を行わなくなり、元日朝賀儀は天皇と男性の貴族・官人のあいだでだけ行われる儀式となった。これに代わって二日に皇后が皇后宮で皇太子、群臣（男性の貴族・官人）、女官（女性の貴族・官人）の朝賀を一人で受ける三種の朝賀儀が成立した。このような過程をへて皇后は国家的儀礼の場に天皇とともに出御することがなくなり、次第に内裏の皇后宮を中心とした空間に行動の範囲が限定されていった。[72]当然このような事態には皇后の性格・機能の変化も大きく影響していた。

女性の政治の場からの疎外は、上述した奈良時代末の平城宮で起こった内裏への皇后宮・後宮の包摂（図15第Ⅴ期・第Ⅵ期）と深く関わっている。特に空間としての後宮の設置は女性貴族としての後宮のあり方を大きく変え、専ら皇嗣を得るための存在となっていった。皇后も天皇の正妻として、みずからを頂点とした女性の世界に臨む存在となり、女性貴族は儀式から疎外され厳密な意味では天皇の臣下といえなくなり、むしろ皇后を頂く女性の世界のなかに位置付けられてゆくことになる。このようにして、天武朝以来採られてきた男女の貴族・官人を基盤とする官僚制は大きく転換することとなった。

この背景には桓武朝における男女隔別、風俗粛正政策の推進があった。桓武は平安遷都後、北辰祭など人々が集まる公私の場での男女混淆、上下無秩序の状況を問題視し、男女を隔別し、風俗を回復するための法令をしばしば下した。(73)その思想的な基盤には「男女に別あるは、礼典の崇ぶところにして、上下に差なきは、名教すでに欠く」(『紀略』『類史』延暦一六年七月甲午条勅)との儒教思想があった。

4　公卿の侍臣化と聴政の場の変化

律令制下では太政官以下諸司はまず朝堂院で政務を執り、しかるのち曹司で執務するのが原則であり、朝堂院には諸司が座に就き執務する朝堂が東西対称に六堂づつ計一二堂置かれた。公卿たちは東の六堂のうち北の二堂(平安宮の昌福・含章両堂)で中務・式部・兵部三省や弁官などの申政を聴いて処分を行い、朝堂院での聴政を終えたのちさらに太政官曹司に移って執務を行った。(74)当初は天皇も大極殿に出御し、大納言によって行われる太政官の奏を聞き、内侍を介して勅を仰せていたが、次第に天皇の出御はなくなり、内裏で聴政するようになった。そのため公卿や太政官の官人たちは天皇の裁可をうるため奏聞を内裏で行い、また裁可の結果作成された太政官符への内印踏捺で内裏に入るようになった。

延暦一一年一一月長岡宮で太政官の五位以上(公卿・弁・少納言)について、朝座(朝参)上日への内裏上日の通計を認める宣旨が出された。太政官の五位以上が朝堂院の朝座で執務せず内裏に侍候した場合の上日の扱いをめぐって大同・弘仁年間に出された宣旨には揺れがあるが、公卿や少納言・弁官は行事がない場合でも内裏に侍候するようになり、官僚としてもっとも重要な勤務評定と給与支給の基本条件である上日を蔑ろにするまでになった。

公卿たちの内裏侍候の日常化も上述した「開かれた内裏」を実現する要因となったが、逆に公卿たちは内裏＝天皇に吸い寄せられていったともいえる。天皇のもとに日常的に、しかも行事もなく侍候する姿はのちの昇殿制下における公卿・蔵人・殿上人らに通じ、延暦年間には公卿たちの侍臣化が始まった。

公卿らの内裏への日常的侍候は朝堂院での聴政を衰退させ、次第に朝堂院での執務も特定の日・月に限定され儀礼的になっていった。朝堂院での執務の衰退は太政官曹司での執務を重要にさせたはずであるが、公卿たちは太政官曹司での執務も疎かにするようになり、すべてが内裏へ集中していった。

平安時代初めの儀式書『内裏儀式』（現伝の『内裏儀式』は五月五日の観射で終わり、これ以降に行われる儀式を記していない後欠の書である）に載せられている儀式はほとんどが内裏で行われることになっているが、内裏での儀式を執り行ったのは大臣（閤内大臣、のちの内弁）であり、大臣を除く参議以上は内裏での儀式における主たる参列者であった。内裏での天皇の動静を主とした御所記録の作成は中務省の内記が行っていたが、弘仁六年正月から外記も内裏での儀式に際し記録を採り、大臣の顧問に備えることになった。内裏での儀式を大臣が執り行うことを契機として外記は内裏に伺候するようになった。

このような歴史的経緯のなかから外記政が生まれてくる。三省申政や弁官申政などは本来朝堂院で行われる政務であったが、内裏侍候の日常化によって公卿が朝堂院や太政官曹司で聴政しなくなったため、外記は公卿が日常的に侍候する内裏近くに候所（太政官候庁、のちの外記庁）を設け（図19）、公卿の聴政を確実に行うようにしたが、当初それは制度外の存在であった。しかし弘仁一三年四月には、候所での政務でとられる弁官・外記らの称唯作法を太政官曹司での作法と区別し略式で行うことを決め、候所での聴政を制度的に略儀として位置付けた。これが外記政の制度的成立である。⑸ 候所での公卿聴政がそれ以前に遡ることはもちろん上述のとおりである。なお、外記が諸司を候所に召して下す宣旨が弘仁年間に初出することから、ほぼ同じころに外記庁が成立したとの推定もある。⑹

律令制は文書を用いて政務を行う文書主義が基本であるが、公卿の聴政で主要な政務、三省申政や弁官申政などは奈良時代以来の口頭で読申と処分を行う様式が原則で、朝堂院や太政官曹司での聴政はもちろん、平安時代初めには行われていた候所での聴政も口頭によって行われた。しかし奈良時代を通じて次第に文書主義が浸透してくると、平安時代初めに諸司では史生が職・寮・司などの実務担当官司に一斉に配置されてゆき、太政官でも聴政の様式に変化が生じ、口頭による聴政から文書を用いた申文刺文と呼ばれる政務の様式が生まれた。⑺ 吉川真司によれば、口頭による聴政は音声による共同意思の形成に必要な政務の様式であった。しかし八世紀後半から九世紀初めにかけて上卿による単独決裁に変わり、それに適応した申文刺文なる政務の様式が生まれた[78]。これは単なる聴政の様式の変化に止まらず、その背後に文書主義の浸透による官司の構造の変化（上級官人と実務官人との分離）、運営理念の変容（「共知」「参議」理念の変容）という大きな転換があった。そして、やがてそれは一〇世紀に向けてさまざまな新しい制度を生み出してゆくことになる[79]。

5　使・所の常置化と別当制の始まり

奈良時代には太政官制の枠内に常置の令外官司が設置され、律令施行後のさまざまな事態に対応した。しかし平安時代に入ると新たに令外官司を設けることはなくなり、代わって常置の官司でなかった使や本来官司の内部組織であった所などが、太政官制の枠外に律令官司と系統を異にする組織として置かれ、常置化されていった。

使は文字どおり中央から地方や外国に派遣された使者が本義で、律令に規定のある太政官の巡察使以外に、節度使・征夷使・征東使や遣唐使・遣新羅使のように天皇から全権を委任されて派遣された軍事・外交使節など、臨時に編成されて派遣され、所期の目的を達したのち帰還し、天皇への奏聞を行ったあとで解散される非常置の組織であった。

しかし平安時代初めに設置された勘解由使や検非違使は中央の職として、やがて常置化され国家を支える組織となってゆく。検非違使は弘仁七年ころ、指名を受けた左右衛門府の尉二人と府生二人からなる小規模な専門組織として設置されたが、九世紀後半の貞観年間を画期として、本来衛府がもっていた軍事的機能とともに、弾正台と刑部省・囚獄司など司法関係諸司の機能を吸収して組織・職務の拡充が図られ、京中の治安維持に必要な警察・裁判両権を一手に掌握するに至る[80]。また勘解由使は、館舎が太政官曹司に設けられたように、延暦一六年ころの設置時には、弁官の機能の一部を分離独立させた専門組織であったが、やがて天長元年（八二四）再置以降、常置化とともに組織・職掌が整備・拡充されていった。両使は別当を介して天皇に直接上奏しうる権限を有し、その点で軍事や外交のために派遣された使と同じであった。

太政官制外で天皇に直結した組織が常置化され、規模の拡充、機能・権限の拡大が行われることによって、太政官制とそのもとにある諸司の機能や権限は次第に低下してゆくこととなった。特に行政を集中的に管理する機能を期待されていた弁官の機能低下は著しく、弁官に代わって外記の機能が拡大され、太政官における人事面や使所の統率を進めていった。(81) また天皇が血縁や人格で直接的に結びついた公卿や弁官らをこれらの別当に任じ、彼らを介して政治を主導する、太政官制とはまったく異なる別当制もこのころ始まる。(82)

一方、奈良時代から官司内の下部組織として置かれていた所は、蔵人所を代表として国家組織運営のため表舞台に登場するようになる。蔵人所は本来、天皇供御や殿上使用の物品の徴収・保管・管理・出給を担当する存在であったが、九世紀を通じて蔵人所・蔵人が内侍司・内侍に代わって内裏、内廷、そして天皇家家産の掌握を推し進めてゆく。そして一〇世紀以降蔵人を所々の別当に充て多くの所々を管轄下におく所々別当制が成立したことによって、蔵人所が内侍司に代わって天皇の勅を奉じ、内裏に伺候する諸司や所々の官人に対し召仰によってさまざまな政務の指示を出すようになっていった。(83)

6　氏の変質と新しい家の創出

天智・天武両朝から大宝律令制定までの間に、氏は国家の支配集団を構成する新しい政治組織として確定されていった。氏は原則、畿内に本拠地をもつ父系の出自集団で、律令制定後には忌寸以上の姓を有し、五位以上の貴族を出すことで支配集団の一員たりえた。律令官僚制の建て前は、貴族・官人個人を対象に位階と官職を与え個人として天皇に奉仕することになっていたが、現実は律令制定時すでに諸氏中の有力な氏々が国家の要職を占め（参議制の成立）、それを再生産しうる（官人の任用・昇進における族姓の重視、蔭位制など）体制が構築されていた。(84) また三位以上の貴族個人を対象に設置された公的家も、五位以上への宅の設置によって一つの氏に一つの家とされ、氏と原理的には重複する存在であった。

しかし八世紀に氏は父系出自集団としてさらに深化し、細分化・再編され、八世紀末から九世紀初めに構成原理を両属性から父系へと大きく変えるとともに、内部に永続する経営体に転化していない未熟な家を含む新しい氏となっていった[85]。このような畿内に根拠をもつ氏の変質は、山背への遷都によって畿内の氏が特に拠っていた大和から切り離されていったことと関わりをもち、畿内自体が崩壊してゆくことに繋がる。

ほぼ八世紀を通じ、氏がまだ律令制以前から続く特定の職掌と結びつけられ、特定官司の官に任ぜられる体制が存続していたが、八世紀末から九世紀初めにかけてこのような体制は氏の変質によって崩壊していった。

諸陵寮は天平元年天皇・皇后・外戚らの陵墓管理をおもな職掌とする諸陵司が昇格して成立したが、その四等官の任官に顕著な特徴がある[86]。宝亀二年（七七一）まで、他氏を圧倒して土師氏が諸陵寮四等官に任じられ、氏として諸陵寮の実務を実質的に担っていたと言ってよい。また土師氏は律令制以前天皇の喪葬をつかさどり、律令制下では諸陵司の伴部土部の負名氏となっていた。しかし宝亀二年以後土師氏に代わって王氏や真人姓の任官が続き、延暦二三年以降は藤原氏を中心に諸氏から任ぜられるようになる。これは諸陵寮が土師氏の担う官司から特定の氏に依存しない律令的原理に基づく官司となったことを意味する。

土師氏は臨時に陵墓に派遣される献物・奉幣などの使に単独あるいは他氏とともに任ぜられたが、その最後が宝亀三年である。時期は下るが、延暦一六年に土師氏は荷前使への任命を忌避・辞退し、また凶事である喪葬と関わることを太政官符によって止められている[87]。また天応元年先祖の業を伝える土師の名を棄て居地の名によって菅原と改めたのを皮切りに、九世紀中ごろまでに次々と土師を棄てて菅原・秋篠・大江に改め、陵墓の管理と祭祀などに当たる氏としての伝統を放棄し、また姓を伝統ある職掌を果たす氏にふさわしい宿祢から天皇に仕える官僚にかなった朝臣へとかえ、新しい菅原・秋篠・大江の三氏となっていった。

一方、公的家は男女を問わず貴族個人を対象に設置され、三位以上を帯びる女性の家の存在と経済活動・写経事業を八世紀半ばにも確認できる（聖武の藤原南北両夫人家など）。これは夫婦が同居せず、別産を基本として別々の家を構成する支配階層のあり方により、そのような貴族夫婦のあり様は死後にも及んだ(88)。「藤原」京や平城京では、貴族は本貫や氏の本拠地と関わりなく、大和国の盆地縁辺に設けられた葬地に埋葬されが、夫婦がともに貴族である場合でも、夫婦であることと関わりなくそれぞれ郡を異にする遠く離れた葬地に埋葬された。長岡京でもこの原則は守られたが、平安遷都後、貴族夫婦の墓は夫婦別墓であっても同郡・同郷に営まれ、あるいは郡を異にした場合でも近接して営まれ、さらに同氏夫婦では兆域を共有する墓も出現した。この変化は、夫婦ともに貴族である場合でもそれぞれを貴族として別個に埋葬する方針を捨て、新たに夫婦を一つの単位とする埋葬が行われるようになったことを意味する。

ここで特に注目されるのは藤原百川・諸姉夫婦の場合である。藤原百川は宝亀一〇年平城京で死去しているから、その墓は平城京にともなう大和国の葬地に営まれたはずであるが、『延喜式』巻二一諸陵寮所載の陵墓の歴名では夫婦の墓は相楽郡に所在すると明記している。百川に改葬地として山城国相楽郡の田を与えたのは平安遷都後の延暦一六年であるが、平安京の葬地が相楽郡に設定されことは他にうかがえない。むしろ相楽郡は長岡京の葬地であったと考えられることから、延暦五年に長岡京で亡くなった妻諸姉がさきに相楽郡に葬られ、そののち延暦一六年になって百川が妻の埋葬地である相楽郡に改葬されたと推定できる。百川・諸姉夫婦の事例が同じ墓や近接した墓に貴族夫婦を葬った最初の事例であることに注目するなら、桓武の強い意思で、百川改葬を梃子として貴族夫婦が公的家を前提に死後もそれぞれ個別の墓を営むのを改め、死後には夫婦を同じ墓あるいは互いに近接した墓に葬るように変えたと考えられる。これはまさしく夫婦二人からなる新しい家の創出を意味した。上述した男女隔別政策と表裏一体をなすかたちでここにも儒教的思想の存在を認めることができる。桓武はまさに新しい貴族社会を築く原理として儒教思想に大きな役割を期待していたといえよう。

むすび

奈良時代末から平安時代初めに行われた官僚制の再編は、いずれも内裏＝天皇を中心に進められた点に共通する特徴がある。

①　天皇制が抱えていた譲位と太上天皇制の矛盾は平安時代初めに克服され、太上天皇が譲位とともに宮城を去り独自の組織をもつ院に住むようになって、太政官制は天皇のみに奉仕する体制に一元化された。また天皇の居所内裏では奈良時代末に皇后宮と後宮が相次いで成立し、天皇とキサキたちの内裏での同居が始まったが、それは女性が最終的に政治の世界から疎外され、政治の場から姿を消すことを意味した。そして、やがて皇后を頂点とする新たな女性の世界が平安時代初めの内裏で形成されることになった。奈良時代、天皇・太上天皇・皇后は皇権の掌握をめぐってしばしば対立したが、平安時代初めに天皇の優越が確立され、それにともない官僚制も整序された。

②　奈良時代末ころから公卿が天皇の侍臣化するのにともない、朝堂院での政務はもちろん、太政官曹司での執務も次第に形骸化し、代わって彼らが聴政する場を内裏近くに求め、外記・弁官も伺候する外記庁が成立し、やがて外記政が生まれた。これは太政官制の主要部分が内裏＝天皇に吸収されてゆくことを意味した。また律令制の原則である文書主義が浸透し太政官や諸司の構造・執務のあり方も大きく変化した。この過程で八省の形骸化、官人の上下分化が進行するとともに、太政官制の枠外に使・所を設け別当を置き、天皇が直接これらを掌握する別当制が生み出された。奈良時代末から平安時代初めにかけて起こった官僚制の変質は、やがて政治の姿を次第に平安時代中期以降のあり方へと近づけていった。

③　①②のような変化が生じた背景には、律令制を実質的に支えていた氏や律令制の建て前をもっともよく表していた公的家など支配階層自体の大きな変化があり、さらにそこには中国的な儒教思想を国家の基本に据えようとする桓武の強い意思も働いた。

長岡・平安両宮都は、ちょうど官僚制の再編期の初めに相次いで造営された。桓武は両宮都の造営を通じてみずからの理想、伝統的な考えを中国的な思想で包み込み調和させようとし、安定した宮都を地上に実現しようとした。それが平安京と平安宮であった。

注

(1) 宮都は日本古代都城の固有なあり方(宮室から都城へ展開)を表す用語として岸俊男が提唱した。今日宮都は研究者のあいだで定着しているが、本章では構造的に宮城と都城を区別し、両者を一体として表記するときに宮都と記す。

(2) 日本最初の宮都は藤原京と表記されているが、それは喜田貞吉が藤原宮にともなう宮都を書き表すために提唱した学術用語であって、藤原京と記した古代の確実な史料はない(喜田貞吉『帝都』日本學術普及會、一九三九年・『藤原京』鵤故郷舎出版部、一九四二年)。それゆえ本章では日本最初の宮都を「藤原」京と記す(拙稿「「藤原京」造営試考―「藤原京」造営史料とその京号に関する再検討―」『研究論集』Ⅺ、奈良国立文化財研究所学報第六〇冊、奈良国立文化財研究所、二〇〇〇年、本書第一章)。

(3) 虎尾達哉「律令官人社会における二つの秩序」『律令官人社会の研究』塙書房、二〇〇六年。

(4) 市川理恵『古代日本の京職と京戸』吉川弘文館、二〇〇九年、北村優季『平城京成立史論』吉川弘文館、二〇一三年。

(5) 日本史研究者の本章に関わる単著のおもな研究業績を挙げれば、岸俊男『日本古代宮都の研究』岩波書店、一九八八年・『日本の古代宮都』岩波書店、一九九三年、狩野久『日本古代の国家と都城』東京大学出版、一九九〇年、鬼頭清明『日本古代都市論序説』法政大学出版局、一九七七年・『古代木簡と都城の研究』塙書房、二〇〇〇年、今泉隆雄『古代宮都の研究』吉川弘文館、一九九三年、拙著『平安宮成立史の研究』塙書房、一九九五年・『古代宮都の内裏構造』吉川弘文館、二〇一一年、寺崎保広『古代日本の都城と木簡』吉川弘文館、二〇〇六年などがある。また、考古学研究者による主要な研究単著には、山中章『日本古代都城の研究』柏書房、一九九七年・『長岡京研究序説』塙書房、二〇〇一年、林部均『古代宮都形成過程の研究』青木書店、二〇〇一年、小澤毅『日本古代宮都構造の研究』青木書店、二〇〇三年、井上和人『古代都城制条里制の実証的研究』学生社、二〇〇四年・『日本古代都城制の研究―藤原京・平城京の史的意義』吉川弘文館、二〇〇八年、堀内明博『日本古代都市史研究―古代王権の展開と変容』思文

閣出版、二〇〇九年、山田邦和『京都都市史の研究』吉川弘文館、二〇〇九年、網伸也『平安京造営と古代律令国家』吉川弘文館、二〇一一年、國下多美樹『長岡京の歴史考古学研究』吉川弘文館、二〇一三年などがある。

(6) 坂上康俊「日唐律令官僚制の比較研究」大津透編『律令制研究入門』名著刊行会、二〇一一年で、中央官制を対象に日唐比較研究の視点を採り入れたまとめがある。

(7) 奈良時代後半から平安時代初めの官僚制の変質について、本章で参照したおもな単著の研究業績を挙げれば、早川庄八『日本古代官僚制の研究』岩波書店、一九八六年・『宣旨試論』岩波書店、一九九〇年・『日本古代の文書と典籍』吉川弘文館、一九九七年、春名宏昭『律令国家官制の研究』吉川弘文館、一九九七年、古瀬奈津子『日本古代王権と儀式』吉川弘文館、一九九八年、吉川真司『律令官僚制の研究』塙書房、一九九八年、大津透『古代の天皇制』岩波書店、一九九九年、玉井力『平安時代の貴族と天皇』岩波書店、二〇〇〇年、佐藤全敏『平安時代の天皇と官僚制』東京大学出版会、二〇〇八年、大隅清陽『律令官制と礼秩序の研究』吉川弘文館、二〇一一年などである。

(8) 奈良時代末期の平城宮改作については、拙稿「平城宮の内裏」注(5)拙著『古代宮都の内裏構造』。

(9) 「東院地区の調査―第五〇三次」『奈良文化財研究所紀要』二〇一四、奈良文化財研究所、二〇一四年では、東院地区の遺構変遷を六時期に分けて図化し、第六期の遺構群について復元案を示して楊梅宮との関連を検討している。

(10) 発掘調査成果については、『平城宮発掘調査報告』XIII、奈良国立文化財研究所学報第五〇冊、奈良国立文化財研究所、一九九一年。また内裏の構造やその変遷の意義については、拙稿「平安宮内裏の成立過程」注(5)拙著『平安宮成立史の研究』・「日本の古代宮都―内裏の構造変遷と日本の古代権力―」注(5)拙著『古代宮都の内裏構造』および本書第二章。

(11) 玉井力「女御・更衣制度の成立」『名古屋大学文学部研究論集』五六、一九七二年。

(12) 従来、平安宮の後宮は常寧殿を中心とする七殿から造られはじめ、承香殿や飛香舎・凝華舎が造営されたのは弘仁九年以後のことで、五舎は必要に応じて建て増し整備されていったと考えられてきた(瀧浪貞子「平安京の移り変わり」吉村武彦・吉岡眞之編『新視点　日本の歴史』三(古代編Ⅱ)、新人物往来社、一九九三年、加藤友康「平安遷都と平安宮の政務」西山良平・鈴木久男編『恒久の都　平安京』古代の都三、吉川弘文館、二〇一〇年)が、それは誤りである。

(13) 吉川真司「律令国家の女官」『日本女性生活史』第一巻(原始・古代)、東京大学出版会、一九九〇年。

(14) 笠井純一「「山城遷都」に関する疑問」『続日本紀研究』二二四、一九八二年。
(15) 山中章「都城の展開」「条坊制の変遷」山中注(5)『日本古代都城の研究』。
(16) 稲田孝司「古代都宮における地割の性格」『考古学研究』一九―四、一九七三年。
(17) 山中章「長岡京東院の構造と機能―長岡京「北苑」の造営と東院―」『日本史研究』四六一、二〇〇一年。
(18) 辻純一「長岡京条坊復原における一考察」『研究紀要』第一号、(財)京都市埋蔵文化財研究所、一九九五年、岩松保「長岡京条坊計画試論―均等宅地型モデルの場合―」『京都府埋蔵文化財情報』第六一号、(財)京都府埋蔵文化財調査研究センター、一九九六年など。現在もっとも新しい修正案は、國下多美樹「長岡京型条坊制の新復原」龍谷大学考古学論集刊行会編『龍谷大学考古学論集』Ⅱ、二〇一二年。
(19) 山中章は「北苑」と推測した(山中注(17)論文、山中注(5)『長岡京研究序説』)が、「北苑」と考えるには適合的でない。拙稿「日本古代宮都の苑池概観」橋本義則編『東アジア都城の比較研究』京都大学学術出版会、二〇一一年参照。
(20) 堀内明博・(財)古代學協會・古代學研究所編『東院跡の調査・研究』古代學研究所研究報告第七輯、二〇〇二年、『長岡京跡左京北一条三坊二町』向日市埋蔵文化財調査報告書第五五集、(財)向日市埋蔵文化財センター、二〇〇二年。
(21) 清水みき「長岡京造営論―二つの画期をめぐって」『ヒストリア』一一〇、一九八六年、山中章「長岡京の諸段階」「宮城中枢部の構造」山中注(5)『長岡京研究序説』。
(22) 國下多美樹「長岡京―伝統と変革の都城」吉村武彦・山路直充編『都城　古代日本のシンボリズム　飛鳥から平安京へ』青木書店、二〇〇七年、梅本康広「長岡京」注(12)『恒久の都平安京』。
(23) 古閑正浩「長岡京の造瓦組織と造営過程」『考古学雑誌』九五―二、二〇一一年。
(24) 國下多美樹・中塚良「長岡宮の地形と造営―丘と水の都―」『都城』一四、(財)向日市埋蔵文化財センター、二〇〇三年。
(25) 『長岡宮「翔鸞楼」・修理式遺跡』向日市埋蔵文化財調査報告書第七五集、(財)向日市埋蔵文化財センター、二〇〇七年。
(26) 金子裕之「長岡宮会昌門の楼閣遺構とその意義」『古代都市とその形制』奈良女子大学二一世紀COEプログラム集 Vol.一四、二〇〇七年。
(27) 大津注(7)著書、大隅注(7)著書。

(28)『長岡宮推定「西宮」』向日市埋蔵文化財調査報告書第九一集、(財)向日市埋蔵文化財センター、二〇一一年。
(29) 國下多美樹「内裏の構造」國下注(5)著書で、「西宮」を大極殿の西に求める考えが発掘調査に基づき示されていたが、「西宮」に想定する具体的な遺構には訂正が必要となった。
(30) 古瀬奈津子「宮の構造と政務運営法—内裏・朝堂院分離に関する一考察」『史学雑誌』九三—七、一九八四年、吉田歓「天皇聴政と大極殿」『日本史研究』四四六、一九九九年。
(31) 國下注(29)論文。
(32) 加藤注(12)論文。
(33) 辻純一「条坊制とその復元」角田文衞監修、(財)古代學協会・古代學研究所編『平安京提要』角川書店、一九九四年。
(34) 網伸也「平安京の造営計画とその実態」『考古学雑誌』八四—三、一九九九年。
(35) 上村和直「平安京の変容」『帝塚山大学考古学研究所研究報告』XIV、二〇一二年。
(36) 横山卓雄「京都盆地の自然環境」注(33)『平安京提要』、八賀晋「古代都城の占地について—その地形的環境」『学叢』創刊号、京都国立博物館、一九七九年。
(37) 網注(34)論文。
(38) 上村和直「平安宮の衰微」『研究紀要』一〇、(財)京都市埋蔵文化財研究所、二〇〇七年。
(39) 網伸也「平安京の構造」注(12)『恒久の都平安京』。
(40) 家崎孝治「平安宮大極殿の復原」杉山信三先生記念論集刊行会編『平安京歴史研究』杉山信三先生米寿記念論集、真陽社、一九九三年。
(41) 網伸也「平安京造営と瓦生産」『古代文化』五七—一一、二〇〇五年。
(42) 網注(41)論文。
(43) 拙稿「平安宮草創期の豊楽院」注(5)拙著『平安宮成立史の研究』。
(44) 山本雅和「平安宮中和院」『平安京跡発掘調査概報平成元年度』京都市文化観光局、一九九〇年。
(45) 井上光貞「日本の律令体制」『岩波講座　世界歴史』六(古代六)、岩波書店、一九七一年。

(46)　長山泰孝「古代貴族の終焉」『続日本紀研究』二一四、一九八四年。

(47)　佐藤宗諄「平安初期の官人と律令政治の変質」『史林』四七―五、一九六四年・「嵯峨天皇論」『平安前期政治史序説』東京大学出版会、一九七七年。

(48)　笹山晴生「平安初期の政治改革」『岩波講座　日本歴史』三(古代三)、岩波書店、一九七六年。

(49)　早川注(7)著書三点。なお、太政官符の形態の理解については吉川注(7)著書による厳密な批判があり、もはや早川説はそのままでは成立ち得ない。

(50)　林陸朗『桓武朝論』雄山閣、一九九四年。

(51)　近年における桓武朝の新しい研究成果の専著として、井上満郎『桓武天皇』ミネルヴァ書房、二〇〇六年、西本昌弘『桓武天皇造都と征夷を宿命づけられた帝王』山川出版社、二〇一三年がある。

(52)　太上天皇制については、春名宏昭「太上天皇制の成立」『史学雑誌』九九―二、一九九〇年・「平安期太上天皇の公と私」『史学雑誌』一〇〇―三、一九九一年・「「院」について―平安期天皇・太上天皇の私有財産形成」『日本歴史』五三八、一九九三年など参照。

(53)　拙稿「恭仁宮の二つの「内裏」―太上天皇宮再論―」『山口大学文学会志』五一、二〇〇一年(本書第三章)。

(54)　甲賀市教育委員会「史跡紫香楽宮跡(宮町遺跡第四〇次)発掘調査現地説明会資料」二〇一二年。恭仁宮とやや異なる形態であるのは宮城の規模に制約された結果で、天皇と太上天皇の正殿を同じ区画の東西に並置している。

(55)　高取正男『神道の成立』平凡社、一九七九年は、八世紀末から九世紀にかけて、伊勢神宮が単なる皇祖神でなく、皇室の祖先を祀る宗廟として位置付け直されるとしている。

(56)　縁の松原は伊勢神宮内外両宮における式年遷宮のように、内裏とそれを建て替える際の代替地として用意されたとする考えもある(瀧浪貞子「歴代遷宮論―藤原京以降における」『史窗』三六、一九七九年)。

(57)　拙稿「平安宮の中心―中院と縁の松原をめぐる憶説―」朧谷寿・山中章編『平安京とその時代』思文閣出版、二〇一〇年(本書第六章)。

(58)　吉川注(13)論文。

(59)　野村忠夫・原奈美子「律令宮人制についての覚書―「宮人」と「女官」―」『続日本紀研究』一九二、一九七七年。

(60) 吉川注(13)論文。
(61) 目崎徳衛「仁寿殿と清涼殿」『宇津保物語研究會會報』三、一九七〇年。
(62) 天皇が南面する仁寿殿を避け、清涼殿を常御殿に選んだ理由は判然としない。仁寿殿の東副屋綾綺殿は東に神鏡を奉安する賢所のある温明殿があり、ここに出御した時天皇は西面せざるを得なくなる。また後述するように、平安時代初めから公卿の侍臣化と並行して聴政の場が内裏に近い外記庁に移り、公卿らが内裏に出入するために建春・延政両門を用い、除目などで公卿らの用いる議所が宜陽殿に設けられ、内裏の中軸線以東が公卿による内裏での日常的な政務の空間になってきたことなどから、清涼殿以外に選択肢はなかったのではないか。
(63) 佐藤全敏「宮中の「所」と所々別当制」佐藤注(7)著書。
(64) 八世紀前半には女性はまだ政治的地位を保持し、八世紀半ばにおいても男女が揃って奉仕する形態が道理にかなうとの強い通念があった。義江明子「日本古代の氏と「家」」『日本古代の氏の構造』吉川弘文館、一九八六年。
(65) 『続紀』天平元年正月壬辰朔条の元会への群臣と並んでの内外命婦の参加、宝亀二年一一月乙巳条の大嘗会で五位以上とともに賜禄されたことなど。
(66) 『続紀』慶雲四年二月甲午条では天皇の大極殿出御のもと「成選人等」「親王已下五位已上男女一百十人」に位階が与えられ、また宝亀七年正月丙申条では男女を分かち男性、女性の順で授位が行われ、儀式が終わったあとで五位已上を対象に賜宴・賜禄も行われたことなど。
(67) 『続紀』延暦四年正月癸卯条では男性のみを対象に宴と叙位が行われ、その二日後の乙卯条では女性のみの叙位が行われており、これ以降、男女は日を異にして叙位されるようになり、女性のみを対象とする叙位はやがて弘仁年間に式日が正月八日に固定化し、女叙位が成立する。女叙位については岡村幸子「女叙位に関する基礎的考察」『日本歴史』五四一、一九九三年参照。
(68) 拙稿「「後宮」の成立―皇后の変貌と後宮の再編―」村井康彦編『武家と公家―その比較文明史的考察―』思文閣出版、一九九五年(注(5)拙著『古代宮都の内裏構造』所収)。
(69) 藤森健太郎「日本古代元日朝賀儀礼の特質」『史学』六一―一・二、一九九二年。
(70) 『内裏儀式』『内裏式』『儀式』『延喜式』など。拙稿注(68)論文および栗林茂「皇后受賀儀礼の成立と展開」『延喜式研究』八、一九九三年。

(71) 『延喜式』巻一三中宮職の皇后受皇太子朝賀儀は、皇太子がすでに元日に天皇に対して朝賀を行っているから、もし皇后が元日朝賀儀に出御しているなら成立しえない儀式である。

(72) 正史のなかで皇后の紫宸殿での儀式への出御が確認できるのは、皇后藤原乙牟漏が桓武とともに長岡宮内裏(西宮)の前殿に出御した皇太子安殿親王元服儀(『続紀』延暦七年正月甲子条)が最後である。

(73) 『類史』延暦一五年三月庚戌条の勅、『類聚三代格』巻一九禁制事所収延暦一六年七月一一日太政官符(『紀略』・『類史』延暦一六年七月甲午条の勅)・延暦一七年一〇月四日太政官符など。

(74) 岸俊男「朝堂の初歩的考察」『橿原考古学研究所論集　創立三五周年記念』吉川弘文館、一九七五年・「律令国家と都城」『岩波講座　日本歴史』二(古代二)、岩波書店、一九八八年。

(75) 拙稿「「外記政」の成立―都城と儀式―」『史林』六四―六、一九八一年(拙著注(5)『平安宮成立史の研究』所収)。

(76) 大隅清陽「弁官の変質と律令太政官制」『史学雑誌』一〇〇―一一、一九九一年。

(77) 吉川真司「申文刺文考―太政官政務体系の再編成について―」『日本史研究』三八二、一九九四年。

(78) 吉川注(77)論文。

(79) 吉川注(77)論文。

(80) 検非違使に関する研究は、近年、前田禎彦によって精力的に進められてきた。前田「平安時代の法と秩序―検非違使庁の役割と意義―」『日本史研究』四五二、二〇〇〇年など。

(81) 大隅注(76)論文。

(82) 佐藤全敏「諸司別当制からみた律令官制の変容」佐藤注(7)著書。

(83) 佐藤注(63)論文。

(84) 青木和夫「浄御原令と古代官僚制」『古代学』三―二、一九五四年。

(85) 義江明子「双系制と両属性」義江注(64)著書。

(86) 拙稿「律令国家と喪葬―喪葬官司と喪葬氏族の行方―」栄原永遠男・西山良平・吉川真司編『律令国家史論集』塙書房、二〇一〇年（本書第一一章）。

(87)　清水みき「外戚土師氏の地位―桓武朝の皇統意識に関わって―」注(57)『平安京とその時代』。

(88)　拙稿「古代貴族の営墓と「家」―『延喜式』巻二一諸陵寮陵墓条所載「陵墓歴名」の再検討―」笠谷和比古編『公家と武家Ⅱ―「家」の比較文明史的考察―』思文閣出版、一九九九年（本書第一二章）。

第六章　平安宮の中心
――中院と縁の松原――

はじめに

桓武天皇は二五年余りの在位中に二度の遷都を行い、三所の宮都に居した。すなわち、天応元年(七八一)平城宮において即位し、その後内裏の改作を行った。[1] しかし、延暦三年(七八四)ついに大和国を離れ、山背国で造営を開始していた長岡京に遷った。それから一〇年足らずして、桓武天皇はふたたび同じ山背国の葛野郡宇太村で宮都の造営をはじめ、延暦一三年、二度目の遷都を敢行した。この新しい宮都は、遷都後「子来之民、謳歌之輩、異レ口同レ辞、号曰二平安京一」(『紀略』延暦一三年一一月丁丑条)い、平安京と呼ばれるようになった。[2]

このようにして造営された平安京と、その北端中央に営まれた平安宮については、複数の京図・宮城図・内裏図などが残り、古くからそれらを研究・復元するうえでもっとも基本的な史料とされてきた。そして、そこに描かれた平安宮の基本的な姿は、おおむねその当初にまで遡って考えることができると考えられ、それを支持する研究も行われてきた。[3]

それは、たしかに、桓武天皇の子である嵯峨天皇によって行われた「改二殿閣及諸門之号一」める政策(『紀略』弘仁九年四月二七日是日条)が結果的に平安宮の構造を固定化したと考えられることからも、基本的には認めざるをえない。ただ、それはあくまで弘仁九年(八一八)以降の平安宮について言えることであり、遷都当初からそれまでのあいだに変更がなかったとは言えない。実際、平安時代前期にはいく度か大きな官制の改革が断行され、官司の併合や廃止が繰り返された[4]ため、少なくとも宮内の官司の配置には変化や変更が加えられたと考えられるからである。そして、内裏については、嵯峨天皇の代に空間構造の大きな変更が行われ、それが内裏図に見られるような姿に定着したことを、かつて明らかにした(5)。さらには平安時代中期以降、内裏を中心とした宮城中枢部がたび重なる火災に遭っているから、これらの図が伝える平安京や平安宮はどれほど遡っても平安時代後期までで、当初における姿そのままではありえない。それゆえに、平安宮の造営当初の姿は、平安宮の古図だけでなく、やはり当該期の文献史料における平安宮に関する記載と、平安宮跡での発掘調査で獲られた成果とをつき合わせて考える必要がある。

本章では、平安宮の造営当初における姿に関するさまざまな問題のうち、次ぎの二点に絞って憶測をめぐらしてみたいと思う。まず第一は中院の問題である。そして、いま一つは縁の松原の存在である。いずれも後述するように、平安宮の中央付近を占める位置的に重要な施設、あるいは空間である（図20・第五章図19）。しかし、従来、これらについて必ずしも十分な検討が行われたことはなかったし、また十分説得力のある説明が行われることもなかったのではなかろうか。本章ではこれまで見過ごされてきた点を指摘するとともに、それらの点を踏まえてどのように中院と縁の松原を考えればよいのか、いささか考えをめぐらせてみたい。

一　中院をめぐる諸問題

——呼称とその占地——

（財）古代學協会・古代學研究所編『平安時代史事典』角川書店、一九九四年には、「中和院（ちゅうかいん）」（関口力執筆）の項が立てられ、次ぎのように書かれている（傍線筆者、以下同じ）。

> 平安宮内の一院。内裏武徳門の西、真言院の東に位置し、中院、神今食院とも記される。新嘗祭・神今食祭など天皇による親祭に用いられ、また神今食祭に先立つ月次祭の場として用いられることもあった。親祭は正殿である神嘉殿において行われ、天皇の出御のない場合は神祇官が用いられた（『小野宮年中行事』）。神嘉殿は渡廊で東舎・西舎に通じ、後方には北殿が設けられていた。また『北山抄』八、神今食条には「入二中和門一之比、左右近衛各一人、入レ自二腋門一開二中門一」と載せ、諸門の存在が知られ、『延喜掃部寮式』には「中和門外幄、設二大斎親王座一」との

規定を掲げる。なお康平元年(一〇五八)、天永三年(一一一二)、長寛元年(一一六三)などに火災にあったことが知られる。

これによると、まず呼称は、「中和院」と立項されていることからも中和院がもっとも一般的で、それとともに中院、神今食院も用いられたことになる。しかし、実際に、これらの呼称はどのように用いられたのであろうか。これらが並行して用いられた事実はあるのだろうか、あるいは、これらの呼称の使用に歴史的な変遷はなかったのであろうか。『平安時代史事典』だけでなく、ほかの日本史事典においても記述は大同小異であり、これまでこれらの点に十分な説明が行われることはなかった。

次ぎに、占地は「平安宮内の一院。内裏武徳門の西、真言院の東」とするが、その位置が平安宮の中心にもっとも近い施設である(図20・第五章図19)ことはなぜか書かれていない。また、構造的には、築地塀によって内裏とともに囲まれた特殊な施設であることも書かれていない。このような構造については、内裏と宮城の歴史的変遷の観点から検討を要するが、中和院が宮城図などに描かれた位置を一体いつから占めるようになったのか、そしてなにゆえにこのような位置を占めるように設けられたのであろうか。これらについても呼称と同様にまったく説明がなされていないように思う。

『平安時代史事典』では当然、執筆にあたって文字数の制限が設けられていたはずであるが、以上のように、これら中和院の歴史を考えるうえでもっとも基本的な呼称と占地の問題に十分な説明がない。しかしそれは必ずしも執筆者の責任ではなく、ほかの事典においてもほぼ状況は同じであり、むしろ、それは従来中和院に関する基礎的な研究がおろそかにされてきたことにある。

1　中院の呼称の変化——中院から中和院へ——

上記のように、『平安時代史事典』では中和院とともに中院や神今食院の称が用いられたと書かれているが、平安時代の史料を整理してみると、それほど単純ではない。

いま、平安時代の史料のうち、国史大系や故実叢書・神道大系・大日本古記録・大日本史料・史料綜覧など、刊本の史料集に基づいて、中和院と神嘉殿に関連する史料を編年順に表7に整理してみた。また、平安時代の儀式書や法制書における中和院と神嘉殿の表記についても表8に整理した。

これらによると、天皇が神今食や新嘗などの神事を行う建物は一貫して神嘉殿と記され、名称が変更された事実や様子は認められない。また、平安宮で天皇がみずから神事を執り行う建物が創建当初どのように呼ばれていたのか、当初から神嘉殿と呼ばれていたのかは明らかでないが、神嘉殿の称がもっとも遡って記されるのは、『紀略』と『類史』の天長七年一一月二一日辛卯条であり、すでにに平安遷都から三〇年以上を経ている。それゆえに、後述するように、この初見記事をもってこのころ神嘉殿、そして中和院が創設されたとする考え(6)も提出されることとなった。

一方、神嘉殿を中心建物とする区画については、中和院よりも中院の事例が圧倒的に多く、平安時代に一般的であった呼称は中和院でなく、むしろ中院であった事実を確認できる。そして、それとともに、神嘉殿を中心とした区画が当初は中院と呼ばれ、のち中和院とも表記されるようになったことも分かる。

そこで、次ぎに問題となるのは、中院はいつから中和院と呼ばれるようになったのか、また、その理由がどこにあるのかである。中和院が神嘉殿一郭を指す名称として中院よりも一般的になった時期については、たとえば、平安時代末期から鎌倉時代初期の状況を描く九条家や近衛家陽明文庫伝来の古写にかかる宮城図で、いずれも神嘉殿の一郭を「中和院」と記し、また中世、公家の百科全書とも言うべき鎌倉時代初期成立の『二中歴』でも第一〇宮城歴の院の項において「中和」とだけ書き、さらに最終的に一四世紀前半に成立した『拾芥抄』でも「中和院内裏西、号二中院一、神嘉殿天子祭二社稷神一所」と記していることなどから、すでに平安宮が廃絶してしまった一三・一四世紀ころには神嘉殿を中心とした一郭を、中院でなく中和院と呼ぶようになっていたと考えられる。そこでさらに中院がいつごろから中和院とも呼ばれるようになったのかを詳しく検討してみたい。

表7にも明らかなように、『紀略』では「中和院」はきわめて特徴的な現れ方をする。すなわち、応和三年六月一一

表7　中院・中和院と神嘉殿の表記に関する編年史料(稿)

年　月　日	典　拠	表記
延暦 23. 8 . 10 壬子	日本後紀	中院
弘仁 14.12.28	故実叢書本西宮記巻 4 裏書	斎院
天長 7 . 11. 21 辛卯	日本紀略・類聚国史 9	神嘉殿
天長 7 . 12. 11 辛亥	日本紀略・類聚国史 9	神嘉殿
天長 8 . 6 . 11 丁丑	日本紀略・類聚国史 9	中院
承和 3 . 6 . 11 戊申	続日本後紀	神嘉殿
承和 6 . 4 . 15 丙寅	続日本後紀	中院細殿
承和 7 . 11. 19 辛卯	続日本後紀	中院斎場
承和 8 . 11. 19 乙卯	続日本後紀	神嘉殿
承和 12. 6 . 11 丙戌	続日本後紀	神嘉殿
承和 12. 11. 24 丁卯	続日本後紀	神嘉殿
仁寿 2 . 2 . 19 丙辰	文徳実録	中院西門
仁寿 3 . 6 . 11 庚午	文徳実録	神嘉殿
仁寿 3 . 11. 17 癸卯	文徳実録	神嘉殿
斉衡 1 . 11. 22 癸卯	文徳実録	神嘉殿
斉衡 2 . 6 . 11 戊子	文徳実録	神嘉殿
斉衡 2 . 11. 22 丁卯	文徳実録	神嘉殿
斉衡 3 . 6 . 11 壬午	文徳実録	神嘉殿
斉衡 3 . 11. 16 乙卯	文徳実録	神嘉殿
斉衡 3 . 12. 11 庚辰	文徳実録	神嘉殿
天安 1 . 11. 22 乙卯	文徳実録	神嘉殿
貞観 2 . 6 . 11 庚寅	日本三代実録	神嘉殿
貞観 2 . 11. 15 辛卯	日本三代実録	神嘉殿
貞観 3 . 6 . 11 甲寅	日本三代実録	神嘉殿
貞観 3 . 11. 21 辛卯	日本三代実録	神嘉殿
貞観 3 . 12. 11 庚戌	日本三代実録	神嘉殿
貞観 4 . 6 . 11 戊申	日本三代実録	神嘉殿
貞観 4 . 11. 15 己卯	日本三代実録	神嘉殿
貞観 4 . 12. 11 乙巳	日本三代実録	神嘉殿

貞観 5.6.11 壬寅	日本三代実録	神嘉殿
貞観 5.11.14 癸卯	日本三代実録	神嘉殿
貞観 5.12.11 己巳	日本三代実録	神嘉殿
貞観 6.11.20 癸卯	日本三代実録	神嘉殿
貞観 7.6.11 庚申	日本三代実録	神嘉殿
貞観 7.11.14 辛卯	日本三代実録	神嘉殿
貞観 7.12.11 戊午	日本三代実録	神嘉殿
貞観 9.11.14 乙卯	日本三代実録	神嘉殿
貞観 1.12.11 壬午	日本三代実録	神嘉殿
貞観 9.6.11 戊寅	日本三代実録	神嘉殿
貞観 9.11.20 乙卯	日本三代実録	神嘉殿
貞観 9.12.11 丙子	日本三代実録	神嘉殿
貞観 10.6.11 癸酉	類聚国史 9	神嘉殿
貞観 10.11.14 癸卯	日本三代実録	神嘉殿
貞観 10.12.11 皮午	日本三代実録	神嘉殿
貞観 11.11.14 丁卯	日本三代実録	神嘉殿
貞観 11.12.11 甲午	日本三代実録	神嘉殿
貞観 12.6.11 壬辰	日本三代実録	神嘉殿
貞観 12.11.19 丁卯	日本三代実録	神嘉殿
貞観 12.12.11 戊子	日本三代実録	神嘉殿
貞観 12.12.25 壬寅	日本三代実録	中院木屋
貞観 13.6.11 丙戌	日本三代実録	神嘉殿
貞観 14.6.11 庚戌	日本三代実録	神嘉殿
貞観 15.6.16 己酉	日本三代実録	神嘉殿
貞観 15.11.18 己卯	日本三代実録	神嘉殿
貞観 15.12.11 壬寅	日本三代実録	神嘉殿
貞観 16.6.14 康午	日本三代実録	神嘉殿
貞観 16.12.13 丁卯	日本三代実録	神嘉殿
貞観 17.6.11 壬戌	日本三代実録	神嘉殿
貞観 17.11.24 癸卯	日本三代実録	神嘉殿
貞観 18.11.18 辛卯	日本三代実録	神嘉殿

元慶 1.12.11 丁丑	日本三代実録	神嘉殿
元慶 2.11.24 乙卯	日本三代実録	神嘉殿
元慶 2.12.11 壬申	日本三代実録	中院・神嘉殿
元慶 3.6.11 庚午	日本三代実録	神嘉殿
元慶 3.11.24 己卯	日本三代実録	神嘉殿
元慶 4.6.11 癸巳	日本三代実録	神嘉殿
元慶 4.11.17 丁卯	日本三代実録	神嘉殿
元慶 6.6.11 壬午	日本三代実録	神嘉殿
元慶 6.11.23 辛卯	日本三代実録	神嘉殿
元慶 6.12.11 己酉	日本三代実録	神嘉殿
元慶 7.6.11 乙巳	日本三代実録	神嘉殿
元慶 8.6.11 康子	日本三代実録	神嘉殿
元慶 8.12.11 丁酉	日本三代実録	神嘉殿
仁和 1.6.11 甲子	日本三代実録	神嘉殿
仁和 1.11.23 癸卯	日本三代実録	神嘉殿
仁和 1.12.11 辛酉	日本三代実録	神嘉殿
仁和 2.6.11 己未	日本三代実録	神嘉殿
仁和 2.11.16 辛卯	日本三代実録	神嘉殿
仁和 2.12.11 乙卯	日本三代実録	神嘉殿
寛平 1.6.11	故実叢書本西宮記巻4裏書	中院
昌泰 1.6.11	日本紀略後編1	中院
延喜 2.12.	故実叢書本北山抄巻2	中和院
延喜 3.6.10	故実叢書本西宮記巻4裏書(御記)	中院
寛平 5.11.15 己卯	故実叢書本西宮記巻6裏書	中院
延喜 6.11.18 丁卯	日本紀略後編1	中院
延喜 9.6.10 庚辰	扶桑略記裏書	中院中門
延喜 9.11.23 乙卯	日本紀略後編1	中院
延喜 10.6.11 己巳	日本紀略後編1	中院
延喜 10.12.11	故実叢書本西宮記巻4裏書	中院
延喜 11.12.11 辛酉	日本紀略後編1・西宮記巻4裏書	中院
延喜 12.12.11	貞信公記	中院

延喜 13. 6 .11	故実叢書本西宮記巻 4 裏書	中院
延喜 13.12.	故実叢書本西宮記巻 4 裏書	中院
延喜 15. 6 .11	故実叢書本西宮記巻 4 裏書	中院
延喜 16. 6 .11	故実叢書本西宮記巻 4 裏書	中院
延喜 17. 6 .11	故実叢書本西宮記巻 4 裏書	中院
延喜 17.11.16	政事要略 26	中院
延喜 18. 6 .11	故実叢書本西宮記巻 4	中院
延木 18.11.21	故実叢書本西宮記巻 6 裏書	中院
延喜 18.12.11 庚戌	日本紀略後編 1	中院
延喜 21. 7 . 9	故実叢書本西宮記巻 4 裏書	中院
延長 1 .11.15 乙卯	日本紀略後編 1	中院
延長 1 .12.11 庚辰	日本紀略後編 1	中院
延長 2 .12.25	貞信公記	中院
延長 3 .11.14	故実叢書本西宮記巻 6 裏書 政事要略 26	神嘉殿西廊 中院
延長 6 . 6 .11	故実叢書本西宮記巻 4 裏書	中院
延長 6 .11.20	故実叢書本西宮記巻 4 裏書(吏部王記)	中院
延長 6 .12.11	故実叢書本西宮記巻 6 裏書・貞信公記	神嘉殿
延長 6 .12.	故実叢書本西宮記巻 6 裏書	中院
延長 7 . 6 .11	故実叢書本西宮記巻 4	神嘉殿
延長 7 .12.11	故実叢書本西宮記巻 4	中院
天慶 1 . 6 .14	本朝世紀 2	中院
天慶 1 .11.24 丁卯	本朝世紀 2	神嘉殿
天慶 1 .11.24 丁卯	本朝世紀 2	中院
天慶 2 . 6 .11 辛巳	本朝世紀 3・貞信公記	中院
天慶 2 .11.24 辛卯	本朝世紀 4 貞信公記	神嘉殿 中院
天慶 3 .11.18	九暦	中院
天慶 5 .11.24	政事要略 26	中院
天慶 7 . 6 .11	故実叢書本西宮記巻 4 裏書	中院・神嘉殿
天慶 8 . 6 .11	故実叢書本西宮記巻 4	神嘉殿
天慶 9 .12.11	貞信公記	中院

天暦 1.12.11 辛卯	日本紀略後編 3	中院
天暦 2.6.11 戊子	日本紀略後編 3・貞信公記	神嘉殿
天暦 2.11.22 丁卯	日本紀略後編 3・貞信公記	中院
天暦 3.7.22 癸亥	日本紀略後編 3	神嘉殿
天暦 3.7.23	神道大系本西宮記巻 1 裏書	中和院
天暦 3.11.16 乙卯	日本紀略後編 3	神嘉殿
天暦 3.11.16	故実叢書本西宮記巻 6	中院
天暦 3.12.11 庚辰	日本紀略後編 3	神嘉殿
天暦 4.2.2	故実叢書本西宮記巻 7	中院北門
天暦 4.11.16	故実叢書本西宮記巻 6 裏書	中院
天徳 1.7.20 乙巳	日本紀略後編 4	中院
天徳 1.11.21 癸卯	日本紀蟷後編 4	中院
天徳 1.12.11 癸亥	日本紀略後編 4	中院
天徳 2.11.21 丁卯	日本紀略後編 4	中院
天徳 3.6.21 乙未	日本紀略後編 4	中院
天徳 3.11.14 乙卯	日本紀略後編 4	中院
天徳 3.12.11 辛巳	日本紀略後編 4	中院
天徳 4.9.23 康申	日本紀略後編 4	中院
応和 3.6.11 辛卯	日本紀略後編 4	中和院
応和 3.11.19 丁卯	日本紀略後編 4	中院
康保 1.11.19 辛卯	日本紀略後編 4	中和院
康保 2.12.11 丁未	日本紀略後編 4	中和院
康保 3.6.11 甲辰	日本紀略後編 4	中院
康保 3.11.13 癸卯	日本紀略後編 4	中院
安和 1.3.26 己酉	日本紀略後編 5	中院
安和 1.6.11 癸亥	日本紀略後編 5	神嘉殿
安和 2.11.24 丁卯	日本紀略後編 6	中和院
安和 2.11.24 丁卯	西宮記巻 1 裏書	中和門
天延 1.6.11 癸巳	日本紀略後編 6	中和院
天延 1.11.17 丁卯	日本紀略後編 6	中和院
天延 2.11.17 辛卯	日本紀略後編 6	神嘉殿

天延 3.6.11 壬子	日本紀略後編 6	中院
貞元 1.12.11 癸卯	日本紀略後編 6	中院
貞元 2.11.17 癸卯	日本紀略後編 6	中院
天元 1.6.11 甲子	日本紀略後編 7	中院
天元 1.11.22 癸卯	日本紀略後編 7	中院
天元 3.2.25 己巳	日本紀略後編 7	中院
天元 3.11.16 乙卯	日本紀略後編 7	中院
天元 3.11.22 辛酉	日本紀略後編 7	中院
天元 3.11.26	大日本史料 1-18-202	神嘉殿
天元 5.6.11 辛未	日本紀略後編 7	中院
天元 5.11.15 癸卯	日本紀略後編 7	神嘉殿
天元 5.11.17 乙巳	日本紀略後編 7	中院
永観 2.12.11 丙戌	日本紀略後編 8	神嘉殿
寛和 1.12.11 庚戌	日本紀略後編 8	中和院
寛和 2.6.11 戊申	日本紀略後編 8	中院
正暦 3.11.14 癸卯	日本紀略後編 9	中院
正暦 3.12.11 庚午	日本紀略後編 9	中院
正暦 5.12.11 戊子	日本紀略後編 9	中院
長徳 1.11.13 乙卯	日本紀略後編 10	中院
長徳 2.11.13 己卯	日本紀略後編 10	中院
長徳 3.11.18	小右記	中和院・神嘉殿
長徳 3.12.18 己卯	日本紀略後編 10	中院
長徳 4.6.2 己丑	日本紀略後編 10	中院
長徳 4.11.24 己卯	日本紀略後編 10	中院
長保 2.11.18 辛卯	日本紀略後編 10	中院
長保 2.12.11 甲寅	日本紀略後編 10	中院
長保 5.11.17 癸卯	日本紀略後編 10	中院
寛弘 1.6.11	西宮記裏書・御堂関白記	中院
寛弘 1.11.17 丁卯	日本紀略後編 11・御堂関白記	中院
寛弘 2.6.11	小右記	中院
寛弘 2.11.15 己未	日本紀略後編 11	中院
寛弘 2.11.17	御堂関白記	中院

寛弘 3．11．16 乙卯	日本紀略後編 11・小右記	中院
寛弘 9．12．11	御堂関白記	中院
長和 2．12．11	御堂関白記	中院
長和 4．11．17	小右記	中院
寛仁 2．11．21	小右記	中院
寛仁 2．12．11	小右記	中院
寛仁 2．12．12	小右記	中院
寛仁 3．11．15	小右記	中院
寛仁 3．12．11	小右記	中院
治安 1．11．20 辛卯	日本紀略後編 13 小右記	中和院 中院
治安 3．12．11	小右記	中院
万寿 1．12．11	小右記	神嘉殿
万寿 3．閏 5．8	左経記	中院垣
万寿 4．9．7	左経記	神嘉殿
万寿 5．4．3	左経記	中院
長元 1．4．3	左経記	中院
長元 1．9．4	小右記	中院南門
長元 1．11．29 己未	日本紀略後編 14・左経記・小右記	中院
長元 3．12．11 己丑	日本紀略後編 14	中院
長元 5．11．23	小右記	中院
長元 7．8．11	左経記	中院
長元 7．8．19	左経記	中院
長元 8．11．23 癸卯	日本紀略後編 14	中院
長元 9．7．14	日本紀略後編 14・範国記	中院
天喜 6．2．26	扶桑略記	中和院
永保 2．7．29 戊申	扶桑略記	神嘉殿
天永 3．12．29	殿暦	中院
長寛 1．12．13	百錬抄	中院
仁安 3．6．21	兵範記	中和院
安元 3．4．28	清獬眼抄	中和院

表8　儀式書・法制書に見る中院と神嘉殿の表記

儀式書・法制書	中院	神嘉殿
内裏儀式	中院	神嘉殿
内裏式	×	×
弘仁式(逸)	×	神嘉殿
貞観式(逸)	×	×
儀式	神今食院・中院	
延喜式	中院・斎院	神嘉殿
新儀式	×	×
西宮記	中院・中和院	神嘉殿
北山抄	中和院	
江家次第	中院	
九条年中行事		神嘉殿
小野宮年中行事	中院	
侍中群要	中院	神嘉殿

凡例　×は該当する表記が見えないことを示す。

日辛卯条に「中和院」が初見し、これ以後天延元年(九七三)までの一〇年間に集中して「中和院」が現れる。しかし、それ以後は寛和元年一二月一一日庚戌条と治安元年一一月二〇日辛卯条に「中和院」が見えるだけで、「中和院」の称はほとんど用いられず、むしろ応和三年(九六三)以前と同様「中院」の称がほとんどを占めるようになっている。このことは『紀略』が神嘉殿一郭の称を「中院」と「中和院」のいずれかに統一することなく、原史料にあった表記をそのまま用いた可能性が高いことを意味し、もしそうであるなら、応和三年から天延元年までの一〇年間に限って集中的に「中和院」が表れることになんらかの歴史的意味があることになる。

ただそこで問題となるのは、『紀略』応和三年六月一一日辛卯条より以前に「中和院」と記したかと思われる史料があることである。そのなかで時期的にもっとも遡る史料は、『北山抄』巻二の延喜二年(九〇二)一二月の記事であり、それに次ぎ応和三年六月までで「中和院」と記すのは、『西宮記』巻四恒例二裏書の天暦三年(九四九)七月二三日の記事だけである。

延喜二年十二月、御二**中和院**一、親王・参議不レ参、納言二人供二奉小忌一、(新訂増補故実叢書31「北山抄」『内裏儀式・内裏儀式疑義辨内裏式・儀式・北山抄』)

天暦三年七月廿三日、於二**中和院**一、有二神今食祭事一、(依レ穢、延引)……(後略)……(神道大系27『西宮記』)

前者は、新訂増補故実叢書では「中和院」と翻刻されているが、神道大系の『北山抄』では「中院」としつつ、校異によって「中和院」とある本があることを示している。校異の注記によれば、「中和院」とする本は、丹鶴叢書所収の『北山抄』であり、これは新訂増補故実叢書の「北山抄」の底本である。一方、神道大系の『北山抄』の底本は、平安時代末の書写にかかる前田育徳会尊経閣文庫所蔵の国宝『北山抄』巻子本である。したがって最古写の善本が「中院」としている点を採って、本来、延喜二年一二月の記事は「中院」とあったと考えるのが妥当である。

また、後者は、神道大系の『西宮記』では「中和院」とあるが、新訂増補故実叢書の『西宮記』やその底本とされた『西宮記』の最古写本である前田育徳会尊経閣文庫所蔵の重要文化財『西宮記』巻子本では、「中院」と書かれ、神道大系のように「中和院」とはない。神道大系の『西宮記』の底本は前田育徳会尊経閣文庫の大永冊子本『西宮記』であり、大永本の祖本である宮内庁書陵部蔵の壬生本『西宮記』でも「中和院」とあり、この系統の写本のもとになった本には「中和院」と書かれていた可能性が残る。

いずれにおいても最古写本で「中院」と書かれていることは明らかであり、これら二つの記事は「中院」の史料とはなりえても、この時期における「中和院」の存在を示すものではない。

このように考えると、「中和院」のもっとも遡る確実な史料は、『紀略』応和三年六月一一日辛卯条であることになる。そしてまた、すでに述べたように『紀略』ではこれ以後天延元年までの一〇年間に集中的に「中和院」が現れるが、それ以後は表7に見えるように、寛和元年一二月一一日庚戌・治安元年一一月二〇日辛卯の両条に「中和院」と見えるだけである。

以上から、神嘉殿一郭の称は本来中院であり、それが応和三年ころには中和院と記されるようになり、以後一〇年ほどのあいだ中和院と記されることが多かったが、そののち本来の称である中院と書かれるようになり、さきに指摘したように、平安時代末期から鎌倉時代初めころを境にふたたび中和院と称されるようになり、やがて中和院の称が一般化していった、と推定することができる。

さて、次ぎの問題は、応和三年から一〇年ほどの間、中院よりも中和院の称が用いられているのはなにゆえかである。

これには天徳四年(九六〇)の内裏焼亡が大きく影響しているのではないかと憶測する。

天徳四年九月二三日、平安遷都以来初めて内裏が焼亡したため、天皇は中院に入って神嘉殿に留まり火を避けたが、その後火が近づいたことによって天皇は太政官朝所を経て職御曹司に移御した。この間の詳細は『略記』や『小右記』などに引く「村上天皇御記」に書かれている。そこには、この時内裏の諸殿に納められていた累代の重物が灰燼に帰したなかで、ただ神鏡一面(あるいは三面)だけが無傷で焼け残ったと記され、それは「伊勢大神」であった(であるとされた)可能性が高い。[7] この時、内裏の建物はことごとく焼亡し、さらに中重東面に開く建春門も焼亡したが、[8] 中重の外へは火が及ばず、中院は焼亡しなかった。しかし、応和元年一二月二〇日に新造内裏に移るまでの間、そしてその後、応和三年六月一一日に天皇が中和院に出御して神今食を行うまで、天皇が出御した場所を明記する史料では天皇が神今食・新嘗で神事を執り行うために出御しているのはすべて神祇官であり、中院一郭はまったく用いられていない。

一方、元号は内裏焼亡の翌年、天徳五年二月一六日、新造内裏の殿舎・諸門の立柱前日に至り、天徳から応和に改められている。その理由については、『略記』天徳五年二月一六日庚辰条や『改元部類記』が引く「村上天皇御記」などによれば、「天徳是火神(菅原道真)号」であったためその忌みを避けたのであると言う。そして、新しい元号として呼応調和の義をもつ「応和」が選ばれたが、それに対応するかのように中院は内裏初焼亡後、初めて挙行された神今食において中和院として現れることになるのである。表7のような中和院の史料としてのあり方と改名を明記した史料がないことからすると、中院から中和院への変化を、正式の改名とできるかどうかは検討の余地があるが、調和を意味する中和院の称を用いることによって、火神による祟り、火難を避けたいとの意味がそこには込められたのではなかろうか。もし中和院がそのような意味であったとするなら、火事による内裏の焼亡後に付けるにふさわしい名称である。そして、内裏が焼亡したにも関わらず、伊勢大神の宿る神鏡一面のみが焼け残ったとの認識からすると、伊勢大神との神事の場である中院が、それゆえに中和院と呼ばれるようになったと考えることもあながち誤りとは言えないのではなかろうか。

ところで、本章の冒頭に掲げた『平安時代史事典』の記述など、日本史の事典では疑いなく書かれている「中院」と

「中和院」のよみにも問題がある。「中和院」には漢字の音で「ちゅうかいん」とよみを付しているが、一〇世紀にどのようによまれたかは明らかでない。また、「中院」によみを付す事典はほとんどないが、おそらく「ちゅういん」と音読すると考えていると思われる。しかし、これもまた確実なよみは分からない。

このように、本来のよみが分からない以上、その名称の意味を明らかにすることは難しいが、敢えて言うならば、「中院」の場合は、まず平安宮の中央にある施設を「中」で表した可能性が考えられる。しかし、それが神事に関わる施設であり、特に天皇と皇祖神の媒介によって行われる新嘗祭・神今食の神事の場であったことから、中臣の「中」と同じような意味で「中」を冠して「中院」とされた可能性の方がより高いのではなかろうか。その場合、「ちゅういん」のよみでよいかどうか、あるいは「なかのいん」とよまれた可能性がないかは熟慮せねばならない。

2　中院・神嘉殿の成立とその占地

平安宮で中院・神嘉殿が設けられる以前、新嘗や神今食の神事は一体どこで行われていたのであろうか。長岡宮に関しては、その場を明記した史料がある。それは、延暦九年六月に神今食が神祇官曹司で行われたことを記す『続紀』延暦九年六月戊申条である。

於二神祇官曹司一、行二神今食之事一、先レ是、頻属二国哀一、諒闇未レ終、故**避**二**内裏**一**而於**レ**外設**焉、

この記事では、まず当年の神今食が神祇官曹司で行われたことを記し、それに続けて「先レ是、頻属二国哀一、諒闇未レ終、故**避**二**内裏**一**而於**レ**外設**焉」と書いている点が注目される。ここに「頻属二国哀一、諒闇未レ終」とあるのは、延暦八年一二月に桓武天皇の母である皇太夫人高野新笠が、また延暦九年閏三月には皇后藤原乙牟漏が相継いで死去したため、延暦九年六月の時点ではまだその服喪の期間がいずれも満ちていないことを意味し、また続けて「故**避**二**内裏**一**而於**レ**外設**焉」とあるのは、それゆえに今回は内裏での神事執行を避け、「**外**」すなわち内裏外の神祇官曹司で神今食を行ったことを述べている。このことは、長岡宮では、通常神今食を内裏で行うことになっていたことを意味している。(9)

長岡宮で神今食など天皇親祭の神事が内裏で行われることになっていたことは、長岡宮内裏の構造を検討するうえできわめて重要な論点であるばかりか、天皇親祭を執り行う常設神殿としての神嘉殿・中院の創設の問題を考えるうえでも重要な事実である。すなわち、『続紀』のこの記事からは、内裏と別にその外に常設の神殿を設けて天皇親祭の神事を行う形態は平安宮で始められ、それ以前の長岡宮では内裏で行うのが通常の形態であったことが分かる。[10]

では、長岡宮以前の宮都では新嘗・神今食など天皇親祭の神事はどこでどのように行われたのだろうか。もし長岡宮と同様にそれらの神事が内裏で行われたとするなら、それは内裏のどこで行われたのであろうか、またそれは常設の施設であったのだろうか、それとも臨時に設けられたのであろうか。

平城宮における新嘗・神今食の場について、『続紀』など奈良時代の文献史料にはまったく記録がないが、『本朝月令』六月十一日神今食祭事が引く「高橋氏文」に載せる延暦一一年三月一九日太政官符には、平城宮においても神今食が内裏で行われていたことを示唆する内容が記されている。

> 但至二于飯高天皇御世一、霊亀二年十二月、神今食之日、奉膳従五位下安曇宿祢刀語二典膳従七位上高橋朝臣乎具須比一曰、「刀者官長年老、請立レ前供奉」、此時、乎具須比答云、「神事之日、供二奉御膳一者、膳臣等之職、非二他氏之事一」、而刀猶強論、乎具須比不レ肯、如レ此相論、聞二於内裏一、有二勅判一、「累レ世神事、不レ可二更改一、宜二依レ例行一之」、

「飯高天皇」、すなわち元正天皇在位中の霊亀二年(七一六)一二月に行われた神今食において、奉膳安曇刀と典膳高橋乎具須比が御膳供奉時の行立の順をめぐって争い、そのことが「内裏」にも聞き及んだ、とある。ここで「内裏」とは、直接には元正のことを指すが、それは彼女が内裏にいて神今食の神事を行ったことによると思われる。したがって、奈良時代の初め、平城宮においても天皇親祭の神事は内裏で行われていたと考えてよい。[11]

以上のように、長岡宮以前の宮都では、新嘗など天皇親祭の神事は内裏で行われ、平安宮で初めてそれらの神事執行のための常設神殿として神嘉殿・中院が創設されたとすると、それは具体的にいつに求められるであろうか。

かつて神嘉殿の建築に検討を加えた丸山茂は、平安時代の文献史料における神嘉殿の初見史料である『類史』および

『紀略』の天長七年一一月辛卯条の左の記事をもって、天長七年（八三〇）ころに創建されたと推定した。[12]

天皇御㆓神嘉殿㆒、以㆑申㆓如在㆒、

丸山がこの記事をもってこのころに神嘉殿は創建されたと推測した主たる根拠は、むしろ中院の初見である『後紀』延暦二三年八月壬子条の理解にある。

暴風大風、中院西楼倒、打㆓死牛㆒、

丸山は、ここに見える「中院」が朝堂院を意味すると考え、それゆえに天長七年の神嘉殿初見記事をもって創建時期を推測した。丸山がこの「中院」を朝堂院と考えた理由は次ぎの二点にある。一つは『続紀』に見える「重閣中院」の理解、もう一つはのちの中院に楼形式の建築が存在しないとの考えである。後者については、のちの中院の建築に楼形式のものがないからと言って、この時期の中院に楼形式のものがなかったとは言えないから、必ずしも根拠とはならない。むしろ楼形式の建築は当初存在したが、のちに無くなったと考えることもできる。もしそうであるならば、当初の中院の建物は中国的な建築であったが、のちに中国的色彩を払拭した建物に改められたということになる。

むしろ中院の成立を考えるにあたって重要なのは前者である。それは『続紀』宝亀四年正月癸未条の「重閣中院」の理解にある。

是日、御㆓重閣中院㆒、授㆓従五位上依智王正五位下、……（中略）……、正六位上志我戸造東人、上毛野公息麻呂並外従五位下㆒、礼畢宴㆓於五位已上㆒、賜㆑物有㆑差、

これは、正月七日白馬節会における叙位と宴に関する記事である。平安時代であるなら、白馬節会では、通常、天皇が豊楽殿に出御し、官人がまず朝庭に列立して叙位の礼が行われ、しかるのち朝堂に設けられた宴の座に就くことになるから、宝亀四年に光仁天皇が出御した「重閣中院」は朝堂院ではなく、豊楽殿に相当する天皇出御の建物であることになる。しかし、奈良時代にはまだ豊楽殿はなく、平城宮で白馬節会に際して天皇が出御した建物としては、「閤門」[13]、「南殿」[14]が見えるだけであり、これらのうち「閤門」が奈良時代後半の事例であることからすると、「重閣中院」は大極

殿閤門であるかと考えられる。かりに丸山の理解に従って「中院」が朝堂院を指すとすると、それに冠せられた「重閣」が建物の屋根構造を意味することから、朝堂院が「重閣」構造であることになるが、朝堂院全体が「重閣」であるようなことはない。したがって「重閣」に誤りがないなら、「中院」に誤りがあると考えざるを得ない。ただ問題は、天皇が出御した建物を、『続記』[15]がなぜ「重閣中院」と記したのかである。また平城宮では重閣（屋根が二重）の建物はきわめて限定される事実も「重閣中院」を推定する際に重要な点である。それゆえに「中院」をただちに朝堂院と考える[16]のではなく、むしろそれは大極殿閤門が大極殿院といわゆる朝堂院との結節点に位置することによる表記で、重閣である大極殿閤門を含む院を表したのではないかと考えたい。

さて、中院の占地にはなお問題がある。それは、さまざまな宮城図を見ても、中院は宮城の中軸線から東にずれ、ちょうどその西垣が宮城の南北中軸線上に位置していることである（第五章図19）。このように、宮城図ではなにゆえに中院が宮城の中央ではなく、中軸線を東に避けるかのような位置を占めているのかである。

平安宮跡での発掘調査[17]によれば、中院に想定される地区でのもっとも注目される成果は、中院の中央部と推定される地点で、東西四〇メートル以上の規模をもつ厚さ一メートルの掘り込み地業が確認されたことである[18]。版築の状況から、瓦葺建物の基壇ではなく、中院の中心建物である神嘉殿にともなうものではないかと考えられている。この調査でもっとも大きな問題は、地業の検出地点が宮城図に描かれたように、中院の区画の東北に偏した位置でなく（図20・第五章図19）、宮の南北中軸線上で、宮の中心からやや北、区画のほぼ中央であることである。推定されているように、この地業が神嘉殿に関わるものであったとすれば、神嘉殿が宮の中心に近い位置に存在した可能性が出てくる。今後、平安宮跡では、中院に想定される地域での発掘調査に注視する必要がある。

二　縁の松原をめぐる憶測
——占地とその由来——

平安宮の宮城図には、内裏の周囲をめぐる中重と中院の西に大きななにも描かれていない空間がある（第五章図19）。この空間の東南辺には真言院があり、また、西方には東向きの建物である武徳殿がある。おそらく、これらのあいだには明確な区画も建物もなく、広い空閑地となっていたと考えられる。ここが「縁の松原」とも「宴の松原」とも表記され、「えんのまつばら」と呼ばれた空閑地である。

『平安時代史事典』では、「宴の松原（えんのまつばら）」（瀧浪貞子執筆）の項を立て、以下のように記している。

> 平安宮の中央、内裏の西、宜秋門外にあった広場。南端に豊楽院が位置し、内裏にほぼ匹敵する広さを占める。『三実』仁和三年（八八七）八月十七日条に「縁松原」と記し、『栄花』三四にも「縁」に因む歌として「あはれにも今は限りと思ひしをまためぐりあふえんの松はら」を載せるから、「えんの松原」と呼ばれたことが知られる。豊楽院とともに、平城宮での存在は確認されておらず、位置関係からいって、内裏を建て替える際の代替地として用意された空間と考えられるが、そのことを示す記事は見当たらない。また呼称から、饗宴の場に用いられたことも推測されるが、これについても関係史料がない。前記の『三実』同日条に、縁（宴）松原で美男子に誘われて木陰に入った女性が手足を折られて首がなくなり、役人が駆けつけた時には死体もなかったという事件が記されており、「鬼物」の出没する寂しい場所となっていたようだ。中関白藤原道隆が肝試しで、宴松原あたりにさしかかったところ、得体の知れぬ声に一目散に逃げ帰ったという『大鏡』五の話は有名。『今昔』二三ノ一九にも、比叡山の実因僧都が、盗人を懲らしめるために宴松原まで自分を背負わせ、そこで月見をしたという話を伝える。平安後期以降、大内裏が衰微するにつれ、宴松原を中心に一帯は「内野」と呼ばれるようになった。

この記述では、第一に、縁の松原の占地と規模が、「平安宮の中央」を占め、「内裏にほぼ匹敵する広さ」をもつこと、第二に、その機能と由来について、「位置関係から」、「内裏を建て替える際の代替地として用意された空間」で、「呼称から、饗宴の場に用いられた」との推測を述べているが、後者については、いずれも史料に明徴がないことを率直に記している。

瀧浪は、この記述の元になった論文で縁の松原について、さらに以下の諸点を指摘している[19]。まず、縁の松原は、平安遷都当初から存在した空間であること、そしてその本来の呼称は「縁の松原」で、「宴の松原」は二次的な呼称であること、さらに、一一世紀には「鬼も出没するとうわさされるほど樹木の繁った森になっていた」こと。

以上、瀧浪が執筆した『平安時代史事典』の当該項目とその元になった論文の記述のうち、占地と規模、および呼称についての記述には基本的に問題がなく、縁の松原が平安遷都当初から存在し、「縁の松原」から「宴の松原」へと呼称が変わったとの指摘も正鵠を射たものであろう[20]。ただ、「縁の松原」が一一世紀でも本当に「鬼も出没するとうわさされるほど樹木の繁った森」であったのかどうか、さらには遷都当初からそのような「松原」であったのかどうかは明らかでない。いずれにしても宮城内にこのような大きな空閑地があること自体大きな問題であるが、さらにそこが「松原」とされていることはより大きな問題である。また、「宴の松原」が「宴」を冠することから、瀧浪は宴会に用いられた可能性も示唆しているが、それは単に「縁」を「宴」と記すようになった段階でのことであり、その可能性はほとんどないと言ってよいであろう。

さて、瀧浪の「縁の松原」に対する理解、すなわち実際には遷宮されなかったものの、内裏を建て替える際の代替地として用意された空間が縁の松原であったとする考えは、瀧浪独自の歴代遷宮論に基づく理解である。瀧浪によれば、記紀に記す歴代遷宮の慣行は律令制が整備された藤原・平城両宮においても宮内遷宮として行われ、平安時代に入っても清涼殿を解体・新築するかたちに変えて行われた、と言われる。瀧浪の言うように、遷宮の伝統が新しい宮を造営せず、御在所となる建物の改替によるようになったとするなら、平安宮でも当初予定されていたはずである「縁の松原」への遷宮は実現しなかったことになる。

しかし、瀧浪が想定するような宮内遷宮の事実を、平城宮においては容易に認めることができない。それは、平城宮内裏地区と第一次大極殿院地区における奈良時代の天皇の居所の変遷とその継続的な造営・居住を示す事実にある[21]。たしかに奈良時代の歴代天皇も基本的には即位にともない内裏を改替するため、一時的に宮内外に遷居することはあったが、それはその期間に限定された行為であり、造替終了と相前後して天皇は内裏に還御しているのである。

瀧浪のように縁の松原を遷宮予定地と考え、まさに伊勢神宮などにおける式年遷宮のごとく、宮中央部の東西対称の地に設けられた天皇の御在所間での遷宮を想定できないなら、一体どのように平安宮創建時における縁の松原の成立を考えればよいであろうか。

縁の松原の成立は次ぎのような事態に基づくのではないかと考えられる。すなわち、恭仁宮(22)で始まり、奈良時代後半の平城宮で行われた天皇の内裏と太上天皇の居所(太上天皇宮)を東西に並存させるに至った事態に、縁の松原の成立を求めるべきであると考える。

恭仁宮において、一般に「二つの内裏」と呼ばれる大極殿北方東西での二つの類似した区画の発見は、聖武天皇の天皇としての内裏と元正太上天皇の太上天皇としての新しい居所が宮の中央で並存していた状況を示しているが、やがてこの関係は元正太上天皇による難波遷都の失敗と甲賀遷都によって解消されるに至った。しかし、天平宝字年間に行われた平城宮の大改作で、淳仁天皇の中宮院と太上天皇となった孝謙太上天皇の西宮とを同規模で、しかもともに内裏の四周を囲む施設として導入されていた築地回廊をめぐらせて宮の北半中央で東西に並置したが、これは天皇と太上天皇が権力の上で並立していることを示し、やがて太上天皇によって天皇が掣肘されるに至る(23)ことともなった。その後この事態は藤原仲麻呂の乱による孝謙太上天皇の重祚、重祚した称徳天皇の崩御によって解消される。しかし平城を去り、長岡・平安両宮を営んだ桓武天皇もこれを継ぎ、内裏と太上天皇宮を宮内の中心近く東西に並置する構想をもち、平安宮では東に内裏を造営したうえで、西は太上天皇宮建設予定地として内裏と同規模の空閑地として空けておいたのではなかろうか(図20)。

このように考えた場合、問題は平安宮の直前の宮都であり、同じ桓武天皇によって造営された長岡宮の東西両宮をど(24)のように理解するかにある。従来、延暦八年の西宮から東宮への遷御は内裏の移動とだけ理解してきた(25)が、はたしてそれでよいのか再検討の必要がある。つまり、天皇が東宮へ遷御したのちの西宮は一体どのようになり、延暦一三年の平

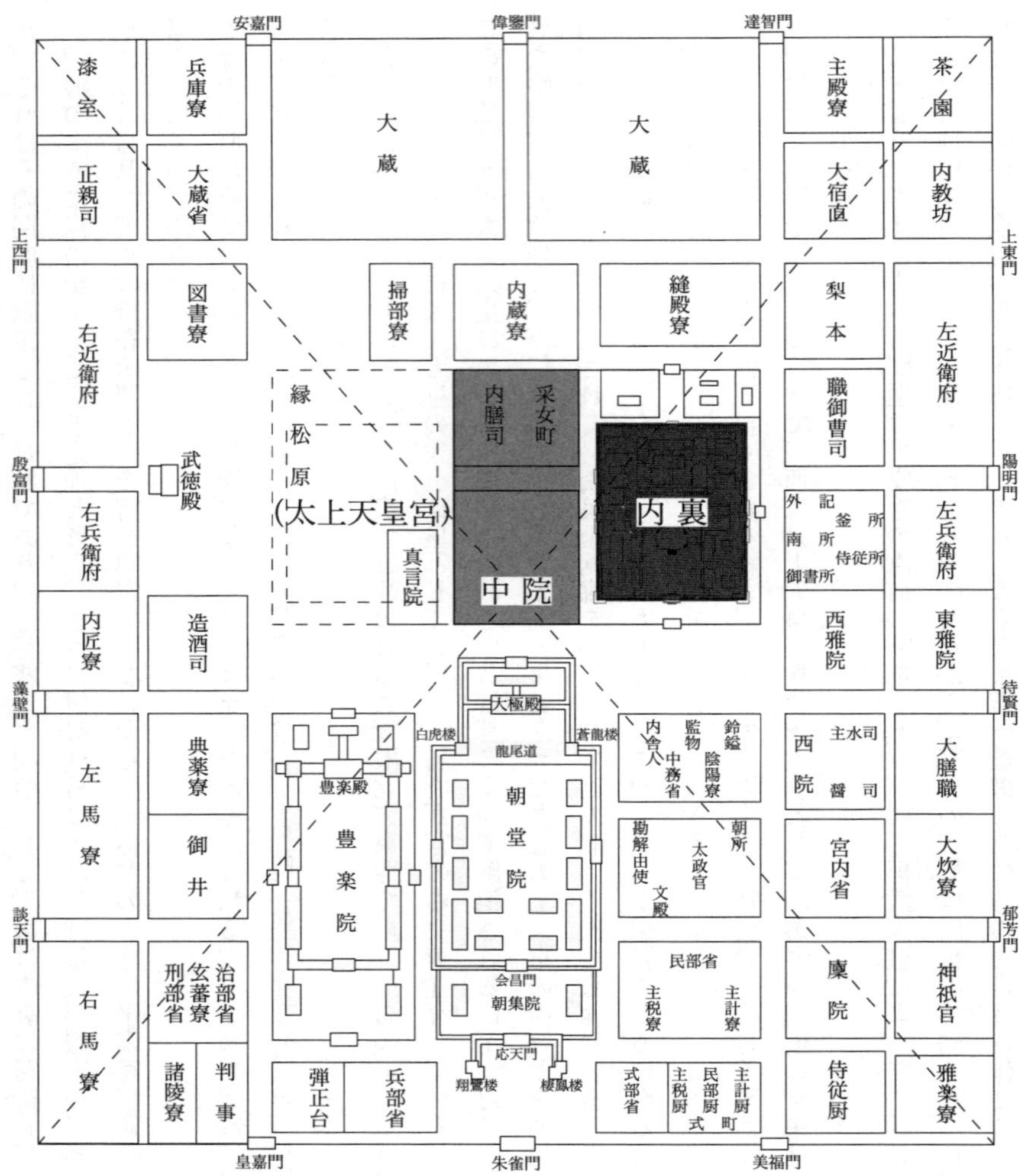

図 20　平安宮の中心と内裏・中院・縁の松原

安遷都を迎えることになったのか、また、延暦八年以後五年間ほど東宮と西宮が長岡宮の中心部で東西に固有の機能をもって並存していた可能性は考えられないのか、これらの点をこれまで十分に認識したうえで議論を行ってこなかったように思う。西宮から東宮へ移御したのは、その地形的な制約や段階的な造営による[26]と考える造営論の立場だけでなく、当初から東宮を内裏として造営し、在位中の遷御によって譲位後太上天皇として居すべき宮として西宮を空けるための行動であったと考える機能論による再評価が必要であると考える。そうであるなら、桓武天皇は長岡遷都の時点で、将来におけるみずからの譲位を考えに入れたうえで、東西両宮の並置を考えていたと見ることができ、さらにはそこに桓武天皇の政治構想の一端を垣間見ることもできるのではなかろうか。

以上、縁の松原は平安遷都当初から空閑地として内裏と対称の位置に存在し、それは譲位後の太上天皇の居所を造営するための予定地であった（図20）が、桓武天皇は譲位することなく崩御し、それを継いだ平城天皇も譲位後宮内を五遷したのち平城宮に居所を定め、薬子の変を経て体制を確立した嵯峨天皇において太上天皇はついに平安宮を退去し、宮外に居所を定めることとなった、と憶測する。

ところで、時代はやや下るが、『拾芥抄』では「宴の松原」を中巻宮城部第十九の所所の項に掲げ、その位置について「宜陽殿北、掃部寮西、仮令近衛南、朱雀西歟」と記している。[27] 字句に誤りがあるようであるが、[28] 宮城図に描かれた「宴の松原」の位置を、周囲にある施設で示している。それでは『拾芥抄』はなにゆえに「宴の松原」を所所の項で取り上げたのであろうか。『拾芥抄』の所所に列記されている所所は、内裏に存在した蔵人所をはじめ、その管下にあった進物所・作物所・御厨子所など内廷の諸機関が主であり、あるいは縁の松原が内廷につながる存在であったことを示唆しているのかもしれない。

むすび——宮城の中心——

これまで、宮城の中心は、藤原宮や奈良時代前半の平城宮のように、ほぼ大極殿閤門に置かれ、それには歴史的な意味があると考えられてきた。[29] しかし、それは恭仁遷都以前の平城宮までであって、奈良時代後半の平城宮や長岡宮以降の宮都で、宮城の中心がどのようであったのか検討されることはほとんどなかった。[30]

本章では、平安宮の中央部に位置する中院とそれを挟んで内裏と対称の位置を占める縁の松原に検討を加え、多くの推測を述べてきた。そこから改めて明らかになったのは、平安宮内におけるこれらの占地のもつ意味の重要性である。これまで、なにゆえ中院が平安宮のほぼ中央に造営され、そして中院を挟んで内裏と対称の位置に縁の松原とのちに称される空閑地が設けられたのか、十分な説明が行われてこなかったし、それを行おうとする試みも一部を除けばきわめて稀であった。[31] 桓武天皇が平安宮で試みたのは、常設の神殿である中院を宮城の中央に置き、その東西に天皇の宮である内裏と太上天皇の宮とを併置させる構想であり（図20）、それは直前の長岡宮でも実施に移された可能性があると憶測される。[32]

注

（1）　拙稿「平城宮の内裏」『平城宮発掘調査報告』XIII、奈良国立文化財研究所学報第五〇冊、奈良国立文化財研究所、一九九〇年（拙著『古代宮都の内裏構造』吉川弘文館、二〇一一年所収）。

（2）　延暦一三年一一月に平安京と命名される（『紀略』延暦一三年一一月丁丑条）まで二週間余りのあいだ、新しい宮都がどのように呼ばれていたかは明らかでないが、従来の慣行からいって宮都の所在する郡あるいは村の名をもって呼ばれた可能性が高い。平安京の場合、あるいは遷都詔に見える「葛野乃大宮」（『紀略』延暦一三年一〇月丁卯条）が平安京と名付けられるまでの京号であったかもしれない。また、平安京が当初から「へいあんきょう」と音読されていたどうかも問題である。なぜなら、平安京に至るまで、一つとして京号・宮号が音読された宮都は存在しないからである。平安京・平安宮の遷都当初における京号・宮号や音読の問題については、本書第八章を参照されたい。平城京が「へいじょうきょう」や「へいぜいきょう」でなく、「ならきょう」あるいは「ならのみやこ」と読まれたことは、拙稿「「藤原京」造営試考―「藤原京」造営史料とその京号に関する再検討―」『研究論集』XI、奈良国立文化財研究所学報第六〇冊、奈良国立文化財研究所、二〇〇〇年（本書第一章）を参照されたい。なお、山下信一郎「「平城」の呼び名」『古都発掘―藤原京と平城京―』岩波書店、一九九六年も同様のことを記しているが、「平城」は漢字音で「へいぜい」あるいは「ひょうじょう」と読まれていたとの結論のようであり、私見とは異なる。

（3）　古瀬奈津子「初期の平安宮」『続日本紀研究』二一一、一九八〇年・『日本古代王権と儀式』吉川弘文館、一九九八年など。

(4) 拙稿「掃部寮の成立」奈良国立文化財研究所編『文化財論叢』Ⅱ、同朋舎、一九九五年。

(5) 拙稿「平安宮内裏の成立過程」拙著『平安宮成立史の研究』塙書房、一九九五年。

(6) 丸山茂「平安時代の神嘉殿について—神事伝統の継承からみる常設神殿の一成立過程—」『日本建築学会論文報告集』三二六、一九八三年・『神社建築史論』中央公論美術出版社、二〇〇一年。

(7) 「宜陽殿累代宝物、温明殿神霊鏡・大刀・節刀・契・印、春興・安福両殿戎具、内記所文書、又仁寿殿太一式盤、皆成二灰燼一、天下之災无レ過二於斯一、後代之譏不レ知レ所レ謝」「依二火気頗消一、罷二到温明殿一所二求見一、瓦上在二鏡一面一、径八寸許、頭雖レ有二小瑕一、専無レ損、円規幷帯等甚以分明露出、俯二破瓦上一、見レ之者无レ不二驚感一」(『略記』巻二六所引「村上天皇御記」)。

(8) 『略記』巻二六所引「村上天皇御記」には、朱器殿・蔵人所町屋が新造の対象として見えない。ただ蔵人所町屋が同記に記す「直廬屋等」に含まれるのであれば、見えないのは朱器殿のみとなる。これは朱器殿がいつから存在するのかと関わる問題でもある。

(9) 拙稿「長岡宮内裏小考—内裏の構造と皇后宮・後宮の所在をめぐって—」中山修一先生喜寿記念事業会編『長岡京古文化論叢』Ⅱ、三星出版、一九九二年(注(5)拙著所収)。

(10) 長岡宮の内裏において行われた新嘗・神今食の神事を彷彿とさせる史料には、著名な安曇・高橋両氏による神事供奉の際の行立次第争いの史料である『類史』延暦一一年三月壬申条と、『本朝月令』六月一一日神今食祭事所引「高橋氏文」所収延暦一一年三月一九日太政官符がある。

(11) 平城宮跡では内裏の発掘調査はすでに完了し、その報告が奈良国立文化財研究所によって注(1)『平城宮発掘調査報告』XIIIと題して刊行済みであるが、それを検討しても毎年数回行われる天皇親祭による神事の場と考えることができる明確な遺構を指摘することはできない。

(12) 丸山注(6)論文。

(13) 天平宝字四年正月己巳・七年正月庚戌条。すでにこの時期には奈良時代後半の大極殿が完成し、内裏と西宮が併存していたから、「閤門」はおそらく大極殿閤門に当たると思われる。

(14) 天平二〇年正月戊寅条。この時期、平城宮にはまだ新しい大極殿ができあがっていなかったと考えられるので、「南殿」は内裏の正殿に当たる建物かと思われる。

(15) 奈良時代末期の平城宮で重閣の建物としては大極殿・朱雀門が考えられ、これら以外で重閣の可能性があるのは、大極殿閤門である。

(16) 拙稿「平安宮草創期の豊楽院」岸俊男教授退官記念会編『日本政治社会史研究』中巻、塙書房、一九八四年（注(5)拙著所収）。

(17) 一九九〇年代中ごろまでの成果は、(財)京都市埋蔵文化財研究所編『平安宮』平安京研究資料集成1　柳原書店、一九九四年、角田文衛監修、(財)古代學協会・古代學研究所編『平安京提要』角川書店、一九九四年、『平安宮Ⅰ』京都市埋蔵文化財研究所調査報告第一三冊、(財)京都市埋蔵文化財研究所、一九九五年などにまとめられている。

(18) 山本雅和「平安宮中和院」『平安京跡発掘調査概報　平成元年度』京都市文化観光局、一九九〇年。

(19) 瀧浪貞子「歴代遷宮論―藤原京以後に於ける―」『史窗』三六、一九七九年（『日本古代宮廷社会の研究』思文閣出版、一九九一年、所収）。

(20) いついかなる理由で呼称が変わったのかは史料が乏しく、明らかでない。

(21) 注(5)拙著および拙稿「日本の古代宮都―内裏の構造変遷と日本の古代権力―」鈴木博之・伊藤毅・石山修武・山岸常人編『記念的建造物の成立』シリーズ都市・建築・歴史1、東京大学出版会、二〇〇六年（注(1)拙著所収）。

(22) 拙稿注(21)論文および拙稿「恭仁宮の二つの「内裏」―太上天皇宮再論―」『山口大学文学会志』五一、二〇〇一年（本書第三章）などを参照されたい。

(23) 『続紀』天平宝字六年六月庚戌条に載せる、孝謙太上天皇御命を宣命体で記す「政事波常祀利小事波今帝行給部、國家大事賞罰二柄波朕行牟」という事態。

(24) 『続紀』延暦八年二月庚子条。

(25) 多くの研究者は、内裏が西宮から東宮へ遷ったことを意味し、西宮＝第一次内裏、東宮＝第二次内裏と理解してきた。拙稿注(9)論文参照。

(26) 通説的な位置を占める段階的な造営については、山中章『長岡京研究序説』塙書房、一九九〇年、清水みき「長岡京造営論―二つの画期をめぐって―」『ヒストリア』一一〇、一九八六年、また地形に制約された工程差を反映した一体的造営であるとの理解は、國下多美樹「長岡宮城と二つの内裏」『古代文化』五九―三、二〇〇七年（『長岡京の歴史考古学研究』吉川弘文館、二〇一三年所収）。

(27)『西宮記』臨時五所々事に「宴の松原」は見えない。

(28)「宜陽殿」は、新訂増補故実叢書の『拾芥抄』では「宜秋門」と旁注を加えられている。これが正しいとするなら、「宜秋門」は内裏の西面中門であるから、それに続く「北」も「西」に改める必要が生じ、建物名と方角の両方を改めねばならないことになる。しかし方角の「北」が正しいとすると「宜陽殿」は「豊楽殿」とせねばならないが、はたして「楽」を「陽」と誤るかが問題である。次いで、「掃部寮西」とあるのは、おそらく「西」は「南」の誤りであろう。また「仮令、近衛南、朱雀西歟」と書かれているのは、『拾芥抄』で京にある諸院や諸司厨町などの所在を、その四辺や二辺などを限る大路・小路によって書き示す方法による表記に基づき、「宴の松原」の位置を近衛大路、朱雀大路、それぞれの宮内延長線上の「南」あるいは「西」と書いたものである。このような基本的な誤りや「仮令」「歟」のような書き方が生じたのは、『拾芥抄』やその元になった史料が成立したころには、すでに「えんのまつばら」の存在すら明確でないような状態に、平安宮が置かれるに至っていたことを示しているのかもしれない。

(29)狩野久「律令国家と都市」原秀三郎・峰岸純夫・佐々木潤之介・中村政則編『大系日本国家史』一古代、東京大学出版会、一九七五年(『日本古代の国家と都城』東京大学出版会、一九九〇年所収)。ただ狩野の場合は、宮城の中心ではなく、宮城を南半の公的空間と北半の私的空間とに二分する位置に大極殿院南面回廊があることに着目している。しかし、むしろ南面回廊の中央に開く大極殿閤門が宮城のほぼ中心に位置することに注目すべきである。拙稿「朝政・朝儀の展開」岸俊男編『まつりごとの展開』日本の古代七、中央公論社、一九八六年(注(5)拙著所収)参照。

(30)瀧浪貞子が「初期平安京の構造─第一次平安京と第二次平安京─」『研究紀要』創刊号、京都市歴史資料館、一九八四年で提議した平安宮当初の姿は、宮城図で大蔵などが描かれる北一町分を宮外としたが、その説にしたがって宮城図に描かれた平安宮から北一町分を消去してみると、その中心は大極殿の中心辺りに求められることになる。大極殿が宮城の中心に位置した例はほかにないが、平安宮では大極殿閤門が撤去されたことからすると、それに代わって天皇が出御するもっとも南に位置する施設として大極殿が宮城中心に位置付けられたと考えることもできる。ただ、瀧浪のように、宮城図に描かれた大蔵など北一町分を当初は宮外であったと想定した場合、宮の北面中央門である偉鑒門が内蔵寮の区画の北面中央に開くことになり、そのためには内蔵寮の北面を南に移動し、南北長を短くしなければならない。また、その場合には偉鑒門を入ってすぐ内蔵寮、すなわち官衙区画に当たってしまうことになる。これらのことが構造的に不都合なことでないなら、瀧浪のように考えることもできないわけではない。なお、瀧浪説への批判については、井上満郎「書評　瀧浪貞子著『日本古代宮廷社会の研究』(思文閣史学叢書)」『史学雑誌』一〇二—三、一九九三年、藤本孝一「都城拡大論と『山槐記』」『古代文化』四六—九、一九九四年を参照されたい。

(31)　瀧浪注(30)論文における研究は、まさにこの一部に当たる貴重な試みであったと評価する必要がある。

(32)　蛇足ではあるが、さらに憶測をめぐらすと、宮城図では縁の松原の東南部に真言院が置かれている。真言院は、周知のように、承和元年の空海による奏請によって設置された施設であるが、このように平安宮の中央に位置する中院に接近した地に、内道場に当たる真言院が設けられたのは、まずはここが当時天皇の居所である内裏に近く、空閑地として存在していたためであると思われる。しかし、そこがなによりも平安宮の中央に位置する中院に接する地であったことにもよるとすれば、それは空海によって意図的にその地が求められたからではなかろうか。

第七章　平安宮・平安京の構造と変貌
――古代都城から中世都市へ――

はじめに

都城[1]は、王権が所在するだけでなく、それを支える支配階層が集住し、中央集権的統一支配とその思想を実現するための政治・儀礼の場として、前近代の東アジア世界において共通して建設された。その起源は、もちろん東アジアの多くの政治・文化的諸要素と同様に中国に由来するが、日本では、六世紀末から始まった大王を頂点とする中央集権的国家形成への志向が律令制に基づく天皇制古代国家として実現する七世紀末、「藤原」京で初めて地上に出現した。それ以後、都城は八世紀に平城・恭仁・甲賀と相次いで建設され、「藤原」→平城→恭仁→甲賀→平城と遷都が行われた(図21および表9)。また、この間一貫して複都制が採用されていたため、これらの主都と並行して難波・保良・由義と、副都が建設された(図21および表9)。

しかし、八世紀末、まず七八四年長岡京に遷都し、副都難波京を廃して複都制を止揚し単都制に移行した。ついで七九四年長岡京から平安京に遷都し、ついにここに定都されるに至った[2]。そしてこれ以後、平安京が営まれた地には中世・近世を経て近代に至るまで、一一〇〇年余りにわたり王権が存在し続けた。それゆえに、平安京の地は変貌を遂げながらも今日の京都市に至ることとなった。このように、「藤原」京が日本の古代律令国家の最初の都城であるなら、平安京はその最後の都城であるとともに、中世都市へと変貌してゆく、転換点に位置した。

さて、平安京の研究は一八世紀に遡り、なかでも裏松光世(一七三六〜一八〇四)が著した『大内裏図考証』(故実叢書および新訂増補故実叢書に所収)は、往時の平安宮と平安京を細部に至るまで復原しようとした重要な考証学的研究である。また、近代になり、平安遷都一一〇〇年事業の一つとして湯本文彦（一八四三〜一九二一）によって編纂された『平安通志』（京都市参事会編）は、近代的な測量の成果を地図上に落とし込み、平安京の復元図「平安京舊址實測全圖」を作成した点で、今日の平安京研究の基礎を築いたと言える。このように、平安京研究は、考証学的研究が先行して始まったのに対して、発掘調査に基づく研究が本格的に行われるようになったのは、第二次世界大戦後であった。日本では高度成長・バブル膨張両経済成長期に全国で開発が進み、それにともない京都市でも市内各所で発掘調査が間断なく実施された。ただ、京都市が平安京以来の長い歴史を有するため、地下には現代に至る各時代の遺跡・遺構が複雑に重複して存在し、また、今日も約一五〇万人が居住する現代都市であることによって、発掘調査は困難を極めている。それゆえに、一気にまとまった成果を挙げることは難しいが、㈶京都市埋蔵文化財研究所を中心とした発掘調査機関や発掘調査団体が発掘調査を継続して行ってきた地道な研究の成果が、いずれも平安建都一二〇〇年を契機に編集・刊行された、角田文衞監修、㈶古代學協会・古代學研究所編『平安京提要』角川書店、一九九四年や㈶京都市埋蔵文化財研究所編『平安京研究資料集成1　平安宮』柳原書店、一九九四年・『平安宮Ⅰ』京都市埋蔵文化財研究所調査報告第一三冊、一九九五年の二冊などにまとめられ、ようやくその全貌を容易にうかがうことが可能となった。[3]さらに近年は、平安京・平安宮の具体的な様相を明らかにする重要な発掘調査が相次いで行われるようになってきている。[4]

一　平安京・平安宮の規模と構造

平安京の造営は、遷都に先立つ七九二年ごろ、まず平安宮から始まり、ついで翌七九三年の貴族・官人たちへの宅地班給を経て、七九四年に天皇が遷御して遷都が実現した（表10）。平安京・平安宮と命名された京と宮の造営は遷都後も継続され、造営開始からほぼ一〇数年を経て、ようやく一応の完成を見たと考えられる。[5]

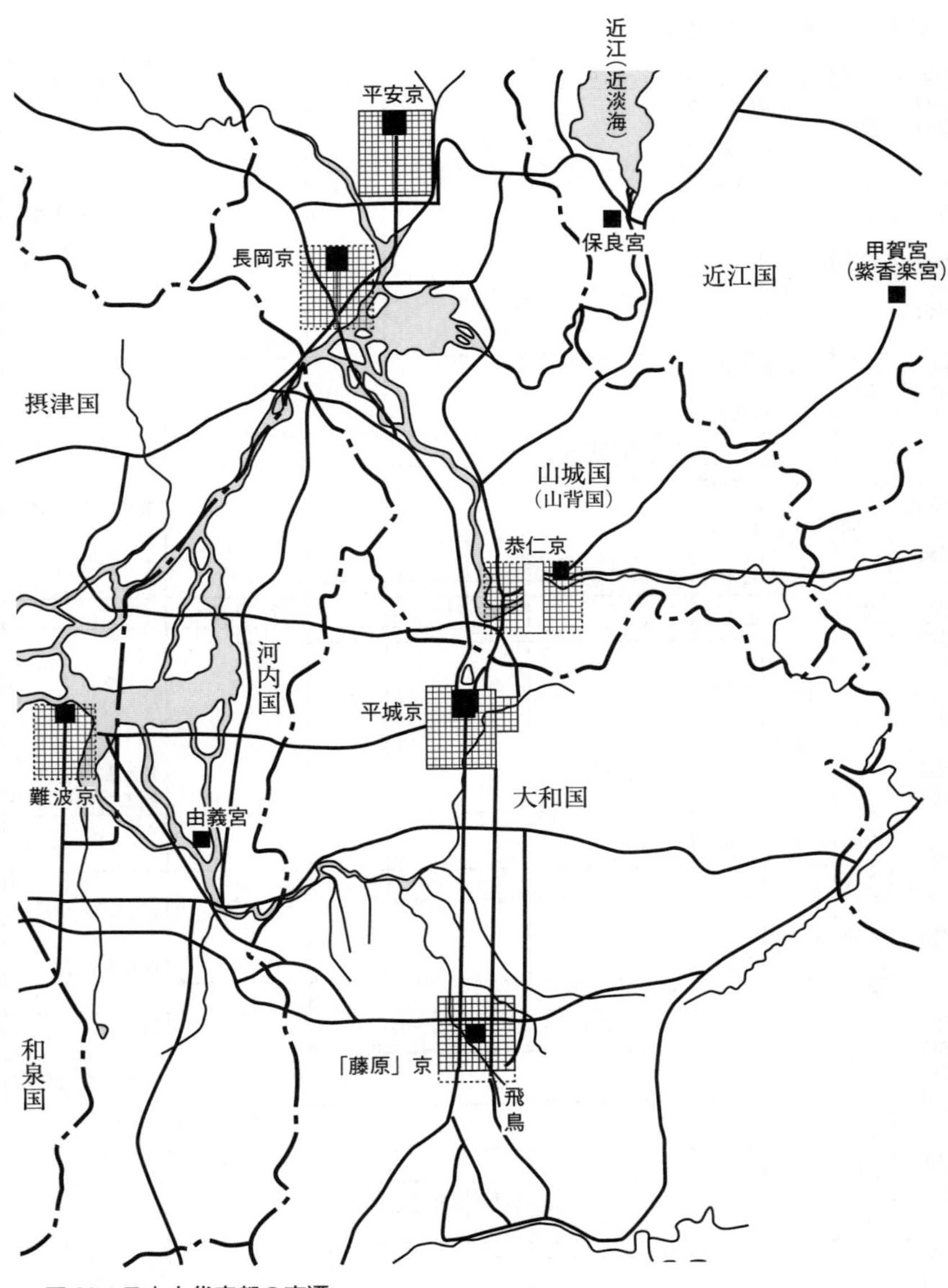

図 21　日本古代宮都の変遷

表 9　日本古代宮都の変遷

西暦	天皇	大和	摂津	河内	山城	近江	備　考
593	推古	豊浦宮					
603		小治田宮					
630	舒明	飛鳥岡本宮					
636		田中宮					飛鳥岡本宮焼亡
640		厩坂宮					
640		百済宮					
642	皇極	小墾田宮					
643		飛鳥板蓋宮					
645？	孝徳		難波長柄豊碕宮				
655	斉明	飛鳥板蓋宮					
655		飛鳥川原宮					飛鳥板蓋宮焼亡
656		後飛鳥岡本宮					
667	天智					近江大津宮	
672	天武	嶋宮					
672		後飛鳥岡本宮					
672		飛鳥浄御原宮					
683			（難波宮）				複都制詔発布
686							難波宮焼亡
694	持統	「藤原」京					
	文武						
710	元明	平城京					藤原宮焼亡
	元正						
726？	聖武		（難波京）				再造営
742					恭仁京		
744						甲賀宮	◁離宮紫香楽宮
745		平城京					
	孝謙						
761	淳仁					（北京保良宮）	
769	称徳			（西京由義宮）			
	光仁						
784	桓武				長岡京		
793							複都制廃止
794					平安京		
	平城						
810	嵯峨	〈平城宮〉					薬子の変
	淳和						

表 10　平安京略年表

年月日欄○数字は閏月

年月日	平安宮(宮　城)	平安京(京　城)
793. 1.15		遷都のため、山城国葛野郡宇太村の地を相る。
1.21	長岡宮解体のため、天皇、東院に遷る。	
9. 2		新京に宅地を班給する。
794.10.22		天皇、新京に遷る。
10.28		遷都の詔発布。「葛野乃大宮乃地」
11. 8		詔によって、山背国を改めて山城国とし、都を平安京と称す。また近江国滋賀郡の古津を大津と改称す。
805.12. 7		天下徳政相論によって、軍事(対蝦夷戦争)と造作(平安京造営)停止を決定。
12.10	造宮職を廃す。	
810. 9. 6		平城太上天皇、平城遷都を図り、平城宮を出て関東に向かうも遮られて平城宮に還御。(薬子の変)
816. 8.16		夜、大風吹き、羅城門倒壊。(京城施設倒壊の初見)
818. 4.18	殿閣諸門の号を改め、額を掲げる。(内裏・宮城構造の固定化)	
847. 8.21		西京衛士町火災。民家 30 余戸焼失。(京城火事の初見)
848. 3. 5	作物所失火。延焼して永安門西廊を焼く。(内裏・宮城火事の初見)	
866.③.10	夜、応天門に火ありて、棲鳳、翔鸞両楼に延焼。(応天門の変)	
5.21		左右京職をして京中閑廃の地を願人に賜う。
875. 1.28		冷然院焼失。延焼 54 宇。秘閣収蔵の図籍、文書など多く灰燼となる。(後院焼亡の初見)
876. 4.10	大極殿焼亡。小安殿、蒼龍・白虎両楼、延休堂および北門・北東西三面廊に延焼。火数日消えず。	
960. 9.23	内裏焼亡①「内裏の焼亡は、難波	

	宮、藤原宮に次いで3度目にして、平安京遷都後170年目の災なり」。(内裏焼亡の初見)	
976. 5.11	内裏焼亡②	
976. 6.18	大地震。八省院、豊楽院、宮城諸司倒壊。	大地震。東寺、西寺など諸寺、両京舎屋多く倒壊。
980. 7. 9	大風で宮門顚倒。	大風で羅城門顚倒し、羅城門は廃絶に至る。
980.11.22	内裏焼亡③	
982.11.17	内裏焼亡④。	
986. 1.18		左京大火。一条大路南、中御門北の数町を焼く。
989. 8.13	暴風、宮城の門舎多く倒壊。朝集堂、応天門、会昌門、儀鸞門、豊楽殿東西廊、美福・朱雀・皇嘉・偉鑒・達智各門、真言院、諸司。「大災害、古今無比なり」。	暴風、左右京の人家の転倒、破壊計り知れず。さらに、賀茂上下社、石清水八幡、東西山寺みなもって倒壊。「大災害、古今無比なり」。
990.		西寺焼亡。
994. 4.24		京中路頭に病人多く、左右看督長らに薬王寺へ収容させる。しかし死亡者路頭に満ち、骸骨巷を塞ぐ。
999. 6.14	内裏焼亡⑤	
1001.11.18	内裏焼亡⑥	
		この冬より翌年7月にかけて疾疫流行し、死者甚だ多し。道路に死骸を置く。
1005.11.15	内裏焼亡⑦	
1009.10. 5		皇居一条院焼亡、延喜、天暦二代御記および累代の御物、焼失。神鏡は災を免る。
1010.11. 4		京中大火あり、700余軒焼亡。
1014. 2. 9	内裏焼亡⑧	
1016.11.17	内裏焼亡⑨	
1017. 7. 2		鴨川大洪水。富小路以東海の如し。
1020. 7.22	大風により内裏のほか、八省院東廊、延禄堂、左近衛府西門、待賢門、藻壁門、殷富門、修理職西門、織部司大炊舎・倉、大膳職倉、兵庫倉、そのほか破壊計り知れず。	

1023. 6.11 (8)	藤原道長、法成寺内の東に長堂を新造するにつき、堂の礎石として宮中諸司の石を取り、諸人に曳かしむ。	藤原道長、法成寺内の東に長堂を新造するにつき、堂の礎石として神泉苑の門並びに乾臨閣の石、あるいは坊門、羅城門、左右京職、寺々の石を取り、諸人に曳かしむ。
1024. 3.27		関白藤原頼通、大納言藤原斉信、また親昵の卿相など新大堂並びに塔などの柱石を曳く。神泉苑乾臨閣、並びに東門諸司、穀倉院などの石残るところ無きか。
1027. 1. 3		京中大火あり、千余軒焼亡。
1034. 8. 9 ～12	降雨大風により、所々多く破損あり。八省堂、巽角廊、応天門、豊楽院清暑堂、儀鸞門、美福門、皇嘉門、達智門、郁芳門、左衛門を除く五衛府、大膳、掃部などみな転倒。中院転倒。	降雨大風により、所々多く破損あり。大学、紀伝明法曹司、穀倉院転倒、また右馬寮蔵町舎転倒。
1039. 6.27	内裏焼亡⑩	
1040. 9. 9		皇居上東門院(京極院)焼亡。以後、たびたび内裏外の皇居が焼亡。
1041.12. 8	内裏焼亡⑪	
1044.		この年、1月より6月に至るまで疾疫流行し、死骸道路に満つ。
1048.11. 2	内裏焼亡⑫	
1054.12. 8		皇居京極院火災。
1055. 6. 7		冷泉院を壊し移して一条院を造営。→一条院新造成る。(1056.2.22)
1058. 2.26	内裏焼亡⑬神嘉殿は遷都以来初めて焼く。	
1059. 1. 8		皇居一条院焼亡。
1063. 3.22	霽景楼西北廊より出火して豊楽院焼亡し、以後廃絶。	
1068.12.11		皇居二条殿焼亡。
1071. 3.27	修理左右宮城使を始めて設置。左右坊城使の例に准ず。	
1082. 7.29	内裏焼亡⑭	→炎旱のため皇居の造営を停止。(8.17)
1082.頃		京中飢饉により、死者数万人に及ぶ。
1085. 7.		京中辻々で祠を祀るが、検非違使によっ

		て破壊される。
1086. 6.26		西京内300余町の草を苅らせて牛馬の飼料となす。
10.20		近年、公家、九条以南の鳥羽山荘に新たに後院を建つ。およそ100余町を卜し、卿相以下、雑人に至るまで家地を賜り、舎屋を営造することあたかも遷都の如し。池の広さ南北8町、東西6町、水深8尺有余、ほとんど九重の淵に近し。あるいは蒼海を模し、嶋を作る。あるいは蓬山を写し、巌を畳み、船を浮かべて帆を飛ばす。(鳥羽の開発)→白河上皇、新造の鳥羽離宮に遷幸(1087.2.5)。
1087. 2.12		京中大火。大炊御門北、一条南、西洞院東、室町西の東の小屋など焼失。
4. 7		京中の堂舎建設を禁止。
12.29		京中大火。中御門東洞院より近衛富小路に至る。左衛門督の新宅焼失。
1088. 6.22		京中条々内の道路上における垣や渠を整備せしめ、汚穢清掃の宣下あり。
1091.頃		朱雀大路で耕作あり。
1096.11.24		京中大地震。
1098. 6. 2		鴨川氾濫。人家流さる。
1103.11.16		京中大火あり、数百軒焼亡。
1105. 5.14		鴨川・桂川氾濫し洪水。
1112. 5.13		皇居高陽院全焼。残る所、御倉、馬場殿、御竈神屋なり。
8. 3		皇居大炊殿(東殿)焼亡。
1115. 3.20		針小路以北に東寺巷所できる(巷所の初見)。
1116. 8.17		皇居大炊殿焼亡。
1117.11.10		天皇が遷幸した新造土御門烏丸殿、「大略大内に模すも承明門代はなし」。
12. 5		京中大火。五条坊門・油小路より出火、火は東北に広がり、油小路三～四条東、二条河原に及ぶ河原以西の90余町を焼亡。公卿および朝士、大夫以下の家60

		余所灰燼となる。六角堂(草創500余歳)も類焼。
1127. 2.14	醤司小屋より出火。陰陽寮、勘解由使庁、宮内省、園韓神社、神祇官、八神殿、郁芳門など焼亡。	
1134. 3.		新制によって京中条里を修正。
5.17		鴨川・桂川・西洞院川が氾濫、京中洪水。
1135.夏		京中で疫病流行、飢餓者多数。
1138. 2.24		皇居二条殿焼亡。
3. 5		京中大火、数千戸焼亡。
11.24		皇居土御門殿焼亡。
1142. 6.18		近年、鴨川の修復なく、貴賤の輩、鴨水の東に居住し、堤防を東岸に築く。京洛たびたび水害を受く。
9. 2	大雨、大風により、洪水。築垣ことごとく崩れ、八省院、会昌門以西の回廊転倒す。	大雨、大風により、洪水。川辺の民家流失、日頃掘削の鴨川の淵、変じて瀬となる。鳥羽、朱雀大路、大河の如し。築垣ことごとく崩れる。
1143. 5. 5	これより先、摂政藤原忠通、近衛第に鴨川の水を引く。このためか、堰堤決壊し、鴨水にわかに氾濫して禁裏北陣より浸水、清涼殿東庭を通り南殿の馳道に満つ。	これより先、摂政藤原忠通、近衛第に鴨川の水を引く。このためか、堰堤決壊し、鴨水にわかに氾濫して禁裏北陣より浸水、清涼殿東庭を通り南殿の馳道に満つ。
1148. 6.26		皇居土御門殿焼亡。
1151. 6. 6		皇居四条東洞院、放火により焼亡。
10.18		皇居小六条、放火により焼亡。
12.12	宮城内の左馬寮、典薬寮、中和院など焼亡。	大炊御門靫負、大宮に至る間、焼亡。
9.27		皇居五条殿焼亡。
1166.頃		平家による八条周辺開発始まる。
1168.10. 5		宮城東西並びに朱雀大路、七条に至るまでの泥途を清掃、修理する。溝渠開掘、田畝耕作など違濫するもの、左右京職、検非違使をして停止せしむ。
1175.11.20		東寺の僧正禎喜壇所より出火し、余炎閑院内裏(二条南・油小路東)の西裏檜辺に及ぶ。内裏の屋舎数箇所(油小路面西辺)

		破却。なお、押小路東(北あるいは南か)、油小路西に至るまで灰燼となる。
1177. 4.28	京中大火(太郎焼亡)。凡そ、…、北は大内、併せて焼亡。古来未曽有のことなり。焼亡所々、大内裏は南面大垣、大極殿以下八省院一切焼失し廃絶。会昌門、応天門、朱雀門、神祇官、民部省、主計寮、主税寮、式部省、真言院、主水司、大膳職など。五条以南の火が八省諸司に及ぶは未曽有。	京中大火(太郎焼亡)。樋口・宮小路に出火。凡そ、東は富小路、南は六条、西は朱雀以西、北は大内、併せて焼亡。古来未曽有のことなり。焼亡所々、大学寮、勧学院など。公卿は関白以下多数、殿上人以下も数知れず。五条以南の火が八省諸司に及ぶは未曽有。
1178. 4.24		京中大火(次郎焼亡)。夜、七条北、東洞院東中ばかり、洞院南(面か)焼亡。火は、西南方に起こり北小路南辺を限り、南は七条南、東洞院西角(故家経御堂)、八条坊門朱雀大路に至るまで焼亡。北小路南辺は、朱雀大路七条大路に至る。南北(東西か)は、東洞院より朱雀大路に至るまで灰燼となる。
2.14		京中大火。高辻北、万里小路西より出火。火は、綾小路南、万里小路東より五条・京極に至る間、焼亡。
1180. 6. 2		天皇、後白河法皇、高倉上皇、平清盛の福原別業に向けて進発。貴賤上下、平安宮城を出でて摂津国に赴く。「参入の輩多く宿所なく、道路に立つが如し」→帝都は、和田、印南野、昆陽野につき評定あるも、和田は条里不足で、左京足らず、右京は無きか、宮城を縮るか、また、印南野は水なし、昆陽野に新都の地を相するも、福原と定む(福原遷都計画、6.15)→福原内裏に遷幸(11.11)→京都還都を議す(11.12)→京都へ還都のため進発(11.24)一方、都人相率いて福原に向かいしため、京都荒廃す
1182. 1.		飢饉により、棄児、死者、道路に満ち、夜々強盗、所々放火多し。
10. 2		京中の人屋、昨夏より取り壊して沽却し、人家なきが如し。検非違使をして制止するも効果なし。
この年		昨年来の飢饉により、京中の餓死、病死者数万人に及ぶ。また、強盗横行。

1185. 7. 9		京中大地震。
1188.頃		神泉苑荒廃。
1191. 3.28		街路の耕作・巷所の企てを禁止。
1205.⑦. 6		朱雀院に築垣を築き、上皇の遊猟地となす。
1208.④.15		京都大火。七条東西12町、朱雀南北12町、六条東洞院より五条坊門朱雀辺焼亡。
1211.10.22	朱雀門、故なくして転倒。→朱雀門造営中、再び転倒し、作事を止む。(11.13)	
1213. 2.12		将軍源実朝造進の新造閑院内裏で安鎮法を修す。閑院内裏は、地形狭く、紫宸殿の間数を縮む。大内に模して、清涼・宜陽・校書殿、弓場、陣座など、必要建物を建造。
1214. 4.10	外記庁修理のため、結政所を太政官庁に移す。	
1218. 4.21		京都大火。三条油小路より四方に延焼し、170余町焼失。六条院・河原院など灰燼。
1219. 4. 2		京都大火。尊勝院・円勝寺・法成寺・金剛勝院・祇陀林寺・東北院・押小路内裏及び公卿大夫の第宅等多く焼亡。
7.13	内裏焼亡⑮大内の炎上は、今度を加えて15度目なり。	
1220. 4.27		中御門町出火。陽明門、左近衛府、左兵衛府、東獄などみなことごとく焼亡。
1222. 4.		朱雀大路の耕作禁止。
1227. 4.22	土御門町辺出火。東風により余炎大内に及び、遷都以来未焼の結政南所焼亡。内蔵寮宝蔵のほか、承久以後半作大内の新造の殿門など、ことごとく灰燼となる。(内裏廃絶)	土御門町辺出火。南は勘解由小路に至る。
1233.		西寺塔焼亡、以後廃絶。
1242.以降	朱雀門廃絶。	

1　平安京・平安宮の規模・形状

平安京は南北約五・二km、東西約四・五kmの規模をもち、南北九条と北辺(½条)、東西各四坊の条坊からなり(条坊制)、京の中央最北端には、南北二・五条分約一・三八km、東西二坊分約一・一五kmを占める平安宮がある(第五章図18)。平安京・平安宮はともに縦長長方形の形状を呈し、平安宮が京の中央北端に置かれたのは、平城宮を踏襲したもの(北闕型)である。平安宮は四周を築地塀の大垣で囲まれ、一四の宮城門を開いていたが、平安京は京の正門羅城門が唯一の門であり、そこから東西に京の南面を飾る施設「羅城」が延びていただけで、四周をめぐる防禦的な施設としての城壁を持っていなかった⑥。

平安京の人口は九世紀に一二万～一三万人程度であったとする推定⑦があり、人口構成はおおよそ、天皇と皇親らが数十～二、三〇〇人、五位以上の貴族と家族が一〇〇〇～二〇〇〇人ほど、六位以下の官人と家族が約五～六万人ほど、その他、いわゆる庶民(上記の貴族・官人らとその家族を除いた京戸)や就役の民などが数万人程度であったと考えられる。しかし、これらの人々が上記のような規模の平安京の全域にわたって居住していたのではなく、九世紀の史料にはしばしば京中に空閑地があり、それが田畠に転用されていたことが記され、また平安京における発掘調査でも、そもそも条坊が計画されたであろう平安京全域に及んで施工されていなかった事実が判明している⑧。このように、平安京は、理念上南北に縦長の長方形で計画されたが、実際地上に実現したのは不正形の都城であったと考えられる。

2　平安京・平安宮の構造

平安京の構造(第五章図18)　平安京の基本的な設計は、造営計画線から一定の規模の町(約一二〇m四方)と幅員の異なる道路(一二m・二四m・三〇m・三六m・五一m・八四m)を割り振り、それらを積み重ねて行われたと推定されている⑨。この構造は、一〇世紀初めの法制書『延喜式』の左京職京程条に詳しく規定され、条坊関連遺構も発掘調査でほぼこの規定どおりに検出されることから、平安京では造営当初から『延喜式』の規定どおりに条坊が施工されたと推定されている。⑩

平安京は、北端にある平安宮の正門朱雀門から南、京の正門羅城門まで条坊道路で最大の幅員約八四mを有する朱雀大路が一直線に延び、朱雀大路を挟んで東が左京職の治める左京、西が右京職の治める右京からなる。⑪朱雀大路の東西に左京と右京を配する構造は、天皇が南面した時に、左京が左、右京が右に位置することによっていることは言うまでもない。朱雀大路を対称の軸として左右京に東西堀川を掘削し、左右京職・東西市・東西寺・東西鴻臚館など官の施設を線対称に配置している。⑫日本の古代都城で、このように官の諸施設を東西に、線対称で規画的に配するのは、平安京が唯一である。⑬

先述した人口構成からなる平安京の住民の具体的な居住地の分布については、平安時代前期は一町以上の面積を有する宅地が左京の五条以北に集中する特徴がみられる。この傾向については、平城京で五位以上の貴族はすべて五条以北に居住し、長岡京でも一町以上の宅地は五条以北に限られることから、平城京から長岡京を経、平安京にも継承されたことになる。⑭

平安宮の構造（第五章図19）　平安宮は日本の古代都城の発展過程を承け、外から外重（宮城）、中重（宮）、内重（内裏）の三重構造を採る。⑮平安宮の中枢部には、南半中央に朝堂院（天皇出御の場である大極殿と臣下の場である十二朝堂・朝庭からなる国家的儀式の場）、その西に豊楽院（天皇出御の場である豊楽殿と臣下の場である四朝堂・庭からなる国家的饗宴の場）が並置され、⑯北半中央には中院（天皇が皇祖神と神事を行う常設神殿）、その東に内裏（天皇の居所）が位置し、内裏と中院が中重に囲まれて存在する。中院は平安宮で初めて造営された施設で、朝堂院とともに都城の中軸線上に置かれ、宮のほぼ中心部を占める。中重の西、都城の中軸線を挟み内裏と対称の位置には「縁（えん）の松原」と呼ばれる空閑地があった。これは従来内裏の建て替え予定地であると考えられてきた。しかし、平安宮の造営当初、神殿である中院を宮の中心に置き、その東西に二人の天皇、すなわち在位中の天皇と譲位したもう一人の天皇である太上天皇の二つの宮殿、内裏と太上天皇宮とを並置させる構想があったが、⑰九世紀初めに天皇制のあり方が大きく変わり、⑱それにともなって太上天皇が宮内に居住しなくなったことによって、その居住予定地がそのまま空閑地として宮内に取り残されることになったために、「縁の松原」が生まれたと推定される[19]。平安宮の造営当初には、神殿である中院を宮の中心に置き、その東西に天皇の内裏と太上天皇の宮とを並置させる構想があったと推定される[20]。また、内裏の東南には東宮（皇太子の居所）である東雅院と西雅院、「縁の松原」の西には武の儀礼のために天皇が出御する武徳殿が東に向いて置かれた[21]。

これら中枢施設の周囲には律令制を支える諸官衙が配置された。内裏の周囲には天皇の生活を支える内廷官司が置かれたのに対して、宮の周縁には外廷官司や武官司が配置された。平安宮での官衙の配置にも都城の中軸線に対称のものがある。宮の正門朱雀門を入った東西には文官と武官をそれぞれ統括する式部省と兵部省が対称に置かれ[22]、武官司である左右近衛府・左右兵衛府も宮の東西両辺に対称に配置されている。一方、平城宮以来のあり方を継いでいるのは、大蔵省と左右馬寮である。おそらく寺院や陵墓を管轄する治部省などが同様の位置に置かれているのも、同じ考え方に基づくものであろう。また、豊楽院の西南に弾正台・刑部省など断獄の官司が集中するのは断獄が陰であるからである。

以上のように、平安京も平安宮も、ともに都城の中軸線を対称の軸として、多くの施設が東西に線対称で配置されている。これは、儀式や政治における天皇や官人たちの動線・座席の取り方が都城の中軸線である南北軸に基づいて行われたことによる[23]。日本では六世紀末、初めて南北を対称の軸とする構造（「造営方位の正方位化」とも言う）をもつ飛鳥寺が造営されたが、宮殿や豪族の居館などにおいては地形に制約された造営が引き続き行われ、南北を対称の軸とする構造が出現するのはやや遅れて七世紀中ごろ、飛鳥に営まれた二番目の宮、飛鳥板蓋宮（六四三～六五五）以降のことである[24]。これ以後、都城の中軸線は南北軸が基本となり、宮城や都城の諸施設も南北を軸線として配置されることになったが、都城や宮城の諸施設が南北軸線を強く意識して対象に配置されたのは、平安京・平安宮に至ってからである。

二　平安宮の衰微・平安京の変貌

1　平安宮の衰微

平安宮の発掘調査成果によれば、天皇の居所である内裏・朝堂院・太政官・中務省など平安宮の主要な施設と南面・西面の大垣は、一二〜一三世紀初頭まで修理を受けながら維持されていったが、そのほかのほとんどの施設は破損されたまま放置され、やがて荒廃して廃絶に至ったことが明らかになっている。(25) また、修理された施設においても、修理には他の破損した施設で用いられていた石材などを寄せ集め、それを再利用していた事実や修理工事自体の乱雑さが指摘されている。(26) 後者は、破損がさらなる破損を生み出してゆく負の連鎖をもたらし、平安宮が全般的に衰頽していったことを示唆している。一方、前者からは、平安宮全般が衰頽してゆくなかで、天皇の居所である内裏を中心になお主要な施設が維持されていった状況をうかがうことができる。これは、天皇が全官人の前に姿を現さなくなり、内裏に閉じ籠もって日常的な政治や年中行事化した儀式などを内裏で行うようになっていくとともに、即位儀などきわめて限られた国家的儀式だけに天皇が大極殿に出御して儀式を挙行していくようになる事実ともよく符合している。

ところで、平安宮が存続した八世紀末から一三世紀初めのあいだに、平安宮が次第に衰微していった背景には上記の事態以外に、なおさまざまな要因が考えられる。まず、全般的なことでは、律令制支配の後退にともなう太政官制の実質的解体という事態がある。九世紀に行われた二度の大きな行政改革による官司の統廃合や、太政官制の枠外に令外の使所を新たに設置するに至る事態によって、官司の配置には当然変更が加えられ、単なる官司の移動だけでなく、官司跡地の転用や官司の存在しない空閑地の発生という事態が生じたと考えられる。

しかし、平安宮の衰頽に拍車を掛け、そして決定的な意味をもったのは、九六〇年の天徳の焼亡以降、たびたび内裏が焼亡するようになったことである(表10)。内裏の焼亡は二五〇年余りのあいだに一五回にも上ったが、その後の対処のあり方などによって、おおよそ次ぎのような時期区分が可能である。(27)

(1)　一〇世紀後半

内裏焼亡後、天皇は後院（天皇在位中の離宮であるとともに、譲位後太上天皇として住むために置かれた施設。冷然院・一条院・朱雀院など）に移御し、すみやかに内裏の再建を図り、完成後内裏に入御する。

(2)　一一世紀

内裏焼亡後、天皇は後院やそれ以外の邸第（摂関など貴族の私第。閑院第・土御門殿・高陽院など）に移御するが、次第にそこでの居住が長期化し、内裏の再建・完成を待たずに次ぎの天皇に譲位してしまい、ようやく新天皇の代になって内裏入御が実現する。移御先の後院・邸第は宮内の内裏の仕様にあわせ、あるいは一部簡略化して造作され、やがて内裏に増してしばしば焼亡するようになる。なお、このころから天皇が住む後院・邸第は皇居・内裏とも呼ばれるようになる。

(3)　一二世紀

天皇の後院以外の邸第での居住が常態化し、天皇は平安宮・内裏には、大極殿・朝堂院あるいは中和院（天徳の内裏焼亡を機に中院から中和院に改称）での儀式・神事の時だけ遷幸し、内裏に短期滞在することがあるものの、しばらくすると京内の皇居・内裏に遷り、宮内の内裏には常在しなくなる。

(4)　一三世紀

内裏は焼亡後、破損したまま放置されるようになり、やがて「内野（うちの）」と呼ばれる無人無住の荒れ地となる。また、大極殿・朝堂院・中和院も廃絶し、「宗教的施設」としての太政官庁・神祇官・真言院などが修築・維持されるに過ぎなくなる。(28)

このようにして天皇の内裏不在が常態化するなか、焼亡時の内裏再建が次第に遅れてゆくだけでなく、太政官以下主要な官司が内裏外に設けられた天皇の住む後院や皇居に充てられた貴族の邸第に出先機関を設けるようになっていった事実を見逃してはならない。そして、このような事態が当然平安宮全般の維持・修理の必要性を減じ、荒廃・廃絶を加速化していったと考えられる。

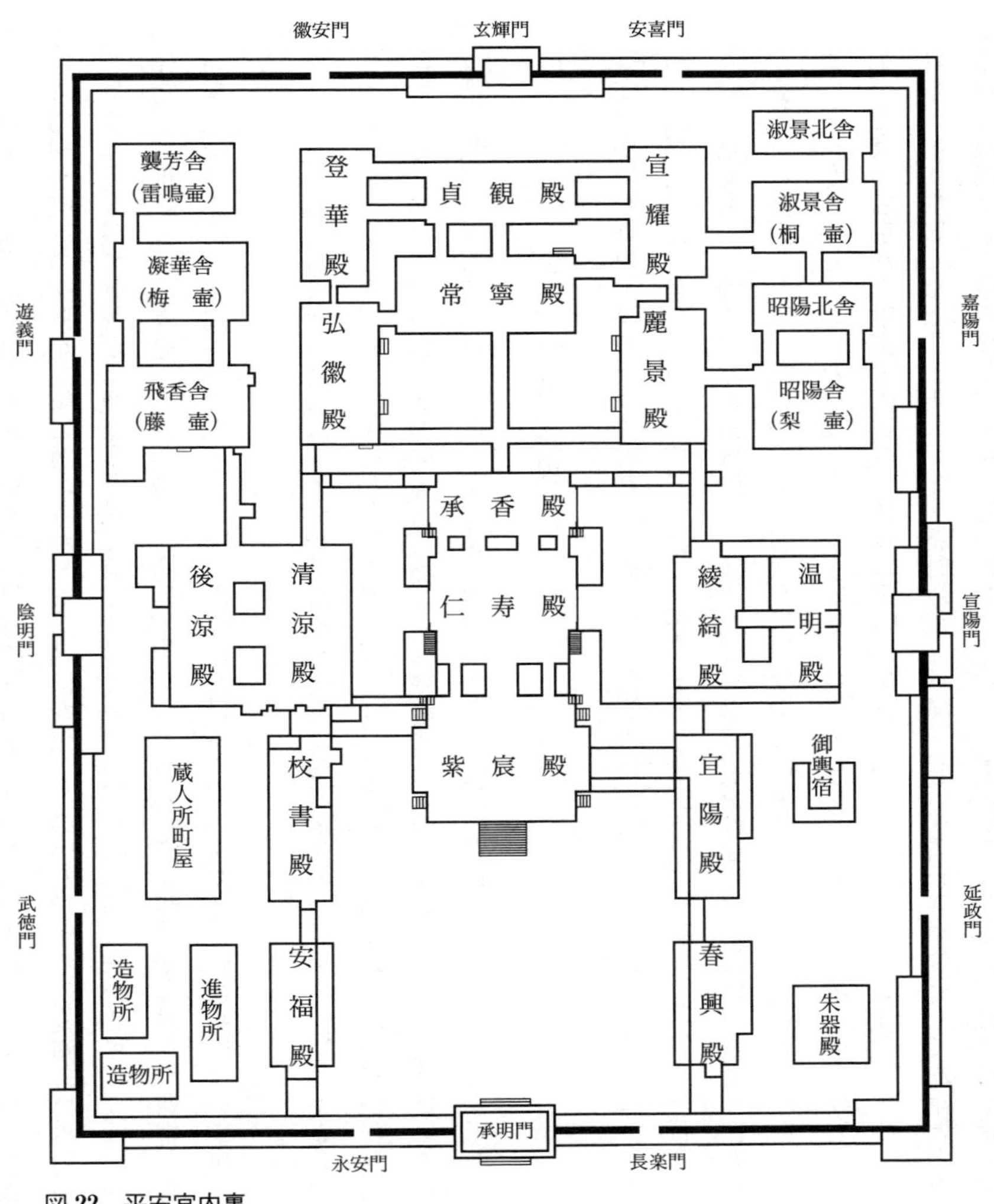

図 22　平安宮内裏

以上のようなさまざまな事実から、建築施設・建造物などハードウェアの点で、平安宮が一〇世紀半ば以降次第に衰頽していったことは推定できる。しかし、実際には天皇や貴族・官人たちの行動原理・行動規範などソフトウェアの面で平安宮はすでに大きく変化していた。それは、平安宮でもっとも明確になったはずの都城の南北中軸線による線対称の構造と、そこに表出される「北を上位、南を下位」とする中国的思想の変化である。すなわち、建築の空間構造では南北軸に対して線対称の構造をとりながら、それらを用いた天皇の日常生活や儀式・政治における動線や座席の配置が次第に南北軸から東西軸に変化していった。すでに長岡宮の当初から内裏が大極殿・朝堂院の北になく、天皇の動線が単純な南北軸でなくなっていたが、その事態はそのまま平安宮に継承され、やがて天皇の住む建物が九世紀末に仁寿殿から清涼殿へ（図22）、すなわち内裏の南北軸線から外れた西寄りの位置で、しかも東西棟でない南北棟の建物へと遷ったことによって、内裏における天皇の日常的な動線や座席の配置が東西方向を軸とするようになった。[29]

内裏における東西方向の動線は、天皇が日常起居する建物の南北軸線外への移動に先立ち、内裏に参入する臣下の動きにおいてすでに現れていた。すなわち、平安宮では天皇による日常的な聴政は内裏で行われたが、その時臣下が内裏へ参入するにあたって用いる門が内裏の東面南門「延政門」に限定されていった（図22）。このことは、内裏が構造としては南北軸線に対して線対称であるが、使用の実態からは非対称な構造となったことを示している。[30]

2　平安京の変貌

平安京が一〇世紀後半になって大きく変貌していた様子は、周知のように、九八二年ころの成立と推定される慶滋保胤の『池亭記』に記されている。『池亭記』の記述とその他の文献史料から、このころ右京が衰退して左京に人々が集まり、左京でも特に四条以北と宮城周辺に貴族だけでなく、多様な人々が群れ住むようになっていたことが分かる。右京が衰頽した要因として、右京の中部や南部が低湿な環境にあったことが挙げられてきたが、発掘調査の進展につれて次第に右京が衰頽していった様相、さらに平安京の全般的な変貌ぶりが具体的に明らかとなってきた。

(1)　左京・右京から東京・西京へ、さらに洛陽・長安へ

日本の古代都城では七〇一年大宝律令施行以後、都城を統治する行政単位として左京と右京が設けられ、それを統治する行政機関として左京職と右京職が置かれた。[31]そして、平安京ではさらに、官の諸施設を、南北軸線である朱雀大路

を挟み東西対称に明確に配置していたことは、すでに述べたとおりである。しかし、九世紀中ごろから一〇世紀初めにかけて左京・右京に代わり、左京を東京、右京を西京と呼ぶことが一般化していったことが文献史料からうかがえる。[32]そして、やや遅れて一〇世紀後半になり、唐の東都洛陽・西京長安の知識に基づき、東京＝左京を洛陽、西京＝右京を長安に当てる意識や理解が固定化していったとされる。[33]このように、東京＝洛陽、西京＝長安とする理解に先立って、すでに九世紀中ごろから左京＝東京、右京＝西京との呼称が生まれ、一般化していったとするなら、それは天皇が南面した時の思想的な呼称である左京・右京ではなく、相対的な位置関係に基づく呼称が用いられるようになったことを意味する。

(2)　条坊道路の放棄と限定的維持

発掘調査の成果によれば、左京と右京の二条以北ではほぼ路面と側溝が確認できるのに対し、右京では朱雀大路以西、二条大路以南で一一世紀以降の路面・側溝をほとんど検出できず、この地域では一一世紀に街区の整備はもちろん、維持・管理が放棄されたと考えられている。[34]ただ、七条大路など当該期にも用いられたことが文献史料で確認できる限られた道路だけは維持・修理が行われ、やがてそこに新しい居住者たちが現れてくることになる。[35]

ちなみに、中世の京都では巷所と呼ばれる条坊道路・宅地に対する占有行為が行われた。朱雀大路でも一一世紀中ごろには巷所の開発が行われたとされ、[36]最大の条坊道路朱雀大路にさえすでに国家の維持・管理の力が及ばない状態となっていた。[37]

(3)　「坊牆」の崩壊と町屋型建物の登場

日本の古代都城には夜禁の制があり、それを実効たらしめるために街区を「坊牆」で囲っていた。それらは中国から採り入れられた制度であるが、必ずしも十分でなく、特に「坊牆」は宅地を築地塀や掘立柱塀、あるいは生垣など簡易な施設で囲うだけで、都城の民を集団として夜間限られた街区内に閉じ込めるものではなかった。このような不十分な夜禁と「坊牆」の制を崩したのは、町屋型建物と言われる庶民住宅の出現である。[38]

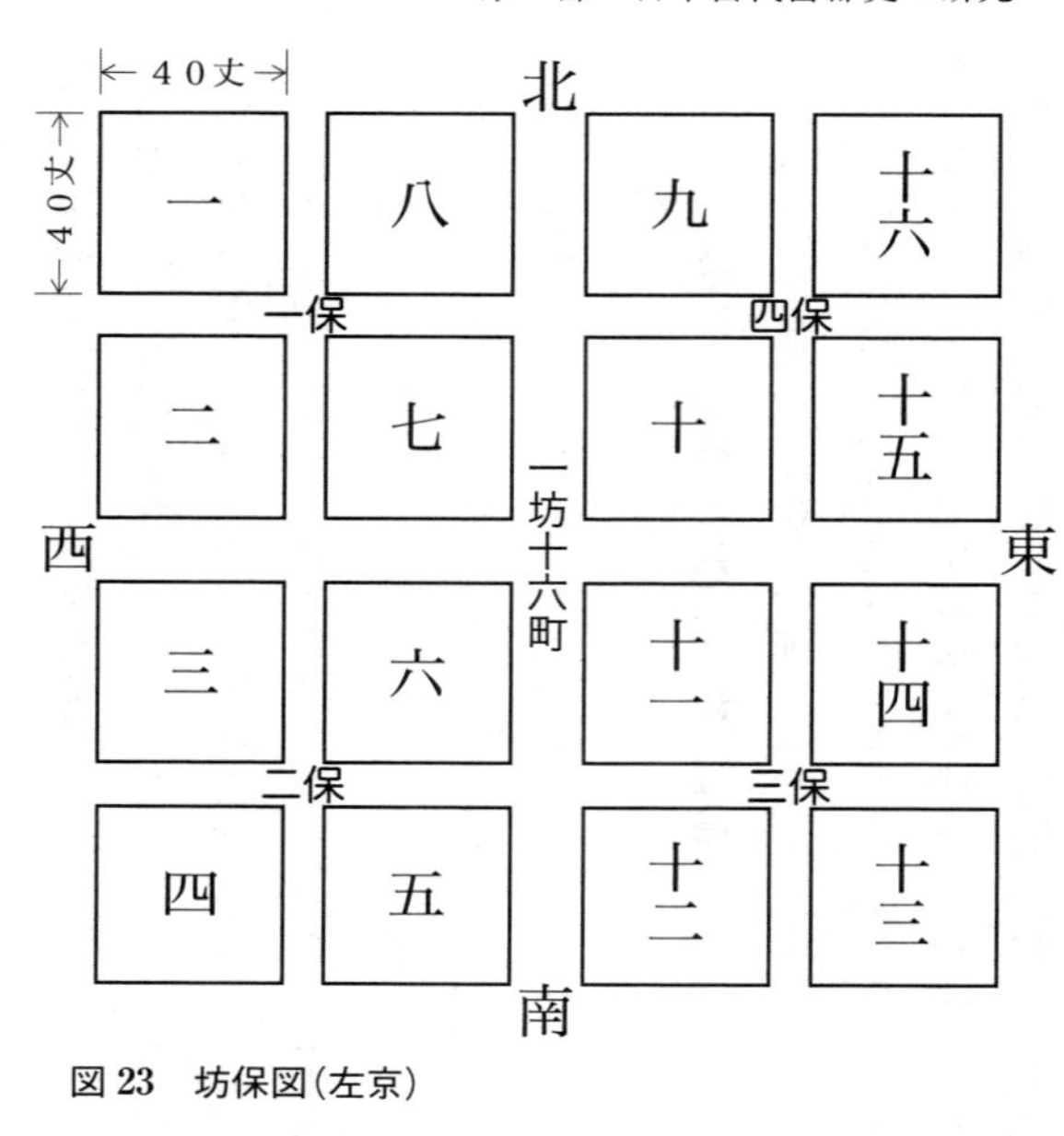

図 23　坊保図（左京）

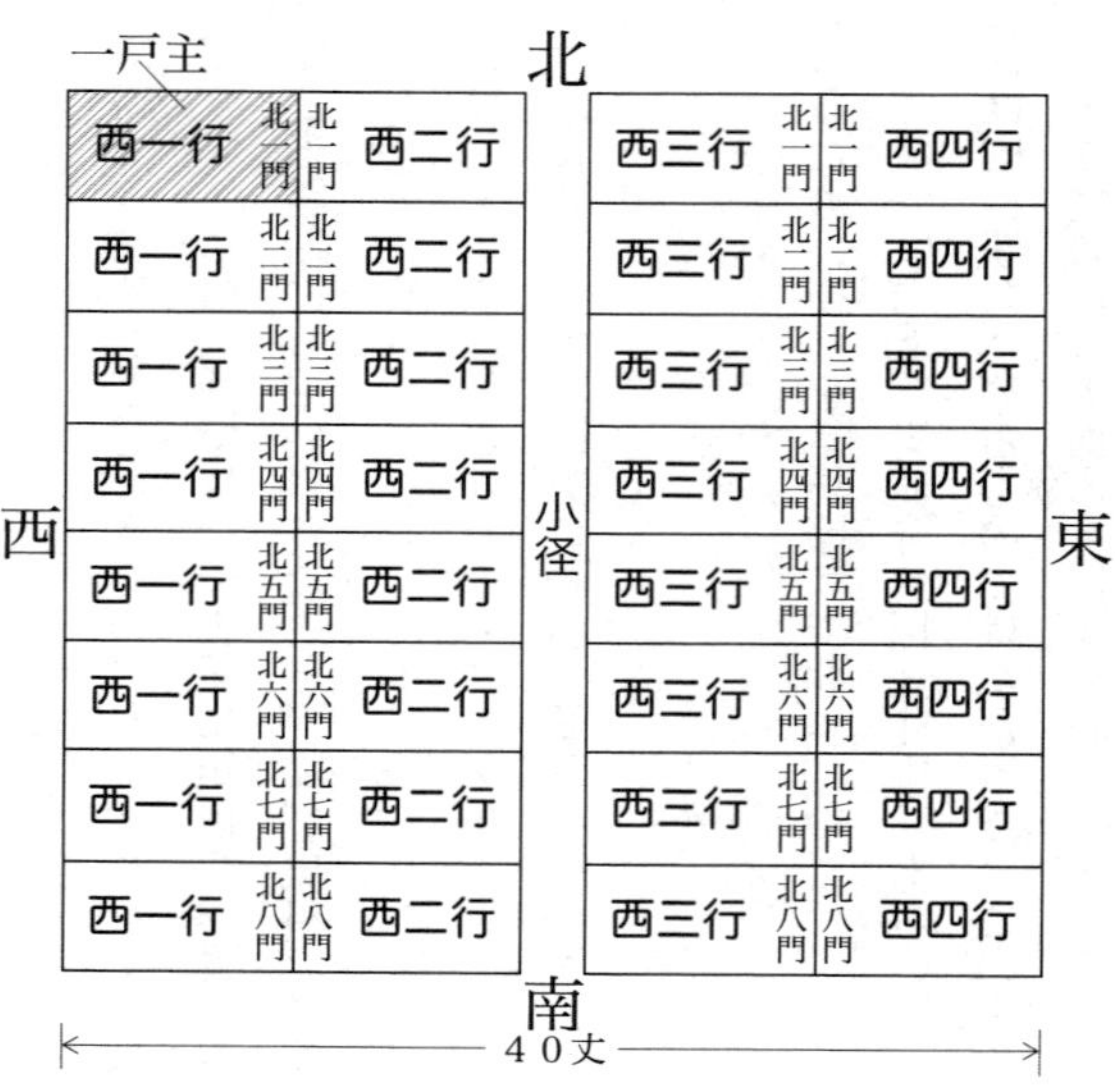

図 24　四行八門図（左京）

平安京もそれ以前の都城と同様に、身分に応じて宅地が班給されたと考えられる。宅地は条坊道路で囲まれた方一町（方四〇丈≒一二〇m、図23）の敷地を東西四等分、南北八等分した三二区画（一区画が一戸主）を最小単位とした（四行八門制、図24）。この制度が実際に行われていたことは発掘調査で確認されているが、一方でこれから外れた宅地のあり方も次第に分かってきた。すなわち、条坊道路に沿ってあるべき築地塀など宅地の外周を囲む施設がなく、道路に面して一棟づつ独立した、間口が狭く奥行の長い小規模な掘立柱建物が建ち並び、それぞれがオモテとウラ（オク）をもつ（図25）。中世の京都では、絵画史料などから、このような現在の京都の町屋の源となる町屋型建物が全般的に存在していたこと

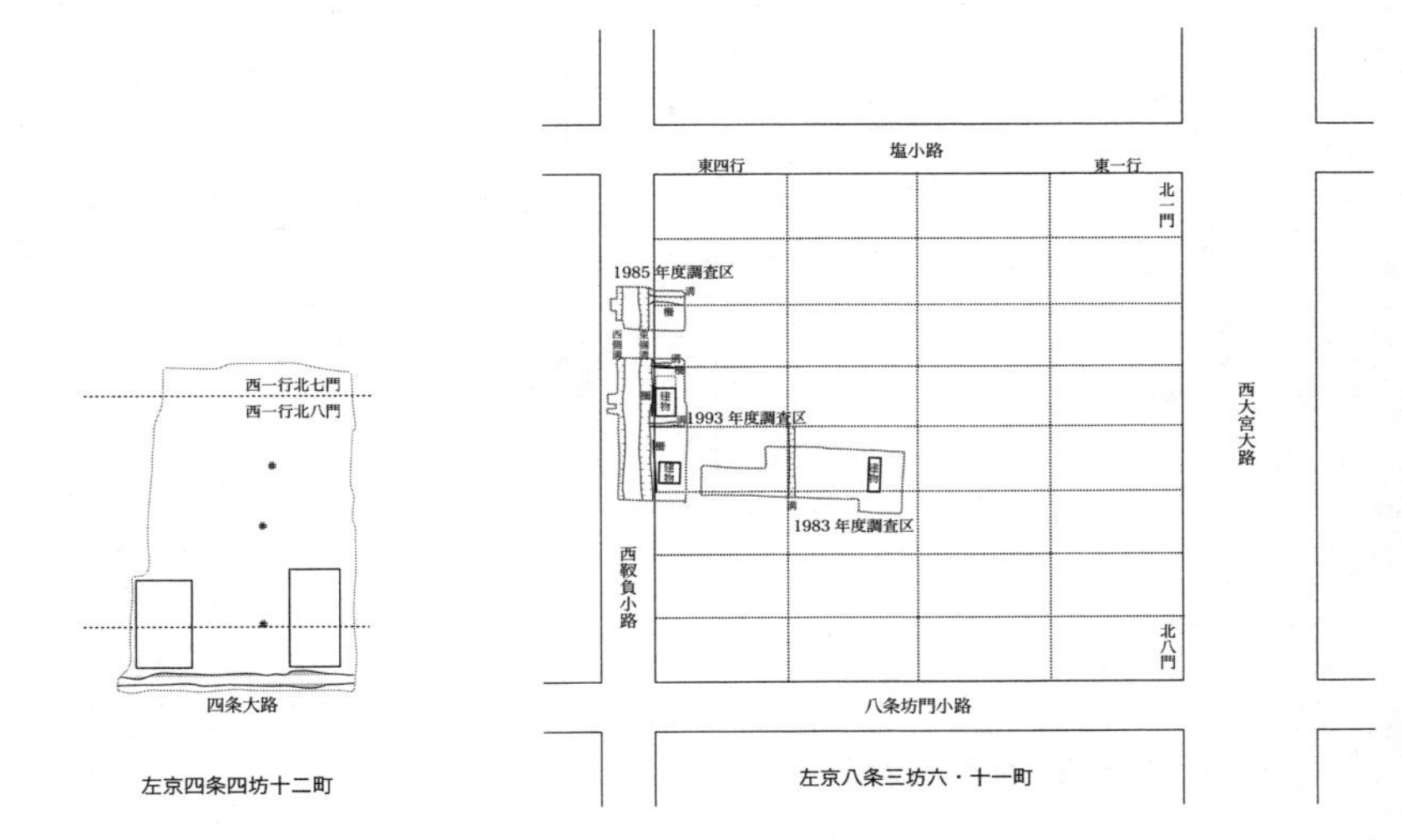

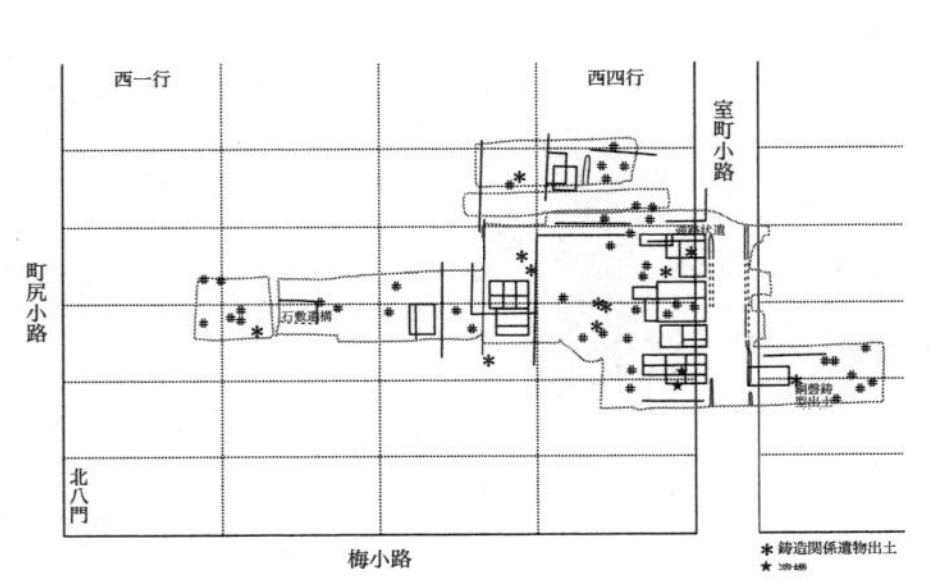

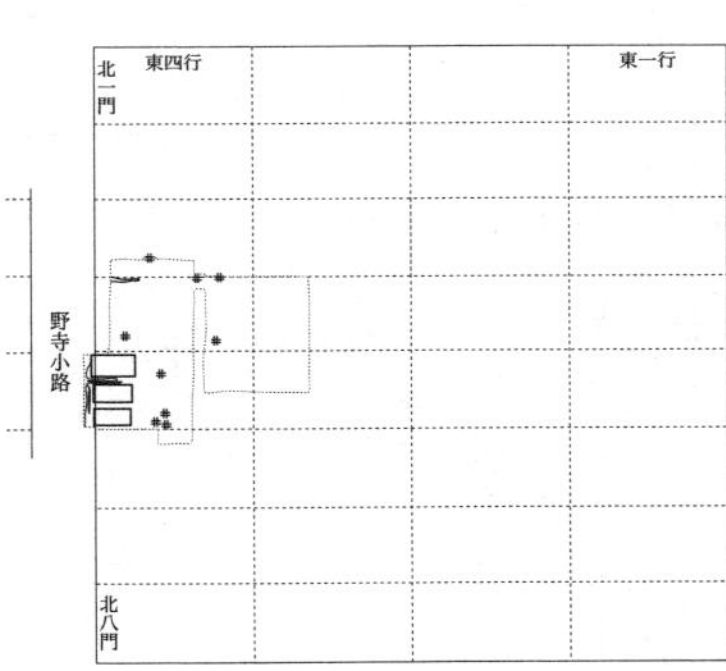

図 25　町屋型建物の出現

はすでに知られていたが、それが発掘調査で検出され、一一世紀の平安京まで遡ることが明らかになった。

さらに、町家型建物の出現など居住形態の変化や左京東北部への集中的な居住にともなって、疫病の頻発や大規模な火事の発生による広域の焼亡などが平安京に大きな影響を与えたと考えられる。

(4)　東西非対称の寝殿造建築の登場

七世紀後半、飛鳥・「藤原」以来、一〇世紀までの日本の都城では、貴族の邸宅は内裏や官衙と同様に、南北の軸線によって東西対称に建物を配置していた(図26)。しかし、一一世紀になると貴族の邸宅

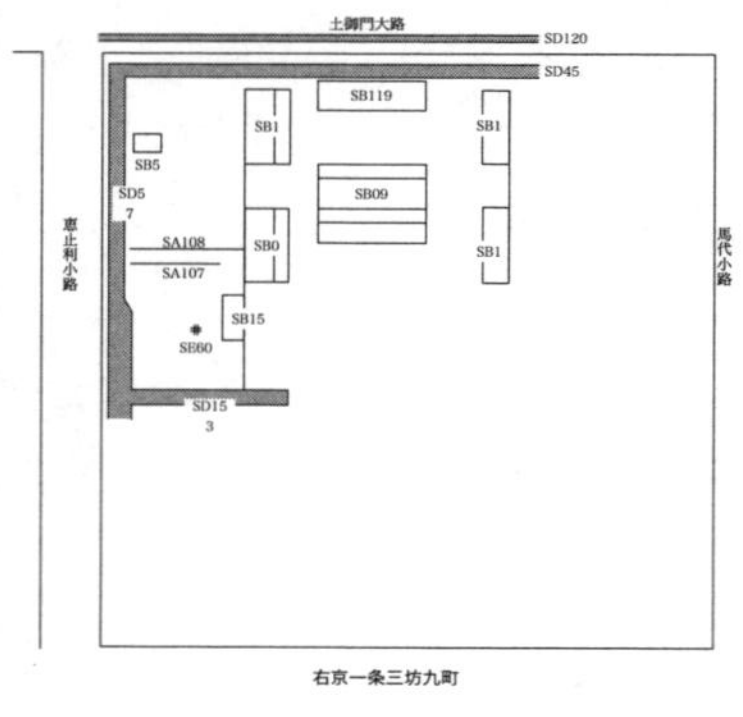

右京一条三坊九町

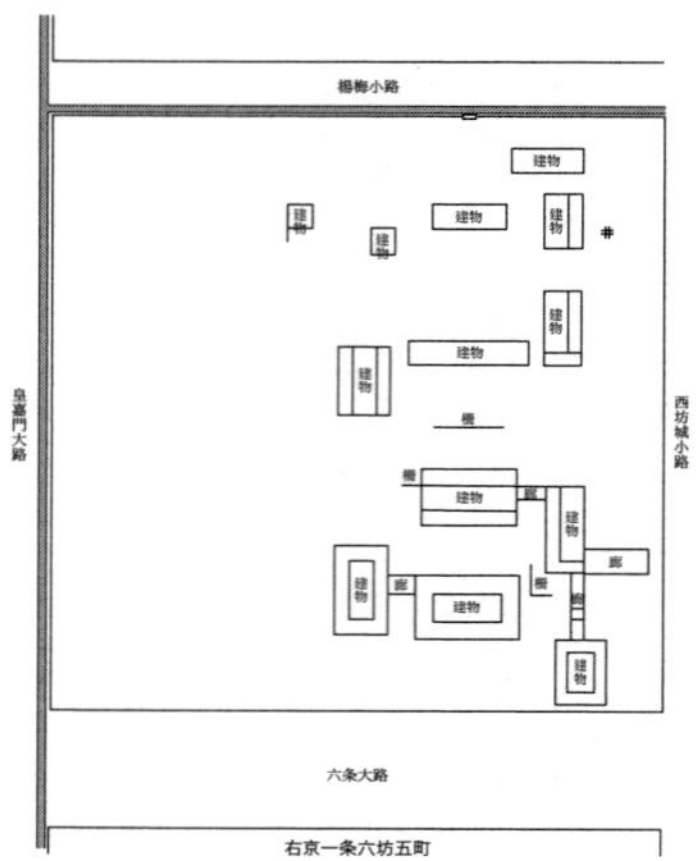

右京一条六坊五町

図 26　平安時代前期の邸宅

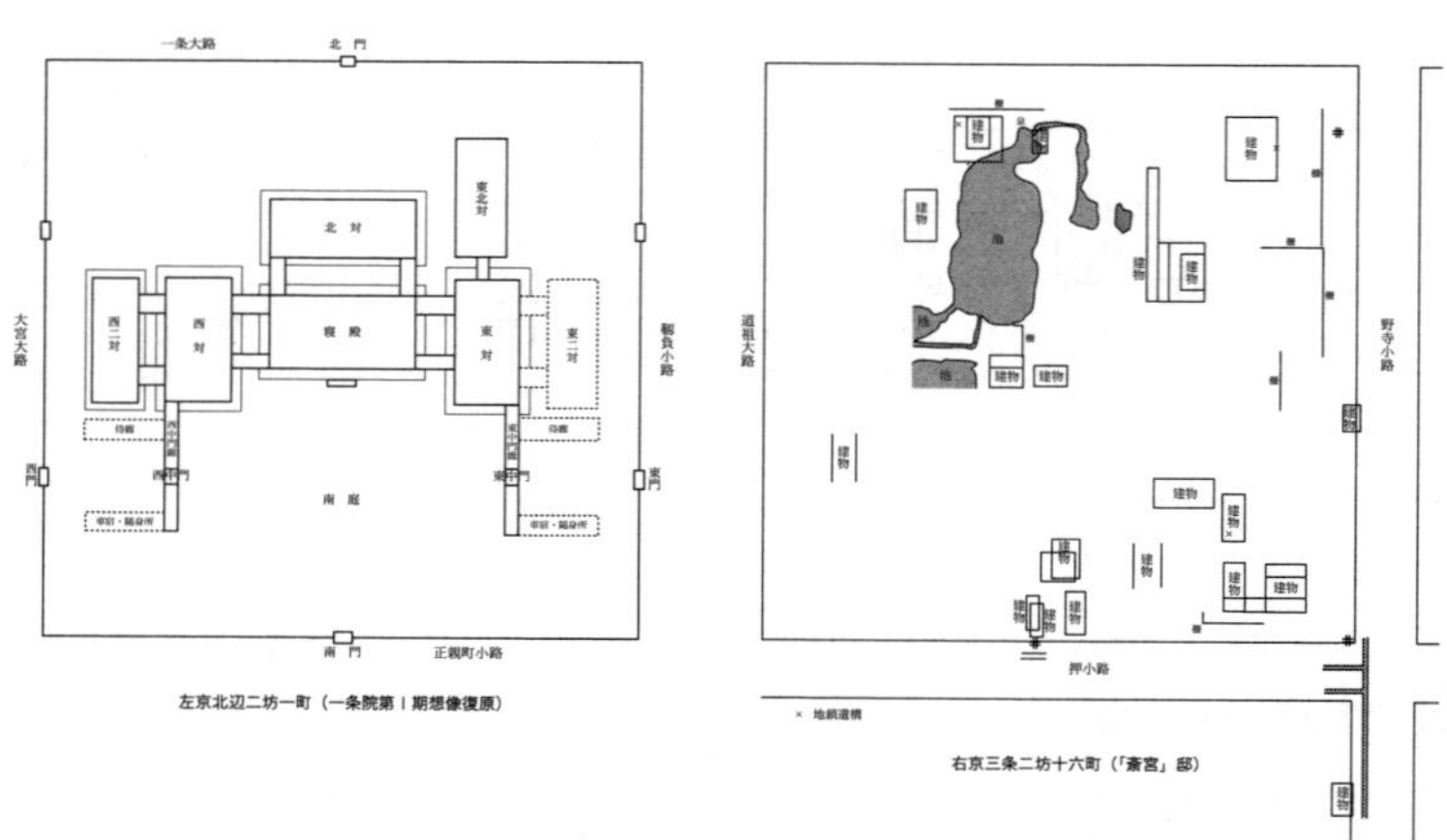

左京北辺二坊一町（一条院第Ⅰ期想像復原）

右京三条二坊十六町（「斎宮」邸）

図 27　平安時代中期の邸宅

にいわゆる寝殿造建築と称される東西非対称の建物配置と空間構造をもつ建築様式（主たる門を南ではなく敷地の東西いずれかに設け、寝殿を中心に数棟の対屋などを渡殿・廊で結合して配し、これらの建築群とその南に庭と池をもつ庭園を複合させた建築様式）が用いられるようになる（図27・図28）。これは、貴族の邸宅における儀礼や日常生活での動線や座席の取り方が南北を軸線とせず、東西を意識するようになった結果と考えられるが、その淵源はすでに見た平安宮内裏における、建築空間の構造としては南北軸に線対称でありながら、九世紀初めからすでに動線が東西方向に採られるようになっていたことに求めうる。

(5)　行幸路次の変化

平安京の変貌とともに、天皇が行幸する際に用いる路次にも大きな変化が起こってくる。平安京の南方に位置する春日・石清水両社への行幸路次の変遷に関する研究(39)によると、一一世紀までは朱雀大路を南行していた（天皇が内裏に居住していた時期には、南方への行幸は平安宮正門朱雀門から出て朱雀大路を南下し、平安京正門羅城門で出京するのが正式の路次）が、一二世紀に入ると左京の南北大路である大宮・東洞院両大路を用いるようになり、朱雀大路の利用は七条以南に限定されてくる。大宮・東洞院両大路が使われるのは、右京が衰退して多くの後院や邸第が左京に位置していること、さらにはそこに内裏・皇居が設定されてゆくことがその主な要因であった。また、大宮・東洞院両大路から西行する時に七条大路が用いられたのは、それが東市に接する経済上、交通上の要衝であり、上述したように、ここに新たな街区が生まれていたことと関わる。発掘調査の成果によれば、町屋の確認も左京の七条・八条で顕著である（図25）。

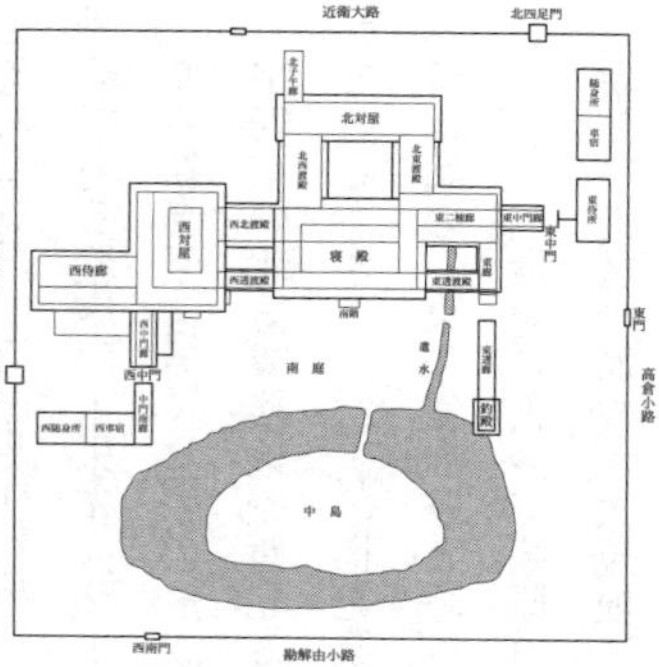

古代国家も九世紀までは天皇の行幸路として、また外交儀礼などのために必要な象徴的空間として朱雀大路の維持に懸命であったが、一一世紀にはその南端に開く平安京の正門羅城門や朱雀大路に面した坊城の地に開く坊門は倒壊して荒廃

左京一条四坊三町（花山院想像復原）

図28　平安時代末期の邸宅

を極め（表10）、一二世紀にはついに行幸のための絶対的路次であった朱雀大路がほとんど用いられなくなり、都城の中軸線である羅城門―朱雀大路―朱雀門という南北線を対称とする構造が壊れるに至る。

(6) 新街区（白河・鳥羽）の形成（図29）

平安京の北方隣接地や西北方などですでに九～一〇世紀ころから開発が進み、発掘調査でもそれを示す成果が挙げられている。さらに、一〇世紀後半ころ、平安京の東京極とその東を南流する鴨川とのあいだの地が開発されて人々が住み着き始め、東朱雀大路と呼ばれる南北道路が通り、その周囲に街区が形成されつつあった。このような状況を前提にして、一一世紀に入って藤原道長がここに法成寺を造営するに至った。

新しい街区の形成が大規模に、しかも意図的・計画的に行われたのは、一一～一二世紀の白河と鳥羽においてであった[40]。平安京の造営からあまり隔たらない九世紀には嵯峨野や粟田・交野など、平安京からやや距離のある「郊外」に別荘・別業が設けられ、太上天皇やその縁に列なる者たち、あるいは貴族が居住したり遊興したりしていた。しかし、白河や鳥羽はこれらと違い、ともに平安京に隣接したり、あるいはその延長上にある地域である。

発掘調査では、鴨川の東に形成された白河街区の様相が明らかになってきている。白河では平安宮南面の東西道路二条大路の延長上に法勝寺が造営されたのち、総じて六勝寺と呼ばれる寺院群が営まれ、さらに北殿・南殿と呼ばれる御所が次々と建設されて周囲へも広がっていった。ただ、造営方位は平安京と異なって北でやや東に振れ、街区も平安京とは違い一定した規模をもっていない。

一方、鳥羽は朱雀大路の南延長である鳥羽作道を街路形成の軸として、きわめて大規模な開発が当初から意図的に行われた。文献史料には、後院として平安京の南に造営され、その規模は一〇〇余町で、卿相をはじめ上下なく家地を支給され、あたかも遷都のようであると記されている。鳥羽では北殿・南殿・田中殿など鳥羽殿の中心建物とそれにともなう園池が発掘され、遺跡として整備が進んでいるが、街区の構造などはまだ不明な点が多い。

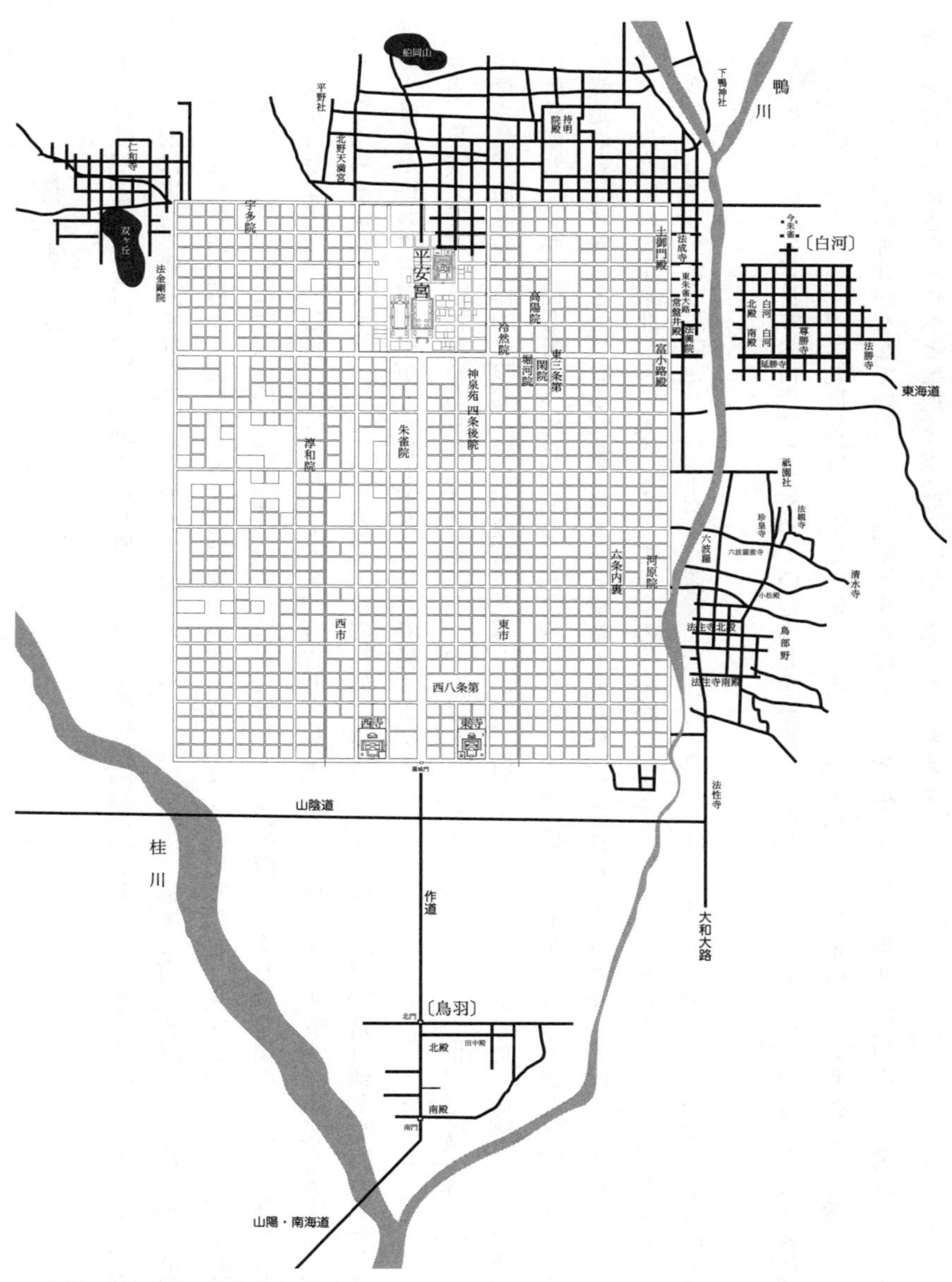

図 29　院政期の平安京と周辺

むすび

平安京は、「藤原」京以来の、都城の南北軸線に対して線対称の構造をもっとも強く意識して造営され、平安宮もまたこの原則によって建設された。しかし、九世紀初め、平安宮において、都城の南北軸線による線対称の構造が、それを用いて儀式や政治を行う天皇や官人たちの動線や座席の取り方において変化し、東西方向の動線が採られるようになる。さらに、九世紀末には天皇の居所が都城の中軸線から外れて内裏の西方、南北棟建物の清涼殿に移ることでこの動きは決定的となった。一〇世紀半ばに初めて内裏が焼亡して以降、しばしば内裏と平安宮で火災が発生し、天皇は宮外に居所を求めるようになった。そして、やがて天皇の宮外での居住が常態化し、平安宮は儀式を行う場として限定的に維持・修理が行われるが、やがてそれも困難となり廃絶するに至る。

一方、平安京では一〇世紀に右京が大きく退転し、中心は左京に移っていった。一一世紀には、特定の条坊道路だけが維持され、街区の全体的な整備・維持が放棄されるなかで、街区を街区たらしめていた「坊牆」制・夜禁の制や四行八門制が崩れ、道路に面し町屋型建物が立ち並ぶようになる。貴族の邸宅も七世紀以来の南北軸線に対して東西に線対称の構造から、寝殿造と呼ばれる建物配置も空間構造も非対称の建築様式が主流となってゆく。次いで一一～一二世紀には、貴族邸宅の左京東北部への集中によって天皇の行幸路次にも変化が生じ、左京の主要邸宅所在地などをめぐるように変化する。さらに、院政とともに平安京に隣接した白河・鳥羽では新しく大規模な街区の建設が計画的に進められていった。

以上のようにして、日本の古代都城が持っていた南北を軸線とした線対称の構造、それがもっとも顕著に認められる最後の都城平安京が、すでに九世紀の平安宮で変化し始め、一一世紀～一二世紀に大きく変貌したと考えられる。このような古代国家の都城が有していた南北を軸線とする線対称の構造を放棄し、東西に動線をとる動きこそ、古代国家の理念を脱し、次ぎの時代へと転換する重要な一歩であったと考える。

注

（1）日本では、「都城宮室」という史料上の表記（『書紀』天武一二年一二月庚午条）と、日本における都城の具体的な発展のあり様を踏まえ、「宮都」という語が使われる。これは、日本の都城研究で著名な岸俊男の提案に基づくが、本章では、「都城」が東アジアに共通した概念・語彙であるとの認識にたち、「都城」の語を用いることとする。

（2）『後紀』弘仁元年九月丁未条に引かれた嵯峨天皇の詔に、新しい都城を平安京・平安宮と命名し「万代宮」と定めたのは、平安遷都を実行した桓武天皇みずからであったと記されている。

（3）永田信一「平安京跡発掘史（1）—（財）京都市埋蔵文化財研究所設立二五周年を迎えて—」『研究論集』八、（財）京都市埋蔵文化財研究所、二〇〇二年に、一九八一年までの平安京発掘の歴史について、年表・参考文献とともに詳しく書かれている。

（4）（財）京都市埋蔵文化財研究所のＨＰ（http://www.kyoto-arc.or.jp/）では、京都市埋蔵文化財調査概要（一九七六〜二〇〇七年度、一部未掲載有）・京都市埋蔵文化財研所発掘調査報告（二〇〇一年度以降）などの発掘調査報告がＰＤＦで公開されており、それらから平安京に関する近年の発掘調査の状況と成果をおおよそうかがい知ることができる。

（5）平安京の南辺、朱雀大路を挟んで東西対称に置かれた東西両寺（第五章図18）の完成は、造営開始から一〇〇年以上を経た一〇世紀に入ってからである。

（6）日本の古代都城で、発掘調査によって京極が一部でも確認されているのは、平安京以外に「藤原」京・平城京があるに過ぎない。それらの調査をもってしても、これらの都城の四周を羅城と呼ばれる施設で囲っていたことは確認できない。ただ平安京の南面だけにあった「羅城」は、平城京の南面においても同様のものが確認されている。

（7）井上満郎「平安京の人口について」『京都市歴史資料館紀要』第一〇号、一九九二年。

（8）平安京だけでなく、日本の都城は、おそらく、そのすべてが計画上、理念上では長方形（正方形を含む）とされたが、現実には四周を画する施設をともなった京極を完備した都城は存在しなかったと思われる。

（9）網伸也「平安京の構造」西山良平・鈴木久男編『恒久の都平安京』古代の都3、吉川弘文館、二〇一一年・『平安京造営と古代律令国家』塙書房、二〇一二年。

(10) 辻純一「平安京の条坊復原」『京都府埋蔵文化財情報』第二七号、(財)京都府埋蔵文化財調査研究センター、一九八八年。

(11) 日本の都城では東アジアの他の都城とは異なり、地方行政の基本単位である国—郡—里(郷)の系統と別に都城だけを管轄する特別行政単位として左京と右京が存在した。このような都城の構造とそれにともなう統治形態は、「藤原」京が都城であった期間(六九四—七一〇)の途中、七〇一年に行われた大宝律令の施行にともなって初めて採用された。それ以前の「藤原」京では単一の京からなる都城を唯一の行政機関である京職が統治していた。なお、基本的な地方行政単位と異なる特別行政単位左京・右京で都城のみを統治する方式は、日本の都城制に特徴的なものである。それは、京あるいは左京・右京が本来支配者集団の集住地であったことと深く関わる事態であったと推測される。

(12) これらのほかに平安京内には官の施設として左獄・右獄があるが、平安京では獄は当初一つだけ設けられていた。しかし、のち九世紀後半に入って長岡旧京に残されていた獄が平安京に移され、二つの獄、すなわち左獄と右獄が京内に置かれるようになったと推定される。そのため、左右獄は線対称に配置されていない。拙稿「日本古代宮都の獄—左右獄制の成立と古代宮都の構造—」新宮学編『近世東アジア比較都城史の諸相』白帝社、二〇一四年(本書第九章)。

(13) 平安京以前の都城(平城京や「藤原」京など)では、東西両市や東西の官大寺はおおよそ東西対称の位置に配されていたが、厳密に対称の位置にはない。

(14) 西山良平『都市平安京』京都大学学術出版会、二〇〇四年。

(15) 日本の古代都城の三重構造では、中重が本来の天皇の宮である大宮、内重は天皇の居所である大内であるのに対し、外重、宮城は大宮である「宮」の周囲に「城」を囲繞させた後次的なものである。おそらく、外重は日本の古代における都城の成立と深く関わって生まれたと推測される。

(16) 拙稿「平安宮草創期の豊楽院」岸俊男教授退官記念会編『日本政治社会史研究』中、塙書房、一九八四年(拙著『平安宮成立史の研究』塙書房、一九九五年所収)。

(17) のちに「縁の松原」あるいは「宴の松原」と呼ばれるようになった場所は、八世紀以来の天皇制のあり方を踏襲して設けられた太上天皇の宮(太上天皇宮)の造営予定地であった。

(18) 八一〇年に起きた薬子の変によって、天皇と並び立つもう一人の天皇、太上天皇の身位が変更され、天皇の下に位置付けられるようになり、律令天皇制は大きく変化した。春名宏昭「太上天皇制の成立」『史学雑誌』九九―二、一九九〇年・「平安期太上天皇の公と私」『史学雑誌』一〇〇―三、一九九一年など、拙稿「古代御輿考」井上満郎・杉橋隆夫編『古代・中世の政治と文化』思文閣出版、一九九四年。

(19)　拙稿「平安宮の中心―中院と「縁の松原」をめぐる憶説―」朧谷寿・山中章編『平安京とその時代』思文閣出版、二〇〇九年（本書第六章）。

(20)　拙稿注(19)論文。

(21)　武徳殿が宮の西辺近くに置かれたのは、もちろん文が陽であるのに対して武が陰であることによる。

(22)　式部省と兵部省を朝堂院東西に配置することは、すでに奈良時代後半の平城宮に濫觴があるが、平城宮では宮の軸線＝都城の中軸線を対称の軸として東西に配置してはいない。

(23)　これは、もちろん、北を上位、南を下位とする中国思想（『周易』説卦伝、「離」の卦を解説して「離也者明也、……（中略）……、聖人南面而聴二天下一、嚮レ明而治」）に基づいている。

(24)　林部均『飛鳥の宮と藤原京　よみがえる古代王宮』歴史文化ライブラリー二四九、吉川弘文館、二〇〇八年。なお、飛鳥板蓋宮に先行する百済大宮において、百済大寺（吉備池廃寺）とともに南北を対象の軸とする構造が採用されていた可能性が高い。

(25)　上村和直「平安宮の衰微」『研究紀要』一〇、（財）京都市埋蔵文化財研究所、二〇〇七年。

(26)　山本雅和「都の変貌」注(9)『恒久の都　平安京』。

(27)　西山良平は、注(14)著書で、「内裏の実在と不在」という観点から、一、一〇世紀後半から一一世紀前半、二、一一世紀後半、三、一二世紀～一三世紀初頭に三時期区分している。

(28)　高橋昌明「大内裏の変貌」『院政期の内裏・大内裏と院御所』文理閣、二〇〇六年。

(29)　目崎徳衛「文徳・清和両天皇の御在所をめぐって―律令政治衰退過程の一分析―」『史元』一〇、一九七〇年・「仁寿殿と清涼殿」『宇津保物語研究會會報』三、一九七〇年・「宇多上皇の院と国政」（財）古代學協会編『延喜天暦時代の研究』吉川弘文館、一九六九年。

(30)　平安宮では、内裏の正門承明門は通常用いられることがなく、天皇の出入時だけに用いられた。また、太政官制の頂点にある太政官が天皇に奏上などの行為を行うため内裏に入るのに用いる東面南門は、九世紀初めにそのことを意味する「延政門」と命名された。

(31) 注(11)参照。

(32) 行政単位としては依然として左京・右京が正式の名称であり、それを統治する機関も当然左京職・右京職で名称に変化はない。

(33) 岸俊男「平安京と洛陽・長安」注(16)『日本政治社会史研究』中・『日本古代宮都の研究』岩波書店、一九八八年。

(34) 山本雅和「平安京の路について」『立命館大学考古学論集』I、一九九七年。

(35) すでに九世紀半ばころには、七条大路の衢は人々が集まる殷賑な地となっていた(『三実』貞観七年五月一三日癸巳条)。

(36) 馬田綾子「東寺領巷所―荘園領主による都市支配の一考察」『日本史研究』一五九、一九七五年。

(37) 朱雀大路は、九世紀後半には公的管理が行き届かなくなりつつあり、「昼為二馬牛之闌巷一、夜為二盗賊之淵府一」るありさまであった(『類聚三代格』巻一六道橋事所収貞観四年三月八日太政官符)。

(38) 藤田勝也「平安京の変容と寝殿造・町屋の成立」鈴木博之・伊藤毅・石山修武・山岸常人編『古代社会の崩壊』シリーズ都市・建築・歴史2、東京大学出版会、二〇〇五年。

(39) 小寺武久「平安京の空間的変遷に関する考察(1)―行幸路次を中心として」・「平安京の空間的変遷に関する考察(2)―考察」『日本建築学会論文報告集』一六五・一六六、一九六九年。

(40) 藤原道長・頼通父子によって手を付けられた宇治の開発は、その後も継続されて一二・一三世紀ころには都市的景観をもつに至る。それが摂関家による計画的な都市開発であったならば、白河・鳥羽の先蹤となったと評することができる。

第八章　平安京は「たいらのみやこ」か？

平安文学の主な舞台は平安京であり、平安宮である。しかし平安文学の作品において平安京・平安宮は「平安京」「平安宮」と記されることはなく、「みやこ」「みや」と普通名詞で呼ばれることが多い。

たとえば、『源氏物語』では平安京を指すと思われる語彙として「都」「宮こ」「みやこ」などが見え、また平安宮を意味する「宮」「みや」があるが、決してこの「みやこ」「みや」を「平安京」「平安宮」と具体的に京号や宮号で記すことはない。これは物語など文学作品だからでもあろうが、国文学研究資料館のＨＰにある「大系本文(日本古典文学)データベース」で中古の作品を対象に「平安」を横断検索しても、平安京や平安宮を指す「平安」の用例はほとんどなく、わずかに『日本霊異記』と『大鏡』裏書に「平安宮」「平安帝都」が見えるに過ぎず、むしろその多くは「泰平安穏」を意味する「平安」である。

ところで、時代は下るが、中世文学の代表作品『平家物語』を検じてみると、平安京の呼称として、①平安城、②平京、③葛野京、の三種が登場する。

このうち、まず①平安城は、『平家物語』の巻五都遷に、

> 桓武天皇と申は、平家の曩祖にておはします。なかにも此京をば平安城と名づけて、たひらかにやすきみやことかけり。尤平家のあがむべきみやこなり。先祖の御門のさしも執しおぼしめされたる都を、させるゆへなく、他国他所へうつさるゝこそあさましけれ。

と見える。平家との因縁、曩祖桓武天皇が定めた平家の拝むべき都としての「平安城」を強調し、福原遷都を批判したくだりである。「平安城」をわざわざ「たひらかにやすきみやこ」と説明しているから、「平安城」は音読されたのではなかろうか。

また、『平家物語』に先んじて成立した『平治物語』の中巻待賢門の軍の事にも次ぎのような記述がある。

　年号は平治也、花の都は平安城、われらは平家也。三事相應して、今度の軍にかたん事なんの疑かあるべき。

平重盛が平治の乱で軍を起こすに際し将兵を発憤すべく発したことばであるが、そこで年号「平治（へいじ）」、氏名（うじな）「平家（へいけ）」とともに「三事」と称される都城「平安城」は、当然「へいあんじょう」と音読されたのであろう。なお「平安城」はほぼ同時期の『愚管抄』、『保元物語』や時期の下る『太平記』にも見えるが、一二世紀に遡っては確認できないようである。

次ぎに、②平京は、延慶本『平家物語』の巻三〇都遷事に見える。

　此の京をば、平に安き城と名づけて、平ら安しと書けり。而るを、左右無く平京を捨てらるる事、直事に非ず。

同本のかな版と比較すると、「平に安き城」が「たひらかにやすきじやう」と音訓交りでよまれ、また平安京は「平京」とも書かれ、「へいきやう」と音で読まれている。延慶本ではこのほかに「平ノ京」が同じ巻三〇で後出するが、この場合は「たいらのみやこ」とよんだのであろう。このように延慶本では同じ巻に、「平京」に音による「へいきやう」と訓による「たいらのみやこ」の二つのよみが併存している。

「平京」は『平家物語』と同時期の一三世紀前半の他の文学作品でも確認できる。

『古今著聞集』には二箇所に「平京」が見える。

まず、八六段福原遷都大神宮の神慮に合はざる事には、

　治承四年六月二日、福原にみやこ遷ありけるに、同十三日、帥大納言隆季卿、新都にて夢に見侍けるは、……（中略）……、十一月廿六日、平京に還御ありけるは彼夢にはよらざりけり。山僧のうたへ、又東国の乱などの故とぞきこえ侍ける。

とあり、平安京が「平京」と表記されていることを確認できる。

また、六二九段観知僧都、平茸を九条相国に贈るとて詠歌の事には、観知僧都（生没年未詳）が九条相国藤原伊通（一〇

九三〜一一六五、太政大臣在任は一一六〇〜一一六五）に平茸を贈った際、それに添えた歌に「たひらかに　平京に　すむ人は　ひらたけをこそ　食べかりけれ」とあり、これに対して「平茸は　よき武者にこそ　にたりけれ　おそろしながら　さすが見まほし」と、伊通が返歌を詠んだと記している。ここでは「平京」は「たいらのみやこ」あるいは「たいらのきょう」と読まれている。

さらに『愚管抄』でも次ぎの四箇所に「平ノ京」あるいは「タイラノ京」が現れる。

此御時山城国長岡ノ京ヘウツラセ給フ。其後程ナク此平ノ京ニ定マリヌ。此後無遷都。（巻二）

カヤウノ事ハ山門ノ仏法、王法ト相対スル、仏法ノマコト見ヘテ侍ケリ。平ノ京ニウツラルヽ始ニ、此山門建立セラレテ、……（後略）（巻三）

即位ニツキテ十二年タモチテ、其御子ニテ桓武天皇ハ東宮ニテ位ヒキウツシテ、此平安城タイラノ京ヘ初テ都ウツリ有テ、此桓武ノ御後、コノ京ノ後ハ、女帝モオハシマサズ、又ムマゴノ位ト云事モナシ。（巻三）

大宝以後トイヒテ其後ノ事又コノ平ノ京ニナリテノ後ヲコソサタスル事ニテアルニ、天慶ニ朱雀院ノ将門ガ合戦モ、頼義ガ貞任ヲセムル十二年ノタタカイナドイウモ、又隆家ノ帥ノトウイ国ウチシタガフルモ、関東、鎮西ニコソキコユレ。（巻四）

「平ノ京」の三例も「タイラノ京」と同じで、いずれも「たいらのみやこ」あるいは「たいらのきやう」と読んだのであろう。また、「平安城タイラノ京」と書かれていることから、『平家物語』や『愚管抄』などに見える「平安の宮」も、「平ノ京」と同様に「たいらのみや」と呼ばれたのではなかろうか。

ところで、一〇世紀初めの法律集『延喜式』には「平安宮」の用例が三例ある。いずれも巻二一諸陵寮の初条にある。当該条は諸陵寮が管理の対象としていた天皇・外戚らの陵墓の一覧で、陵墓ごとに陵墓名を記したのち、割書で陵墓主名、所在地、兆域、陵墓戸や守戸の戸数などを記している。この一覧の桓武天皇柏原陵、仁明天皇深草陵、文徳天皇田邑陵の三箇所に、天皇を治天下の宮号で表す記載方法で「平安宮御宇」と記し、このうち最初の柏原陵の「平安宮」に対し、新訂増補国史大系本では「タヒラ」のよみが付けられている。

このよみは同書の底本享保九年板本の対校に用いられた九条家本によるもので、近時、思文閣出版によって刊行が開始された影印本でも「太ヒラ」と確認できる。九条家本は平安時代末期（東京国立博物館ＨＰでは十一世紀）の書写にかかるとされ、付訓もそれと同時期か、あまり下らないと考えられる。しかし、上記した「平京」や「タイラノミヤコ」の使用状況から、九条家本の「太ヒラ」のよみは十三世紀に下るのではないかと思われる。ここで想像をたくましくすれば、「タイラノミヤコ」がもっとも早く記されるのが『愚管抄』で、その著者慈円は九条家の出身である。さらに『平家物語』が慈円の周辺で原型ができあがったと考えられていることなどから、九条家本『延喜式』の付訓に見える「太ヒラ」もこれらと同時期で、同じ志向と考えるべきではなかろうか。

ところで、さきに「平安宮」の用例が『日本霊異記』にあると指摘した。「平安宮」は下巻第三九縁に二例あり、一つは桓武天皇、いま一つは嵯峨天皇の治天下の宮として見える。現在通行の四種の註釈本では、新日本古典文学大系本が最初の用例で、また日本古典全集本は二つとも「平安」に「たひら」とよみを付けているが、日本古典文学全集本および日本古典文学大系本はいずれも「平安の宮」とよみ下すだけでよみを示していない。

これらの底本や対校本となった古写本を調べると、『日本霊異記』の古写本で下巻を有し、かつ第三九縁が記されているのは、真福寺本（鎌倉時代初期の書写。小泉道『訓点語と訓点資料』別刊第二、一九六二年）・前田育徳会尊経閣文庫本（嘉禎二年（一二三六）書写。『日本国霊異記巻下』尊経閣叢刊一九、育徳財団、一九三一年）・来迎院本（平安時代後期の書写。『日本霊異記　古事談抄』日本古典文学影印叢刊一、日本古典文学会内貴重本刊行会、一九七八年）の三本であるが、前田家本と来迎院本はいずれも当該箇所が欠落していて「平安宮」のよみを確認できない。また真福寺本には当該箇所は存在するが、よみは付けられていない。したがって二種の註釈本の「たいらのみや」のよみの根拠やそれが一体いつの時期のよみかは判明しない。

最後に、③葛野京も延慶本『平家物語』巻三〇都遷事に見える。陰陽博士安部季弘の勘状に、

延暦十三年十月廿一日に、長岡京より葛野京に遷都す。

とあるが、長岡京から遷都した先は平安京であるから、「葛野京」とは平安京のことである。物語とはいえ、勘状は陰陽博士による正式の勘文であるから、この記述にはなにがしかの根拠があったはずである。ただ遷都の日付は『紀略』『類史』の記す二二日と異なり、一日早くなっている。

平安京は山背国の愛宕・葛野両郡にわたって造営され、愛宕郡が左京、葛野郡が右京に当たった。平安宮が葛野郡域に造営されたため、平安京は「葛野京」とも呼ばれたと考えられる。ここで平安遷都の詔に「葛野乃大宮地者、山川毛麗久、四方国乃百姓乃参出来事毛便之弖」と書かれている(『紀略』延暦一三年一〇月丁卯条)ことが注目される。「葛野乃大宮」はもちろん平安宮のことで、桓武天皇は遷都の詔宣布の六日前に新京に遷幸していた(『紀略』延暦一三年一〇月辛酉条)。したがってこの時、すでに新宮は天皇が居住しうる状態であったことになる。

「葛野乃大宮地」によく似た表現は、『書紀』に「宮地」(難波長柄豊碕宮)、「藤原宮地」があり、また『続紀』にも「平城宮地」が見える。これら「宮地」の表現は、造営予定や造営途中の宮の地を指し、「行宮地」(『後紀』)、「太上天皇宮地」(『類史』)などと見えるのも同様である。「葛野乃大宮地」がこれらと異なることは上述のとおりである。しかし、ただちに「葛野乃大宮地」の表記をもって、新京が平安京と号される以前、新宮が「葛野宮」と呼ばれたと断定するのは慎まなければならないが、延慶本『平家物語』の「葛野京」を見ると、遷居当初新宮が「葛野宮」と呼ばれていた可能性も否定し難い。

以上、『平家物語』に見える平安京の三種の呼称をめぐっていろいろと憶測をめぐらしてみた。最後に、平安京と平安宮の呼称について憶測するに至ったところをまとめ、筆を擱くこととする。なお、本章で述べた憶測は以下の①から⑤のうちおもに①と⑤である。

① 桓武天皇が延暦一三年(七九四)一〇月に遷幸した新宮は、当初その所在郡葛野郡に因って葛野宮と呼ばれ、新都も葛野京と呼ばれた。

② しかし、遷都の翌一一月に地名による京号や宮号に代わって、新都は正式に平安京と名付けられ、新宮も平安宮と

命名された。

③　その後、嵯峨天皇は、父桓武天皇が平安宮を「万代宮」と定めたとし、また宮内の構造も固定させ、他に遷都することのない永遠の宮都とした。

④　それに従い、次第に平安宮は天皇を治天下の宮号で表記するような特別の時にしか用いられなくなり、やがて平安京・平安宮は「京都」「京」「みやこ」、「大内裏」「みや」などと普通名詞で呼ばれるようになった。

⑤　しかし、新興の平氏が保元・平治の乱を経て政権を獲得し、特に平安棄都・福原遷都にあたって、平氏の祖桓武天皇が造った平安京・平安宮を棄て福原に新都を造営するのに対し批判的な言辞が述べられるようになった。そのため、当時は平安京・平安宮を漢字の音で「へいあん」とよんでいたが、「平京」「タイラノミヤ」など平氏の氏名（うじな）「タイラ」で呼ばれるようになった。そして、それは慈円ら九条家の周辺でおもに用いられた。

第九章　日本古代宮都の獄

——左右獄制の成立と古代宮都の構造——

はじめに

日本の古代宮都では、中央官司は宮内に置かれるのが原則であった。しかし、一部の官司はその職掌ゆえに宮外、京内に置かれた。そのような官司には、官司の本司自体が京内に置かれた場合と、本司は宮内にあるものの、官司の一部組織が宮外、京内に置かれた場合があり、後者は特に「外司」と呼ばれたとされている[1]。これらのうち、本司自体を宮外に置いていた官司には、平城宮では、大蔵省（平城宮に北接し、松林苑とのあいだに所在）と左右京職（左右京）・東西市司（左右京）・大学寮（左京）・喪儀司（右京）[2]等の諸司があり、さらにこれらのほかにも、その職掌などからみて囚獄司や左右衛士府も宮外に所在した可能性が高い。しかし、平安宮では、これらのうち大蔵省が宮内に取り込まれ[3]、また喪儀司も大同三年（八〇八）兵部省管下の鼓吹司に併合されてしまい[4]、これ以後、京内に置かれた官司は、左右京職・東西市司・大学寮・囚獄司・左右衛門府[5]（旧左右衛士府）[6]となった（図30および第五章図18）[7]。

これら京内に置かれた諸司のなかで囚獄司は、刑部省の被管官司として、刑部省が下した判決に従って徒役の囚人と彼らを収容する獄[8]を管理する官司であった[9]。囚獄司には、職員として四等官である正、佑、大令史・少令史各一員と、その現業を支える伴部たる物部四〇人と仕丁である物部丁二〇人が置かれた[10]。囚獄司の職員のうち物部[11]と物部丁[12]の数は、『延喜式』で令制の四〇人・二〇人から一〇人・八人[13]へと大幅に減員されている[14]。このような現業職員の大幅な縮小は、検非違使が成立し、その後京とその周辺の警察・行刑権を掌握してゆく過程と深く関わると考えられる。また、囚獄司とともに刑部省の被管官司であった贓贖司は、大同三年に刑部省に併合され[15]、贓贖司の職掌は基本的には刑部省に移さ

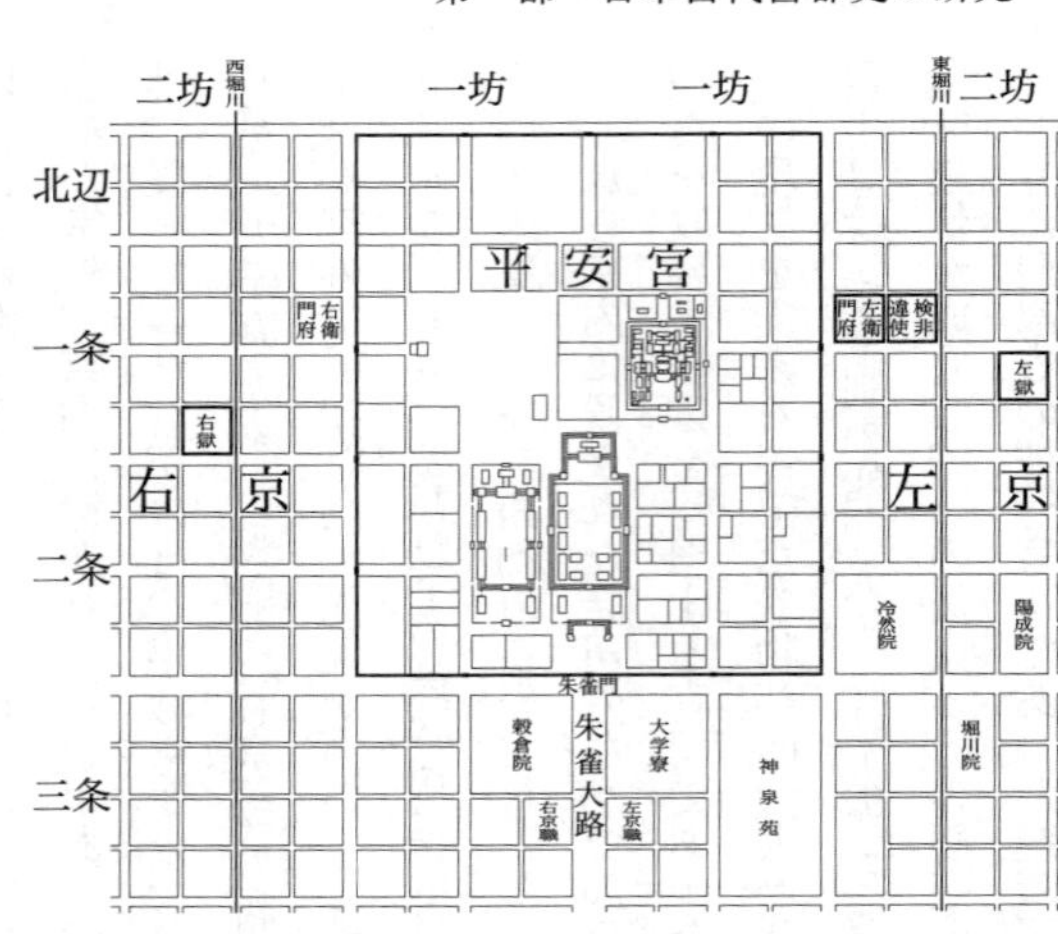

図30　平安京の左右獄・左右衛門府・検非違使庁

れたが、囚獄司にも一部が継承された[16]。この事態とも関わって囚獄司にはそののち史生二人と使部六人が置かれることとなった[17]。このように、囚獄司は現業部門が縮小されていったのに対して、事務部門が強化されていった。

ところで、平安京には左獄(東獄)と右獄(西獄)の両獄があったことを史料[18]にうかがうことができる(表11)。また、近年作成された平安京の復原図では、左右獄の所在が明記されている(図30)。しかし、九条家本、陽明文庫本の左右京図や『拾芥抄』などに記された図ではいずれも左獄の所在は明記するが、右獄をまったく記していない。すなわち、九条家本や陽明文庫本では、左獄は左京(東京)一条二坊一四町にあり[19]、同じ二坊の二町には左衛門府、七町には検非違使庁が書かれている[20]。一方、右京(西京)には左衛門町が三条四坊四・五・一二町と二条二坊八町、二条四坊六・七・一〇・一一・一四・一五町にあるが、右獄はもちろん、右衛門府・右衛門町も記されていない。これは、これらの図が製作された鎌倉時代後半、さらにはその元となった図が成立した院政期ころには、左右衛門府体制はすでに崩れ、左衛門府の政庁に置かれた検非違使庁が京中警察の中心となり、獄も検非違使が近くで維持・管理していた左獄のみが残り、右獄はすでにその実体を失っていたことによると思われる。

平安京の右獄について、裏松光世の『大内裏図考証』は「古本拾芥抄及校本拾芥抄図、作二西囚獄一、都城諸図、西獄、西中御門北、堀河西」としたが、光世の見た「都城諸図」がいかなるものであるのか明らかでなかった。しかし、上杉和彦は、仁和寺所蔵の「京都古図」によって、右獄が中御門大路北・西堀川小路西、すなわち右京一条二坊一二町にあった(図30)ことを明確に指摘した[21]。これによって、史料上では知られていた左右両獄の所在を、ようやくともに知るこ

表 11　平安京獄年表(稿)　永承年間まで

年月日	名　称	関与官司	典　拠
延暦 13.　11.26 乙未	獄		日本紀略
弘仁 10.　11.29	獄		類聚三代格巻 20 断罪贖銅事
弘仁 14.　11.22 壬申	囚獄	囚獄	類聚国史 173
天長 5.　12.11	獄		類聚三代格巻 20 断罪贖銅事
承和 9.　7.19 辛亥	獄		続日本後紀
嘉祥 2. 閏 12.10 己未	囚獄司	囚獄司	続日本後紀
貞観 5.　7.26 丙辰	囚獄司、左右	囚獄司	日本三代実録
貞観 5.　7.29 己未	囚獄司	囚獄司	日本三代実録
貞観 6.	獄		政事要略巻 95 至要雑事学校(善家異記)
貞観 7.　5.24 甲辰	左衛門獄・獄垣	左衛門府	日本三代実録
貞観 17.　6.15 丙寅	獄		日本三代実録
貞観 18.　2.	獄所	左衛門府	朝野群載第 11 廷尉
元慶 4.　12. 7 丙戌	獄(左・右)	左右検非違使	日本三代実録
元慶 5.　4.28 乙巳	獄		日本三代実録
元慶 7.　2.28 乙丑	獄		日本三代実録
元慶 8.　6.23 壬子	獄	(検非違使)	日本三代実録
仁和 1.　6.20 癸酉	獄	(検非違使)	日本三代実録
仁和 2.　4. 3 壬子	獄	獄官	日本三代実録
寛平 3.　6.26 癸卯	左右獄		日本紀略前編 20
寛平 8.　7.	左右獄	検非違使	菅家文草巻第 9
昌泰 1. 閏 10.14 庚辰	西獄		日本紀略後編 1・扶桑略記
延喜 13.	獄		九条年中行事七月相撲人入京事・小野宮年中行事七月相撲人入京事
延喜 16.　7. 3	獄	検非違使	政事要略巻 81 糺弾雑事 21 断罪事下
延喜 19.　6.30	左右獄		西宮記巻 21 臨時己凶事国忌
延喜 19.	獄		九条年中行事七月相撲人入京事・小野宮年中行事七月相撲人入京事

延喜 22.　7.	獄		九条年中行事七月相撲人入京事・小野宮年中行事七月相撲人入京事
延長 3.　1.25 戊午	左右獄所		貞信公記抄
延長 4.　5.27	左右獄	検非違使	政事要略巻 82 糺弾雑事 22 議請減贖事
承平 1.　2. 3 辛卯	左獄東町		日本紀略後編 2
承平 1.　3.23	左右獄		貞信公記抄
承平 1.　12.12	獄	検非違使・諸衛	貞信公記抄
天慶 1.　3.10	左右	左衛門府	貞信公記抄
天慶 1.　4.24	左右獄所		貞信公記抄
天慶 2.　7. 9	左右獄所		貞信公記抄
天慶 3.　6. 5	獄門		貞信公記抄
天慶 3.　6. 7	獄所		貞信公記抄
天慶 3.　6.27	東西獄所		貞信公記抄
天慶 8.　4.13	獄		貞信公記抄
天慶 8.　8. 3	左右		貞信公記抄
天暦 1.　2. 3 己未	西獄		日本紀略後編 3
天暦 1.　6.22 乙亥	左右獄		日本紀略後編 3
天暦 3.　6.23 乙未	東西獄		日本紀略後編 3
天暦 4.　11.16	獄		故実叢書本西宮記巻 6(裏書)
天徳 2.　4.10 辛酉 天徳 2.　4.14 乙丑 天徳 2.　4.26 丁丑	右獄、獄門		日本紀略後編 4
応和 3.　7.13	獄門	検非違使	政事要略巻 61 糺弾雑事 1 検非違使雑事上
康保 3.閏 8.19 庚辰	西獄垣		日本紀略後編 4
安和 1.　9.21 辛丑 安和 1.　10. 8 戊午	獄		日本紀略後編 5
安和 2.　3.25 壬寅	獄		日本紀略後編 5
天延 3.　11.14 壬午	獄		日本紀略後編 6
永観 1.　8. 1 甲申	獄		日本紀略後編 7
寛和 1.　5.20 甲子	獄門		日本紀略後編 8

寛和 1.	7.10 癸丑	左右獄		日本紀略後編 8
寛和 2.	5. 2	獄所		小記目録 10 仏事下
永延 2.	5.27	左右囹圄		小右記
永延 2.	6.17 壬申	左獄		日本紀略後編 9
永祚 1.	5.13	左右獄		小右記
正暦 3.	12. 2 辛酉	東獄門、左右獄		日本紀略後編 9
長徳 2.	6. 7	左右獄	検非違使	小右記
長徳 2.	6.13	東獄		小右記
長徳 2.	6.25	左獄		小右記
長徳 2.	11.12 戊寅	獄所		日本紀略後編 10
長徳 3.	5. 5	獄所		平安遺文 370(三条家本北山抄裏文書僧慶勢解)
長徳 3.	2.21	右獄		小右記
長保 1.	3.29	左獄所		平安遺文 378(三条家本北山抄裏文書雑色錦滋任解)
長保 1.	8.27	獄		平安遺文 385(三条家本北山抄裏文書大和国司解)
長徳 4.	10.15 庚子	左獄		日本紀略後編 10
寛弘 1.	1.14 己亥	獄所		日本紀略後編 11
寛弘 2.	2. 4 壬午	獄		御堂関白記
寛弘 2.	3.26 甲戌	左右獄		御堂関白記
寛弘 2.	4.26	左右獄	左右衛門府	小右記
寛弘 3.	7.17	左右獄	検非違使	朝野群載巻 11 勘申
寛弘 6.	7. 6	獄政所		小右記
寛弘 8.	10.24 癸亥	左右獄	検非違使	日本紀略後編 12
寛仁 1.	1.23 癸亥	獄		日本紀略後編 13
寛仁 2.	6. 4 乙未	左右獄		御堂関白記
寛仁 2.	8. 6	獄所		御堂関白記
寛仁 2.	11.10	東西獄		左経記
寛仁 4.	9.14	左右獄所・中獄		小右記
治安 1.	1. 4	獄	検非違使	小右記
万寿 1.	3.10 丁酉	獄門		日本紀略後編 13

万寿 2.　7.20	獄	検非違使	小右記
万寿 3.　8.26 庚戌	獄舎		平安遺文 505(九条家本延喜式巻十二裏文書左看督長紀延正等解)
万寿 4.　1. 8	獄		日本紀略後編 13
万寿 4.　12.25	右獄	検非違使	小右記
長元 1.　7.23	獄所		左経記
長元 4.　3.25	獄所	検非違使	小右記
長元 4.　8.28	獄所	検非違使	小右記
長元 8.　5. 2	西獄		平安遺文 528(九条家本延喜式巻三十九裏文書秦吉子解)
長元 8.　6.16	左獄政所		平安遺文 529(九条家本延喜式巻三十九裏文書看督長見不注進状)
長元 8.　9. 1	獄		平安遺文 535(九条家本延喜式巻四裏文書看督長見不注進状)
長元 8.　9. 2	獄所		平安遺文 544(九条家本延喜式巻三十裏文書佐伯寿命丸解)
長暦 1.閏 4.14	右獄		行親記
長暦 1.　10.27	獄所		行親記
長暦 3.　2.18	獄	検非違使	扶桑略記
長暦 3.　3.16	獄		扶桑略記
長久 1.　6.10	獄所		春記
長久 2.　3.27	獄		春記
長久 5.　5.25	左、獄		故実叢書本西宮記巻 21
永承 2.　11. 9	獄(太宰府？)		扶桑略記
永承 2.　12.24	左獄門		故実叢書本西宮記巻 21

表12　平安京内で左右対称に配置された官司・諸施設

	官司・施設	左あるいは東を冠する施設とその所在地	右あるいは西を冠する施設とその所在地
1	左右京職	左京職＝左京三条一坊三町	右京職＝右京三条一坊三町
2	東西市	東市＝左京六条二坊三～六町	西市＝右京六条二坊三～六町
3	東西鴻臚館	東鴻臚館＝左京七条一坊三・四町	西鴻臚館＝右京七条一坊三・四町
4	東西寺	東寺＝左京九条一坊九～十六町	西寺＝右京九条一坊九～十六町

とができるようになった。

しかし、左獄が左京一条二坊一四町、右獄が右京一条二坊一二町に所在したことが判明したことによって、新たな問題が生じてきた。それは、まず、平安京では職・市・館・寺、そして堀川において左右対称を強く意識した配置が行われている(22)(表12・図30・第五章図17)が、左獄と右獄は左右対称になっていない点である。また、このように非対称に配置される左右両獄がなにゆえに非対称のかたちで、いつから存在したのかは、平安京のみならず日本の古代宮都の構造と歴史を考えるうえで大きな問題である。(23)本章では、これらの問題について基礎的な検討を行うとともに、そこからさらに日本の古代宮都の構造にも考えを及ぼしてみることとしたい。

一　平安京以前の宮都の獄

まず、本節では、平安京の獄を検討する前提として、それ以前の宮都における獄の史料に検討を加えることにしたい。ただ平安京以前の宮都の獄については、必ずしも史料に明らかでなく、獄の存在を明確に指摘し得るのは、平城京と長岡京だけである。

1　平城京の獄

平城京の獄に関する史料としては、以下に記す『続紀』の二条の記事を、まず挙げることができる。いずれも処分未定の未決囚を「平城獄」に短期間だけ収容した事例で、処分決定後ともに配流されている。

天平一三年三月己丑条

禁二外従五位下小野朝臣東人一、下二平城獄一、

天平一四年冬一〇月癸未条

　禁二正四位下塩焼王幷女孺四人一、下二平城獄一、

前者では小野東人を、また後者では塩焼王らを、それぞれ「平城獄」へ下したとある。ここでわざわざ「平城獄」と記しているのは、天平一三・一四年(七四一・七四二)当時主都が恭仁京にあったため、一応、恭仁京の獄と区別する必要があったからであると考えられる。また、両記事が一年半の時を隔てていることを考慮すると、小野東人と塩焼王らをわざわざ主都たる恭仁京の獄でなく「平城獄」に下したのは、謀叛を企てたものを単に天皇の足下から遠ざける措置を採っただけでなく、むしろ遷都当初の天平一三年三月はもちろん、それから一年半余り経った翌一四年一〇月の段階においても、まだ恭仁京では獄が完成していなかったことを意味するのではないかと思われる。[24] このように主都が恭仁京に移った段階においても、ただちに恭仁京に獄を設けることは容易でなく、新都で獄ができあがるまで、旧都平城京において獄が維持され用いられ続けたと考えられる。この点については、のちに恭仁京の獄について検討するところでいま一度触れることとする。

さて、平城京に主都が置かれていた時期の獄については、さらに『続紀』天平三年一一月辛酉条が重要である。

先レ是、車駕巡二幸京中一、道経二獄辺一、聞二囚等悲吟叫呼之声一、天皇憐愍、遣レ使覆二審犯状軽重一、於レ是、降レ恩咸免二死罪已下一、幷賜二衣服一令二其自新一、

これには、「京中」を巡幸した聖武天皇が獄の近辺を通った時に、獄に収容されていた囚人たちの「悲吟叫呼之声」を聞いて憐み、死罪以外の者は皆その罪を免じ衣服を賜ったと記されている。奈良時代から平安時代初めの天皇は不定期に京中行幸を行い、京中の状況をみずから把握しようとしており、同様のことは、後述する『続後紀』嘉祥二年閏一二月己未条にも見える。また、天皇の「京中」巡幸中に「獄辺」を通過したとあることから、平城京では京中に獄が所在していたことを確認できる。

また、橘奈良麻呂の変について記す『続紀』天平勝宝九歳八月庚戌条には、

詔、更遣₂中納言藤原朝臣永手等₁、窮₂問東人等₁、款云、「……(中略)……」、於ㇾ是、追₂被ㇾ告人等₁、随ㇾ来悉禁著、各置₂別処₁一一勘問、始問₂安宿₁款云、「……(中略)……」、又問₂黄文・奈良麻呂・古麻呂・多治比犢養等₁、辞雖₂頗異₁、略皆大同、勅使又問₂奈良麻呂₁云、「……(中略)……」、款云、「……(中略)……」、又問、「……(中略)……」、款云、「……(中略)……」、問、「……(中略)……」、於ㇾ是、奈良麻呂辞屈而服、又問₂佐伯古比奈₁款云、「……(中略)……」、於ㇾ是、一皆下ㇾ獄、又分₂遣諸衛₁、掩₂捕逆党₁、更遣₂出雲守従三位百済王敬福・大宰帥正四位下船王等五人₁、率₂諸衛人等₁、防₂衛獄囚₁、拷掠窮問、黄文改₂名多夫礼₁・道祖改₂名麻度比₁・大伴古麻呂・多治比犢養・小野東人・賀茂角足改₂名乃呂志₁等、並杖下死、安宿王及妻子配₂流佐度₁、信濃国守佐伯大成・土左国守大伴古慈斐二人、並便流₂任国₁、其与党人等、或死₂獄中₁、自外悉依ㇾ法配流、又遣ㇾ使追₂召遠江守多治比国人₁勘問、所ㇾ款亦同、配₂流於伊豆国₁、……(後略)……、

とある。橘奈良麻呂の変を未然に防いだ際に行われた尋問について、被告人らは各々別の場所に禁ぜられて勘問を受けたが、最終的に彼らは皆伏し、獄に下された。これによって奈良麻呂らに与するものたちを捕らえに諸衛が分遣されたが、その一方で諸衛人らを率いてすでに獄に下されていた囚人たちを守るとともに、自白を得られていない囚人に対して獄で拷掠窮問が行われた。このように獄は取り調べにも用いられた。(25)

また、『続紀』天平宝字七年一〇月乙亥条には、

左兵衛正七位下板振(持カ)鎌束至ㇾ自₂渤海₁、以ㇾ擲₂人於海₁、勘当下ㇾ獄、八年之乱、獄囚充満、因其居住移₂於近江₁、……(後略)……、

船師として渤海から帰った板持鎌束は、その帰路で暴風に遭い、その原因を同船した異国の婦女らに負わせて彼女たち四人を海に投げ込んだため、帰国後獄に下された。しかし、翌年「八年之乱」、すなわち藤原仲麻呂の乱が勃発し、多数の人が罪に問われて獄に収監されたため、獄が囚人で「充満」してしまった。そこで、鎌束は「居住」を獄から近江に移された、とある。板持鎌束が最初に収監された獄は平城京の獄であったと推定されるが、問題は、獄が一杯にな

ったことによって、さきに収監されていた乱と無関係な囚人の一人である板持鎌束が獄から近江国に移された事実を書くにあたって、まず「居住」を移すと記している点、また、移された先を近江国と記すだけで、獄などと書いていない点にある。さらに、移した先が平城獄から近い山背など畿内諸国でなく、近江国であることも注目される。これらの点は平城京の獄の問題と直接関係しないが、京外の諸国における獄ないしはそれに相当する施設の存否、あるいはそれらがあった場合の存在形態に関して疑問を投げかけることになる。

さらに、『続紀』天平宝字七年一〇月丁酉条には次ぎのように記されている。

> 前監物主典従七位上高田毘登足人之祖父嘗任二美濃国主稲一、属二壬申兵乱一、以二私馬一奉二皇駕一、申二美濃・尾張国一、天武天皇嘉レ之、賜二封戸一、伝二于子一、至レ是、坐レ殺二高田寺僧一、下レ獄奪レ封、

高田寺の僧を殺したとして獄に降された高田毘登足人の祖父とは、言うまでもなく壬申の乱の功臣高田首新家のことである。新家はその死去に際して従五位上を贈られるとともに、使も派遣されて弔賻が行われた（『続紀』大宝二年七月壬子条）。また、本来、封戸は一代限りであるが、特に新家についてはその功封四〇戸のうち四分の一に当たる一〇戸がその子首名に伝えられることとなった（『続紀』慶雲元年七月乙巳条）。高田首氏は彼らのほかに霊亀を献上した久比麻呂（『続紀』和銅八年八月丁丑・霊亀元年九月庚辰条）や、その一〇〇年ほどのちに清足（『後紀』弘仁二年四月乙亥条）が正史に登場するに過ぎないが、足人を含めていずれも左右京いずれかに本貫をもつ京貫の人であった。また、平安時代初めの『新撰姓氏録』には右京諸蕃に高句麗出自の渡来一族として高田氏が見える。これらの史料からみて、高田首氏は基本的に左右京に本貫を有する氏であったと考えられる。問題は足人が下された獄が平城京の獄か、あるいは地方の獄かという点である。この問題を解くには、高田足人によって殺害された僧が属していた高田寺の所在とこの事件の発生地が明らかにならねばならない。高田寺の所在については、今日の奈良県桜井市高田とする考えがあり、その寺跡を同地の小字寺谷の遺跡らしいものに求める見方もあるが、詳細は不明である。[26] したがって、高田足人が下された獄は当面不明とせざるを得ないが、さきに触れた板持鎌束の近江移住の例や次節で述べるように、古代の地方には組織・施設の点で独立し

た獄が存在しなかった可能性があること、また彼の前職が監物主典であったことから、高田足人が降された獄は平城京の獄と考えた方がよいと思われる。

2　平城京以前の獄——飛鳥・「藤原」京の獄——

それでは、平城京以前、「藤原」京や飛鳥において獄は存在したのだろうか、もし存在したのであるなら、それはどのようであったのだろうか。

『書紀』持統九年九月戊申条には、

原二放行(在カ)レ獄徒繫一、

と、獄に繫がれた囚徒の存在を示す記述が見られる。そして、これと同内容の事実を書いていると考えられる[27]「繫囚」(「繫囚見徒」「軽繫」とも表記)を「赦」すとの記事が、持統二年〜七年(六八八〜六九四)にかけて集中して見られることから、藤原宮遷居直前の時期、浄御原令制下における囚徒の収容の事実とそのための施設として獄が存在したことを推定できる。しかし、この獄が持統八年遷居後、正式の宮都となる「藤原」京に置かれていたのか、あるいはそれ以前から飛鳥に存在していたものであるのかについては、これらの記事だけで即断するのは難しい。ただ、こののち遅くとも大宝律令の施行とともに囚獄司管下の獄が宮都に置かれたと推定されることからすると、この獄がそれ以前すでに「藤原」京内に設けられていて、それを用いた可能性は高いと考えられる。

一方、さらに時期を遡った天武一三年(六八四)閏四月に飛鳥寺の僧であった福楊が獄に入れられ、その直後頸を刺して自殺するという事件が起こった(『書紀』天武一三年閏四月乙巳・庚戌条)。時はまさに天武天皇が新城を造営しつつ、その居所はまだ飛鳥浄御原宮にあった時期である。[28]飛鳥寺の僧福楊が収監された獄については、飛鳥浄御原宮の周辺、あるいは飛鳥の地に設けられていたものかと思われるが、やはり明瞭でない。しかし、それから二年ほどのちの『書紀』朱鳥元年五月是月条に、

勅遣二左右大舎人等一、掃三清諸寺堂塔一、則大二赦天下一、囚獄已空、

と書かれている。この時の天下大赦は、天武天皇の病(『書紀』朱鳥元年五月癸亥条、朱鳥元年六月戊寅条)にともなって採られた措置の一つで、その「囚獄已空」なるほど大規模であったことに天皇の病平癒への強い祈願がうかがえる。この囚獄がのちの囚獄司あるいはその管下にある獄のことであるなら、飛鳥における獄の存在も認めることができる。ただし、当時すでにのちの「藤原」京の地で宮都の造営が行われていたから、そこに設けられていた獄を用いたと考えることもできないわけではない。

なお、さらに遡った時期のこととして『書紀』仁賢四年五月・敏達一三年是歳条や『古事記』中巻応神天皇段に、天皇の宮近くにあったと推測できる獄が見えるが、これらの記事がその時期に獄が天皇の宮近くに存在したことを示すと、そのまま考えることはできない。しかし、『書紀』や『古事記』が編纂された時期には宮都に獄が置かれていたことを前提とした記述であるとみることはできる。

以上のように、天武天皇の在位末年ごろには飛鳥の地に獄が存在していた可能性が高く、「藤原」京ではその確実性がさらに高まるが、両者の関係やそれらの実態、具体的な設置場所など、詳細についてはいまのところまったく手掛りがない。

3　恭仁京の獄——二通の刑部省解——

さきに、複都制下の旧都平城京で「平城獄」が維持されていたことを述べたが、新京である恭仁京に獄が設けられることはなかったのであろうか。

正倉院文書のいわゆる天平一七年大粮申請文書中には、刑部省とその被管官司である囚獄司の仕丁に対する大粮の支給申請に関する文書二通がある。いずれも刑部省が民部省に対して移を発して大粮を請求したもので、一通は二月二〇日(『大日本古文書』二―三九一)、いま一通は四月二一日(『大日本古文書』二―四一八)の作成日付を有する。なお、両文書が作

成された天平一七年二月と四月の時点は、いずれも主都が甲賀宮にあった時期に当たる。

刑部省　移民部省
合仕丁伍拾肆人直丁廿七人 廝廿七人
応ㇾ給米壱拾伍斛陸斗陸升　塩壱斗伍升陸合陸勺　布貳拾漆段
　省仕丁一十二人直丁六人 廝六人
　　応ㇾ給米三斛四斗八升人別日二升塩三升四合八勺人別日二勺布六段人別一段
囚獄司仕丁卌二人直丁廿一人 廝廿一人
応ㇾ給米十二斛一斗八升人別日二升塩一斗二升一合八勺人別日二勺布廿一段人別一段
　　並応ㇾ給二久尓宮一
以前、省幷所ㇾ管司仕丁等、来三月廿九日箇日料、所ㇾ請如ㇾ件、故移
　　　　天平十七年二月廿日従七位上行少録韓国連「大村」
従四位下守卿「王」

刑部省　移民部省
省幷所ㇾ管一司仕丁肆拾壱人直丁十九人 廝丁廿二人
応ㇾ給米壱拾壱斛貳升　塩壱斗壱升貳勺　布貳拾貳段
　省仕丁一十一人直丁五人 廝丁六人
　　応ㇾ給米二斛九斗　塩二升九合　布六段
囚獄司仕丁卅人直丁十四人 廝丁十六人
応ㇾ給米八斛一斗二升　塩八升一合二勺　布一十六段

並応レ給二久尓宮一

以前、省幷所レ管一司仕丁等、来五月廿九日箇日料、応レ給公粮如レ件、故移

天平十七年四月廿一日従七位上行少録韓国連「大村」

正七位上守少丞小野朝臣「遠倍」

「勘少録桑原忌寸」

「□□一人　損囚獄司仕丁七人　断五人並逃」

二通いずれにおいても、刑部省と囚獄司の仕丁への大粮の支給地は久尓宮（恭仁宮）と記されている。両者の移を比較すると、支給の対象となる仕丁の数が省・囚獄司ともに二月の移より四月の移の方が減少しており、そのことについて四月の移には奥に「□□一人　損囚獄司仕丁七人　断五人並逃」と追記されている。すなわち、囚獄司にあっては一二人の仕丁が逃亡したために、支給対象が減少したことが判明する。なぜこれほど多くの仕丁が逃亡する事態となったのであろうか。一方また、二通の移には刑部省のもう一つの被管官司である贓贖司が見えていないのはなぜなのであろうか。これら二つの疑問のうち、後者については、職員令贓贖司条によれば、同司に直丁一人がいたことを記しているから、本来は大粮申請の対象となり、刑部省移に贓贖司も書かれていなければならないはずである。これら二つの点について、その事情は明らかでないが、大粮の支給地が久尓宮（恭仁宮）であることから、刑部省も囚獄司も甲賀宮ではなく、まえの主都である恭仁京に止まっていた可能性が高い。上述したように、恭仁京遷都からまもない天平一三・一四年ころには平城獄があり、それが使われていたと考えられるが、遷都から五年ほどをへた天平一七年にはもはや大粮の支給地が平城京でないことから、平城獄は廃されて獄は恭仁京に移され、恭仁京の獄のみとなっていたが、まだ新しい主都甲賀宮に獄は移されていなかったと考えられる。

4　長岡京の獄

長岡京の獄に関する史料には、まず、『続紀』延暦四年八月庚寅条がある。

中納言従三位大伴宿祢家持死、祖父大納言贈従二位安麻呂、父大納言従二位旅人、家持、天平十七年授㆓従五位下㆒、補㆓宮内少輔㆒、歴㆓任内外㆒、宝亀初、至㆓従四位下左中弁兼式部員外大輔㆒、十一年拝㆓参議㆒、歴㆓左右大弁㆒、尋授㆓従三位㆒、坐㆓氷上川継反事㆒、免移㆓京外㆒、有㆑詔宥㆑罪、復㆓参議春宮大夫㆒、以㆓本官㆒出為㆓陸奥按察使㆒、居無㆑幾拝㆓中納言㆒、春宮大夫如㆑故、死後廿余日、其屍未㆑葬、大伴継人・竹良等殺㆓種継㆒、事発覚下㆑**獄**、案験之、事連㆓家持等㆒、由㆑是追除名、其息永主等並処㆑流焉、

桓武天皇の平城行幸中に惹起した藤原種継暗殺事件に際し、「大伴継人・竹良等殺㆓種継㆒、事発覚下㆑**獄**」と見える。暗殺された藤原種継の薨伝（『続紀』延暦四年九月丙辰条）に「宮室草創、百官未㆑就、匠手役夫、日夜兼作」したとあり、また桓武天皇の平城行幸中留守の一人となった種継がみずから「照㆑炬催検」していたように、長岡京の造営が予定より遅れていたと考えられることから、遷都のごく初期（遷都から一〇カ月余りのち）に長岡京に獄がすでに存在したのかどうか疑問である。しかし、種継暗殺の「首悪」とされた大伴継人らの逮捕と「下㆑**獄**」、勅使派遣による勘問が天皇の還幸後に矢継ぎ早に行われているところからすると、当時まだ存在していた可能性のある平城獄に下したということは考え難い。したがって、完成していたかどうかは問題が残るとしても、継人らが下された獄は一応長岡京の獄であったと考えておきたい。なお、平安京でも遷都直後（遷都後二カ月余り）に獄が存在していた可能性を示唆する史料のある[29]ことが留意される。

ところで、大江匡房の談話を藤原実兼が筆録したとされる院政期の『江談抄』第二雑事には、長岡京の獄に関して、次ぎのような注目すべき内容が記されている。

音人卿為㆓別当㆒時**長岡獄移**㆓**洛陽**㆒事

被レ談云、「匡房仕二帝王一至二納言一ハ、始祖音人卿為二検非違使別当一之時、奉二為国家一能致レ忠之故、必仕二帝王一也」云々、予問云、「其由緒如何」、被レ答云、「**音人為二検非違使別当一之以前、獄所在二長岡京一**、件所ニテ**獄所極以荒涼、囚人動逃去**、仍**音人改二立此獄門一**之後、無二逃刑人一、還又重恩也、修二善根一之人与二饗饌一称二施饗一、是彼時始也、仍音人最後被レ談ケルハ、我子孫ハ依二国家致レ忠一必仕二帝王一至二大位一ヘキ也、但刑人其罪尤重之者、此依二囚獄門一無二輙逃之者一、又路次往行之者、動与二食物一、依二別法之日一不レ能三輙入二獄門一、依二其報一定子孫少アラム」云々、此事尤理也、仍匡房モ為二靫負佐一之時、為レ追二其蹤一、路頭夜行事稠以所二申置一也、奉二為国家一為レ致レ忠也、仍後三条院御時、全以無二強盗之聞一、……（後略）……

大江匡房の始祖大江音人が検非違使別当であったのは、貞観一六年（八七四）三月七日から元慶元年（八七七）一一月三日に薨去するまで、三年半余りのあいだである。『江談抄』の「**音人為二検非違使別当一之以前、獄所在二長岡京一**」との書き様からみて、「**音人改二立此獄門一**」、すなわち「**長岡獄移二洛陽一**」したのは、音人の別当在任中三年半余りのあいだのことであったと思われる。したがって、長岡京に置かれた獄は、長岡廃都・平安遷都後八〇年余りにわたって長岡の地に存在していたことになる。しかも、それはただ単に建物や施設が存在したのではなく、「件所ニテ**獄所極以荒涼、囚人動逃去**」と、荒廃しながらも囚人を収容し、獄としての機能を果たしていたのである。これが事実であるなら、なぜ旧都の獄が八〇年余りにわたって維持され、新都平安京から囚人が送り込まれるような状態が続いたのかという疑問が生じるが、残念ながら他にこの事実を記す史料を欠き明らかにできない。

さて、この説話で問題となるのは、長岡獄の移設先である。『江談抄』は、本文では「**音人改二立此獄門一**」と書くだけで移設先を明記していないが、事書では「**長岡獄移二洛陽一**」と明記している。洛陽は言うまでもなく平安京の左京の称である。岸俊男[30]によれば、遅くも九世紀中ごろには、平安京を洛陽または長安に比定することが始まるが、一方で一〇世紀初めには左京を東京、右京を西京と呼ぶことも定着し、そのち東都＝洛陽、西京＝長安の知識によって、左京＝洛陽、右京＝長安と固定化され、やがて一〇世紀後半になると、右京＝長安が衰退し、以後平安京はもっぱら左京＝

洛陽をもって代表されるに至った、と言う。『江談抄』が記された院政期に、洛陽と言えば当然平安京を意味したと考えられる。ただ実体としてはかつての平安京全体では無く、岸の言うようにすでに右京は衰頽し、ほぼ左京のみに限定されていた。ここで注意すべきは、院政期の『江談抄』がそれを二〇〇年以上も遡る九世紀半ば過ぎころに行われた獄の移設について述べていることである。すなわち、本説話の洛陽が、平安京が洛陽もしくは長安に比定され始めた、九世紀半ばころの知識によるのか、あるいはそれから二〇〇年以上を経て『江談抄』が書かれた左京を洛陽とする院政期の考えによるのかである。いずれであるにしろ、上記の岸の整理に基づけば、長岡獄の移設先が平安京の左京であったことを示唆していることは留意すべきであろう㉛。

以上から、平安京以前の宮都、「藤原」・平城・恭仁・長岡の各京および飛鳥に獄の存在を推定してよいが、残念ながらその具体的な所在地を明らかにできない㉜。ただ、これらの宮都においては左右獄があった平安京と異なり、複数の獄が存在したことを示す史料は無く、施設としては囚獄司が管轄するただ一つの獄が存在していただけであると考えられる。

二　平安京の獄

すでに触れたように、平安京には一般に左右両獄があったとされている。たとえば、国史大辞典編集委員会編『国史大辞典』第五巻、吉川弘文館、一九八五年の「獄」の項（利光三津夫執筆）には、「平安京に至って獄は、左右両京に各一つずつ設けられた。これを左獄・右獄、あるいは東西獄と称する。」とあり、平安京には造営当初から左右二つの獄が揃っていたと理解される記述が見られる。一方、法制史家のなかには、「平安京における獄舎は、……、左獄のみである」（瀧川政次郎『日本行刑史』青蛙房、一九六一年）との見解や、「京に左獄（堀川の獄）が設けられ」た（重松一義『日本獄制史の研究』吉川弘文館、二〇〇五年）と、左獄がさきに設けられたとする記載が明確な根拠を示すことなく行われている。また、角田文衛監修、㈶古代學協会・古代學研究所編『平安京提要』角川書店、一九九四年の「左京と右京」（山田邦和執筆）

では、「囚獄司は刑部省に属して東西両獄を統括する役所」とする、これまた史料的根拠が不明な記述が見られる。

1　左右獄と検非違使

そこでまず、平安京の獄に関する史料を編年的に整理した上掲の表11を見ると、獄に左右あるいは東西の別を明記した史料で年代的にもっとも遡るのは、『紀略』寛平三年六月二六日癸卯条である。

左右獄囚十六人被㆓放出㆒、依㆓旱炎㆒也、

他の事例からみて、左右獄に収容されていた軽犯の囚人を放出したと考えられる。

これに次いで古いのは、菅原道真の詩文集『菅家文草』に収める寛平八年（八九六）の復奏囚人拘放状（巻九―六〇三）である。

復㆓奏囚人拘放㆒状

右、臣某今月十三日謹奉㆓口勅㆒云、「去十日令㆘検非違使別当従三位中納言兼行左衛門督源朝臣**勘㆗録左右獄中繫囚之数**㆖、十一日録奏既訖、須㆓朕親到㆑獄対放遣㆒、而徳不㆑及㆑古、事未㆑宜㆑今、汝者朕之近習也、大師也、列見罪人、依㆑実拘放、令㆑如㆓朕之所㆒㆑念」者、臣伏奉㆓勅旨㆒、十三日早朝、率㆓従五位上守左少弁源朝臣唱・大外記正六位上多治有友・左大史正六位上大原史氏雄等㆒、**会㆓集右衛門府㆒升㆑殿**、于㆑時左右検非違使佐以下召㆓列罪人等㆒、祗㆓候**南門外大路**㆒、臣召㆓使等㆒、先令㆑弁㆓申所㆑犯軽重㆒、使等勘㆓会日記・過状㆒一々執申、其犯重、其罪明者、十六人、左十一人、右五人、二人先死、其遺十四人、即加㆓防援㆒、各還㆓本獄㆒、其犯有㆑疑、其罪未㆑定者、四十六人、左二十八人、右十八人、令㆘使等計㆗列**南門之前**㆖、臣率㆓弁以下及検非違使等㆒、著㆓**門中壇上胡床**㆒、即口宣曰、「奉㆑勅、罪人汝等、或被㆑疑㆓殺人・傷人・強盗・竊盗㆒、或被㆑告㆓偽印・強奸・投石・放火㆒、如㆑是等罪、科法有㆑限、今如㆑聞、有司捜㆓実情㆒之間、空送㆓二三年㆒、獄官尋㆓証験㆒之内、縦経㆓五六月㆒、須㆘雖㆑累㆓年序㆒、雖㆑積㆓旬月㆒、慥定㆓其犯㆒、明立㆓其罪㆒、任㆑理出入、随㆑事拘放㆖、然而別有㆑所㆑念、直以放免、汝等重有㆑所㆑犯、後日曽不㆓寛宥㆒」者、罪人等共称唯、

或伏レ地嗚咽、或仰レ天嗟歎、勅使府官、道路見聞、不レ勝二感泣一、拭レ涙而帰、臣某頓首々々、死罪々々、伏録二事状一謹奏

寛平八年七月　中納言

復奏囚人拘放状は、菅原道真が宇多天皇の口勅により天皇に代わって、寛平八年七月一三日早朝、弁史・外記を率いて右衛門府に会集し、左右検非違使佐以下と左右獄に繋がれた罪人らを集めて、右衛門府の南門とその外にある大路を用いていわゆる赦宥儀礼を行い、その結果を天皇に覆奏した奏状である。

復奏囚人拘放状で、まず注意したいのは、「須二朕親到レ獄対放遣一」と書かれているように、天皇みずから獄に赴いて直接赦宥儀礼を行うべきであるとの天皇の認識が示されていることである。獄囚を赦宥する儀礼は、奈良時代以前天皇出御のもと恩赦の対象となる囚人たちを朝廷に集めて行っていたが、(33)大宝元年（七〇一）大宝律令の施行とともにそれをやめ、赦令が出たのちに囚獄司が彼らを直接放免するように改められた。(34)しかし、復奏囚人拘放状によると、大宝元年以降囚獄司が行うことになっていた囚人の放免は、二〇〇年ほどのちの寛平八年には検非違使が行うようになっていたのである。

しかし、ここでなにより注目すべきは、復奏囚人拘放状に書かれている赦宥儀礼に、まったく囚獄司が現れてこないことである。(35)上記のように、大宝律令施行以降、赦宥儀礼は囚獄司が行うことになっていたことから、囚獄司がまったく見えないことは、囚獄司が少なくともそのような儀礼を担当しなくなり、検非違使が代わって赦宥儀礼を行うようになったこと、そしてこの事実は囚獄司による獄の管理自体が行われなくなっていた可能性をも示唆している。(36)さらに、この時は赦宥儀礼に先立ち、一〇日に天皇が検非違使別当源光に「左右獄中繋囚之数」の勘録を命じ、一一日に録して奏させていることから、左右獄はすでに検非違使の管轄下にあったと考えられる。(37)また、寛平六年に検非違使庁が左右衛門府に定められた（『政事要略』巻六一糺弾雑事所収寛平七年二月二一日別当宣）ことによって、この時は右衛門府で赦宥儀礼が行われ、罪人は繋がれていた左右獄から儀礼の場である右衛門府に連れて来られたと考えられる点も注目される。

ところで、赦宥儀礼が行われた右衛門府の所在は、九条家本や陽明文庫本などのいわゆる平安京古図に書かれておらず不明であるが、裏松光世の『大内裏図考証』には左衛門府に次いで右衛門府が立項され、「古本拾芥抄図、右衛門府（印本作二右兵衛町一者、誤写）、近衛南、大宮西一町」と書いてある。これによると、右衛門府は右京一条二坊三町に所在したことになる(38)が、当該地については右兵衛町とする異論もあったようである(39)。ここで注目したいのは、復奏囚人拘放状が赦宥儀礼の行われた場を「**南門外大路**」と明記していることである。すなわち、右衛門府の南限は大路であった。一方、左衛門府が左京一条二坊二町にあったことは諸書で一致し、まちがいない。したがって、これら二つの事実から、右衛門府（当初の右衛士府）は左京一条二坊二町にあった左衛門府（当初の左衛士府）と対称の位置、すなわち右京一条二坊二町にあり、『大内裏図考証』が古本拾芥抄に記すとする「近衛南」でなく、「近衛北」に位置したと推定される(40)（図30）。これは当然、平安京ではその造営当初において、朱雀大路を対称の軸として諸施設が配置されていたことと整合的である。

次ぎに、左右獄と明記がないものの、赦宥儀礼について記す『三実』元慶四年一二月七日丙戌条は、さらに遡って左右獄の存在を示す可能性が高い。

左右検非違使於二左衛門府南門一、出レ詔、獄繋囚**左**百六人（着鈦八十一人・未着鈦廿五人）、**右**九十四人（着鈦七十九人・未着鈦十五人）、惣二百人、一時放却、賜レ銭各卅文、

寛平八年と同様に、左右検非違使はこの時儀礼の場と定められた左衛門府の南門に集まり、獄に繋がれた囚人左右合わせて二〇〇人を放免している。そこで行われた儀礼もほぼ寛平八年と同じであったと考えられるので、左衛門府に集められた囚人たちに冠せられた「左右」は、左右検非違使の「左右」ではなく、やはり寛平八年と同じ左右獄の「左右」とみてよいであろう。しかし、ここでも囚獄司がまったく登場しないことから、寛平八年の状況はさらに元慶四年まで、一五年余り遡ることになる。

さらに時を遡って、『三実』貞観五年七月二六日丙辰条にも、次ぎのような注目すべき記述がある。

囚獄司着鈦囚人殴二傷防援右兵衛百済豊国一、于レ時以二左兵衛二人・右兵衛二人一、為二左右囚人防援一、囚人等私発二憤

恚、遂成二此乱一、

「左右囚人」の防援として、左右兵衛それぞれ二人を付けたが、囚人達は私に怒って乱を起こし、「囚獄司着鈦囚人」が右兵衛の防援を傷つけた、と書かれている。ここでわざわざ右兵衛の防援を殴り傷つけた囚人を「囚獄司着鈦囚人」と記していることが気になる。それは、防援とされた兵衛四人は、左囚人に左兵衛二人、右囚人に右兵衛二人を付けたことを意味し(41)、それゆえに右兵衛を殴って傷つけた「囚獄司着鈦囚人」は右囚人であったのではないか、という点である。この推測が正鵠を射ているなら、この時すでに獄は左右二つがあり、右囚人を収容する右獄が囚獄司の獄で、これに対して左獄は囚獄司以外の官司が着鈦を行った左囚人を収容していたと推測することができる。そして、このような左獄を管轄していた官司として、ただちに想定されるのは当然検非違使である。このように理解した場合、右獄＝囚獄司管下の獄、左獄＝検非違使管下の獄ということになる(42)。

ところで、次ぎに掲げる『三実』貞観五年七月二九日己未条は、囚獄司と獄との関わりを示すもっとも時期の下る史料である。

囚獄司着鈦囚卅人脱レ禁逃竄、

ここでもわざわざ「**囚獄司着鈦囚**」と囚獄司を冠していることが注目される。そして、これ以後両者の関わりを明記する史料は『延喜式』巻二九囚獄司に収められた諸条文に限られるようになるが、一方、これに対して検非違使管下の獄、左衛門獄を記録したもっとも遡る確実な史料は(43)、『三実』貞観七年五月二四日甲辰条である。

遣二諸衛府官人已下一、大捜二於東西京一、先レ是、**左衛門獄**中着鈦囚六人穿二獄垣一逃去、仍以捜索、

この史料ではまず、着鈦囚六人が「獄垣」に穴を「穿」って脱獄したのであるから、左衛門獄にはそれを繞る垣があり、その垣は穴を「穿」つことができる築地垣であったと考えられ、左衛門獄は空間として独立した施設であったと推定される。ここで問題となるのは、左衛門獄に対してはたして右衛門獄なる施設があったのかどうか、また左衛門獄に収容されていた「着鈦囚六人」に対して「着鈦」を行ったのが検非違使、囚獄司のいずれであるのかである。さきに述

べた七月二六日丙申条に関する理解とも関わらせて考えるなら、左衛門獄に対して右衛門獄はなかったと考えるのが妥当である。そして、検非違使はまだ「着鈦」の権限を有さず、「着鈦」は囚獄司が行い、囚獄司によって「着鈦」された囚人が左衛門獄と囚獄司管下の獄にともに収容されていた可能性がある。

さて、検非違使が「着鈦」の権限を獲得したのは貞観一二年ころかと思われる。大江音人が別当であった貞観一六年〜元慶元年まで、三年半のあいだは検非違使の権限の明確化あるいは強化にとってきわめて重要な時期[44]で、なによりも貞観一七年に左右検非違使式の撰進が行われたことが重要である。『本朝書籍目録』政要には、

左右検非違使式一巻　貞観十七年四月廿七日、中納言南淵年名等撰進、

と、左右検非違使式撰進の年月日を貞観一七年四月二七日と記している。左右検非違使式は散逸してそのほとんどを失っているが、逸文のなかには検非違使がすでにこの時獄を管理していたことを示唆する条文がある。

検非違式云、……（中略）……、又条、……（中略）……、又条云、盗人不レ論二軽重一、停レ移二刑部一、別当直着レ鈦、配二役所一令二駈策一、如官当収レ贖、各依二本法一、自余犯並従二常律一、（『政事要略』巻八四告言三・『西宮記』臨時第一一成勘文所収延長七年九月一九日太政官符）

検非違使式云、……（中略）……、又云、盗人不レ論二軽重一、停レ移二刑部省一、別当直着レ鈦、配二役所一令二駈策一、（『政事要略』巻六一糺弾雑事所収天元五年正月二五日惟宗允亮答）

右記の両文は本来同文で、同一条であったと思われるが、これらによると、この時、検非違使は確実に「着レ鈦」の権限を持っていた。いまのところ、これよりまえ、いつの時点まで検非違使の着鈦の権限が遡るかは明らかでないが、貞観一二年七月二〇日別当宣[45]によって、検非違使は職務繁多を理由に、強竊二盗・殺害・乱闘・博戯・強奸のみを職掌の対象とすることとなった。これらの措置によって、検非違使は強窃盗などに限って量刑権を刑部省から奪い、律令裁判制度の構造（刑部省が量刑権を専有）から独立した裁判システムを検非違使が手に入れた、と理解されている。[46]

いずれにせよ、平安京の左右獄の存在は元慶四年まで確実に遡ることができ、すでにその時には検非違使の管下にあ

った。そして、さらには貞観五年までその状態が及ぶとの推測(47)も可能となった。しかし、検非違使の獄がいつごろ成立したのかは残念ながら史料からこれ以上明らかにすることはできない。ただ、従来の研究をまとめつつ前田禎彦が述べたところによれば、「何時の時点かは特定できないものの、使庁の獄舎はもともと強窃盗犯の徒役執行を目的に設けられたと推測できる(48)」、あるいは「検非違使の獄舎は、弘仁九年(八一八)宣旨が盗犯を「配役所」ことを検非違使に指示したことに由来する(49)」と、論理的には考えられるが、それは貞観五年を遡ること五〇年に近く、またやはり具体的な年代の措定は現時点ではこれ以上困難である。

2　囚獄司管下の獄

それでは、検非違使が左右獄を管理する以前の獄はどのようであったのだろうか。当然、それは囚獄司の管理下にあった。囚獄司の管下の獄については、『紀略』あるいは『類史』の弘仁一四年一一月壬申条に、

> 亥刻、巡二大蔵一舎人等呼レ失二火於大蔵省一、左右大弁等奔波検校、有レ人レ持二炭火一、挿二東十四間長殿東面長押一、且撲レ火、且出レ物、優婆塞三人・蔵部一人親入盗レ物、即着二縛優婆塞一人一、先申云、「己等所レ謀、騒動之間、雑衆取レ物、去十月廿日夜失火、亦己等所レ為」、至二明朝一、勅使左右近衛少将推問、或争避、或吐レ実、依二事未一レ尽、優婆塞降二**非違**一禁固、蔵部降二**囚獄**一着レ鈦、于レ時集二大庭一五位以上尤勇士人賜レ物、

とあり、この日起こった大蔵放火強盗事件の犯人として、優婆塞が「非違」すなわち検非違使に下されて禁固されたのに対し、蔵部は「囚獄」すなわち囚獄司に下して鈦を着けたと見える。これによって、囚獄司自身による着鈦の事実の確認と、囚獄司管下の獄の存在が推定できる。なお、ここで気がかりなのは、優婆塞が下された検非違使において彼を禁固した場所である。ここにはそれを明記していないが、さきに触れた前田禎彦の指摘にもあるように、弘仁九年宣旨によって盗犯を収監するために造られた検非違使の獄(のちの左衛門獄か)がこれに相当するものであったかと思われる。

次ぎに、囚獄司管下の獄の所在については、『続後紀』嘉祥二年閏一二月一〇日己未条に、

乗輿巡二省京城一、以二銭米一賑二給窮者一、比レ至二囚獄司前一、天皇問曰、「是為二誰家一」、右大臣藤原良房朝臣奏言、「囚獄司」、於レ是、殊降二恩詔一、皆免二獄中罪人一、群臣欣悦、倶呼二万歳一

と見えることから、囚獄司は天皇が巡幸した「京城」＝平安宮外、平安京内にあり、そしてそこに獄も存在したことが分かる。しかし、囚獄司の京内での所在は判然としない。さきにも触れたように、九条家本の左京図にはすでに囚獄司の記載は無く、左京一条二坊十四町の東北四分の一町を朱で方形に囲い「獄左或」と書き込むが、『拾芥抄』では当該地一町を「左獄」と明記する。これらに対して『大内裏図考証』は、左京一条二坊十四町に囚獄司があったとし、「都城諸図、囚獄司、近衛南、西洞院西一町」と記す。同書が引く古本拾芥抄には十四町を「囚獄」とし、その東北四分の一弱を方格で囲み「獄」と記すが、校本拾芥抄では十四町の一町を「左獄」、その東北四分の一足らずを方格で囲むだけで齟齬がみられる。本章ではすでに記したように、右獄＝西獄が囚獄司管下の、本来律令制下の獄であったと推測した。したがって、獄を管理する囚獄司も右獄の近く（あるいは右獄と同地）に所在したと考える。

なお、時期はこれと相前後するが、すでに指摘したように、囚獄司は、大同三年の贓贖司の刑部省への併合によって、刑部省とともに贓贖物の徴納、出納に関わることになった。貞観式にはその職掌について規定があり[50]、さらにこの条文はそのまま『延喜式』巻二九囚獄司に引き継がれた。この新しい職掌の追加によって、それらの物を収めるために囚獄司には倉が設けられるようになったと考えられる。これ以後、贖物は囚獄司に収納されるようになったが、その後、囚獄司の官舎は顚倒して年久しく無実のままであり、また囚獄司に代わって贖物を収納すべき刑部省も庁から門屋に至るまで顚倒し、四面が外にかたちをあらわすほどになってしまい、とうとう天暦四年（九五〇）には刑部・囚獄両省司に代わって検非違使に贖物が収められることになった[51]。

三　日本古代宮都の獄と唐長安・洛陽城の獄

それでは、古代日本の律令制がその範として採り入れたであろう唐の制度では、獄はどのようになっていたのであろ

表 13　唐代の獄

種別		所在		監督官署	名称	収監対象	備考
中央監獄	京監獄	大理寺(皇城内、承天門街西)		大理寺	大理寺獄(大理院獄・大理獄)	中央百官の犯罪徒刑以上・金吾衛逮捕にかかる京師不貫属者、京城内の徒刑以上案件	刑部獄(696 年廃止)内侍獄・神策獄・北軍獄・黄門獄、掖庭局(女犯の監獄)、神都の新開獄・牧院など、特殊監獄が存在あるいは成立
		御史台(皇城内、承天門街西)		御史台	御史台獄	皇親国戚・朝廷大臣・皇帝詔命案件	
地方監獄		京府	京兆府	大理寺？	京兆獄	二重の性質 ①中央監獄(朝廷犯罪の官員を囚禁) ②地方監獄(地方の罪犯を囚禁)	府尹・県令の管轄によらず、中央政府の直接的監督を受ける
			河南府		河南獄		
		京県	長安県		長安獄		
			万年県		万年獄		
			河南県		河南獄		
			洛陽県		洛陽獄		
	地方監獄	州		州	州獄	地方の罪犯を囚禁	都督府にも監獄を設置
		県		県	県獄		

うか。ここでは、特に獄の所在地と機能の分担を問題としたい。

まず、中国における研究[52]によって、唐代の獄(徒刑で服役中の既決囚と現行犯逮捕された未決囚を収容する施設)について整理すると、おおよそ次ぎのようにまとめることができる(表13)。

1唐代の獄は、大きく中央監獄と地方監獄の二つの系統に分けられる。

2中央監獄として当初から存在したのは、大理寺所管の大理寺獄である。

2'貞観年間(六二七～六四九)の末年に新たに御史台に御史台獄が置かれるようになると、大理寺獄と御史台獄は東西両獄となった[53]。

2"武則天によって武周の神都とされた洛陽には彼女が置いた監獄として新開獄(麗景門獄)、また御史台所管の獄として洛陽牧院があったが、ともに玄宗ののちに廃された。

2'''このほか、中央には後宮である掖庭局に女性(廃后・公主・嬪妃・女官・宮女・朝廷大臣犯罪後牽連の家属)の獄など、特殊な獄があった。

図31　唐長安城における大理寺・御史台の所在

3地方監獄としては州県に置かれた獄が基本である。その他、都督府などにも獄が置かれた。

3'州県の獄のうち、長安と洛陽は京城として特殊な扱いをうけ、京兆・河南両府と長安・万年・河南・洛陽の四県には府県の管轄によらず、中央監獄としての性格を併せ持ち、直接中央政府の下に置かれた監獄が設けられた。

4中央・地方両監獄の具体的所在について触れた研究はなく、特に中央に存在した監獄のうち、大理寺と御史台の東西両獄は皇城内の各々の官署に置かれたかと推定される(図31)が、長安では京兆獄と長安・万年両県獄、洛陽では河南獄と河南・洛陽両県獄の所在地が明らかでない。

以上が唐代の獄制度の概要であるが、そこからも唐の獄制度では州県獄が比較的単純であるのに対して、中央監獄がかなり複雑であることが分かる。特に、中央官司である大理寺が中央監獄の役割を果たしただけでなく、中央監獄としての獄が京師に所在する府県にも設置されていた点が獄制度を複雑にしている。大理寺は京中の徒囚以上をも収監することになっているから、京師所在の府県は京中の徒囚を収監することがないはずであるが、史料からはこれらすべての獄に徒囚が収容されていたことが分かる。[54]

また、京師の府県に設けられた獄は実際どこに設けられていたのかも大きな問題である。京兆府と長安・万年両県の官署の位置は文献史料から明らかである(図32)が、長安・万年両県獄のように、直接中央政府の下に置かれた県獄が県の官署近くに設けられる必然性はない。

ただ長安獄の所在を推定させる史料がある。

『旧唐書』巻一一本紀一一代宗

(大暦十年)九月戊申、迴紇白昼殺㆓人於市㆒、吏捕㆑之、拘㆓於**万年獄**㆒、其首領赤心持㆑兵入㆑**県**、劫㆑囚而出、斫㆓傷獄吏㆒、

巻一九五列伝一四五迴紇

大暦十年九月、迴紇白昼刺㆓人於東市㆒、市人執㆑之、拘㆓於**万年県**㆒、其首領赤心聞㆑之、自㆓鴻臚寺㆒馳入㆓**県獄**㆒、劫㆑囚

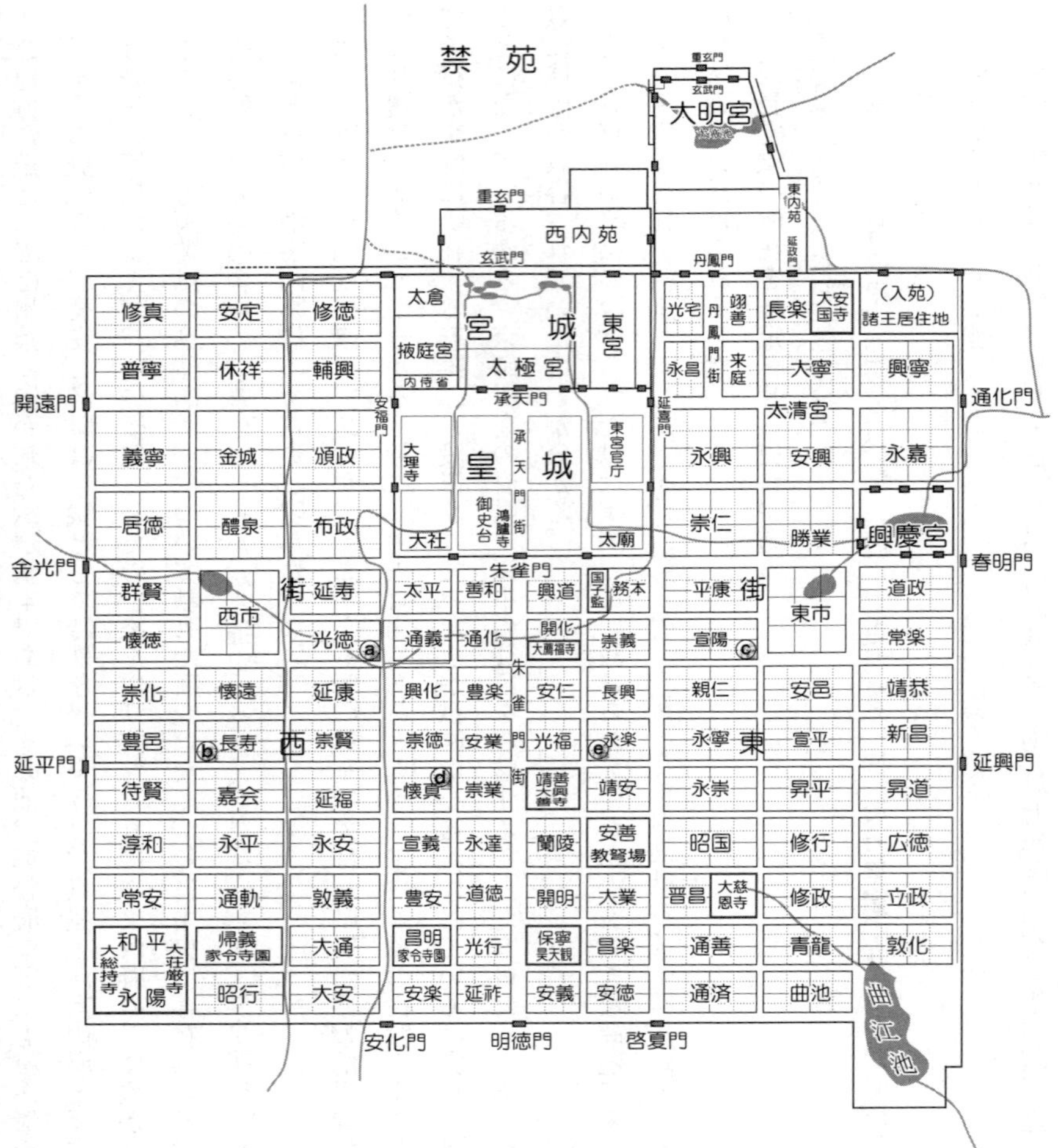

図 32　唐長安城における京兆府廨と長安県廨・万年県廨の位置
（妹尾達彦原図を簡略化、加筆）

凡例ⓐ京兆府廨
　ⓑ長安県廨
　ⓒ万年県廨
　ⓓ廃乾封県廨（660 年長安県より分置、703 年廃止して長安県に併合）
　ⓔ廃明堂県廨（660 年万年県より分置、703 年廃止して万年県に併合）

而出、斫傷獄吏、

これらの史料を総合すると、大暦三年（七六八）九月、日中に東市で刺殺事件を起こした廻紇人を市の吏人が捕らえ、万年県獄に拘束したところ、廻紇の首領であった赤心がこれを聞き及び、兵器を持って鴻臚寺から万年県獄に馳せ入り、囚われていた廻紇人を奪い返して県獄を出、獄の官吏を切り裂き傷つけた、ということになる。東市で事件を起こした廻紇人を万年県獄に拘束したのは、事件の発生場所が東市で、万年県のなかであるとともに、東市から万年県衙、すなわち県獄が近かった（図32）からであろう。

一方、御史台獄成立後、中央監獄は大理寺獄と御史台獄を東西両獄と称するようになると言われるが[55]、両者はともに皇城中の承天門街西に位置し（図31）、日本のように都城の中軸線によって獄が東西に振り分けられていないし、なにより両者を東西両獄と称するには収監の対象となる囚人に大きな差がある。

以上のような唐の複雑な中央監獄に対し、日本の律令では唐のような複数の複雑な機能分担をもつ監獄を設けず、中央監獄としては囚獄司の獄を規定するだけである。しかも囚獄司の獄は、主都のみならず畿内の徒囚を収容する機能をもち、中央監獄としてはきわめて特殊な監獄であった。養老獄令犯徒応配居役者条に、

凡犯ㇾ徒応ㇾ配二居役一者、畿内送二京師一、在ㇾ外供二当処官役一、其犯ㇾ流応二住居作一者、亦准ㇾ此、婦人配二縫作及舂一、

とあり、徒囚を使役する場合、「在外」＝外国においてはそれぞれの国で「官役」に使役されたが、畿内諸国は徒囚を京師に送り、そこで使役すると規定されている点が唐とは大きく異なる。なにゆえに畿内諸国はわざわざ徒囚を京師に送らねばならないのか、という素朴な疑問が生じる。それは、おそらく徒囚を京師に送り路橋などの修繕に当たらせる（『令集解』巻四職員令囚獄司条所引刑部省例、『延喜式』巻二九囚獄司役人条）必要があったからであるが、その場合、当然、京師や外国と違い畿内諸国は路橋などの修繕に徒囚を充てなくても済むと考えられ、獄令に規定されなかったのはなにゆえかという更なる疑問が生まれる。

むすび

本章では、平安京の左右獄について基礎的な検討を行ってきた。そこで、明らかにし得た点、ある程度の推定に至った点、さらには今後の問題点を、平安京以前の宮都における獄を含め、まとめておくこととしたい。

① 平安京以前の宮都においては、獄と囚人の管理を主たる職掌とする刑部省被管である囚獄司のもと、獄は京内に一つだけ設けられた。

② 囚獄司の獄は唐の中央監獄のうち大理寺を模範として設けられたが、唐のように複数の複雑な関係にある中央監獄は存在せず、囚獄司の獄が唯一の中央監獄であった。囚獄司は畿内諸国の徒囚も収監し、彼らを使役して京内の道橋を修繕する役割を果たした。

③ 平安京でも、当初、獄は前代までの設置形態を受け継ぎ、囚獄司の獄だけが京内に設けられるに止まった。

④ 平安京で左右両獄の制が成立するのは貞観年間ころに下り、左右両獄制の成立には現在のところいくつかの推測が可能である。ここでは、もともとの囚獄司の獄と新たに京内の警察・行刑権を握るに至った検非違使の獄という性格と成立時期を異にする二つの獄に由来すると考え、囚獄司の獄は右獄で、左獄が新しく検非違使の獄から生まれたと推測する[56]。右獄の位置は右京にあり、それは唐において大理寺獄が皇城内承天門街西に設けられた事情と同様に、陰陽の原理に基づき、獄が陰に属する要素であることによったと思われる。

⑤ このように、宮都における左右獄制は平安京で初めて成立したのであり、しかもその時期は平安京創建当初でなく、創建から五〇年以上を経てからであった。それゆえ当然、創建当初京内で左右対称に配置された左右京職・東西市・東西寺・東西鴻臚館とは異なり、左獄が新たに設けられた時にはもはや厳密な左右対称配置が採られることはなかった。

注

(1) 北村優季「平城宮の「外司」—令集解宮衛令開閉門条古記をめぐって—」『山形大学史学論集』八、一九八八年。「外司」は『令集解』巻二四宮衛令開閉門条古記の文に「民部外司」と見える。古記が依った「別式」に対応した義解の文には「民部廩院」とある。九条家本や陽明文庫本の一連の宮城図・京図によると、民部省の廩院は平安宮の東南部、民部省の東、神祇官の西にあり(第五章図19)、明らかに宮内に位置している。もし「民部外司」と「民部廩院」が同じものを指し、「外司」が宮外に所在する官司を意味するのであれば、のちに廩院と呼ばれる民部省の施設が京内から宮内へと所在を変えたことになる。しかし、平城宮跡で実施された発掘調査で倉庫群が検出され、それを「民部廩院」に当てる考えもある。もしそうであるなら「民部外司」は宮内に存在したことになる。したがって「外司」は決して宮「外」に置かれた官司の謂ではなく、むしろ本司「外」と理解して始めて納得できるのではなかろうか。

(2)『西大寺資財流記帳』巻第一縁起坊地。

(3) 大蔵省が平安宮内に取り込まれた時期について、通説では平安遷都当初からと考えられているが、当初からではなく、九世紀半ばころであるとする瀧浪貞子「初期平安京の構造—第一次平安京と第二次平安京—」『京都市歴史資料館紀要』創刊号、一九八四年の考えもある。

(4)『類聚三代格』第四加減諸司官員幷廃置事所収大同三年正月二〇日詔。なお、『三実』元慶元年七月三日壬寅条に「喪儀倉」が見え、それを守る「守倉人」の存在も確認できるから、喪儀司が管轄していた葬送の具を保管するための施設は喪儀司廃止後も維持されたようである。

(5) 律令制官司ではないが、検非違使もその職掌上京内に置かれた(図30)。

(6)『後紀』弘仁二年一一月己未条。

(7) 九条家本・陽明文庫本の左右京図参照。なお、平安京には、公的な施設として東西鴻臚館・神泉苑などがあった。これらのうち東西鴻臚館は、平城京では「大郡」と呼ばれ、京外に所在していたと推定されるが、平安京ではそれが鴻臚館とよばれ、左右京の対称の位置に東西鴻臚館として置かれるようになった。しかし、承和六年(八三九)には東西鴻臚館のうち、東鴻臚館の敷地二町が典薬寮に御薬園の用地として充てられ(『続後紀』承和六年八月辛酉条)、東鴻臚館は廃されたため西鴻臚館だけが右京に所在するようになり、そののち貞観一五年(八七三)まではこの状態が続いていた(『三実』貞観一五年三月二八日壬辰条)。本来、鴻臚館の管理は治部省が担当すると考えられるが、『延喜式』では掃除などを左右京職が行い（巻四二左京職宮城朱雀等掃除条）、弾正台も臨時に検校する（巻四一弾正台）とされており、治部省の関与については明らかでない。なお、東鴻臚館廃止後、西鴻臚館の維持・管理は右京職と木工寮が行った（『三実』貞観一五年三月二八日壬辰条）ようである。

（8）囚獄司には、囚人を収容するために獄舎（養老獄令応給衣粮条、『延喜式』巻二九刑部省医薬条）があり、囚人の男女は別所において禁ぜられた（養老獄令婦人在禁条、なお『小右記』永延二年（九八八）六月二五日甲午条には「在二左獄一女」と見える）。囚人は「枷鈦」を付けられていた（養老獄令流徒罪条、『延喜式』巻二九囚獄司著鈦条）が、座臥具としての「席薦」や「衣粮」が支給され（養老獄令給席薦条・獄令応給衣粮条）、病の時には「医薬救療」も与えられた（養老獄令応給衣粮条・獄令有疾病条、『延喜式』巻二九刑部省医薬条）。獄舎や獄囚が使役されている場所は弾正台によって非違を巡検され（養老獄令在京繫囚条、『延喜式』巻四一弾正台）、また毎夜囚獄司が獄舎を巡検した（『延喜式』巻二九囚獄司巡検条）。

（9）養老職員令囚獄司条。

（10）養老職員令囚獄司条。

（11）物部は「主二当罪人決罰一事」を職掌とし（職員令囚獄司条）、徒囚が使役される場合、衛士とともにその防援に当たる（獄令徒流囚条）ことになっている。『延喜式』巻二九囚獄司の諸条によれば、物部は胡桃染の緒を付けた横刀を帯き、当宿官人や物部丁とともに毎夜獄など「禁レ囚之処」を巡検し、また死刑（剣による斬首刑や綱を使った絞首刑）を執行するなどの職務をもっていた。

（12）物部丁は『延喜式』巻二九囚獄司の諸条によれば、毎夜の巡検や行刑の日などに物部と同一行動を取り、また笞・杖罪の執行に使う笞・杖を毎年一一月に採り備えることになっている。

（13）『延喜式』巻二九囚獄司物部条。なお、『類史』天長八年二月乙酉条によれば、定額は四〇人であるが、負名氏の入色人がいないため、この時他氏から取る道を開いた。

（14）物部は、本来伴部として四〇人全員を負名氏から任ずることになっていた（『令集解』巻四職員令囚獄司条古記）が、『延喜式』巻二九囚獄司囚獄物部条では一〇人を負名氏と他氏の白丁を通じて取ることになっている。

（15）『類聚三代格』第四加減諸司官員幷廃置事所収大同三年正月二〇日詔。

（16）『延喜式』巻二九刑部省や『政事要略』巻八二糺弾雑事所収天暦四年一〇月一三日太政官符所引「貞観式」などによると、贖銅銭は囚獄司に収められ、刑部省とともに出納に当たるとされている。

(17) 史生の増員については『後紀』大同四年三月己未条、また使部の設置については『延喜式』巻一八式部上諸司使部条。

(18) 角田文衛監修、(財)古代學協会・古代學研究所編『平安京提要』角川書店、一九九四年、永原慶二監修・石上英一ほか編『岩波日本史辞典』一九九九年など。

(19) 建保四年(一二一六)左京一条二坊一三町にあった滋野井第が焼失した際に、左獄舎も一緒に焼亡している(『仁和寺日次記』建保四年正月七日条)。

(20) 九条家本では左京一条二坊一四町の東北四分の一を占めて「獄或左」、『拾芥抄』の東京図では左京一条二坊一四町に「左獄」と記す。

(21) 上杉和彦「京中獄所の構造と特質」石井進編『都と鄙の中世史』吉川弘文館、一九九二年・「獄舎と平安京―十～十三世紀を中心に」五味文彦編『中世を考える　都市の中世』吉川弘文館、一九九二年。

(22) 拙稿「平安宮・平安京の構造と変貌―古代都城から中世都市へ―」『文化財』四六巻一号、韓国国立文化財研究所、二〇一三年(本書第七章)。

(23) 平安時代、平安京の警察・裁判機能を長きにわたって担当・掌握した検非違使に関しては厚い研究史があり、中世に向けて獄に触れた研究は上杉和彦のほかにも多数あるが、それ以前の古代の獄に関する研究は皆無である。古代の獄について触れた研究は、わずかに瀧川政次郎『日本行刑史』青蛙房、一九六四年と重松一義『日本獄制史の研究』吉川弘文館、二〇〇五年があるだけである。

(24) 『続紀』天平一三年三月庚寅条には、「東西両市決｢杖各五十、配｣流伊豆三嶋｣」とあり、「平城獄」に移送された小野東人は、それから三日後わざわざ「東西両市」でそれぞれ五〇づつ杖を打たれたうえで、伊豆国三嶋に配流されている。問題は下獄三日後に決杖された「東西両市」が恭仁京のものか、あるいは平城京のものかにある。遷都から三月足らずの段階で、どれほどの施設が恭仁京において使用可能になっていたのか、また逆に主都でなくなった平城京にこの段階でどれほどの施設が残されていたのか、慎重に検討する必要がある。

(25) この時橘奈良麻呂らが別々に禁ぜられた場所は記されていないが、変乱に際してその首謀者らが禁ぜられ窮問を受けた場所は、多くの場合、宮外に所在する衛府(左右衛士府、のち平安宮では改称後の左右衛門府)である。例外は、神亀六年(七二九)発生の長屋王の変で、「家内人等禁₂着於左右衛士兵衛等府₁。」、また大同五年(八一〇)の薬子の変で、藤原仲成が右兵衛府に「繫」がれた。後者は、仲成が右兵衛督であったための例外的措置であろう。前者で、左右兵衛府も「禁着」の場とされているのは、「禁着」の対象が「家内人等」とあり、その数の多さによるものであろう。

(26)『大和・紀伊寺院神社大事典』平凡社、一九九七年、高田寺跡の項参照。

(27)『書紀』持統二年六月戊戌・六年二月乙卯・四月庚申・七年九月丙申の各条。

(28)「藤原」京の造営に関する『書紀』の記事の理解については、拙稿「「藤原京」造営試考―「藤原京」造営史料とその京号に関する再検討―」『研究論集』XI、奈良国立文化財研究所、二〇〇〇年(本書第一章)参照。

(29)『類史』延暦一三年一一月乙未条。

(30)岸俊男「平安京と洛陽・長安」岸俊男教授退官記念会編『日本政治社会史研究』中、塙書房、一九八四年。

(31)長岡獄が移された先については、瀧川注(23)著書も重松注(23)著書も、ともに左獄としている。

(32)後述するように、むしろ平安京で当初に設置された獄が右獄であると推測されることから、平安京以前の獄も右京に置かれた可能性が高いと考える。

(33)『続紀』大宝元年一一月乙酉条。

(34)佐竹昭「藤原宮の朝庭と赦宥儀礼―古代宮室構造展開の一試論―」『日本歴史』第四七八号、一九八八年。

(35)『延喜式』巻二九刑部省・囚獄司では、「告₂罪名₁」や「行決」あるいは「宣₂判良賤₁」などの儀礼の時には囚獄司が登場する。

(36)『延喜式』巻二九刑部省・囚獄司には、囚獄司による獄囚と獄の管理を前提とした諸条が規定されているが、九条家本ではそのほとんどの条文の劈頭に弘仁式を意味する「弘」の書入が見られ、『延喜式』が弘仁式を受け継いでいることが分かる。しかし、このことがただちに、『延喜式』の段階で囚獄司が実際に獄囚や獄の管理を行っていたことを意味しないのはもちろんのことである。むしろ弘仁式の時期あるいはそれ以前における囚獄司による獄囚・獄の管理は事実であるのに対して、『延喜式』はその遺制を記すに止まると理解すべきであろう。

(37)これ以前、貞観六年に採られた「検非違使行事停₂本府之局₁、罷₂市司₁行」との措置に従がって検非違使の政務が市司で行われていた。

(38)　山田邦和は、左衛門町が所在した左京一条三坊一・二・七・八町に『拾芥抄』がこれを「右衛門府」とするのは誤写であろうとするが、右衛門府の所在を他に記してはいない。

(39)　九条家本や陽明文庫本の平安京古図では右京一条二坊三町は空白となっているが、『拾芥抄』では右兵衛町とする。

(40)　ちなみに右京一条二坊二町は、平安京を描く諸図ではすべて空白とされている。

(41)　ここでいま一つ疑問であるのは、防援に充てられたのがなにゆえに左右兵衛なのかである。獄令徒流囚条によれば、徒流囚を使役する場合、囚人一人につき二人の防援を充てるが、京では衛士と囚獄司の物部を充てると規定しているから、この時であれば、左右衛門府衛士が防援に当たると考えるのがもっとも穏当である。

(42)　ただし、次ぎのような別の想定も可能である。まずは貞観五年段階において「着鈦」の権限を持っていたのは囚獄司であり、検非違使にはまだその権限がなかったとの理解に立ち、史料をそのまま解して、囚獄司管下の獄に左右獄があり、両獄に収容されている獄囚への着鈦は囚獄司が行ったと考える。この場合、当然貞観五年以降に検非違使が左獄を管轄するようになり、やがて左右両獄を管下に置くようになってゆくと想定することになる。

(43)　貞観年間における左衛門獄については、『朝野群載』第一一廷尉所収貞観一八年二月八日宣旨が参考となる。

(44)　貞観一六年(八七四)、大江音人が別当に任ぜられたのち、同年中に二度に亘り起請が出された(『三実』貞観一六年九月一四日己亥条「検非違使起請五条」と一二月二六日庚辰条「検非違使起請二条」)が、特に二度目の「起請二条」が重要である。それには、「検非違使起二請二条一、其一、応レ糺二**弾近レ京之地非違**一事、謹案、**使等依二旧宣旨**一、**巡二検京中之非違**一、由レ是、奸猾之輩、好二**城辺之地**一、避二使等巡察一、亦触レ類応レ弾之事、多在二**山崎・与渡・大井等津頭**一、使等即レ事経二過郡辺一、目有レ所レ見、口不レ能レ言、望請、**津頭及近レ京之地在二非法**一、**使等有レ所二看着**一、**即便糺弾**、其二、応レ没二私鋳銭者田宅資財一事、謹案、法条中無レ可レ没二入私鋳銭財物一、而使等先例、或没二其舎宅資財一、既非二法意一、亦無二宣旨一、論二之政理一、誠難二遵行一、望請処分、将為二永例一」とあり、第一条で、検非違使の警察権が京中から山崎・与渡・大井等の津と「**近レ京之地**」にまで拡大されている。そして、翌年には左右検非違使式が撰進され、そこには盗犯に対して着鈦・決罰の権限が刑部省(囚獄司)になく検非違使にあることが明記されていた。このように、大江音人が別当であった時期は、特に検非違使が平安京内外における警察・行刑に関する権限を大きく伸張させたのである。

(45)　『政事要略』巻六一糺弾雑事。

(46) 前田禎彦「摂関期裁判制度の形成過程—刑部省・検非違使・法家—」『日本史研究』三三九、一九九〇年。

(47) 前節で『江談抄』の説話から、大江音人が別当であった貞観一六年～元慶元年ころに、「長岡獄移二洛陽一」した可能性を考えたが、本節での検討の結果、検非違使管下の左獄が確認できるのは貞観五年～七年ころであり、説話の伝えるところとは齟齬する。

(48) 前田禎彦「平安時代の法と秩序—検非違使庁の役割と意義—」『日本史研究』四五二、二〇〇〇年。

(49) 前田注(46)論文。

(50) 『政事要略』巻八二糺弾雑事所収天暦四年一〇月一三日太政官符に「貞観式偁、凡贖二銅銭一者、収二囚獄司一、省相共出納」と貞観式が引用されている。

(51) 『政事要略』巻八二糺弾雑事所収天暦四年一〇月一三日太政官符。これによれば、当時、すでに罪人は囚獄司に下されず検非違使に下されるようになっていて、獄とそこに収監される罪人に対する支配・管理の機能を囚獄司が失っていたから、囚獄司の官衙としての衰退は、贖物の収納が囚獄司から検非違使に移り、獄を維持運営するための財源の収納機能をも失うに至っていよいよ決定的となった。このように囚獄司の衰退は明らかに検非違使の機能強化と深く関わっている。

(52) 唐の監獄については、大陸の研究として劉俊文「唐代獄訟制度考析」『紀念陳寅恪先生誕辰百年学術論文集』北京大学出版社、一九八九年・邵治国「唐代監獄制度述要」『河北師範大学学報』第二七巻第六期、二〇〇四年(未見)・趙友新「唐代獄政制度研究」西南政法大学碩士学位論文、二〇〇六年など、また台湾における研究に薫艾「長安監獄」『歴史月刊』第一六期、一九八九年・許章潤「唐代的獄政制度」『中国史学』第三一期、一九九七年(未見)・陳登武「唐代的獄政与監獄管理」『興大人文学報』第三六期、二〇〇六年などがある。また、中国の監獄史全般については、王利栄『中国監獄史』四川大学出版社、一九九五年、中国監獄学会『中国歴代監獄大観』法律出版社、二〇〇三年、張鳳仙など編『中国監獄史』群衆出版社、二〇〇四年、白煥然『中国古代監獄制度』新華出版社、二〇〇七年、楊習梅主編『中国監獄史』中国民主法制出版社、二〇〇九年、王志亮主編『中国監獄史』広西師範大学出版社、二〇〇九年、万安中主編『中国監獄史』(第二版)中国政法大学出版社、二〇一〇年などがあり、また台湾の研究として、李甲孚『中国古代監獄法制史』台湾商務印書館、一九八四年(未見)があるが、その記述におおむね大差は無い。なお、『東洋史文献類目』などを検索したが、日本での研究のなかに唐代の獄や獄政に関する専論を見つけることができなかった。

(53) ただし、東獄と西獄が大理寺獄と御史台獄のいずれであるかははっきりしない。ちなみに、図31のごとく唐長安城の皇城内部での大理寺と御史台の位置は、いずれも承天門街の西に位置し（監獄や監察が陰であるから）、両者の相対的な位置関係としては御史台が東、大理寺が西にある。

(54)『旧唐書』巻八本紀八玄宗に「(開元十七年)夏四月癸亥、令下中書・門下分就二大理・京兆・万年・長安等獄一疏中決囚徒上、制二天下一繋囚死罪減二一等一、余並宥レ之」とある。また、これらの獄には死罪以下の囚人も収容されていたことが、同書巻三本紀三太宗下に「(貞観十四年春正月)甲寅、幸二魏王泰宅一、赦三令雍州及長安獄大辟罪已下二」とあることから分かる。

(55) 残念ながら、まだ大理寺獄と御史台獄を東西獄と対称的に呼んだ史料を見つけられていない。

(56) また、次ぎのような考え方もありうる。すなわち、左右獄は囚獄司の獄と系譜的な関係を持たず、検非違使が強窃二盗の犯人を対象とした、徒囚収容のための施設として設けた左右衛門獄に始まり、やがて囚獄司が獄と囚人の管理から贓贖物を管理・出納する官司へと転換し、管下の獄が廃絶してゆくなかで、京内の獄は左右二つの獄に限定された、と。いずれも同じ史料に基づき、その解釈でいずれを採るか意見を異にしており、いずれも容易に確説とは言い難いが、いずれであっても左右獄の成立が検非違使の権力強化の結果であったことはまちがいない。

第一〇章　史料から見た嵯峨院と大覚寺
――嵯峨院の成立から大覚寺の再興まで――

はじめに

嵯峨院は、嵯峨天皇がまだ親王であった時代に設けた「荘」に遡り、在位中、天皇はしばしばここに行幸して詩宴を催した。そののち天皇は皇太弟大伴親王(淳和天皇)に譲位して平安宮を去り、太上天皇の尊号を奉られた嵯峨太上天皇は、在位中に設けた後院である冷然院に入り、ここでその後の一〇年間を過した。淳和天皇が退位し、太上天皇の皇子で皇太子であった正良親王(仁明天皇)が即位したことを契機として、嵯峨太上天皇は嵯峨院に寝殿を新造して太皇太后とともに遷御し、以後嵯峨院を居所とした。九年間にわたる嵯峨院居住ののち、嵯峨太上天皇はここで崩御した。嵯峨太上天皇の崩御と、それに引き続く嵯峨太皇太后の冷然院遷御にともなって主人を失った嵯峨院は、太上天皇の皇女で淳和太皇太后の正子内親王に伝領され、やがて彼女によって仏寺とされた。これが大覚寺の始まりである。

しかし大覚寺はそののちしばらくのあいだ、歴史の表舞台に登場することはなかった。その大覚寺がふたたび歴史上に現れるようになるのは、鎌倉時代後期、皇統が持明院・大覚寺の両統に分裂して迭立するさなか、大覚寺統の後宇多法皇によって行われた大覚寺中興前後のころである。対立する皇統の一派が大覚寺統と称されたように、この皇統と大覚寺とは後宇多法皇の入寺以後南北朝の合一、さらにはそののちまで深い関わりを保ち続けた。

本章では、嵯峨院とそれを仏寺とした大覚寺について、主として嵯峨院の創設から大覚寺の成立にかけての時期、および大覚寺中興の祖と言われる後宇多法皇の時代に焦点を合わせ、文献史料からうかがい得る点について概述することとする。

一　嵯峨院の草創とその後の展開

まず本節では、嵯峨院の成立から喜捨されて大覚寺となるまでの歴史と、嵯峨院の構造・組織などについて述べる。

1　嵯峨院略史——嵯峨院の創設から大覚寺の創建まで——

(1)　嵯峨院の登場

嵯峨院は、嵯峨天皇在位中の弘仁五年(八一四)ころから史料に「嵯峨院」(『後紀』弘仁五年閏七月辛丑条など)あるいは「嵯峨別館」(『類史』弘仁七年二月庚申・八年閏四月乙亥条)・「嵯峨山院」(『文華秀麗集』巻上、春日嵯峨山院、探得遅字、一首、御製など)・「嵯峨庄」(『紀略』弘仁一四年九月癸亥条)・「嵯峨荘」(天長五年「山城国葛野郡班田図」)などと見え、そののち承和九年(八四二)の嵯峨太上天皇の崩御を経て、貞観一八年(八七六)に正子内親王によって喜捨されて大覚寺とされるまでの間、諸史料に散見される。

これら諸史料に見える多様な表記のうち「嵯峨別館」とは、本館に対して別館なる施設が存在していたこと、すなわち嵯峨院中に本館と別館があったことを意味するのではなく、中国に「離宮別館」と熟した言い方があり、その場合「別館」とは「別観」「別荘」「別業」などと同義であることから(1)、嵯峨の名称を冠して「別館」とも、あるいは単に「院」、「山院」、「庄」、「荘」など多様な表記で表される実体は同一のものである。

ここで注意すべきは、嵯峨院が、このようにきわめて多様な表記をもって書き表されたことの意味である。それはまた、このような多様な表記が、後述する冷然院・朱雀院など、嵯峨天皇が在位中に設けたいわゆる後院にはまったく見られないことと対蹠的な点である。嵯峨院と冷然・朱雀両院とのもっとも大きな相違点は、その所在と立地にある。すなわち、嵯峨院は平安京郊外に設けられたが、冷然院と朱雀院はいずれも平安京内に営まれた。この相違はそれぞれに本来要求された機能・性格に基づくものと思われる。嵯峨院は、「山荘」「山院」とも称されたように、あくまで山麓に立地する別荘としての位置付けを受けていた。これに対して冷然院と朱雀院は譲位後の居所たるべき施設、すなわち後院として創設当初より営まれたと考えられる。それゆえにこそ嵯峨院が冷然院よりも古く、親王の時代に設けられていたにも関わらず、嵯峨太上天皇は譲位後嵯峨院を居所としなかったのである。また両者は離宮・別荘あるいは後院として宿泊・居住のための施設や、それを維持・管理する職員以外に、所領を有していた点で共通するが、その所在に基本的な相違がある。すなわち、冷然院や朱雀院などのいわゆる後院は平安京内に置かれていたために、その所領も多くは諸国に設けられた。これに対して嵯峨院は、後述するように、その立地を生かして嵯峨野周辺の山野に広大な土地を占有し、また盛んにその拡大に努めていた。このように荘園経営の主体が現地に存在していたことによって、嵯峨院は「荘」とも言われたのである。以上から明らかなように、嵯峨院は厳密な意味（在位中に設定され、退位後に御所とされる）での後院ではなく、おそらく、淳和天皇の譲位による皇子正良親王の即位が在世中に実現し、淳和太上天皇のために平安京内を空けなければならなくなったことによって、嵯峨太上天皇自身が平安京から退去し隠棲する場所として古くからの別荘である嵯峨院を選んだために、嵯峨院が後院のごとき観を呈するに至ったものと思われる。(2)

さて、嵯峨院は、既述のごとく、父桓武天皇在位中に設けられた神野親王（のちの嵯峨天皇）の「庄」に由来すると推定されている。(3)神野親王の「庄」が史料に見えるのはただ『類史』延暦二一年八月壬辰条のみで、そこには桓武天皇が的野に遊猟した時に、親王の「庄」に御したと記されている。桓武天皇がこの時狩猟した的野は、しばしば『続紀』を始めとする諸史料に天皇の遊猟の場所として現れ、北野・大原野・日野・栗前野など平安京近郊に広がる野の一つであったと推定されるが、その正確な所在は明らかでない。(4)林陸朗によると、桓武天皇が狩猟の場とした地には長岡京の時期も平安京の時期も大きな変動がなかったものの、長岡京の時期には京南方の交野・葛葉野が多く用いられたのに対して、平安京の時期になると京北方の葛野・愛宕方面が多くなる傾向があると言われている。(5)的野は平安京の時代になって初めて桓武天皇の遊猟の場として登場し、しかも史料に見える時期がほぼ桓武天皇の在位中に限られる。これに対して嵯峨あるいは嵯峨野の地名が史料に登場するようになるのは嵯峨天皇即位以後に限られている。(6)さらに嵯峨院の起源とされる神野親王の「庄」には、『類史』による限り、延暦二一年（八〇二）の時点において「嵯峨庄」などといった地名に基づく固有の名称が付せられていない点が留意される。以上の諸点を勘案すると、的野こそのちの嵯峨野であり、延暦二一年八月に桓武天皇が的野に行幸し、たよりに神野親王の「庄」に御したのは、この「庄」が的野に所在していたからであると考えることができる。

さらに問題とすべきは、的野、のちの嵯峨野に神野親王の「庄」が営まれた理由あるいは契機にある。嵯峨野一帯は、五世紀後半に渡来した秦氏によってただちに開発され始めたと考えられているが、後述するように、平安時代初期の嵯峨野にはまだ開発の余地が十分あったと考えられる。それを開発したのが神野親王の「庄」であり、その後身である嵯峨院であった。嵯峨院の前身である神野親王の「庄」は朝原山の麓に設定されたが、その朝原山の地名を冠する秦氏、朝原忌寸・朝原宿祢が存在していることは(7)「庄」の設定の問題を考えるうえで注目に値する。また神野親王と秦氏の深い繋りは、親王の乳母に姓賀美能宿祢を賜った太秦公忌寸浜刀自女がいたこと(8)（『続紀』延暦一〇年正月甲戌条）によっても明らかである。(9)以上から朝原を氏の名とする秦氏が嵯峨院の前身たる神野親王の「庄」の設定に深く関係したとみて誤りはないであろう。(10)

(2)　嵯峨天皇在位中の嵯峨院

嵯峨院は、上述したように、嵯峨天皇在位中の弘仁五年ころから行幸の地としてしばしば見え、文人が召されて詩の賦される詩宴が催された(11)（『類史』弘仁七年二月庚申・八年閏四月乙亥条）。そのような時に詠われたと推定される詩が『文華秀麗集』に収められている。嵯峨天皇が在位中、行幸し宴などを催した施設としては、嵯峨院のほかに平安京内に所在した神泉苑や冷然院などがある。(12)神泉苑は桓武天皇の在位中から諸史料に見え、しばしば桓武天皇が行幸し、宴などを行った場所である。これに対して冷然院は嵯峨天皇の時代、弘仁七年から史料に現れるようになり、(13)後述するように、譲位した嵯峨太上天皇がまず御所とした場所で、のちに累代の後院となる。(14)このほかに嵯峨天皇の時代にすでに存在していた可能性があり、また嵯峨天皇とも深い関わりをもつと推定される朱雀院がある。朱雀院は承和三年に嵯峨皇太后橘嘉智子の所有するところとして初見する[15]（『続後紀』承和三年五月癸亥条）が、それゆえに元来嵯峨天皇と関わりのあるものでもあったと推定されている。[16]やがて朱雀院も冷然院とともに累代の後院となる。嵯峨院は、これらの苑・院など平安京内に儲けられた施設と同様に、在位中の嵯峨天皇がしばしば行幸し、詩宴をはった場所の一つであった。

(3)　嵯峨天皇の譲位と嵯峨院

嵯峨天皇は弘仁一四年四月一〇日冷然院に遷り、右大臣藤原冬嗣を介して譲位する旨を皇太弟大伴親王に告げ（『紀略』弘仁一四年四月甲午条）、一六日に天皇は冷然院の前殿に御し、皇太弟を殿上に引いて皇位を伝える旨を直接告げた（『紀略』弘仁一四年四月庚子条）。さらに一八日には皇太弟大伴親王は皇太弟としての居所であった東宮から天皇の御所たる内裏に遷御し（『紀略』弘仁一四年四月壬寅条）、二七日に至って即位した（『紀略』弘仁一四年四月辛亥条）。一方、皇位を譲った嵯峨天皇は二三日に太上天皇の尊号を奉られている（『紀略』弘仁一四年四月丁未条）。以後、承和元年の「嵯峨新院」への遷御まで、嵯峨太上天皇は冷然院を居所とした。

嵯峨太上天皇が冷然院を居所とした時期にも嵯峨院は維持され、時には嵯峨太上天皇の御幸も行われたと思われるが、そのことが史料に見えるのはわずかに譲位直後の弘仁一四年九月の行幸のみである（『紀略』弘仁一四年九月癸亥条）。しかし天長七年（八三〇）一〇月には淳和天皇が北野に遊猟したついでに、嵯峨院に行幸したとの記事が『類史』と『紀略』に見える（『紀略』・『類史』天長七年一〇月丁卯条）。この間も嵯峨院は天皇の行幸を受け得るほどには維持・整備されていたと思われる。なお詳しくは後述に譲るが、天長五年ごろにおける嵯峨野一帯の景観を示してくれる史料に「山城国葛野郡班田図」[17]がある。この図によって天長五年当時における嵯峨院による嵯峨野一帯の開発状況を知ることができる。

さて、この時期の嵯峨院に関連して、『続後紀』に載せる甘南備高直卒伝（『続後紀』承和三年四月丙戌条）に、高直が常陸守の任にあった天長三年から六年の間のこととして、次ぎのような出来事が書かれている。甘南備高直は天長三年常陸守に任ぜられたが、前任国司の作った欠負の犯により釐務を停止された。しかし常陸国の吏民たちはその徳化に感じ、競ってその犯とされた欠負を補塡するための資用を集めた。その時嵯峨太上天皇は高直に眷憐を垂れ、「荘家物」でその欠負を補塡するための資用に充てた、とある。嵯峨太上天皇が高直の欠負補塡のために用いた「荘家物」こそ、「荘」すなわち嵯峨荘に蓄えられていた米穀などで、嵯峨荘に膨大な物資が蓄えられていたことを示している。嵯峨荘は荘園として積極的な経済活動を展開していたのである。また『続後紀』には天長一〇年四月に、嵯峨太上天皇の皇子で、即位したばかりの仁明天皇が嵯峨院のために詔を下し、「当邑之甿」「近壌之戸」である山城国葛野郡の貧民たちの「去年借貸未入者及雑賦未進等」を特に免ずる措置を採ったことが記されている（『続後紀』天長一〇年四月戊寅条）。この措置自体は引き続いて行われた嵯峨太上天皇の嵯峨院遷御と深く関わるものと思われるが[18]、そこには嵯峨院が嵯峨太上天皇の「光臨之地」で、「茅宮聳構、分二東西之名区一、芝蓋駐蔭、追二汾陽之高賞一」と記されていることから、当時の嵯峨院は茅葺きの建物を主体とした質素な宮で、それらの建物はおおよそ東西二つの区画から成っていたことが知られる。

(4)　嵯峨院の新造と嵯峨太上天皇の遷御

承和元年八月九日、嵯峨太上天皇は太皇太后橘嘉智子とともに「嵯峨新院」に遷御した（『続後紀』承和元年八月辛巳・丁亥条）。この時尚侍百済王慶命も嵯峨院に遷り、「小院」と称される別宮を築いている（『三実』貞観五年正月丙寅条源朝臣定薨伝）。また一〇月七日には嵯峨院の寝殿が新たに成った（『続後紀』承和元年一〇月甲申条）。寝殿とは単に嵯峨太上天皇が日常起居するためだけの常御殿であったのではなく、おそらく新造された嵯峨院の中心的な建物であろう。

嵯峨太上天皇はこののち承和九年七月一五日に崩御する（『続後紀』承和九年七月丁未条）まで嵯峨院を居所とした。この間、ほぼ毎年正月には太上天皇の皇子である仁明天皇の朝覲を太皇太后とともに嵯峨院で受けている（『続後紀』承和二年正月己酉・三年正月癸卯・四年正月丁卯・五年正月壬戌・六年閏正月乙酉・七年二月己酉・九年正月戊戌条）。

(5)　嵯峨太上天皇崩後の嵯峨院——大覚寺の成立まで——

嵯峨太上天皇が承和九年七月一五日に崩御し、続いて太上天皇の諒闇が空けた九月一五日に至って[19]嵯峨太皇太后橘嘉智子も嵯峨院を去り、冷然院に遷御した（『続後紀』承和九年一二月乙丑条）。嵯峨太上天皇の崩御に引き続く太皇太后の遷御によって主を失った嵯峨院は、そののち著しく衰退したが、やがて二人の女である淳和太皇太后正子内親王によって仏像や経典が安置され、供養などが行われるようになって次第に仏寺としての体裁を整えていったと考えられる(『三実』貞観一八年二月二五癸酉条および『菅家文草』巻九―五八九、奉淳和院大后令旨請嵯峨院為大覚寺状)。

嵯峨太上天皇崩御ののち、貞観一八年に大覚寺となるまでのあいだの嵯峨院については関連した史料も少なく、その状況を明らかにすることはきわめて難しい。しかし『三実』元慶五年九月二七日壬申条に、貞観六年、興福寺僧で伝灯大法師位の修審が淳和院に申請して、元嵯峨院の四至内にあった櫟原郷の野地に道場を建立したと記されている。これによって嵯峨院が淳和院によって維持・管理されていたことが分かる。淳和院は、承和七年に淳和太上天皇が崩御したのち、淳和太皇太后正子内親王が居し(『三実』貞観一六年四月一九日丁未条)、彼女に伝領されていたと推定される。なお、正子内親王は夫である淳和太上天皇の崩御ののち、剃髪して尼となり嵯峨院に来たとか、あるいは病に伏せる嵯峨太上天皇のもとに侍し、その崩御ののちもなおここに留まったとする史料もあるが(「大覚寺譜」『大覚寺文書』下巻、一九八〇年所収)、この点については明らかではない。

2　嵯峨院の規模・構造とその組織

嵯峨院は、上述したように、嵯峨天皇の親王時代に設定された山荘に遡り、やがて天皇の即位とともに嵯峨院(嵯峨別館・嵯峨山院・嵯峨庄など)として史料に現れるようになる。そして嵯峨天皇は皇太弟大伴親王に譲位し、一〇年間、冷然院を御在所としたのち、仁明天皇の即位とともに新造なった嵯峨院に遷御し、嵯峨太上天皇はその後九年余り嵯峨院に居し、ここで崩御した。このののち嵯峨院は嵯峨太上天皇の娘正子内親王に伝領され、後述するように、のち彼女によって大覚寺とされ、嵯峨院は終焉を迎えることとなる。この間の嵯峨院の規模・構造や嵯峨院を経営・管理した組織について以下で詳しく述べることとするが、まず嵯峨院の性格について簡単に触れておきたい。

春名宏昭[20]はこの間における嵯峨院の性格の変化について次ぎのように推定している。まず嵯峨院は、冷然院とともに嵯峨天皇の私邸的な性格を持った邸宅であったが、冷然院が平安遷都の当初に与えられた神野親王の京内の邸宅に遡る点で嵯峨院はふたたび嵯峨太上天皇の私領となった可能性が高い、としている。

と考えられるのに対して、嵯峨院はほぼ同時期から平安京の郊外に私領として保有していた山荘であった。そして嵯峨院と冷然院は、嵯峨天皇が皇位にあったあいだ、ともに奈良時代の離宮のごとく国家財産の一部（離宮）として公的な管理のもとに置かれていた。しかし嵯峨天皇が皇太弟大伴親王へ譲位し、即位した淳和天皇から太上天皇を尊為された時点で嵯峨院はふたたび嵯峨太上天皇の私領となった可能性が高い、としている。

しかし、この考えには次ぎの点に不自然さを感じざるを得ない。すなわち、神野親王時代に与えられた私的な邸宅が親王の即位にともなって国家財産の一部（離宮）に繰り入れられて公的な管理下に置かれ、さらに譲位後ふたたび太上天皇の私的な財産としてその私邸・私領となったとする点である。春名が推定するような嵯峨院の複雑な性格の変化を明確に示す史料があるのであろうか。たとえば、冷然院や嵯峨院の院司は嵯峨天皇の在位中もまた譲位後も変わりなく置かれ、嵯峨天皇の即位や譲位によって両院の院司の性格が変わったとする明確な史料はない。したがって嵯峨院は親王時代に設けられた「荘」に始まり、即位後嵯峨院と命名され、やがて大覚寺となるまで、一貫して（親王・皇太弟・天皇・太上天皇として）嵯峨天皇が領有した私領であったと見るのが妥当ではなかろうか。また冷然院の由来を神野親王の京内邸宅に求める点に新しい理解も見られるが、なにゆえに譲位後、嵯峨太上天皇が嵯峨院ではなく冷然院に入ったのか、またなにゆえに淳和天皇の譲位、皇子である皇太子正良親王の即位にともなって太上天皇が冷然院を去り、嵯峨院に入ったのか[22]、といった点についても検討を加える必要がある。嵯峨院と冷然院は太上天皇あるいは当時の太上天皇制にとって根本的に異なる性格の施設であったのはなかろうか。譲位後の太上天皇としての居所が京内に置かれている場合と郊外である場合とで、その形式的な政治上の地位に決定的な差異があるのではなかろうか。

(1)　嵯峨院の規模と構造

嵯峨院の立地

嵯峨院のある嵯峨野は、葛野、北野、紫野、栗栖野など、平安京の郊外に広がる多くの野の一つで、これらの野と同様に高燥で、灌漑条件が悪く、水田農業に適した土地とは言い難い[23]。そのような未開の原野に近い状態にあった嵯峨野

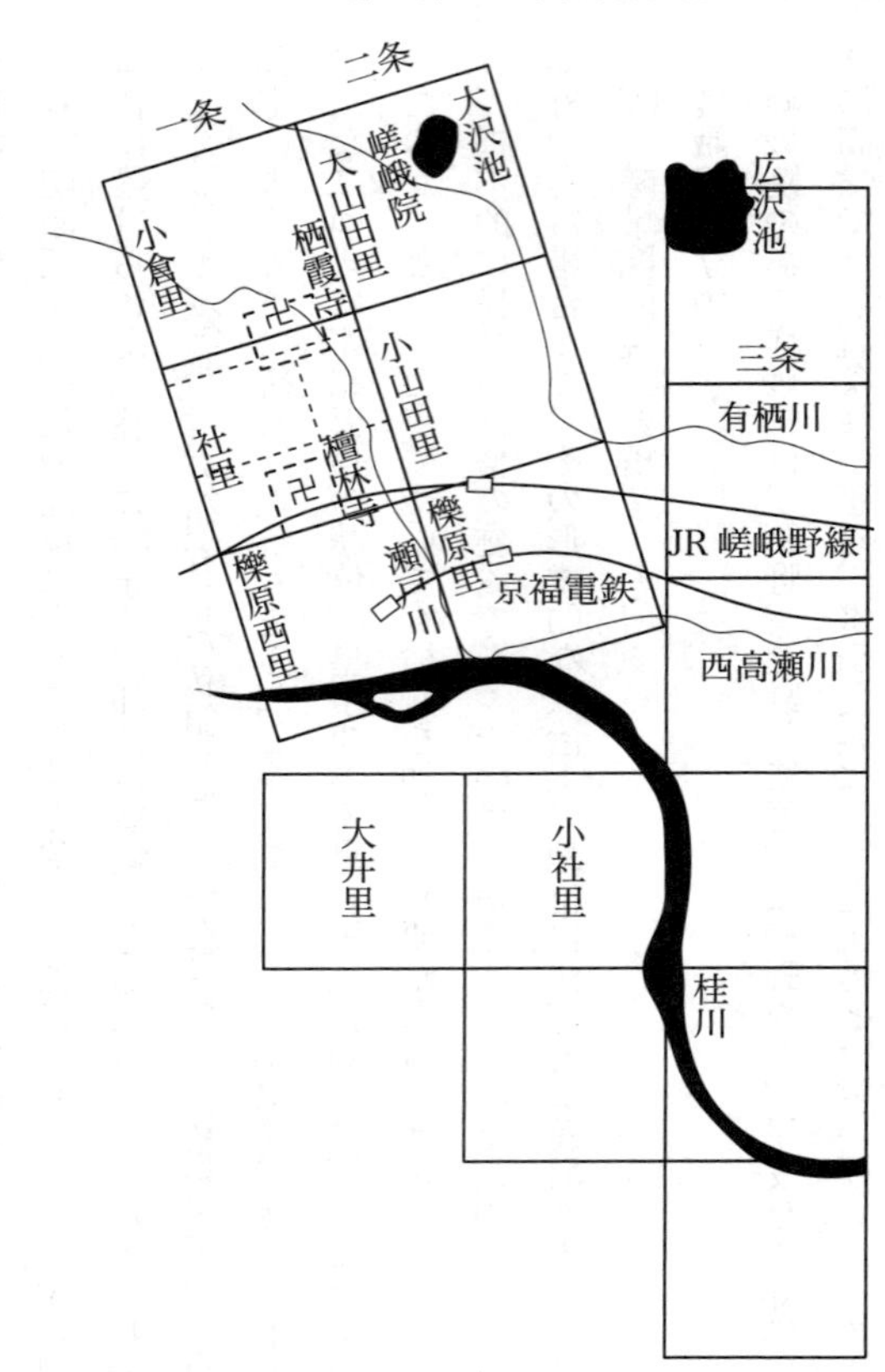

図 33　嵯峨野の条里

（金田章裕原図に若干の修正を加えた）

の地域に、五世紀後半に渡来した秦氏が葛野川に大堰を築いて水を引き、葛野川左岸の嵯峨野を灌漑して耕作可能な土地とし、嵯峨野地域の開発を成し遂げたと言われている。[24] そしてその事実を反映するのが、嵯峨野において六世紀に入ってから始まる古墳群（秦氏の人々が埋葬されたと考えられる）の築造であるとされる。[25]

しかし、一方において農業を行うには条件の悪い嵯峨野の広汎な地域に開発が及んだのは平安時代の初めであるとする考えもある。[26] それは、この地域に古墳時代における居住の痕跡を確認することが困難で、また嵯峨という地名そのものが比較的新しく、[27] しかも嵯峨野には嵯峨天皇に関連するものが顕著であること、などの事実に基づく見解である。さらにこの考えでは、嵯峨野に施工された北で西に傾く葛野郡一条および二条の条里プラン[28]（図33）自体が平安時代初期における開発によって成立したものであるともされる。[29]

両説のあいだには開発の行われた時代とその主体について大きな懸隔があるが、おそらくそれは基本的にはともに誤りでなく、古く秦氏によって行われた開発では、葛野大堰を掘削して嵯峨野の一部で、比較的灌漑しやすい地域が対象とされたのに対し、平安時代に行われた開発では新たに西に傾いた条里を施工して陸田の水田化や新たな野あるいは沼

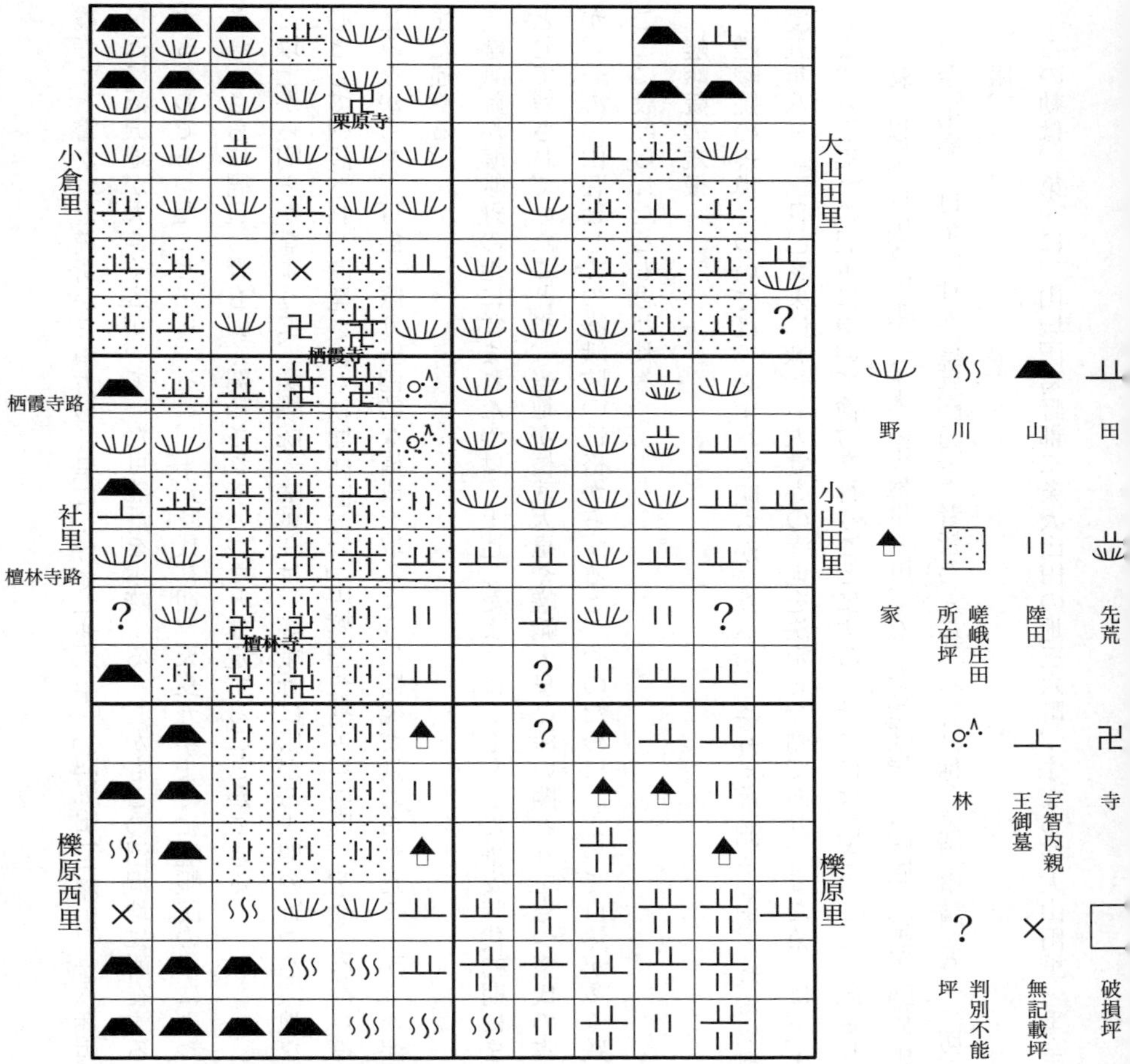

図 34　「山城国葛野郡班田図」に基づく葛野郡一条・二条の景観復原
（金田章裕原図に若干の修正を加えた）

沢地の開拓などが行われたのではなかろうか。天長五年における嵯峨野の開発状況を示すいわゆる「山城国葛野郡班田図」(30)（図34）に描かれた条里の多くの坪に見られる「野」の記載から、当時においても野が大きく広がっていた様子をうかがうことができ(31)、さらに野が大山田里の南辺やその南に位置する小山田里の中央部に広がっていた状況を、それらの里のうち田・畠の所在する坪に書かれた「野田」「野中田」「野依田」「野畠」などの記載から知ることができる。一方、小倉里の「栖霞寺」と書かれた箇所から南方の社里にかけて「池心田」「池尻田」「澤田」「久保田」などの名をもつ坪があり、この付近に沼沢地が大きく広がっていた可能性を示唆する。しかもこの沼沢地に所在する陸田や田はいずれも嵯峨荘に所属するものであったことからすると、平安時代初期、天長五年までに嵯峨院の手によってこの付近にあった沼沢地が開発され、さらに周辺の野も広く開拓されていったと推定することができる。

以上から明らかなように、嵯峨院・嵯峨荘は、嵯峨野に広がる未開の野や沼沢地など、相対的に条件の悪い土地を中心として創設され、開発された初期荘園で、「山城国葛野郡班田図」から、内部には容易に開拓の及ばない土地を含み込みながらも、可能な限り一円的な構成を取るように開発が進められたことがうかがわれる。この点についてはのちにまた述べる。

嵯峨院が嵯峨野の地に営まれたのは、上述したように、もちろん平安時代初期にまだ十分開発されていない未開の地として残されていたことや、当地が桓武天皇や嵯峨天皇と深い関わりをもつ秦氏の本拠地でもあったことなどにもよるが、一方、山荘としての嵯峨院の性格からすると、そのためにかえって自然が多く残されていたことによって嵯峨院がここに設けられたとも思われる。

嵯峨院の規模

嵯峨院の規模については、必ずしも明らかでないが、それを推測させてくれる史料がある。まず第一に、『三実』元慶五年八月二三日己亥条に載せる大覚寺の寺地を決定した勅であり、また第二は、「山城国葛野郡班田図」[32]である。まず『三実』の記事について検討を行うことにする。それには次ぎのごとく記されている。

勅、以二山城国葛野郡一条大山田地卅六町一、為二大覚寺地一、其四履、東至二朝原山一、西至二観空寺并栖霞観東路一、北至二山嶺一、自余山野入二嵯峨院四至一者皆為二公地一、若有下称二空閑一申請上者、一切不レ得二勅許一、但樵蘇之輩不レ在二制限一、

この勅は、第一に、山城国葛野郡一条大山田の地三六町、すなわち大山田里一里全部を大覚寺の地とし、その四至に

ついては、東を朝原山、西を観空寺と栖霞観の東を南北に走る道とし、北は山嶺とすることを決めている。しかし不思議なことに南限についてはなんらの記述も見られず、そのうえ西限と東限については具体的な地物をもって明確に記しているにも関わらず、北限については山嶺とするのみで、その具体的な山名を書いていない。第二に、大覚寺の地となった二条大山田の三六町以外の山野で元の嵯峨院の四至に入っていたものについてはすべて公地となし、空閑地が有ると言って申請するものがいても一切許可しないとしている。このことは嵯峨院の四至がこの時点で大覚寺の地とされた三六町、二条大山田の地を中心としてさらにその四方に山野として広がっていた状況を示唆している。ただしこの勅からは嵯峨院の規模が三六町以上にも及ぶものであったことが判明する以上に詳しいことは分からない。

しかし『三実』元慶五年八月二三己亥条については、近年、清水潔が宮内庁書陵部所蔵『玉類抄』(33)に引く逸文を紹介し(34)、大覚寺の四至の問題について検討を加えた(35)。『玉類抄』の引く同条の逸文には、現伝本の『三実』にまったく欠けていた南限について「南至二小山田里一」と明記し、さらに東限についても「東至二朝厚(原)山東面幷大沢池一」と具体的な地物名を書いている。詳細な考証は省くが、これによって大覚寺の四至は、西は観空寺と栖霞観の東に接して走る路(「山城国葛野郡班田図」では小倉里の八坪にある栗原寺(観空寺の前身寺院あるいは別名)と、同里の三一・三三坪および社里の四・五坪を占める栖霞寺(栖霞観の後身)の東限、すなわち小倉里の五と六、七と八、一七と一八、一九と二〇、二九と三〇、三一と三二の各坪のあいだを走る南北道路)、東は朝原山の東面(36)と大沢池の東岸(37)を結んだ線(大山田里の五と六、七と八、一七と一八、一九と二〇、二九と三〇、三一と三二の各坪のあいだを走る南北道路)、北は御廟山の南端(38)、南は葛野郡条里の大山田里と小山田里の里界線をもって限った(39)ものと推定することができる(40)。

一方、嵯峨院の規模を知るうえで重要なもう一つの史料である「山城国葛野郡班田図」は、宮本救によれば、天長五年の班田図に基づいて嵯峨院領(嵯峨庄田)の開発状況を示すために康和三年(一一〇一)に書写されたもので、天長五年以降の知識によって書き加えられた箇所があるが、そのほかに書き替えは行われていないと言われ(41)、同図によって天長五年段階における葛野郡条里の一条と二条、特にその葛野川以北に位置する嵯峨野の嵯峨院を中心とした開発状況をうかがうことができる。しかし、残念ながら、この図では肝心の嵯峨院の中心部、すなわちのちに大覚寺の中心ともなり、今日大覚寺が所在する葛野郡二条大山田里の一～三、一〇～一四の八坪分が大きく破損しているために、嵯峨院そのものの存在を確認することはできないが[42]、嵯峨院周辺のおおよその状況が判明する（図34）。すなわち大山田里の八・九の二坪は「山」、一七坪は「野」で、一五・一六・二〇・二一の四坪には「田」があり、そのうち特に二〇坪には「同庄田」、すなわち嵯峨庄田が二段余りあった。破損のために明確ではないが、宮本も推定するように、おそらく一六・二〇坪に所在していた田も「同庄田」、すなわち嵯峨庄田であったと思われる。したがって嵯峨院の所在した大山田里では大沢池の南方・東南方および西方を中心に嵯峨院による庄田の開発が進んでいたことが分かる[43]。さらに葛野郡一条および二条の他の里に目を転ずると、小倉里の南半から社里、さらに櫟原西里の北半まで嵯峨庄田がひと続きとなって広がっている（図34）。しかも嵯峨庄田はこれらの里のほとんどの坪において他の田地を混在させていない。さきにも指摘したが、嵯峨院による開発は、おそらく未開発で取り残された嵯峨野の広大な原野と山を一円的に占めて行われたと推定される。やや時期は下るが、『三実』元慶五年九月二七日壬申条には嵯峨院の規模を考えるうえで注目すべき記載がある。すなわち元慶五年（八八一）九月に、興福寺伝灯大法師位修審が申牒して言うには、葛野郡櫟原郷野地三町は元嵯峨院の四至の内にあり、貞観六年に淳和院に申請して道場を建立したが、大覚寺の四至を定めた日、すなわち先述した元慶五年八月二三日に大覚寺の地を決定する勅によって、公地となった。しかし道場の基業はすでに成り、その地から他に移り去り難いので、移らなくて済むようにして欲しい、と。これに対して詔が出され、改めて興福寺伝灯大法師位修審に葛野郡櫟原郷野地三町を賜った、とある。これによって、葛野郡櫟原郷においては野地三町が嵯峨院の四至の内に入っていたこと、しかしそれにも関わらず大覚寺の四至には入らなかったことが判明する。櫟原里は櫟原郷の中心であったと推定されているが[44]、「山城国葛野郡班田図」には同里に嵯峨院あるいは嵯峨荘に関わる土地が存在したとの記載がないことから、天長五年以降に嵯峨院による開発の手が及んだものと考えられる[45]。

なお、直接嵯峨院の規模と関わるものではないが、『類聚三代格』巻一神社事に収める貞観一四年一二月一五日太政官符には、承和五年一〇月一五日に嵯峨院が葛野郡上林郷九条荒見西河里廿四坪にあった平野神社の地一町から八段を割き取り、時統宿祢諸兄に与え、そののちこれに野地二段を加えて一町とし、典薬寮に与えられたことが書かれている。上林郷・荒見西河里は平安宮の西北西、平野神社周辺に推定されている[46]。このように嵯峨院は盛んに院地を拡大するとともに、それらを院の関係者への賜与に充てていたことが分かる。

以上から明らかなように、嵯峨院はのちに大覚寺地とされた大山田里・小倉里の三六町を中心としつつ、西方の小倉里南部・社里・櫟原西里北半、さらには櫟原里までをも取り込む一円的な開発を進め、葛野川左岸の嵯峨野一帯を包摂するような規模にまで拡大していった。そして、そのような活動の延長として嵯峨野以外においても土地の集積を展開していったと思われる。

嵯峨院の構造

嵯峨院は、上述したように、天長一〇年から承和元年にかけて行われた「嵯峨新院」の造営を境として、それ以前と以後とでその構造が異っていた可能性が強く、嵯峨院の構造を考える場合、少なくとも承和以前と承和年中の二時期に分けて検討する必要がある。

承和以前の嵯峨院については、新造された承和の「嵯峨新院」に比べると、わずかな、しかも文学的な表現で記された史料が残されているに過ぎない。まず天長一〇年四月に嵯峨院に対して下された仁明天皇の詔に、嵯峨院が嵯峨太上天皇「光臨之地」で、「茅宮聳構、分二東西之名区一」と記されている(『続後紀』天長一〇年四月戊寅条)ことから、新造以前の嵯峨院が茅葺きの建物を主体とした質素な宮で、それは東西二つの区画から成っていたことが分かることについては、さきに指摘した。また嵯峨天皇在位中の嵯峨院については、『文華秀麗集』巻上に関連した史料がある。まず弘仁七年二月に嵯峨天皇が嵯峨別館に行幸した(『類史』弘仁七年二月庚申条)時の作と考えられる嵯峨天皇御製(巻上―二)と、これに答えた皇太弟大伴親王令製(巻上―三)の七言律詩二首がある。御製は嵯峨山院が「幽閑人事少」く莓苔が生え、楊柳が生えている情景を歌い、応製は嵯峨院が「埃塵外」にあり、鳥がさえずり、香りのよい花が咲き、松の生える峯があり、深く険しい石の立つ谷が見られることを歌っている。また弘仁八年閏四月に嵯峨別館に行幸し、文人をして詩を賦さしめた（『類史』弘仁八年閏四月乙亥条）時の詩かと思われる巨勢識人の応製（巻上―一〇）七言律詩一首もある。それは、天皇が嵯峨院に納涼した時のもので、嵯峨院は「清閑人事稀」で「幽深無レ所レ有」き地で、竹が池のきわにあり、松が巌のあいだに生えている情景を歌う。以上から嵯峨院内には苺苔や楊柳が生える庭があり、院北方の峯には松が生え、谷には険しい岩が聳る。また院には付属する池（大沢池）があり、その岸辺には竹が植えられ、池に水を導く流れに設けられた巌には松が生えていたことが想像される。『文華秀麗集』に収められたこれらの詩に歌われた嵯峨院内部の状況と上述した天長一〇年二月の詔に見える「東西之名区」との関連は必ずしも明らかではなく、構造的にこれらの史料を一貫したものとして捉えることは困難であるが、一時的に行幸・御幸して御し、納涼したり、あるいは詩宴を行うためには充分な施設であったと見られる。なお『文華秀麗集』には大沢池と思われる嵯峨院付属の池とその池への導水が詠まれていた（巨勢識人応製）が、そこに設けられたと思われる滝殿・滝についてはなんら触れるところがない。しかし名古曽滝の滝殿の石組は百済川成（七八二～八五三）が立て、そこに建てられた御堂の壁の絵も彼の作であったと言われる（『今昔物語集』巻二四第五百済川成と飛騨の工と挑みし語）。また庭石、いわゆる庭湖石は巨勢金岡（生没年未詳、九世紀後半に活躍した人）が立てたとも伝えられている（『山家集』巻下―一四二四）。[47]

一方、承和元年八月、淳和天皇の譲位、仁明天皇の即位を契機として、嵯峨太上天皇と太皇太后橘嘉智子が冷然院から遷御した「嵯峨新院」については、若干の史料がある。

嵯峨院の新造がいつごろから始められたのか明らかではないが、天長七年八月に冷然院において寝殿が新造されている（『紀略』天長七年八月丁卯条）ことやその後も冷然院で各種の儀礼や行事が行われている（『紀略』・『類史』天長八年七月癸丑・八月己巳・九年二月乙亥条、『続後紀』天長一〇年二月丙戌・八月癸巳・承和元年正月甲寅条など）ことなどから見て、天長年間の早い時期から嵯峨院の新造が計画されたのではなく、淳和天皇から嵯峨太上天皇の子で皇太子の正良親王への譲位が行われた天長一〇年ころであったのではなかろうか。

新造嵯峨院の規模については、譲位後一〇年ほど嵯峨太上天皇の行幸が史料に見えないことから、大々的ではあるが、改築に止まるものであったと推定されている[48]。たしかに天長年間には嵯峨太上天皇の御幸はなかったものの、淳和天皇が北野に行幸して遊猟したついでに嵯峨院に行幸し（『紀略』・『類史』天長七年一〇月丁卯条）、また嵯峨荘は上述のごとく天長五年においても嵯峨野に展開する大規模なもので（「山城国葛野郡班田図」）、その荘家には膨大な物資が蓄えられていたと推定される（『続後紀』承和三年四月丙戌条）ことなどから、嵯峨院は天長年間嵯峨太上天皇の別業として維持・管理されるとともに、盛んに経済活動を展開していたと見られる。

しかし淳和天皇の譲位、仁明天皇の即位が嵯峨院の新造とそれへの遷御の重要な契機となったと見る推定が正しいとすると、そののち「嵯峨新院」への遷御まで一年半余りを費やし、また「嵯峨新院」の造営が「新造」とも言われていることなどから、少なくとも嵯峨太上天皇や太皇太后の御所については単なる改築と見るよりも、寝殿を中心とした新築で、また後述するような「嵯峨新院」の構造からすると、それは嵯峨院全体に及ぶほどの大規模な造営であった可能性が高い。嵯峨院はこの時の造営によって面目を一新し、山荘から太上天皇と皇太后の御所として新たな展開を見せることとなったと思われる。

次ぎに「嵯峨新院」の構造をうかがうことのできる史料を具体的に検討することにする。まず源定の薨伝（『三実』貞観五年正月三日丙寅条）に、「始太上天皇遷二御嵯峨院一之時」、すなわち嵯峨太上天皇が新造の嵯峨院へ遷御した時に、定の母で当時尚侍であった百済王慶命は別宮を築き、そこを居所とした。その別宮は太上天皇の居所が「大院」と称されたのに対して「小院」と号されたとある。このことは、嵯峨新院の構造を示すとともに、百済王慶命のおかれた立場をもよく表すものである。一方また、橘貞根の卒伝（『三実』貞観一五年八月二八日庚申条）には、貞根は幼年時より嵯峨太上天皇に近侍してすこぶるその恩幸を蒙り、長じても常に「嵯峨南北両宮」に侍したとある。橘貞根が近侍した「嵯峨南北両宮」については必ずしも明らかでないが、この南北二つの宮は「大院」と「小院」にそれぞれ対応するのではなく、むしろ嵯峨太上天皇の居所「大院」を構成するものであった可能性が高いのではなかろうか。渡辺直彦が推定するように[49]、橘貞根が嵯峨太皇太后橘嘉智子との関係で、「嵯峨南北両宮」に近侍したのであるとすると、「嵯峨南北両宮」とは太上天皇の居所「大院」のことで、それが太上天皇の宮（南宮か）と皇太后の宮（北宮か）からなっていた可能性を想定させる。また承和元年一〇月七日に嵯峨院の「寝殿」が新たに成った（『続後紀』承和元年一〇月甲申条）。新成の「寝殿」は、新造された嵯峨院の、しかも嵯峨天皇御所「大院」（あるいは「嵯峨南北両宮」）の中心的な建物であったのだろう。(50)

次ぎに「嵯峨新院」の内部の様子をうかがうことのできる史料として、嵯峨院を大覚寺とすることを請うた淳和皇太后正子内親王令旨（『三実』貞観一八年二月二五日癸酉条）がある。それには、嵯峨太上天皇の崩後、「階庭」は抜かれず、「台榭」もまた壊れた状態のままとなっていたことが記され、また「楼閣」（あるいは「壁牆」）を旧のままに道場としたいとも書いている。(51)「階庭」とは階段の前の庭、すなわち前庭のこと、また「台榭」「楼閣」はいずれも高層な建物、高殿あるいは物見台のことで、「壁牆」は土塀、あるいは築地塀のことである。したがって嵯峨院には土塀ないし築地塀がめぐること、また嵯峨院の中心である太上天皇の居所「大院」には前庭とそこへの階を有する中心となるべき建物があり、また前庭などを用いて行われる種々の行事などのために台榭・楼閣のような高層な建物も建てられていた様子をうかがうことができる。この前庭を有する建物こそ、太上天皇の遷御に遅れて完成した嵯峨院の中心的な建物、寝殿であったのではなかろうか。

さらに嵯峨天皇の皇女である有智子内親王の薨伝（『続後紀』承和一四年一〇月戊午条）に、有智子内親王が「嵯峨西庄」に居住していた、と見える。有智子内親王の居所「嵯峨西庄」は、現在大覚寺のあるところからやや西南に離れた、「山城国葛野郡班田図」に「宇智内親王御墓」と記す社里一三坪の一帯に比定されている(52)（図34）。なお墨書土器には「東庄」と記したものがある。

○墨書土器一一　東庄

嵯峨院の時代に、嵯峨太上天皇の女である有智子内親王は「嵯峨西庄」を居所としていた。その所在地は現在大覚寺のあるところからやや離れ、「山城国葛野郡班田図」に「宇智内親王御墓」と書かれた社里一三坪の辺りに比定されている。この土器は名古曽滝跡南側で検出した遣水の痕跡の南東にあり、大沢池へ注ぐ大溝の推積土のうち、暗灰色粘質土層(九世紀後半)から出土したが、大覚寺の時期のものではなく、嵯峨院の時代のものとすると、「東庄」は有智子内親王の住んだ「嵯峨西庄」と対になるような存在を指す可能性がある。なお、「庄」とのみ記したもの(墨書土器五六)も同じ層から出土している。

しかし墨書土器に見える「東庄」をただちに『続後紀』に有智子内親王の居所とする「嵯峨西庄」と対になるような施設であるとしてよいのか、あるいは荘園としての嵯峨荘に関わる施設であるのか、などについては慎重に検討すべきであり、いまはその評価について留保して置くことにする。

以上から、嵯峨院の構造をおおよそ次ぎのように考えることができる。まず嵯峨院の中心部分はのちに大覚寺となる所にあり、そこには土塀・築地塀などのめぐる区画がいくつか存在していた。そのなかで、嵯峨院の中核となるのは太上天皇の居所「大院」であった。「大院」の中心的な建物は「寝殿」で、その前には前庭が広がり、さらにその周辺には「台榭」「楼閣」が配置されていた。「大院」自体はさらに「南北両宮」に分かれ、そこには太上天皇と太皇太后がそれぞれ居していたとも推測される。太上天皇の居所「大院」以外に別宮として尚侍であった百済王慶命の「小院」が営まれていたが、このような別宮はおそらくほかにもあり、それらは嵯峨院の中心である太上天皇の居所「大院」の周辺に点在したのであろう。また宴が催され、詩が賦された場所は「寝殿」の付近と思われるが、そこには池(大沢池)があった。以上の諸院・宮など嵯峨院の中心部分以外に、有智子内親王の「西庄」や後述する源融の栖霞観のごとき、太上天皇の皇子・皇女たちの荘や、太上天皇・太皇太后の創建にかかる観空寺・檀林寺など、嵯峨院に付属する諸施設が嵯峨野、特に嵯峨院の西方に散在していたと推定される。

嵯峨院の付属施設

嵯峨院の周辺、特に西方に寺院など多くの付属施設が営まれたことについては上述した。その主要なものには嵯峨天皇の創建にかかると言われる観空寺、太皇太后橘嘉智子が造営した檀林寺、さらにのちに寺院とされた、天皇の子源融の山荘栖霞観（棲霞館）などがある。[53]

観空寺　観空寺は現在大覚寺の西方、小字観空寺にあり、行基の作と伝える十一面観音菩薩像を本尊とする寺である。『三実』貞観一二年八月二六日丙午条には、観空寺が嵯峨太上天皇の創建にかかり、この時定額寺となるとともに以後嵯峨太上天皇の子孫たる親王や源氏が壇越となることとなったと記している。観空寺の創建年代は明らかではないが、嵯峨太上天皇の創建であるとすることから、その下限は太上天皇の崩御した承和九年以前であることになる。観空寺に関する史料はほとんどなく、一〇世紀末から一一世紀初めにかけて栖霞寺と所領をめぐる争論を展開したことが藤原行成の日記『権記』長保四年三月二五日・八月一七日条に記され、また保元元年（一一五六）五月日嵯峨木守藤井延時解（『平安遺文』二八四一号）に、領田一段が見える程度で、以後中世にかけて次第に衰退していったと考えられている。[54]

ところで現在の観空寺の寺地は、「山城国葛野郡班田図」では葛野郡一条小倉里の八坪に相当するが、同図には観空寺の記載がなく、代りに栗原寺なる寺が書かれている（図34）。栗原寺と観空寺との関係については必ずしも明らかではないが、宮本救によれば、栗原寺は観空寺の別名ではなく、観空寺以前に当該地に所在した寺であるとされる。[55]宮本の所説に従えば、観空寺創建の上限は天長五年となり、[56]したがって観空寺は天長五年以降承和九年までに創建されたこととなる。

その後の観空寺については、南北朝に入ると、永徳三年（一三八三）八月二九日某安堵状案（『大覚寺聖教目録』[57]第四九函第六号）によって、このころ観空寺は大覚寺の支配下にあったが、応安三年（一三七〇）一〇月二日の大覚寺一品親王の寄進状[58]によって勝光庵に寄進され、その支配下に移ったことが知られる。観空寺はそののちふたたび史料から姿を消し、長く荒廃していたようであるが、江戸時代慶長年間に至って後水尾法皇が堂を建て、本尊を安置して再建されたと言われる（『山城名勝誌』、『嵯峨誌』観空寺）。しかし江戸時代後半には三たび退転し、本尊の観音像が村の小堂に安置されるまでになったと伝える（「大覚寺譜」嵯峨寺院古来属当寺）。

檀林寺　檀林寺については従来から比較的研究が行われている。[59]それらによれば、厳密な創建年代については明らかでないが、承和三年ころに創建され[60]、その造営には四等官と史生の配置された造檀林寺使（四等官のうち、少なくとも主典級の実務担当官と史生には、地元の有力豪族で嵯峨天皇と深い関係にあった秦氏の官人が充てられた）が任命され事に当たった[61]（『続後紀』承和三年閏五月壬午条、嘉祥四年二月二七日山城国高田郷長解（『平安遺文』一〇〇号））。そののち壇林寺は尼寺として発展し、後述するように、元慶五年、大覚寺と嵯峨天皇・皇后橘嘉智子・淳和天皇皇后正子内親王の三陵を検校する公卿別当が置かれた（『三実』元慶五年一二月一一日乙酉条）時に、檀林寺もその管理下に入り、多数の堂塔を有する寺院として栄えたが、創建後ほぼ一世紀を経た延長六年（九二八）に金堂より出た火によって、塔・宝蔵・政所町等を除いた諸堂舎がことごとく灰燼に帰し（『略記』延長六年三月一三日条）、以後二度とその寺観を復興することはなかったと言われる。その規模については夢窓国師年譜（『続群書類従』巻二三三）康永四年八月晦日条に「檀林寺内有二十二院一」と見え、またその所在と寺地の規模については、「山城国葛野郡班田図」に社里の二七・二八・三四・三五の四坪に檀林寺と見える（図34）ことからほぼ推定することができる。なお、檀林寺の寺格については、これを官寺と見る説（宮本救など）と皇室の私寺とする考え（西田直二郎・胡口靖夫など）、また両者の説の折衷案とも言うべき説（林屋辰三郎＝奈良朝の官大寺に匹敵するものであるが、皇室の寺として御願寺の先頭にたつべきもの）などが提出されている。

栖霞観（棲霞館）　栖霞観（棲霞館）は、嵯峨天皇第一二皇子源融（八二二～八九五）が建てた山荘（『三実』元慶四年八月二三日甲辰条）で、現在の清涼寺の位置にあった。のちに寺院とされて栖霞寺（棲霞寺）と号され、さらにそののち清涼寺となる。[62]栖霞観が嵯峨野の地に別荘として建てられた年代については明らかではないが、[63]栖霞寺の始まりについては、一応寛平八年（八九六）源融の一周忌に際して仏殿を建立し阿弥陀三尊像を安置した（『菅家文草』巻一二―六六六、為両源相先考大臣周忌法会願文）ことに求めることができ、そののち天慶八年（九四五）式部卿重明親王の新堂院建立・金色等身釈迦如来像一体の安置（『玉類抄』所引吏部王記天慶八年一二月二七日条）によって寺としての体裁が整ってきたと言われる。[64]松田智弘によれば、「栖霞」も「観」も仙人・道士の「栖」むところを意味する道教的な概念で、中国唐の玄宗も同名の観を建てたと言う。[65]したがって栖霞観とは源融の中国的な趣味、それも多分に道教的な趣味によって建てられたものであることになる。また寺院とされたのちについては、貴族の山荘的な寺院として彼らの詩歌遊宴や法要に利用される寺院となったと言われる[66]。なお、「山城国葛野郡班田図」には小倉里と社里に推定される部分のそれぞれ三二・三三坪と四・五坪の四坪にわたって栖霞寺が書き加えられている（図34）。それはのちに本寺を継承した清涼寺が所在する位置にあたり、寺の規模が四町であったこと、嵯峨荘の庄田が所在した坪に栖霞観が創建されたことが知られる。

(2)　嵯峨院の組織とその活動

嵯峨院には嵯峨太上天皇・太皇太后などの日常生活を支え、また嵯峨院の維持・管理・経営のために、家政機関として政所などが設けられ（『類聚三代格』巻一九禁制事所収貞観九年一二月二〇日太政官符）、職員として院司が置かれていた（『続後紀』承和七年二月己酉条）。『西宮記』巻八院宮事あるいは当代後院・巻一六院宮事（『改訂増補故実叢書』七、明治図書出版、一九五二年）や『新儀式』第四後院事（『群書類従』巻第八〇）には、後院[67]（天皇譲位後の居所として天皇在位中に設けた御所）に、別納・主殿所・掃部所・薬殿、武者所などの家政機関が設けられ、別当・預・侍者・蔵人・判官代・主典代などの院司や宣旨と呼ばれる女房などが置かれると記されている。後述するように、嵯峨院にも種々の家政機関が置かれ、その職員には別当を頂点として、下部機関で諸事に従う人々や勘籍などがいた。また嵯峨院の経済活動は広く畿内を始めとする諸国にも及び、そこには嵯峨院に列なることによってその保護をうけるとともに、嵯峨院の経済的活動を支えた「嵯峨院人」[68]と称される人々もいた。嵯峨院司、特にその人的関係を中心とした点については、すでに渡辺直彦に専論があるので、ここでは渡辺の研究によりつつ、主として家政機関としての機構的な面を中心にしてその概要を述べ、さらに嵯峨院の諸活動にも触れることとする。

家政機関

嵯峨院の家政機関は政所を中心として、そのもとに多くの下部機関を有し、その維持・管理・運営にあっていたと推定される。

政所　嵯峨院には家政機関を統轄する政所が置かれていた。嘉祥二年（八四九）九月二五日に左右京職五畿内近江等国に対して下された太政官符（『類聚三代格』巻一九禁制事所収貞観九年一二月二〇日太政官符所引）に、「去承和二年十月十八日符偁、威勢之輩、強㆓雇往還人馬㆒、令㆓民愁苦㆒、宜㆘厳加㆓禁制㆒不㆖ㇾ得㆓更然㆒、若有㆓強雇㆒者、嵯峨・淳和両院人取ㇾ名申㆓送其政所㆒、諸司・諸家人於㆓当処㆒決笞之」とあり、嵯峨・淳和両院には政所が置かれ、そのもとに畿内等の諸国にあって経済的な活動を展開する「嵯峨・淳和両院人」が統轄されていたことが分かる。本官符でさらに注目すべきは、承和二年一〇月一八日に太政官符が発布されているにも関わらず、「往還人馬」を「強雇」した場合、「諸司・諸家人」については「強雇」した場所において国司・郡司によって笞罪に決する断固たる措置をもって臨んでいるのに対して、「嵯峨・淳和両院人」はその場で決罰されることはなく、所属の院の政所にその名を申送されるに過ぎない。そして、おそらく「嵯峨・淳和両院人」のその後の処置については、それぞれの政所に委ねられたと考えられる。以上のことは、「嵯峨・淳和両院人」が「嵯峨・淳和両院」に列なることによって、国郡司の権力の直接に及ばない特権的な地位を確保しえたことを示唆するとともに、当時における嵯峨・淳和両院が他の貴族などの諸家に優る特権的な地位を有していたことを示している。

嵯峨院の政所は他に見えないが、淳和院の政所に関する史料として承和八年二月一一日淳和院政所告文案と同月一九日淳和院政所符案がある[69]（『平安遺文』六八・六九号）。承和八年当時の淳和院は、前年五月に淳和太上天皇が崩御し、淳和皇太后正子内親王の居所となっていた。政所告書案・政所符案のいずれも越中国に所在した淳和院の庄に対して発給された下達文書で、日付の前に別当藤原輔嗣以下政所の職員四人が署名し、政所符案の正文には印（「淳和院印」かと推定されている）一三顆が捺されていたことも記されている。越中国には諸庄別当と称される現地での経営責任者文室長主がおり、そのもとへ政所から文書を携えた使を遣して宣旨（淳和太皇太后の命令）や政所の命令を伝達した。後述するように、嵯峨院にも別当がおり、文書に捺すための「嵯峨院印」も存在していたことが確認できることなどから、淳和院と同じような状況は、嵯峨院においても想定することが可能である。

御厩　発掘調査で出土した木簡と墨書土器のなかに「御厩」と書いたものがある（木簡二・墨書土器二）ことについてはす

でに述べた。

○木簡二　御厩請〔飯カ〕□　（六八）×（三〇）×三　〇八一

上下両端折れ、左辺割れ、わずかに右辺の上端に近い部分に当初の調製部分が残る。上下に文章が続く可能性があるが、おそらく「御厩」が飯を請求した請飯文書であろう。

○墨書土器二　〔御カ〕□厩

木簡二＝飯を請求した文書木簡（請飯文書）に請求の主体として「御厩」が見える。木簡二が大沢池に注ぐ大溝の黒褐色粘質土層（九世紀前半）から出土したのに対し、この土器は暗灰色粘質土層からの出土で、出土層位が異なるが、「御厩」は同一のものを指し、嵯峨院の家政機関の一つと推定される。

嵯峨院で馬が飼育されていたことは『続後紀』承和二年八月辛丑条に「是日、自㆓嵯峨院㆒御馬十疋奉㆓内裏㆒」とあることによって明らかである。したがって木簡に見える御厩がこれらの馬を飼育・管理していた可能性が高く、おそらく嵯峨院内部に存在した家政処理のための下部機関の一つであろう。ちなみにややのちのことではあるが、冷然院にも御厩が存在していた（『紀略』天禄元年四月癸酉条）。

御膳所　墨書土器に「御膳所」と書かれたものがある（墨書土器一二）。

○墨書土器一二　御膳〔所カ〕□

「御膳所」は食膳関係を担当する機関。大溝の黒褐色粘質土層から出土したが、九世紀後半には「御膳所」と呼ばれる機関によって「御膳」を供される対象となるような人物「御」は大覚寺に居住していないと考えられる。嵯峨院を伝領した嵯峨太上天皇皇女で、淳和天皇皇后の正子内親王も嵯峨院および大覚寺に住んだ形跡はなく、また大覚寺の初代門跡に擬せられる恒貞親王も大覚寺に居住したと考えられないことは後述のとおりである。「御膳所」もおそらく嵯峨院に属するもので、その家政機関の一つと考えたほうがよいであろう。同じ出土層位から出土した須恵器に「供御」と書いたもの（墨書土器三六）があることを考え併せると、「御膳所」は「御」＝嵯峨太上天皇の食膳を調えるための機関であったと推定される。

既述したように、御膳所とは嵯峨太上天皇の食膳を整えるために、嵯峨院に置かれた家政機関の一つであったと推定して問題ない。なお、同じ遺構から「供御」と書かれた墨書土器（墨書土器三六など）や飯の請求に関わる木簡・墨書土器（木簡二・三、墨書土器二）が出土していることが注目される。

○墨書土器三六　供御

「供御」の「御」とは養老公式令闕字条に「御、謂斥二至尊一」とあり、「至尊」は同平出条に平出の対象として天子・天皇・皇帝・陛下に次いで規定されており、律令ではいずれも天皇のことを指していう言葉である。また「供御」は養老職員・後宮職員両令の諸条文に見られ、「御」＝天皇に供することを意味する。後述するように、嵯峨院には嵯峨太上天皇をはじめとしてキサキである皇太后橘嘉智子らが住んでいたことが知られるが、この場合、「御」とは嵯峨太上天皇を指すと考えて問題ないであろう。ただ「供御」と書かれた須恵器の鉢がそのまま太上天皇の食膳に出されたとは考えられないから、「御」に供するための食膳を準備する機能をもつ嵯峨院内の家政機関において用いられたものかと憶測される。なお、同様の文言を記したと思われるものには他に墨書土器三〇・三九がある。

○木簡三　欲請平飯　（八七）×（三五）×四　〇八一

上下両端は折れ、右辺は割れ、左辺のみ当初の調整部分が残る。「平飯」を請求した文書かもしれない。

薬用所　木簡一四には「薬用所」と記している。

○木簡一四　薬用所　（八二）×一二×三　〇八一

上下両端は折れ、左右両辺は割れている。「薬」の上は腐食しているが、一文字分以上の余白がある。また「所」の下で折れており、以下には文字が続く可能性がある。したがって「薬用所」で一つの語句となるのか、あるいは「薬用」で一端切れ、「所」はその下に続く文字とでなんらかの意味をもつことになるのか、いずれとも決め難い。

もし前者であるならば、薬関係の家政機関のことで、嵯峨院あるいは大覚寺に関わるかもしれない。「薬用所」については明らかではないが、嵯峨院の家政機関の一つであろうか。あるいは正子内親王が創設したと言う、僧尼の病を治療するための済治院（『三実』元慶三年三月二三日癸丑条淳和太皇太后崩伝）や大覚寺と関わるものであろうか。

曹司　木簡一三は表に「池後曹司南方柴垣」、裏に「泉」などの文字を判読することができる。

○木簡一三　（表）□□　□　仕池後曹司南方柴垣□□
（裏）□□□泉□〔下カ〕□□　□□〔宗カ〕　□□　□□〔持カ〕

上端は折損するが、下端と左右両辺は調整面を残す。部分的に腐食が進み、判読できない箇所がある。木簡の用途は不明であるが、表に見える「池」は大沢池のことで、その背後（北方か）に「曹司」があり、「曹司」を他から画する施設としてその「南方」には「柴垣」がめぐらされていた様子をうかがうことができる。また裏の「泉」も「池」に関わるものか。なお「曹司」については明らかでない。

表に見える「池」とは大沢池のことで、「池後」とあることから大沢池の背後（北方か）に曹司があり、さらにその南面に柴垣がめぐらされていた様子などをうかがい知ることができる。また裏の「泉」も「池」に関わるものかと推定されるのである。大溝の暗灰色粘質土層から出土したことからすると、当該木簡に書かれた「曹司」については、大覚寺に関わるものである可能性（大覚寺の寺務機関に関わるものである可能性と、大覚寺に住む僧侶たちの居所である可能性など）と、嵯峨院の家政機関に関連したものの可能性とが想定されるが、明らかではない。

その他　さきには指摘だけで止めたが、嵯峨院では「嵯峨院印」なる印が用いられていた。たとえば、和歌山県正智院所蔵の国宝『文館詞林』巻六六四残巻の奥書には「校書殿写、弘仁十四年歳次癸卯二月為二冷然院書一」とあり、そこに「冷然院印」なる印文を有する単郭方朱印三顆が捺され、また尾題にはこれとほぼ同じ大きさの「嵯峨院印」なる印文をもつ単郭方朱印一顆が捺されている。[70] かつて冷然院の膨大な図書・文書を収蔵していたと言われる「秘閣」(『三実』貞観一七年正月二八日壬子条)に所蔵されていたことの判明する貴重な典籍であるとともに、尾題における「嵯峨院印」の押捺によって、本書が嵯峨院に収蔵されていた時期のあったことも明らかである。「秘閣」は貞観一七年に冷然院が焼亡した時に焼失し、収蔵されていた膨大な図書・文書などが灰燼に帰しているから、本書は嵯峨太上天皇の嵯峨院遷御にともなって冷然院の「秘閣」から嵯峨院へと移されたために焼失を免れ、今日に伝来したと思われる。[71] おそらく嵯峨院にも冷然院の「秘閣」と同様に図書・文書の収蔵施設があり、またそれを管理するための組織も存在したと推定される。

また、嵯峨荘の荘家には膨大な物資が蓄えられていたと推定される(『続後紀』承和三年四月丙戌条)ことについては再三触れたが、当然、物資を収納する倉とそれを管理するための家政機関も存在していたであろう。

院司(家政機関の職員など)

嵯峨院の家政機関に属する院司・職員は多数かつ多種に昇ったと推定されるが、今日知ることができるのはその一端に過ぎない。

別当　別当として確認しうる人物には、安倍安仁と長岑高名の二人がいる。安倍安仁は承和二年二月に刑部大輔に遷任するとともに、仁明天皇の勅によって嵯峨院に居す嵯峨太上天皇のもとに侍奉することとなり、太上天皇はかれを院別当とした(『三実』貞観元年四月二三日戊申条安倍安仁薨伝)。しかし承和七年六月一〇日に安倍安仁は参議・刑部卿で左大弁の要職を兼ねることとなり(『続後紀』承和七年六月甲寅条)、勅によって院別当の職を停められた(『三実』貞観元年四月二三日戊申条)。その後任として同年八月長岑高名が勅によって院別当に任ぜられたが(『文実』天安元年九月丁酉条長岑高名卒伝)、彼はただちに任を解かれ、[72] 代わってふたたび安倍安仁が勅によって還補されている(『三実』貞観元年四月二三日戊申条)。なお、安倍安仁も長岑高名もともに嵯峨太上天皇が冷然院から嵯峨院に居所を移したのちの嵯峨院の別当であり、それ以前、嵯峨太上天皇が冷然院を居所としていた時期や天皇在位中における嵯峨院に別当が存在したか否かについてはさらに検討を要する。

別当は、さきに紹介した淳和院政所告書案・淳和院政所符案に署名している淳和院政所の別当に相当する。その職務については必ずしも明確ではないが、安倍安仁就任以前は「院事擁滞、男女多レ愁」かったが、彼が任ぜられるや「事無二大小一、委決二於安仁一」、「安仁旬月之間、平理弁行」した（『三実』貞観元年四月二三日戊申条）ことや、彼の後任として一時期別当に任ぜられた長岑高名が「院中庶事不レ理」るによって任を解かれた（『文実』天安元年九月丁酉条）ことからすると、院中のさまざまな事務全般について処理する権限を任されていたと推定される。

勘籍　『続後紀』承和五年二月癸卯条に、勅して斎院雑使四人に二宮ならびに淳和院舎人等に准じて公験を与え、これにともない嵯峨院の勘籍二〇人もこれらの人々に准ずることにするとある。勘籍の実体は明らかではないが、同条に二宮と淳和院の舎人が見えることや、『三実』仁和元年一二月二九日己卯条に陽成院の舎人二〇人と工部一〇人が清和院の例に准じて勘籍に預かることとなったとの記事があることから、嵯峨院の勘籍とは嵯峨院に仕える舎人や院内の家政機関などに仕える下級の官人であったと思われる。

嵯峨院人　さきに触れたように、嘉祥二年九月二五日左右京職五畿内近江等国に下された太政官符（『類聚三代格』巻一九禁制事所収貞観九年一二月二〇日太政官符所引）から、畿内等の諸国にいた「嵯峨院人」や「淳和院人」がこれらの国々において往還の人馬を強雇していた状況が知られた。この官符が出された九世紀の半ばころは、一般に「王臣家」と呼ばれる皇族・貴族の諸家が私的な大土地所有を顕著に展開し、律令政府がそれを制約するために種々の法令を発した時期である。「王臣家」は大土地所有を展開するために富豪層と呼ばれる在地の有力者と結合し、富豪層もまた国家の租税課役から逃れ、国衙や郡衙に対抗するために、「王臣家」と私的な関係を積極的に結び、「王臣家人」と称したのであった。嵯峨院がこれらの「王臣家」とともに私的土地所有を活発に進める動きを示したことについてはすでに累述したとおりである。ここに見える「嵯峨院人」とは具体的には明らかではないが、おそらく畿内等諸国の富豪層で、嵯峨院の家政機関に列なることによって在地におけるみずからの経済的な活動を守るとともに、嵯峨院の経済活動の一端をも担った人々であったのではなかろうか。なお、この太政官符が出された嘉祥二年の段階は、すでに嵯峨太上天皇が崩御し、また太皇太后も冷然院に移っており、嵯峨院に明確な主がいない時期であった点は留意が必要である。

その他嵯峨院の近侍者たち

院司以外にも嵯峨院には多くの官人が近侍していたと考えられる。

渡辺直彦によって「院司貫主」とでも称するのが適切であるとされた藤原三守(74)は、嵯峨太上天皇の譲位とともにただちに「上皇院」、すなわち冷然院に侍せしめられている。藤原三守が嵯峨太上天皇の嵯峨院遷御ののちも引き続き嵯峨院において仕えたことは、『類聚符宣抄』巻一〇五位已上朝参上日所収承和二年四月二五日宣旨などによって推定される(75)。なお、彼の姉藤原三都子は嵯峨天皇晩年の尚侍で、三守の室は皇太后の姉で典侍の橘安万子であるなど、三守は太上天皇・皇太后と深い関係を有していた(76)。ただ藤原三守については、嵯峨太上天皇の遷御とともに冷然院から嵯峨院へと近侍の場所をかえていることから、嵯峨院の「院司貫主」というよりも、むしろ太上天皇の居所の「貫主」と言うべき存在である。

また高橋文室麻呂とその父高橋彦公、滋善宗人らも嵯峨院に近侍していた。高橋彦公は五経を読むために嵯峨院に近侍し(『三実』貞観六年二月二日己未条高橋文室麻呂卒伝)、また滋善宗人もまた経学優洽によって特に召されて嵯峨院に近侍した(『三実』貞観五年正月二〇日癸未条滋善宗人卒伝)。両人が嵯峨院に近侍した時期については、高橋彦公が錦部から高橋朝臣に改姓して平安京の左京に貫附された天長五年以前に、また滋善宗人は天長年中に美作国の博士となり、承和七年には抜擢されて直講となるまでのあいだで、おそらく卒伝の文脈からみて天長年中のことと考えられる。したがって高橋彦公と滋善宗人の二人は天長年間に嵯峨院に侍したこととなる。しかし問題は、天長年間嵯峨太上天皇は嵯峨院でなく冷然院に居していたことである。このことと両人の官歴などを矛盾なく理解するためには、二人が侍していた「嵯峨院」を冷然院と読み替え、これを『三実』編纂上の問題と見るか、あるいは「嵯峨院」を嵯峨太上天皇の後院ではなく、嵯峨太上天皇のことと見るか、などの解釈が必要である。しかし『三実』で「院」といった場合、太上天皇を指す確実な用例はなく、後者の考えが成立する可能性は低いと思われることからすると、前者の理解が妥当であろう。したがって両人については渡辺の指摘にも関わらず、むしろ冷然院にあった嵯峨太上天皇に侍していたと見て、嵯峨院との関係については当面不明とするのが穏当であろう。ただし彼らが嵯峨院への遷御後も、そのまま嵯峨太上天皇に近侍した可能性はきわめて高く、実質的には嵯峨院に侍した官人と考えることを妨げるものではない。これに対して高橋彦公の子高橋文室麻呂は九歳の時から嵯峨太上天皇に仕えた(『三実』貞観六年二月二日己未条高橋文室麻呂卒伝)。高橋文室麻呂の場合は、嵯峨太上天皇が冷然院を居所としていた時からそのもとに仕え、天長八年に冷然院蔵人となった。彼についても嵯峨太上天皇の嵯峨院遷御ののちも嵯峨院において嵯峨太上天皇に嵯峨院蔵人として侍した可能性は高いものと見られ、したがって嵯峨院に蔵人が存在していた可能性が高いと考えられる。なお、彼らの場合も「院司貫主」藤原三守と同様に、院に固定した職務を勤めたとするよりも、太上天皇に奉仕するためにその移動とともに動いたのであり、決して院司としてそれぞれの院に固定的に勤務していたわけではない点に注意しておかねばならない。

さらに『文実』天安二年七月己巳条正行王卒伝には、正行王が太上天皇の詔によって徴されて嵯峨院に直したことが見えている。正行王は、太上天皇の弟万田親王の第二子であった。また『続後紀』承和六年閏正月乙酉条には仁明天皇が嵯峨院にあった嵯峨太上天皇に朝覲した時の記事を載せるが、この日源融と正道王の二人が侍従とされている。源融は周知のように嵯峨太上天皇の皇子の一人である。正道王は淳和太上天皇の皇子恒世親王の子で、その卒伝(『続後紀』承和八年六月庚戌条)には「後太上天皇之付属」によって仁明天皇にも寵愛されたと書かれている。両人ともこの時仁明天皇の朝覲行幸に従った扈従の者であった可能性もあるが、他の事例からするとこのような場合に任官・叙位されるのは、一般に天皇が行幸した先の主人の子弟や主人に仕える人物である場合が多いことからすると、あるいは正行王のようにこの二人は嵯峨院で嵯峨太上天皇に近侍していた可能性も考えられる。

以上のほかにも嵯峨太上天皇の周辺には多数の近臣や宮人たちが侍していたことは[77]、嵯峨太上天皇の遺詔(『続後紀』承和九年七月丁未条)に「夜刻須レ向二葬地一、院中之人可下着二喪服一而給中喪事上、……(中略)……、挽レ柩者十二人・秉レ燭者十二人並以二麁布一、従者不レ過二廿人一謂二院中、近習者一、男息不レ在二此限一、婦女一切従二停止一」とあることにも明らかで、その実例として、『続後紀』承和五年一一月癸未条には、嵯峨太上天皇の「近臣・侍女之類」として源朝臣生・滋野貞雄(78)(以上近臣)、笠継子・内蔵影子・菅原閑子・大中臣岑子(以上侍女)が見え、また『続後紀』承和九年正月戊戌条には「太上天皇更衣」として秋篠康子・山田近子が見える。

以上が嵯峨院にあって嵯峨太上天皇に奉仕した院司と近侍者たちの概要である。これら院司や院に近侍する人々は、春名宏昭(79)によれば、すべて太上天皇との私的な人格的結合によったもので、近侍者は言うに及ばず、院司も令制の家政機関たる家令とは異なるものであったと言う。すなわち家令の本主への奉仕は公的なもので、本主の家での勤務によって与えられる上日は式部省へ報告されて考選の資料とされ、また公的な禄を支給された点で、一般の官人となんら異なるところがなかった。これに対して、院司らの院での奉仕は上日と無関係で考選の資料とされることはなく、また公的な禄を支給されることもなかった。したがって、別当以下の院司もまたその他の院の近侍者も院への供奉はすべて私人としての行動で、官人としての勤務とはされなかった。それは院司があくまで私的な機関で、太上天皇の私的な邸宅としての院という施設を管理するために設置された機関に過ぎなかったからであると考えられる。

二　大覚寺の成立・衰退と後宇多法皇による中興

本節では、大覚寺の成立から平安時代中期以降における衰退、そして鎌倉時代末期の後宇多法皇による中興までの歴史を略述する。

1　大覚寺の成立

(1)　大覚寺の創建

貞観一八年二月、嵯峨太上天皇の皇女で淳和太皇太后の正子内親王は嵯峨院をもって仏寺としたい旨の令旨を奉り、清和天皇の勅許を得、額を賜わって大覚寺と号することとなった(『三実』貞観一八年二月二五日癸酉条、『菅家文草』巻九―五八九）。太皇太后の令旨によれば、嵯峨太上天皇の崩御、太皇太后の冷然院遷御によって主を失った嵯峨院は、そののち荒れるがままに任され、わずかに修理を加えて風雨をしのぐ程度に整えられていたに過ぎなかったこと、しかし淳和太皇太后正子内親王自身がこの地を終焉の地としたいとの思いから、「尊像禅経、時備二敬礼一、鍾磬香花、随以安置、伽藍之体、仏地之端、五六年来、適然具足」し、次第に寺院としての体裁を整えていったこと、などが分かる。またこの時同時に行われたことか否かは明らかでないが、大覚寺の側に僧尼の病を治療するための廨舎を建て、済治院と名付けたと言われる（『三実』元慶三年三月二三日癸丑条淳和太皇太后崩伝）。

さて、『三実』元慶八年九月二〇日丁丑条に載せる恒貞親王薨伝など、古く信頼するに足る史料には明記されていないが、大覚寺の開山・第一世門跡は一般に恒貞親王とされている（「大覚寺門跡次第」『続群書類従』巻九五など）。それは、『後拾遺往生伝』巻上に載せる恒貞親王の伝（『続群書類従』巻一九七）や「恒貞親王伝」(80)（『続群書類従』巻一九〇）・「大覚寺門跡次第」・「大覚寺譜」(81)（『大覚寺文書』上巻、大覚寺、一九八〇年）来由などに、仏寺となった嵯峨院、大覚寺は恒貞親王に賜わり、親王は阿弥陀丈六像を造り、また諸経論を書写して安置し、さらに定額僧一四口を置き、あるいはまた親王の施を香灯斎飯の費用に充てたり、親王が荘・牧数十所を大覚寺に施入したりした、と書かれていることなどによるのであろう。このうち「大覚寺譜」来由には、恒貞親王がこののち一〇年大覚寺にあり、ここで薨去したと記しているが(82)、親王が大覚寺に居したことを示唆する史料は他にまったくない(83)。また淳和太皇太后正子内親王も夫である淳和太上天皇の崩後、剃髪して尼となり、この嵯峨院に住んだと言われる(84)（「大覚寺譜」来由）が、すでに述べたように、崩伝（『三実』元慶三年三月二三日癸丑条）の記載などからは、太皇太后が淳和院に居住していたと推定することができる。したがってこのころ、すなわち淳和太皇太后正子内親王が嵯峨院を伝領したのち大覚寺としてから、ここには特に主として居住した人物はいなかったと考えられる。

大覚寺を創建した淳和太皇太后正子内親王は元慶三年三月二三日に淳和院で崩御した（『三実』元慶三年三月二三日癸丑条）。崩伝によれば、太皇太后の死は、貞観一六年四月、当時太皇太后の居していた淳和院が焼亡し、宮殿や経籍が一時にして焼失したことが遠因であったと言われる。

さて、太皇太后は崩御するまえに令旨を出して、大覚寺に僧俗の別当と度者を置かんことを請うている[85]（『菅家文草』巻九―五九〇）。その請願の具体的な内容は、まず僧俗各一人の別当を置き、特に俗別当は公卿をもって充てることとし、また両別当の任用は大覚寺の請願のままに行うこと、また度者については、「持戒修心、兼堪㆓住持㆒」ものを特に選んで毎年二人を得度させ、もしその人が「研精不㆑緩、智慧有㆑聞」るものであるなら、安祥寺の例に准じて維摩会・最勝会の竪義に指名される順番に入れ、その順番を安祥寺の次ぎとすること、などであった。ただしこの淳和太皇太后の申請が許可されたか否かは明らかではない[86]。

元慶五年八月には大覚寺の寺地が決められた（『三実』元慶五年八月二三日己亥条および『玉類抄』所引三実元慶五年八月二三日己亥条）。その四至は、既述のごとく、西は観空寺と栖霞観の東に接して走る路、東は朝原山の東面と大沢池の東岸を結んだ線、北は御廟山の南端、南は葛野郡条里の大山田里と小山田里の里界線をもって限られた。大覚寺の寺地とされたのは合計三六町にも及ぶ広大な土地であったが、それはその周囲に展開した嵯峨荘を含む旧嵯峨院のさらに広大な所領のわずかに一部、嵯峨院の中心部分にしか過ぎなかったと考えられる。

次いで同年一二月には、恒貞親王の奏によって、淳和院に公卿別当を置き、大覚寺と嵯峨天皇・皇后橘嘉智子・淳和皇后正子内親王の三陵および檀林寺を検校することが認められた（『三実』元慶五年一二月一一日乙酉条）。ここに淳和院を中心として、嵯峨太上天皇・太皇太后および彼らの女で淳和太皇太后である正子内親王の創建にかかる三寺院、大覚寺・檀林寺・淳和院と三陵墓が、恒貞親王のもと、公卿別当によって一元的に管理・運営・維持される体制ができあがったと推定される。

上述したように、恒貞親王は元慶八年九月二〇日に薨じた（『三実』元慶八年九月二〇日丁丑条恒貞親王薨伝）が、そののち次ぎに述べる寛空まで四〇年余りのあいだ、門跡は置かれなかったらしい[87]。なお、この間にあって仁和元年（八八五）九月一九日には、大覚寺において故恒貞親王のために、一〇周忌の誦経を修めたとの史料がある（『類聚符宣抄』第四親王所収仁和元年九月一四日宣旨)。

(2)　大覚寺の構造

平安時代初期の大覚寺の構造についてはほとんどうかがい知ることができない。従来そのような史料としては、わずかに『三実』元慶三年三月二三日癸丑条淳和太皇太后崩伝・貞観一八年二月二五日癸酉条や『菅家文草』巻九―五八九奉淳和院大后令旨請嵯峨院為大覚寺状があるに過ぎなかった。これらの史料に見える大覚寺の様子についてはすでに述べたとおりである。

2　平安時代中・後期、鎌倉時代前半の大覚寺

恒貞親王の薨後、後述する後宇多法皇の入寺までのあいだ、大覚寺は古文書・古記録などからほとんど姿を消してしまい、(88)平安時代中期より鎌倉時代前半までの大覚寺の歴史については明らかでない点が多い。それは、後述するように、この間およそ二九〇年にわたって南都興福寺の一乗院によって大覚寺門跡の職が兼帯されたことによる。この二九〇年の期間は大覚寺の長い歴史においてもっとも衰微した時代であったとされている。ここではわずかに残された史料からこの時期の大覚寺の様子をうかがうこととしたい。

(1)　興福寺一乗院による大覚寺支配

宇多法皇が時々大覚寺に御幸し、詩宴を張ったりしたことが史料に見える(『紀略』延喜五年元年戊子・六年正月丙子条)。「大覚寺譜」来由によれば、延喜一八年(九一八)八月一七日にも宇多法皇は大覚寺に御幸し、両部の伝法灌頂を貞寿・貞運・貞従・仁元・仁選・寛空・神昇らに授け、(89)さらに法皇は勅命によって寛空を大覚寺第二世にしたと言う。しかし寛空はいくばくもなく仁和寺に帰り、大覚寺のことは定昭に委ねられた。これが第三世定昭である。しかし定昭は天禄元年(九七〇)に大覚寺の門跡のまま興福寺別当に補任され、興福寺に赴いて一乗院を開いた。これ以後、第二〇世の良信まで約二九〇年間、興福寺一乗院主あるいは興福寺別当が大覚寺門跡を兼帯することとなり、大覚寺に対する興福寺の

支配が続くことになる。特に第五世真範以降の大覚寺門跡は藤原摂関家から選ばれており、より一層興福寺—藤原氏ラインによる大覚寺支配が進むこととなったと思われる。

(2)　五覚院と名古曽滝

この間の大覚寺内部について記した史料には、わずかに五覚院と名古曽滝に関わるものがあるに過ぎない。

『本朝文粋』巻一一詩序に収載されている平安時代中期の学者・歌人である源順が「三月尽日、遊二五覚院一、同賦二紫藤花落鳥閑閑一」と詠んだ詩は、大覚寺の五覚院に触れている。それによると、当時の大覚寺は水石に交じって怪木奇花の咲くところで、五覚院はその西洞に位置し、古く嵯峨天皇を尋ね弘法大師によって設けられたものであった。源順が吏部善侍郎をはじめ諸客十余人とともに訪れた時は、藤の花が院に満ち、鶯の声が院の窓から内に入ってくるような状況で、詩を賦している。その場には源順・吏部善侍郎・諸客十余人のほかに僧侶も交じり、茶酒を酌み交わしたと書かれている。五覚院の存在とそこにおける僧侶の居住、貴族による詩宴の開催などについて知ることができる。

名古曽滝は、周知のように歌枕となり、しばしば和歌に歌われた。特に著名な藤原公任の歌に「滝の音は　絶えて久しく　なりぬれど　名こそ流れて　猶聞こえけれ」と歌われたように（『拾遺和歌集』巻八—四四九）、いずれも古来の旧跡名古曽滝が荒廃したことを嘆いて歌ったものである。この歌は、『権記』長保元年九月一二日条によれば、同日藤原道長が諸卿を具して大覚寺滝殿をおとずれた時に、それに従った公任が歌ったものとして見える。このように、一一世紀前半ころには、すでに滝殿は退転し、滝が流れ落ちなくなっていた。それは、「滝殿の石とも閑院へはたされて跡なくなりし処と聞きて見にまか」（『新拾遺集』巻一九—一七六四西行作）った赤染衛門が、「あせにける　今だにかかる　滝つ瀬の早くぞ人は　見るべかりける」（『後拾遺和歌集』巻一八—一〇五九）と歌ったように、大覚寺の滝殿の石が藤原氏の邸宅閑院第へ運ばれたためであったと言われる。

また大沢の池も和歌に歌い込まれることがあった（『大和物語』第八監命婦作など）。特に紀友則作のものには大沢池岸に生えていた菊が歌われている（『古今集』巻五—二七五）。

なお、やや時代が下った第一三世良円の時、建久元年（一一九〇）と建保五年（一二一七）に二度にわたり大覚寺が火災にあったとの説がある[90]。しかしそれは明らかに史料の読み誤りで[91]、むしろこの時二度にわたって火災に見舞われたのは清涼寺であったと考えられる。

3　後宇多法皇による大覚寺の再興

大覚寺がふたたび歴史に姿を現すようになるのは、鎌倉時代後半、皇統が分裂して大覚寺統と持明院統の両統が迭立する事態となったころからである。

(1)　後嵯峨・亀山両法皇と大覚寺

後嵯峨天皇はわずか四年の在位ののち、寛元四年（一二四六）正月に皇太子久仁親王（後嵯峨天皇の皇子、即位して後深草天皇）に譲位して冷泉万里小路殿を御所とし、「治天の君」として院政を開いた。以後崩御する文永九年（一二七二）まで、二七年の長期にわたって後嵯峨上皇は院政を布くこととなる。上皇は院政開始後まもなく、嵯峨に新たな御所、亀山殿（嵯峨御所・嵯峨殿とも言う）の造営を開始し、建長六年（一二五四）一〇月に至って移徙した[92]（『百練抄』建長六年一〇月二七日条）。これ以後、後嵯峨上皇は亀山殿にあって政務を視るとともに次第に亀山殿を整備していった。亀山殿の様子は、『古今著聞集』巻八―五七六、高倉宰相茂通と栄性法眼との交遊の事、「五代帝王物語」『群書類従』巻三七、「亀山殿御幸記」『群書類従』巻四三に詳しい。後嵯峨上皇は文永五年一〇月に亀山殿で出家し、そののち九年二月一七日には亀山殿の如来寿量院において崩御した[93]（『続史愚抄』文永九年二月一七日乙巳条）。

後嵯峨法皇は、「大覚寺譜」来由・御代譜では大覚寺第二一世とされ、第二〇世の良円に勅して大覚寺より退去せしめ、文永五年に大覚寺に住むに至ったとされている。また「大覚寺門跡次第」良信大僧正には、関白藤原基平の子息である哀信大僧正が一乗院主であった時、後嵯峨天皇に奉られ、後嵯峨上皇は出家後大覚寺へ入ったとされている。しかしこれ以外に後嵯峨法皇が大覚寺に居していたことを明確に示す史料はない。むしろ亀山殿移徙ののちはここを常居の御所として方々に出向いていっていたもののごとくである。したがって後嵯峨法皇が大覚寺といかに関わったかについては史料の上からは明らかではない。

後嵯峨上皇の皇子で、兄後深草天皇の次ぎに即位したのが皇太弟恒仁親王（即位して亀山天皇）である。亀山天皇は正元元年（一二五九）一二月に即位し、在位中の文永九年、父後嵯峨法皇の崩御にともなって「治天の君」とされ、以後親政を行った。このことがのちの皇位継承をめぐる大覚寺・持明院両統迭立の発端となったと言われている[94]。亀山天皇は、文永一二年正月、皇太子世仁親王（亀山天皇の皇子、即位して後宇多天皇）に譲位したが、そののちも「治天の君」として院政を布いた。

亀山上皇は父後嵯峨法皇を継いで、大覚寺第二二世となったと伝えられている（「大覚寺譜」御代譜）。上皇は、正応二年（一二八九）九月に禅林寺殿において出家し（『続史愚抄』正応二年九月七日癸未条）、「大覚寺譜」来由・御代譜によれば、やがて大覚寺に遷り、のちさらに亀山殿を御在所としたとされるが[95]、後嵯峨法皇と同様に、亀山法皇も大覚寺に居したとの確実な史料はない。亀山法皇についても後嵯峨法皇と同様に大覚寺との具体的な関係は不明と言わざるをえない。

さて、亀山法皇は嘉元三年（一三〇五）九月亀山殿に崩御する（『続史愚抄』嘉元三年九月一五日己未条）が、そののち後宇多法皇が大覚寺に入るまでの間、大覚寺は京極准三后（亀山天皇皇后・後宇多天皇生母藤原佶子）・東二条院（後深草天皇皇后・後宇多天皇皇后姈子内親王生母藤原公子）・遊義門院（後宇多天皇皇后姈子内親王）の三人の女性によって管領されたとされている[96]（「大覚寺譜」来由・御代譜）。赤松俊秀は、京極准三后・東二条院・遊義門院の三人の女性による大覚寺管領と、そののちにおける後宇多法皇の入寺までの事情について、東二条院の生母准后貞子が長く居住した今林殿が大覚寺の南にあり、今林殿は貞子の死後その女東二条院の管領に帰して東二条院領となった。そして、その死とともに今林殿とその付近の地（大覚寺を含む）は皇女遊義門院の手に帰し、さらにその崩御ののちにその夫君後宇多法皇の所有となったと理解することができる、としている[97]。

(2)　後宇多法皇の大覚寺遷居

後宇多法皇は大覚寺中興の祖と目される人物である。[98] 後宇多天皇は亀山法皇の皇子で、弘安一〇年(一二八七)一〇月、幕府の圧力によって皇位を皇太子熙仁親王(持明院統後深草上皇の皇子、即位して伏見天皇)に譲り、院政はその父後深草上皇が執った。しかし正安三年(一三〇一)正月皇太子邦治親王(大覚寺統後宇多上皇の皇子)が即位して後二条天皇となると、後宇多上皇は持明院統の後深草上皇に代って院政を開始した。後宇多上皇の院政は、持明院統の花園天皇の在位中における伏見上皇による院政を挟んで、のちふたたび後二条天皇の弟で花園天皇の次ぎに即位した後醍醐天皇(後宇多上皇の皇子)の在位中にも行われ、通算一一年の長きに及んだ。

後宇多上皇は、後二条天皇の在位中、主に冷泉万里小路殿にあり、また後醍醐天皇の時には常盤井殿にあって「治天の君」として国政を領導した。

後宇多法皇の第一回大覚寺遷居(徳治三年(一三〇八)八月二日～文保二年(一三一八)二月二一日)

後宇多上皇は、徳治二年七月二六日、妃遊義門院の崩御(『続史愚抄』徳治二年七月二四日丙戌条)を契機として亀山殿の如来寿量院に御幸し、禅助僧正を戒師として出家し、金剛性と法諱した(『続史愚抄』徳治二年七月二六日戊子条)。さらに法皇は東大寺で具足戒を受ける(『続史愚抄』徳治二年一一月二一日壬午条)とともに、翌年には東寺において伝法灌頂を稟けて阿闍梨位に登った(『続史愚抄』延慶元年正月五日乙丑・二六日丙戌条など、「御手印御遺告」『大覚寺文書』上巻第七号)。

後宇多法皇は真言密教による国家泰平を願うとともに、真言密教の興隆を企図し、そのためにまず東寺の再興を図り、[99] 膨大な荘園や土地を東寺に施入した[100](徳治三年二月後宇多天皇宸翰東寺興隆条々事書並御添状)。また神護寺とも深い関係を持ち、神護寺に度々参詣し、高雄曼荼羅の修復を行い(「高雄曼荼羅御修覆記」『大覚寺文書』上巻第六号文書)、また仏舎利の奉納、弘法大師筆にかかる灌頂記録一巻の施入などを行った[101](「大覚寺門跡略記」)。

徳治三年八月二日、後宇多法皇は今林殿[102]より大覚寺殿に移幸し、ここを御所とした(『続史愚抄』延慶元年八月二日戊子条)。その際、伏見殿の上御所の寝殿を大覚寺に移し、御座所としている[103](『続史愚抄』延慶元年八月二日戊子条)。翌三日には故遊義門院のために結縁灌頂を今林殿で行った（『続史愚抄』延慶元年八月三日己丑条）。なお法皇の皇子後二条天皇は徳治三年八月二五日に在位のままで崩御している（『続史愚抄』徳治三年八月二五日辛亥条）。

さて、後宇多法皇は、後述するように、そののち文保二年二月に常盤井殿へ遷居するまでほぼ一〇年のあいだ、大覚寺を御所とした。しかしその間における後宇多法皇の動静および御所の置かれた大覚寺の状況については明らかでない。[104]当然それは、後宇多法皇が後二条天皇の崩御にともなって院政を停止し、政権の中枢から遠ざかったことによるものである。しかしそのような状況のなかで、この間における法皇と大覚寺をめぐって注目すべき史料がまったくないわけではない。まず一つは延慶二年（一三〇九）八月二七日に「古紫宸殿」を大覚寺に移し、これに白象王の新像を安置し、その開眼供養を行ったと『続史愚抄』延慶二年八月二七日丁丑条にあるものである。そのもととなった史料は「後鳥羽院御霊託記」（『続群書類従』巻九六四）で、それによると、上述の記事は大覚寺の不壊化身院の新造に関するものであることが明らかとなる。「後鳥羽院御霊託記」には不壊化身院が「羯磨智の尊容を彫み、毘尼蔵の教行を弘」めるために造立されたものであることが記され、また本尊の開眼供養にあたって後宇多法皇が奉った一〇条の願文も併載されている。

いま一つは大覚寺にあった法皇の御所に関する『続史愚抄』正和五年二月一五日戊子条の記事で、そこには正和五年（一三一六）二月に法皇の御所が焼亡したと記されている。この記事については、『続史愚抄』の編者柳原紀光も「按、此後猶御二同寺中一」と記し、その原史料（歴代最要・皇年代私記）の記載に疑問を呈している。事実同時代の史料や『続史愚抄』などでは、後宇多法皇がこれ以後も大覚寺の御所に居していたことは明らかである。したがって後宇多法皇の御所が焼亡したとの記事は詳細が不明であり、あるいは誤伝の可能性もあると考えられる。なお、この記事で、法皇の大覚寺における御所が中御所と称されたことが判明する点は注目される。

後宇多法皇の第一回大覚寺遷居の間、法皇が大覚寺において行った行事等については、上述したような事情からその一部をうかがうことができるに過ぎない。たとえば、応長元年（一三一一）八月には皇子である故後二条上皇のために、両界曼荼羅を供養し（『続史愚抄』応長元年八月二六日甲午条）、正和五年（一三一六）三月には弘法大師の御影供を行なった（『続史愚抄』正和五年三月二一日癸亥条）ことが知られる程度であるが、当時の大覚寺の伽藍を考えるうえでは、正和二年に行われた法皇の皇子性円親王への伝法灌頂などが仏母心院(105)の灌頂道場において執り行われている（「御手印御遺告」、「大覚寺門跡略記」）ことが注目される。また『増鏡』第一三あきのみ山には「亀山殿にはさることにて、近ごろは大覚寺のほとりに御堂たてて籠りおはしましつつ、いよいよ密教の深き心ばへをのみ勤め学ばせたまへば、おのづから京にいでさせたまふことなく、またまゐりかよふ人も稀なるやうに神さびたりつる」と書かれ、第一回大覚寺遷居の間に大覚寺の近くに御堂を建て密教三昧にふけった様子がうかがわれる。なお、後宇多法皇はこの間延慶二年正月に神護寺の曼荼羅を修復し（「高尾曼荼羅修復記」、「大覚寺門跡略記」）、四年四月には八〇〇〇枚の護摩を行ない（「大覚寺門跡略記」）、また正和二年七月には金剛峯寺に御幸して奥院で法会や念誦を行なう（『続史愚抄』正和二年七月六日甲午～一六日甲辰条・「大覚寺門跡略記」）など、真言密教の興隆・真言密教による鎮護国家を積極的に企図している。(106)

この間、正和元年九月二二日後宇多院起請符写（『大覚寺聖教目録』第四九函四（一）号）によれば、正和元年に遊義門院の遺領であった摂津国葦屋荘・伊勢国若松荘・近江国田河荘・美濃国黒田荘・下総国松岡荘などが、それを伝領した後宇多法皇によって大覚寺に施入されたとされている。このうち田河荘が大覚寺領であったことは確認することができるが(107)、他の四つの荘園については、ただちに大覚寺領であったとするにはやや疑問がある(108)。なお近江国田河荘については、伊部郷を不壊化身院の仏聖灯油勤行等や律僧の依怙に充てること、また河毛郷を仏母心院の仏供灯油ならびに勤行供僧などの料に充てること、さらに中野郷をもって教王常住院に充て、その学衆の依怙とする(109)こと、などを定めた置文を後宇多法皇は遺している(110)（「後宇多院置文写」『大覚寺聖教目録』第四九函四（二）号）

さて、文保二年二月二一日、花園天皇が後宇多法皇の皇子で皇太子の尊治親王（即位して、後醍醐天皇）への譲位を告げると、後宇多法皇はその夜ただちに大覚寺殿を出て東宮御所万里小路殿に御幸し、さっそく践祚および立坊以下の日程について評定を行い（『続史愚抄』文保二年二月二一日癸丑条）、翌二二日には常盤井殿に御幸してここを御所とした（『続史愚抄』文保二年二月二二日甲寅条）。そののち二六日に譲位が行われ、尊治親王は即位して後醍醐天皇となる（『続史愚抄』文保二年二月二六日戊午条）。

上述したように、後宇多法皇は、以後後醍醐天皇の治世前半（文保二年～元亨元年（一三二一）あるいは二年までのあいだ）、二回目の院政を布くこととなる。法皇は、この間、時に亀山殿や大覚寺殿に御幸することもあったが、一貫して常盤井殿を御所とし、「治天の君」としてここで評定を主催した。

後宇多法皇の第二回大覚寺遷居（元亨元年または二年～元亨四年六月二五日）

後宇多法皇は、後述するように、元亨四年六月二五日に大覚寺殿において五八歳で崩御するが、それに先立つ第二回の大覚寺遷居の時期については二つの異なる説がある。一つは『大覚寺文書』所収の「大覚寺譜」や「大覚寺門跡略記」（『続群書類従』巻九五）、『続史愚抄』所引の「門跡伝」などに記された、元亨元年説である[11]。また、いま一つは『続史愚抄』や「大覚寺門跡次第」（『続群書類従』巻九五）などで採られた、元亨二年説である。前者の説では、単に大覚寺を法皇の御所としたとするか、あるいは大覚寺についてその造営を開始したと記すだけで、必ずしも後宇多法皇が大覚寺に遷居した具体的な理由が判然としない。しかし後者では、後宇多法皇の大覚寺遷居を隠居のためと明記している。

後宇多法皇が院政を止め、後醍醐天皇に国政を委ねたのは、元亨元年一二月九日のことである（『続史愚抄』元亨元年一二月九日戊申条）。それはちょうど、上述した後宇多法皇の大覚寺遷居年代に関する両説、すなわち元亨元年四、五月と翌二年六月のあいだの時期に当たる。このことは後宇多法皇の大覚寺遷居の理由を考えるうえできわめて重要な論点で、いずれの時期に遷居したのかによってその歴史的な評価・意味も大きく変わってくる。すなわち、後宇多法皇の大覚寺遷居を元亨元年とすると、後醍醐天皇に政務を移譲するために法皇が大覚寺に遷ったと考えることができることになるのに対して、元亨二年とする説では、この説を採る諸書に明記されているように、政務を譲ったのちに隠居・終焉の地として大覚寺を選んだことになる。

ところで元亨二年説を採る『続史愚抄』が根拠としてあげる『増鏡』第一三秋のみ山に「かくて今年もまた暮れぬ。明くる春元亨二年正月三日、朝覲の行幸なり。法皇は御弟の式部卿の親王恒明の御家、大炊御門京極常盤井殿といふにぞおはします」と、元亨二年の初頭に後宇多法皇が常盤井殿に居していたと明記している。一方、同年のこととして、「法皇後宇多ややもすれば大覚寺殿にのみ籠らせおはします、人人世の中のことども奏しにまゐり集ふ、今は一筋に、御行ひにのみ心入れたまへるに、いとうるさく思せば、その夏のころ定房の大納言あづまへつかはさる、帝後醍醐に天の下のこと譲り申さんの御消息なるべし、おほかたはいとあさましうなりはてたる世にこそあめれ」、とあり、元亨二年のうちには醍醐天皇に政務を委ねるべく、大覚寺の御所に籠りきりとなっていたと記している。同様の状況は正中元年(一三二四)のこととして「法皇後宇多は今は大覚寺殿にのみおはしませば、大炊御門の式部卿の親王恒明の御家を内大臣殿実衡申し受けて、同じ日(卯月二七日)、大饗したまふ」とも書かれている。以上のように『増鏡』による限り、後宇多法皇は元亨二年の初頭にはいまだ常盤井殿に住み、そののち後醍醐天皇への政務移譲をめざして次第に大覚寺に籠りきるようになっていったと、その経過を考えることができる。これは、遷居の時期としては元亨二年説が正しいことを示唆しているが、その理由および経過については元亨元年説から導かれる推定が正鵠を射ていることを示唆している。後宇多法皇は、その宸翰「御手印遺告」で法皇の大覚寺遷居の時期を明確に記しているわけではないが、元亨元年に金堂を建立し、宇智院を造営してみずからの終老の地とせんとしたと記している。これは、後宇多法皇がすでに後醍醐天皇への政務の移譲を元亨元年の段階において決めていたことを述べたもので、『増鏡』の記述を考慮に入れると、準備が整った段階、すなわち元亨二年になって大覚寺に遷居したとみるのが妥当であろう。

以上のように法皇が遷居した時期および理由に関する両説のうち、いずれが正しいかをただちに決めることは困難で、時期的には元亨二年説が正しく、遷居の理由としては元亨元年説を採るべきである。したがって後宇多法皇の大覚寺遷居は、歴史の流れからすると院政停止による後醍醐天皇への政権移譲と深く関わると考えられる。

いずれにしろ後宇多法皇が今回大覚寺を御所としたのはわずかに二年ないし三年のあいだであり、また政権の中枢を退いた法皇のこの間の動静を伝える史料はきわめて少なく、法皇がしばしば大覚寺において「和歌会」を催したり、「和歌を講」じたりしたことが知られる(『続史愚抄』元亨三年八月一五日甲戌条など)程度に過ぎない。

(3)　後宇多法皇による大覚寺再興

上述したように、後宇多法皇が出家し、大覚寺の再興を企図するに至ったのは、真言密教興隆の方法の一つとして、当時真言密教にあった二流、すなわち広沢流と小野流とを合一しようとしたのであったが、ついに果たすことができず、[112]その一方の広沢流に属する大覚寺に入ってその再興に着手したという事情によるものであった（「大覚寺門跡略記」など）とも、また皇后遊義門院追善のためであった（『花園天皇宸記』元亨四年六月二五日己卯条）とも言われる。[113]その後の宇多法皇による大覚寺の再興については、「大覚寺門跡略記」に、元亨元年四月[114]に大覚寺に就いて、「伽藍・僧房」を造営し、また「僧定額」を置き、「二十五箇式目」を製した、[115]と記されている。以下では、「大覚寺門跡略記」に言う「伽藍・僧房」の造営の点に絞って検討を加え、後宇多法皇による大覚寺再興の具体的な内容を明らかにすることとしたい。

さて、後宇多法皇が大覚寺に居住したのは、如上のように、徳治三年～文保二年と元亨元年または二年～四年の二度である。後宇多法皇による大覚寺の再興について考える場合、まず問題となるのは二度の遷居のうちいずれの時に後宇多法皇による大覚寺再興と言われる大規模な工事が行われたのか、あるいは両度にわたって行われたのか否か、という点である。赤松俊秀は、徳治三年の伏見殿上御所移建をもって大覚寺が再興されたとする考えを示している。[116]

第一回の遷居の時には、伏見殿の上御所の寝殿を移して御所としたこと、また「古柴宸殿」を移して不壊化身院を新造したこと、あるいは大覚寺中に中御所と呼ばれる法皇の御所があったことが史料に見えることについては既述のとおりである。これらの史料による限り、第一回の遷居に際して行われたのは、法皇の御所を中心として、今日の大覚寺の中核となった不壊化身院を新たに造営するなどであったことが知られるが、それは必ずしも大覚寺伽藍全体に及ぶような大規模なものではなく、しかも史料の示すところは、新築というよりはむしろ他所からの移築が中心で、あるいはせいぜい改築程度に過ぎず、大覚寺の再興と言えるほどのものではなかったのではないか、と考えられる。[117]

これに対して第二回の遷居に関連して行なわれた大覚寺における種々の造営、すなわち「大覚寺門跡略記」などに記す「伽藍・僧房」の造営こそ、再興というにふさわしい内容のものであったと考えられる。

まず第二回の遷居と関連して行なわれた「伽藍・僧房」の造営については、「御手印遺告」の第一条に、元亨元年に金堂を建立し、また宇智院を造営して法皇みずからの終老の地としようとしたとある。また第四条には教王常住院を建立したことが書かれている。さらに第十五条にはのちに法皇の墓が営まれた蓮華峯寺の建立について記し、第廿一条には龍華院の創建について書いている。

このうち金堂・宇智院[118]については他に関連史料がなく、その詳細は明らかにできないが、教王常住院については後嵯峨法皇の草創にかかり[119]、亀山法皇の別宮であった亀山殿の如来寿量院を大覚寺に移し、学場・津梁としたもので、勧学所とも言われ（「大覚寺譜」）、学頭二人（当時実際には三人いた）・学徒三〇人（うち一六人が常住で、他の一四人は入学衆とする）が置かれた。学頭は学業優長で宗旨邪僻せず、その器であるものをもって充てられ、また学徒中の常住は将来学頭となるべき器用の人物で、その多くは法流に浴する人をもって補し、そのような人がいない場合は暫時他の人を任ずるとされた。教王常住院では初中後（初学・中学・後学）の三段階で学ばれるべき書が分別され、金剛・胎蔵・声明の三業が学ばれた。このうち特に後学については秘奥の書とされ、臨機に許可された（「御手印遺告」第四条）。「大覚寺譜」諸堂社記は、教王常住院に所定の学規が備わっていたと記している。未見の史料であるが、大覚寺乾蔵に伝存する聖教類のなかに「教王常住院年月日行事」と命名された鎌倉時代後期の書写にかかると推定される巻子本がある（『大覚寺聖教目録』第四六函第一四号）。これはおそらく教王常住院における学頭や学徒たちが行った一年の行事などを詳細に記したものと思われ、教王常住院の勧学所としての実態を明らかにするうえで、今後調査・検討を行う必要がある。なお、ここで学ぶ学衆・学徒のために、既述のように、正和元年には近江国田河庄の中野郷をもって充てたり（「後宇多院置文写」）、またのちに二、三の荘園が施入されている（興国三年八月二五日南部伝法阿闍梨某附属状『大覚寺文書』上巻一一号）。

蓮華峯寺は、当山の「甲区」、すなわち現在後宇多天皇陵のある付近に、五輪石塔を安置した八角円堂を建てた寺院で[120]、常住僧一二口が置かれ（うち六人はその器量を選び容易に交替させないが、他の六人については初心が休退したものについては随時交替させる）、結番して理趣経を転読することとされている（「御手印遺告」第十五条）。

また龍華院は、隠退後大覚寺殿と呼ばれた左大臣藤原隆忠（一一六三～一二四五）が大覚寺内（御影堂の辺り）に営んだ草庵の傍らに作られた一宇の屋（摂静堂と呼ばれ、後宇多法皇が練行した場所）を移築し、前大僧正禅助の常住の所としたもので、それにさらに他の屋を移して加え、一院を成したものであると言われる（「御手印遺告」第二一条）。

なお、「大覚寺門跡略記」に引く十八ケ条規式あるいは「大覚寺譜」所引の後宇多法皇遺勅には、讃岐国の年貢五万疋を国家の要請による大法や秘法を行う公請や大覚寺の修造費用に充て、それぞれの料物を納めるために二宇の寺庫を造営するとされている。「御手印遺告」にも明らかなように、後宇多法皇は、大覚寺にとって国家の護持がきわめて重要な要請で、そのためには大覚寺の興隆がもっとも肝要なことであると認識していた。そのような課題に答えるためには、巨額の費用が確保されるとともに、それらを収納するための施設が必要となったのである。

ところで、「大覚寺譜」所収の後宇多法皇遺勅は、当時における大覚寺内部の人的組織・構成をうかがわせてくれる貴重な史料である。それによれば、大覚寺内には僧として、門主（門跡）・諸院家相承輩・凡僧（公請の際に前駆を勤仕する役目を果たす有職を含む）などがおり、その周りにはこれらの僧に仕える児童・下部などがいた。また大覚寺の所領には、門跡たる大覚寺が直接管理・経営するもの以外に、寺内の諸院家に相伝された「院領」[121]があった。「院領」は門主の意志に基づく自由な処分を受けず、院家によって管理・経営され、さらに相伝されたと考えられる。

「大覚寺伽藍図」に描かれた大覚寺

大覚寺には、今日「大覚寺伽藍図」と題された紙本着色の図二幅が襲蔵されている（写真1・2）。これらの図は、いずれも中御所を中心にして、南方に位置する大沢池を下辺に、また上辺には嵯峨天皇陵のある御廟山から蓮華峯寺に至る北方の山並みを描き、この間の東西に広がる大覚寺の伽藍をきわめて詳細に描いたもので、その図様は両図ともに基本的に同じで、特に建物の細部描写に類似する点が多く認められ、また地物や寺内外の施設の名称などは互いにほぼ同じ位置に記されている。しかし両図には細部において若干の相違が見られる。いまこの二幅の図のうち、後述するような点において、より丁寧で詳細な図をA図（写真1）、これに対して相対的に簡略な図をB図（写真2）とし、両図の関係を

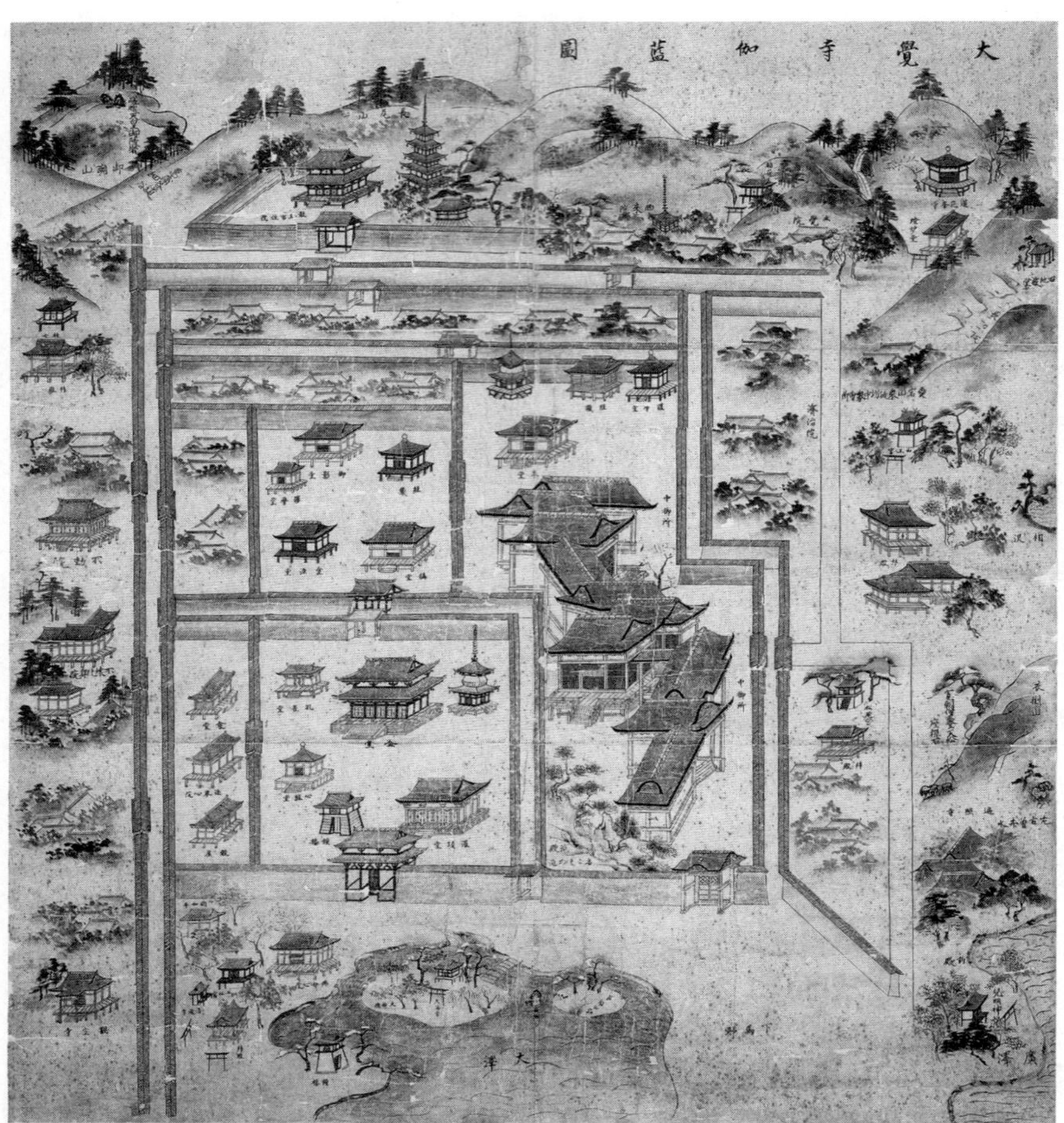

写真１　「大覚寺伽藍図」に描かれた大覚寺（A 図）

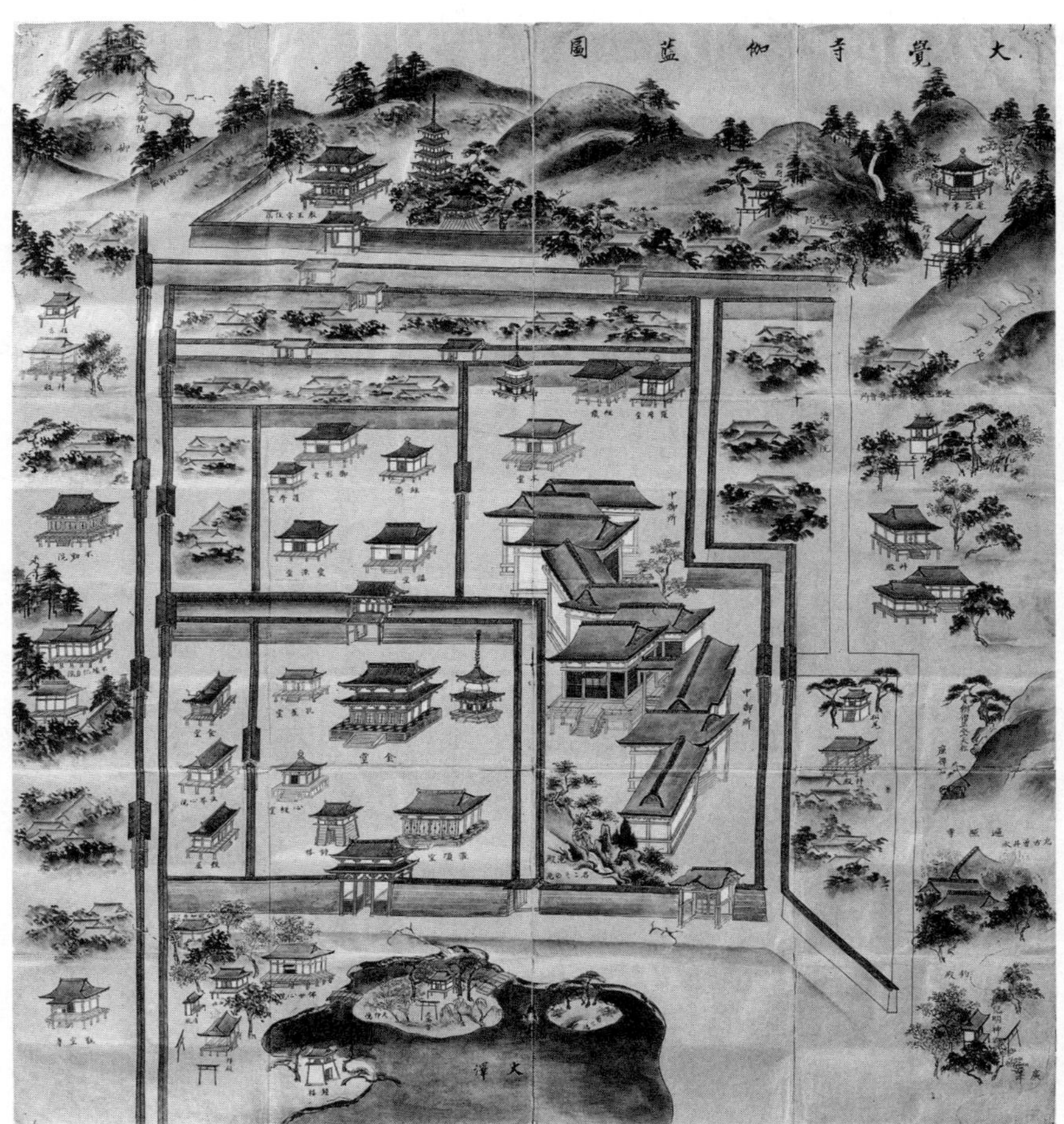

写真 2　「大覚寺伽藍図」に描かれた大覚寺(B 図)

確認するために相違点を列記すると、次ぎのとおりである。

①　A図に描かれている施設・地物で、B図には見られないものがある。まず右辺の下方に位置する遍照寺の北に描かれている山に、A図では「衣掛山」と山の名が記されているが、B図にはなく、またこの山の下方に松樹・磐などが描かれていない。右辺上方では、蓮華峯寺・燈炉堂の東方、長刀坂の東北方にA図では「地蔵堂」と記し、小さな堂を描くが、B図にはまったく描かれていない。また左辺下方に描かれる観空寺では、A図に描かれる樹木がB図には見られない。上辺中央付近にある西来院にはA図では層塔が描かれているが、B図では省略されている。さらに図の下辺大沢池東方の地についてA図は「下馬野」と地名を記すが、B図にはまったく記載が見られない。

②　A図では大沢池・広沢池や相沢池にはその池面に立つ波が丁寧に描かれ、特に大沢池の場合、青く塗り潰されているが、B図ではA図の右辺中央に描かれている相沢池をまったく描かず、また大沢池や広沢池は単に墨線で池岸を描くに止まり、さらに大沢池も墨で池中を塗り潰すに過ぎない。

③　A図に書かれた施設の名称をB図で明らかに誤記しているものがある。たとえば、A図では上辺の中央に「西来院」と書いているが、B図では「来」の字を書き誤っている。

④　A図に書かれた施設の名称をB図で省略して記しているものがある。たとえば、A図の上辺左隅に描かれている御廟山には「嵯峨天皇御陵岩」の記載とともに山頂部近くにそれらしい磐を描いているが、B図では磐を省略するとともに、これに応ずるかのように「岩」の字を略し、「嵯峨天皇御陵」とのみ記している。また下辺左に位置する「清瀧宮」「五社宮」はB図ではいずれも「宮」の字が省略されている。同様の省略は右辺中央に位置する「松尾宮」「山王宮」や北辺に位置する「稲荷宮」についても見られる。

以上の諸点や図の全体的な描き方からみて、B図を下書きとして詳細なA図を描いたとみるよりも、A図をもとにそれを若干省略して作成されたのがB図であるとみたほうがより理解しやすい。

さて「大覚寺伽藍図」については、すでに『嵯峨誌』嵯峨自治会、一九三二年、赤松俊秀「大覚寺」『京都府史蹟名勝天然紀念物調査報告』一八、京都府、一九三七年、大森健二「大覚寺の建築」『大覚寺』主婦の友社、一九七五年、『大覚寺』古寺巡礼京都二〇、淡交社、一九七八年の図版解説六五（宮島新一執筆）、『嵯峨御所　大覚寺の名宝』京都国立博物館、一九九二年の図版解説八〇（下坂守執筆）など、簡単に述べたものがある。

これらのうち、大森「大覚寺の建築」はA・Bいずれの図について述べたものか明らかではないが、[122]『嵯峨誌』と『大覚寺』図版解説、『嵯峨御所　大覚寺の名宝』図版解説はA図について述べ、[123]また赤松「大覚寺」はB図について触れている。まず『嵯峨誌』は、A図を大覚寺の「古時全盛の絵図」とし、その年代は不詳としながらも後宇多法皇による大覚寺中興以後のものであるとする。また『大覚寺』図版解説は、A図を後宇多法皇が中興したころの伽藍の盛観を描いたもので、江戸時代の製作にかかると推定し、『嵯峨御所　大覚寺の名宝』図版解説は、後宇多法皇によって完成を見た伽藍を江戸時代中期に復原的に描いたものとしている。一方、B図について述べた赤松「大覚寺」は、その製作年代や意図などについて詳しく述べていないが、本図の上辺には「大覚寺伽藍図」と題されているにも関わらず、わざわざ「想像」の一語を入れて「大覚寺伽藍想像図」と命名していることにも明らかなように、本図を「法皇が再興遊ばされた当時」の大覚寺の伽藍を想像して描いた図であると考えたと推定される。大森「大覚寺の建築」は「大覚寺伽藍図」を製作年代不明としながらも、描かれた伽藍の状況から後宇多法皇によって復興され、足利尊氏によって焼かれるまでの時期を描いた図であるが、このような状態の時期が実際にあったか否かは明らかでなく、復原的にかつての由緒をたどって伽藍などを配置したに過ぎないかもしれない、としている。

以上に紹介した研究や、また後述するところからも明らかなように、「大覚寺伽藍図」二幅はともに後宇多法皇によって再興された大覚寺の盛観を、江戸時代中期ごろになんらかの事由によって想像して描いたものであると考えて問題ない。しかし、それは当時実際に存在した地名や伝承など、一定の歴史的事実に基づき往時を想像して描いたもので、単なる想像に過ぎないとして等閑に付するわけにはゆかない。当然ながら手続きとして史料批判を試みたうえで、その歴史的な評価を行うべきである。

以上のような本図製作の年代と意図を念頭に置いたうえで、本図(もっとも詳しいA図)に描かれた、後宇多法皇によって再興された大覚寺について概観し、あわせて若干の史料批判を試みることとしたい。

まず図の下辺には大沢池があり、池中には中嶋として天神嶋(嶋には天満宮が所在し、嶋から北岸と西岸には橋が架けられている)と菊之嶋、その中間に巨勢金岡が立てたと言われる庭湖石(『山家集』巻下―一四二四)が描かれている。また池の西岸にはしばしば伝法灌頂の道場として史料に見える仏母心院(124)、寺の鎮守で弘法大師の勧請にかかるとの伝えがある五社宮(五社大明神)やその摂社清瀧宮(清瀧権現)(大覚寺院家申状・大覚寺由来覚『大覚寺文書』上巻第七八・一一四号など)、弘法大師が修行した時に掘ったと伝える閼伽井(大覚寺院家申状など)、鐘楼などが描かれている。これらのうち現在も図と同じ位置にあるのは五社宮、閼伽井だけで、仏母心院の跡には護摩堂が建てられ、わずかにそのすぐ近くに野ざらしで並ぶ大沢池石仏群(125)が往時を偲ばせるに過ぎない。一方、池の東岸には下馬野と書かれている。現在、下馬野は広沢池東南方にある嵯峨広沢北下馬野町および嵯峨広沢南下馬野町に地名として名を残すが、本図の位置とは大きく異なっている。

次ぎに図の左辺には南から観空寺・不壊化身院・不動院・桂宮が並び、北端に嵯峨天皇陵のある御廟山が描かれている。このうち観空寺についてはすでに前節で概略を述べた。観空寺は本図では五社宮などからほど遠くない西方に所在し、あたかも現在の大覚寺伽藍の近辺にあったかのように描かれているが、今日、観空寺は大沢池から大きく西方に離れ、大覚寺の現伽藍の西方遠くに位置している。観空寺自体は江戸時代に退転したが、それをはるかに遡る天長五年に作成された「山城国葛野郡班田図」には、現在観空寺のある位置に同寺と深い関わりをもつと推定される栗原寺が描かれていることから、観空寺の所在地は現在と大きく異ならないと考えられる。したがってこの図における観空寺の相対的な位置関係はほぼ正しいものの、その距離感に大きな問題のあることが判明する。また不壊化身院は、既述のように、延慶二年後宇多法皇が「古紫寝殿」を移築して新造した施設である。不壊化身院は律院で、本来伽藍と衆僧がともなっていたと言われる(「大覚寺譜」出世住侶譜)。正和元年に近江国田河庄伊部郷が不壊化身院の仏聖灯油勤行等や律僧依怙に充てられたことは「後宇多院置文写」に見え、不壊化身院における律僧の存在を示している。そののち不壊化身院は、天文六年(一五三七)ころに大覚寺門跡の隠居所として用いられていたことが知られる(大覚寺領関係文書『大覚寺文書』上巻第三九―(2)号)。しかし「大覚寺譜」諸堂社記は、同書の執筆された寛延三年(一七五〇)には「今尽退転」したと記し、そのことはまた不壊化身院が「大覚寺譜」において出世住侶譜に収められていることにも明らかである。なお不動院と桂宮については他に所見がなく、明らかでない。[126]

また図の右辺下隅には大覚寺西方に位置する広沢池の西岸が描かれ、そこには寛朝僧正(?～九九八)が開いた遍照寺(永祚元年(九八九)創建、『紀略』永祚元年一〇月二六日条)、その侍児を祭る児明神、釣殿、左古曽井水が所在している。児明神はいまも広沢池西南隅岸にあるのに対して、遍照寺は広沢池の南方に所在する。遍照寺は、本来本図に描かれたように広沢池西北岸にあったが、江戸時代前期にはすでに退転して礎石を残すのみとなり、[127]本尊である不動・観音等の仏像は当時の池裏村に属した、現在の位置にあった小庵・草堂に移され、大覚寺と仁和寺によって支配されていたと言われる(「大覚寺譜」寺務所、黒川道祐「嵯峨行程」『黒川道祐近畿遊覧誌稿』淳風書房、一九一〇年など)。また釣殿は釣殿とだけ記され、建物は描かれていない。それはおそらく本図の描かれた江戸時代にはもはや実体がなく、旧跡としてその名を地名として残していたことによるのであろう(「山城名勝志」)。現在広沢池西岸は嵯峨釣殿町といい、小字を釣殿と言った。

遍照寺の北には衣掛山があり、そこには同寺の開基寛朝僧正にまつわる座禅石や登天の松が描かれている。今日遍照寺山とも寛朝山とも呼ばれる朝原山には寛朝の墓碑が建つとともに、これら寛朝ゆかりの遺跡が山の中腹辺りに点在する。その西には南北道路を挟んで松尾宮(松尾社)があり、また山の北方には拝殿・山王宮が描かれている。松尾宮・山王宮とも「大覚寺譜」諸堂社記に載せるだけでその由来などについては不明である。なお今日大沢池北方に北嵯峨山王町があり、この付近が小字山王であったが、本図における山王宮の位置は明らかに遺称地より東方に偏している。おそらく中御所・大覚寺の伽藍を実際以上に大きく誇張するために行われた作為であろう。山王宮の東方には相沢池、南北道路を挟んで西方には済治院がそれぞれ描かれている。相沢池は広沢池の北方、長刀坂の東方にあり、坂の斜面から広沢池北畔に広がるいわゆる長刀坂古墳群の中心に位置する池のことである。済治院についてはすでに述べたので省略する。相沢池の西北には長刀坂が描かれ、その麓に愛宕山衆徒坊中衆会所、また長刀坂を登ると石地蔵堂がある。愛宕山は大覚寺のはるか西北方の山中に位置する愛宕神社のことで、大覚寺と愛宕神社との関係については、「大覚寺譜」にそれを示唆する記述が見える。[128] しかし、たとえこのような関係に基づいて愛宕山の衆徒坊中衆会所が大覚寺の近くに設けられたとしても、それが愛宕神社と方向の異なる位置に描かれた理由は明らかではない。また石地蔵堂についても明らかでない。長刀坂の北には蓮華峯寺・燈炉堂がある。蓮華峯寺のあったところには、現在後宇多天皇を葬る蓮華峯寺陵がある。「御手印遺告」には、後宇多法皇が蓮華峯寺を建立し、ここを墓所とすると記されている。図では蓮華峯寺は六角の堂のように描かれているが、[129]「御手印遺告」では八角円堂とされている。その南に描かれた燈炉堂は、蓮華峯寺の八角堂に葬られた遊義門院ら四人のために、灯明を挙げる目的で設けられた蓮華峯寺付属の施設であろう。

図の北辺には、西に嵯峨天皇陵のある御廟山、細谷、菖蒲谷道、中央に教王常住院、西来院、稲荷、五覚院を描き、東に上述した蓮華峯寺を置く。細谷は宝蔵院に因む名で、ここに宝蔵院があったとも伝えるが、[130] 大覚寺に宝蔵院なる院家が存在したことを示す史料は他にない。[131] 教王常住院は築地塀と思われる土塀がめぐる区画をなし、土塀の南面には四脚門が開き、そのなかに五重塔と仏堂、鐘楼などが描かれている。現在大覚寺の北方に北嵯峨北ノ段町があり、かつて小字名を壇と言い、また俗に伽藍地と言ったとも伝える。[132]「大覚寺譜」諸堂社記には応安六年(一三七三)西来院に塔を建立したと見え、図では層塔として描かれている。[133] 西来院は他に所見がなく、明らかではない。西来院の東にある五覚院は、すでに触れたように、平安時代中ごろに存在したことの確認できる施設である。『嵯峨誌』も指摘するように、本図で五覚院が大覚寺北方にある山嶺の麓、蓮華峯寺の西方に描かれているのは、源順の詩に「院之西洞」にあると明記されたこととと明らかに矛盾する。このことは、当時すでに五覚院が実体をともなわない有名無実の存在となっていたことによるのであろう。[134]

図の中央には周囲を土塀で囲まれた大きな区画があり、その内部がいくつかに分けられている。この大きな区画のほぼ東半分を占めるのが中御所と命名された一郭である。後宇多法皇の大覚寺における御在所が中御所と呼ばれたことについては上述したとおりである。中御所を囲繞する土塀の南面には唐門が開き、その内部中央には寝殿を配する。寝殿には周囲に簀子がめぐり、南面に階を設け、また側柱筋には半蔀を入れている。寝殿から東に渡殿が延び、中門廊に取り付く。折れて南に延びる中門廊の途中には中門が開かれる。その先端には「名こその滝」と記してそれを表す磐・滝・松樹が描かれ、滝の側には滝殿と書かれているが、それにふさわしい建物は描かれていない。寝殿・中門廊や名古曽滝などによって北・東・南の三方を囲まれた空間は南庭である。寝殿の北には同じく半蔀を入れた北対が置かれ、さらにその北に五棟の建物(うち一棟は廊か)が並行あるいは雁行して描かれている。基本的には寝殿造の建物と同様の配置を採るが、所々に近世風の描写を看て取ることができる。一方、本図は、名古曽滝を中御所の南面を限る土塀の内に描くことによって、それが中御所に庭園の一部として取り込まれたことを表している。しかし名古曽滝が中御所の南辺にあり、かつまた南向きである点で寝殿造風の建物配置としてはやや異様である。なお、中御所の寝殿造風の建物はすべて檜皮葺き入母屋造で、瓦は大棟のみに葺く甍葺きに描かれている。

この区画の北寄りには本堂・護摩堂・経蔵と多宝塔が描かれている。性格は明らかではないが、中御所内における持仏堂に類するものと推定されている[135]。しかしいずれも他に所見がなく、存在そのものが確かではない。

中御所の西は大きく南北二つの区画に区分されている。そのうち南の一郭は周囲に土塀をめぐらし、独自の区画を形成している[136]。区画の南面には楼門を開くのに対して、北面の門は簡素な四脚門である。土塀の内部には金堂・多宝塔・孔雀堂・灌頂堂・鐘楼・心経堂が配される。このうち金堂は、後宇多法皇の「御手印遺告」[137]で大覚寺再興の中心事業として元亨元年に建立されたと書かれているものである。また心経堂は、弘仁年間に疾疫が流行した時に嵯峨天皇みずからが筆を執って書写し、弘法大師が導師として供養したところ効験があったと伝えられる(正元元年勅封心経書写供養記・大覚寺院家中状・大覚寺由来覚『大覚寺文書』上巻第三・七八・一一四号)般若心経[138]を納める堂である。この般若心経は、正元元年には大覚寺において特別に安置されていたことを確認することができる(正元元年勅封心経書写供養記)が、それを納めていた施設については明らかでない。それから一〇〇年余り下った康安元年(一三六一)には宸翰の般若心経を納める施設として心経堂が存在したことを確認できる（『一大御記』康安元年五月八日条）。しかし心経堂は江戸時代前期の寛永一一年（一六三四）ころにはすでに亡失し（寛永一一年閏七月大覚寺院家中状『大覚寺文書』上巻第七八号）、その後再建されたか否かについては明らかでないが、幕末、嘉永六年（一八五三）ころには破損状態にあり、この年の末に「有信之者」によって再建が図られている⑬⑨（香具屋弥右衛門他十名連署口上書『大覚寺文書』上巻第一一二号）。なお他の諸堂については所見がなく、明らかでない。

この区画の西に接して食堂・法界心院・穀屋からなる一郭がある。食堂は「御手印遺告」第一一条に見える。また法界心院（法界身院とも表記する）は、『大覚寺文書』所収の古文書・記録などで一四世紀後半～一八世紀前半にかけて存在を確認できるが、「大覚寺譜」が執筆されたころにはすでに「雖レ有二寺院号一、不レ分二明住僧名号一」る状態になり、同書では出世住侶譜に収められている。穀屋は、名称から食堂と関わりをもつと思われるが、明らかではない。

一方、北の一郭には講堂・愛染堂・御影堂・護摩堂・経蔵があり、さらにその北と西には院家と思われる建物のみを描く区画がある。これらの諸堂のうち、同時代の史料に見えるのはわずかに御影堂のみである。「御手印遺告」の第二一で龍華院の由来について述べた箇所に、いまの御影堂の辺りにそのもととなった屋が本来あったと書かれている。ただしこの屋は龍華院の造営のために移築されたので、御影堂の位置を知ることはできない。また愛染堂は弘法大師作の愛染明王像を安置していたと「大覚寺譜」諸堂社記に見える。

以上が「大覚寺伽藍図」の大要である。上述したところからも明らかなように、「大覚寺伽藍図」は、後宇多法皇が再興したとされる大覚寺の伽藍について考えるとき、伽藍を構成する諸堂やその配置などの点において他の史料とは比較にならないほど豊富な情報を内包しているが、それには問題や疑問とすべき点が多い。たとえば、大覚寺の伽藍の規模を事実以上に誇張して大きく描いている点である。また従来の研究においても指摘されているように、その製作年代は江戸時代と考えられる。したがって本図に描かれた様相を後宇多法皇が再興した大覚寺の伽藍としてただちに信を置くわけにはいかないが、江戸時代中期における伝承や地名などに基づいて作成された点で注目すべき内容をもっている

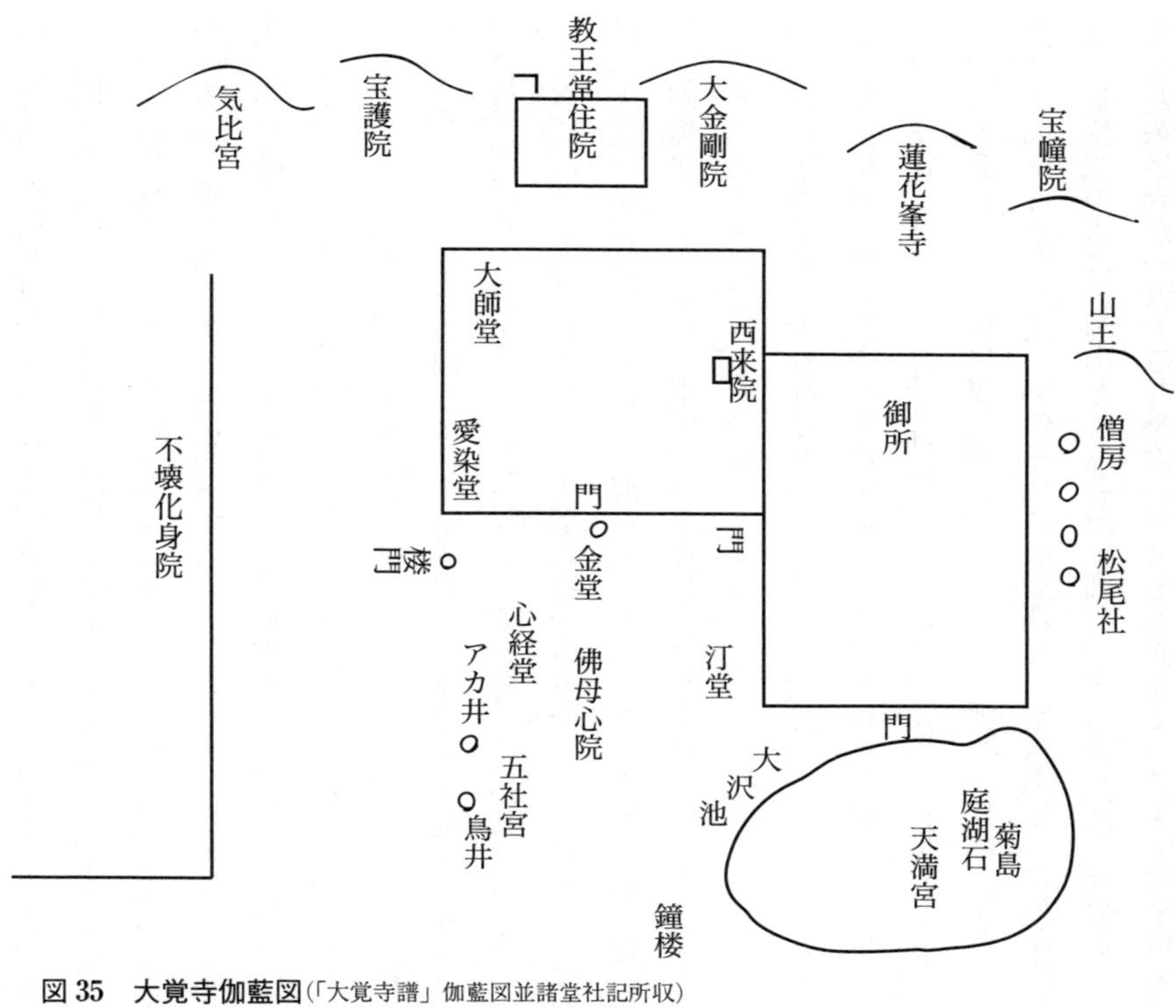

図35　大覚寺伽藍図（「大覚寺譜」伽藍図並諸堂社記所収）

と言える。

「大覚寺譜」所収の「伽藍図」

「大覚寺伽藍図」と題された二幅の古図以外にも大覚寺伽藍の様子を描いた図がある。そのなかでも『大覚寺文書』上巻所収の「大覚寺譜」に収められた図（図35）が注目される。(140) それは単に「伽藍図」（「大覚寺譜」伽藍図並諸堂社記）あるいは「伽藍古図」（「大覚寺譜」引用書目）と記され、「大覚寺伽藍図」とほぼ同様の記載内容をもつが、伽藍を構成する諸施設の位置だけを墨で描いたきわめて簡略な図である（以下「伽藍図」と略す）。

「伽藍図」は、「大覚寺譜」に「伽藍図並諸堂社記」として「諸堂社記」とともに収められている。本図と併載されている「諸堂社記」も、「大覚寺譜」作成当時現に大覚寺に存在し、あるいはまたかつて存在した「諸堂社」に関するきわめて簡略な記録に過ぎない。しかし注意すべきは「諸堂社記」に記された「諸堂社」が必ずしも「伽藍図」と一致しないことである。この点は両者が同じ目的をもって作成されたのではないことを示唆している。

「伽藍図」の後ろに記された注記によると、本図は「後宇多院御再興以来之図」で、そこに描かれた諸施設は「大覚寺譜」の作成された「今退転」してしまったものばかりである、とある。しかし同じ「後宇多院御再興以来之図」と思われる「大覚寺伽藍図」とは相違する点が見られる。以下では「大覚寺伽藍図」との相違点を明らかにしつつ、「伽藍図」の概略を述べ、後宇多法皇による大覚寺再興に関する別伝の存在を確認しておくこととする。

さて、「伽藍図」は既述した「大覚寺伽藍図」と同様に、上辺を北、下辺を南として、ほぼ同じ範囲を描いている。まず下辺を見ると、東寄りに大沢池が描かれ、そのなかに天満宮・庭湖石・菊島が描かれている。池の西岸には鐘楼と記され、さらにその西方に○印で五社宮・アカ井を描き、五社宮の南には鳥井と書かれている。これらはいずれも「大覚寺伽藍図」に見え、しかも同じような位置に描かれている。

次ぎに図の左辺に転ずると、不壊化身院のみが大きく書かれ、その範囲を示すように墨線が引かれている。この墨線は「大覚寺伽藍図」に見える土塀を示すものであろうか。「大覚寺伽藍図」では不壊化身院の南北に観空寺・不動院・桂宮が描かれているが、本図では不壊化身院がこれらをも含むほどの規模を占めるように描かれている。

一方、図の右辺に移ると、南に松尾社、中央に○印を四個描いて、その傍らに僧房と記す。僧房は「大覚寺門跡略記」に後宇多法皇が大覚寺に就いて造営した施設の一つとされる「僧房」[14]に当たるのであろう。「大覚寺伽藍図」ではこの位置に済治院を描き、他の位置にも僧房を描いていない。僧房の北には墨線で山を表現し、山王と書いている。これは山王宮であり、「大覚寺伽藍図」とほぼ同じ位置に描かれている。

図の上辺には、中央に墨線で長方形を描いて教王常住院と記し、その東と西に山をそれぞれ墨線で描く。西の二つの山には気比宮と宝護院、東の三つには宝幢院、蓮華峯寺、大金剛院と書かれている。これに対して「大覚寺伽藍図」は教王常住院の西に御廟山と菖蒲谷道・細谷、東に西来院・稲荷宮・五覚院・蓮華峯寺を描いている。両図では教王常住院と蓮華峯寺が一致するのを除いて大きく異なる。まず気比宮は天満宮・松尾宮・山王宮とともに「諸堂社記」に見えるが、詳しく記されていない。気比宮は現在も大覚寺の西北方称念寺の前にあり、越前気比宮を勧請して大覚寺の鎮守としたと言われる。しかし勧請した人物は第三一世義昭（一四〇五～一四四一）とも、また第三四世義俊（一五〇四～一五六七）とも言われる。[142][143] 宝護院は、後述するように「大覚寺譜」院家譜に見え、そこに書かれた住僧から一四世紀後半から一五世紀前半にはすでに存在したこと、また『大覚寺文書』所収の文書（上巻第三五号文書）から、そののち一五世紀後半までは存続したことが確認できる。したがって宝護院はおおよそ一四世紀後半から一五世紀後半までは確実に存在していた。しかし「大覚寺譜」院家譜には「当院自二洛東智積院一兼帯」とあり、遅くとも「大覚寺譜」が作成された一八世紀中ごろには独自の院家としての実体はなくなっていたと推定される。東に描かれる三つのうち「大覚寺伽藍図」に見えない宝幢院と大金剛院も大覚寺の院家である。まず宝幢院は「大覚寺譜」院家譜に見え、「大覚寺譜」が作成されたころにはまだ存在したことを確認できる。また院家譜に書かれた住僧名から宝幢院が一四世紀前半～一八世紀前半にかけて存在したこと、そして『大覚寺文書』所収の文書（上巻第三五・六一・八一・一〇〇、一〇二・一〇三・一〇九号文書、井関家文書第九―五、一〇―九号、下巻第六六九号など）からも一五世紀後半から一九世紀前半にかけての存在を確かめうる。したがって宝幢院は一四世紀前半から一九世紀前半の長期にわたって存在したと推定できる。また大金剛院は同じく院家譜で一四世紀後半～一七世紀後半の住僧を確認でき、また『大覚寺文書』所収の文書（上巻井関家第三号）には一四世紀後半の同院所領の実態を示す「大金剛院領目録」が収められている。

図の中央には東と西北寄りに墨線で方形が描かれ、東の方形には御所と大きく書かれている。これらの墨線は、やはり「大覚寺伽藍図」のように土塀などの区画施設を意味すると考えられる。御所の南と西の中央付近には門と書かれている。一方、西北寄りの方形のなかには西寄りに大師堂・愛染堂、東に小さな長方形を描いて西来院と書く。またこの区画の南面には門と記されている。大師堂（御影堂）・愛染堂は「大覚寺伽藍図」と同じ位置に描かれているが、同図では本図の西来院の位置に経蔵・講堂を描き、西来院は北辺の中央付近に大師堂や愛染堂と別の区画をなして存在したように描かれている。以上二つの区画の西南に金堂・心経堂・汀堂（灌頂堂）・仏母心院と書かれ、特に金堂の位置は墨で

○印を付けて示している。これらのうち金堂・心経堂・灌頂堂は、「大覚寺伽藍図」では上述した二つの区画と同様に周囲を土塀で囲まれた一郭をなしているが、本図ではこの一郭のみが方形の墨線で囲われていない。しかし西面には楼門と書かれ、その位置が○印で示されており、本来は「大覚寺伽藍図」に見るように、土塀で囲まれていたものと見られる。ただ「大覚寺伽藍図」では楼門はこれらの諸堂からなる区画の南面に開くように描き、西方に食堂・法界心院などを描くだけで、楼門のごとき門を描いていない。一方、仏母心院は「大覚寺伽藍図」では大沢池の西岸に位置するように描かれている。

以上、概観したところからも明らかなように、「大覚寺譜」所収の「伽藍図」は一部「大覚寺伽藍図」に見えない寺内の諸施設を描くとともに、両図にともに描かれている施設でもその位置を異にするものがあるなど、独自な点があることは注目すべきである。ただいずれが本来の後宇多法皇による大覚寺再興の様子をより正確に描いているのか、あるいはまたいずれもまったく根拠のない荒唐無稽なものに過ぎないのか、などの点は必ずしも明らかでないが、「大覚寺伽藍図」は、上述したように後宇多法皇によって再興された大覚寺の盛観を江戸時代に想像して描いたものにまちがいなく、誇張された点も多々見られるが、江戸時代における後宇多法皇による大覚寺再興の伝承を伝えるとともに、その伝承には「伽藍図」のような異伝もあったことを示唆するものとして注目される。

上述した二種の伽藍図に描かれた諸施設以外に諸種の史料から存在を推定できる院家・院房等が多数ある。「大覚寺譜」の院家譜や出世住侶譜、あるいは『大覚寺文書』所収の文書などに見える院家・院房で、鎌倉時代末ころには存在したと考えられるものに、金剛乗院・覚勝院（覚性院）・宝乗院・聖無動院・証菩提院などがあり、やや下って南北朝・室町時代には遍明院（偏明院）・観喜寿院・仏名院・証蓮花院・大勝院（大聖院）・大智院などの存在を確認できる。[144] ただしこれらの院家・院房等が後宇多法皇による大覚寺の再興とどのような関わりを持っていたのかについては必ずしも明らかではない。なお、一〇世紀ごろに存在が確認できる五覚院については、後宇多法皇の崩御のころにはすでに旧跡を止めるだけで、その実体がなくなっていたことを「御手印遺告」第六条から知ることができる点は重要である。[145]

(4)　後宇多法皇再興以後の大覚寺

後宇多法皇は元亨四年八月二五日に大覚寺殿において崩御する。時に法皇は五八歳であった。崩御にあたって法皇は、宸翰の「御手印遺告」・遺勅および一八ヶ条規式などを残し、また後二条院・遊義門院・平棟子から伝領した諸国に散在する荘園一〇八カ所と寺院一六カ所を大覚寺に寄進したと伝えられる(元亨四年一一月八日太政官符写『大覚寺聖教目録』第四九函三号)。

さて、後宇多法皇によって再興された如上の大覚寺の伽藍も、建武三年(一三三六)八月二八日兵火によってことごとく烏有に帰することとなった(『続史愚抄』建武三年八月二八日辛丑条、『新千載和歌集』巻一八—二〇三七詞書、「大覚寺門跡略記」など)。翌年には再建されたが、それは「前営之半」にも及ばなかったと言われる(「大覚寺譜」)。また永享九年(一四三七)には足利義教によって焼かれ、続いて応仁二年(一四六八)にはいわゆる応仁の乱にともなう丹波勢の乱入によって釈迦堂のみを残して三度灰燼に帰した。

ちなみに今日に見る大覚寺の主要伽藍は、以上のようなたび重なる兵火による荒廃を経たのち、わずかに現伽藍の所在地に残っていた不壊化身院の律院をもとに、大沢池西方に旧境内の大部分を放棄したかたちで、江戸時代に空性・尊性両門主と門主性真法親王らによって再建されたもので[146]、往時の盛観を偲ぶべくもない。

注

(1)　諸橋轍次『大漢和辞典』巻二、大修館、一九五六年「別」の項。
(2)　林屋辰三郎「後院の創設—嵯峨上皇と壇林寺をめぐって—」日本史研究会史料研究部会編『中世日本の歴史像』創元社、一九七八年、林屋辰三郎・下坂守『嵯峨天皇紀』大覚寺、一九八五年には、嵯峨太上天皇の嵯峨院遷御の時点で後院に准ぜられたものかとも、あるいはまたこののちおのずから後院の役割を担うに至ったとも指摘されている。しかし、むしろ問題はなにゆえに冷然院から嵯峨院に再遷御したかにある。本章では取り敢えずこの問題を指摘し、それが淳和天皇の退位、皇子正良親王の即位にともなって生じた平安京からの退去であることに注意を喚起するに止める。

(3) 宮本救「「山城国葛野郡班田図」再説」『荘園絵図研究』東京堂、一九八二年の九一頁の表では、嵯峨院の淵源を神野親王の山荘「嵯峨荘」としている。なお神野親王の山荘としての「嵯峨荘」なる名称は史料に見えず、宮本の命名である。また塚本善隆「嵯峨清涼寺史平安朝篇―棲霞、清涼二寺盛衰考―」『佛教文化研究』五、一九五五年は、嵯峨院が皇室領嵯峨の荘に淵源するとしている。

(4) 林陸朗「桓武天皇と遊猟」『栃木史学』創刊号、一九八七年は右京区嵯峨近傍とする。また村岡空『嵯峨大覚寺―人と歴史』朱鷺書房、一九八八年は葛野のこととする。

(5) 林注(4)論文。

(6) 桓武・嵯峨両天皇のあいだに位置する平城天皇の時代は、天皇による遊猟の記事が両天皇と比べて極端に少なく(林注(4)論文の調査によると、桓武天皇一二八回、嵯峨天皇七一回に対して平城天皇はわずかに一回が記録されているに過ぎない)、残念なことに平城天皇の時代における遊猟の場所については明らかではない。

(7) すでに『続紀』宝亀七年一二月戊申条に山背国葛野郡人秦忌寸箕造ら九七人に朝原忌寸を賜ったと見える。九七人もの人に姓を賜っていることは、山背国葛野郡朝原(嵯峨野、特に大覚寺近辺)に多数の秦氏が居住し、ここに一つの勢力を張っていたことを示唆する。

(8) なお『文実』嘉祥三年五月壬午条嵯峨太皇太后橘嘉智子薨伝および『日本霊異記』巻下三九縁には異伝らしき説話が見える。しかし必ずしも異伝と見なす必要はなく、さきに神野を姓とする乳母が神野親王の乳母となり、のちに太秦公忌寸浜刀自女も乳母となり、特に後者が乳母として功績があったので親王の諱を姓として賜ったと見ればよいのではなかろうか。

(9) 嵯峨天皇の異母姉には朝原内親王(桓武天皇とその妃酒人内親王とのあいだに生れた)がいる。内親王が名とした朝原とはその乳母に朝原忌寸大刀自なる女性がいた(『類史』延暦一三年一二月辛丑条)ことによる。桓武天皇が葛野郡一帯に勢力を張った秦氏と深い関係にあったことはしばしば説かれているが、朝原内親王の存在は朝原山周辺を居地とした秦氏の一族、朝原氏との深い繋りを物語っている。このようなことも、神野親王の「庄」が朝原山の麓に営まれるようになったことが秦氏との深い関わりに基づくことを示唆している。

(10) のちに嵯峨天皇の皇后である橘嘉智子創建の檀林寺造営に秦氏が関与した(『続後紀』承和三年閏五月壬午条、嘉祥四年二月二七日山城国高田郷長解『平安遺文』一〇〇号）ことも天皇と秦氏との嵯峨野における深い関わりを示している。

(11)『文華秀麗集』巻上遊覧に三首嵯峨院で詠まれた詩（二・三・一〇）が収められている。なお、それぞれの詩が詠われた時については日本古典文学大系『懐風藻・文華秀麗集・本朝文粋』岩波書店、一九六四年の頭注に推定が見られる。

(12) 神泉苑については、西田直二郎「神泉苑」『京都史蹟の研究』吉川弘文館、一九六一年、太田静六「神泉苑考」『建築学会論文集』四、一九三七年、堀池春峰「叡尊書写の神泉苑図に就いて」『大和文化研究』一一—七、一九六六年など参照。

(13) 冷然院については、嵯峨天皇の創建にかかる後院・離宮とする説（八代国治「後院の考」『国史叢説』吉川弘文館、一九二五年、渡辺直彦「嵯峨院司の研究—附・蔵人所成立の前提」『日本歴史』二二〇、一九六五年、所京子「平安前期の冷然院と朱雀院—「御院」から「後院」へ—」『史窗』二八、一九七〇年、太田静六「冷然院の考察」『寝殿造の研究』吉川弘文館、一九八七年、京都市編『平安の新京』京都の歴史第一巻、学芸書林、一九七〇年など）、すでに桓武天皇の時代、平安京創建当初から存在した「近東院」に遡るとみる説（朧谷寿「後院と院御所」吉田光邦・森谷尅久編『文化複合体としての京都』至文堂、一九八五年）や神野親王時代の京内の邸宅に遡るとする説（春名宏昭「平安期太上天皇の公と私」『史学雑誌』一〇〇—三、一九九一年）などがある。

(14) 注(13)諸論文。

(15) 井上満郎「朱雀院について」『平安京研究』一、一九七四年は、朱雀院の創建を嵯峨天皇退位の弘仁一四年から承和三年までの間としている。

(16) 朱雀院については、所注(13)論文、注(13)『平安の新京』、井上注(15)論文、太田静六「延喜天暦時代における代表的宮殿「朱雀院」の考察」（財）古代學協会編『延喜天暦時代の研究』吉川弘文館、一九六九年など。

(17)「山城国葛野郡班田図」の翻刻は宮本救「山城国葛野郡班田図について」『続日本紀研究』六—三、一九五九年で行われている。

(18) 遷都や天皇の行幸などに際し、遷御先の宮都周辺の郡や行幸先の国郡などを対象として、調庸田租を免じたり、あるいは減じたりする優遇措置がまま行われた。たとえば、遷都ないしは遷都に准じた場合、紫香楽宮では、『続紀』天平一五年九月丁巳条に、畿内に准じて甲賀郡の調庸を収め、当年の田租を免ずる措置を採ったことを記し、また北京保良宮では、『続紀』天平宝字五年一〇月己卯条に、都に近い近江国の二郡（滋賀・栗太両郡か）を国から割き取って畿県とし、庸を停め、京と同じ半額の調を輸すこととする措置を採ったと記している。嵯峨太上天皇の嵯峨院遷御の場合、措置の内容もこれらと異なるが、もっとも大きく異なるのは、措置の対象が去年に限られている点である。このような点では葛野郡に対する措置は行幸時のものに近いと言える。ただ遷都や行幸の時などを除いて、他にこれに類する例があまりないことからすると、きわめて異例かつ破格の措置で、あたかも葛野郡が嵯峨院を支える「畿県」のごとき存在と認識されたものかとも思われる。その当否は別として、葛野郡が嵯峨院にとってきわめて重要な基盤であり、逆に葛野郡にとっても嵯峨院が大きな依り所であったことを示唆している。

(19) 九月一五日は嵯峨太上天皇が崩御してちょうど三カ月が終了した翌日に当たる。なお養老喪葬令服紀条によれば、天皇あるいは夫に対する服紀は一年とされているが、ここはおそらく三カ月の諒闇を終えたことによって嵯峨太皇太后は嵯峨院から冷然院に遷御したものであろう。

(20) 春名注(13)論文。

(21) この点について春名注(13)論文には明確な論拠が示されていない。

(22) 橋本義彦「後院について」『日本歴史』二一七、一九六六年、所注(13)論文、太田静六「自余の離宮および邸宅」注(13)『寝殿造の研究』は、単に新帝仁明天皇に後院・離宮として冷然院を提供するためであったとするが、このような解釈が果たして妥当であるか否かについては検討が必要であろう。

(23) 金田章裕「平安初期における嵯峨野の開発と条里プラン」『追手門学院大学文学部紀要』一二、一九七八年。

(24) 一般には本文のように言われているが、和田萃「山背秦氏の一考察」京都大学考古学研究会編『嵯峨野の古墳時代：御堂ケ池群集墳発掘調査報告』京大考古学研究会出版事務局、一九七一年には、欽明朝から推古朝に至る時期に山背秦氏は深草から葛野に進出し、この地域の開発を行ったと推定している。

(25) 井上満郎「葛野大堰と賀茂改修」『古代文化』二三―一、一九七一年。

(26) 金田注(23)論文。

(27) 嵯峨野の地名が比較的新しいことをもって、嵯峨野の広汎な地域に開発が及んだのが平安時代の初めであるとする理解には従い難い。それはすでに推定したように、嵯峨野が平安時代初期、桓武天皇のころ、的野と呼ばれていた可能性があることにもある。嵯峨野の地名こそ嵯峨院に因むものであろう。

(28) 葛野郡に施工された条里については、喜田貞吉「山城北部の条里を調査して太秦広隆寺の旧地に及ぶ」『歴史地理』二五―一・二、一九一五年以来、数多くの研究がある。その大要については金田注(23)論文を参照されたい。

(29) なお嵯峨野における西に傾斜した条里は、後期古墳の突然の出現と密接な関係にあり、六世紀から七世紀にかけて行われた秦氏による独自の開発の結果によるものとの考えもある(林紀昭「条里制再編成の時期—山城盆地に於ける条里制の一考察—」注(24)『嵯峨野の古墳時代』)。

(30) 宮本救の一連の論文(注(17)論文、「「山城国班田図」補考」『成蹊大学一般研究報告』一八—一、一九八一年、注(3)論文)を参照されたい。

(31) 金田注(23)論文、宮本注(3)論文。

(32) 「葛野郡班田図」は、今日お茶の水図書館と京都府立総合資料館に分蔵されている。同図の詳細は宮本注(17)論文参照。

(33) 『玉類抄』は、一条兼良が源氏物語の注釈書『花鳥余情』の執筆にあたり、覚書として書き留めたと伝えられるものである。

(34) 周知のように、今日伝来している『三実』の写本はいずれも三条西家本で、それらには書写の過程における省略・脱漏が多々見られることが指摘され、完本でないことは明らかである。

(35) 清水潔「大覚寺の四履—『三代実録』の逸文によせて—」『史料』皇学館大学史料編纂所報一〇七、一九九〇年。

(36) 朝原山とは、現在、京都市右京区に北嵯峨朝原山町としてその遺名を残し、大覚寺・大沢池の北北東に位置する山を朝原山と称している(『京都市の地名』日本歴史地名大系二七、平凡社、一九七九年)。しかし近世には朝原山がいずれの山を指すのか不詳となっていたらしいとも言われる(清水注(35)論文)。後述するように、今日朝原山と呼んでいる山の西に位置する丘陵こそが古代において朝原山と呼ばれたのではなかろうか。

(37) 清水注(35)論文は、朝原山を御廟山をも含めた称で、その東面を大覚寺北方にある直指院の西方を指すものと考えたために、大沢池の西岸を大覚寺の東限と見たが、それでは大沢池が大覚寺の四至に含まれないこととなる。しかし同じ東限を示すのに朝原山についてのみ東面と言い、大沢池にはなにも書かれていないのは、それが大沢池すべてを含むことを意味しているのではなかろうか。

(38) 福山敏男「山城国葛野郡の条里について」『歴史地理』七一—四、一九三八年は北限の「山嶺」を大覚寺北一三町のところにある峯であるとする。しかしそうすると、福山も注意を喚起しているように大覚寺の寺地は三六町をはるかに超えることになる。宮本救らによって復原された葛野郡条里のうち、西に傾いた一・二条の北境界線がほぼ御廟山の南麓に来ることからすると、大覚寺の北限とされる「山嶺」とは具体的には嵯峨天皇陵のある御廟山のことではなかろうか。「山嶺」が御廟山であるとすると清水のように大覚寺の寺地を条里の北限を超えて想定する必要はなくなる。

(39) 清水注(35)論文。

(40) このように推定したときに一つ問題となるのは、二条大山田の地三六町を大覚寺地としたとの『三実』の記載である。現実には、二条大山田里の東辺六坪の代りに一条小倉里の東辺六坪を含んだにも関わらず、それが三六町でちょうど一里に相当し、なおかつ東西・南北が条里の六坪に当たったために大山田里と記されたものであろうか。

(41) 宮本注(3)論文。

(42) なお、二条大山田里の八・九、一六・一七の四坪あるいは二〇・二一の二坪については一部が破損しているが、位置的に見てこれらの坪にかけて所在したと思われる大沢池の記載がないことは注目される。

(43) 金田注(23)論文の指摘によれば、この付近は有栖川によって灌漑が行われたことで開発が進行したものと推定される。

(44) 宮本注(3)論文。この点は同里に相当する図に人家が多く存在していることから確かめることができる。

(45) ただし注(36)『京都市の地名』は逆に櫟原郷が大覚寺の付近に及ぶことを示しており、大覚寺から観空寺にかけた嵯峨野中・北部が郷域であったと推定している。しかし大覚寺の所在は大山田里であり、またその南には小山田里があることからすると、たとえ班田図の小山田里に櫟原郷の人々の田が多くあるとしても、この付近は基本的には山田郷に属すると見るべきであろう。

(46) 福山注(38)論文、注(36)『京都市の地名』。

(47) 『続後紀』承和二年五月乙卯条には、この日、神泉苑に行幸した仁明天皇が池で泳いでいた魚を捕らえさせ、嵯峨・淳和両太上天皇に奉ったとある。これらの魚が奉られたのち、両太上天皇の居所、嵯峨院と淳和院においてどのように処理されたかについては記されていないが、あるいはそれぞれの居所にあった池に放たれたのではなかろうか。

(48) 太田注(22)論文。

(49) 渡辺注(13)論文。

(50) 「嵯峨新院」の寝殿が、冷然院などに見られる前殿(『紀略』弘仁一四年四月庚子条)—寝殿(『紀略』天長七年八月丁卯条)からなる構造の寝殿に相当するのか、あるいは寝殿造で言うところの寝殿に当たるのか必ずしも明らかではない。ただすでに述べたように、嵯峨太上天皇は太皇太后橘嘉智子とともに寝殿の完成を待たずに「嵯峨新院」へ遷御している点は留意されるべきであろう。すなわち寝殿の完成以前に「嵯峨新院」に遷御したことは、二人の御所がすでに完成していたこと、すなわち太上天皇が日常起居のための建物は寝殿以外にあった可能性を示唆する。また、寝殿の新成にあたって仁明天皇より祝賀のための使者が遣わされ、奉献が行われている(『続後紀』承和元年一〇月甲申条)ことは、寝殿が「嵯峨新院」の中心的な建物、特に嵯峨院における公的な建物として新造されたことを示唆する。これらのことからすると、「嵯峨新院」の寝殿は冷然院のような「前殿―寝殿」構造の寝殿ではなく、寝造の寝殿に相当する可能性が高いのではなかろうか。ただし、嵯峨太上天皇はかりに嵯峨院のなんらかの建物に一時的に遷御し、寝殿の完成とともにそれに再遷御した可能性もないわけではない。ただその場合、なぜ居所たるべき寝殿の完成を待たずに嵯峨院に遷御したのかが問題となるが、遷御時に一旦仮の居所に入り、完成後居所である寝殿に移った可能性もあって、必ずしも確定的ではない。

(51)　『菅家文草』巻九―五八九に収める太皇太后の令旨は「楼閣」を「壁牆」に作る。

(52)　堀永休『嵯峨誌』嵯峨自治会、一九三二年。

(53)　嵯峨院を含んだ嵯峨野一帯において設定された嵯峨天皇の私領嵯峨荘の設定・開発そのものに秦氏が深く関与した可能性を考えることができる。

(54)　宮本注(3)論文。

(55)　清水注(35)論文は、栗原寺を利用して新しく建立した寺院が観空寺であるとの考えを示している。なお、宮本・清水らの所説にも関わらず、栗原寺が観空寺の別名であった可能性についてはなお否定しきれないのではなかろうか。栗原が地名に基づく寺号で、観空寺が法号であった可能性も考慮しておかねばならない。

(56)　注(55)の考えが成り立つとすると、観空寺の創建は天長五年(八二八)以前ということになる。

(57)　『大覚寺聖教目録』大覚寺・学校法人大覚寺学園嵯峨美術短期大学、一九九二年。

(58)　応安三年ころの大覚寺門跡で一品親王であったのは、亀山天皇の子である寛尊親王のほかに考え難い(「大覚寺門跡次第」・「大覚寺門跡略記」『続群書類従』巻九五など)。

(59)　西田直二郎「檀林寺遺址」注(12)『京都史蹟の研究』、鳥居治夫「山城国葛野郡班田図と檀林寺」『近江』一―二、一九七三年、胡

口靖夫「橘氏の氏寺について―伝橘諸兄建立の井手寺を中心として―」『古代文化』二九―八、一九七七年、林屋注(2)論文、寺升初代「檀林寺跡周辺採集の古瓦について」『古代文化』四一―八、一九八九年など。

(60) 注(36)『京都市の地名』は、檀林寺跡の項で、檀林寺が嵯峨院の別館とも言われ、『続後紀』天長一〇年四月戊寅条に見える嵯峨院中の「東西の名区」のうちの西区に当たると断定的に述べているが、いずれも史料的には確証がない。

(61) 井上満郎「平安時代の秦氏の研究」『日本歴史』三四〇、一九七六年は同寺の創建と秦氏とのあいだになんらかの関係が存在したものと推定している。

(62) 栖霞観と清涼寺の関係については塚本注(3)論文に詳しい。

(63) 源融は弘仁一二年の生まれであるが、天長五年「山城国葛野郡班田図」にはのちの栖霞寺の位置に天長五年段階として嵯峨荘の庄田が書き込まれている。したがって栖霞観創建の上限は源融の生年弘仁一二年ではなく、一応天長五年となろう。

(64) 塚本注(3)論文。

(65) 松田智弘「栖霞観―平安初期道教的思考形態の展開―」『龍谷史壇』八九、一九八七年。

(66) 宮本注(3)論文、塚本注(3)論文。

(67) 後院については、橋本注(22)論文など。

(68) 渡辺注(13)論文。

(69) 菊池武雄「日本の「告書」に就いて」『東京大学史料編纂所報』一三、一九七九年、西山良平「家牒・家符・家使―〈律令国家〉の一断面―」『日本史研究』二一六、一九八〇年。

(70) 阿部隆一「文館詞林考」『文館詞林　影弘仁本』古典研究会、一九六九年によれば、文館詞林の現伝本はいずれも冷然院に蔵された弘仁鈔本またはその重鈔本で、弘仁鈔本のうち巻末を残す諸巻には本文に記した書写奥書が共通して見られ、今日弘仁鈔本は高野山の正智院・宝寿院、宮内庁書陵部、天理図書館に分蔵されている。

(71) ちなみに今日大覚寺には文館詞林影鈔本とその版木二一枚が所蔵されている(森鹿三「文館詞林の版木」『書道全集』一〇巻月報、一九五六年、阿部注(70)論文、中村直勝「大覚寺の歴史」『大覚寺』主婦の友社、一九七五年)。なお、阿部注(70)論文は、大覚寺では幕末に高野山の文館詞林を借用して影写するとともに、校訂・翻刻が計画されたが、挫折した経緯について詳しく述べている。

(72) 長岑高名は八月二二日に突如山城国の守に任ぜられた（『続後紀』承和七年八月乙丑条）。渡辺注(13)論文は、長岑高名の院別当解任について、その手腕がはるかに安倍安仁に及ばなかったためと推定している。ただ彼がその直後に山城守に任ぜられている事実は、別の見方をも可能にするものではなかろうか。

(73) 森田悌「「王臣家」考」『金沢大学教育学部紀要』社会科学・人文科学編二七、一九七九年。

(74) 渡辺注(13)論文。

(75) 春名注(13)論文は、本宣旨および同じく『類聚符宣抄』巻一〇五位已上朝参上日に収める承和二年月日宣旨を藤原三守が冷然院に侍したもののごとくに理解しているが、むしろこの時期には嵯峨太上天皇の居所が新造なった嵯峨院に移っていたことを考慮し、かつ彼が冷然院司ではなかったものとすると、これら二通の宣旨に記された内容は藤原三守の嵯峨院への近侍についてのものと理解するのが正しいのではなかろうか。

(76) 渡辺注(13)論文。

(77) さらに臨時に嵯峨太上天皇のもとに祗候した官人もいた。『続後紀』承和七年二月甲戌条には、この日の夜雷雨はげしく、仁明天皇は中使として左右近衛府の次将を嵯峨・淳和両太上天皇のもとへ遣わし、両太上天皇の起居に祗候させたとある。また承和二年四月戊戌・同九年七月乙巳条にも、嵯峨太上天皇の不豫を気遣った仁明天皇によって中使・左右近衛中少将等が嵯峨院に派遣され、太上天皇の起居に祗候している記事がある。

(78) 『三実』貞観元年一二月二二日癸卯条に載せる滋野貞雄卒伝によれば、貞雄は嵯峨天皇在位中から徴されて天皇に近侍し、特に寵愛されていたことが分かる。

(79) 春名注(13)論文。

(80) 「恒貞親王伝」については、所功「『恒貞親王伝』撰者考」『皇学館論叢』二―一、一九六九年に詳しい。

(81) 「大覚寺譜」『大覚寺文書』上巻、大覚寺、一九八〇年は明治以降の書写にかかるが、寛延三年（一七五〇）に作成されたもので、内容的には十分信を置くに足るとされ、大覚寺寺院組織研究の基本材料と言われる（川嶋将生「大覚寺文書解説」『大覚寺文書』下巻、大覚寺、一九八〇年）。

(82) 赤松俊秀「大覚寺」『京都府史蹟名勝天然紀念物調査報告』一八、京都府、一九三八年は、正子内親王が恒貞親王を住まわせたとしている。しかし後述するように、嵯峨太上天皇一家が建立した三寺院を、淳和院を中心としてまとめるために別当の設置を求める奏言を恒貞親王自身が行っている(『三実』元慶五年一二月一一日乙酉条)ことからすると、親王は淳和院に居していた可能性の方が高いのではなかろうか。

(83) 恒貞親王は、承和九年承和の変によって廃太子され、淳和院に帰ってその東亭子に住んだとされている(『三実』元慶八年九月二〇日丁丑条恒貞親王薨伝、『拾遺往生伝』巻上に載せる恒貞親王の伝や「恒貞親王伝」など)。

(84) 塚本注(3)論文・赤松注(82)論文においても、正子内親王は夫である淳和太上天皇の崩後あるいは嵯峨天皇の崩御ののち、嵯峨院に移り住んだとの理解をしている。

(85) 菅原道真が大覚寺の俗別当を勤めたと記す史料がある(「大覚寺由来覚書」『大覚寺文書』上巻、第一一四号)。

(86) 『類聚三代格』やその他の史料には、淳和太皇太后による申請を許可した旨を記した官符などを載せるものはない。

(87) より正確には、門跡は恒貞親王に始まるのではなく、その初代は寛空であると考えた方がよいであろう。

(88) 赤松俊秀「大覚寺の古文書」注(71)『大覚寺』。

(89) 康保元年一二月二五日に上品蓮台寺において定昭は寛空から伝法灌頂を受け、同時に大覚寺を委ねられたとも伝えられている(村岡注(4)著書)。

(90) 村岡注(4)著書。

(91) 「嵯峨五台山明王院五大堂略縁起写」(『大覚寺文書』上巻)に明王院が建久元年および建保五年に炎上焼失した旨を記している。なお明王院は清涼寺の院家の一つであり、その中心的な存在である。

(92) 建長七年(一二五五)一〇月後嵯峨上皇の御所の一つとして造営され、のち亀山上皇・後宇多上皇らも御所として用いた。暦応二年(一三三九)後醍醐天皇追福のため、足利尊氏が夢窓疎石を開山として禅寺暦応寺とし、のち天龍寺と改称する。

(93) 「大覚寺門跡次第」は後嵯峨法皇崩御の場所を亀山殿別院薬艸院とする。

(94) 大覚寺・持明院両統の名称の由来については、近藤成一「内裏と院御所」五味文彦編『都市の中世』吉川弘文館、一九九二年に詳しい。

(95) 近藤注(94)論文によれば、亀山上皇の本所は冷泉万里小路殿で、禅林寺殿・三条万里小路殿・亀山殿を御所として併用したと言われる。なかでも亀山上皇は毎年後嵯峨の忌日のころに亀山殿に滞在していた、と近藤は指摘している。

(96) 三人の女性による大覚寺管領(「大覚寺寺譜」来由は、三人による管領が交互に行われたと記している)については、赤松注(82)論文に詳しく、その様相と根拠が述べられている。なお赤松注(82)論文も、後嵯峨・亀山両上皇が門跡として大覚寺を伝領したとの「大覚寺門跡次第」の所伝を確たる徴証が他にないとして疑っている。

(97) 赤松注(82)論文。

(98) 大覚寺所蔵の古文書古記録には、後宇多法皇入御以前の原本と認められるものがないのに比べ、後宇多法皇によって書写されたものが多数保存されている(赤松注(88)解説)のは、このことを如実に示している。

(99) 徳治三年正月、東寺での伝法灌頂に際して灌頂院に護摩堂を造営した(『東宝記』第二護摩堂、「大覚寺門跡略記」など)。

(100) 中村注(71)論文。なお、第二回大覚寺遷居中に行った東寺興隆のための荘園施入の事実を伝えるものとして、正和二年一二月後宇多天皇宸翰庄園敷地施入状がある。

(101) 大覚寺遷御後も延慶二年(一三〇九)に曼荼羅の修復を行い、さらに四年には八〇〇〇枚の護摩を行っている(「大覚寺門跡略記」)。

(102) 今林殿は准后藤原貞子の邸宅で、嵯峨第とも言った。今日清涼寺の東にある後宇多天皇后遊義門院の今林陵がその故地である。大覚寺の南、亀山殿に近く、後宇多法皇はしばしば今林殿に御幸している。京の西郊嵯峨の地には、当時、今林殿や亀山殿をはじめ多くの邸宅・寺院が点在し、法皇・上皇・天皇などがこれらにしばしば御幸・行幸したことを諸史料にうかがうことができる。

(103) 伏見殿は伏見山の南にあり、建長七年に後嵯峨上皇に伝えられてから後院としての性格を強め、鎌倉時代末から南北朝時代には持明院統の仙洞御所として用いられた。

(104) なお、後宇多法皇の大覚寺における生活ぶりについては、『増鏡』第一六秋のみ山に「法皇みやこに出させ給て世の中しろしめさる。亀山殿はさる事にて、ちかごろは大覚寺のほとりに御堂をたててこもりおはしましつつ、いよいよ密教のふかき心ばえをのみつとめまなばせたまへば、をのづからも京へ出でさせ給事なく、またまいりかよふ人もまれなる様にて、かうさびたりつるを引かへ、事しげき世にをこなひもげだいし給へば、むつかしくおぼさる」とあり、また「法皇、ややもすれば、大覚寺殿にのみ籠らせおはします、人々、世の中の事ども奏しにまいりつどう、いまは一すぢに御行ないにのみ心入給へるに」とも記され、法皇の大覚寺における密教修行の様子が彷彿とされる。

(105)　仏母心院はしばしば伝法灌頂のための道場となっており、のちには足利義昭の伝法灌頂もここで行われたことが知られる。

(106)　大覚寺には今日後宇多法皇宸筆の多数の聖経が残存し、法皇の密教修練を如実に物語っている（赤松注(82)論文）。

(107)　従来田河庄の初見史料は、醍醐三宝院文書の（文和四年ヵ）五月二八日後光厳天皇綸旨とされ、応安四年にそのうちの中野郷が大覚寺教王常住院領、伊部郷が応安一二年に大覚寺不壊化身院領で、田河庄の一部をなしていたとされてきた（「たがわ　田川〈浅井町〉」『滋賀県』角川日本地名大事典二五、角川書店、一九七九年）が、本史料の出現によって、さらに正和元年まで半世紀余り遡って大覚寺領となったことを確認することができる。なお、大覚寺領田河庄の概要については、「たがわ　田川」『滋賀県の地名』日本歴史地名大系二五、平凡社、一九九一年。

(108)　このことは起請符自体の史料的な価値とも関わる問題であり、以下、本文で簡単に近江国田河庄を除く四つの荘園を紹介し、大覚寺領とするに疑問のあることを述べる。

(109)　河毛郷は一貫して醍醐寺三宝院領であったと考えられ（注(107)「たがわ　田川〈浅井町〉」）、仏母心院領となったことを他に示唆する史料がない。したがって田河庄については河毛郷が大覚寺領であったとするには問題があることになる。あるいは田河庄を始めとして、これらの荘園の由緒を後宇多法皇に仮託したことによるものであろうか。後考を俟ちたい。

(110)　事実、大覚寺へ寄進されたとされる荘園のなかで、大覚寺領であったことが確実な近江国田河庄に関わる部分のみが詳しく写されている点は、本置文について考えるときに注意すべき点である。

(111)　「大覚寺譜」・「大覚寺門跡略記」は遷居を元亨元年四月とするが、『続史愚抄』所引の門跡伝では、五月の時点において大覚寺が法皇の御所となっていたことを記すに過ぎない。

(112)　中村注(71)概説。

(113)　赤松注(82)論文および注(88)解説。なお、注(82)論文に手を加え「大覚寺蔵後宇多天皇宸翰について」『京都寺史考』法蔵館、一九六二年と改題した論文の追記では、この考えの根拠となった後深草天皇宸翰御消息の解釈を改めている。

(114)　もちろん元亨元年は誤りで、元亨二年が正しい可能性のある点については上述したとおりである。

(115)　「大覚寺譜」には、元亨元年四月、後宇多法皇が大覚寺に就いて「伽藍・僧房」を造営し、また「供僧・定額」を置き、「寺務方式」を製作し、ふたたび結界の地としたとある。「大覚寺門跡略記」あるいは「大覚寺譜」に言う「二十五箇条規式」・「寺務方式」

とは「後宇多天皇宸翰御手印遺告」のことである。ただし「後宇多天皇宸翰御手印遺告」は実際には二十一条までしかない。なお、「大覚寺門跡略記」に引かれる、後宇多法皇崩御の二日まえに当たる元亨四年六月二三日に後宇多法皇の遺勅として制定され、「大覚寺規式」とも言われた「十八ケ条規式」(「大覚寺譜」後宇多法皇遺勅)も、「後宇多天皇宸翰御手印遺告」とともに法皇の大覚寺復興への意気込みを知るとともに、再興大覚寺の様子をうかがうための好箇の史料である。

(116) 赤松注(82)論文。

(117) 後宇多法皇が遺言をみずから記した「後宇多天皇宸翰御手印遺告」の第一条は、「建㆓立大覚寺㆒、伝㆓流法脈㆒縁起」と名付けられ、そこには後宇多法皇の大覚寺再興に至るまでの心情がみずからの生涯とともに記されている。文中には徳治三年東寺において伝法灌頂を稟けたのちさらに修練に励み、顕密の二戒を堅持してきたが、「至㆓去年㆒、尋㆓先皇基趾・高祖遺跡㆒、芟㆓薙草萊㆒、再㆓興当時㆒」し、四〇歳に及んで(法皇は文永四年生まれであるから、四〇歳になったのは徳治元年)禅助の聴許を得、皇子性円法親王に伝法灌頂を行ったとある。本条はほぼ時間の経過に従って書かれているが、所々で唐突に過去に遡ったり、あるいは時間の経過を顚倒した記述がみられるなど、必ずしも明解な文脈とは言えない。したがってこの遺告は大覚寺を再興した法皇みずからが書いたものとして、その時期を考えるうえできわめて重要であるが、「再㆓興当時㆒」した「去年」が文字どおり遺告を書いた前年のことか、あるいはみずから灌頂を稟けた徳治三年や四〇歳になった徳治元年以前のある年を漠然と言ったものに過ぎないのか、など明らかでない。

(118) 宇智院については、これを後宇多法皇の仙居・御所とする考えがある(中村注(71)論文、村岡注(4)著書)。なお、のち大覚寺門跡となった足利義昭は宇智院を法号とした。

(119) なお、『大覚寺文書』上巻所収の第七八号文書寛永一一年後七月日大覚寺院家中状には、教王常住院が嵯峨天皇の弘法大師に勅命して造立せしめた五大忿怒明王を本尊として安置した堂であると記しているが、教王常住院は明らかに後嵯峨法皇の創建にかかる亀山殿の如来寿量院に由来するものである。

(120) 「後宇多天皇宸翰御手印遺告」で、この五輪石塔の地輪の両際に五円を彫り、その中心の円に後宇多法皇の骨を、他の四つの円に皇考亀山法皇・皇妣京極院・皇后後二条院・遊義門院四人の骨を納めることを後宇多法皇は遺言している。法皇の遺言に従って遺骨は収納されたものと見られ、それが今日後宇多天皇等の合葬陵蓮華峯寺陵である。

(121) 具体的には、一四世紀後半における大金剛院の「院領」として摂津国高平御厨等一二カ荘があり、それらを書き上げた「大金剛院領目録」が伝存している(大覚寺領関係文書寫『大覚寺文書』上巻、井関家第三号文書)。

(122) 大森「大覚寺の建築」は、本図について「(別編写真参照)」と記しているが、本書『大覚寺』には別編は付されておらず、A・Bいずれの図に基づいてその概要を記したのかは明らかではない。

(123) 注(52)『嵯峨誌』には、当時大覚寺が所蔵していた什宝のうちの主要なものの一つとして「大覚寺伽藍古図」が掲げられている。一方また、同書の各所・各項において「古図」あるいは「旧図」に描くところとしての描写や引用が見られる。これらは同一の図であると思われ、おそらくそれは「大覚寺伽藍図」のことであろう。なお、同書の下馬野の項には「下馬野は大覚寺の古図に、千代の古道より広沢を過ぎて大沢に至らんとする辺に記されたり」、と書かれていることから、同書が参照した「大覚寺伽藍古図」とはA図であると推定することができる。

(124) 仏母心院は伝法灌頂の道場として後宇多法皇によって建立されたとの説もある(赤松注(82)論文)。

(125) 大沢池石仏群は一般に鎌倉時代の石仏であるとされているが、そのうち七基は平安時代後期に遡ると言われる(『嵯峨御所　大覚寺の名宝』京都国立博物館、一九九二年)。

(126) 不動院は「大覚寺譜」の院家譜および出世住侶譜にも見えない。桂宮については、近世、大覚寺の支配を受けた太秦広隆寺のなかにあった桂宮院の存在が留意される。

(127) 現在、広沢池の西北岸の汀近くに、かつての遍照寺を偲ばせる方形の基壇が残っている(『京都市遺跡地図台帳』京都市文化観光局、一九八六年)。

(128) 「大覚寺譜」寺務所には「福寿院者、古来兼二当門之院家一、本真言也、近年兼二天台宗一」とあり、これに対応した記述が同書院家譜に載せる大覚寺院家の一つ遍明院に関する箇所に「当院自二愛宕山福寿院一兼帯」と見える。なお、福寿院と大覚寺の関係を考えるうえで、井関家文書所収の幸海・幸賢・幸朝ら福寿院を住坊とした僧侶たちの書状が参考となる(『大覚寺文書』上巻、井関家文書八―一〇・九―二三・九―二四号)。また福寿院を含めた愛宕神社が大覚寺の支配下にあるとの大覚寺側の認識は、目代が大覚寺「候人」をもって充てられ、古来嵯峨目代と称されたと記すことにも明らかである。

(129) 後宇多法皇は、「後宇多天皇宸翰御手印遺告」第十五条で、蓮華峯寺の八角円堂のなかに造られた五輪塔の地輪の中心にみずからの屍骨を安んじ、その四方の円中に亀山院・京極院・後二条院・遊義門院の四人の骨を安置するように命じている。注(120)参照。

(130) 注(52)『嵯峨誌』菖蒲谷(細谷、菖蒲谷池碑)の項。

(131) のちに検討を加える「大覚寺譜」所収の伽藍図では、宝蔵院があったと伝える位置に宝護院を描いている。宝護院については後述する。あるいはここに書かれた宝蔵院は、愛宕護山白雲寺の宝蔵院のことであるかもしれない。愛宕護山白雲寺の宝蔵院は元亀二年(一五七一)に福寿院幸朝によって開かれたと言われる(注(27)『京都市の地名』)。なお「大覚寺譜」寺務所には「宝蔵院派レ自二下之坊一、非二一列一」と見え、宝蔵院は白雲寺を構成する五つの坊である上之坊(大善院)・長床坊(勝地院)・西之坊(威徳院)・尾崎坊(教学院)・下之坊(福寿院)のうちの下之坊から分かれたもので、これら「司二社中一山之事一」る五坊とは同列でない、としている。

(132) 注(52)『嵯峨誌』大覚寺の項。

(133) 注(52)『嵯峨誌』大覚寺の項では、西来院の塔を三層と言われていると記しているが、その論拠は明らかではない。

(134) 五覚院は「大覚寺譜」では出世住侶譜に収められ、また「往古有レ之、後宇多院御再興以来、不レ知二当院之有無一」とされている。なお注(52)『嵯峨誌』大覚寺の項は、五覚院の旧址が寺の艮の位置に遺り、このことから後宇多法皇の時に移転したものかと推定しているが、確かではない。

(135) 大森注(122)解説。

(136) 大森注(122)解説は、この一郭を「大覚寺の本寺」と表現している。大森が用いた「本寺」なる用語は一般に本末関係について言うときに用いられる語であり、不用意に「本寺」と言うのは誤解を招くもとである。中世の寺院の構造は人的な組織としてもまた建物の集合としてもきわめて複雑な様相を呈しており、おそらく、寺院から当時実際に僧侶たちが生活の基盤としていた院家・院房などを差し引いた残りの部分を明確に指し示す適切な言葉はなく、『大覚寺』古寺巡礼京都三〇、淡交社、一九七八年の「解説」にも言うように、「最も主要な伽藍」とでも表現すべきであろう。

(137) 「大覚寺譜」諸堂社記には、弘仁九年弘法大師の建立にかかると伝える。

(138) 川嶋将生「大覚寺の歴史」注(125)『嵯峨御所　大覚寺の名宝』は、宸翰般若心経に対する信仰の様相とその変化について検討を加えている。

(139) なお注(140)で述べる江戸時代末期の「嵯峨御所大覚寺宮旧境内荒絵図」には、心経堂は描かれていない。

(140) 後宇多法皇によって再興された大覚寺伽藍を復原的に描いた図以外に、江戸時代末における大覚寺の現状を描いたと思われる図も今日大覚寺には所蔵されている。たとえば、江戸時代末期に侍家あるいは格勤として大覚寺に累代仕えた渡辺家の人である渡辺登が作成した「嵯峨御所大覚寺宮旧境内荒絵図」は、当時における大覚寺の境内地(その範囲はほぼ今日における大覚寺の境内地と一致する)を描いている(中村注(71)論文)。

(141)『華頂要略』巻一四〇には建武二年一〇月九日のこととして大覚寺の釈迦堂と僧房が焼けたと記している。

(142) 注(52)『嵯峨誌』気比宮址の項。

(143) 注(52)『嵯峨誌』称念寺の項。

(144) これらの院家の多くは、「大覚寺譜」官位末寺令旨之旧例に「当寺之院家・住侶之室断絶、今不レ存焉」と記されたように、江戸時代にはすでにその実体はなく、「諸国名山霊区依二其願一賜二兼帯令旨一」うようなありさまであった。なお前述した渡辺登筆「嵯峨御所大覚寺宮旧境内荒絵図」には、幕末大覚寺に存在した院家として覚勝院・聖無動院・大勝院を惣門内東西に描いている。

(145)「大覚寺譜」院家譜にも、五覚院は後宇多法皇による再興以降もその有無が明らかでないとしている。

(146) 川嶋注(138)概説は、寛永年間(一六二四～一六四四)に寺観が一応整えられたとしている。

第二部　律令国家・宮都と喪葬・葬地

第一一章　律令国家と喪葬

はじめに

古代の喪葬に関する研究は、かつて大化薄葬令や殯宮と喪葬儀礼の問題を中心に[1]、おもに律令制以前の時期を対象に行われた[2]。それは、前者が大化改新の歴史的評価と前後の政治過程の復原、律令国家成立過程を考えるうえで重要だと考えられ、また後者は大化以前の王権とその継承のあり方や歴代遷宮など宮都の問題とも深く関わる政治史的問題であったからである。

一方、律令制以後を対象とした喪葬研究は必ずしも十分でなく、都城制と葬地との関係や火葬・火葬墓を対象とした墓制研究に中心があり[3]、喪葬制度を復原しつつその変化と歴史的意義を検討する研究は不十分であった[4]。しかし、近年、稲田奈津子によって日中比較を中心とした喪葬研究が進められ[5]、さらに中国浙江省寧波市にある天一閣での『天聖令』（北宋の天聖七年（一〇二九）制定・頒布）の発見によって一層推し進められてきている[6][7]。

本章では、これらの研究状況を踏まえ、律令喪葬制度を基礎的に検討するために、その中心であった貴族・官人の喪葬、特に喪葬を担った官司（喪葬官司）と、律令制以前から喪葬を担当した氏族（喪葬氏族）土師氏の変化を追い、律令喪葬制度が奈良時代から平安時代へと変貌する様相とその歴史的背景を探りたい。

一　治部省・諸陵司・喪儀司――喪葬官司の変貌と交替――

律令喪葬制度の基本は喪葬令で規定され、それは皇親と貴族・官人を対象とするものであった。そして、彼らの喪葬を執り行うために喪葬官司として治部省とその被管官司である諸陵・喪儀両司が置かれ、諸司の具体的な職掌はおもに職員令で規定された。本節では、まず喪葬官司の職務と官司間での分担について考え、次いで喪葬官司のその後の動向を追うこととする。

1　喪葬官司とその職掌

(1)　治部省

治部省は、職員令治部省条で多様な職掌が規定されているが、それらはおおむね(1)本姓、継嗣、婚姻、(2)祥瑞、(3)国忌、諱、(4)諸蕃朝聘と(5)喪葬、贈賻の五種類に整理でき、喪葬が職掌の一つであることを確認できる。職員令以外で、喪葬に関する治部省の職掌を規定するのは喪葬令百官在職条で、五位以上の官人が在職中に薨卒した時、本司官人が分番して喪に会するとともに、三位以上の貴族に対し治部省から喪事を監護する官人を派遣するとある。治部省は貴族の喪葬にあたりその喪を監護する職掌を負っていた。

さらに治部省は貴族・官人の喪葬に多方面で関わり、令文以外の史料から治部省の喪葬に関わる職掌を示せば、①薨卒者の天皇への奏聞(薨奏・卒奏)(『令集解』巻四〇喪葬令京官三位条所引義解・令釈・跡記・穴記など)、②太政官への賻物に関する勘申および大蔵省とともに行う賻物の喪家への出給(『令集解』巻四職員令治部省条所引治部省例)、③中務・式部両省作成の贈位記の喪家への授与(『令集解』巻四職員令治部省条所引古記・令釈・跡記・義解)、④太政官の処分による土部の派遣(『令集解』巻四〇喪葬令百官在職条所引令釈・古記)がある。いずれも治部省が貴族・官人の喪葬で天皇・太政官・大蔵省・中務省・式部省・本司・喪家のあいだに介在し、喪葬を行うための実務的連絡や調整を行うことになっていたことを示している。

(2)　諸陵司

諸陵司は、職員令諸陵司条で「祭二陵霊一、諸陵及陵戸名籍」と「喪葬凶礼」を職掌とされ、「賛二相凶礼一」する伴部である土部が配された。

諸陵司の職掌のうち「祭二陵霊一、諸陵及陵戸名籍」は、いずれも天皇陵の祭祀・管理に関わる職掌であり、また官司名として諸陵を負うことからも職掌の根幹が天皇陵にあったことは明らかである。

一方、諸陵司が職掌とした「喪葬凶礼」については、対象が誰なのか、天皇に限られるのか、あるいは臣下をも対象とするのか、明法家のあいだで議論があった（『令集解』巻四職員令諸陵司条私案）。諸陵司が天皇や貴族・官人の喪葬に関わったことを示す明確な史料はないが、伴部たる土部の負名氏土師氏は、天皇の喪葬を監督する氏族であった。これらの点から、諸陵司の「喪葬凶礼」も天皇を対象としたと考えられる。しかし土部の職掌「賛二相凶礼一」は、喪葬令百官在職条に規定する「土部示二礼制一」に当たり、それは男女三位以上の貴族と親王・諸王ら皇親を対象としていたから、土部の職掌の対象が臣下にも及んだことは確実で、土部を伴部として擁する諸陵司の職掌「喪葬凶礼」も臣下を対象としていた可能性は当然考えうる。

いずれにしろ諸陵司と喪葬との関係を明記した史料が職員令諸陵司条以外にないことから、諸陵司の「喪葬凶礼」は伴部として「賛二相凶礼一」する土部を擁することによって生まれ、諸陵司が直接「喪葬凶礼」に関与することは実際にはなかったのではないかと思われる。このことは、上述した諸陵を冠する官司名や職掌の主たる対象が天皇陵にあり、しかも天皇陵に関わる職掌の規定は『延喜式』巻二一諸陵寮でもそのまま見られ、平安時代に入っても継続していたことを確認できるが、一方、喪葬に関する規定はそこにないことからも推測される。

(3)　喪儀司

喪儀司は、職員令喪儀司条に「凶事儀式及喪葬之具」を職掌とすると規定され、治部省と諸陵司の喪葬に関する職掌がその一部に過ぎないのとは大きく異なり、喪葬専門官司とも言うべき官司である。

喪儀司の職掌のうち「喪葬之具」は喪葬令親王一品条に見え、男女とも親王、太政左右三大臣・大納言の議政官、一位から三位あるいは五位までの貴族を対象として「喪葬之具」を準備すること、すなわち臣下の喪葬に用いる喪葬具の管理・準備が喪儀司の主たる職掌であった。喪葬具を喪儀司が準備することは貴族・官人間における喪葬具の共通性・

画一性を保障するものであり、これによって喪葬の場においても貴族・官人たちの序列を視覚的に示すことができる。いま一つの職掌である「凶事儀式」は、諸陵司の「喪葬凶礼」や土部の「賛相凶礼」とは異なり、『令集解』巻四喪儀司条所引の明法家の諸説によれば、喪葬具の陳列など、おもに喪儀司が準備した喪葬具の配置にあった。

以上、令文で喪葬に関する職掌を規定された官司は治部省とその被管官司諸陵・喪儀の両司で、これらに共通する職掌である喪葬の対象は皇親や貴族・官人であった。ただし彼らの喪葬において治部・諸陵・喪儀三省司の関係を明記した史料はなく明らかでないが、諸陵・喪儀両司は治部省の被管官司であり、治部省が喪葬を監護する立場にあったから、その指揮のもと職掌を果たしたと思われる。

2　喪葬官司の変質

治部・諸陵・喪儀三省司はそののちも喪葬官司として継続したのか、その職掌に変化は生じなかったのか、本項では治部・諸陵・喪儀の三省司のその後における喪葬との関係を検討する。

(1)　治部省

喪葬令百官在職条が治部省の喪葬に関する職務として規定する「監護喪事」で、治部省官人が派遣された実例は、唯一神亀五年(七二八)一〇月の義淵僧正卒去にあたって(『続紀』神亀五年十月壬午条)確認できるに止まり、(8)平安時代に下ると『延喜式』で治部省が喪葬に関わりをもっていたことを示す賻物の出納に関する規定(『延喜式』巻二一治部省賻物条)があるだけで、『類聚三代格』や『弘仁格抄』の治部格でも治部省と喪葬の関わりを示すのは、わずかに後述する延暦一六年四月一四日(あるいは二三日)太政官符があるに過ぎない。

一方、さきに掲げた治部省の職掌(1)から(5)のうち(5)喪葬を除く職掌が、治部省によって行われていたことはほぼ正史で確認でき(1)『続紀』天平勝宝三年二月己卯条など、(2)『続紀』天平一八年三月己未条など、(3)『三実』元慶八年一二月一六日壬寅条など、(4)『三実』元慶七年四月二一日丁巳条など)、さらに『延喜式』にはこれらの職掌に関連した条文がある(1)巻二一立嫡条、

⑵巻二一祥瑞条、⑶巻二一国忌条など、⑷巻二一蕃客条など）。また『類聚三代格』『弘仁格抄』治部格では⑶に関わるものを除くとほとんど仏寺・僧尼に関するものであり、それは奈良時代初めから確認できる（『続紀』養老四年八月癸未条・神亀元年一〇月丁亥朔条）が、職員令治部省条に仏寺・僧尼の職掌はない。この職掌は被管官司である玄蕃寮の職掌「仏寺、僧尼名籍、供斎」（職員令玄蕃寮条）に当たり、治部省は玄蕃寮とともにもっぱら仏教の諸事を管轄する官司であるかのようである。[9]治部省の中核的職掌が被管である玄蕃寮の職掌と重複する外交と仏教にあると律令国家が考えていたことは、すでに奈良時代中ごろに遡って確認できる。[10]

以上、奈良時代当初、治部省と喪葬の関係は具体的な史料で確認できるが、奈良時代中ごろ以降、治部省の中心的な職掌は外交と職員令になんらの規定もない仏教にあると見なされ、このころから次第に治部省は喪葬との関わりを稀薄化して行き、平安時代前半には治部省と喪葬の関わりをほとんど想定できない状況になった。

(2)　諸陵司

諸陵司は、天平元年（七二九）八月天平改元にともない司から寮に昇格して諸陵寮となり、あわせて増員・加秩が行われた（『続紀』天平元年八月癸亥条）。律令陵墓制度については北康宏[11]が注目すべき研究を行ったが、諸陵司の寮への昇格にはまったく触れていない。しかし律令制下で司から寮へ単独で昇格した例は他になく、諸陵司が寮となった天平元年は官司としての諸陵司だけでなく、陵墓制度自体に大きな変化があったと考えられる。

諸陵寮は、天平元年の昇格以後、天平一七年大粮申請文書の年月日未詳諸陵寮解（『大日本古文書』二―四七二）に見え、またしばしば『続紀』以降の正史にも現れる。しかし、正史に見える記事は、頭助など寮官人の任官記事や史生の加置（『類史』延暦二一年一二月癸巳条）、寮印の頒下（『続後紀』承和一〇年一〇月甲戌条）などを除くと、いずれも職員令で諸陵司の職掌とされる陵墓の祭祀・管理に関わる記事（『続紀』天平神護二年四月甲寅条、『三実』貞観八年六月二九日壬寅晦・一〇月一四日乙酉条など）で、諸陵寮が職員令で規定する職掌のうち「喪葬凶礼」を果たしていたことを示す史料はない。また『延喜式』巻二一諸陵寮には「喪葬凶礼」に関わる条文はなく、すべてが陵墓関連の条文で、他の史料からうかがえる諸陵寮の職務状況と同様である。

寮昇格後、諸陵頭・助の任官記事が見え始めるが、その補任・在任状況を『続紀』によって整理すると、表14のごと

表14　諸陵寮四等官補任

年月日	官職	位階	人名	備考
天平 3．6．庚寅	頭	外従五位下	土師宿祢千村	
天平 5．12．庚申	頭	従五位下	角朝臣家主	
天平 9．12．壬戌	頭	外従五位下	土師宿祢三目	在任
天平 17．10．20	大允 大属	従六位上行 従七位上行	田辺史真上 土師宿祢年麻呂	在任
天平 18．8．丁亥	頭	外従五位下	土師宿祢牛勝	
神護景雲 2．2．癸巳	助	外従五位下	土師宿祢位	
神護景雲 2．7．壬申朔	頭	従五位下	文室眞人子老	
宝亀 2．7．丁未	頭 助	従五位下 外従五位下	甲賀王 土師宿祢和麻呂	
宝亀 8．2．丙申	頭	従五位上	伊刀王	
延暦 4．1．辛亥	頭	従五位下	淺井王	
延暦 5．10．甲子	頭	従五位下	八上王	
延暦 10．3．辛巳	頭	従五位上	調使王	
延暦 15．10．27	頭	正五位上	大原眞人美気	
延暦 23．2．18	助	従五位上	下毛野朝臣年継	
大同 1．2．16	頭	従五位下	乙野王	
大同 3．6．25	頭	従五位下	永原朝臣最弟麻呂	
弘仁 3．12．5	頭	従五位下	粟田朝臣飽田麻呂	
弘仁 13．	頭	従五位下	林朝臣山主	
天長 7．	助		豊前王	
承和 1．12．乙未	少允	正六位上	中科宿祢直門	在任
承和 6．10．癸酉	頭	正五位下	小野朝臣真野	
承和 8．2．丁未	頭	従五位上	石作王	
嘉祥 3．6．乙丑	頭	従五位下	藤原麻臣関雄	
仁寿 1．2．辛亥	頭		美志真王	
仁寿 2．閏8．丙戌	頭	従五位下	藤原朝臣三藤	
仁寿 3．7．庚戌	頭	従五位上	良岑朝臣長松	
斉衡 1．2．辛未	頭	従五位上	嶋江王	
斉衡 1．3．戊戌	頭	従五位下	丹真人氏永	
斉衡 3．2．辛巳	頭	従五位下	興岑王	
斉衡 4．12．壬申	頭	従五位下	大枝朝臣直臣	
貞観 1．2．13己亥	頭	従五位下守	当麻真人清雄	
貞観 2．2．14乙未	頭	散位従五位下	藤原朝臣緒数	
貞観 2．6．5甲申	頭	散位従五位下	藤原朝臣広守	
貞観 7．1．27己酉	頭	従五位下	紀朝臣真丘	
貞観 10．2．17辛巳	頭	従五位下	橘朝臣葛名	
元慶 3．12．21丙午	助	正六位上	林朝臣忠範	在任
元慶 8．2．28己未	助	正六位上	林朝臣忠範	在任
仁和 1．3．8癸亥	権助		藤原内直	在任
仁和 2．1．7丁亥	権助	従五位下	藤原朝臣内直	在任

くになる。表14からも明らかなように、宝亀二年（七七一）七月の任官記事まで土師氏から頭・助・属が出ている事実を確認でき、しかもその圧倒的な任官状況（六割）から、土師氏と諸陵寮との深い関わりが分かる。しかし宝亀二年以降、土師氏出身の諸陵寮官人が史料から見えなくなる。さらに『後紀』以降の正史を整理すると、土師氏に代わって王氏・真人姓の任官が続き、延暦二三年から王氏・真人姓に代わって藤原氏を中心に諸氏から任ぜられるようになる。[12]

土師氏が奈良時代後半まで諸陵寮の官人に就くことが家業であったとまで言い切る直木孝次郎[13]は、右のような諸陵寮四等官の補任・在任状況に見られる傾向について、家業の地位を維持できなくなって家業から離れつつある状況を示し、土師氏の朝廷における地位の低下を示す一つの指標で、その根底には七世紀末からの火葬の採用による葬制・墓制の変化があったとする。しかし、火葬の採用は七世紀末であり、土師氏が諸陵寮の官人から姿を消すのはそれから一世紀近くのちのことである。年代差を考えると、直木のように両者の関連をあまり重視するのは正しくない。しかも諸陵寮は基本的に天皇陵の祭祀・維持・管理を掌る官司であり、それは直接には葬制・墓制の変化の影響を蒙ることはない。天皇陵を管轄する諸陵寮官人として土師氏が見えるのは、後述するように律令制以前から陵墓の造営と維持・管理に関わってきたからである。むしろそれは直木も説くように、一般に氏族が負っていた特定の職掌と決別し、普遍的な職掌に堪えうる律令官人を供給する母体へと転換していったことによると考えられる。

(3)　喪儀司

喪儀司は、諸陵司のように寮に昇格することがなかったから、『続紀』などの任官記事に現れず、まれに史料に見えるに過ぎない。天平一〇年ころの成立と推定される大宝令の注釈書古記に「左右衛士府、中門幷御垣廻及大蔵内蔵民部外司葬儀馬寮等、以二衛士一分配防守、以レ時検行、為下有二所部一之人上、謂二之所部一也」と見え（『令集解』巻二四宮衛令閉開門条所引古記）[14]、またほぼ同じころの天平一七年大粮申請文書中に天平一七年二月二一日および同年一〇月二一日の二通の喪儀司解（『大日本古文書』二―三九四・四七五）があり、官司としての存在を確認でき、一〇月二一日喪儀司解では佑として土師宿祢吉足が署名を加えていて、喪儀司と土師氏との関わりをうかがえる。宝亀一一年の『西大寺資財流記帳』では、巻第一縁起坊地第一の西大寺創建の由来とその寺地の規模・範囲を記す箇所に「夫西大寺者、……（中略）……、居地参拾壱町、在二右京一条三四坊一、東限二佐貴路一除二東北角喪儀寮一、南限二一条南路一、西限二京極路一除二山陵八町一、北限二京極路一」と見え、喪儀司は平城宮外、平城京右京一条三坊一坪に一町を占める、いわゆる宮外官司であった。(15) 喪儀司が宮内でなく宮外に所在し、しかも右京において一町の敷地を占めたのは、喪葬が陰であり、喪儀司が喪葬具を保管するために庫が必要であったからであろうが、むしろ喪葬具ゆえに宮内での保管を避けた可能性も考慮せねばならない。

喪儀司は大同三年（八〇八）に行われた大規模な官司の統廃合によって鼓吹司に併合され、太政官制から消える（『類聚三代格』巻四加減諸司官員并廃置事・『令集解』巻四所収大同三年正月二〇日詔）。喪儀司の鼓吹司への併合は、喪儀司の所管省が治部省であるのに対し、併合先の鼓吹司は兵部省の被管で、所管を異にする官司間での併合である。以前、両司には職掌として鼓笛が共通することに注目し、喪儀司の鼓吹司への併合の問題を考えた。(16) しかし、なにゆえに職員令で喪儀司とともに喪葬を職掌とすると規定された所管省である治部省に併合されなかったのか疑問があり、鼓吹の共通性だけから両司の併合を説明するのは難しい。この問題を考えるために、喪儀司を併合し職掌を継いだはずの鼓吹司の併合以後における職掌を検討する。

鼓吹司はその後寛平八年（八九六）に行われた官司の統廃合で左右兵庫・造兵司と統合されて兵庫寮となった（東北大学狩野文庫本『類聚三代格』所収寛平八年九月七日太政官符）。この統合は「造兵・鼓吹両司が兵部省被管の文官司であるのに対して、左右兵庫は諸衛府・左右馬寮・内兵庫などとともに兵部省の因事管隷下に入る武官司で」、文武の官司にわたる併合の事例であるが、「兵部省の管隷下にある官司間での事例と考え」られ、「複数の官司を纏めて一官司とする」かたちで「官司として最も格上の左右兵庫を統一した兵庫寮に兵部省管下の造兵・鼓吹両司」を吸収したとみられる。しかし、鼓吹司が左右兵庫・造兵司と一括された理由は必ずしも明らかでないが、「ただ鼓吹司の鼓吹が兵器や儀仗と関連したものであるから、鼓吹司を整理する場合、左右兵庫や造兵司とともに統合することは不自然ではない」と思われる。(17) このように左右兵庫・造兵・鼓吹の三寮司が統合されてできた兵庫寮には、当然鼓吹司、そして大同三年に鼓吹司が併合した喪儀司の職掌が受け継がれたはずである。[18] しかし、『延喜式』では兵庫寮が鼓吹司の職掌「調㆓習鼓吹㆒事」(職員令鼓吹司条)を引き継いだと考えられる規定はある(巻四九兵庫寮元日・御斎会・鼓吹・鼓吹戸など七ヵ条)ものの、いずれも喪葬と無関係である。このことから、大同三年に鼓吹司に併合された喪儀司の職掌は鼓吹司を統合してできた兵庫寮へ継承されなかったと推測される。

では一体いつ、喪儀司より引き継がれるはずの喪葬に関する職掌が鼓吹司から失われたのか。その時期として、(1)大同三年喪儀司の鼓吹司への併合の時点、(2)寛平八年鼓吹司等二寮二司を併合して兵庫寮が成立した時点、(3)(1)と(2)のあいだ、大同三年から寛平八年まで喪儀司を併せた鼓吹司が存在した期間、のいずれかが考えられる。いずれであったか史料から明確にできないが、(3)の時点ですでに喪儀司の喪葬具の管理・準備や凶儀礼式など喪葬に関わる職掌が失われてしまい、鼓吹司へ鼓吹など喪葬具の一部が継承されたに止まったのではなかろうか。

以上、治部省と被管二司は、平安時代の初めには職員令で規定された喪葬に関する職掌を持たなくなり、特に喪儀司は大同三年に廃止され、その職掌も併合先の鼓吹司に継授されなかった。また諸陵司も喪葬に関わりをもった土部を供給する氏族土師氏との関わりを払拭するに至った。

3　新たな喪葬官司の登場

前項で述べたように、職員令で喪葬官司とされた治部・諸陵・喪儀の三省司は、奈良時代末から平安時代初めに相次いで喪葬に関わる職掌から離れたり、官司自体が廃止されるに至ったが、平安時代初め以降、貴族・官人の喪葬はどのようにして行われたのであろうか。ここでは治部省と被管二司に代わって喪葬に関わる官司として史料に現れる左京職および穀倉・施薬両院の喪葬の職務について検討する。

(1)　左京職—喪儀の監護

『延喜式』巻四二左京職親王大臣薨条には「凡親王及大臣薨者、官人一人、率㆓史生一人・坊令㆒、為㆓監護使㆒祗承」す

るとあり、親王と大臣が薨去した場合、左京職が監護使となることになっていた。監護使派遣の対象となる「親王及大臣」は、喪葬令百官在職条で治部省より監護の官人が派遣された「親王、及太政大臣、散一位」、「左右大臣、及散二位」[19]、「三位」にほぼ該当するから、親王・大臣薨去の場合に治部省に代わって左京職が監護の職務を果たすようになったことを意味する。このように治部省の職掌として喪葬令に直接規定された喪儀の監護は、平安時代初めには左京職に移行してしまっていた。ただその時期を明確に示す史料は見当たらない。

(2)　施薬院・左京職・穀倉院—賻物の保管・出給

貴族・官人の薨去に際して喪家に支給される賻物は、令制では太政官のもと大蔵省が保管し、支給の必要が生じるごとに治部省と大蔵省が出給することになっていた(『令集解』巻四職員令治部省条義解・令釈、『令集解』巻四〇喪葬令職事官条令釈所引治部省例)が、賻物の保管・出給体制は平安時代に入って大きく変化する。

天長四年六月五日太政官符(『類聚三代格』巻六賻物事所収)によれば、天長元年六月二〇日太政官符が民部省に下され、「諸司主典已上卒死之日、例給二賻物料一、事有二恒例一、而至レ給二物実一、避忌経レ日、喪家之費、率難二支給一」いので、「宜下件料特令二交易一充中殯斂上」く、「須下仰二所レ出国一、始レ自二今年一、毎年交易、附二貢調使一、進中施薬院上、其直幷運賃料、同用二正税一」ることになったが、これに対し施薬院は解を出して「院中雑事、触レ類繁多、而重行二賻物一、不レ堪二兼摂一」る状況であることを訴えたので、天長四年(八二七)六月五日にふたたび太政官符を下し、賻物料の商布は「宜下始レ自二来年一、令上レ収二穀倉院一」しと命じた。このことについて『三実』元慶六年四月十七日己丑条には「自レ尓以来、院司専掌二出納一、後更被レ附二左京職一」れたとある。天長年間に出された二通の太政官符と『三実』の記事によって、天長年間に行われた賻物料の保管と出給手続の変更について、次ぎの諸点が明らかとなる。

第一に、天長元年に大蔵省が賻物保管・出給の職掌から完全に手を引き、代わって施薬院が担当することになったが、大蔵省が賻物に関わらなくなった理由を天長元年六月二〇日太政官符は、大蔵省が「至レ給二物実一、避レ忌経レ日」ため「喪家之費、率難二支給一」い事態に至ったからであるとしている点である。問題はなぜこのころ大蔵省は出給を忌避するようになったのかである。[20] また施薬院が大蔵省に代わって賻物料の保管と出納を行う官司とされた理由も問題である。後者はおそらく施薬院が病者の療養に当たるだけでなく、死者の葬送や藤原氏の葬地の管理にも関わっていた(『三実』貞観一七年正月二九日癸丑条、元慶八年一二月一六日壬寅条、仁和三年五月十六日己丑条など)からである。

第二に、賻物料は、本来大蔵省に納められた調庸物から支出されるべきであったが、天長元年にそれを罷め、正税をもって交易した商布を諸国から施薬院に送らせ、賻物料としたことである。これは賻物に充てる財源の変更を意味し、奈良時代末から平安時代初めに調庸の違期・未進によって中央財政の財源が次第に調庸物から本来地方財源である正税をもって交易して得たものへと重心を移していった動きと同じである。[21] すでに外国官人で卒死した官人に対する京庫物による支給は延暦年間に止められ、各々が属する国の正税をもって充てることになっていた(『類聚三代格』巻六賻物事所収延暦八年八月一一日太政官符)から、それを京官に及ぼした措置である。三位以上あるいは親王ら、その死去を「薨」と表記される人々を除く官人のための賻物は、すべて地方財政の根幹である正税に財源を求めることになった。

第三に、天長元年に賻物料の保管・出給を担当する官司が大蔵省から施薬院へ変更され、さらにその三年後施薬院の繁忙を理由にふたたび改められ、翌天長四年から穀倉院に賻物料を納めることになったが、そののち賻物出納の職掌は左京職に移されるに至ったことである。『延喜式』ではこの変更を承け、太政官の指示のもと左京職が穀倉院とともに賻物の出納を行う(巻二一治部省賻物条・巻四二左京職賻物条)としている。相曽貴志[22]は賻物の保管と出給手続について『令集解』の「明法家の解釈に見られるような支給方法は、……(中略)……、延喜式制では若干異なり」、「延喜式において、支給経路にこの官(治部省)は存していない」が、「職員令に治部省の管轄下に賻物の支給がある」ことをもって治部省が延喜式制においてもなお賻物の支給経路にあったとする。しかし、このような解釈は史料の述べる事実と異なり、律令制と延喜式制の段階差を無視したものである。さきに述べたように、律令制下では賻物の保管と出給は治部省が大蔵省と担当したが、延喜式制では左京職と穀倉院が果たすことになっているから、穀倉院が大蔵省の保管・出給、左京職が治部省の出給を各々継承したとみるのが妥当であり、平安時代初めころから、左京職が出納を担当するようになったことで治部省も賻物の出給から離れたと推定される。

そこで問題となるのは、まず施薬院から左京職へ賻物出納機能が移された時期である。相曽は左京職への移管は天長五年から元慶六年(八八二)のあいだで、天長五年の改正では収納機能のみが穀倉院に移り、出納は依然として施薬院が行ったとしている。しかし、賻物料の収納先が施薬院から穀倉院に変更されたことにともない出納機能も施薬院の手を離れ、「後更被レ附二左京職一」の「後」が天長五年である可能性は高い。なお、左京職に賻物の出納機能が移されたのは、左京職も施薬院同様に喪葬と深く関わる官司の一つであった(『延喜式』巻四二左京職親王大臣薨条)ことによる。[23]

また賻物保管機能が穀倉院に移された理由も問題である。穀倉院の研究を行った山本信吉もこの点に触れ[24]、天長五年以後、穀倉院は太政官符を受けた京職の指示のもとで賻物料の支出に当たったが、これはかつて賻物支出の機能が京職の管下にあり、穀倉院が継承したためで、令制の建て前を尊重したあり方であったとする。さらに山本は、このようなあり方が律令財政衰退過程のなか、穀倉院が単なる貯穀倉から令制官司の職能を代行する行政的官司へと成長してゆく姿を伝えるとした。しかし、このような山本の推論にはまえに触れた『三実』元慶六年四月一七日己丑条をまったく考慮していない点に難点があり、そこから導いた、単なる貯穀倉から令制官司の職能を代行する行政的官司への穀倉院の成長という推論も、容易に認められない。しかも京職による賻物の出納が令制の建て前であったとすること自体が立証されていないし、またそのような事実を示唆する史料もない。もし京職による賻物出納が令制本来のものであったなら、その機能が施薬院から穀倉院に移る以前の施薬院と京職との関係が明らかにされねばならない。さらにそのような体制から京職の管下穀倉院が賻物を支出する体制が作られたことの意義をも問う必要がある。しかし事実はまったく逆で、左京職が賻物の出給に携わるようになったのは天長五年以降で、この時が左京職による賻物への関与の最初であったと思われる。したがって、山本が左京職から穀倉院へ賻物支給の機能が継承され、『延喜式』に見られるような左京職のもと穀倉院が出給に当たるのは令制の部分的遺制だとする考えも誤りとなる。

以上のように、平安時代になって令制の喪葬官司に代わって新たな喪葬官司が登場した。その背景には、すでに述べたように、調庸の違期・未進によって生じた中央財政の逼迫を、地方へ財源を転嫁し正税をもって交易したものを賻物料に充てることで解決しようとする動きがあり、大蔵省による賻物出給忌避もその背景にあった。しかしそれだけでなく、新たに登場した喪葬官司は喪家への経済的保障である賻物の保管・出納を担当するだけで、令制の喪葬官司である喪儀司のような喪葬具の陳列を行い喪葬の儀式に関わる官司はなくなった。新しい喪葬官司は大臣・親王の喪葬を除き、喪葬の儀礼的側面にまったく関わらなくなり、一般官人の喪葬自体が官葬による儀礼的側面を希薄化・喪失した。

二　土師氏——喪葬氏族からの脱皮——

律令喪葬制度は中国の強い影響を受けて成立したが[25]、すでに述べたように、喪葬官司の一つである諸陵司には喪葬の場で固有の儀礼を行う伴部として土部が所属していた。土部を出す負名氏こそ土師氏であり、土師氏は律令制以前から喪葬を担当する唯一の氏族として存在していた。本節では、喪葬氏族である土師氏に関する先行研究を踏まえながら[26]、律令制下で土師氏がなお氏族として有していた特定の職務、すなわち喪葬への関与を喪失してゆく様相を明らかにする。

1　土師氏と喪葬

諸陵司所属の伴部である土部は、前節でも述べたように、「賛₌相凶礼₋」することを職掌とすると職員令諸陵司条に規定され、土部が「賛₌相凶礼₋」する対象を規定した条文が喪葬令百官在職条である。同条では男女を問わず三位以上の有位者および親王・諸王の皇親が薨卒した場合、土部が喪において礼制を示すとある。土部が行った凶礼や礼制は、『令集解』巻四職員令諸陵司条所引の義解や穴記の記載によって、中国五礼中、喪葬の礼を含む凶礼とは異なる独特の呪術に基づくものであったことが明らかである。

土部の負名氏である土師氏が喪葬に関わるに至った事情については、『書紀』垂仁三二年七月己卯条や『続紀』天応元年六月壬子・二年五月癸卯条、あるいは『類聚三代格』巻一二諸使幷公文事所収延暦一六年四月二三日太政官符に記された、祖野見宿祢に関する著名な伝承がある。(27) いずれもほぼ同内容であるが、『書紀』は「是土部連等、主二天皇喪葬一之縁也」と最後に記し、土師氏が天皇の喪葬を掌る氏族で、この伝承がその由縁であるとしている。

土師氏と喪葬との関わりは、『書紀』仁徳六〇年一〇月条で土師氏が陵守を管下に置き陵の管理を職務としていたことや、また雄略九年五月条で、新羅遠征中に病を得て薨じ日本に運ばれた紀小弓の遺体を、田身輪邑に冢墓を作って葬ることを土師小鳥が担当したとの記述にうかがえ、さらにこれらの記事から、土師氏は天皇の喪葬とその陵の維持・管理を掌るとともに、特に天皇の許可を得た人物の喪葬をも担当することがあったと分かる。

七世紀初頭になると、土師氏のなかの特定の系統が蘇我氏の庇護のもと喪葬を独占するようになった。(28)『書紀』推古一一年二月丙子条には、新羅遠征のため筑紫に至った征新羅大将軍来目皇子が薨去したため、推古天皇は「聞レ之大驚、則召二皇太子・蘇我大臣一、謂レ之曰、征新羅大将軍来目皇子薨之、其臨二大事一、而不レ遂矣、甚悲乎」み、周芳の娑婆で殯することとし、土師猪手を遣わして殯の事を掌らしめ、殯終了後河内の埴生山岡上に葬った。そして来目皇子の殯が営まれた娑婆にちなみ「猪手連之孫曰二娑婆連一」に至ったと見える。その四〇年後『書紀』皇極元年九月癸巳条に、吉備皇祖母命が薨去するに及び、皇極天皇が土師娑婆猪手に詔して皇祖母命の喪を監督させたとある。土師娑婆猪手こそ『書紀』推古一一年二月丙子条で子孫が娑婆連と名乗るに至ったとある土師猪手その人である。土師娑婆猪手は斑鳩宮に山背大兄王を攻めた時巨勢徳太とともに将軍として遣わされているから、蘇我氏のもとで長く重用され天皇一族の喪葬を独占したと考えられる。しかし斑鳩宮攻撃時に彼は箭に中って死に、以後土師娑婆連なる複姓の土師氏は史料上から姿を消してしまう。土師氏内での娑婆連の系統や動向は明らかでないが、周防の豪族が来目皇子の喪葬を担当したことによって蘇我氏と結びつき中央に進出したとも考えられる。

土師娑婆氏に代わって天皇の喪葬を担当するようになるのは百舌鳥土師氏である。『書紀』白雉五年一〇月壬子条によれば、白雉五年(六五四)孝徳天皇が難波長柄豊碕宮の正寝で崩御した時、南庭で殯が営まれ、殯宮のことを主どったのが百舌鳥土師土徳であった。百舌鳥土師という複姓の土師氏は他に見えないが、おそらくのちに土師氏四腹のうち大枝朝臣を賜ったいわゆる毛受腹（『続紀』延暦九年三月辛酉条）に属する土師氏を百舌鳥土師と称したのであろう。孝徳天皇の殯を掌った土師氏を百舌鳥土師と土師氏一族中での系統をもって表わしたのは、天皇の殯を主どる土師氏が土師娑婆の系統から百舌鳥の土師氏の系統へ移ったことを明記したもので、土師娑婆に代わった系統によって主張され、『書紀』に記き込まれたのであろう。

以上のように、土師氏は律令制以前天皇およびその一族の喪葬と天皇陵の管理に独占的に携わっていたが、氏族内で盛衰があり、一時蘇我氏の庇護のもと土師娑婆の系統が勢力を得、喪葬を独占したが、蘇我氏本宗の滅亡とともに百舌鳥系統の土師氏が喪葬を担当するようになって律令の施行を迎えた。

2　土師氏と陵墓遣使

前節で土師氏と諸陵司の関係を検討し、奈良時代末、宝亀二年以前は土師氏が他氏を圧倒して諸陵寮の四等官に任ぜられていた事実を指摘した。これ以外にも土師氏が諸陵司の管轄する陵墓と緊密な関係をもっていた事実として、献物・奉幣・告辞・鎮祭・修築・改葬などのため臨時に陵墓へ派遣される使に土師氏が単独で任ぜられたり、あるいは他氏の官人とともに派遣されている例があることを挙げ得る。『続紀』に見える陵墓遣使の記事を整理したのが表15である。

まず土師氏が単独で使に任ぜられた例として、文武二年（六九八）正月に新羅の貢物を献上するために土師馬手が大内山陵に遣わされた（『続紀』文武二年正月庚辰条）ことを指摘できる。土師氏が単独で使となった例はこれ以後確認できず、またこれ以前における陵墓への遣使の具体的なあり方も明らかでないが、これ以前は土師氏単独による陵墓への遣使が通例で、これをもって土師氏単独の陵墓への遣使は終わったとも推測される。いずれにしろ陵墓への土師氏の単独遣使は、前節で見たように土師氏が陵墓の管理を担当する氏族であったことによる。

一方、土師氏が他氏とともに使として陵墓へ遣わされた事例は、文武三年一〇月の越智山陵（斉明天皇陵）および山科山陵（天智天皇陵）修造の使（『続紀』文武三年一〇月辛丑条）以後、宝亀三年八月の廃帝改葬のための遣使（『続紀』宝亀三年八月丙寅条）まで断続的に確認できる。表15からも分かるように、『続紀』に記された陵墓に対する臨時の使派遣記事のなかで使に任じた官人の氏名や構成が明らかになる例は少なく、多くは単に使を派遣した事実のみを記すに止まるが、使の官

遣使対象陵墓	遣使による行為	遣使理由
大内山陵	新羅貢物献上	新羅来聴貢物
越智山陵	分功修造	修造
山科山陵		
倭建命墓	祭	震
諸陵	奉幣	皇太子の病
山陵六所	渤海郡信物献上	渤海郡来朝信物
故太政大臣藤原朝臣墓	祭	祭
諱所八処及有功王之墓	検看	地震
山陵	種種献物を奝し奉る	
佐保山陵	鎮祭	
大内 山科 恵我 直山等陵	新羅王子来朝之状を告ぐ	新羅王子来朝
山科陵	唐国信物献上	唐国使来朝信物
山科 大内東西 安古 真弓 奈保山東西等山陵 太政大臣墓	奉幣祈請	聖武太上天皇不豫
（廃帝）	改葬	改葬
（天宗高紹天皇）	大和国で山陵之地を相す	改葬
山科山陵	廃皇太子之状を告ぐ	廃皇太子
田原山陵		
後佐保山陵		

表 15 『続日本紀』陵墓遣使一覧

年月日	使者氏名及び構成
文武　2．1．庚辰	直広参土師宿祢馬手
文武　3．10．辛丑	浄広肆衣縫王・直大壹当麻真人国見・直広参土師宿祢根麻呂・直大肆田中朝臣法麻呂、判官四人・主典二人・大工二人
	浄広肆大石王・直大弐粟田朝臣真人・直広参土師宿祢馬手・直広肆小治田朝臣当麻、判官四人・主典二人・大工二人
大宝　2．8．癸夘	遣使
神亀　5．8．丙戌	遣使
天平　2．9．丙子	遣使
天平　6．4．戊申	諸王・真人、副土師宿祢一人
天平　14．5．庚申	内蔵頭外従五位下路真人宮守等
天平　20．12．甲寅	遣使
天平勝宝 4．閏3．乙亥	遣使
天平勝宝 6．3．丙午	遣使
天平勝宝 7．10．丙午	遣使
宝亀　3．8．丙寅	従五位下三方王・外従五位下土師宿祢和麻呂、六位已下三人
天応　2．8．己未	治部卿従四位上壹志濃王・左中弁従四位下紀朝臣古佐美・治部大輔従五位上藤原朝臣黒麻呂・主税頭従五位下栄井宿祢道形・陰陽頭従五位下紀朝臣本・大外記外従五位下朝原忌寸道永等、六位已下解陰陽者十三人
延暦　4．10．庚午	中納言正三位藤原朝臣小黒麻呂・大膳大夫従五位上笠王
	治部卿従四位上壹志濃王・散位従五位下紀朝臣馬守
	中務大輔正五位上当麻王・中衛中将従四位下紀朝臣古佐美

人の氏名が判明する宝亀三年以前の事例では必ず土師氏がそのなかに入っている。㉙このことから使の官人や構成が明らかでない場合でも土師氏が使に含まれていたと推測することができる。また土師氏が他氏とともに任ぜられた陵墓への遣使で注目すべきは使の構成である。使の構成原理がもっとも明確に書かれているのは、天平六年四月「諱所八処及有功王之墓」を検看するために使を派遣したことを記す『続紀』天平六年四月戊申条である。そこには陵墓への遣使が「遣₂諸王・真人₁、副₂土師宿祢一人₁」える構成を採ることが明記されている。表15にも明らかなように、諸王・真人いずれかが欠ける場合はあるが、土師氏を欠くことはないから、諸王・真人に土師氏一人を加えて使を構成する原則㉚があったことはほぼまちがいない。諸王・真人から陵墓への使が選ばれたのは、彼らが皇親あるいは比較的近い天皇（継体天皇以後）の後裔氏族であったからであり、これに加えて土師氏が任ぜられたのは、土師氏の氏としての職務が陵墓の管理にあったことによる。

ところで、土師氏から陵墓へ遣わされる使に任ぜられる事例は、先述したように宝亀三年をもって終わる。それはあたかも前節で指摘した、土師氏の諸陵寮四等官への任官が宝亀二年で終わることと時期的に符合する。そして土師氏の陵墓遣使からの離脱は臨時の使だけでなく、恒例の使である荷前使においても認められる。荷前使の場合、毎年必ず土師氏から使に任ぜられていたが、土師氏はみずから使への任命を忌避・辞退するかたちで離脱が行われた（『類聚三代格』巻一二諸使幷公文事など所収延暦一六年四月二三日太政官符）。このように土師氏は諸陵寮、そしてその管理下にあった陵墓との関わりをみずから断っていった。

3　土師氏の喪葬からの離脱

前節で、律令制下、賻物料の保管と出給に治部省とともに当たった大蔵省が、平安時代の初めに至り賻物出給の任に当たることを忌避するようになっていたことを見た。このような事態は、喪家の人々が実際に大蔵省に行き、大蔵・治部両省の官人から直接賻物を受け取っていたことによって起きたと考えられる。大蔵省による賻物出給忌避の原因は喪家の人々に直接会うことによって官人が穢に触れることになったからであろう。穢に触れる恐れのある喪葬に関わることへの忌避は大蔵省だけでなく、直接喪葬儀礼に関わっていた土師氏においても奈良時代末から平安時代初めには生まれていた。

(1)　土師棄姓

土師氏の人たちは、まず凶儀と関わりがあると考えられた土師の氏の名を改めたいと言上し、それぞれの居地による新しい氏の名が与えられた。氏の名を改めたいとする言上とそれに対する許可は天応元年(七八一)六月や同二年五月の菅原・秋篠への改姓から始まる(『続紀』天応元年六月壬子・二年五月癸卯条)。この時土師古人・土師道長ら一五人、あるいは土師安人らが奉った言上文には土師氏の出自、そしてその遠祖野見宿祢以来凶事に関与してきたことを述べたのち、「式観㆓祖業㆒、吉凶相半[31]、若其諱辰掌㆑凶、祭日預㆑吉、如㆑此供奉、允合㆓通途㆒」うが、いまはそのようになっておらず、専ら凶事ばかりに関わっている。しかし先祖の業を尋ねると、意図はそこにないので、土師の氏の名を改め地名によって菅原あるいは秋篠としたいとしている。これに続いて土師氏の他の氏人たち(『続紀』延暦四年八月癸亥朔条、『続後紀』天長一〇年八月甲午条、『三実』貞観九年四月二五日甲午・元慶元年一二月二七日癸巳条など)や土師氏の同祖と称する諸氏(『続後紀』承和七年十二月己巳条、『三実』貞観八年閏三月一七日壬戌・一二年三月三〇日壬午条など)も次々と改姓を願い出て許されている。さらに氏の名を居地によって改めた土師氏の後裔諸氏は姓を宿祢から朝臣へと改め(『続紀』延暦九年三月辛酉・一二月壬辰朔条など)、中央の伝統ある負名氏にふさわしい宿祢の姓を捨てた。

このようにして土師氏は、凶事と相即的に捉えられていた土師という氏の名を居地に基づく名に改め、また負名氏にふさわしい宿祢姓を朝臣に改めることによって、まず凶事との関係を絶とうとした。

(2)　凶儀忌避

土師氏は改姓によって土師の氏の名と宿祢の姓を捨てたのち、延暦一六年四月に至りついに太政官論奏に天皇の画聞を経た太政官符で凶儀に預かることを止められた(『類聚三代格』巻一二諸使并公文事など所収延暦一六年四月二三日太政官符)。

延暦一六年四月二三日太政官符が引く同月一四日の太政官論奏では、土師氏が凶儀と関わりを持つに至った歴史的由来を書いたのち、土師氏が「翻掌二凶儀一、不レ預二吉礼一」ったのは、「喪葬之事、人情所レ悪」であったため「専定二一氏一、為二其職掌一」したからで、このような事態は「於レ事論レ之、実為二不穏一」であるから、土師氏一氏に凶儀を任せることを罷め、土師氏は諸氏と同じく凶儀のみならず吉儀にも預かることにし、これまで専ら土師氏が果たしてきた「殯宮御膳誄人長、及年終奉幣諸陵使」については「所司及左右大舎人雑色等人」のなかから選び充てたいとしている。このような内容をもつ太政官論奏に対して天皇が承認し画聞が終わると、太政官はこの太政官符で治部省に対し、土師氏一氏が凶儀に関わる体制を止め、年終幣使者については治部省の移によって蔭子孫散位位子等から選んで充てることを命じた。

論奏で土師氏の凶儀への具体的奉仕の例として挙げられ改善が命じられた「殯宮御膳誄人長」と「年終奉幣諸陵使者」は、後者が前項で述べた荷前使であり、前者は天皇の殯宮で御膳を奉仕する人々の長、あるいは誄人を率いて誄を奉る長のことで、これによって土師氏の喪葬の場での奉仕の一端が明らかとなる。そして、ここから延暦一六年に停止された土師氏の具体的凶事の職掌が、本来土師氏が持ち律令施行後は諸陵司に受け継がれた天皇陵の祭祀・維持・管理と天皇の喪葬儀礼への関与であったことが分かる。

ここでいま一つ注意したいのは、土師氏が喪葬に関わることを避けたいとして挙げた理由のなかに「喪葬之事、人情所レ悪」とあることである。平安時代初め喪葬への関与がにわかに忌避され始めた状況はすでにいく度も触れたが、喪葬への忌避は土師氏という喪葬を専掌する氏族においても避け難かった。

以上のようにして土師氏は天皇の喪葬儀礼、陵墓の祭祀、あるいは陵墓への遣使に専ら当たる氏としての独自の「伝統」と職掌を放棄したのであるから、貴族の喪葬において果たしていた礼制・凶礼を行う職掌もおそらくこれと前後して土師氏から失われたのではないかと思われる。

むすび

本章では、律令喪葬制度において皇親と貴族・官人の喪葬を担当するべく設けられた喪葬官司、治部省とその被管官司である喪儀・諸陵の両司と、律令制以前から独自の儀礼をもって喪葬に奉仕してきた喪葬氏族である土師氏に焦点を当てて検討を行い、律令国家と喪葬の関係を考えてきた。

その結果、

① まず奈良時代末から平安時代初めに、後者、すなわち喪葬氏族である土師氏で変化が起きた。土師氏は律令制以前、陵墓の管理と喪葬をもって王権に仕え、律令制下においても諸陵司に官人を供給し、また喪葬で凶礼を行う伴部たる土部を出す氏族として、陵墓の管理や喪葬と深い関わりをもった。しかし、土師氏はみずから喪葬と深い関わりをもつ土師という氏の名を嫌い、居地の違いによって新たに菅原・秋篠・大枝の三氏に分化し、さらに土師氏のみが専ら凶事である喪葬儀礼に関わることを止め、他の氏族同様に吉凶両事に預かることとなった。ここに喪葬氏族たる土師氏は消滅した。当然、このような事態が起こったことによって土師氏が奉仕する喪葬儀礼自体が喪葬のなかから消え、喪葬儀礼あるいは喪葬のあり方が大きく変わったと推測される。

そして、

② ①と時をあまり隔てず、前者でも大きな変化が生じた。律令では治部省とその被管官司である諸陵・喪儀両司が喪葬を担当すると規定されていた。しかし、まず土部を擁する点で喪葬に関わりながら三省司のなかでもっとも喪葬と関係の希薄である諸陵司が諸陵寮に昇格して、律令に規定された本来の職掌である陵墓の管理・祭祀に当たることとなり、また諸陵寮に独占的に官人を送り込んでいた土師氏が喪葬との関わりを断絶するに至る以前、すでに諸陵寮への任官も行われなくなっていた。喪葬と密接な職掌をもち、葬具の管理と喪葬儀礼の一部を担当した喪儀司に至ってはついに廃止された。このような状況のなかでひとり喪葬との関わりを持っていた治部省も賻物の保管・出納に関わった大蔵省と

賻物の出納を忌避し、賻物に関わる一切の機能を施薬院、次いで左京職・穀倉院へ引渡した。このようにして、律令国家において喪葬制度を具体的に支えた喪葬官司が喪葬から撤退してしまった。

以上、本章で取り上げた諸点は、単に律令喪葬制度の変化の問題だけでなく、律令官司制の実態とその変貌の問題にも結びついている。そして、それは律令制下で官司の職掌を遂行・補完した負名氏の歴史的役割、また律令制下の氏とその変貌の問題をも考えることにつながる、日本の古代を考える基本的な視点である。

注

(1) 代表的な研究として、関晃「大化のいわゆる薄葬令について」古代史談話会編『古墳とその時代』(1)古代史研究第三集、一九五八年、林紀昭「大化薄葬令の再検討」『法学論叢』八五―五、一九六九年・「大化「薄葬令」再論」小林行雄博士古稀記念論文集刊行委員会編『考古学論考』一九八二年、奥村郁三「大化薄葬令について」『高松塚論批判』創元社、一九七四年、近年では北康宏「大化二年三月甲申詔の葬制について」『続日本紀研究』三一〇、一九九七年がある。

(2) 代表的な研究として、和田萃「殯の基礎的考察」『史林』五二―五、一九六九年・「服属と儀礼殯宮儀礼の分析」伊藤幹治編『呪いと祭り』講座日本の古代信仰三、一九八〇年がある。

(3) 通時的研究として、森浩一「古墳時代後期以降の埋葬地と葬地―古墳終末への遡及的試論として―」『古代学研究』五七、一九七〇年があり、個別宮都の葬地研究として、岸俊男「万葉歌からみた新しい遺物・遺跡」井上薫教授退官記念会編『日本古代の国家と宗教』上巻、吉川弘文館、一九八〇年、和田萃「東アジアの古代都城と葬地―喪葬令皇都条に関連して―」大阪歴史学会編『古代国家の形成と展開　大阪歴史学会二十五周年記念』吉川弘文館、一九七六年、金子裕之「平城京と葬地」『文化財学報』三、一九八四年、五十川伸矢「古代・中世の京都の墓」『国立歴史民俗博物館研究報告』六八、一九九六年、山田邦和「京都の都市空間と墓地」『日本史研究』四〇九、一九九六年などがある。なお、拙稿「日本古代宮都と葬地―文献史料の整理とその基礎的検討―」妹尾達彦編『都市と環境の歴史学〔増補版〕』第三集、二〇〇九年も参照されたい。

(4) 黒崎直「近畿における八・九世紀の墳墓」『研究論集』Ⅵ、奈良国立文化財研究所、一九八〇年・「奈良時代墳墓の構造とその性格」菊地康明編『律令制祭祀論考』塙書房、一九九一年などがある。

（5）石井輝義に「七世紀における王権継承と殯」『古代史研究』一〇、一九九一年から「豪族の喪葬権について」野田嶺志編『地域のなかの古代史』岩田書院、二〇〇八年に至る一連の研究があるが、基礎的で総合的な研究はまだない。

（6）稲田奈津子「日本古代喪葬儀礼の特質―喪葬令からみた天皇と氏―」『史学雑誌』一〇九―九、二〇〇〇年・「喪葬令と礼の受容」池田温編『日中律令制の諸相』東方書店、二〇〇二年・「古代の都城と葬地」『歴史と地理』五七五、二〇〇四年・「喪葬令皇都条の再検討」『延喜式研究』二二、二〇〇六年・「奈良時代天皇喪葬儀禮―大唐元陵儀注の検討を通して」『東方学』一一四、二〇〇七年がある。

（7）稲田奈津子「北宋天聖令による唐喪葬令復元研究の再検討―条文排列を中心に」『東京大学史料編纂所研究紀要』一八、二〇〇八年。

（8）治部省官人が監護の使に任ぜられることがなかったわけではない（『続紀』大宝元年七月壬辰条）が、その場合でも使が治部省官人のみで編成されることはなく、治部省官人は使の一員に止まった。

（9）『延喜式』でも喪葬に代わり、巻二一治部省では国分公文・補任帳・度縁請印条など、僧尼に関する条文が規定されている。

（10）天平宝字二年（七五八）八月、藤原仲麻呂によって行われた官号の唐風への改易に際し、治部省は「僧尼賓客、誠レ應レ尚レ礼」きゆえに礼部省と改められた（『続紀』天平宝字二年八月甲子条）。

（11）北康宏「律令国家陵墓制度の基礎的研究―『延喜諸陵寮式』の分析からみた―」『史林』七九―四、一九九六年。

（12）斉衡四年（八五七）に土師氏の後身氏族の一つである大枝氏から一名の任官を確認できるが、宝亀二年までの土師氏による独占的な状況と比べると大きく様相は異なり、大枝氏が土師氏の後身ゆえに任官されたとは考え難い。

（13）直木孝次郎「土師氏の研究―古代的氏族と律令制との関連をめぐって―」『人文研究』一一―九、一九六〇年。

（14）同条所引の令釈も古記とまったく同じ註釈を加えるが、義解は「御垣周廻及大蔵民部廩院等、令二衛士守一、是也」と記すだけで、古記・令釈が「所部」に含むと解した喪儀司・馬寮を衛士防守の範囲に含めていない。後述するように、喪儀司は『令義解』編纂時すでに廃止されていたために除外されたと考えられるが、馬寮が除外された事情については明らかでない。

（15）北村優季「平城宮の「外司」令集解宮衛令開閇門条古記をめぐって」『山形大学史学論集』八、一九八八年。

(16) 拙稿「掃部寮の成立」奈良国立文化財研究所編『文化財論叢』Ⅱ、同朋舎、一九九五年。
(17) 拙稿注(16)論文。
(18) このほかにも兵庫寮が鼓吹司の職掌を継授したことを示す規定が巻一一太政官鼓吹条、巻二八兵部省元日・大射・鼓吹・勘籍補の各条に見える。
(19) 散一位から散三位まで散位の貴族が派遣対象からはずされていることは重要な変化である。これは喪儀における大臣儀の成立と深く関わる問題であり、別途検討が必要である。
(20) 大蔵省の賻物出給忌避によって卒死した官人の喪家の生活が成り立ち難くなったところにも大きな問題がある。これは賻物が卒死した官人(卒死とあるから当然四位以下の官人)の喪家に対して単に弔意を示すだけのものではなく、喪家にとって実質的な意味も持っていたことを意味する。
(21) 相曽貴志「賻物について」『日本歴史』五〇九、一九九〇年。
(22) 相曽注(21)論文。
(23) この場合、問題は左京職のみで右京職がまったく賻物の出給に関与していないことにある。穀倉院は左京でなく右京三条一坊九・一〇・一一町の地に、右京職に近接して所在したから、位置的には左京職よりも右京職のほうが支給にとっては好都合である。しかし実際には右京職でなく左京職が賻物の支給に関わっている。これは、右京職が喪葬にあたって監護使となるとの規定がないことと関っていると考えられる。
(24) 山本信吉「穀倉院の機能と職員」『日本歴史』三〇〇、一九七三年。
(25) 稲田注(6)諸論文。
(26) 土師氏に関する研究は枚挙に遑がないが、代表的研究には直木注(13)論文などがある。
(27) 土師氏の伝承については、米澤康「土師氏に関する一考察—日本書紀の所伝を中心として—」『芸林』九—三、一九五八年、直木注(13)論文、黒沢幸三「土師氏の伝承と歌謡」『文化』三一—四、一九六八年を先駆とし、そののち多数の研究がある。
(28) 『書紀』推古一一年春二月丙子・皇極元年九月癸巳条。なお村津弘明「土師氏の研究—土師娑婆連猪手を中心として—」『史泉』五〇、一九七五年は、猪手が六世紀末・七世紀初めの陵墓制度の改革に関わった可能性を示唆している。

(29) 『続紀』天平一四年五月庚申条には山陵に献物を奉る使に「内蔵頭外従五位下路宮守等」を遣わしたとある。路宮守以外にも使に任ぜられた官人がいたことは確実で、土師氏が含まれていた可能性は十分ある。また使を代表して真人姓の路宮守が書かれていることも原則の存在を推測させる。

(30) このような原則の存在は『続紀』における使官人の記載順序にも反映している。表15のごとく文武三年一〇月の場合、越智山陵には浄広肆(従五位下相当)衣縫王・直大壱(正四位上相当)当麻国見・直広参(正五位下相当)土師根麻呂・直大肆(従五位下相当)田中法麻呂が、また山科山陵には浄広肆(従五位下相当)大石王・直大弐(従四位上相当)粟田真人・直広参(正五位下相当)土師馬手・直広肆(従五位下相当)小治田当麻が各々使となっているが、いずれも位階の低い諸王が筆頭に掲げられ、次いで真人・土師氏の順である。なお、この時は判官・主典と大工が任命されたが、宝亀三年八月では諸王・土師氏以外に遣わされた六位以下三人が文武三年の判官と主典に当たると考えられる。

(31) 土師氏が種々の職掌を帯びていたことについては、米澤注(27)論文、直木注(13)論文など参照。

(32) 文武天皇・皇太后藤原光明子・光仁天皇・皇太后高野新笠・皇后藤原乙牟漏・桓武天皇の葬送にあたり誄人とそれを率いる人物がいたことが史料に見える(『続紀』慶雲四年一一月丙午・天平勝宝六年八月丁卯・天応二年正月己未・延暦九年正月一四日辛亥・閏三月甲午条、『後紀』大同元年四月甲午朔条)。

第一二章　古代貴族の営墓と「家」

――『延喜式』巻二一諸陵寮陵墓条所載「陵墓歴名」の再検討を中心に――

はじめに

古代の支配階層は特定の氏に属し、出身してまず位階を得、そののち官職に就いた。そして位階が五位に達すると貴族の列(通貴)に入り、さらに三位に至ると独自の家政を持ついわゆる公的家(以下公的家を「家」と表記する)を成し、その処理を行う家政官司が置かれて本当の意味での貴族(貴)となった。このように貴族は国家・氏・「家」など異なる次元の政治団体に重複して所属していたため、本来個人の問題である彼の死にこれら諸団体が関わりをもち、その死は公的事象とならざるを得なかった。律令国家は、喪葬令を設けて貴族の喪葬を統制し、太政官制下に貴族の喪葬を所管する治部省と諸陵・喪儀両司を置き、これら諸司によって彼らの喪葬は公的に執行されることになっていた。しかし治部・諸陵・喪儀三省司による喪葬体制は平安時代初めに崩壊し、それに代わって新たな喪葬制度が生まれた。このことについてはその歴史的意義も含めて別稿で述べた[①]。律令国家はこのように貴族の喪葬に深く関与したが、彼を本主とする「家」や彼が属した氏も当然なんらかの関わりをもったと予想される。本章では、貴族の喪葬への律令国家や氏・「家」の関わり方を考えるために、喪葬の最終段階に当たる埋葬に焦点を絞り、時期を奈良時代から平安時代前期に限定して検討することとする。このように時期を限定したのは、貴族の埋葬も律令国家の喪葬制度の一環である以上、その変化を被らざるを得ないと考えるからである。

さて、貴族や官人の葬地に関する研究は[②]、従来、宮都研究の一環として七世紀から九世紀の時期を主たる対象に行われてきた。それらの研究によれば、律令制下の宮都では、その周辺に天皇や貴族・官人たちを埋葬するための「公葬地」が設けられ、彼らが死去した場合、本貫地や在官地でなく「公葬地」に埋葬された。このような「公葬地」の成立は「藤原」京、すなわち日本列島における宮都の成立と深く関わるが、「藤原」京と平城京のあいだで「公葬地」の所在に大きな相違が見られた。一方、貴族の葬地に関する研究は平安時代の氏や家の問題を考えるために、おもに摂関期を中心として研究が進められ、大きな成果を挙げてきた(3)。しかしこのような異なる観点からする研究は、ほとんど関連することなく各々独自に進められてきた。本章では、両者の研究を繋ぐとともに、これらの研究が明らかにした点を踏まえつつ古代貴族の埋葬の問題を宮都や氏・「家」との関わりに注意しながら検討したい。ただ奈良時代から平安時代前期の貴族の営墓・葬地に関する具体的な史料はきめて乏しい。したがって本章では『延喜式』巻二一諸陵寮陵墓条所載の「陵墓歴名」から奈良・平安時代前期に造営された貴族の陵・墓を抽出し、それに若干の関連史料を加えて検討を行うことにする。

一　「陵墓歴名」に見る奈良時代貴族の埋葬

「陵墓歴名」の具体的な検討を行うまえに確認しておきたいのは、貴族の埋葬に対する律令の原則である。律令では喪葬令において貴族・官人の喪葬を扱い、皇都・先皇陵・三位以上・立碑の四条を設けて埋葬について規定している。このうち皇都・先皇陵両条では原則的な埋葬禁止場所を指定し、また三位以上・立碑両条では貴族にのみ許される営墓と墓での立碑を規定している。これらの諸条から、律令の原則は、墓の造営と墓碑の建立を一組にして三位以上の貴族と、氏上・別祖など氏を代表しあるいは氏の始祖に当たる特定個人に限って営墓を認め、それを墓碑の建立によって明示するが、彼ら以外の官人や氏の人々全般には営墓も立碑も許さないことにあった。三位以上の貴族が墓を営み墓碑を立て得たのは、彼らが律令国家から派遣された家令職員を中核とする家政官司によって管理・運営される「家」を持ち得る地位にあったことと深く関連している。すなわち律令国家は営墓においても貴族の「家」の自立を前提としていたと言える。

表16 「陵墓歴名」記載の貴族の墓(記載順)

陵・墓名	陵・墓主	死亡年	所在地
田原西陵	施基皇子	716	在大和国添上郡
吉隠陵	紀橡姫	709	在大和国城上郡
河上陵	藤原帯子	794	在大和国添下郡
宇波多陵	藤原旅子	788	在山城国乙訓郡
石作陵	高志内親王	809	在山城国乙訓郡
中尾陵	藤原沢子	839	在山城国愛宕郡鳥部郷
小野陵	藤原胤子	896	在山城国宇治郡小野郷
淡路墓	当麻山背	765	在淡路国三原郡
牧野墓	和乙継	?	在大和国広瀬郡
大野墓	大枝真妹	?	在大和国平群郡
阿陀墓	藤原良継	777	在大和国宇智郡
村国墓	安倍古美奈	?	在大和国添下郡
多武岑墓	藤原不比等	720 ?	在大和国十市郡
後阿陀墓	藤原武智麻呂	737	在大和国宇智郡
相楽墓	藤原百川	779	在山城国相楽郡
後相楽墓	藤原諸姉	786	在山城国相楽郡贈太政大臣墓内
巨幡墓	伊予親王	807	在山城国宇治郡
加勢山墓	橘清友	789	在山城国相楽郡
小山墓	田口氏	?	在河内国交野郡
後宇治墓	藤原冬嗣	826	在山城国宇治郡
次宇治墓	藤原美都子	828	在山城国宇治郡贈太政大臣墓内
愛宕墓	源潔姫	856	在山城国愛宕郡
大岡墓	藤原吉子	807	在山城国葛野郡大岡郷
後愛宕墓	藤原良房	872	在山城国愛宕郡
深草墓	藤原乙春	883	在山城国紀伊郡
高畠墓	仲野親王	867	在山城国葛野郡
河嶋墓	当宗氏	?	在山城国葛野郡
八坂墓	藤原数子	?	在山城国愛宕郡八坂郷
拝志墓	藤原総継	?	在山城国愛宕郡鳥戸郷
次宇治墓	藤原基経	891	在山城国宇治郡
小野墓	藤原高藤	900	在山城国宇治郡小野郷
後小野墓	宮道列子	907	在山城国宇治郡小野郷
又宇治墓	藤原時平	909	在山城国宇治郡

まず「陵墓歴名」に載せる奈良・平安時代前期の貴族の墓を記載順に整理すると表16のようになる④。表16のうち奈良時代、すなわち平城京に都があった延暦三年（七八四）までに死亡したことを史料上で確認できる人物は、藤原鎌足・不比等父子のいずれが葬られているか問題のある多武嶺墓の墓主⑤を除くと、施基皇子・紀橡姫・当麻山背・藤原良継・安倍古美奈・藤原武智麻呂・藤原百川の七人である。この七人のうち特別な事情が考えられる当麻山背⑥と後述するように延暦一六年に改葬を受けたと推定される藤原百川を除く五人は、すべて大和国に陵・墓が営まれている。このことは奈良時代に死亡した貴族は大和国に埋葬されることが原則であったことを示唆している。そしてこ

の推定が正しいとすると、表16において上記の七人以外で死亡年未詳ながら大和国に葬られている和乙継・大枝真妹夫妻も奈良時代に死亡したと考えることができる。[7] 次ぎに大和国に葬られた九人の陵・墓の所在地を郡別に見ると、添上・添下・城上・十市・広瀬・平群・宇智の七郡にわたり、特定の郡に集中していない。ただ陵墓名から推定される所在郷は盆地部ではなく、ほとんどがその周縁部に位置している。また本貫地や氏の本拠地との関係は、後述するように本拠地の推定可能な和乙継・大枝真妹・安倍古美奈の場合、葬地と本拠地のあいだに関連を見いだすことがまったくできず、また三人以外の人物も葬地が本貫地あるいは氏の本拠地であると推定する積極的根拠がない。以上の諸点は従来の研究が指摘するところとほぼ一致する。

さて、大和国に葬られた九人のなかで藤原氏の貴族は、藤原不比等と藤原武智麻呂・藤原良継の三人である。このうち武智麻呂と良継の墓はともに大和国宇智郡阿陀郷に所在し、それゆえに二人の墓は後阿陀墓・阿陀墓と区別して呼ばれた。[8] 藤原氏のなかでも南家と式家で異なる武智麻呂と良継の二人が同じ大和国宇智郡阿陀郷に葬られている事実は、あるいは阿陀郷に藤原氏の葬地があったという考えを導く可能性がある。しかし阿陀郷は山代真作墓誌の出土地であり、同墓誌によれば、山代真作とその妻蚊屋秋庭は二人の本貫地でない大和国宇智郡阿陀郷に葬られている。[9] このことは、阿陀郷が律令国家によって設定された公的な葬地の一つであったことによると考えられる。したがって宇智郡阿陀郷に葬られた藤原氏の二人の貴族も藤原氏の葬地があったから阿陀郷に葬られたのではなく、むしろそこが律令国家が設定した公的な葬地であったことによると考えるほうが正鵠を射ているのではなかろうか。

また『紀略』には「在₂大和国添上郡隅山村₁贈太政大臣正一位藤原朝臣墓地」と、上記三人以外の藤原氏貴族の墓に関する記載がある（『紀略』弘仁四年一二月癸巳条）。墓の所在地隅山は栖山（須山）と考えられるから、「贈太政大臣正一位藤原朝臣」は太安万侶墓が見つかった此瀬の地に近く、奈良時代の公的な葬地として著名な田原に含まれる地に葬られたと考えられる。このように「贈太政大臣正一位藤原朝臣」も武智麻呂や良継と同様に公的な葬地に葬られたのである。

ところで「贈太政大臣正一位藤原朝臣」は墓が大和国にあったことから長岡遷都の延暦三年までに没したと考えられ

る。長岡遷都までに太政大臣正一位を贈られた藤原氏の人物には、不比等・武智麻呂・房前・良継・永手の五人がいる⑩が、このうち墓の所在が明らかなのは上述した武智麻呂・良継の二人だけで、問題のある不比等を含め房前・永手の三人は墓の所在が明らかでない。「贈太政大臣正一位藤原朝臣」がこの三人のうちだれであるかは容易に決め難いが、だれであったとしても藤原氏の有力者が奈良時代に公的な葬地に埋葬された事実は動かない⑪。以上のように奈良時代、藤原氏は氏あるいは南北式京の四家として独自の葬地をもたず、藤原氏といえども公的な葬地に埋葬されたのである。

次ぎにまた表16を見ると、そこには夫婦で陵・墓に葬られている例が数多く見られる。いま表16から夫婦関係にある貴族の陵・墓を整理し直すと、表17のようになる。表17には二人とも奈良時代までに死亡した夫婦三組、すなわち施基皇子と紀橡姫、和乙継と大枝真妹、藤原良継と安倍古美奈がいる。まず施基皇子と妻紀橡姫の場合、施基皇子が添上郡田原、紀橡姫が城上郡吉隠で、二人は郡を異にし、盆地の南北に遠く離れた地に葬られている。施基皇子が葬られた田原は周知のように公的葬地であり、紀橡姫が葬られた吉隠もおそらく公的葬地の一つであったと思われる。また奈良時代末の藤原良継・安倍古美奈夫妻も郡を異にし、良継は上述した宇智郡阿陀郷、安倍古美奈は添下郡村国郷に墓があり、阿陀と村国は奈良盆地でも東辺と西辺に隔たって位置する。良継の墓がある阿陀郷は既述のように平城京西南方の公的な葬地である可能性が高く、安倍古美奈も安倍氏の本拠地である十市郡の阿倍でなく、遠く離れた村国に葬られているのは村国も公的な葬地であったためと考えざるを得ない。和乙継と大枝真妹の場合も、和氏は大和国城下郡大和郷、大枝氏は山背国乙訓郡大枝郷⑫が本拠地であるから、二人の葬地である広瀬郡牧野と平群郡大野はまったくそれと関わりがなく、奈良盆地の西辺で南北に隔たっている。

以上のように、上記三組の夫婦の場合、夫婦の陵・墓はすべて大和国に所在し、また夫婦の本貫地や彼らが各々所属する氏の本拠地でない所に葬られていた。これらの点はさきにも指摘したように奈良時代の貴族全般に当てはまる事実である。しかし、ここでさらに注目すべきは、上記三組の場合、一つの例外もなく夫と妻は墓の所在する郡を異にし、しかも盆地周縁部の東西あるいは南北に隔たった地に葬られている点である。上述した山代真作夫妻のように、奈良時

表17 「陵墓歴名」に記された貴族夫婦の陵墓

	陵墓名	陵　墓　主	所在地	備　考
①	田原西陵	春日宮御宇天皇(志貴皇子)	大和国添上郡	霊亀2年
②	吉隠陵	皇太后紀氏(橡姫)	大和国城上郡	?
③	牧野墓	太皇大后之先和氏(乙継・桓武外祖父)	大和国広瀬郡	宝亀以前?、本拠地=大和国城下郡→添下郡
④	大野墓	太皇大后之先大枝氏(真妹・桓武外祖母)	大和国平群郡	宝亀以前?、本拠地=山城国乙訓郡
⑤	阿陀墓	贈太政大臣藤原朝臣良継(平城外祖父)	大和国宇智郡	宝亀8年
⑥	村国墓	贈正一位安倍命婦(古美奈)同天皇外祖母(平城外祖母)	大和国添下郡	延暦3年、本拠地=大和国十市郡
⑦	相楽墓	贈太政大臣正一位藤原朝臣百川淳和太上天皇外祖父(淳和外祖父)	山城国相楽郡	宝亀10年(延暦16年墓地賜与←改葬?
⑧	後相楽墓	贈正一位藤原氏(諸姉)同天皇外祖母(淳和外祖母)	山城国相楽郡	延暦5年
⑨	加勢山墓	贈太政大臣正一位橘朝臣清友仁明天皇外祖父(仁明外祖父)	山城国相楽郡	延暦5年
⑩	小山墓	贈正一位田口氏同天皇外祖母(仁明外祖母)	河内国交野郡	?
⑪	後宇治墓	贈太政大臣正一位藤原朝臣冬嗣文徳天皇外祖父(文徳外祖父)	山城国宇治郡	
⑫	次宇治墓	贈正一位藤原氏(美都子)同天皇外祖母(文徳外祖母)	山城国宇治郡贈太政大臣墓内	
⑬	後愛宕墓	太政大臣贈正一位美濃公藤原朝臣(清和外祖父)	山城国愛宕郡	
⑭	愛宕墓	贈正一位源氏(潔姫)清和太上天皇外祖母(清和外祖母)	山城国愛宕郡	
⑮	高畠墓	贈一品太政大臣仲野親王(宇多外祖父)	山城国葛野郡	
⑯	河嶋墓	贈正一位当宗氏(宇多外祖母)	山城国葛野郡〈川嶋郷〉	本拠地=河内国志紀郡
⑰	八坂墓	贈正一位藤原氏(数子・光孝外祖母)	山城国愛宕郡八坂郷	
⑱	拝志墓	贈正一位藤原朝臣総継(光孝外祖父)	山城国愛宕郡鳥戸郷	
⑲	小野墓	贈太政大臣正一位藤原朝臣高藤(醍醐外祖父)	山城国宇治郡小野郷	
⑳	後小野墓	贈正一位宮道氏(列子・醍醐外祖母)	山城国宇治郡小野郷	本拠地=山城国宇治郡

〈凡例〉 ▬は「藤原」京期、□は平城京期、▬は長岡京期、□は平安京期

代に夫婦で同地あるいは同墓に葬られたと考えられる例がないわけでない。しかし現存の墓誌など墓に埋葬された文字史料による限り、このような事例は奈良時代に限ればほかにない。(13)むしろ山代真作夫婦の事例は、ここで問題にしている貴族とは異なる階層における夫婦埋葬のあり方を示すものと理解すべきではなかろうか。

ところで、表16にはさきに指摘したように奈良時代に死亡したにも関わらず大和国外に埋葬された人物として藤原百川が見える。彼は宝亀一〇年(七七九)に死亡した(『続紀』宝亀一〇年七月丙子条)が、「陵墓歴名」では墓の所在を山城国相楽郡としている。『後紀』によれば、延暦一六年二月に山城国相楽郡の田二町六段を賜って百川の墓地としている(『後紀』延暦一六年二月丁巳朔条)から、これ以後百川の墓は「陵墓歴名」に記す山城国相楽郡に所在することになったと考えられる。そこで問題となるのは、まず第一に百川の死亡からすでに一八年を経た延暦一六年に新たな墓地賜与が行われた理由である。周知のように百川は桓武天皇擁立の立て役者であり、それゆえに彼の男子たちは桓武朝に重用された。しかし百川の墓が延暦一六年に至って新たに山城国相楽郡に設けられた事情は『後紀』の記事からは明らかでない。ただ百川の墓は彼の死亡年からみておそらくこれ以前大和国にあり、延暦一六年にそれを山城国に改葬したものと思われる。次ぎに第二の問題はなぜ山城国相楽郡に墓地を賜ったのかである。「陵墓歴名」によれば、百川の妻である藤原諸姉の墓も山城国相楽郡にあり、しかも「在二山城国宇治郡贈太政大臣墓内一」と記されている。しかし「陵墓歴名」の記載を文字どおりに捉え、夫の墓の兆域内に妻の墓が営まれたと考える必要はない。むしろ「陵墓歴名」の記載が夫を主体として統一されたものであると考えれば、夫百川の墓と妻諸姉の墓が兆域を共有して存在していた(以下夫婦同墓と称する)というのが事実ではなかろうか。ところで、上記したように、『後紀』は百川の墓地として賜った田を二町六段とするが、「陵墓歴名」は相楽墓の兆域を東西三町、南北二町とし、かりに兆域が方形であればその面積は六町となり、『後紀』が記す面積の二倍余りである。この間の事情については、延暦一六年から「陵墓歴名」成立までのあいだに兆域が拡大され、墓として整備が進められた結果と見て、百川の山城国相楽郡への改葬以後他所にあった諸姉の墓をも改葬して百川と夫婦同墓としたと考えることができる。しかしまた長岡京の時期に死亡した諸姉の墓がまず山背国相楽郡に営まれ、延暦一六年に改めて百川に対して妻と同地に墓地を賜与した結果、夫婦で兆域六町を共有する墓が成立したと考えることもできる。いずれとも決し難いが、前者のように夫婦各々に改葬を想定するよりも、夫にだけ改葬を想定する後者の考えの方がより正鵠を射ているのではなかろうか。それは、前者の場合、延暦一六年当時の都は平安京であり、後述する平安京の時代における貴族の墓の所在分布からみて相楽郡が葬地であった可能性はきわめて低いのに対し、後者の場合、諸姉が死亡した延暦五年は長岡京に都があった時期であり、後述のごとく当時相楽郡が長岡京の葬地であった可能性も考えられ、百川の改葬地が相楽郡であったことについて特別な事情を想定する必要がなくなるからである。ただそのいずれであっても藤原百川・諸姉夫妻は本来夫婦別墓で、各々他所に墓を持っていた（おそらくそれは大和国と山背国であったと思われる）が、延暦一六年に百川が山城国相楽郡に改葬され、その結果二次的に夫婦同墓が成立したと考えられる。このような状況を想定すると、なぜ本来夫婦別墓であった百川夫妻を公的な土地を賜与してまで改葬し、夫婦同墓としたのかが問題となるが、そこに桓武天皇の意志を見て取ることができるのではなかろうか。

以上の検討から明らかなように、奈良時代、貴族は夫婦であってもまったく関係なく、また各々の本貫地や氏の本拠地とも関わりを持たず、大和国の公的な葬地に墓を営んだと考えられる。このような営墓・葬地のあり方は、喪葬令の規定する墓は「家」を営む貴族個人の墓であるとする原則によく合致する。

二　「陵墓歴名」に見る平安時代前期貴族の埋葬

「陵墓歴名」所載の貴族のうち、平安時代に死亡したと思われる貴族は二三名で、そのうち死亡年の明らかなものが一九名、死亡年不明ながら平安時代に亡くなったと思われるものが四名（橘清友の妻田口氏、仲野親王の妻当宗氏、藤原数子・総継）いる。

1　長岡・平安京における貴族の葬地

二三名のうち長岡京の時期(延暦四～一三年)に死亡したことが確実な人物は、すでに述べた藤原諸姉と藤原帯子・藤原旅子・橘清友の四人である。このうち藤原帯子を除く三人が山背国に葬られ、彼らの墓は乙訓郡と相楽郡に所在した。[14]藤原旅子が乙訓郡に埋葬されたのは、おそらく高野新笠と藤原乙牟漏が乙訓郡に葬られたのと同じ事情により、乙訓郡が天皇に近い人々の葬地とされたからであろう。

一方、相楽郡に埋葬された藤原諸姉と橘清友のうち、藤原諸姉が相楽郡に葬られた事情は必ずしも明らかでない。また橘清友は正良親王の即位によって妻田口氏とその外祖父母となり、天長一〇年(八三三)三月に正一位を追贈されるとともに、二人の墓である山城国相楽郡所在の枠山墓と河内国交野郡所在の小山墓に各々守冢一烟が置かれた(『続後紀』天長一〇年三月乙卯条)。そののち清友には承和六年(八三九)六月に太政大臣が贈られ(『続後紀』承和六年六月甲寅条)、承和八年二月には山城国相楽郡山四町をもって墓地とされた(『続後紀』承和八年二月己酉条)。清友の枠山墓は「陵墓歴名」では加勢山墓と表記されるが、枠・加勢はともに鹿背で、奈良時代橘氏の祖橘諸兄が相楽別業を営み(『続紀』天平一二年五月乙未条)、恭仁宮を造営した、橘氏の本拠地とも言うべき地である。したがって奈良時代以来の橘氏と山城国相楽郡との関係を考えると、[15]橘清友は橘氏の本拠地とも言うべき地に葬られたと一応考えることができる。しかし清友の妻である田口氏の墓は「陵墓歴名」や『続後紀』によれば河内国交野郡に所在した(『続後紀』天長一〇年三月乙卯条)。交野郡は長岡遷都後の桓武朝以降、郊祀の場(『続紀』延暦四年一一月壬寅条など)、遊猟地(『続紀』延暦六年一〇月丙申条など)として、また貴族の別業経営の地(『続紀』延暦一〇年一〇月丁酉条など)で、それゆえに貴族の隠棲地(『紀略』・『類史』天長六年一二月乙丑条)としても史料に見え、さらに百済王氏ら渡来系氏族の本拠地としても著名である。このような交野郡が葬地としても重要な地であったことは、大同三年(八〇八)正月に雄徳山(男山)での埋葬が供御器を造る土を採取することを理由に禁止されている(『類史』大同三年正月庚戌条)ことから知られる。蘇我氏の枝族である田口氏の女が河内国交野郡に墓を営んだ理由が本貫地や田口氏の本拠地であったことによると解することは難しいから、むしろ河内国交野郡が清友の妻田口氏が死亡したころの葬地であったため当地に埋葬されたのではなかろうか。ただそれが大和国でも山城国でもないことには注目すべきである。田口氏の死亡年は明らかでないが、清友との婚姻は宝亀八年以降で、女嘉智子を生んだのが延暦五年以前と考えられる（『文実』嘉祥三年五月壬午条）から、奈良時代末から長岡京の時期には生存していた可能性が高い。ただ田口氏が死亡したのが長岡京の時期か、平安京の時期に入ってからであるのかは明らかでない。しかし田口氏の墓が交野郡にあることをもって長岡京の時期に死んだのではないかと推測する。それは、長岡京のある山背国乙訓郡と河内国交野郡とが国を異にしながらも互いに接する位置にあり、交野郡が長岡京に付属する葬地であったのではないかと考えるからである。さらに憶測を加えれば、橘清友や藤原諸姉が葬られた相楽郡も長岡京の時期の葬地であったのではないかとも考える。(16)もし以上の推測が正しいとすれば、遅くとも長岡京の時期までは奈良時代の貴族の葬地のあり方が維持され、それゆえに夫婦は互いにまったく無関係にいずれかの葬地に埋葬されたのではないかと考えられる。

さて、長岡京の時期にただ一人山背国でなく大和国に葬られた藤原帯子は平城天皇の皇太子時代の妃で、延暦一三年病を得て急死している（『類史』延暦一三年五月己亥条）。しかし大同元年夫である安殿親王が即位すると、ほどなく皇后を贈られ（『後紀』大同元年六月辛丑条）、その墓は皇后陵となった（『後紀』大同元年六月辛丑条）。藤原帯子の場合、山背国でなくわざわざ大和国に陵を営まれた事情は明らかでないが、夫安殿親王が即位後すみやかに皇后を追贈し、その旨を遣使し報告している（『後紀』大同元年六月辛丑条）ことやその翌年桓武天皇の柏原陵および早良親王の八嶋陵とともに兆域・四至を定められ、特に八嶋陵と帯子の河上陵については兆域の拡大・整備が行われたため「其百姓𢬵地、在二八嶋・河上二陵界内一者、以二乗田(田脱カ)一賜レ之、但地者、准レ估賜レ直」う措置が採られていることを考慮すると、なんらかの特別な事情で山背国を避け大和国で墓が営まれたのではないかと憶測される。

また藤原帯子とともに長岡京の時期に亡くなったにも関わらず山背国に墓を営んでいない人物に早良親王がいる。親王は延暦四年九月桓武天皇の平城行幸中に起こった長岡京造営現場での藤原種継暗殺事件に関わったとされて乙訓寺に幽閉され、食を断ってついに淡路国移送の途次に死亡したが、それにも関わらず屍は淡路国に移送され埋葬された（『紀略』延暦四年九月庚申条）。屍をわざわざ淡路国に移送したのは、明らかに長岡京の近くに親王を埋葬することを避けたためである。親王が淡路国で埋葬されたのは津名郡においてであったと思われる（『類史』延暦一九年七月壬戌条）が、五年後の延暦九年にはその霊威を恐れ、親王に淡路国を充てるとともに守冢一烟を置き、随近郡司が専当することとなった（『紀略』・『類史』延暦一一年六月庚子条）。しかしその霊威は止まるところを知らず、ついに崇道天皇の号を追称し（『類史』延暦一九年七月己未条）、陵戸も置くことになった（『類史』延暦一九年七月壬戌条）。そのうえ延暦二四年の桓武天皇不豫にあっては淡路国に霊威を和らげるため寺を建立することとなった（『後紀』延暦二四年正月甲申条）が、それでも霊威は衰えず、同年四月には改葬司を任命し（『後紀』延暦二四年四月庚戌条）、ほどなく淡路国から大和国添上郡所在の八嶋陵に改葬されたと考えられる。改葬後に陵とされた八嶋陵が大同二年に至って柏原・河上両陵とともに兆域が定められたことについては上述のとおりであるが、その際藤原帯子の河上陵と同様の措置が採られ、またその改葬地も同じく山城国でなく大和国である点で共通する。おそらく二人は長岡京・平安京が営まれた山城国を避けて大和国に埋葬されたのであろう。しかしこの二人のようになんらかの事情がある場合を除き、長岡京の時期には山背国に墓を営むのがやはり原則であったと考えられる。

最後に平安京の時期に死亡したと考えられる残る一八名については、全員が山城国で葬られているから、平安京では貴族を山城国に埋葬するのが原則であったことが分かる。また彼らの墓の所在郡は乙訓・愛宕・宇治・紀伊・葛野の五郡で、乙訓郡を除く四郡は平安京に接する郡である。乙訓郡の事例は表16のように高志内親王の石作陵以外になく、平安京における貴族の葬地は原則としてこれら四郡に置かれたと考えられる。

以上のように都が平城から長岡へ、さらに長岡から平安へと移動するとともに貴族たちの葬地も大和国から山城国へ、また山城国内でも長岡京に接した乙訓郡や遠く離れた相楽郡あるいは隣接する河内国交野郡から平安京に接した愛宕・宇治・紀伊・葛野の四郡に移動した。このことは、貴族の葬地が本貫地や氏の本拠地と関わりなく遷都というきわめて政治的な動機によって移動し、新たに設けられるものであったことを示している。

2　平安時代前期における貴族夫婦の葬地

表17には平安京の時期に入って夫婦ともに死亡した五組の夫婦が見られ、このうち藤原氏同士、すなわち同氏の夫婦は藤原冬嗣と藤原美都子、そして藤原総継と藤原数子の二組、またそれ以外の異なる氏の夫婦が仲野親王と当宗氏、藤原良房と源潔姫、藤原高藤と宮道列子の三組である。

これら五組の夫婦の場合でまず注目されるのは、表17のように夫婦の墓が夫婦ごとに山城国の同郡に営まれていることである。この事実はすでに述べた藤原百川・諸姉の場合にも確認できたが、平城京や長岡京の時期には行われていないから、平安京の時期になってから始まったと推定される。また墓名をみると、五組のうち三組で夫婦の墓が同一地名(後宇治墓と次宇治墓、愛宕墓と後愛宕墓、小野墓と後小野墓)を共有している。このことは同郡よりさらに狭い範囲での夫婦の墓の併存を意味する。

次ぎに五組の夫婦のうち藤原総継・数子、藤原良房と源潔姫、仲野親王と当宗氏、藤原高藤と宮道列子の四組は各々同郡で夫婦別々に墓を営んでいる(以下夫婦別墓と呼ぶ)と考えられるが、藤原冬嗣と藤原美都子の場合だけ、「在二山城国宇治郡贈太政大臣墓内一」と「陵墓歴名」が記すように、美都子の墓と冬嗣の墓が一つの兆域を共有していた(以下夫婦同墓と呼ぶ)。夫婦同墓は上述した藤原百川・諸姉夫妻の場合にも見られたが、ここで問題となるのは藤原冬嗣の墓の所在地である。「陵墓歴名」では宇治郡とするが、冬嗣の葬送を記す『紀略』の記事には「葬二山城国愛宕郡深草山一」とあって相違している(『紀略』天長三年七月辛卯条)。このような冬嗣の葬地の所在に関する史料上の矛盾は、葬地と墓地を別の場所と考えることで解決が可能であるかもしれない。しかしのちに愛宕郡から宇治郡に改葬されたと考えることもできる。特に「陵墓歴名」で冬嗣の葬地とされる宇治の地が藤原基経によって藤原北家嫡流の葬地とされた宇治郡木幡[17]を指すのであれば、冬嗣の墓は改葬されたとせねばならず、妻美都子の墓と兆域を共有するとする「陵墓歴名」の記載は改葬の結果二次的に生じたものであった可能性が高くなる。

一方、夫婦別墓の四組についてみると、藤原総継・数子夫妻はともに五位が極位で、外孫時康親王の即位によって元慶八年(八八四)三月一緒に正一位を贈られ(『三実』元慶八年三月一三日甲戌条)、一二月には二人の墓が荷前の幣を受ける十陵五墓に入った(『三実』元慶八年一二月二〇日丙午条)。その五日のちになって総継・数子夫妻の墓地が各々山城国愛宕郡鳥部郷と八坂郷に定められている(『三実』元慶八年一二月二五日辛亥条)。夫婦がともに五位止まりで、しかも藤原氏の主流でなかったことを併せ考えると、総継・数子夫妻の墓は十陵五墓入りにともなって新たに外祖父母の墓あるいは貴族の墓にふさわしく愛宕郡の鳥部・八坂両郷に設定し直されたのであり、これ以前は「陵墓歴名」に記す場所とまったく同じ所にはなかった可能性がある。総継・数子夫妻の墓は「陵墓歴名」では各々愛宕郡鳥部郷に所在する拝志墓と八坂郷にある八坂墓とされているが、両郷は愛宕郡の西南部に南北に接して位置する郷である。また夫婦の墓が愛宕郡の隣接する鳥部・八坂両郷に設定されたのは、娘藤原沢子の中尾陵に近かったことによるかとも考えられる⑱。

藤原良房と源潔姫の場合は、墓名が後愛宕墓と愛宕墓であることから同地での近接造営と考えられる。良房は愛宕郡の白川辺に埋葬された(『三実』貞観一四年九月四日辛未条)が、彼が白川辺に埋葬されたのは、それに先立って死亡した妻源潔姫が賀楽岡(神楽岡・康楽岡)の白川の地に葬られたことによる(『文実』斉衡三年六月丙申条)。神楽岡は著名な葬地であり(『三実』貞観八年九月二二日甲子条)、これ以後も神楽岡周辺には良房の後愛宕墓を含め陵・墓が造営された。源潔姫が神楽岡白川に埋葬された理由は明らかでないが、良房の墓が妻の墓に規定されて営まれたことはまちがいない。

ところで服藤早苗は、良房・潔姫夫妻が夫婦同墓で、妻の墓地が営まれたのちに夫が追葬されたとして九世紀における異氏夫婦同墓の確実な事例とした。服藤も指摘するように潔姫の墓を前提として良房の墓が営まれたことはまちがいないが、二人が兆域を共有していたことを示す確かな根拠はない。服藤は「陵墓歴名」における良房の墓の墓域記載の欠如について『延喜式』陵墓の記載秩序からして愛宕墓の墓域に含まれるため」であると解して良房・潔姫の同墓を推定した。しかし「陵墓歴名」の記載秩序には必ずしも一貫性がなく(陵墓の記載事項とその表記の統一性の欠如、記載順序の乱れなど）[19]、またほとんどの夫婦は連続して記載されるが、藤原良房・源潔姫夫妻の場合、潔姫の愛宕墓と良房の後愛宕墓のあいだに藤原吉子の大岡墓の記載が入り、大岡墓も良房の後愛宕墓と同様に墓域に関する記載を持たない。また墓の守戸についても夫婦同墓の確実な事例である相楽墓と後相楽墓では、前者に守戸一烟の記載があるが後者には「無守戸」とあり、また後宇治墓と次宇治墓でも、前者にのみ守戸二烟と書き、後者にはその記載がない。これに対して愛宕墓と後愛宕墓には各々守戸一烟が置かれている。これらの点、そしてなによりも愛宕墓と後愛宕墓の所在記載にいずれかの墓内にあるとの記載を欠くことから、良房・潔姫夫妻を夫婦同墓とはできず、むしろ別墓であったと考えた方がよいのではなかろうか。すなわち良房・潔姫夫妻の墓は同墓ではないが、計画的に密接な関連をもって近接した位置に造営されたと考える。なお藤原高藤とその妻宮道列子の場合も各々小野墓・後小野墓と呼ばれているから、藤原良房・源潔姫夫妻と同様、夫婦別墓でありながら、同郡内の近接した地に営まれた[20]と思われる。

問題はむしろ仲野親王とその妻当宗氏の場合にある。二人の墓は「陵墓歴名」によると、ともに山城国葛野郡に所在したが、墓名に藤原良房夫妻や藤原高藤夫妻のように同じ郷名あるいは同じ地名を共有せず、同じ郷や同じ土地に墓が営まれていない。妻の当宗氏の墓名が負う河嶋は川嶋郷に因るもので、桂川右岸の川嶋郷内に営まれたと思われる。一方、高畠墓は桂川左岸から離れた太秦に比定地があるが、それは古墳であり、また遺称地名もないから、所在は不明とすべきである。したがって仲野親王とその妻当宗氏の場合、二人の墓は同郡内にはあったが、近接した関係にあったか否かを検証し得ないので、現段階では留保しておきたい。

ところで「陵墓歴名」には見えないが、いま一つ夫婦の墓の所在が判明する事例として藤原長良・藤原総継女夫妻を挙げることができる。長良夫妻はともに北家に属し、長良の墓は山城国宇治郡、そしてその妻の墓は紀伊郡にあると記されている（『三実』元慶八年一二月二〇日丙午条）。長良夫妻の墓は宇治郡と紀伊郡で郡を異にするが、両郡は東西に接して位置し、しかも郡界の北半部を深草山が占めている。深草郷は紀伊郡に属し（『三実』貞観四年一〇月七日壬寅条など）、平安時代初めから貴族の別業が数多く営まれた（『紀略』天長三年七月辛卯条、『三実』貞観四年一〇月七日壬寅条など）。また紀伊郡の深草山が長岡宮の東面に当たったため西面での埋葬を禁止された（『類史』延暦一一年八月丙戌条）ように、平安時代初めから葬地としても著名であった。しかし深草山は紀伊郡だけでなく愛宕郡、さらには宇治郡にも及ぶ広い範囲にわたる丘陵の名称であったのではないかと考えられるから[21]、長良夫妻の場合、二人の墓が郡を異にし遠く離れて所在したと考える必要はなく、さらにその具体的な埋葬地が深草山であったなら、むしろ比較的狭い範囲内に存在したと考えることもできる。

以上、「陵墓歴名」所載の平安時代に亡くなった貴族夫婦の墓の所在を検討した結果、平城京から長岡京の時期には夫婦別々に埋葬されていた貴族が、平安京の時期になると同郡・同郷、あるいは郡郷を異にする場合でも比較的近接した地に葬られ、さらに同氏夫婦の場合には兆域を共有する夫婦同墓が営まれる場合もあったことが明らかになった。

むすび

本章では、奈良時代から平安時代前期、八世紀から九世紀の貴族の埋葬について「陵墓歴名」を素材に基礎的な検討を行ってきた。その結果確認できた諸点を整理すると、次ぎのとおりである。

①　奈良時代、平城京に都が置かれていた時期には、貴族は本貫地や氏の本拠地と関わりなく、大和国の盆地周縁部に設けられた公的な葬地に埋葬された。それは夫婦の場合にも当てはまり、夫婦であることと関わりなく、そしておそらくは意図的に各々別の葬地に埋葬された。

②　長岡京に都があった時期にも奈良時代と同様に、貴族は本貫地などと関わりなく、また夫婦関係も考慮されることなく、長岡京周辺の山背国乙訓郡や河内国交野郡、さらに山背国相楽郡の葬地に埋葬された。

③　平安京に都が遷ると、貴族の葬地は平安京に隣接する四郡、特に愛宕・宇治・紀伊三郡に集中して営まれるようになるが、それは三郡にわたる深草山を中心とした東山が平安京でもっとも主要な葬地として用いられたからであった。貴族夫婦の墓は大半が夫婦別墓でありながら同郡同郷あるいは郡を異にした場合でも近接して営まれ、なかでも同氏夫

婦の場合には兆域を共有する夫婦同墓も見られた。しかし異氏夫婦の場合には夫婦同墓の確実な証拠は見当たらない。
　以上が本章での検討の結果得られた諸点であるが、そこから八世紀から九世紀の貴族の葬地は宮都の移動とともに所在を移す政治的な存在であった点を確認できるとともに、長岡京までの時期と平安京以降で明確に性格が異なることが知られた。長岡京の時期までは一箇所に集中せず、宮都の周辺諸郡に、場合によっては宮都所在国外にも葬地を設定したが、平安京の時期になると、葬地は数郡にわたるもののいわゆる東山、特に深草山周辺に集中するようになる。本章では検討できなかったが、九世紀中ごろに施薬院所管の藤原氏の葬地が深草山にあったのもこのことと深く関わると考えられる。また貴族夫婦の場合には、同郡同郷など近接した地に、あるいは兆域を共有して墓が営まれるようになってくることも明らかになった。以上のような変化は、律令国家の貴族の喪葬に関する原則である「家」を成す貴族を対象として彼らを個別に埋葬する方針を捨て、新たに夫婦を単位とする埋葬が行われるようになったことを意味する。しかし奈良時代にも下級官人の場合には夫婦同墓が公的な葬地において行われていたし、遡って七世紀中ごろにも夫婦同墓が存在した。このように考えてくると、奈良時代の貴族夫婦の埋葬形態はきわめて特殊ではないかと思われる。律令国家は貴族の「家」の自立を彼らの最期である埋葬においても実現しようとしたのではあるまいか。

注

（1）拙稿「律令国家と喪葬―喪葬官司と喪葬氏族の行方―」栄原永遠男・西山良平・吉川真司編『律令国家史論集』塙書房、二〇一〇年（本書第一一章）。

（2）森浩一「古墳時代後期以降の埋葬地と葬地」『古代学研究』五七、一九七〇年、和田萃「喪葬令皇都条についての覚書」『青陵』二四、一九七四年・「東アジアの古代都城と葬地」大阪歴史学会編『古代国家の形成と展開』吉川弘文館、一九七六年、岸俊男「万葉集からみた新しい遺物・遺跡」井上薫教授退官記念会編『日本古代の国家と宗教』上巻、吉川弘文館、一九八〇年・「大安万侶の墓と田原里」「太朝臣安万侶とその墓」『遺跡・遺物と古代史学』吉川弘文館、一九八〇年、金子裕之「平城京と葬地」『文化財学報』三、一九八四年など。

(3) 高群逸枝『招婿婚の研究』理論社、一九五三年、田中久夫「文献にあらわれた墓地―平安時代の京都を中心として―」森浩一編『墓地』日本古代文化の探求、社会思想社、一九七五年、栗原弘「平安中期の入墓規定と親族組織―藤原兼家・道長家族を中心として―」秋山國三先生追悼会編『京都地域史の研究』法政大学出版局、一九七九年、服藤早苗「墓地祭祀と女性―平安前期における貴族層―」『家成立史の研究』校倉書房、一九九一年など。

(4) 表16には生前に三后となり、そのままの身位で葬られた女性を載せていない。それは、これらの身位を有した女性を一般の貴族と同列に論じることはできないと考えるからである。

(5) 周知のように、多武嶺墓の墓主について古代の史料には、藤原鎌足とするもの(『三実』天安二年一二月九日丙申条および『類聚符宣抄』巻四帝皇荷前所収天安二年一二月九日勅定)と藤原不比等とするもの(「陵墓歴名」)とがある。本書第一三章参照。

(6) 当麻山背の墓があった淡路国三原郡にはその子淳仁天皇の淡路陵もあり、同一国郡に母子の陵墓が設けられていた。淳仁天皇は宝亀三年八月に淡路に改葬されている(『続紀』宝亀三年八月丙寅条)が、彼は淡路公(『続紀』天平宝字八年一〇月甲申・天平神護元年正月庚辰条)あるいは淡路親王(『続紀』宝亀九年三月己巳条・「陵墓歴名」)と呼ばれ、実際に淡路国に幽閉されていた(『続紀』天平神護元年正月癸酉・庚辰条)から、死後幽閉先の淡路国で葬られたと考えられる。一方、当麻山背の死亡年は明らかでないが、天平宝字三年六月までは生存が確認される(『続紀』天平宝字三年六月庚戌条)。淳仁天皇とその生母が当初から淡路国三原郡に葬られていたのか、あるいは別々にあったものが宝亀三年の淳仁天皇墓改葬時に同郡に置かれるようになったのかは明らかでない。いずれにしろこれは特殊な事例であると考えられる。

(7) 『続紀』延暦九年正月壬子条によれば、和乙継・大枝真妹夫妻はともに女高野新笠が死亡する延暦九年までには死亡していた。

(8) 詳述は避けるが、『延喜式』巻二一諸陵寮の「陵墓歴名」に載せる陵墓で同一地に所在する場合、互いを区別するために所在地の地名に後、次、又を冠することがある。この場合、一見陵墓の造営順、墓主の死亡順に付けられているかのように見えるが、必ずしも墓主の死亡や墓の造営順によっているのではない。むしろ「陵墓歴名」への登載資格を取得した順と考えた方がよいかもしれない。

(9) 山代真作の本貫地は河内国石川郡山代郷で、蚊屋秋庭も「同国郡郷」を本貫地としていたが、本貫を「移」したことによって「京人」となっていた。

(10) 『紀略』の記事の弘仁四年までとすると、藤原種継も入る。種継は延暦四年に長岡京で暗殺されたが、その墓の所在は不明である。

(11) 本文でも述べたように、奈良時代にあっては藤原氏の有力者であっても公的な葬地に埋葬されていた事実からすると、多武嶺墓に藤原不比等が埋葬される可能性は低く、むしろ多武嶺墓は律令制以前の藤原鎌足に関わるものであると見た方がよいのではなかろうか。藤原不比等の墓の所在については、本書第一三章参照。

(12) 大枝氏は本来土師氏の毛受腹であるから、和泉国大鳥郡が本流の本拠地である。

(13) 時期を遡れば、天智七年(六六八)の船王後墓誌に、船王後は死後三年を経て松岳山上に埋葬されたが、その時婦である安理故能刀自も同じ墓に葬り、その大兄である刀羅古首の墓も並び作ったと見える。

(14) 「陵墓歴名」によると、長岡京に都が置かれていた期間に死亡した人物のうち高野新笠・藤原乙牟漏の二人は各々山背国乙訓郡に所在する大枝・高畠の両陵に葬られている。残る早良親王と藤原帯子はともに山背国でなく、大和国の添上・添下両郡に葬られているが、その事情については本文で後述する。

(15) 清友の子橘氏公は『尊卑分脈』に後井手大臣と称されたと記され、また『続後紀』承和八年一一月癸丑条には橘清子に山城国相楽郡乗陸田三町を賜ったと見え、橘氏と山城国相楽郡の関係は平安時代に入ってもなお維持されていたと考えられる。

(16) 長岡京の東面に当たる深草山西麓での埋葬が禁止された(『類史』延暦一一年八月丙戌条)ことと関わって貴族・官人の埋葬地として長岡京から離れた相楽郡が選ばれたのかもしれない。そうであるとすると、橘清友が相楽郡に葬られたのも、そこが橘氏の本拠地であったからではなく、公的な葬地であったからではなかろうか。

(17) 『政事要略』巻二九年中行事十二月下荷前所収の寛弘二年九月二八日木幡寺鐘銘并序に「元慶太政大臣昭宣公相二地之宜一、永為二一門埋骨之処一」、『栄花物語』巻一五に「又木幡といふ所は、太政大臣基経のおとゞ、後の御諡昭宣公なり、そのおとゞの点じ置かせ給へりし所なり。藤氏の御墓と仰せ掟てたりける所」、などと記されている。

(18) 仁明天皇女御藤原沢子は、承和六年六月に早逝した(『続後紀』承和六年六月己卯条)。しかし元慶八年二月所生の時康親王が即位するに及び、皇太后の尊号を追贈され(『三実』元慶八年二月二三日甲寅条)、国忌に入り(『三実』元慶八年六月一七日丙午・一九日戊申条)、その一〇カ月後には「山陵四至之堺」が定められた(『三実』元慶八年一二月一六日壬寅条)。これは沢子がにわかに皇太后となり、墓が陵となったことによって採られた措置である。しかしこの時の中尾陵の四至確定には問題があり、三年後仁和三年(八八七)に、山城国愛宕郡鳥部郷櫞原村にある藤原氏の葬地で施薬院所領の山が中尾陵の兆域に繰り込まれたため、藤原氏の氏人の葬送に不都合が生じたので、代わりに椽原村の地五町を賜って藤原氏人葬送のことを執り行いたいと申請し、許されている(『三実』仁和三年五月一六日己丑条)。このように中尾陵自体が新たに設置された陵であった。

(19)「陵墓歴名」の記載の問題点については虎尾俊哉「延喜式は杜撰か」『新訂増補国史大系月報』一八、一九六五年を、またその複雑な成立過程については北康宏「律令国家陵墓制度の基礎的変遷—『延喜諸陵寮式』の分析からみた—」『史林』七九—四、一九九六年を各々参照されたい。

(20) 藤原高藤の墓は勧修寺西南にある鍋岡山の頂上にあり(西麓には男である定方のものと伝える墓がある)、宮道列子の墓はそれから北へ遠く離れて位置する宮道古墳と伝えるが、宮道古墳を列子の墓とするには問題がある。また高藤墓の西方には女胤子の小野陵があり、これらの陵墓が営まれた小野の地は高藤妻方の宮道氏の本拠地(勧修寺の南に宮道神社があり、山科盆地の東南、大宅の地には列子の父宮道弥益の墓と伝える供養塔がある)でもあった。これは妻方の本拠地を夫婦営墓の地とした事例である。

(21) 現行の地名辞典では深草を京都市伏見区の東北部、すなわち鴨川左岸で伏見稲荷社の鎮座する稲荷山の西南麓とし、また深草山については伏見区深草に所在する山で、いわゆる東山のうち稲荷山の南にある七面山・二石山一帯の総称であるとする(『京都市の地名』日本歴史地名大系二七、平凡社、一九七九年、『京都府』上巻、角川日本地名大辞典二六、角川書店、一九八二年など)。しかし古代の深草および深草山が現在のように東山の丘陵のうち紀伊郡内に限定されたか否かは検討の必要がある。藤原冬嗣の葬送について『紀略』が「山城国愛宕郡深草山」に葬ったと記す(『紀略』天長三年七月辛卯条)ことから、深草山が愛宕郡に及ぶ山であったことは明白である。また藤原基経も『紀略』によれば山城国宇治郡に葬られた(『紀略』寛平三年正月一五日条)が、『古今和歌集』巻第一六哀傷歌に収める八三一・八三二番の題詞には「ほりかはのおほきおほいまうち君身まかりにける時に、深草の山にをさめてけるのちによみける」とあり、基経は深草山に葬られている。これらの点から深草山は紀伊・愛宕・宇治の三郡に及んだと考えられる。

(22)『三実』元慶八年一二月一六日壬寅・仁和三年五月一六日己丑条。

第一三章　日本古代宮都における葬地の成立と展開

はじめに

日本の古代において、条坊制の京をともなう宮都の成立は、その背後にある思想のうえではもちろん、実際に造り出された宮都自体においても、それ以前とまったく異なる景観、そして新しい社会状況を生み出した。すなわち、宮都の成立以前は、天皇の宮室を中心に支配階層の限られた人々とそれに仕える人たちが宮室の周囲に居住していたに過ぎなかった。これに対して、宮都の成立は律令制を基盤とした官僚制の成立と相即的な関係にあり、天皇や貴族、そして官僚制を実現する官司に仕える官人とその家族が本拠地から離されて集住させられ、彼らを主として京戸と呼ばれる数万人にも昇る膨大な数の住民が新たに創出されるに至った。そのうえさらに、租税の貢納などのために地方の民が多数宮都に集まるようになると、宮都成立以前には想像もできなかったさまざまな問題が惹起した。

たとえば、生活に必要な多量の取水、生活排水や雨水の処理、そして彼らの消費によって生み出された大量の塵芥や排泄物の処理が律令国家の首都である宮都にとって焦眉の急であったことはまちがいないが、それ以上に数万人に昇る宮都住民の死にともなう遺体の処理と埋葬地の確保も、また当然大きな問題となったであろうことは想像に難くない。

文武四年(七〇〇)僧道昭に始まり、大宝二年(七〇二)持統太上天皇の火葬以降、文武天皇、元明・元正両太上天皇が次々と火葬され、奈良時代前半に火葬が支配階層から普及・流行していった要因には、たしかに仏教の受容があったことは否定できない。しかし、それは宮都の成立によって生まれたおびただしい宮都住民の死によって生じた遺体の処理と埋葬というより切実な問題の解決を抜きにして考えることはできない。

ただ、いま一つ注意しておきたいのは、宮都に仕える官人たちが生前宮都に集住させられ、本拠地との関係を希薄にしていっただけでなく、死後においても宮都の周囲に設けられた葬地にあたかも宮都を取り囲み守るかのように葬られ、また死後においても明確に彼らの本拠地との関係を絶たれた事実である。

京をともなう宮都の成立とその住民の埋葬方法・埋葬地の問題は、切り離し難く密接に関わる都市問題であるとともに、日本の古代における官人制の成立の問題とも深く関わり、宮都研究のうえで重要な課題の一つである。それゆえに従前においても数多くの研究が行われてきた。[1] しかし、現在に至るまで文献史料の整理を中心とした基礎的な研究が十分に行われてきたとは言い難い。前稿[2]では日本の古代宮都にともなう墓葬と葬地に関して、「藤原」京の造営期以降、平安京の前期までを対象に、宮都ごとに文献に現れた史料や墓誌などの出土文献を整理する基礎的な作業を行った。本章では、そこで明らかになった貴族を主とした支配階層に関する墓葬・葬地に関するさまざまな事実、特に宮都の成立・展開とともに変化してゆく墓葬と葬地のあり様について概要を述べ、若干の考察を加えることとしたい。[3]

一　宮都「藤原」京の出現にともなう葬地の成立

1　飛鳥浄御原宮期の葬地（天武元年（六七二）〜持統八年（六九四））

天武元年（六七二）壬申の乱で勝利した大海人皇子は「倭京」に向かい、嶋宮に入った（『書紀』天武元年九月庚子条）のち、ただちに飛鳥岡本宮に移御した（『書紀』天武元年九月癸卯条）。そして、同年中に宮室を岡本宮の南に営み、冬そこに遷居した（『書紀』天武元年是歳条）。これがのちに飛鳥浄御原宮と命名される宮（『書紀』朱鳥元年七月戊午条）である。[4]

しかし、天武天皇は飛鳥の地に営んだ宮室に満足せず、在位中、新式の都城を意味する「新城」の造営を企図した。まず、天武五年に「新城」を造営しようと試みたが失敗した（『書紀』天武五年是歳条）。それから六年後、天武一一年にふたたび「新城」の造営を開始し（『書紀』天武一一年三月甲午朔条）、その二年後には「新城」の内に新たな宮室の地を定めた（『書紀』天武一三年三月辛卯条）。これがのちに藤原宮と命名される宮である。しかし、天武天皇はついにその完成を見ることなく、朱鳥元年（六八六）に崩御してしまった（『書紀』朱鳥元年九月丙午条）。「新城」の造営は、天皇の殯のあいだ頓挫のやむなきに至ったが、皇后鸕野皇女が即位した持統四年（六九〇）に再開されてのち順調に進み、同八年に持統天皇は夫の企図した宮室藤原宮に遷居した[5]（『書紀』持統八年一二月乙卯条）。

『書紀』には、この間、すなわち天武・持統二代の天皇が飛鳥浄御原宮に居した二二年余りのあいだに、死去した人物たちについて多くの記述が見られるが、『書紀』や出土文字史料で埋葬地まで判明する人物はわずか六人に過ぎない（表18）。そのうち五人が飛鳥浄御原宮のあった大和国に埋葬され、残る一人は山背国に葬られている。

六人のうちもっとも早く、天武六年に亡くなった小野毛人は山背国愛宕郡に葬られている。小野毛人の墓は、江戸時代、慶長一八年（一六一三）に現在京都市左京区上高野にある崇道神社の裏山で見つかった。彼はこの墓に土葬され、墓からは彼の墓誌が発見された。墓誌は鋳銅製鍍金の長方形板で、その表裏には（表）「飛鳥浄御原宮治天下天皇　御朝任太政官兼刑部大卿位大錦上」（裏）「小野毛人朝臣之墓　営造歳次丁丑年十二月上旬即葬」と彫られていた。しかし、『続紀』和銅七年四月辛未条の小野毛野薨伝には毛人の冠位を「小錦中」と記し、また『書紀』天武一三年一一月戊申朔条には、この時小野氏を始め五二の氏に朝臣の姓が与えられたとあり、さらに朱鳥元年に命名されたと考えられる[6]「飛鳥浄御原宮」の宮号が見えるなど、墓誌の記載内容に疑問な点もあり、丁丑年すなわち天武六年には墓を造って埋葬したが、墓誌の作成は朱鳥元年以降の作製になると考えられる[7]。ここで問題は墓誌が作製された動機にある。墓誌を作製して現在地に埋納したとするなら、当然丁丑年に造られた墓を暴いたことになるから、墓誌作製の動機として改葬を想定することになる。そ

表18　飛鳥浄御原宮→「藤原」京造営期の葬地

	薨卒死年	薨卒死者	陵墓名	葬地名（国郡郷等地名）
①	天武六年（六七七）	小野毛人		山背国愛宕郡
②	天武七年（六七八）	十市皇女		大和国赤穂
③	天武一一年（六八二）	氷上夫人		大和国赤穂
④	朱鳥元年（六八六）	天武天皇	大内陵	大和国高市郡
⑤	朱鳥元年（六八六）	大津皇子		大和国葛城二上山
⑥	持統三年（六八九）	草壁皇子	真弓丘陵	大和国高市郡

の場合、改葬時に「歳次丁丑年十二月上旬即葬」とだけ書いたことになるから、初葬地と改葬地が異ならないとの理解が可能である。そこで、天武天皇の居す飛鳥浄御原宮に仕える「太政官兼刑部大卿」で大錦上の位をもつ貴族である小野毛人が、大和国でなく山背国に葬られた事実が注目される。後述するように、「藤原」京以降の宮都では、京に住む貴族・官人は基本的に宮都の所在国に葬られた。しかし、小野毛人は飛鳥浄御原宮の所在する大和国ではなく、遠く離れた山背国に最初から葬られた可能性が高い。それは、愛宕郡に小野郷があり、氏神と考えられる小野神社もあって、毛人の埋葬地が小野氏の本拠地であったことによると考えられる。すなわち、小野毛人は飛鳥ではなく本拠地に葬られたのである。ちなみに、小野毛人が亡くなった天武六年は、上記した「新城」造営が頓挫した翌年であった。

それでは、大和国に葬られた残る五人の場合はどうであろうか。ここで注目したいのは、このうち天武七年と一一年に亡くなり、ともに「赤穂」の地に葬られた二人の女性である。

十市皇女は天武天皇と額田王のあいだに生まれ、天武七年四月に卒然として病を発して宮中(飛鳥浄御原宮)で薨じ(『書紀』天武七年四月癸巳条)、八日後に「赤穂」に葬られている(『書紀』天武七年四月庚子条)。また、氷上夫人は藤原鎌足の女で、藤原夫人あるいは氷上大刀自と呼ばれた天武天皇の妻である。彼女は天武一一年正月、十市皇女と同様宮中(飛鳥浄御原宮)で薨じ(『書紀』天武一一年正月壬子条)、その九日後「赤穂」に葬られた(『書紀』天武一一年正月辛酉条)。

天武天皇に関わる二人の女性が、ともに葬られた「赤穂」の地は同一の地と考えられ、現在の奈良市高畑町にある、延喜式神名帳に見える添上郡所在の赤穂神社附近をもって推定する説や北葛城郡広陵町大字三吉、赤部の辺りとする考えもあるが、桜井市赤尾、鳥見山山麓と推定する説も唱えられていて、まだ確説はない(8)。いずれにしても二人は天武天皇と関わりのある女性であるという点で共通するだけで、一人は皇親、一人は藤原氏でありながら、ともに「赤穂」に葬られている点が問題である。二人が赤穂に葬られた積極的な理由(各々の女性と「赤穂」の地の関係、たとえば「赤穂」が二人の本貫地であるような関係)を見いだすことは難しく、むしろそこにこそ意味があると考え、当時、赤穂の地が皇親や天皇の夫人を葬るような葬地であったと考えられるのではなかろうか。もしそうであるなら、それは「藤原」京以降の宮都にともなう葬地のあり方に通じ、その起源に近い状況を示していることになる。天武七年には宮都の成立と深い関わりをもつ官人制の整備を示す重要な法令が出され（『書紀』天武七年一〇月己酉条）、天武一一年には「新城」の造営も再開された。また、天武六年から七年にかけて、五年に造営が中止された「新城」の代替でもあるかのように、飛鳥浄御原宮で新宮が造られ、七年半ばころから飛鳥浄御原宮における儀礼の場のあり方に変化が生じてくる。(9)

以上、飛鳥浄御原宮期に亡くなり、埋葬地が明らかな六人のうち、三人について検討した結果、次ぎの点が明らかになってきた。

① 十市皇女と氷上夫人の二人の女性が同じ赤穂で埋葬されている事実から、これまで「藤原」京以降の宮都で確認されていた宮都にともなう葬地のあり方を、飛鳥浄御原宮期、天武七年まで遡らせて考えることができる。

② その一方、その一年前、天武六年には、飛鳥浄御原宮に仕えていた有力官人小野毛人は本貫地へ帰葬されていた。

③ ①②の二つの事実を対照的に捉えるならば、天武六年と七年のあいだころにおいて埋葬に関する大きな制度的変化があったことになる。(10)

2　「藤原」京と葬地（持統八年（六九四）～和銅三年（七一〇））

「藤原」京は、持統八年の藤原宮への遷居（『書紀』持統八年一二月乙卯条）から、平城京に遷都する和銅三年（七一〇）（『続紀』和銅三年三月辛酉条）まで、一六年余り首都であった。この間に死去し、かつその埋葬地が『続紀』などの文献史料や墓誌などの出土文字史料で判明するのは一二人である（表19）。そして、注目すべきはこの一二人の埋葬地がすべて「藤原」京の造営された大和国にあり、しかも「藤原」京の所在郡である高市郡をはじめ、京の南、吉野郡、京の東西、城上・宇陀・葛下・広瀬の諸郡、すなわち奈良盆地の南縁辺部に分布する（図36）が、なかでも城上郡が過半近くを占めることは注目される。

「藤原」京期でまず問題となるのは、ちょうどこの時期に埋葬方法として火葬が採り入れられ始めたことである。

表19　「藤原」京期の葬地

	薨卒死年	薨卒等者	陵墓名	葬地名（国郡郷等地名）
①	持統天皇一〇年（六九六）	高市皇子	三立岡墓	大和国広瀬郡
②	文武天皇四年（七〇〇）	道昭		栗原（火葬）
③	大宝二年（七〇二）	持統太上天皇	桧隈大内陵	飛鳥岡（火葬）→桧隈大内陵（合葬）
④	慶雲四年（七〇七）	文武天皇	桧隈安古山陵	飛鳥岡（火葬）→桧隈安古山陵（葬）
⑤	慶雲四年（七〇七）	文祢麻呂		奈良県宇陀郡榛原町八滝出土
⑥	慶雲四年（七〇七）	威奈大村		大和国葛木下郡山君里狛井山崗（帰葬）
⑦	和銅元年（七〇八）	但馬内親王		吉隠猪養岡
⑧	和銅二年（七〇九）	紀橡姫	吉隠陵	大和国城上郡
⑨	？	石田王		泊瀬山、石上布留山
⑩	？	紀皇女		長谷
⑪	？	土形郎子		泊瀬山
⑫	？	出雲郎子		吉野

『続紀』によれば、持統太上天皇とその孫である文武天皇はともに飛鳥岡で火葬された（大宝三年一二月癸酉・慶雲四年一一月丙午条）。天皇・太上天皇の火葬は、すでに触れたように、元明・元正両太上天皇まで行われた（『続紀』養老五年一〇月庚寅条・天平二〇年四月丁卯条）のちに絶え、聖武太上天皇（『続紀』天平勝宝八年五月丙辰・壬申条）以降天皇・太上天皇は火葬されなくなる。また、太皇太后藤原宮子は火葬された（『続紀』天平勝宝六年八月丁卯条）が、皇太后藤原光明子は火葬の可能性が低い（『続紀』天平宝字四年六月癸卯条）。これらのことから天皇・太上天皇・皇后においては奈良時代の中ごろ、天平勝宝末年ころから火葬は行われなくなり[11]、平安時代初め淳和太上天皇に至る（『続後紀』承和七年五月戊子条）まで火葬されなかったと考えられる。

周知のように、火葬の濫觴は『続紀』僧道昭卒伝（文武四年三月己未条）に記されているが[12]、火葬自体はこれ以前からすでに行われていたのであるから、問題は、なにゆえに「天下火葬」の濫觴が大宝令施行直前に亡くなった道昭に求めら

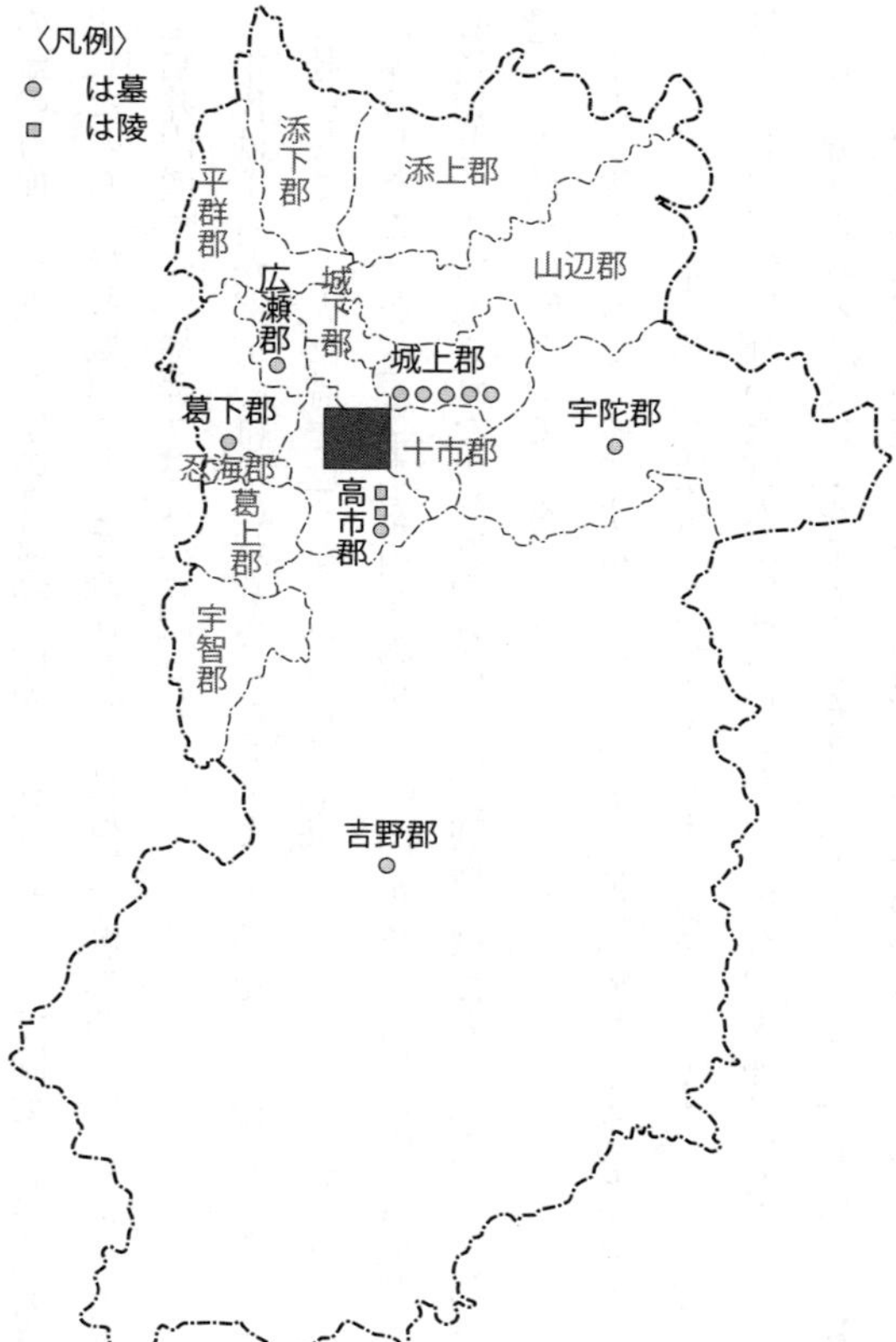

れ、『続紀』でことさらに書かれたのかである。

火葬の濫觴について注目されるのは、持統太上天皇・文武天皇の二人がともに飛鳥岡で火葬に付されている事実である[13]。和田萃[14]によれば、「飛鳥岡は現在の飛鳥坐神社から岡寺にかけての丘陵（細川山からのびるいくつかの丘陵端部）の総称」であり、たしかに飛鳥岡は文字どおり飛鳥を西眼下に見下ろす岡で、飛鳥の東を扼する南北線をなしている。飛鳥岡の南寄りには僧正義淵の創建にかかると言われる岡寺（龍蓋寺）があり、南麓には草壁皇子の嶋宮（岡宮と同一か）、西麓には飛鳥岡本・後飛鳥岡本両宮が営まれた。これらが共通して「岡」、すなわち飛鳥岡を冠しているのは、飛鳥時代の中ごろ以降、飛鳥岡が飛鳥を象徴する存在であったからである。そのような性格の飛鳥岡に持統太上天皇と文武天皇の火葬所を選んだのは、二人の火葬が単なる遺体の処理ではなく、火葬を示威してその普及をはかるきわめて政治的に深い意図があったと考えられる。

もう一つここで取り上げたいのは、貴族・官人の帰葬の問題である。慶雲四年（七〇七）に亡くなった越後城司威奈大村の遺骨を納めた金銅製の骨蔵器は、江戸時代明和年間（一七六四〜一七七二）に葛下郡馬場村の穴虫山で大甕に入った状態で発見されたと伝え（明和七年摂津住吉霊松寺僧義端著『威奈卿墓誌銘私考』四天王寺蔵）、そ

図36　「藤原」京期の葬地

の蓋の外面に三九一文字の墓誌銘と序が三九行にわたって陰刻されている。そこには威奈大村の出自から始めて官歴を記したのち「越後城司」として赴任した「越城」で慶雲四年四月に亡くなり、その年の冬一一月「大倭国葛木下郡山君里狛井山崗」に「帰葬」されたと記されている。

年代は下るが、彼のほかに帰葬された官人として紀男人を確認できる。紀男人は天平一〇年（七三八）一〇月大弐として赴任していた大宰府で亡くなった（『続紀』天平一〇年一〇月甲午条）。男人は火葬され、その遺骨が周防国を経て平城京に運ばれたことが、「天平十年周防国正税帳」の正税の支出に関する記載（『大日本古文書』二―一三四）によって判明する。骨送使として派遣された大学寮の音博士山背靺鞨には従者一九人が従い、男人の遺骨を持ち四日間をかけて周防国を通過し、平城京に向かっている。

この二例をもって一般化するのは難しい（もし京に「帰葬」することが通例であったとしても、それがどの官位にまで適用されたのか〈威名大村は正五位下、紀男人は正四位下で、ともに「通貴」である〉、またいつごろまで行われたのかなどは不明である）が、一応、外官として現地に赴いた官人が任地で亡くなった場合、火葬に付され、その遺骨は京から派遣された骨送使によって京に持ち帰えられることになっていたと考えることができる。それは、京に住む貴族・官人が京外の任地で亡くなった場合でも、彼らは宮都の住人（宮都が本貫地）としてその葬地に葬られねばならなかったことを示している。なお、後述する高屋枚人の場合も帰葬されたと考えられる。

以上、「藤原」京の葬地について、次ぎの点が明らかになった。

①「藤原」京の葬地は、その周囲、特に南（高市郡・吉野郡）と東西（城上郡・宇陀郡・葛下郡）の丘陵や山間部に設けられた。ただ「藤原」京の所在郡である高市郡を含め、十市郡、城下郡、広瀬郡など、「藤原」京の北への葬地の設定については文献史料に明徴を欠いている。

②また、最初の宮都である「藤原」京において火葬が、太上天皇・天皇を飛鳥の象徴である飛鳥岡で火葬するという示威まで行ったうえで、新しい葬法として採り入れられ、京に住む貴族・官人らは火葬によって京の葬地に葬られるこ

とになったと考えられる。

二　平城京と葬地（和銅三年（七一〇）〜天平一二年（七四〇）・天平一七年（七四五）〜延暦三年（七八四））

平城京は、和銅三年に「藤原」京から遷都したのち、延暦三年（七八四）長岡京に遷都するまで、この間、天平一二年末から一七年中ごろまで恭仁京・甲賀宮に主都が置かれた時期を除き、七〇年近いあいだ、主都であった。

この間に平城京で亡くなり、埋葬地が判明する事例は「藤原」京に比べ格段に増え、三八人に昇ぼる（表20）。これらの人々の埋葬地に注目する（図37）と、大和国に葬られた人々は三一人で、初葬地で見ると、添上郡にもっとも多く一四人（のち一人が宇智郡に改葬されて一三人）が葬られ、なかでも佐保と田原に集中している。添上郡以外では、添下郡三人、山辺郡二人、平群郡五人、広瀬郡一人、宇智郡六人（のち一人が添上郡から改葬されて七人）となる。これに対して、大和国外での埋葬は、山背国二人、摂津国一人、河内国二人、そして淡路国二人に止まり、大和国への埋葬が圧倒的である。ただ京住人の大和国外への埋葬が見られる点で「藤原」京と異なる。ここで気付かれることは、奈良時代前半には大和以外の国での京住人の埋葬を確認できないが、奈良時代中ごろ以降、彼らのなかには、大和国外、摂津・河内・淡路・山背の四カ国で埋葬されたものがいることである。

平城京と葬地の問題、特に大和国内に葬られた人たちとその墓葬についてはすでに多くの先学が論じており、またその個々については前稿[15]で整理したうえで詳しく述べたので、それに譲り、ここではむしろこの問題を考えるにあたって、奈良時代中ごろ以降に見られる大和国外での埋葬について検討して置く必要があろう。

まず、山背国に埋葬された宇治宿祢と藤原百川の二人であるが、前者は京の住人ではなく、山背国の豪族と考えられ、また、後者は改葬によって二次的に墓が大和国外に移されたのであり、いずれも平城京との関係で山背国をその葬地と考える必要性を迫る事例ではない。なお藤原百川の改葬による山背国内への墓の移動は別の意味で重要であるので、のちに詳しく述べることにする。

表20　平城京期の葬地

	薨卒死年	薨卒等者	陵墓名	葬地名(国郡郷等地名)
①	和銅七年(七一四)	道薬		〈奈良県天理市岩屋町出土〉
②	霊亀二年(七一六)	施基皇子	田原山陵・田原西陵	大和国添上郡
③	養老四年(七二〇)	藤原不比等		佐保山推山岡(火葬)
④	養老五年(七二一)	元明太上天皇	奈保山東陵	大和国添上郡椎山陵
⑤	養老七年(七二三)	太安万侶		〈奈良県奈良市此瀬町出土〉
⑥	神亀五年(七二八)	山代真作 蚊屋秋庭		〈奈良県五条市東阿太町出土〉
⑦	神亀五年(七二八)	某王		那富山
⑧	神亀六年(七二九)	吉備内親王 長屋王		生馬山
⑨	天平二年(七三〇)	小治田安万侶		大和国山辺郡都家郷郡里崗安
⑩	天平七年(七三五)	美努岡万		〈奈良県生駒市萩原町出土〉
⑪	天平九年(七三七)	新羅尼理願		山辺
⑫	天平一一年(七三九)	藤原武智麻呂	後阿陀墓	佐保(火葬)→大和国宇智郡
⑬	天平一一年(七三九)	大伴家持妾		佐保山
⑭	天平二〇年(七四八)	元正太上天皇	佐保山陵・奈保山西陵	大和国添上郡
⑮	天平二一年(七四九)	下道真備亡妣楊貴氏		〈奈良県五条市大沢出土〉
⑯	天平勝宝二年(七五〇)	菩提遷那		登美山右僕射林(火葬)
⑰	天平勝宝六年(七五四)	藤原宮子	佐保山陵・佐保山西陵・佐保山東陵	大和国添上郡

⑱	天平勝宝八年（七五六）	聖武太上天皇	佐保山陵・佐保山南陵	大和国添上郡
⑲	天平宝字四年（七六〇）	藤原光明子	佐保山東陵・佐保山西陵	大和国添上郡佐保山
⑳	天平宝字六年（七六二）	行基		大和国平群郡生馬山之東陵（火葬）
㉑	天平神護元年（七六五）	廃帝（淳仁天皇）	淡路陵	淡路国三原郡
㉒	神護景雲二年（七六八）	石川年足		摂津国嶋上郡白髪郷酒垂山
㉓	神護景雲四年（七七〇）	称徳天皇	高野山陵・高野陵	大和国添下郡佐貴郷高野山陵
㉔	宝亀六年（七七五）	宇治宿祢		〈京都市右京区大枝塚原町出土〉
㉕	宝亀七年（七七六）	他戸親王 井上内親王	宇智陵	大和国宇智郡
㉖	宝亀八年（七七七）	高屋枚人		〈大阪府南河内郡太子町叡福寺東方出土〉
㉗	宝亀一〇年（七七九）	藤原良継	阿陀墓	大和国宇智郡阿陀郷
㉘	天応元年（七八一）	光仁太上天皇	広岡山陵―（改葬） →田原陵・田原東陵	大和国田原陵
㉙	延暦三年（七八四）	藤原百川	相楽墓	→山城国相楽郡（改葬）
㉚	延暦三年（七八四）	紀吉継		〈大阪府南河内郡太子町春日妙見寺出土〉
㉛	?	安倍古美奈	村国墓	大和国添下郡
㉜	?	和乙継	牧野墓	大和国広瀬郡
㉝	?	大枝真妹	大野墓	大和国平群郡
㉞	?	当麻山背	淡路墓	淡路国三原郡
㉟	?	贈太政大臣正一位 藤原朝臣		大和国添上郡隅山村

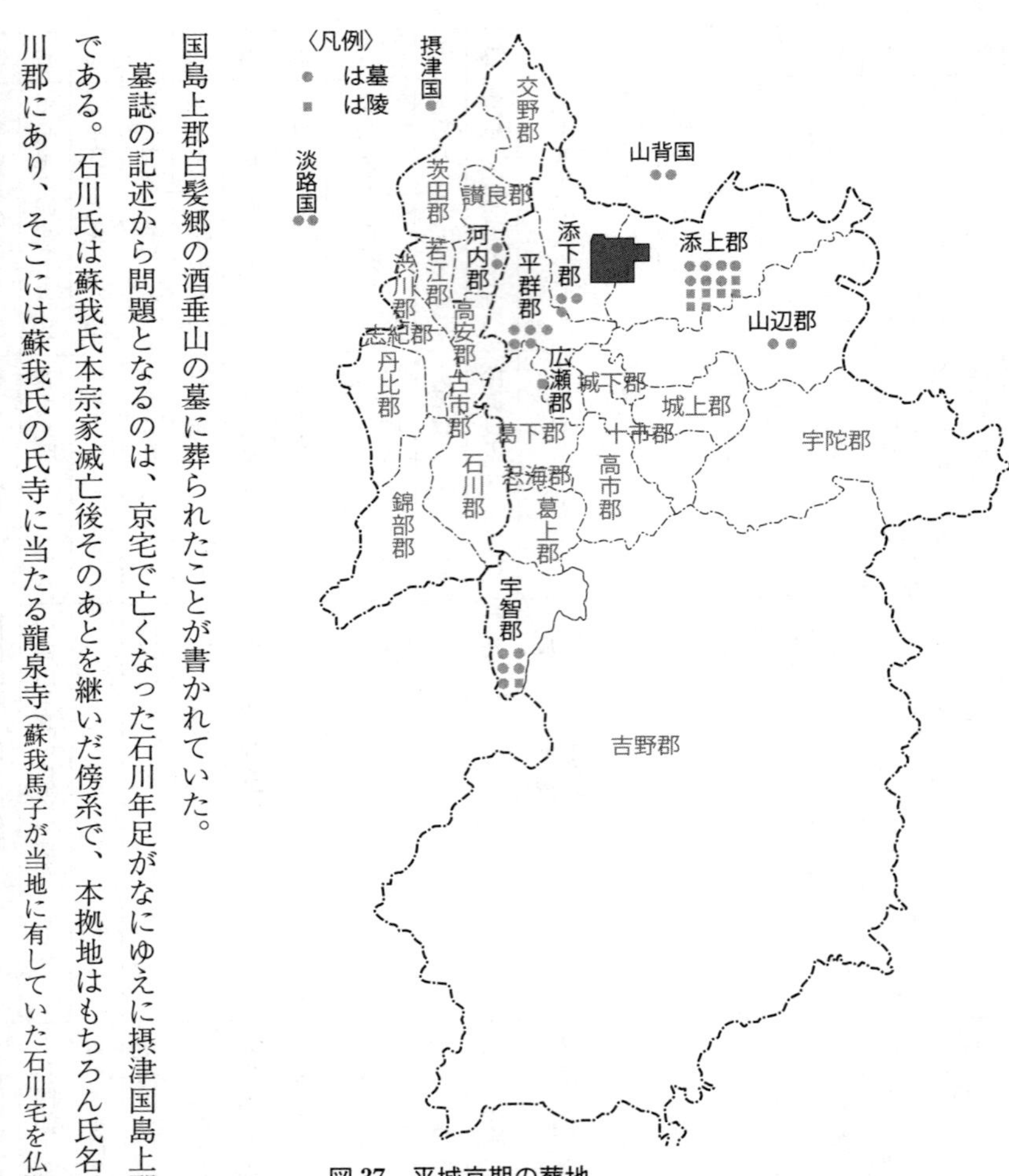

図 37　平城京期の葬地

次ぎに、摂津国に葬られた石川年足は、天平宝字六年(七六二)九月に亡くなっている(『続紀』天平宝字六年九月乙巳条)。江戸時代文政四年(一八二二)に摂津国嶋上郡真上光徳寺村(現大阪府高槻市真上一丁目付近)で石川年足が葬られた火葬墓が発見された。墓に残っていた木櫃の中から骨と金銅製の墓誌が見つかり、墓誌には石川年足の系譜から始まって、亡くなった場所が京宅で、死後三カ月を経て摂津国島上郡白髪郷の酒垂山の墓に葬られたことが書かれていた。

墓誌の記述から問題となるのは、京宅で亡くなった石川年足がなにゆえに摂津国島上郡白髪郷酒垂山に葬られたのかである。石川氏は蘇我氏本宗家滅亡後そのあとを継いだ傍系で、本拠地はもちろん氏名に負う石川、すなわち河内国石川郡にあり、そこには蘇我氏の氏寺に当たる龍泉寺(蘇我馬子が当地に有していた石川宅を仏殿にしたものと伝える)もある。河内国石川郡と摂津国島上郡では南北に四〇kmほど離れ、石川氏あるいは石川年足と摂津国島上郡のあいだに直接的関係を見出し難く、石川年足が当地に葬られた理由は明瞭でないが、彼が奈良時代前半であるなら平城京の葬地とは考えにくい摂津国に葬られたことはまちがいない。

一方、河内国に葬られた高屋枚人と紀吉継の二人は、ともに江戸時代にその墓と墓誌が発見されているが、二基の墓は実は大阪府南河内郡太子町にある近接した丘陵に営まれたものであった。

高屋枚人は、墓誌からすると、常陸国の大目在任中に亡り、帰葬されて、宝亀七年(七七六)一一月当地に葬られた。墓誌には埋葬した年月日は記されているが、枚人が亡くなった年月日は不明で、当地に営まれた墓が威奈大村のように帰葬によるものか、あるいは帰葬されたうえでさらに改葬されたものかは明らかでない。高屋連氏は『新撰姓氏録』河内神別天神に見え、また河内国古市郡を本拠地としていた(『続紀』慶雲元年六月乙丑条)[16]が、そこから墓誌発見地までは四km以上あり、当地と高屋連氏との関係は明らかでない。一方、紀吉継の墓は、高屋枚人の墓が見つかったと思われる地点の東北一kmほどで見つかったようである。墓誌には、紀吉継が延暦三年に亡くなったこと、そして参議で陸奥国按察使兼守鎮守副将軍であった紀広純の女であることがきわめて簡略に書かれているが、彼女の場合も当地に葬られるに至った理由は明らかでない。

このように近接した丘陵上に時期を異にする二人の墓が設けられるに至った理由を容易に見出し得ないとするならば、それはやはり当地が奈良時代末の葬地であったことにあるのであろう。もしそうであるなら、平城京の葬地が大和国を超え、周辺に拡大していたことになる。

最後に、淡路国への埋葬事例は言うまでもなく淳仁天皇とその母当麻山背である。天皇は、天平宝字八年一〇月に起こったいわゆる藤原仲麻呂の乱で廃位のうえで親王とされ、淡路国公(淡路公)に退けられて母当麻山背とともに配所である淡路国に送られ、幽閉された(『続紀』天平宝字八年一〇月壬申条)。その後、天平神護元年(七六五)淡路公は脱出を図ったが、国司によって捉えられ、結局死に追い込まれた(『続紀』天平神護元年一〇月庚辰条)。亡くなった淡路公がどのように扱われ、一体どこに葬られたのか『続紀』に記述はないが、『延喜式』巻二一諸陵寮陵墓条(以下「陵墓歴名」と称する)には彼の陵と母である当麻山背の墓に関する記載がある。それによれば、淳仁天皇とその母当麻山背は、淡路国の三原郡に別々に葬られている。この「陵墓歴名」に載せる淳仁天皇の陵は、宝亀三年八月に改葬されたことによって生まれたもので（『続紀』宝亀三年八月丙寅条）、もともとはその身分が淡路公であることによって墓と呼ばれていたが、宝亀九年淳仁天皇の墓は山陵と称され、また母当麻山背の墓も「御墓」と称されるようになり、陵墓に近い百姓の戸一戸に守らせることにした（『続紀』宝亀九年三月己巳条）。この事例をもって淡路国が京住人の葬地であったとすることはできず、むしろ後述する早良親王の埋葬の事実からも、奈良時代後半の淡路国に対する支配階層の見方を知ることができる。

以上、平城京とその住人の埋葬地で確認できたことは、次ぎのとおりである。

①　奈良時代の前半は大和国内で、平城京の南方を除く北と東西の三方に埋葬地が設けられていたが、後半になると大和国外で畿内諸国に埋葬地が設けられ、特に河内国へは平城京の埋葬地が拡大していく傾向をみることができる。

②　また、淡路国は、早良親王の例も勘案すると、危険人物や祟る可能性のある人物を幽閉し、あるいは封じ込め、そして埋葬する地となっていったと考えられる。このことは淡路国が記紀に見える神話で国生みの始まりの地でありながら、国生みの終ったのちイザナギ尊が隠れた幽宮の地でもあったことと関わるものであろうか。

〈付一〉　藤原不比等の墓

平城京の時期に亡くなった人で墓の所在が確定していない人物に藤原不比等がいる。その原因の一つは多武峯墓と呼ばれる墓の墓主が不比等なのか、父鎌足なのか[17]、必ずしも明確でないことにある。

藤原不比等は養老四年（七二〇）八月に亡くなった（『続紀』養老四年八月癸未条）が、不比等の薨伝（『続紀』養老四年八月癸未是日条）によれば、元正天皇は不比等の死を深く悼惜して廃朝するとともに、内寝（内裏の寝殿）で挙哀を行い、さらに特別に優勅して「弔賻之礼」を群臣と異ならせた。不比等の「弔賻之礼」は群臣と異なる規模と壮麗さをもって行われたと考えられるが、詳細は明らかでない。『公卿補任』に付けられた頭書には「十月八日戊子、火㆓葬佐保山推（椎）山岡（崗）㆒、従㆓遺教㆒也」と、不比等はみずからの遺教によって佐保の地で火葬されたと書かれ、『帝王編年記』にも「養老四年八月三日

表 21　贈太政大臣(弘仁四年まで)

贈官年月日	贈太政大臣	理由	前職位→新職位
養老四年(七二〇)年一〇月壬寅	藤原不比等	弔賻	右大臣正二位→贈太政大臣正一位
天平四年(七三二)一一月乙丑	舎人親王	弔賻	知太政官事一品→贈太政大臣
天平宝字四年(七六〇)八月甲子	藤原武智麻呂 藤原房前	大師奏状(廻臣所給太師之任。欲譲南北兩左大臣者)→勅(宜依所請)	正一位左大臣→贈太政大臣 贈左大臣→轉贈太政大臣
宝亀二年(七七一)二月己酉	藤原永手	弔賻	左大臣正一位→贈太政大臣
延暦四年(七八五)五月丁酉	紀清人	外祖父	贈従一位→追贈正一位太政大臣・改公姓爲朝臣
大同元年(八〇六)六月辛丑	藤原良継	外祖父	贈従一位内大臣→追贈正一位太政大臣
弘仁元年(八一〇)九月丁未以前〈大同四年四月(『公卿補任』)・大同四年一二月(『尊卑分脈』)〉	藤原種継	?	贈正一位左大臣→贈太政大臣

薨、六十二、葬二佐保山一」と見える。しかし不比等がそのまま椎山あるいは佐保山に葬られたか、あるいはそののち別の地に移されて葬られたかは明らかでないが、奈良時代には不比等の墓は明確に認識されており、祭祀・奉幣の対象ともなっていた（『続紀』天平二年九月丙子・天平勝宝七年一〇月丙午条）。今日、聖武天皇陵に比定されている佐保山南陵の西にある鴻池の南方には二基の陪冢、東淡海公墓（陪冢い号）と西淡海公墓（陪冢ろ号）が東西に並んであり、藤原不比等の墓に擬する考え[18]が古くからある。この伝承の当否はしばらく措くとして、時期は下るが、『朝野群載』第三文筆下告文に収める永承二年（一〇四七）二月一四日関白藤原頼通春日社告文が注目される。藤原頼通が告文をもって不慮の火災による興福寺堂塔の消滅と再建開始の棟上げ挙行を報告した対象として記される「佐保山椎崗廟」は、告文中に「興福寺波霊廟乃所二建立一也」とあることから、明らかに藤原不比等を指し、告文をもって申す対象である不比等の廟が佐保山の「椎崗」の地に一一世紀半ばころ存

在したことはまちがいない。この「佐保山椎崗廟」こそ前述した『公卿補任』頭書に藤原不比等火葬の地とする「佐保山推(椎)山岡(崗)」にほかならない。ただ『公卿補任』頭書が不比等の火葬地を「佐保山推(椎)山岡(崗)」とするのは、この地に現に不比等の廟が存在していたことによって、この地が不比等火葬の地とされた可能性が高い。

〈付二〉　贈太政大臣正一位藤原朝臣墓

『紀略』弘仁四年一二月癸巳条には次ぎのような記事がある。

　勅、在㆓大和国添上郡隅山村㆒贈太政大臣正一位藤原朝臣墓地、東西八町、南北二町、勿㆑令㆓百姓侵伐㆒、

墓の所在地隅山を栖山(須山)と考えるなら、「贈太政大臣正一位藤原朝臣」は太安万侶墓が見つかった此瀬の地に近く、奈良時代の平城京の公的な葬地である田原に含まれる地に葬られたと考えられる。「贈太政大臣正一位藤原朝臣」は、墓が大和国に所在していたことから長岡遷都の延暦三年までに没した人物と考えられる。

いま養老四年最初に太政大臣正一位を贈られた藤原不比等から弘仁四年(八一三)までに太政大臣正一位を贈られた人物を掲げてみると、七人(表21)おり、そのうち藤原氏の人物は不比等・武智麻呂・房前・永手・良継・種継の六人(表22)である。六人のうちで弘仁四年の時点に墓の所在が同時代史料に明記されている人物はいないが、「陵墓歴名」によると武智麻呂と良継は宇智郡に墓があった。また種継は長岡京で亡くなっているから、後述するように彼が大和国に埋葬された可能性は低い。さらに先述のように、藤原不比等の墓は「佐保山椎山岡(崗)」にあったとするなら、不比等は除外される。このように考えてくると、残る人物は北家藤原房前・藤原永手父子の二人となるが、この二人のうち田原に葬られる可能性が高いのは永手であろうか。

表 22　藤原氏の贈太政大臣

宮都	贈太政大臣藤原氏	埋葬地	「陵墓歴名」墓名
平城京	藤原不比等	佐保	多武嶺墓
	藤原武智麻呂	佐保→宇智郡	後阿陀墓
	藤原房前		
	藤原永手		
	藤原良継		阿陀墓
長岡京	藤原種継		

〈付三〉　石のカラト古墳の墓主

西大寺の真北に終末期の石のカラト古墳がある。石のカラト古墳は現在奈良市山陵町にあり、京都府との県境に近い丘陵の上に築かれた上円下方墳（あるいは方形の基壇の上に円墳を構築したものか）である。その墳形、石室の構造や出土遺物などから、平城宮への遷都前後の時期、奈良時代のごく初期の築造にかかると推定されている。[19]ただ平城遷都前、「藤原」京の時期にこのような古墳が平城宮の北方に営まれることは考え難く、もし平城宮への遷都前後の時期とするなら、遷都直後としなければならない。遷都直後に亡くなり、このような古墳に埋葬される可能性のある人物はきわめて限られる。すでに陵墓の所在が分かっている人物（表20）を除くと、遷都直後なら和銅八年に亡くなった一品長親王と一品知太政官事穂積親王、少し時期を下ってよいなら、天平七年に亡くなった一品大将軍新田部親王と一品知太政官事舎人親王が該当する可能性がある。しかしはたして上円下方墳という特殊な墳形の石のカラト古墳が親王級の墳墓でよいのかどうか疑問が残る。もし石のカラト古墳の築造年代をもう少し下げてよいのであれば、石のカラト古墳が西大寺の真北に位置することを重視して、称徳天皇陵の可能性がないか検討の余地は残っていると考える。根拠は不明であるが、『本朝皇胤紹運録』に「称徳天皇、神護景雲四八四崩、五十三、葬二大和国高野陵一、西大寺北也」と高野陵の位置を記していることも参考になる。『続紀』神護景雲四年八月戊戌条には、称徳天皇の葬られた高野山陵が鈴鹿王の旧宅に営まれたと書かれている。この場合、鈴鹿王旧宅が平城京にある京宅であったなら、別に天皇陵が京内に造営されたことになって問題が生ずるが、鈴鹿王旧宅は京外の別業や別宅であったと考えてよいなら特に問題がない。このような点から、西大寺の真北に位置する石のカラト古墳こそ称徳天皇の高野山陵であった可能性が生まれてくるのではなかろうか。

三　恭仁京と葬地（天平一二年（七四〇）〜天平一六年（七四四））

恭仁京は、天平一二年一〇月に始まる聖武天皇の関東行幸からの帰途、同年末急遽山背国相楽郡の恭仁宮に入った時から紫香楽宮に行幸・遷都する一六年三月より八月ころまで、わずか三年余りのあいだの主都に過ぎなかった。そのた

表23　恭仁京期の葬地

	薨卒死年	薨卒等者	陵墓名	葬地名（国郡郷等地名）
①	天平十六年（七四四）	安積親王	和束墓	山背国相楽郡和束山
②	？	内膳奉膳高橋朝臣の妻		山背相楽山

め、この間に恭仁京で死亡し、かつ埋葬されたことが史料に明確な人物は二名しか知られない（表23）。一人は、皇后藤原光明子とのあいだに生まれた某王の死後、聖武天皇の唯一の男子となった安積親王であり、いま一人は内膳司の奉膳であった高橋朝臣（高橋国足か）の妻である。いずれも埋葬地を記す史料は『万葉集』である。

安積親王の死は『続紀』にも記事がある（天平一六年閏正月丁丑条）が、埋葬地を明記していない。しかし『万葉集』巻三に収める大伴家持が安積親王の死を傷んで歌った挽歌（四七五番〜四八〇番）によって、安積親王が和束山に葬られたことを知ることができる。

これらの挽歌については、すでにやや異なる観点からその意味を述べたことがある[20]。その際特に注目したのは四七五番であった。そこには「吾王　皇子の命　万代に　食したはまし　大日本　久邇の京」が「いや日異に　栄ゆる時に」「白妙に　舎人装ひて　和豆香山　御輿立たして　ひさかたの　天知らしぬれ　展転び沾ち泣けども　せむすべも無し」と歌われ、舎人たちによって担われ和束山に運ばれた「御輿」は、安積親王の遺体を載せた葬送のための霊柩とも、親王が天界に旅立つための乗り物とも考えられる。四七八番にも明らかなように安積親王は日常、狩猟に赴く時などには馬に乗っていたが、親王の乗る馬は特に天皇に対して用いる最高敬語である「大御」を冠して「大御馬」と表記されている。歌の表現とはいえ「御輿」といい「大御馬」といい、いずれも親王の身位では考え難い、天皇に相当する乗物を用いている。また四七五番でも四七八番でも親王は「皇子の命」と呼ばれているが、これは天皇たるべき、あるいは天皇に準ずる人物としてかつて草壁・高市両皇子に限って用いられた称である。これらの点を総合すると、大伴家持は安積親王を将来天皇たるべき人物と考えてこれらの挽歌を詠んだと思われる。おそらくそのような親王への期待は大伴家持一人の抱くところではなかったであろう。しかし、安積親王は亡くなり、死後四七五・四七六番に詠われているように「和束山」あるいは「和束杣山」に葬られた。「和束山」は「和束杣山」とも呼ばれているように、具体的な固有の山を指すのではなく、和束の地にあった杣山の総称であったと考えられる。

また、安積親王に対する挽歌六首に続く四八一番～四八三番の三首は、奉膳であった高橋朝臣が亡き妻を偲んで歌った挽歌である。彼女の死亡年は未詳であるが、『万葉集』の体例からすると、天平十六年かと思われる。四八一番に「山背の　相楽山の　山のまに　行き過ぎぬれば」と歌われているように、高橋朝臣の妻は「山背の相楽山」に葬られた。「相楽山」も「和束山」と同様に具体的な固有の山を指すのではなく、恭仁京周辺の山、あるいは相楽神社の鎮座する地辺りまでの山を呼んだのかも知れない。

以上、わずか二例であるが、この二人を通じて、恭仁京にともなう葬地が、その所在郡である山背国相楽郡に設けられたことを確認できる。(21)

なお、聖武天皇は天平一六年二月恭仁京に次いで盧舎那大仏建立の地として選んだ紫香楽に移り、ここに遷都して甲賀宮と改号したが、(22)早くも翌年五月には平城京に還都している。この間一年足らずのあいだに甲賀宮で死去し、葬られた人物は『続紀』に現れず、またその他の文献史料にも見えないので、甲賀宮にともなう葬地については存否を明らかにできない。

四　長岡京と葬地（延暦三年（七八四）～延暦一三年（七九四））

長岡京は、延暦三年一一月、山背国乙訓郡長岡村で造営が開始されていた長岡宮へ桓武天皇が移幸してから、延暦一三年一〇月平安京に遷るまで、一〇年足らずのあいだの都であった。この間の長岡京の葬地については、『類史』巻七九禁制の左の二条の記事がまず注目される。

禁レ葬二埋山城国紀伊郡深草山西面一、縁レ近二京城一也、（延暦一一年八月丙戌条）

禁下葬二瘞京下諸山一及伐中樹木上、（延暦一二年八月丙辰条）

表24　長岡京期の葬地

	薨卒死年	薨卒死者	陵墓名	国郡郷等地名
①	延暦四年(七八五)	早良親王	八嶋山陵	淡路国津名郡→大和国添上郡
②	延暦五年(七八六)	藤原諸姉	後相楽墓	山背国相楽郡
③	延暦七年(七八八)	藤原旅子	宇波多陵	山背国乙訓郡
④	延暦八年(七八九)	橘清友	加勢山墓	山背国相楽郡
⑤	延暦八年(七八九)	高野新笠	大枝山陵	山背国乙訓郡
⑥	延暦九年(七九〇)	藤原乙牟漏	長岡山陵→高畠陵	山背国乙訓郡
⑦	延暦一三年(七九四)	藤原帯子	河上陵	大和国添上郡
⑧	天長一〇年(八三三)以前	田口氏	小山墓	河内国交野郡

前者は長岡京から東に見える紀伊郡の深草山西面における埋葬を禁じたもので、後者はその一年後に、長岡京の周囲の諸山(長岡京は北と西に山がめぐり、南は淀川を挟んで交野山・男山などに面する)での埋葬とそれらの山々における樹木の伐採を禁じたと考えられる。これらの記事については、従来から指摘がなされ、解釈も示されてきた[23]が、長岡京の葬地に関しては、これら以外の史料にあまり関心を払ってこなかった。ここでは従来研究のない長岡京の葬地についてやや詳しく検討することにする。

長岡京に都が置かれていたあいだに亡くなり、かつ埋葬地が判明する人物は七人おり、このほかにその可能性のある人物が一人いるので、計八人となる(表24)。彼らの埋葬地は、これまでの宮都と異なり、山背・河内・大和・淡路の四カ国にわたるが、山背国が五人で過半を占める。

まず、山背国に埋葬された五人のうち、三人は長岡京の所在郡である乙訓郡に葬られていて、いずれも桓武天皇と深い関係にある人物である。

延暦七年五月に亡くなった夫人藤原旅子は、『続紀』に死亡記事があり(延暦七年五月辛亥条)、私第で妃と正一位を贈られたことが分かるが、埋葬地は記されていない。しかし、彼女の生んだ大伴親王がのちに即位したことによって「陵墓歴名」に墓が載せられ、それが山背国乙訓郡にある宇波多陵と呼ばれる陵であったことが分かる。

次ぎに、延暦八年末生母である皇太后高野新笠が亡くなり(『続紀』延暦八年一二月乙未条)、翌年正月大枝山陵に葬られた(『続紀』延暦九年正月壬子条)。高野新笠の陵は大枝に営まれたが、そこは彼女の母方大枝氏の本拠地と考えられる。しかし、そもそも長岡京が大枝の属する山背国乙訓郡に造営されたのであるから、本拠地に葬られたというのは必ずしも正確ではない。

最後に、皇后藤原乙牟漏が延暦九年閏三月に亡くなり(『続紀』延暦九年閏三月丙子条)、そののち長岡山陵に葬られた(『続紀』延暦九年閏三月甲午条)と『続紀』には記されているが、「陵墓歴名」では「長岡山陵」でなく「高畠陵」と記している。長岡山陵と高畠陵の関係は、すでに指摘されているように(24)、弘仁元年(八一〇)から天長元年(八二四)の間に長岡山陵から高畠陵に改称されたためで、同一の陵と考えられるが、なにゆえに藤原乙牟漏の陵の名称が当初の長岡山陵から高畠陵に変更されたのかは不明である。

この三人の例をもって長岡京北方の地は当時の葬地で、しかも天皇の近親者が葬られる地であったと考えることができる。宮都北方の地が天皇やその近親者の葬地とされたのは、平城京を襲ったものと考えられる。

これに対して、山背国に葬られた残り二人は、いずれも長岡京から遠く離れた相楽郡に埋葬されている。一人は、藤原百川の妻藤原諸姉で、彼女は延暦五年六月に亡くなっている(『続紀』延暦五年六月丁亥条)。諸姉の薨伝はその埋葬地を記さないが、彼女が藤原百川に適して生んだ女藤原旅子が桓武天皇夫人となって大伴親王を生み、親王が即位したために、百川と諸姉は天皇の外祖父母となった。これによって二人の墓は「陵墓歴名」に登載されることになった。

「陵墓歴名」によれば、藤原諸姉の墓は後相楽墓と呼ばれ、山城国相楽郡にあったこと、またその墓は贈太政大臣、すなわち夫藤原百川の墓の内にあり、守戸は特に置かれなかったとある。諸姉の墓はこのように夫百川と墓域を共有し、それゆえに墓を管理・守衛する守戸も置かれず、夫の墓の守戸がそれらの職務を担当したと考えられる。しかし、「陵墓歴名」の記載からは、なにゆえに諸姉の墓が夫百川の墓の内にあるに至ったのかという疑問が生じる。この点については、のちにふたたび藤原百川の墓について論じる際に検討することにする。

いま一人は橘清友である。彼は女嘉智子が嵯峨天皇に嫁し、彼女の生んだ正良親王が即位したため、天皇の外祖父となり、その墓が「陵墓歴名」に山城国相楽郡所在の加勢山墓として登載された。彼が長岡京期の延暦八年に死んだことは、女である嵯峨太皇太后橘嘉智子の薨伝（『文実』嘉祥三年五月壬午条）に明らかである。

「加勢山墓」は「拵山墓」とも記され（『続後紀』天長一〇年三月乙卯条など）、「加勢」「拵」は奈良時代の史料では「鹿背」と表記されることが多く、今日鹿背山と呼ばれる山は恭仁宮の西南、木津川左岸にある山を指している。当地は、奈良時代橘氏の祖である橘諸兄が相楽別業を営んだ（『続紀』天平一二年五月乙未条）、橘氏の本拠地井手から直線距離で七㎞余りを隔てるに過ぎず、奈良時代以来の橘氏と山背国相楽郡との関係から、橘清友は橘氏にとって本拠地とも言うべき地に葬られたと考えることも可能である。しかし、橘清友だけでなく、すでに述べた藤原諸姉も相楽郡に葬られていた事実、そして橘清友が橘氏の本拠地からやや離れた地に葬られていることなどを重視するなら、むしろ相楽郡が長岡京期の葬地の一つであったと考える方が正鵠を射ているのではないか。なお、橘清友の加勢山墓が「陵墓歴名」で東西四町、南北六町の巨大な兆域を有しているのは、外孫正良親王が即位後、二度にわたって外祖父橘清友の墓を整備・拡大した（『続後紀』天長一〇年三月乙卯・承和八年二月己酉条）ことによると考えられる。[25]

以上、山背国に葬られた五人に対して、山背国外に葬られた三人のうち、二人は特殊な事情によるかと考えられる。一人は、「陵墓歴名」で大和国添下郡に所在する河上陵に葬られたとされる藤原帯子である。彼女は皇太子安殿親王の妃で、延暦一三年病を得て急遽居所（おそらく皇太子安殿親王と東宮に同居していたものかと思われる）を木蓮子院に移し、そこで急死した（『類史』延暦一三年五月己亥条）。大同元年（八〇六）に夫安殿親王が即位すると、ほどなく皇后が贈られ、その墓は皇后陵とされた（『後紀』大同元年六月辛丑条）。藤原帯子の墓が山背国でなく大和国に営まれた事情は明らかでないが、夫安殿親王が即位後すみやかに皇后を追贈し、その旨を遣使し報告している（『後紀』大同元年六月辛丑条）ことや、その翌年桓武天皇の柏原陵および早良親王の八嶋陵とともに兆域・四至を定められ、特に八嶋陵と帯子の河上陵については兆域の拡大・整備が行われたためか「其百姓幷（田脱カ）地、在二八嶋・河上二陵界内一者、以二乗田一賜之、但地者、准レ估賜レ直」という措置が採られている（『類史』大同二年八月己巳条）ことを考え合わせると、なんらかの事情があって山背国を避け大和国で墓が営まれたのではないかと憶測される。

いま一人特殊な事情があるのは、早良親王である。彼は延暦四年九月、天皇の長岡京不在中留守として内裏に入っていたが、藤原種継暗殺事件の勃発によって東宮に帰され、その日に乙訓寺へ幽閉された。親王は淡路国に移送される途次食を絶って亡ったが、それにも関わらず屍は淡路国に移されて埋葬された（『紀略』延暦四年九月庚申条）。親王の屍をわざわざ淡路国に移したのは、明らかに長岡京の近くに埋葬することを避けたためである。淡路国に移された親王の屍は津名郡に埋葬されたと思われる[26]（『類史』延暦一九年七月壬戌条）が、埋葬から五年後、延暦九年にはその霊威を恐れ、淡路国に命じて親王の冢に守冢一烟を置き、随近郡司に専当させた（『紀略』・『類史』延暦一一年六月庚子条）。しかし霊威は止まるところを知らず、延暦一一年に使を遣わして霊を鎮謝したり（『紀略』延暦一一年六月癸巳条）、冢の下に隍を設けて濫穢させず清浄に保つように処置している（『紀略』・『類史』延暦一一年六月庚子条）。そしてついに延暦一九年崇道天皇の号を追称し、冢を陵と称して（『類史』延暦一九年七月己未条・『類史』延暦一九年七月甲子条）陵戸二戸を置くことになった（『類史』延暦一九年七月壬戌条）。さらに延暦二四年桓武天皇不豫にあたって霊威を和らげるための寺を建立することとなった（『後紀』延暦二四年正月甲申条）が、それでも霊威は衰えず、同年四月には改葬司を任命し（『後紀』延暦二四年四月庚戌条）、ほどなく大和国に改葬されたと考えられる。崇道天皇が改葬された陵が、「陵墓歴名」に大和国添上郡所在の八嶋陵として載せられている。改葬先の八嶋陵が大同二年に至って柏原・河上両陵とともに兆域が定められたことについては上述したとおりであるが、その際藤原帯子の河上陵と同様の措置が採られ、またその改葬地が山城国でなく大和国であった点でも共通する。おそらく二人は長岡京・平安京が営まれた山城国を避けて大和国に埋葬されたのであろう。

この二人に対して、橘清友の妻田口氏の小山墓は、「陵墓歴名」によれば、河内国交野郡にある。交野郡は長岡京の所在郡である山背国乙訓郡に接し、長岡遷都後の桓武朝以降、郊祀の場（『続紀』延暦四年一一月壬寅条など）、遊猟地（『続紀』

延暦六年一〇月丙申条など）として、また貴族の別業経営の地（『続紀』延暦一〇年一〇月丁酉条など）で、それゆえに貴族の隠棲地（『紀略』『類史』天長六年一二月乙丑条）としても史料に見え、さらに百済王ら渡来系氏族の本拠地としても著名である。[27] しかし、一方で交野郡が葬地としても重要な地であったことは、大同三年正月に雄徳山（男山）での埋葬が供御器を造る土を採取することを理由に禁止されている（『類史』大同三年正月庚戌条）ことから知られる。

田口氏は蘇我氏の枝族であり、飛鳥に近接した地が本拠地で、その女が本拠地でない河内国交野郡に墓を営んだ理由は明らかでないが、それはおそらく、河内国交野郡が清友の妻田口氏の死亡したころ、葬地であったことによるのではないかと思われる。田口氏の死亡年は不明であるが、清友との婚姻は宝亀八年以降で、女嘉智子を生んだのが延暦五年以前と考えられる（『文実』嘉祥三年五月壬午条）から、奈良時代末から長岡京の時期には生存していた可能性が高い。ただ田口氏の死亡が長岡京期であるのか、あるいは平安京期に入ってからであるのかは文献史料から明らかにできない。しかし、田口氏の墓が交野郡にあることをもって長岡京の時期に死んだのではないかと憶測する。それは、長岡京のある山背国乙訓郡と河内国交野郡とが国を異にしながらも互いに接する位置にあり、交野郡が長岡京に付属する葬地であったのではないかと考えるからである。

以上のように、長岡京期には大和・淡路両国に葬られた人物もいるが、それらはいずれも山背国に葬り得ない事情がある場合で、これらのような場合を除き山背国および長岡京の隣接郡がある河内国に陵や墓を営むのがはやり原則であったと考えられる。

五　平安京と葬地（延暦一三年（七九四）以降）

延暦一三年一〇月、桓武天皇は長岡京から山背国葛野郡宇太村（『紀略』延暦一二年正月甲午条）に造営した新京に遷り（『紀略』・『類史』延暦一三年一〇月辛酉条）、平安京と命名した（『紀略』延暦一三年一一月丁丑条）。

平安京の葬地については、長岡京と同様に、次ぎのような周知の史料がある。

是日、勅、山城国愛宕葛野郡人、毎レ有二死者一、便葬二家側一、積レ習為レ常、今接二近京師一、凶穢可レ避、宜下告二国郡一厳加中禁断上、若有二犯違一、移二貫外国一。(28)（『後紀』延暦一六年正月壬子条）

禁レ葬二埋於河内国交野雄徳山一、以レ採下造二供御器一之土上也。(29)（『類史』大同三年正月庚戌条）

勅、禁レ葬二斂山城国愛宕郡神楽岡辺側之地一、以下与二賀茂御祖神社一隣近上也。(30)（『三実』貞観八年九月二二日甲子条）

太政官符
　定二葬送幷放牧地一事
山城国葛野郡一処（在二五条荒木西里・六条久受原里一）
四至（東限二西京極大路一　西・南限二大河一　北限二上件両里北畔一）
紀伊郡一処（在二十条下石原西外里・十一条下佐比里・十二条上佐比里一）
四至（東限二路幷古河流末一　西・南並限二大河一　北限二京南大路西末幷悲田院南沼一）
右、被二右大臣宣一偁、「奉レ勅、件等河原、是百姓葬送之地、放牧之処也、而今有レ聞、愚暗之輩、不レ顧二其由一、競好二占営一、専失二人便一、仍遣二勅使一、臨レ地検察、所レ定如レ件」者、事須下国司屢加二巡検一、一切勿レ令二耕営一、若寄二事王臣家一、強作者禁レ身言上、百姓者国司任レ理勘決、但葛野郡嶋田河原、今日以往、加レ功耕作、為二熟地一、及紀伊郡上佐比里百姓本自居二住宅地一、人別二段已下者不レ在二制限一、其四至之外、若有二葬斂一者、尋二所由一糺責、勤加二検校一、不レ得二疎略一
　貞観十三年閏八月廿八日(31)（『類聚三代格』巻一六山野藪沢江河池沼事）

これら平安京の葬地に関する法制史料は平安時代前期に集中するが、これ以後新たな法令の発布やこれらの法令の実効性を考えることのできる史料などは確認できない。したがってここでは、一〇世紀半ばまでに亡くなり埋葬された地が明記されている四二人を対象として(32)（表25）、平安京の葬地を検討したい。

まず、埋葬地を国別に見ると、山城国は四一人で圧倒的な数であり（改葬された藤原百川を入れると四二人となる）、山城国

表25　平安京前期の葬地

	薨卒等年	薨卒等者	陵墓名	国郡郷等地名
①	大同元年(八〇六)	桓武天皇	柏原山陵	山城国葛野郡宇太野→山城国紀伊郡柏原山陵
②	大同二年(八〇七)	伊予親王	巨幡墓	山城国宇治郡
③	大同二年(八〇七)	藤原吉子	大岡墓	山城国葛野郡大岡郷
④	大同四年(八〇九)	高志内親王	石作陵	山城国乙訓郡
⑤	弘仁二年(八一一)	坂上田村麻呂		山城国宇治郡
⑥	弘仁六年(八一五)	賀茂豊年		(嵯峨天皇陵下)
⑦	弘仁一五年(八二四)	平城太上天皇	楊梅陵	大和国添上郡
⑧	天長三年(八二六)	恒世親王		山城国愛宕郡鳥部寺以南
⑨	天長三年(八二六)	俊子内親王		山城国愛宕郡寺以南山
⑩	天長三年(八二六)	藤原冬嗣	後宇治墓	山城国愛宕郡深草山→山城国宇治郡
⑪	天長四年(八二七)	大僧都勤操		東山鳥部南麓
⑫	天長五年(八二八)	藤原美都子	次宇治墓	山城国宇治郡
⑬	承和六年(八三九)	藤原沢子	中尾山陵・中尾陵	山城国愛宕郡鳥部郷
⑭	弘仁二年(八一一)～承和六年(八三九)	藤原総継	拝志墓	山城国愛宕郡鳥戸郷
⑮	承和七年(八四〇)	淳和太上天皇	大原野西嶺上陵	山城国乙訓郡物集村・大原野西山嶺上
⑯	承和九年(八四二)	嵯峨太上天皇	嵯峨山上陵	山北幽僻之地
⑰	承和一四年(八四七)	有智子内親王		社里十三坪(嵯峨野斜行条里)
⑱	嘉祥三年(八五〇)	仁明天皇	深草陵	山城国紀伊郡深草山陵
⑲	嘉祥三年(八五〇)	橘嘉智子	嵯峨陵	深谷山・山城国葛野郡
⑳	斉衡三年(八五六)	源潔姫	神楽岡冢・愛宕墓	山城国愛宕郡神楽岡白川

㉑	天安二年(八五八)	文徳天皇	田邑山陵・真原山陵	山城国葛野郡田邑郷真原岳
㉒	貞観五年(八六三)	純子内親王	順子内親王冢	深草山陵南接
㉓	貞観六年(八六四)	藤原貞子		深草山陵兆域之内
㉔	貞観九年(八六七)	仲野親王	仲野親王墓・高畠陵	山城国葛野郡
㉕	貞観一三年(八七一)	藤原順子	後山階山陵	山城国宇治郡後山階山陵
㉖	貞観一四年(八七二)	藤原良房	後愛宕墓	山城国愛宕郡白川辺
㉗	元慶三年(八七九)	正子内親王		嵯峨之山腹・嵯峨山
㉘	元慶四年(八八〇)	清和太上天皇	水尾山陵	山城国愛宕郡上粟田山(火葬)・丹波国水尾山上(御骸奉置)
㉙	貞観五年(八六三)〜元慶八年(八八四)	藤原数子	八坂墓	山城国愛宕郡八坂郷
㉚	仁和三年(八八七)	光孝天皇	小松山陵・後田邑陵	葛野郡田邑郷
㉛	寛平三年(八九一)	藤原基経	次宇治墓	山城国宇治郡・小野墓所・深草山
㉜	寛平八年(八九六)	藤原胤子	小野陵	山城国宇治郡小野郷
㉝	昌泰三年(九〇〇)	班子女王		山城国葛野郡頭陀寺辺
㉞	昌泰三年(九〇〇)	藤原明子	白河陵	山城国愛宕郡上粟田郷
㉟	延喜元年(九〇一)	藤原高藤	小野墓	山城国宇治郡小野郷
㊱	延喜七年(九〇七)	宮道列子	後小野墓	山城国宇治郡小野郷
㊲	延喜九年(九〇九)	藤原時平	又宇治墓	山城国宇治郡
㊳	延長八年(九三〇)	醍醐太上天皇	後山科陵	山城国宇治郡山科陵
㊴	承平元年(九三一)	宇多太上天皇	大内山陵	山城国葛野郡田邑郷立屋里小松原
㊵	天暦三年(九四九)	陽成太上天皇	神楽岡東陵	神楽岡東地
㊶	天暦三年(九四九)	藤原忠平		法性寺外東北原
㊷	?	当宗氏	河嶋墓	山城国葛野郡

以外はわずかに大和国に葬られた平城太上天皇一人だけである。

平城太上天皇は、弘仁元年（八一〇）薬子の変によって平城旧京への遷都と皇位への復帰に失敗したが、そののちも山城国に戻ることなく平城宮の西宮に住み続け(33)、そこには特に太政官制下の諸司が直して平城太上天皇に奉仕した。しかし、太上天皇は弘仁一五年七月に崩御し（『紀略』・『類史』弘仁一五年七月甲寅条）、大和国で楊梅陵に埋葬された（『紀略』・『類史』弘仁一五年七月己未条）。これらの状況から、平城太上天皇はその居所平城西宮との関係で大和国に葬られたのであり、明らかに例外と考えるべきである。

そこで、次ぎに山城国の郡別に初葬地を見ると、平安京に接する三郡では、遷都の地とされ、京の東にある愛宕郡と

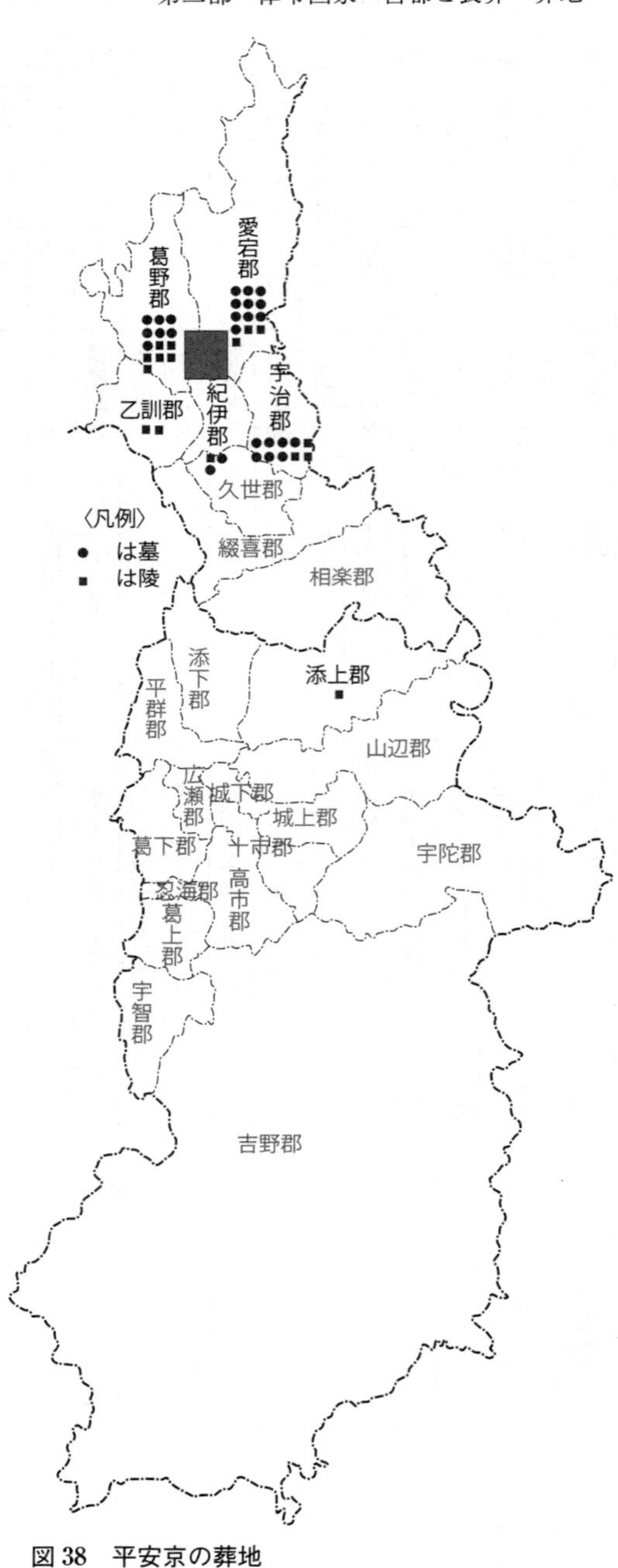

図 38　平安京の葬地

西に位置する葛野郡でともに一三人と拮抗する数（のちともに葬地の変更や改葬の可能性があって一二人）の埋葬が行われている。愛宕郡では特に鳥部山への埋葬事例が多く、五人見られる点が注目される。これに対して、京に南接する紀伊郡はわずかに三人（葛野郡を埋葬地に予定していた桓武天皇が変更されて四人）であるが、彼らはいずれも深草山に含まれる地に葬られている。愛宕郡の鳥部山から紀伊郡の深草山にかけて丘陵が断続的につながっており、この大きな丘陵地帯が平安京のもっとも代表的な葬地であった。このように平安京の東南方に最大の葬地があるが、これは、基本的には宮都の南に葬地を設けないことによると考えられ、すでに見たように平城京でも同じであった。一方、京に接していない宇治郡が一〇人（のち一人が愛宕郡から改葬されて一一人）と、愛宕・葛野両郡に迫る数であることが注目される。

さて、以下では平安時代前期の平安京の葬地を考えるうえで、注意すべき事例に絞って取り上げ(34)、この時期における宮都の葬地における新しい状況を指摘しておきたい。

そのもっとも大きな変化は貴族夫婦の墓のあり方であり、もっとも注目されるのは藤原百川・藤原諸姉夫妻の墓である。

藤原百川は光仁天皇が「甚信任之、委以二腹心一、内外機務、莫レ不二関知一」く、また皇太子であった山部親王も百川に「特属レ心」け、親王が不豫に至った時、百川が医薬と祈祷によって心から回復を願ったことがあり、「由レ是重之」じたが、百川は宝亀一〇年七月に平城京で亡くなってしまった（『続紀』宝亀一〇年七月丙子条）。平城京で亡くなった百川の墓がどこに営まれたかは明らかでないが、平城京で亡くなったのであるから、当然大和国に葬られたと考えられる。

一方、妻藤原諸姉は、すでに触れたように、夫百川の死の七年後、延暦五年に長岡京で亡くなった。そしてその墓は「陵墓歴名」によれば相楽郡に営まれているが、それは長岡京の葬地の一つが相楽郡に設けられていたことに拠ると推定されることはさきに述べたとおりである。

ところが、藤原諸姉の薨去から一一年を経た延暦一六年二月、山城国相楽郡の田を百川の墓地として賜るとの記事が『後紀』に現れる（延暦一六年二月丁巳朔条）。

賜₂山城国相楽郡田二町六段₁為₂贈右大臣従二位藤原朝臣百川墓地₁、

この時賜った百川の墓について「陵墓歴名」は次ぎのように記している。

相楽墓　贈太政大臣正一位藤原朝臣百川、淳和太上天皇外祖父、在₂山城国相楽郡₁、兆域東西三町、南北二町、守戸一烟

これ以後、百川の墓は『後紀』と「陵墓歴名」に記す山城国相楽郡に所在することになったと考えられる。

そこで、問題となるのは、まず第一に、百川が死亡からすでに一八年を経た延暦一六年に新たに墓地を賜与された理由である。平城京で薨じた百川の墓は、さきに述べたように、これ以前は当然大和国にあり、延暦一六年の墓地の賜与はそれを山城国に改葬したことを意味すると思われる。百川は桓武天皇擁立の立て役者であり、彼の子たちは桓武朝で重用された。それゆえに百川の墓が大和国から移され、山城国の相楽郡に設けられるに至った可能性もあるが、延暦一六年に山城国相楽郡に百川の墓が移設された具体的な事情を記す史料はない。

次ぎに、第二の問題は、なぜ山城国相楽郡に墓地を賜ったのかである。「陵墓歴名」によれば、すでに見たように百川の妻である藤原諸姉の墓も山城国相楽郡にあり、しかもそれは「在₂山城国宇治郡贈太政大臣墓内₁」ると記されている。しかし「陵墓歴名」の記載を文字どおりに捉え、夫の墓の兆域内に妻の墓が営まれたと考える必要はない。「陵墓歴名」の記載が夫を主体としたものであると考えれば、事実は夫百川の墓と妻諸姉の墓が兆域を共有して存在していたということであろう。[35]

ところで、上記のように『後紀』は百川の墓地として賜った田を二町六段とするが、「陵墓歴名」では相楽墓の兆域を東西三町、南北二町とし、兆域が方形であったとすればその面積は六町となり、『後紀』の記す「賜田」の二倍余りの規模である。この間の事情については、延暦一六年から「陵墓歴名」が成立するまでのあいだに兆域が拡大され、墓として整備が進められた結果と見て、百川の山城国相楽郡への改葬以後他所にあった諸姉の墓も改葬して百川と兆域を共有する墓としたと考えることもできる。また逆に、長岡京の時期に死亡した諸姉の墓がまず山城国相楽郡に造られ、延暦一六年に改めて百川に対して妻と同地に墓地を賜与した結果、夫婦で兆域六町を共有する墓が成立したと考えるこ

ともできる。

前者のように夫婦各々に改葬を想定する場合、延暦一六年の時点で都が平安京にあったにも関わらず、平安京の葬地ではない相楽郡に二人を改葬した理由を別に求めねばならない。それに対して、夫にだけ改葬を想定する後者の場合、諸姉が死亡した長岡京の時期、すでに述べたように相楽郡が長岡京の葬地であった可能性が高いことから、十分説明が可能であり、百川の改葬地が平安京期の葬地でない相楽郡であったことについて特別な事情を想定する必要がなくなる。その場合、藤原百川・諸姉夫妻は本来夫婦別々の墓で、夫百川は大和国、妻諸姉は山背国に各々葬られていたが、延暦一六年に百川が山城国相楽郡に改葬され、その結果二次的に夫婦が兆域を共有する墓が成立したことになる。このような推定が可能となると、なぜ本来夫婦別の墓であった百川・諸姉夫妻に新たに墓地とすべき田を賜与してまでわざわざ百川を大和国から山城国へ改葬し、妻と同じ兆域をもつ墓としたのかという第一の問題が重要になってくる。桓武天皇の百川への信任と深い思いを考える時、そこに桓武天皇の積極的な意志を読み取ることができるのではなかろうか[36]。

貴族夫婦墓の問題以外に、氏墓・家墓と言ってもよい新しい形態の埋葬と墓地が平安京の葬地に現れるが、それらについてはすでに前稿で事例を検討したので[37]、ここでは省略に従い、最後に一つ、平安京に入って天皇陵兆域内への埋葬が許可される事例が現れることを指摘しておきたい。

養老喪葬令先皇陵条には「凡先皇陵、置二陵戸一令レ守、非二陵戸一令レ守者、十年一替、兆域内不レ得二葬埋及耕牧樵採一」とあり、先皇陵兆域内への葬埋は禁止されていた[38]。

しかし、弘仁六年六月に亡くなった賀茂豊年は、左大臣藤原冬嗣に、天皇が亡くなった時にはその陵の下に葬って欲しいと託して亡くなり、当日陵下への埋葬を許可する勅が出された（『後紀』弘仁六年六月丙寅条）。嵯峨天皇の死後、豊年の願いが叶えられたか否かは、天皇の骨が散骨されたため不明であるが、陵の兆域内への埋葬を許された最初の人物が賀茂豊年である。

また、仁明天皇女御であった藤原貞子は貞観六年（八六四）八月に亡くなった（『三実』貞観六年八月三日丁巳条）が、その時、勅によって従二位を贈られただけでなく、天皇が葬られている深草山陵の兆域内への埋葬を清和天皇が許している（『三実』貞観六年八月三日丁巳条）。それは、彼女は后位に昇らなかったが、特に平昔から仁明天皇の寵愛が甚だしかったことによると記され、貞子に対する天皇の寵愛振りと破格の厚遇を知ることができる。

このような陵兆域内への埋葬許可が可能となった背景には、天皇陵に対する扱いや観念に変化が起こったことがあっ

図39　宮都の葬地

たのであろう。

六　日本古代宮都の葬地と貴族

これまで「藤原」京の造営期から平安京の前期、すなわち日本の古代における宮都「藤原」京の誕生から宮都が固定する平安京の時期まで、宮都と葬地の関係を宮都ごとに注目される点に絞って検討してきた。最後に、以上の検討結果を承け、さらに二つの異なる観点から日本の古代宮都と葬地に関して明らかになった点を確認しておきたい。

1　宮都の移動(遷都)と葬地

まず、「藤原」京から平安京前期までの天皇・貴族・官人たちの埋葬例を、大和・山城・河内の三国について郡ごとに整理した結果を図に表す(図39)と、当然予想されることであるが、宮都の移動(遷都)にともなって葬地が移動していることを確認できる。すなわち「藤原」京と平城京では基本的に大和国であるのに対して、平城京期半ばに短期間遷都した恭仁京では山背国、そして長岡京では山背国と京の所在郡に隣接する河内国交野郡、さらに平安京では山城国に、それぞれ葬地が設けられていた。

このように宮都の移動にともなって葬地も移動し、それが基本的に宮都所在国に設けられているのは、当然検討の対象が天皇や貴族・官人であったためである。それは彼らが宮都の移動(遷都)にともなって移動(移貫)する政治的な存在であり、そのような天皇や貴族・官人たちのために、彼らが死後埋葬される葬地が宮都の移動のたびにその所在国に設け直されたことによる。

このような宮都にともなう葬地のあり方は天武朝以降に出された氏族の祖先の墓に関する法令(39)と一見矛盾しているように思われる。これらの法令では氏族祖先の墓は氏族の本拠地で固定され、法令で維持・管理が図られている。これに対して、宮都の成立によって宮都に本貫をもつに至った貴族・官人たちは遷都とともに本貫を移すだけでなく、みずからの葬地をも移動させた。「藤原」京や平城京・長岡京の場合、喪葬令の条文どおり貴族は氏族としての本拠地と切り離され、宮都に個々に本貫をもち、また墓も本拠地と関係なく営まれ、氏族祖先の墓がある地に葬られることは決してなかった。これは、特に貴族の場合に顕著で、彼らは令で規定された貴族の「家」の主として個別に墓を営んでいた。天武朝以降の氏族の祖先墓の維持・管理に関する法令は、むしろこのような状況が生まれることによって本拠地における祖先墓の維持・管理が困難となったため、そのような事態を避けようとして出された可能性が強い。しかし、後述するように、平安京の時期に至り彼ら宮都の住人たちの葬地に新しい様相が現れてくる。

次ぎに、宮都の葬地は各々その所在国で宮都が造営された郡とその周囲の郡におもに設定されている(図36・37・38・39)。

「藤原」京では、京の造営郡を含めその南と東西、高市・城上・宇陀・葛下・吉野の五郡に設けられたが、史料上では「藤原」京が造営された高市郡に接する十市・葛上・忍海の三郡での埋葬を確認できず、また京の北には埋葬されていなかった(図36)。また「藤原」京から遷都した平城京では、宮都の造営郡を含めて京の北と東西、添上・添下・山辺・平群・広瀬・宇智の六郡に葬地が設けられていた(図37)。宇智郡が平城京から離れて西南に位置するが、平城京の南には埋葬されていない。平城京の後半期になると平群郡に接する河内国河内郡にも埋葬が認められ、葬地が拡大した可能性が考えられる。「藤原」・平城両京間で史料上葬地所在郡の重複が認められないが、このような状況がなんらかの歴史的意味をもつか否かは現時点では十分な説明ができない。なお平城京期の半ばころに短期間遷都した恭仁京では所在郡のみで葬地を確認できるに止まる(図39)。

長岡京では宮都の所在する乙訓郡以外では京から東南に離れた相楽郡に葬地が置かれたことを確認でき、また宮都の造営郡に隣接するが、山背国外である河内国交野郡にも葬地が設定されたと推定でき(図39)、他の宮都と異なるようであるが、葬地設定の点で平城京の後半期を受け継いでいると考えられる。そして平安京に都が遷ると、葬地は平安京に隣接する四郡、特に愛宕・葛野・宇治三郡に集中して営まれるようになり、なかでも愛宕・宇治・紀伊三郡にわたる深草山が貴族にとって平安京でもっとも主要な葬地として用いられている（図38）。平安京の場合も、平城京と同様、低地の広がる京の南には貴族たちは葬られていない。また京の南辺の葬地佐比はあくまで国司が管理する一般民衆の葬地であり、貴族の葬地と同列には論じられない。

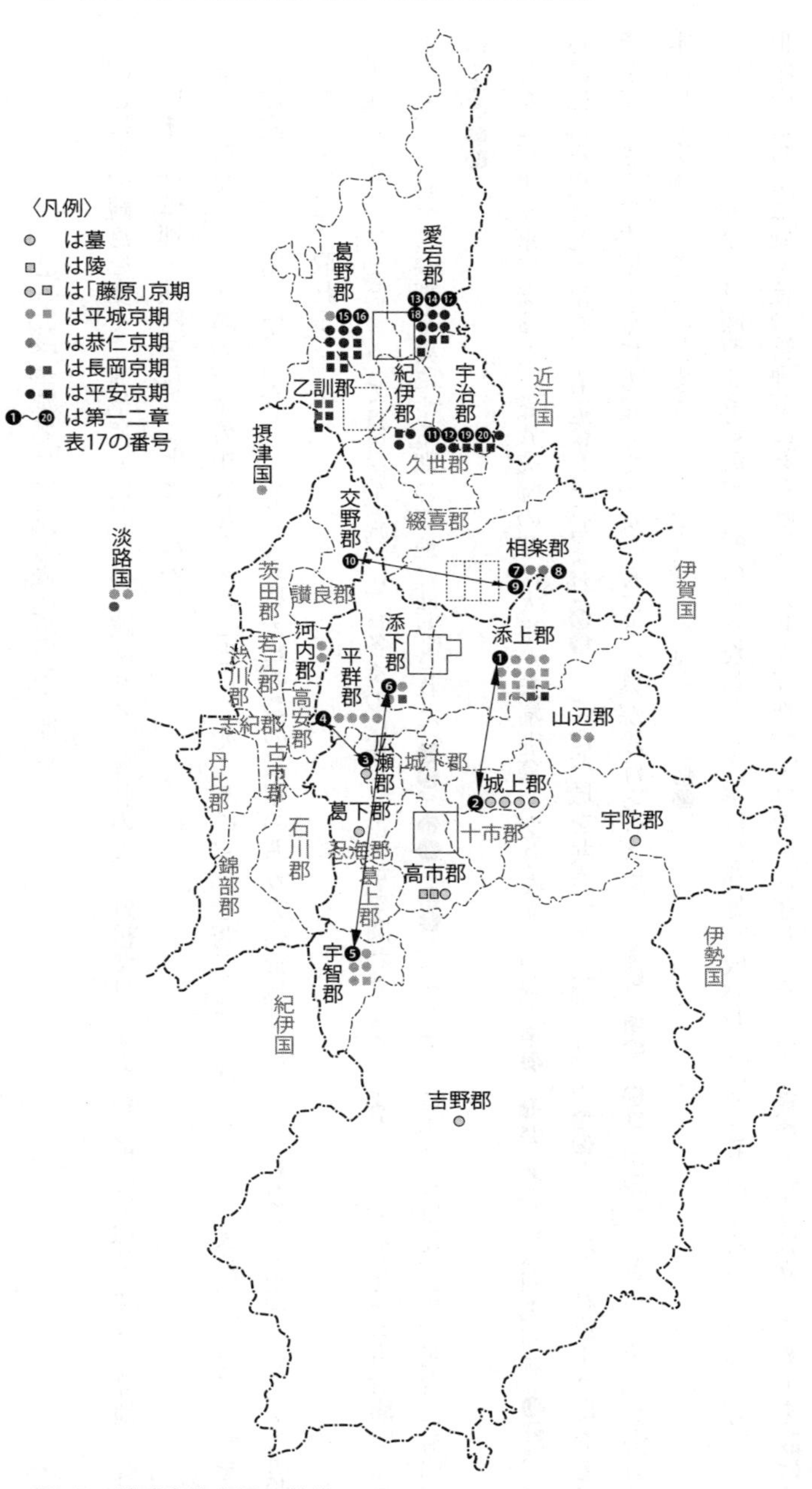

図40　外戚貴族夫婦の葬地

2　「陵墓歴名」に見る貴族夫婦の埋葬

次ぎにやや観点を変え、前章[40]でも検討した「陵墓歴名」登載の天皇外祖父母、すなわち貴族夫婦の埋葬・葬地に関して、いま一度整理と検討を行うこととしたい。

まず「陵墓歴名」所載の天皇外祖父母を夫婦ごとに、死亡時の宮都を明示して整理し（第一二章表17）、次ぎにこれをさきに作成した図（図39）に重ね合わせると、貴族夫婦の墓の設定のあり方が宮都の移動にともなって変化している（図40）ことを容易に看て取れる。

平城京（あるいは「藤原」京）では貴族夫婦の場合各々の氏族の本拠地と関わりなく、また夫婦であることも考慮することなく、それぞれが郡を異にする別の葬地に埋葬された（❶❷、❸❹、❺❻）。そして、このことは長岡京の場合にも当てはまる（❾❿）。

しかし、平安京になると、貴族夫婦の墓は大半が夫婦別墓でありながら同郡（⓭⓮、⓯⓰）あるいは同郡同郷（⓳⓴）、さらには郷を異にした場合でも近接して営まれ（⓱⓲）、また兆域を共有する夫婦共域墓[41]（⓫⓬）すら見られるようになる。そして、さらに夫婦の墓に近接して子女、特に女の墓が設けられる場合（⓭⓮、⓱⓲、⓳⓴）が現れ[42]、さらにそれが妻方の本拠地で実現し、そこに菩提寺をともなう場合も見られた[43]（⓳⓴）。

そして、平安京では藤原北家嫡流の木幡のような新しい家単位の葬地も成立してゆくことになるが、その一方で、九世紀中ごろには施薬院[44]の管理下にある藤原氏の共同葬地が深草山に存在し[45]、そこには貴族となり独立して葬地を設けることができるような人以外の人々が葬られていた[46]。

以上のように、貴族夫婦の墓は、長岡京までは決して同郡に営まれなかったが、平安京では同郡、同郷、さらには兆域を共有する墓すら営まれるようになる。

その転換点は、平安京遷都からほど遠からぬ延暦一六年に行われた藤原百川の改葬による妻藤原諸姉墓地への移動

(78)にあると考える。

すでに述べたように、藤原百川・諸姉夫妻は各々の死亡時の宮都が平城京と長岡京で異なり、妻諸姉が長岡京の葬地相楽郡に葬られたのに対して、さきに亡くなった夫百川は平城京の葬地に葬られた。すなわち、百川・諸姉夫妻は本来夫婦別墓で、しかも遠く離れた大和国と山背国とにそれぞれ墓が営まれたと思われるが、延暦一六年に百川が山城国相楽郡に改葬され、その結果夫婦共域墓が二次的に成立した。本来、夫婦別墓であった百川・諸姉夫妻を、土地を賜与し改葬までして夫婦共域墓に葬ることにしたのは、桓武天皇と百川との関わりを考え、また天皇の儒教思想に基づく夫婦和合と男女隔別の政策を見る時、桓武天皇の意志によると見ることができる。いずれにしろこれを契機に貴族夫婦の墓のあり方は大きくさま変わりした。

以上、八世紀から九世紀の貴族の葬地は宮都の移動とともに所在を移す政治的な存在であったが、長岡京までの時期と平安京以降で明確に性格を異にすることが分かった。長岡京の時期までは一カ所に集中せず、宮都の周辺諸郡に、場合によっては近接する宮都所在国外にも葬地を設定したが、平安京の初期には、葬地は数郡にわたるものの、いわゆる東山、特に深草山周辺に集中するようになる。また貴族夫婦の場合には、近接した土地に、あるいは兆域を共有して墓が営まれるようになってくることも明らかになった。このような変化は、律令国家の貴族の喪葬に関する原則である「家」を持つ貴族を対象として彼らを個別に埋葬する方針を捨て、新たに夫婦を単位とする埋葬が行われるようになり、さらにその子女たちも近接して埋葬するようになるのは、夫婦を中心とした新たな家の出現を意味するのではなかろうか。

むすびにかえて

宮都が成立した「藤原」京から固定する平安京の初期まで、宮都と葬地の関連を探る観点から、天皇をはじめ京に住む貴族・官人層を中心に彼らの葬地について史料を整理した成果を承けるかたちで、さらに若干の検討を加え、あわせて問題点を指摘してきた。そこからおおよそ確認できたことはすでに前節でまとめて記したのでここでは繰り返さない。今後必要となる検討は文献史料以外の史料、発掘調査で確認できる当該時期の墓の分布との比較であり、その統合的な理解である。この点は今後の課題とし、ひとまず本章を終えることにする。

注

（1）日本の古代宮都と葬地に関する先行研究はおおむね二つに分けて整理することができる。一つは通時的な研究で、古墳時代あるいは「藤原」京から平安京までを時間軸に沿って概観する研究である。代表的な研究には、早く森浩一「古墳時代後期以降の埋葬地と葬地—古墳終末への遡及的試論として—」森浩一編『論集終末期古墳』、塙書房、一九七三年がある。これ以後通時的研究がいくつか試みられているが、この研究の範囲を大きく出るものはない。またいま一つは個別宮都の葬地研究であり、金子裕之「平城京と葬地」『文化財学報』三、一九八四年や山田邦和の一連の平安京の葬地に関する研究「平安京の近郊〜墓地と葬送」角田文衛監修、(財)古代學協会・古代學研究所編『平安京提要』、角川書店、一九九四年などに代表される。個別宮都の葬地研究は枚挙に遑がなく、今日までより個別的な問題が採りあげられてきている。これらに対して東アジアの古代都城と葬地の関係を検討しようと意図した和田萃「東アジアの古代都城と葬地—喪葬令皇都条に関連して—」『日本古代の儀礼と祭祀・信仰』上、塙書房、一九九五年もあるが、その後このような観点からの十分な検討はまったく行われていない。

（2）拙稿「日本の古代宮都と葬地—文献史料の整理とその基礎的検討—」妹尾達彦編『都市と環境の歴史学[増補版]』第三集、二〇〇九年。

（3）関連した拙稿には「古代貴族の営墓と「家」—『延喜式』巻二一諸陵寮陵墓条所載「陵墓歴名」の再検討—」笠谷和比古編『公家と武家Ⅱ—「家」の比較文明史的考察—』、思文閣出版、一九九九年（本書第一一章）、「律令国家と喪葬—喪葬官司と喪葬氏族の行方—」栄原永遠男・西山良平・吉川真司編『律令国家史論集』塙書房、二〇一〇年（本書第一二章）があり、本章でもこれらに基づいて記述を行った箇所がある。

（4）今泉隆雄「「飛鳥浄御原宮」の宮号命名の意義」『日本歴史』四四四、一九八五年。

(5)　「藤原」京の造営過程の理解については、拙稿「「藤原京」造営試考―「藤原京」造営史料とその京号に関する再検討―」『研究論集』XI、奈良国立文化財研究所、二〇〇〇年(本書第一章)参照。

(6)　今泉注(4)論文。

(7)　奈良国立文化財研究所飛鳥資料館編『日本古代の墓誌』飛鳥資料館図録第三冊、一九七七年は、奈良時代の製作と推定している。

(8)　大和国添上郡赤穂神社(奈良市高畠町)とする最有力説は日本古典文学大系『日本書紀』下、岩波書店、一九六五年の頭注(笹山晴生執筆)であるが、ただ「藤原」京以降の葬地設定の状況からみて、添上郡に求めるのは困難である。また並河永編『大和志』は北葛城郡広陵町大字三吉とし、具体的に二人の墓を「仁基墓」と「高津笠墓」に比定するが、前者は三吉陵墓参考地(新木山古墳)で五世紀初頭の前方後円墳、後者も高津笠城跡かとされ、いずれも年代的に問題がある。一方、桜井市赤尾に比定するのは、河合ミツ「地名「赤穂」について」『続日本紀研究』一八八、一九七六年で、「藤原」京以降における宮都と葬地の関係をそこに見出そうとする見解は基本的に支持されるべきであろう。

(9)　『書紀』では、天武七年正月まで射礼の場を南門と記すが、八年には西門とあり、射礼の場に変化が生じているように見える。しかし、これは、南門が旧宮(飛鳥岡本宮)の正門、西門が新宮の正門であると考えられる(小澤毅「伝承板蓋宮跡の発掘と飛鳥の諸宮」『日本古代宮都構造の研究』青木書店、二〇〇三年)ことから、射礼の場には変化がなく、新宮がこのころ完成し、天武天皇が旧宮から新宮に遷御したことにともなって生じたものである。

(10)　制度的変化については、当然新式都城「新城」の造営がその視野に入る。天武天皇が新式都城造営を最初に試みたのは天武五年であったが、その計画は領域を囲むまではいったが失敗に終わった。それがふたたび開始されるのは六年後の天武一一年と考えられる(拙稿注(5)論文)。天武五年から一一年までの新式都城造営をめぐる動向は『書紀』に明らかでないが、かつて指摘したように、「藤原」京にあった高市大寺から大官大寺への改号が天武六年ころと考えられることが留意される。のちの「藤原」京域がなんらかの特殊な意味を持ち始めたからこそこのような改号が行われたのではなかろうか。あるいはそれにともないこのころ京に居住する人たち(のちに「京人」あるいは「京戸」と呼ばれる人々)が設けられ、彼らに特別な意味が持たされ始めたのかも知れない。

(11)　黒崎直「近畿における八・九世紀の墳墓」『研究論集』VI、奈良国立文化財研究所、一九八〇年。

(12)　「家伝」上巻には、中臣鎌足が火葬されたと記している。もしそうであるなら中臣鎌足の火葬がその濫觴であることになるが、「家伝」上巻の写本に誤りがあるか、あるいは「家伝」上巻執筆にあたって奈良時代中ごろの知識によって火葬と書いてしまったのか、さまざまに憶測をめぐらすことができるが、真偽は不明である。

(13) 末永雅雄「飛鳥遺跡の小点」『青陵』一九、一九七二年は、二人の火葬所の遺跡として、明日香村岡の集落のすぐ東にある城山と言う丘の上部で、狭い方形に造り出された四周に浅い掘り割り状の凹みを想定している。

(14) 和田萃「飛鳥岡について」『橿原考古学研究所論集　創立三十五周年記念』吉川弘文館、一九七五年。

(15) 拙稿注(2)論文。

(16) 『古事記』下巻に安閑天皇陵の所在を記して「御陵在河内之古市高屋村也」。なお、かつて古市村古屋敷に高屋神社と言う神社があり、『延喜式』神名帳に載る古市郡二座のうちの一座に比定されている。物部氏系の高屋連の氏神かと言われる。

(17) 周知のように、鎌足の墓の所在についてはさらに複雑である。多武峯墓については、奈良時代の史料に見えず、平安時代に入って『延喜式』の「陵墓歴名」や『政事要略』巻二九年中行事十二月下荷前が「贈太政大臣正一位淡海公藤原朝臣」と不比等の墓とするが、平安時代以降の史料では内閣文庫本『延喜式』巻二一諸陵寮陵墓条多武峯墓傍注所引貞観式逸文、『日本三代実録』天安二年一二月九日丙申条、『類聚符宣抄』巻四帝皇荷前所収天安二年一二月九日勅などが鎌足の墓として大勢を占め、以後多武峯墓は鎌足墓と考えられてきている。なお、「家伝」によると山階精舎(山階寺)で火葬に付せられたと記すが、『多武峯略記』所引の「荷西記」には鎌足の墓の所在を摂津国嶋下郡阿威山とし、それを鎌足の子定恵が帰朝後に大和国十市郡椋橋山(談岑＝多武峯)に移したと記す。阿威山は「威」が「武」と誤られて阿武山と呼ばれ、現在、大阪府高槻市奈佐原・茨木市安威に阿武山がある。そしてその山腹に鎌足の墓ではないかと推測される終末期古墳阿武山古墳がある。

(18) 野渕龍潜『大和國古墳墓取調書』一八九三年。

(19) 『奈良山発掘調査報告Ⅰ—石のカラト古墳・音乗谷古墳の調査—』奈良文化財研究所学報第七二冊、奈良文化財研究所、二〇〇五年。

(20) 拙稿「古代御輿考—天皇・皇后の御輿を中心として—」上横手雅敬監修『古代・中世の政治と文化』思文閣出版、一九九四年。

(21) 岸俊男『日本の古代宮都』岩波書店、一九八一年など。

(22) 拙稿「紫香楽宮の宮号について—紫香楽宮攷(一)—」『平成五年度遺跡発掘事前総合調査事業にかかる紫香楽宮関連遺跡発掘調査

報告』信楽町文化財報告書第八集、信楽町教育委員会、一九九四年(本書第四章一)。

(23) 森注(1)論文・山田注(1)論文など。

(24) 北康宏「律令国家陵墓制度の基礎的研究―『延喜諸陵式』の分析からみた―」『史林』七九―四、一九九六年。ただしこの推定が成立するためには、藤原乙牟漏の陵が弘仁元年~天長元年のあいだに長岡山陵から高島山陵へと改名されたことを想定しなければならないし、また藤原乙牟漏の陵名をなにゆえ改め『続紀』の当該箇所を書き改めなければならなかったのかを明らかにする必要がある。

(25) 京都府綴喜郡井出町には、橘氏の氏寺でその祖橘諸兄の創建にかかると伝える円提寺(井手寺)や橘氏の氏神梅宮社の故地と伝える地、あるいは橘諸兄の相楽別業所在地と言う地など、橘氏縁りのものが多くある。

(26) 現在、早良親王が最初に埋葬されたと考えられる淡路国津名郡における墓は不明であるが、その候補地は二つある。一つが淡路市北淡町久野々にある天王の森であり、いま一つが同じ淡路市一宮町多賀にある高島陵である。天王の森は早良親王を葬ったところと伝え、現在小さな祠があって早良親王を祭り、またその前方に位置する池は俗に早良池とも呼ばれている。そしてその南方には常隆寺があり、古く廃帝院常隆寺と称し、延暦二四年正月に親王の霊を安んずるために淡路国に建てられた寺がこれに当たると伝えられている。なお、高島陵は早良親王の墓とする説がある一方で、淳仁天皇陵とする言い伝えもあるなど問題がある。

(27) 大阪府枚方市中宮西之町には百済王神社があり、これに接して百済寺跡もある。さらに方格の街区をもつ禁野本町遺跡も広がる。

(28) 平安京は愛宕・葛野両郡だけでなく、その南辺は紀伊郡と接し、宇治・乙訓両郡にも近い。なにゆえにこの勅が平安京に近接するすべての郡を対象としていないのか疑問である。紀伊・宇治・乙訓三郡の人びとは愛宕・葛野両郡の人たちとは異なり、家側への死者の埋葬を認められていたか、また、平安京にとって左京と右京をほぼ占める愛宕郡と葛野郡に対しては他の周辺諸郡とは異なる意識があったのかなど、考えるべき問題がある。

(29) 大同三年に出された禁では、供御器を作製するための土を採取することを理由に河内国交野郡の雄徳山への埋葬を禁じているが、すでに述べたように、長岡京に南接する河内国交野郡は長岡京にともなう葬地であると推定された。しかし、山城国綴喜郡の雄徳山に貞観元年から翌年にかけて僧行教が奏請のうえで宇佐八幡宮を勧請した(『三実』貞観一八年八月一三日丁巳条)ように、雄徳山は大同三年以降死者の埋葬など「凶穢可﹂避」き地とされ、清浄が保たれていたと考えられる。あるいはそれには宮都の南に葬地を設けるべきではないとの考えも影響を与えていたのではなかろうか。

(30) 貞観八年の禁は、平安京の地主神であり守護神である賀茂御祖神社の清浄を保つために、同社が所在する山城国愛宕郡で近接する神楽岡辺側における埋葬を禁じている。延暦一六年に愛宕郡では平安京に近接することを理由として家側への埋葬が禁止されたが、貞観八年に平安京東郊神楽岡での埋葬が禁止された理由が平安京に近接していることでなかったことから、平安京に近接し、家側での埋葬が禁止された愛宕郡にあって神楽岡は貞観八年まで埋葬が禁止されなかったことになる。すなわち、延暦一六年に家側への埋葬が禁止された愛宕・葛野両郡においても、なお葬地に設定されていた神楽岡のような地では埋葬が禁止されなかったと考えられる。また、なにゆえに貞観八年に至って神楽岡での埋葬が禁止されたかも検討が必要である。

(31) 本太政官符は、従来平安京の葬地に関する史料として注目されてきた。たしかに平安京右京の西や西南に接して設けられているから、葬地の設定に平安京が深く関連していることはまちがいない。しかし厳密に言えば、平安京の住人の葬地を決めたものと理解するのは、正確ではない。ましてやその対象は山城国司によって取り締まられる山城国の「百姓」であって、京の住人である貴族・官人層ではないことに注意しておかねばならない。

(32) 先行研究には山田注(1)論文などがある。

(33) 拙稿「日本の古代宮都―内裏の構造変遷と日本の古代権力―」鈴木博之・伊藤毅・石山修武・山岸常人編『記念的建造物の成立』シリーズ都市・建築・歴史1、東京大学出版会、二〇〇六年(拙著『古代宮都の内裏構造』吉川弘文館、二〇一一年所収)。

(34) 個々の事例にうかがわれる注目すべき点を含めた全般的な指摘は、拙稿注(2)論文で行ったので参照されたい。

(35) 死亡した順では妻諸姉がさきで夫百川があとであるから、同一墓内にある二つの墓は当然妻ではなく夫の墓に「後」を冠するべきであるが、「陵墓歴名」ではそのようになっていない。

(36) 桓武朝における男女に関わる政策の一端は、拙稿「「後宮」の成立」村井康彦編『公家と武家―その比較文明史的考察―』思文閣出版、一九九五年(拙著注(33)所収)で明らかにした。

(37) 拙稿注(2)論文。

(38) 和田注(1)論文。

(39)『書紀』持統五年八月辛亥条(北注(21)論文)、『続紀』慶雲三年三月丁巳条・延暦三年一二月庚辰条、『後紀』大同元年閏六月己巳条、『類聚三代格』巻一六山野藪沢江河池沼事所収慶雲三年三月一四日詔・大同元年閏六月八日太政官符・八月二五日太政官符など。
(40) 拙稿注(2)論文。
(41) 拙稿注(2)論文ではこのような事例を「夫婦同墓」と記したが、これは同じ墓に埋葬されていることを意味し、誤解を招く恐れがあるので、兆域を共有している夫婦の墓をかりに「夫婦共域墓」と呼ぶことにする。
(42) 拙稿注(2)論文。
(43) 拙稿注(2)論文。藤原高藤・宮道列子夫婦の場合は、小野の地に、夫婦のものとされる墓が南北にやや離れてあり、その西に女で贈皇太后藤原胤子の小野陵、高藤の墓がある鍋岡山の西麓には男の右大臣藤原定方の墓とされるものがある。また勧修寺・宮道神社は高藤墓の東北に位置し、さらに宮道列子の父宮道弥益の墓と伝える供養塔も大宅にある。
(44) 施薬院と喪葬については拙稿注(3)論文(本書第一一章)で述べた。
(45) 拙稿注(2)論文。
(46) 拙稿注(2)論文。

あとがき

本書は、著者にとって三冊目の論文集である。これまでに公刊した二冊の論文集、『平安宮成立史の研究』塙書房、一九九五年および『古代宮都の内裏構造』吉川弘文館、二〇一一年は、平安宮の構造が宮都のどのような展開のうえにできあがったのか、また平安宮に至る内裏の構造がどのような歴史的意義をもって生まれてきたのか、という観点から、いずれも平安宮を中心にまとめた。

本書は前二書と異なり、日本の古代宮都史上に展開する「藤原」京・平城宮・恭仁宮・甲賀宮・平安京の諸宮都について個別の問題を取り扱った論文など一三篇を集めた。ただ著者の主たる研究関心が依然として平安京・平安宮にあるため、その過半は平安京と平安宮を対象にしたものである。本書では全体を二部に分け、第一部は本書の題名でもある「日本古代宮都史の研究」とし、第二部は「律令国家・宮都と喪葬・葬地」として、いずれも題名にふさわしい論文を配列した。第一部と第二部は分量的に均衡を欠いているが、それは、第二部が本来さらに数本の論文を著したのち、それらをもって一書にまとめる予定であったが、種々の事情から本書に収めて公刊することとしたためである。

なお、いずれの論文もすでに公表済みのものであるが、今回本書に収録するにあたって一部発表時の表現を変えたところや論旨を変えない範囲で修正・訂正を加え、あるいは加筆した箇所などもある。それゆえに今後これらの論文については本書によられたい。また、既刊の二冊の論文集に収めた論文と重複し、一部齟齬する箇所があるが、それらについては原論文の発表年が新しいものをもって現在における著者の見解と考えていただきたい。

さて、これまでに公刊した二冊の論文集でも、その「あとがき」で記したが、本書でも各論文の成り立ちについて少しく説明を加えておくこととしたい。

第一部　日本古代宮都史の研究

第一章は、前の勤務先である奈良国立文化財研究所(現独立行政法人国立文化財機構奈良文化財研究所)の『研究論集』XI、奈良国立文化財研究所学報第六〇冊、二〇〇〇年に収められた「「藤原京」造営試考―「藤原京」造営史料とその京号に関する再検討―」である。

『研究論集』XIは、筆者が奈良国立文化財研究所で飛鳥・藤原宮跡発掘調査部に配属されていた時、当時考古第一調査室長であった黒崎直(富山大学名誉教授、現大阪府立弥生博物館館長)氏の発意で始まった藤原京を再検討する研究での成果を集めた論文集で、条坊は黒崎氏、土器は考古第二調査室長川越俊一氏、瓦は主任研究官花谷浩(現出雲弥生の森博物館学芸調整官)氏、そして文献史料を私がそれぞれ担当し、紆余曲折を経て私の山口大学異動後五年にしてようやく刊行に至った。そのため、めずらしく早く書き上がった本章にはいくつかの補記が書き加えられることとなった。本書では補記を本文に取り込んで再構成することなく、補記のまま章末に残した。

第二章は、奈良国立文化財研究所の平城宮内裏の発掘調査報告書『平城宮発掘調査報告書』XIII、奈良国立文化財研究所学報第五〇冊、一九九一年のなかで、「C内裏地区空間構造の歴史的変遷」の「2平城宮内裏地区遺構の構造とその歴史的変遷」および「3平城宮内裏地区の歴史的変遷に関する諸問題」として執筆したものを併せて一章とした。

『平城宮発掘調査報告書』XIIIで執筆した章節の執筆経緯などについてはすでに前二著にも記したので、本書では省略に従うが、本書に収めた論文のなかでは最も古くに執筆されたもので、本章での検討の内容を踏まえ、拙著『平安宮成立史の研究』の第一・第二両章および『古代宮都の内裏構造』第一・第二両章で、平城宮内裏の変遷のおおよそとその歴史的意義などについて述べたので、最新の見解はこれらを参照されたい。しかし、あえて本書に収めたのは、本章の最末部で述べた残された種々の問題について再度提示し、みずからの課題として再確認するとともに、私たちに続く若い宮都研究者への問題提起ともするためでもある。ここで提起した問題の多くはまだ解決されていないが、宮城や内裏の問題を考えるうえでは常に念頭に置いておくべき研究課題であると考える。

第三章は、「恭仁宮の二つの「内裏」―太上天皇宮再論―」として『山口大学文学会志』第五一巻、二〇〇一年に載せた。

本章の注にも記したが、一九九八年度に京都府教育委員会が実施した「平成一〇年度恭仁宮跡保存活用調査」で、いわゆる「二つの「内裏」」の東西並存が明らかになったことを受け、当該発掘調査に関する現地説明会に先立ち報道関係者に対する発表が行われ、それに基づき新聞各紙は右の事実だけでなく、関係識者各位の談話を載せた。しかし、そこに書かれている内容は実に驚くべきもので、恭仁宮で確認された「二つの「内裏」」を宮都と王権の展開過程に正しく位置づけようとするものはなく、全てが通俗的な理解に基づく非学術的なものであった。このような状況を正すべく執筆されたのが本論文である。ただ発掘調査で確認すべき点はまだ多く残されており、特に東西両区画の造営が同時に行われたのか、あるいは前後に時期的ずれがあるのかが重要な点であるが、まだこの点については解明されていない。なお、副題の「太上天皇宮再論」は拙稿「天皇宮・太上天皇宮・皇后宮」荒木敏夫編『ヤマト王権と交流の諸相』古代王権と交流五、名著出版、一九九四年（のち吉川真司・大隅清陽編『律令国家』展望日本歴史6、東京堂出版、二〇〇二年に再録）に対してである。

第四章は二本の論文からなる。一は『平成五年度遺跡発掘事前総合調査事業にかかる紫香楽宮関連遺跡発掘調査報告』信楽町文化財報告書第八集、信楽町、一九九四年に収めた「補論Ⅰ　紫香楽宮の宮号について―紫香楽宮攷(一)―」であり、また二は『山口大学文学会志』第四九巻、一九九九年に「天平十七年大粮申請文書の再検討―紫香楽宮攷(二)―(上)」と題して執筆された。

一は、当時発掘調査によって次第に姿を現すようになってきた紫香楽宮＝宮町遺跡での発掘調査の成果に刺激を受け、その成果をいち早く入手できるようにしたいと考え、発掘調査担当者であった鈴木良章氏（現滋賀県甲賀市教育委員会歴史文化財課係長）と交渉し、その過程で逆に執筆を依頼されて書くこととなったものである。紫香楽宮については奈良国立文化財研究所奉職時から強い関心をもち、岸俊男編『まつりごとの展開』日本の古代七、中央公論社、一九八六年に書いた「朝政・朝儀の展開」(拙著『平安宮成立史の研究』第三章)でも「紫香楽宮の問題」として当時における紫香楽宮に対する関心事について述べていたが、本論文執筆にあたっては特に紫香楽宮の宮号に注目した。

二は、副題に「紫香楽宮攷(二)」とあるように、一に引き続き紫香楽宮に関する論文の第二弾として書かれたが、副題の最後に「(上)」と付け加えられているように、のちに(下)にあたる論文を執筆し、それをもって完結させる予定で、そのもと原稿の準備を整えていた。しかし、そこで述べるはずであった事項の一つ、獄の問題への関心がその後肥大し、やがて本書第九章に収めた論文へと結実していったため、結局(下)は執筆されることなく、その意味では「紫香楽宮攷(二)」は未完に終わった。ただ(上)と(下)で扱う論題は各々別個のものであり、(上)はそれ自体として個別論文の体裁をもっていたので、本書に収めるあたって(上)の結論に当たる「小括」を「むすびに」と改めることとした。

第五章は、『岩波講座　日本歴史』第四巻(古代四)、二〇一五年に書いた「平安京の成立と官僚制の変質」である。本書に収めた論文で、最も新しく執筆されたものである。当初執筆依頼を受けたとき、論文名に掲げられた「平安京の成立」と「官僚制の変質」をどのように結び付けて書くかについて大いに悩み、そのうえである程度両者を切り分けて考えることとした。講座論文としては、注で現時点における研究の状況を示す論文を多数引用するべきであったかもしれないが、論文・研究の紹介を含めた内容とするのではなく、これまでの自分の研究成果を中心にし、むしろ執筆時における自分の研究の関心と到達点をできるだけ分かりやすく記すこととした。そのため編者である大津透氏にはいろいろとご迷惑をおかけしたことをお詫びしたい。

第六章は、朧谷寿・山中章編『平安京とその時代』思文閣出版、二〇〇九年に収めた「平安宮の中心―中院と縁の松原をめぐる憶説―」である。

同書は、編者の一人である朧谷寿氏の古稀を記念して編まれたもので、京都市や平安京・源氏物語・武者の研究と深い関りをもって来られた朧谷氏と縁をもつ研究者たちが集って成った。筆者は編者のお二人から執筆の依頼を受け、これまでの両氏に対する日常的な親昵なる思いから執筆をお受けした。

今日各種の日本史事典などで中和院として立項されている平安宮の施設が本来中院を正式名称とし、のちに天徳四年(九六〇)の内裏焼亡を機に、応和と改元されたことと関わって中和院と改称されたのではないかということについてはすでに以前から気付いていた(『日本歴史大事典』第三巻、小学館、二〇〇〇年、で執筆した項目「中和院」で結論のみ提示)が、縁の松原についてはまだ十分納得のゆく説明がつかないでいたところ、長岡宮で第一次の内裏である西宮に相当すると思われる複廊で囲まれた大規模な施設が大極殿の西方、第二次の内裏である東宮と対称の位置で発見された(『長岡宮推定「西宮」』向日市埋蔵文化財調査報告書第九一集、㈶向日市埋蔵文化財センター、二〇一一年)。これで恭仁宮以来の太上天皇宮の終焉が縁の松原に見え始めたことで、最終的に副題のような内容の論文として成稿し得た。

第七章は、二〇一一年九月、韓国ソウルで開催された韓国文化財庁開庁六〇周年記念国際シンポジウム「高麗開城と東アジアの都城文化」での報告をもとに、韓国国立文化財研究所『文化財』四六巻一号、二〇一二年に執筆した同名の論文である。

当該シンポジウムは、韓国の文化財庁開庁六〇周年記念であるとともに、二〇〇七年から進められていた高麗の首都開城の韓国・北朝鮮両国による共同発掘調査の成果をもとに、これを同時期の東アジア各国の都城と比較しようとする野心的な試みであった。開城での発掘調査を担当した文化財研究所の学芸研究士朴晟鎮氏がシンポジウム全般を取り仕切るなか、韓国内から建築史や美術史の専門家が開城と当該期の文化財について報告するとともに、開城との比較という立場から、中国から中国人民大学の魏堅氏、北京大学の秦大樹氏、中国社会科学院考古研究所の董新林氏の三名が招請された。魏堅氏は大著『元上都』中国大百科全書出版社、二〇〇八年に基づき元の上都について、秦氏は北宋の開封について、また董氏は発掘調査の責任者として遼の上京について、各自発掘調査の成果と現状を報告した。一方、筆者は東アジア比較都城史研究会で交流のあった国立扶余文化財研究所所長李相俊氏らの推挙で日本の代表として渡韓し、平安宮と平安京について基本的な構造とその後の変化について述べた。専門家対象の講演会とはいえ、海外での講演であったため概説的な内容が主となったが、筆者が初めて造営当初の平安宮や平安京の構造について言及したものであったので、ここに収めることとした。シンポジウムと前後の滞在期間を通じて中国の三氏や韓国の研究者の方々と親交を深めることができた。特に夕食後毎晩のように市内の屋台で酒を酌み交わしたことがいまも記憶に残っている。

第八章は、紫式部学会の機関誌『むらさき』五一輯、二〇一四年に寄稿を求められ、掲載された研究余録的な文章である。

紫式部学会の事務局は現在鶴見大学文学部日本文学科研究室に置かれているが、ここには平安文学の碩学高田信敬氏がおられた。高田氏とは氏の国文学研究資料館在職中に同史料館におられた笠谷和比古氏を介して知己を得、その後国立国際日本文化研究センターで笠谷氏が主宰された共同研究でも短期間ながらご一緒させていただいた。これらが縁となってその後賀状を交換させていただくようになり、いろいろとご教示を得ることとなったが、おそらく紫式部学会理事である高田氏による指名で寄稿を求められたのではないかと思われる。

平安京・平安宮は本来どのようによまれたのか、あるいは平安京・平安宮と定まる以前、短期間であるがこの宮都はどのように呼ばれたのか。これは『日本歴史大事典』小学館、二〇〇〇年でこれらの項目の執筆を担当した時に、漢字の音によってよまれた最初の都と記したことに対し、編者の石上英一氏から根拠はなにかという指摘を受けたことにより、その後心にとめていた問題であった。九条家本『延喜式』の写真版を見ているうちに、平安宮に対して「太ヒラ」、平城宮に「ナラ」の付訓があることに気づき、さらに同時期の史料や文学作品を調べて得た見通しをもとに、山口大学人文学部での授業で平安京だけでなく、古代宮都の京号・宮号について学生に話したのが本章の始まりである。

第九章は、山形大学の新宮学氏が中心となって組織された近世東アジア比較都城史研究会での研究報告をもとに成稿したものである。

近世東アジア比較都城史研究会は、著者が主宰した東アジア比較都城史研究会の姉妹研究会として、対象とする時期を新宮氏が専門とする中国明清に対応する近世に限って組織され、平成二一～二三年度科学研究費補助金基盤研究(B)「近世東アジアの都城および都城制についての比較史的総合研究」の交付を受けて研究が進められた。そこに近世を専門としないが、東アジア比較都城史研究会の主要メンバーであった中央大学の妹尾達彦氏とともに私も加わった。新宮氏はそこでの研究成果を公表すべく平成二五年度科学研究費補助金研究成果公開促進費(学術図書)に応募し、その交付を得て二〇一四年に白帝社から『近世東アジア比較都城史の諸相』が刊行され、そこに本論文が研究成果の一つとして収められた。この論文は、第四章二に収めた「天平十七年大粮申請文書の再検討—紫香楽宮攷(二)—(上)—」の続きとして公表されるはずであり、本来、第四章の元論文を(上)とするのに対し(下)として成稿したものであった。しかし、すでに記したように、その後(下)に手を加えて行く過程で、獄に関して検討を行った部分だけが肥大化したため一旦筐底にしまい込んでいたが、近世東アジア比較都城史研究会での共同研究を機に取り出して再検討を加えることとなった。獄について、特に都城の歴史の観点から行った研究は日本史においても、また中国史においてもなく、ひたすら断片的な史料をもとに論じることとなったが、日本の古代宮都においては京図によって所在が判明する平安京を除き、まだいずれの宮都においても獄の所在は明らかになっていない。同じく不明である京内外交施設客館などとともに、発掘調査の成果が待たれるところである。

第一〇章は『史跡大覚寺御所跡発掘調査報告　大沢池北岸域復原整備事業に伴う調査』舊嵯峨御所大覚寺、一九九七年に「史料から見た嵯峨院と大覚寺　嵯峨院の成立から大覚寺の再興まで」と題して載せた文に、同じく同書第Ⅳ章遺物に収めた木簡・墨書土器に関する文の一部を併載したものである。同書の編者は元文化庁記念物課主任文化財調査官本中眞氏(現内閣官房内閣参事官)で、彼が文化庁に異動する以前、奈良国立文化財研究所在職中、執筆者に加わるように求められて書かれた。内容的には概説的なものであるが、嵯峨院を後院として造営した嵯峨天皇に、大学院生時代から深い関心を抱いていたものとして、嵯峨院について書けることをなにかの縁と考え、楽しみながら書かせていただいた記憶が甦る。

第二部　律令国家・宮都と喪葬・葬地

第一一章は、最も敬愛する大学の先輩かつ日本古代史研究者である故鎌田元一氏を追悼するために、栄原永遠男・西山良平・吉川真司の三氏が編集された『律令国家史論集』塙書房、二〇一〇年に収められた「律令国家と喪葬―喪葬官司と喪葬氏族の行方―」である。本論文は、本来後述する『公家と武家Ⅱ』のために書かれたものであったが、事情があって筐底にしまい込まれていた一二〇枚以上の元原稿を書き直し、七〇枚ほどに圧縮して成稿した。

国立国際日本文化研究センターでの笠谷和比古氏主宰の共同研究「公家と武家Ⅱ」では、喪葬令の全条文を逐条的に検討する報告を行い、それに基づいて条文に書かれた内容が歴史的に変化してゆく様相をその他の文献史料を用いて跡付けるなど、喪葬をテーマとした報告をなん度か行った。そのなかから律令国家、氏・家をテーマにまとめたものが本章である。本来なら、「喪葬令総説」なる論文を執筆し、それを含み込んで一書をなす予定であった。

第一二章は、国立国際日本文化研究センターでの共同研究「公家と武家Ⅱ」の研究成果をまとめた笠谷和比古編『公家と武家Ⅱ―「家」の比較文明史的考察―』思文閣出版、一九九九年に収められたものである。

一九九八年五月から五カ月間、佐藤信氏の許しを得て東京大学文学部日本史研究室にいわゆる内地留学させていただいたが、本論はちょうどそのあいだに東京で宿泊していた巣鴨のウィークリーマンションで慌ただしく執筆された。当初、本書の第一一章のもととなる論文を共同研究会での発表内容に順って執筆し、編者の笠谷和比古氏に送ったところ、内容的に「家」とつながらないので、至急「家」とつながる論文を執筆せよとのご下命を受け、短期滞在先のウィークリーマンションで史料探索ののち短期間にしかも一気呵成に書かれた。しかし、この時得た見通しはその後宮都と葬地の問題へと発展し、本書第一三章などへと繋がっていった。

第一三章は、私を研究代表者とする最初の科学研究費補助金基盤研究(A)「東アジア諸国における都城および都城制に関する比較史的総合研究」(平成一六～一八年度)に基づく東アジア比較都城史研究会での国際共同研究の成果として、科研の終了後私が編者となって刊行した『東アジア比較都城研究』京都大学学術出版会、二〇一一年に収めた「日本古代の宮都と葬地」をもととし、その後東アジア比較都城史研究会が私を研究代表者とする四度目の科学研究費補助金基盤研究(A)「東アジアにおける都城と葬地の政治的・社会的関連に関する比較史的総合研究」(平成二七~三〇年度)の交付によって韓国・中国で開催した国際シンポジウム「東アジアの都城と葬地」などで報告したものなどによっている。この間文章に若干の変更を加えたり、図版を増やしたりしたものの、論旨にまったく変更はない。

ところで、第一部に限ってもまだ研究対象として論文を執筆していない宮都が残っている。それらのうちいくつかについては若干の考えがあり、山口大学人文学部での講義や京都市生涯学習総合センター京都アスニーでのセミナーなどで、学生・一般市民の方々を対象として話したことがあるが、残念ながらそれらを論文としてまとめて提示することはできていない。

しかし、幸いに通算四期、一四年に及ぶ科学研究費補助金の交付を受けたことで、日本古代史以外の研究分野の方々、特に宮都遺跡で発掘調査に日々携わっている人たち、さらには海外の都城研究者らと国際共同研究を組織することができ、彼らと科研の研究会などで議論をかわすとともに、また国内外・東西両洋の都城・都市遺跡などをなん度も一緒に踏査させていただいた。なかには、いまとなっては政治情勢・治安状況もあって、二度と行くことのできない遺跡にも行き、歩き回ることができた。そしてこれらを通じて、個人的な信頼関係も築くことができたことは私の研究者人生にとってかけがえのないものであった。そのような蓄積のうえで、科研終了ののち、同志である中央大学妹尾達彦氏、滋賀県立大学田中俊明氏、三重大学名誉教授山中章氏らと語らって仮題『東アジア都城史講座』(全七巻)などを編むことが私の夢である。

最後に、本書の刊行にあたって絶大なるご助力をいただいたお二人の方に感謝の言葉を記しておきたい。まずお一人は、本書の出版元である青史出版渡辺清氏である。渡辺氏には初めて山口でお会いして以来本書の刊行まで、一〇年以上お待ちいただいた。その間東京の社屋でお会いし、なん度か本書の構成案をご相談させていただいた。またもうお一人は、渡辺氏との縁を付けていただいた故橋本義彦氏である。橋本氏とは私の処女論文「「外記政」の成立」（拙著『平安宮成立史の研究』塙書房、一九九四年第五章）の抜刷をお送りして以来のお付き合いで、特に氏が勤務された宮内庁書陵部編修課・前田育徳会尊経閣文庫において『西宮記』を始めとした諸史料の調査でご高配をいただいた。そのご縁もあって、氏からご推薦いただいたと渡辺氏からお聞きした。本書が成るにあたって、橋本・渡辺両氏には感謝しても仕切れないほどである。本当にありがとうございました。

二〇一七年一〇月

宇治の寓居にて　橋本義則

索　引

研究者

よ

り

わ

事　　項

凡例　一度しか現れない事項は、固有名詞など本書を理解するに必要なものを除き、原則省略した。また、二度以上現れる事項でも省いたものがある。さらに、ほとんどの章に現れる「宮都」「都城」「宮室」や「内裏」などの事項も省いた。

あ

い

う

え

お

か

こ

に

の

は

ひ

ふ

へ

ほ

ま

み

著者略歴

一九五四年　石川県に生まれる

一九八四年　京都大学大学院文学研究科博士後期課程指導認定退学

奈良国立文化財研究所文部技官・主任研究官等をへて

現　在　山口大学人文学部教授

□　□

〔主要編著書〕

『平安宮成立史の研究』(塙書房、一九九五年)

『東アジア都城の比較研究』(編著、京都大学学術出版会、二〇一一年)

『古代宮都の内裏構造』(吉川弘文館、二〇一一年)

日本古代宮都史の研究

平成三十年(二〇一八)九月二十日　第一刷発行

著　者　橋本義則

発行者　渡辺　清

発行所　青史出版株式会社

郵便番号一六二―〇八二五
東京都新宿区神楽坂二丁目十六番地　MSビル二〇三
電　話　〇三―五二二七―八九一九
FAX　〇三―五二二七―八九二六

印刷所　株式会社三陽社
製本所　誠製本株式会社

ISBN978-4-921145-63-7 C3021

佐伯有清編

日本古代史研究と史料

Ａ５判・三五二頁／八、四〇〇円（税別）

日本古代史研究の碩学・佐伯有清博士に薫陶を受けた人々による論文集。広開土王碑文を日本にもたらした陸軍軍人・酒匂景信の帰国時期を究明する佐伯博士の論考をはじめ、気鋭の研究者を含む十二編の意欲的論文を収載。これからの古代史研究を開拓する基本文献である。

執筆者＝佐伯有清・篠川賢・外池昇・加藤謙吉・遠山慎一・中川久仁子・関根奈巳・榊原史子・藤井由紀子・榎本淳一・加藤直子・小林真由美

湯山賢一著

古文書の研究

―料紙論・筆跡論

Ａ５判・二六四頁／六、〇〇〇円（税別）

国の文化財行政の現場で永年多様な古文書に接してきた著者が、その経験を基に、日本の古文書の形態や筆跡について論じる。また、日本古来の文化としての和紙に注目し、さまざまな和紙の性質などを明らかにする。古文書料紙研究の最前線にいる著者による最新の成果。

青史出版